"大学堂" 开放给所有向往知识、崇尚科学，对宇宙和人生有所追问的人。

"大学堂" 中展开一本本书，阐明各种传统和新兴的学科，导向真理和智慧。既有接引之台阶，又具深化之门径。无论何时，无论何地，请你把它翻开……

后浪
大学堂 065

EXPERIENCING THE WORLD'S RELIGIONS

Tradition, Challenge, and Change

体验宗教

传统、挑战与嬗变

[美]迈克尔·莫洛伊（Michael Molloy）著
张仕颖 译

北京联合出版公司
Beijing United Publishing Co.,Ltd.

目 录

序 言 1

第一章　理解宗教 1

第一节　初次相遇 1
第二节　何为宗教？ 2
　　宗教的关键特征 3
　　神圣者 5
　　宗教象征主义 5
　　对宗教起源的思考 7
第三节　宗教中的模式 10
　　第一种模式：聚焦于信念和实践 10
　　第二种模式：世界观和人生观 11
　　第三种模式：男性观和女性观 14
第四节　宗教研究中的多学科方法 16
第五节　重要的批判性问题 18
第六节　为何要研究世界的主要宗教？ 22
第七节　旅　程 25
　　延伸阅读：荣格的内在光明之梦 25
　　自我测试 26
　　参考资源 27
　　重要词汇 28
　　注　释 29

第二章　原始宗教 31

第一节　初次相遇 31
第二节　发现原始宗教 33
　　理解原始宗教的过往障碍 33
　　原始宗教的现代复兴 34
第三节　研究原始宗教：从模式中学习 36
　　人类与自然世界的关系 36
　　神圣时间和神圣空间 38
　　崇敬起源、诸神和祖先 39
第四节　原始宗教中的神圣实践 44
　　庆祝生命周期的仪式 44
　　禁忌和献祭 47
　　萨满教、出神和灵性力量 52
　　原始宗教的圣物和艺术表达 55
第五节　个人体验：诸神在夏威夷 58
第六节　今日的原始宗教 59
　　延伸阅读：黑麋鹿的观点 63
　　自我测试 64
　　参考资源 65
　　重要词汇 67
　　注　释 67

第三章 印度教 71

第一节 初次相遇 71
第二节 印度教的起源 73
　　印度教的最初阶段 73
　　吠陀时期的宗教 75
　　《吠陀经》 76
第三节 《奥义书》与轴心时代 77
　　《奥义书》的起源 77
　　《奥义书》的重要概念 78
第四节 充满灵性地生活在日常世界中 82
　　《薄伽梵歌》 82
　　种姓制度 83
　　生命的阶段 84
　　人生的目标 85
　　瑜伽 85
第五节 虔敬的印度教 88
　　三神一体：大梵天、毗湿奴和湿婆 89
　　对神圣女性的崇拜：提毗 93
　　作为崇拜对象的古鲁 95
　　敬拜动物 96
　　宗教虔敬的其他形式 96
第六节 个人体验：巴厘岛的一场火葬 97
第七节 印度教和艺术 99
第八节 印度教：现代的挑战 100
　　莫罕达斯·甘地 102

　　当代的问题 104
　　印度域外的印度影响 105
　　延伸阅读：克里希那劝告阿周那 109
　　自我测试 109
　　参考资源 110
　　重要词汇 112
　　注　释 113

第四章 佛　教 117

第一节 初次相遇 117
第二节 佛教的开端：佛陀生平 118
第三节 佛教的基本教义 122
　　三法印 123
　　四圣谛和八正道 125
第四节 印度思想对早期佛教教导的影响 127
　　不杀生："不伤害" 127
　　灵魂和业 128
　　涅　槃 128
第五节 佛教的早期发展 129
第六节 小乘佛教：长老的觉悟之道 131
　　小乘佛教的教导和经典 135
　　小乘佛教的艺术和建筑 135
第七节 大乘佛教："大渡船" 136
　　新的理想：慈悲和菩萨 136

大乘佛教的思想及世界观　138
　　大乘佛教的经典　141
　　大乘佛教在东亚的传播　143
　　大乘佛教中的主要流派　146
第八节　金刚乘佛教："金刚乘"　153
　　藏传佛教的起源、实践和经典　154
　　礼仪和艺术　155
第九节　个人体验：僧侣和池塘　158
第十节　佛教和现代世界　159
　　延伸阅读：《法句经》："我们是我们所思"　164
　　自我测试　165
　　参考资源　166
　　重要词汇　167
　　注　释　168

　　斯特纳格瓦西派　179
　　特罗般提派　179
第八节　耆那教的仪式　180
第九节　耆那教的经典　180
第十节　耆那教的建筑和艺术　181
第十一节　锡克教背景　181
第十二节　那纳克和锡克教的起源　182
第十三节　那纳克的世界观和教导　183
第十四节　锡克教的发展　184
第十五节　锡克教的圣典　185
第十六节　锡克教和现代世界　186
第十七节　个人体验：拜访金庙　186
　　延伸阅读：《阿底格兰特》论妇女　188
　　自我测试　188
　　参考资源　189
　　重要词汇　190
　　注　释　191

第五章　耆那教和锡克教　171

第一节　初次相遇　171
第二节　共同的起源　172
第三节　耆那教背景　172
第四节　大雄和耆那教的起源　173
第五节　世界观　175
第六节　耆那教的伦理学　176
第七节　耆那教的发展及分支　177
　　天衣派　179
　　白衣派　179

第六章　道教和儒教　193

第一节　初次相遇　193
第二节　中国传统信仰中的基本要素　194
第三节　道教的起源　196
　　老子　197
　　《道德经》　198
　　庄子　200

第四节　道教早期的基本教义　201
第五节　道教与对长生不老的追求　202
第六节　道教的发展　203
第七节　道教与艺术　205
第八节　道教与现代世界　208
第九节　儒教之道　209
第十节　孔子生平　210
第十一节　根据儒教价值观而生活　210
　　五　伦　212
　　儒教的德性　215
第十二节　儒教典籍　216
第十三节　儒教的发展　218
　　哲学流派　218
　　儒教演变为一个宗教体系　220
第十四节　儒教与艺术　221
第十五节　个人体验：清明节，一个春天的祭祀仪式　223
第十六节　儒教与现代世界　225
　　延伸阅读：《论语》中的谚语　227
　　自我测试　228
　　参考资源　228
　　重要词汇　230
　　注　释　231

第二节　神道教的起源　236
第三节　神道教的历史发展　238
　　与佛教和儒教的相处　239
　　神道教和日本的国家认同　240
第四节　神道教信仰的实质　241
第五节　神道教宗教实践　243
　　神社里的崇拜活动　243
　　新年的庆祝仪式　245
　　关于四季和大自然的纪念活动　245
　　其他的宗教习俗　246
第六节　个人体验：一座高过京都的寺庙　247
第七节　神道教与艺术　248
　　建　筑　248
　　音乐与舞蹈　249
第八节　神道教的分支：新宗教　250
第九节　神道教与现代世界　252
　　延伸阅读：《古事记》　253
　　自我测试　253
　　参考资源　254
　　重要词汇　256
　　注　释　257

第七章　神道教　235

第一节　初次相遇　235

第八章　犹太教　259

第一节　初次相遇　259

第二节 犹太历史概观 260
第三节 希伯来圣经 262
第四节 圣经历史 265
  开端：起源的故事 265
  男祖先和女祖先的世界 267
  摩西和律法 269
  《士师记》和《列王纪》 274
  流亡与囚禁 276
  返回耶路撒冷与第二圣殿 276
第五节 第二圣殿时期的文化冲突 278
  塞琉西王朝时期 279
  回应外来的影响 279
第六节 拉比犹太教的发展 281
  经文的正典化与塔木德 281
  伊斯兰教与中世纪的犹太教 282
  卡巴拉派 283
  基督教和中世纪的犹太教 283
第七节 质疑与改革 285
第八节 犹太教与现代世界 285
  希特勒与大屠杀 286
  以色列国的创立 287
第九节 个人体验：参访安妮·弗兰克之家 288
第十节 犹太教信仰 288
第十一节 宗教实践 289
  犹太教的安息日 289
  圣 日 291
  犹太教的饮食规定 294
  其他宗教实践 295
第十二节 当代犹太教的分裂 296
  基于文化的分歧 296
  基于仪式的分歧 297
第十三节 犹太人的身份认同与犹太教的未来 299

  延伸阅读：安息日蜡烛的祝福 301
  自我测试 302
  参考资源 303
  重要词汇 305
  注 释 306

第九章 基督教 311

第一节 初次相遇 311
第二节 耶稣生平及教导 313
  《新约》福音书中的耶稣 316
  两条伟大的诫命 319
第三节 早期基督教的信仰和历史 320
  保罗与保罗的基督教 321
  《新约》：结构及其艺术性 323
  基督教的圣典 328
第四节 基督教的早期传播 328
第五节 罗马帝国末期基督教所受的影响 334
  奥古斯丁 335
  本尼迪克特与修道理想 335
第六节 东方正教会 337
  早期发展 337
  东正教会中的修道主义 338
  东正教会的信仰 339

第七节　个人体验：在阿索斯山上修道院的见闻　341

第八节　中世纪的基督教　342
　　基督教神秘主义　343
　　十字军东征、宗教裁判所与宗教修会的确立　344
　　中世纪末期　345

第九节　新教的宗教改革　346
　　马丁·路德　347
　　新教的派别　349

第十节　新教宗教改革之后基督宗教的发展　352
　　天主教的改革（反宗教改革）　352
　　基督教的全球传播　353
　　非传统的基督宗派　356

第十一节　基督教的实践　360
　　圣礼与其他礼仪　360
　　基督教的年历　361
　　马利亚崇拜　365

第十二节　基督教与艺术　366
　　建　筑　366
　　艺　术　368
　　音　乐　369

第十三节　当基督宗教面对现代世界　371
　　科学与世俗主义的挑战　371
　　当代的影响与发展　372
　　延伸阅读：好撒玛利亚人　376
　　自我测试　376
　　参考资源　378
　　重要词汇　380
　　注　释　382

第十章　伊斯兰教　385

第一节　初次相遇　385

第二节　穆罕默德生平及教导　386

第三节　伊斯兰的实质　390
　　伊斯兰教五功　393
　　伊斯兰教的其他宗教仪式　398
　　经典：《古兰经》　402

第四节　伊斯兰教的历史发展　403
　　扩张与巩固　404
　　伊斯兰教内部什叶派与逊尼派的分裂　405

第五节　苏菲主义：伊斯兰教的神秘主义　411
　　苏菲信仰　411
　　安萨里和苏菲兄弟会　415
　　苏菲主义的宗教实践与诗歌　416

第六节　个人体验：摩洛哥的斋月　417

第七节　伊斯兰教的律法与哲学　420
　　伊斯兰教的律法与法律制度　421
　　伊斯兰教的哲学与神学　421

第八节　伊斯兰教与艺术　423
　　建　筑　423
　　艺　术　426

第九节　伊斯兰教与现代世界　428
　　伊斯兰教与当代生活　429

伊斯兰教在西方及其他地方　434
　　延伸阅读：《古兰经》　440
　　自我测试　440
　　参考资源　441
　　重要词汇　443
　　注　释　444

第十一章　其他宗教　449

第一节　初次相遇　449
第二节　新兴宗教的起源　450
第三节　当代的异教主义：维卡教与德鲁伊教　452
第四节　约鲁巴传统中的宗教：萨泰里阿教、巫毒教、康得布雷教　456
第五节　神智派　460
第六节　科学论派（山达基教）　462
第七节　高台教　464
第八节　拉斯塔法里教　466
第九节　巴哈伊教　470
第十节　新兴宗教运动：一个独特的角色　473
第十一节　个人体验：为女神庆祝　474
　　延伸阅读：《阴影之书》　476
　　自我测试　477
　　参考资源　478
　　重要词汇　479
　　注　释　481

第十二章　现代研究　483

第一节　初次相遇　483
第二节　现代对宗教未来的影响　484
　　新的世界秩序　485
　　文化多元论与内心信仰的对话　486
　　女权主义运动　487
　　对人类性生活的重新评价　489
　　科学与技术　490
　　科学与伦理问题　492
　　世俗主义　494
　　环境的挑战　497
第三节　嬗变带来的持续性挑战　497
第四节　环境保护论：一种宗教现象？　501
第五节　兼收并蓄的灵性　503
　　相互关联　505
　　尊敬与尊重　506
　　冥思的实践　508
第六节　个人体验：午餐　510
　　延伸阅读：爱因斯坦与宗教　512
　　自我测试　512
　　参考资源　513
　　注　释　515

出版后记　517

序 言

宗教总是不那么容易受到人们的喜爱。就像传播了数百年的所有制度一样，世界上所有伟大宗教都有着多变的历史。我的一位热衷于宗教的朋友，把这些历史事件划分为两类："宗教好的一面"和"宗教坏的一面"。也许这是一种现实主义的评价，这种划分是明智的。我们并不指望所有的人一直都是美善的。为什么我们要希望宗教是同样的呢？

为了回应今日世界的宗教紧张关系，大量猛烈批判宗教的著作面世了。有的作品述说以宗教名义做出的残酷无情的事情。其他作品述说宗教对女性、少数派和特定信仰之外的人的压迫。有几部书籍倡导没有信仰是最理性的生活方式。

也许有些读者受到这些书籍的影响，会要求我谈谈宗教中不愉快的那一方面——宗教能够施加的社会压力、宗教的限制及其可能带来的伤害。虽然我经常想到宗教的这个黑暗面，但我是如此喜爱宗教，以至于我更愿意去注视它们的美好，而非它们的瑕疵。但是我的确同意我们必须认识和探讨这些瑕疵。

当我思考宗教更危险方面的时候，我记起我年轻时候与一位姑母的一次对话。我注意到她用怪异的反手法来写字，就问她："为什么您的书法倾向于左边？"她告诉我当她还是一个女孩的时候，她进了一所宗教小学。尽管她习惯用左手写字，但是一直被迫使用右手写字。她告诉我说："如果我尝试用我的左手来写字，那么我的老师就会用一把尺子打我的手。"但是，她说她永远都没有习惯用右手来写字，结果就出现了她的怪异反手写字法。现在，当我回想起这个故事的时候，它似乎是一个很小但又能激发思考的例子，人们和他们的制度——包括宗教制度——本意是要做好事，但是反而带来了伤害。

宗教在许多方面给人类造成了伤害。有的宗教容忍、宽恕奴隶制，甚至为之辩护。宗教压制少数派。宗教强迫个人在思想和行动上顺从，人们有时候被以宗教的名义残杀，原因只是他们拒绝顺从。宗教已经促成并且经常支配着基于性别的分歧。宗教也容忍社会阶层分化并且经常为其做辩护。它们所支持的政治制度至少曾同样频繁地被它们反对过。此教材的这个版本尝试更仔细地观察这些问题，因此也就要求学生们从多个角度来看待宗教。

然而，此版本教材中最令人兴奋的地方，也许与今日宗教中许多积极的东西有关。在以往的版本中，我主要是在最后一章里处理环境主义，并且寥寥数语，只把它当作一种刚刚出现的宗教进展。但如今，仅在几年之内，环境主义已经变成了重要的宗教关怀。如今，几乎所有的主流宗教都有环境主义运动的身影。反思这一事实，我甚至开始乐于使用这个观念，即某种"绿色宗教"作为一种新的超宗教正在兴起。虽然宗教的变化趋于缓慢，这种发展表明宗教也能迅速变化，并且能很好地回应世界的真实需求。

封面的主题（这里指原版封面——编注）用的是流水图案。它象征着宗教所允诺的净化、新生和希望。它也象征和所有事物一样，持续变化是宗教的一个基本特点。流水应该会使我们想起宗教更新其信众及其本身的可能性。

这本书是为初学者而写的。每一个新的版本中，我都试图忠实于那些刚开始研究宗教的读者。有五个目标在指导我：

1. **呈现精华**。一个试图成为有见识的世界公民的人，关于主要的宗教，他想知道些什么？本书力图呈现最基本的内容，而不是更多的东西。但是它也指示出额外的地方、文本和相关人物，鼓励大家做进一步的探索。

2. **内容明晰**。许多年以前，我听说过这个讽刺性的格言："当你看见雄心抱负的火花，就向它泼冷水吧！"我了解学生们都怀着学习的热忱来到世界宗教课堂上。但是他们最初的热情很容易被以过于学究的语言表达出来的繁琐细节给扑灭。我尽量以最清晰的语言讲授重要的内容。地图、图片、定义和历史时间检索也写进了教材，用以确保明晰性。

3. **显示宗教的多方面本质**。一个宗教不只是一个信仰的体系。它也是一种信仰表达方式的集合——包括仪式、食物、衣着、艺术、建筑、朝圣、经典和音乐。本书使用精心挑选的照片，力图清晰展现宗教的多面性。

4. **鼓励直接体验**。通过直接的体验，宗教能够得到更好的理解。我在此鼓励学生们在国内外游历时，想象并寻求直接的宗教体验。为了说明个人探索的兴奋之情，每一章里几乎都有标题为"初次相遇"和"个人体验"的部分。

5. **兼顾学术和尊重**。本书必然从某种学术观点来展示宗教。同时，它也力图展现出对每一个生活在宗教传统里的人的思想和情感的尊重。

在每一章的简短篇幅里，许多应该提到的东西却不能细述；因此，简化和概括就是不可避免的。还有，没有一个人能够通晓所有的宗教知识领域，了解宗教的方方面面，就好比囊括所有星球的银河系一样。但教授和学生们可以用他们自己的洞察和解释来弥补这些缺陷。

我想要在此版本中覆盖的要点已经出现在以前的每一个版本之中了：帮助学习宗教的学生理解人们通常觉得复杂的世界宗教内容。除了充分地关注宗教压抑和宗教基础上的环境主义，我还在每一章的末尾添加了解说性的阅读材料，还列有学生们会感兴趣的书籍、电影、音乐，以及互联网网站。在基督教一章里，新的"初次相遇"把注意力放在了一个鲜为人知的基督教类型上，它很古老，仍然存在。在伊斯兰教一章里，新的"初次相遇"考察了伊斯兰教在马来西亚——最为迅速工业化的伊斯兰国家之一——的当代发展，这种发展也许会在其他伊斯兰国家里发生。马来西亚和土耳其两个国家的新图片，反映了在这两个现代化国家中伊斯兰教是如何转变的。最后一章末尾的"个人体验"回应了对当今宗教的许多批评。每章结尾处的参考资源表都有所扩展。（指导教师也许会建议使用其他的网络资源，包括相关的 YouTube 主题。）每章末尾都添加了一份名为"自我测试"的测验。虽然许多关于理智探索和体验旅行的建议已经被放在了互联网上，那些建议对于大多数学生的理解来说仍然是重要的。

本书提供了丰富的补充材料，用以帮助学生和指导教师。在线的学习中心是 www.mhhe.com/molloy5e，这是基于互联网的资源，可供学生和专任教师使用。

指导教师的资源

指导教师的资源需要密码才可以访问，提供了如下信息：

- **指导教师手册**。包括每一章的大纲、学习目标、补充讲义、为充分理解而做出的注释、讨论的开启者、讨论的发起，以及视频资源。
- **测试题库**。包括750道多项选择题和简答题。

- 计算机化的测试题库。麦格劳–希尔（McGraw-Hill）的 EZ 测验是一个灵活方便的电子测试程序。它提供了更大范围的问题类型，指导教师可以补充自己的问题。任何测验都可以用课程管理系统调出来使用。本程序适用于 Windows 和 Macintosh 操作系统。
- 幻灯片。每一章都有，概括了关键的概念和观念。

学生资源

在线学习中心 www.mhhe.com/molloy5e，是一个强大的学生学习工具，提供了更大范围的材料来增进学习和简化研究。这些资源对于此版本来说是关键的，它包括如下内容：

- 学生测验题。使学生可以检验对课堂内容的理解程度。这些测验题可以直接发电子邮件给指导教师。
- 章节目标和总结。引导和关注学生对每一章的阅读。
- 可能的论文主题。为进一步研究和深入探索每一章的主题提供建议。
- 反思练习。鼓励学生们探讨和构造重要章节的概念，通过练习，把自己的观念和思想植入其中。
- 宗教间的比较。提出问题，帮助学生们对每一章中讨论的宗教做出比较。
- "更充分的理解"和"教室之外的宗教"。最初只出现在教材章节的末尾，现在第五版可以在线阅览和上载。

电子教材

本教材的电子版可在网站 www.coursesmart.com 获得。在 CourseSmart 上，学生们可以不买印刷本教材，既能节省下来一笔钱，又能减少对环境的影响，并且获得了强大的网络工具。你可以在线浏览 CourseSmart 电子教材，或者把它下载到电脑上。CourseSmart 电子教材使得学生可以搜索更多的文本，添加亮点和注释，并与同学分享注释。访问网站 www.coursesmart.com 可进行尝试并获得更多信息。

致　谢

许多伟大的教师和我一道分享了他们的洞见——我只不过是火炬传递者。我将永远对沃尔特·达斯皮特（Walter Daspit）、索伯哈拉尼·巴苏（Sobharani Basu）、阿布正雄（Abe Masao）、艾略特·多伊奇（Eliot Deutsch）、温菲尔德·勒格莱（Winfield Nagley）和大卫·克德（David Kidd）致以特别的谢意。回想他们独一无二的人格魅力是一件多么高兴的事情。我要感谢火奴鲁鲁的东西方研究中心，他们为我早期在亚洲的研究提供了资助，我也鼓励学生和教授们去申请那儿和别的地方的资助。几个修道院（寺院）非常友好，允许我分享它们的生活：韩国的松广寺（Songgwang-sa）、日本的圆觉寺（Engaku-zan）、明尼苏达州的圣约翰大修道院（Saint John's Abbey）和加利福尼亚州的圣安德烈大修道院（Saint Andrew's Abbey）。我要向已故的阿尔登·潘恩（Alden Paine）、肯·金（Ken King）和琼–大卫·哈格（John-David Hague）致谢，他们在编辑上对我的鼓励很有洞察力。感谢马克·乔格夫（Mark Georgiev），他是我在麦格劳-希尔（McGraw-Hill）的编辑，因为他的随时帮助；感谢布里安·皮科（Brian Peko）的照片研究工作；感谢罗宾·莫亚特（Robin Mouat）的优秀图解工作；感谢卡桑德拉·楚（Cassandra Chu）的封面设计工作；感谢亚当·伯路德（Adam Beroud），我的行业拓展编辑；感谢安德里亚·麦格克里克（Andrea McCarrick），我最好的誊写编辑。因为有如此众多的人参与到此项工作中来，而且我们身处不同的地方，从火奴鲁鲁到波士顿，所以完美就是很难实现的目标。尽管面临那些挑战，但是看到那么多的东西被证明是正确的，是多么美妙的事情啊。但是没完没了的清样工作和文字插图工作，就好比给自家的小狗洗澡一样烦人。如果你发现什么毛病的话，我向你致歉。

我也要感谢那些给早期版本提供了意见的学者和教师们：

Nikki Bado-Fralick, Iowa State University; Lee W. Bailey, Ithaca College; Robert M. Baum, Iowa State University; Wendell Charles Beane, University of Wisconsin-Oshkosh; Ann Berliner, California State University-Fresno; Dan Breslauer, University of Kansas; Charlene Embrey Burns, Loyola University-New Orleans; Madhav M. Deshpande, University of Michigan; D. Kerry Edwards, Red Rocks Community College; Brett Greider, University of Wisconsin-Eau Claire; Rita M. Gross, University of Wisconsin-Eau Claire; George Alfred James, University of North Texas; Philip Jenkins, Penn State; Ramdas Lamb, University of Hawaii; Richard A. Layton, University of Illinois-Urbana-Champaign; Jared Ludlow, Brigham Young University Hawaii; R. F. Lumpp, Regis University; Thomas F. MacMillan, Mendocino College; Mark Mac Williams, Saint Lawrence University; Robert J. Miller, Midway College; G. David Panisnick, Honolulu Community College; Robert Platzner, California State University-Sacramento; Kenneth Rose, Christopher Newport University; Lori Rowlett, University of Wisconsin-Eau Claire; Stephen Sapp, University of Miami; Gerald Michael Schnabel, Bemidji State University; John G. Spiro, Illinois Wesleyan University; R. C. Trussell, Pikes Peak Community College; David D. Waara, Western Michigan University; Ralph Wedeking, Iowa Central Community College; Brannon M. Wheeler, University of Washington; and Daniel Wolne, University of New Mexico.

我还要向那些给第五版评论者和提供教学方法建议的人致歉：

评论者	来自学校
Richard Anderson	Oregon State University
Lulrick Balzora	Broward College
Harold Bruen	Wake Tech Community College
Dexter Callendar	University of Miami-Coral Gables
Lee Carter	Glendale Community College, Arizona
Ron Cooper	Central Florida Community College
Michele Desmarais	University of Nebrasha-Omaha

Jonathan Ebel	University of Illinois–Urbana–Champaign
Tanya Erzen	Ohio State University–Columbus
Steven Fink	University of Wisconsin–Eau Claire
Mark Hanshaw	Richland College
Sarah McCombs	University of West Florida
Sarah Paulk	Okaloosa–Walton College
Lloyd Pflueger	Truman State University
Maria Selvidge	University of Central Missouri
Mark Stewart	San Joaquin Delta College

教学方法建议者	来自学校
Lulrick Balzora	Broward College
Dexter Callendar	University of Miami–Coral Gables
Ron Cooper	Central Florida Community College
Steven Fink	University of Wisconsin–Eau Claire
Sarah McCombs	University of West Florida
Mark Stewart	San Joaquin Delta College

　　作为他们评价的一个结果，本书远没有那么好。虽然这是老生常谈，但是本书还受到数以百计的其他人的影响，我也要向他们致以我最诚挚的谢意。他们在我心里播下了种子，我希望能够开花结果。

第一章

理解宗教

第一节　初次相遇

　　数月以来，你一直都想摆脱工作和日常生活，最近有些朋友邀请你和他们一块去山间小木屋度假。起初你有些犹豫不决，因为这不是你心里所想的那种旅行。再三思考之后，你认识到和朋友远游，只不过是你需要改变生活节奏。

　　现在，三个星期之后，你整日都在旅行，并且已经到了山间小木屋。那是临近黄昏的时刻，天气很冷，你能够看到呼出来的气。你的朋友们热烈地欢迎你，起居室里燃起了温暖的炉火。主办人给你看你的房间，并带你简单地四处参观了一下。接着你们共进晚餐——通心粉、蘑菇和沙拉。席间你们讨论自己的工作、可笑的亲戚们和你们共同的朋友。每一个人都捧腹大笑，度过了一段美好的时光。可以肯定的是：到此一游，绝对是不虚此行。

　　晚餐后，你的朋友们不会让你帮忙刷盘子的。你说着"我认为我该出去散散步"，便披上了你厚实的带有兜帽的夹克。当你出去关上前门之后，你就进入了一个暮色朦胧的世界。

首先打动你的是空气中的气味。不像是木头燃烧的气味——大概像燃香的味道。这倒是完全与这股寒气相配的。你稍走远一点，离开环绕着房子的林中空地，突然间你便走在高大松树下的小路上。当一阵风刮来的时候，树林间回响着令人寒颤、飒飒作响的声音。确切地说不是飒飒作响，更像是一种突袭。你回想起曾经读到过有人把松林间的风声视为来自永恒的声音。

接着往前，你会发现自己沿着山脊行走。在你的左边，你会看到繁星点缀在湛蓝色的天空中。在你的右边，仍有亮光。你也明白了为什么感到寒冷：你实际上已经身处云端之上。你坐在一块平坦的岩石上，戴上你的兜帽，观看松树的剪影在浓密的夜幕降临时渐渐消失得无影无踪。

你很难挪动身步。你周遭的星星逐渐向你显现出来，很快它们就像野地里绽放的花朵那样，越来越多。头顶上的众多星星就像一条河流一样——那一定是银河。你站起来，转了一圈要把这一切阅尽。

你几乎已经忘记了星星。你回到家后从未多看它们几眼，更不用说思考它们了。在你生活的地方，星星只出现在电影里。而在这里，星星是神秘的光点。你记得你曾经学习过的一切：星球如此遥远，以致它们的光线要耗费数百万年才能到达地球。你知道你所看到的许多星星实际上也许不再存在了。只有它们的光芒还存在着。

最后，你开始步行走回小木屋。一簇云生起在地平线上，后面正在爬升的月亮照亮了它。你看到了远处朋友们的小木屋。从这儿看，它显得如此小。星星看起来就像永恒真实的世界，而房屋显得很小，是暂时性的东西——这很像一个印在伟大的宇宙之书上的问题。许多问题向你袭来。我们人类到底是谁？我们与宇宙有何不同？我们是任何宇宙计划的一部分吗？宇宙从根本上说有什么意义吗？又会有什么意义呢？

第二节 何为宗教？

《星空》是一幅深受世人欢迎的画作，描绘了布满明亮的、旋转着的星球的夜空。此画是作者临终前所作，概括了文森特·梵高（Vincent van Gogh, 1853—1890）的思想观点。梵高是一位极其宗教性的人物，他原本打算像自己的父亲一样，当一名荷兰改革宗教会按立的牧师。但是他对自己所学的东西产生了抵触情绪，并且与教会当局发生了争吵。有一段时期，他当了一名平信徒传道者，在比利时与贫困矿工一道工作。当他27岁的时候，他的哥哥西奥，一名艺术品商人，鼓励他从事绘画。

虽然有了新的职业，梵高继续认为自己是传道人。如果他不可能用话语来传道的话，他就用绘画作品来传道。他的绘画主题都是些生活中的简单事物：树木、向日葵、藤椅、小桥、邮递员、正在播种的农夫、正在吃饭的农民和正忙于收割的工人。面对日常生活中的事物和普通人，他能感受到一种不可思议，他在绘画中表达了这种静谧的敬畏。这就是他对神圣性的独特感受，他看到它萦绕在自己周围，并且想分享它。大概是作为一个提醒标志，在《星空》中，梵高把小教堂尖塔放在夜空之下，就像一个指南针指向繁星。天国及其旋涡般的火焰说明了梵高对于整个宇宙的神圣特征的看法。

宗教的关键特征

当人们开始研究宗教的时候，他们从自己成长于其中的宗教，或者从自己社会的主流宗教中借用了许多观念。例如，他们承认每一个宗教都有一部圣书，或者崇拜一个神圣的存在，或者有一整套的诫命。的确，许多宗教确实都有这些特征，但有些宗教则没有。例如神道教就没有一整套诫命，也不教导一种道德规范；禅宗佛教并不崇拜一种神圣的存在；而且许多部落宗教也没有成文的经典。然而，我们都称它们为宗教。那么，如果没有一些共同的元素的话，应该要有什么东西才可以被称为宗教呢？

对于许多学者来说，一个明显的起点是去检查语言学上的线索：宗教（religion）一词的语言学词根是什么？有趣的是，该词的拉丁词根是 re-，意思是"再次"，以及 lig-，意思是"参与"或"联结"[1]（就像词语 ligament 一样）。如果这些词源是正确的，那么宗教就指把我们自然的和人类的世界与神圣世界联系起来。在古典拉丁语中，词语宗教意指对诸神的敬畏，并且关注合适的仪式。[2] 然而，我们必须认识到术语宗教是在西方文化中产生的，当应用在跨文化的语境时，恐怕不完全恰当。例如，用灵修方法（spiritual path）来指称别的宗教体系，也许是个更恰当的名称。当我们使用长期固定下来的术语宗教的时候，我们要在心里牢记这一点。

传统的词典对宗教一词的定义一般是这样的：一种包含崇拜上帝或诸神、祈祷、礼仪和道德规范的信仰体系。但是有如此众多的例外，使得这种定义既不全面也不准确。所以还不如说宗教一定有某些特征，列举出通常被认为是宗教的东西里的一系列特征要更有用一些。只要显示出一定数量的这些特征，我们就可以称之为宗教。然而，学者们的确指出，我们通常所称的宗教在某种程度上体现出了八个要素[3]：

信仰体系（belief system）：几种信念集合在一起，对宇宙及人类在其中的位置形成了相当完全和系统化的解释；这也被称为世界观（worldview）。

团契（community）：一群信徒共同分享信仰体系，并践行

> 梵高的《星空》提供了一个令人惊异的视角。一种世人熟悉而又惬意的友邻关系，在巨大的、神秘的，甚至是令人畏惧的宇宙面前相形见绌。

> 宗教［是］一种建立于存在神圣性的理解之上的生活方式。
> ——生物学家朱利安·赫胥黎[4]

宗教礼仪通常是对一个宗教关键故事的象征性重现。此处是不丹的僧侣们在表演一种舞蹈，讲述的是流传了数代的故事。

着其理想。

核心神话（central myths）：这些故事表达出了一群人中重复讲述和经常制定的宗教信念。核心神话故事的例子包含印度克里希纳神生平中的重要事件、佛陀的觉悟体验、以色列人为摆脱埃及人的压迫而出逃、耶稣的死而复活，或者穆罕默德从麦加逃到麦地那。学者们把那些核心故事称为神话（myths）。我们应该指出词语神话，就像学者们使用的那样，是一个特殊的术语。它自身并不意指这些故事在历史上是不真实的（在普通用法的意义上），而仅指这些故事是各自宗教的核心。

礼仪（ritual）：信念通过各种仪式而被践行和落实。

伦理（ethics）：确立的人的行为的法则。这些通常被视为来自超自然的王国的启示，但是它们也能被视为社会所产生的指导原则。

独特的情感体验（characteristic emotional experiences）：在诸多情感体验中，特别与宗教相关的是惧怕、内疚、敬畏、神秘、热忱、皈依、"重生"、解脱、狂迷、狂喜和内在的和平。

器物表达（material expression）：宗教使用一些令人吃惊的变化多样的物质要素——雕像、绘画、音乐作品（包括吟诵）、音乐器具、礼仪用具、鲜花、香水、衣饰、建筑和特殊的地点。

神圣性（sacredness）：一种对神圣和世俗界作出的区分；通常通过有意识地使用不同的语言、衣饰和建筑强调这种区分。某些物体、行为、人和地点都会分有神圣性，或者表达出神圣性。

神圣者

所有的宗教都关注实在的最深层次，而且对于许多宗教来说，每一件事物的核心和起源都是神圣和神秘的。有许多名字被用来称呼这种神秘的起源性的神圣：梵、道、伟大的母亲、神圣的父母、伟大的精神、存在的根基、伟大的秘密、终极者、绝对者、神、神圣者。然而，人们以不同的方式来体验和解释神圣的实在性，正如我们将要在以下章节中看到的那样。

一个称呼神圣实在的惯用词汇是上帝（God），尤其是在西方世界里，而**一神论**（monotheism）是一个意指只信一个上帝的术语。在某些信仰体系里，上帝一词通常含有一位宇宙人格的概念——一位拥有意志和理智的神圣存在，他是公正的、慈悲的，拥有无边的美德。上帝也被称为是全能者（omnipotent，"拥有胜过宇宙的全部力量"）。虽然上帝可以被认为拥有人性的一面，所有的一神宗教都赞同上帝的真实性要超越一切范畴：上帝被认为是纯粹的精神，不能完全用语言去界定。这样一种强大的上帝观念，与宇宙十分有别，描述了一种活跃在世上，但又不同于世间的神圣性。那就是说，上帝是**超越的**（transcendent）——从世界和一切普通的实在物来看是无限的。

然而，在某些宗教里，神圣的实在不被视为拥有人格化的属性，而更像是一种能量或者神秘的力量。神圣者经常被说成是某种**内在**（immanent）于宇宙的东西。在某些宗教里存在一种倾向，认为宇宙不仅处于创化之中，而且也是神圣本性自身的一种显现，其中没有什么与神圣者相分离。这种观点被称为**泛神论**（pantheism，希腊语称为"诸神"），它把神圣者看作是可在有形世界及其过程中发现的。换句话说，自然本身就是神圣的。

一些宗教以相信有许多共同存在的神灵的方式崇拜神圣实在，这种观点被称为**多神论**（polytheism）。诸多神灵可以是相当独立的实在物，每一位掌管实在的某一个方面（例如自然界的神灵），或者他们也可以是同一个基本神圣实在的多元表达。

最近几个世纪，我们发现了一种否定任何上帝或神灵存在的倾向，即**无神论**（atheism）。它主张上帝的存在不可能得到证明，即**不可知论**（agnosticism），或者仅仅是没有明确的立场，即**非有神论**（nontheism）。（这种倾向严格来说并不是现代的；它们也可以在某些古代的信仰体系里找到，例如耆那教，参见第五章）。然而，如果有人大胆地把宗教看作一种"灵修方法"，那么即使基于这三种观点之上的信仰体系——特别是当它们表现出别的典型宗教特征的时候——也能被叫作宗教。

宗教象征主义

诸多宗教都表达了对于实在的看法，大多数宗教都谈到了神圣者。然而因为各宗教的教导如此不同，也因为有些宗教间的价值观相互冲突，所以通常就认为宗教是象征性地（symbolically）表达了真理。象征（符号）是某种相当具体、常见且普遍的事物,能够表达并帮助人类强烈地体验到某种更为复杂的东西。例如,水代表着灵性上的洁净,太阳代表健康,山峰代表力量,而一个圆圈代表永恒。在宗教艺术和礼仪中,我们经常有意识和无意识地发现象征主义。

象征及其解释在梦的分析中长期扮演着重要的角色。人们曾经共同把梦当作来自超自然王国的信息,认为它提供了一把打开未来之门的钥匙。虽然这种解释方式在今天不太流行,但许多人仍然认为梦是重要的。西格蒙德·弗洛伊德(Sigmund Freud,1856—1939)就把他关于梦的观点解释为进入心灵中潜意识层面的一扇门。他主张通过对梦的象征性理解,我们能够理解自己内心中隐秘的需要和恐惧。例如迷失在森林里的梦可以解释为生活中失去方向感而产生的焦虑,或者飞起来的梦能被解释为追求自由的要求。

卡尔·古斯塔夫·荣格(Karl Gustav Jung,1875—1961)把以象征为核心的释梦方法扩展到对宗教的解释中。有些宗教领袖一直对这种方法持谨慎态度——这种方法通过神话学家约瑟夫·坎贝尔(Joseph Campbell)流行开来——以免任何事物都可以变成象征,使一切字面上的含义丧失。宗教专家们则反对这种观点:因为共有相似的象征,两个宗教基本上又相同。

然而,也有许多学者和宗教领袖认识到象征性解释的重要性,因为宗教象征符号会指示潜藏于所有宗教之下的某些结构。毫无疑问,许多相同的象征性图像和行为重复地出现在世上的宗教中。例如,水被用于各种类型的宗教礼仪中:印度人在恒河里沐浴;基督徒用水来洗礼;犹太人用水举行清洁之礼;穆斯林和神道教徒在祈祷之前都要沐浴净身。在各个宗教传统中,灰烬也被广泛地用来意指死亡和灵性的世界:部落宗教在舞蹈庆祝仪式中使用灰烬;印度教圣人用来表示苦行主义和超凡脱俗;许多基督徒脑门上涂抹了灰烬,为的是谨守圣灰节。同样地,宗教建筑也被置于山上,或者建造在大土堆上,只有通过梯子才能到达——所有一切都表明了圣山的象征意义,在那里可以遇到神圣者。

我们也在不同的宗教中看到有关转化的象征故事在不断重现:一种原初的纯洁性的状态堕落到污染和无序之中;一场反抗无序的战争打响了,在一种牺牲性的死亡中达到了高潮;结果产生了新的纯洁性和秩序感。学者也指出宗教经常以象征性的方式来使用词语。例如,神性经常被描述为存在于"上方",洞见被描述为"觉醒",一个人会感受到"重生",如此等等。

当以这种方式检视时,宗教象征、神话和词源学有时意指一种所有的宗教都在言说的普

根据荣格的观点,曼荼罗说明了"到达中心和实现个性化的途径"。

遍的象征性"语言"。那些对宗教象征主义感兴趣的人希望对象征"语言"的理解，会有助于解释所有宗教中一般来说最重要的一切。

对宗教起源的思考

宗教为何存在？最明显的答案是它满足了人类的需要。我们最主要的需求之一是一种对待我们的必死性的方式。因为我们和我们所爱的人必须死亡，我们不得不面对死亡的痛苦，以及不可避免会去问是否真有灵魂、死后的生活或者重生。人们经常希冀宗教给予答案。宗教能帮助我们对付死亡，而且宗教礼仪也能给我们提供安慰。人们也渴望好的健康状态、正常的食物供给，以及能够确保这些实现的生存条件（例如合适的气候）。在现代科学发展之前，人类希冀宗教能带来实际的利益，他们到现在也这么做。

人类在本质上也是社会性的，宗教提供了伙伴关系和来自团体归属的满足感。而且，宗教通常也提供了一种关怀他人需求的机构。

人类有一种追寻和创造表达的艺术形式的需求。宗教刺激了艺术、音乐和舞蹈，它也一直是世界上许多极富想象力的建筑的灵感来源。宗教不仅利用了多重

在进入伊斯坦布尔的这座清真寺之前，这些人都要象征性地以水洗净自己。在清洗区背后矗立着圣谢尔盖和巴克斯教堂的洗礼池，在那里人们曾经通过洗礼变成基督徒。教堂在奥斯曼人征服君士坦丁堡后转变成了清真寺。

一个用来祭祀的称作神使 Chac-Mool 的石像，坐在墨西哥的奇琴依查太阳神金字塔废墟之前。

艺术，而且也把它们统合到一种活生生的、通常是美丽的完满之中。

也许宗教最基本的功能是回应我们对于自己和宇宙的天然好奇感——我们对星空的冥想。通过回答我们是谁、来自何处以及去往何方这样的问题，宗教有助于使我们与周遭的未知宇宙发生关联。

自从科学时代的曙光来临之后，与宗教起源相关的问题使许多思想家有了一种新的紧迫性。许多人指出宗教是一种人们试图在一个无情宇宙中寻求安全的产物。英国人类学家爱德华·伯内特·泰勒（E. B. Tylor, 1832—1917）就相信宗教植根于灵魂崇拜之中。他指出宗教是多么频繁地把"诸多灵魂"看作控制了自然界的力量，多么普遍地把死去的人们——祖先们——看作是进入了灵魂世界。他认为，对这些灵魂力量的恐惧使得人们有必要去寻找取悦祖先的方法。宗教提供了那些方法，因此就使得活着的人避免了灵魂界危险力量的干扰，并把那种力量转化为对人类有益的力量。同样，苏格兰人类学家詹姆斯·弗雷泽（James Frazer, 1854—1941），《金枝》（*The Golden Bough*）的作者，把宗教的起源看作是人类早期试图影响自然的尝试，并且把宗教看成是魔术和科学之间的中间阶段。

西格蒙德·弗洛伊德把对上帝和诸神的信念理论化了，认为那是出于成人在儿时所经历的持久的影响，他们的父母在其中扮演了重要的角色，然后这些成人就把自己对父母的感知投射到他们对上帝或诸神的形象上。根据弗洛伊德的观点，这些经验——恐惧还有安全——是成人试图去面对因复杂的现实和未知的世界而产生的焦虑。弗洛伊德主张，既然宗教的一个主要功能就是帮助人类在一个不安全的宇宙中感到安全，在人类获得了更大的身体和心灵上的安全感之后，宗教就变得不必要了。弗洛伊德论宗教的重要著作包括《图腾和禁忌》（*Totem and Taboo*）、《一个幻觉的未来*》（*The Future of an Illusion*）和《摩西与一神教》（*Moses and Monotheism*）。

另外一位心理学家威廉·詹姆斯（William James, 1842—1910），通过一系列不同寻常的研究，提出了自己的看法。虽然他起初是作为艺术系的学生来接受高等教育的，他做出了一个剧烈的转变，去研究医学。最后，当他认识到心灵对身体的影响时，他被指导去研究心理学，然后又去研究宗教，他将宗教视为出自心理上的需要。詹姆斯把宗教视为满足这些需要的一种积极方式，并且称赞其对个人生活的积极影响。他写道，宗教带来了对生活的"一种新的热情"，提供了一种"安全的保证"，并导致了"一种与宇宙和谐的关系"。[5]

德国神学家鲁道夫·奥托（Rudolf Otto, 1869—1937）在其著作《神圣者的观念》(*The Idea of the Holy*)中,主张当人们体验到本质上是神秘的实在的内容时,宗教就出现了。他把它称为"令人畏惧和着迷的神秘"(mysterium tremendum et fascinans)。总之,我们认为自己的生存是理所当然的,而且对此毫无疑问。但是,偶尔也会有某种东西干扰我们对于实在的看法。例如,一种强烈的自然现象——一场猛烈的雷暴雨——也许会使我们感到震惊。正是实在中的一个方面使得我们感到畏惧(tremendum),同时也感到着迷(fascinans)。这种情感的结果就是奥托称之为的令人向往的敬畏(numinous awe)[6]。他指出宗教艺术是多么频繁地刻画这种令人恐惧的感情的,比如嗜血的印度女神杜尔迦[7]。

卡尔·古斯塔夫·荣格是弗洛伊德的一个早期弟子,因为持根本不同的解释方式,特别是关于宗教的,而与其导师决裂。在他的著作《寻找灵魂的现代人》(*Modern Man in Search of a Soul*)、《心理学与炼金术》(*Psychology and Alchemy*)和《回忆、梦、思考》(*Memories, Dreams, Reflections*)中,荣格把宗教描述为某种生自个体自我实现的需要的东西,他称之为个性化(individuation)。根据荣格的观点,许多宗教标志可以被解释为个体完整和人类整全的象征:圆环、十字架(由线条组成,在中心交汇),以及曼荼罗(通常里面是一个圆环,或者包围着一个正方形)的神圣图解,他将其称为"通达中心和个性化的道路"。[8]他指出当人年长的时候,他们可以很好地利用宗教来理解自己在宇宙中的位置,并为死亡作好准备。对荣格而言,宗教是人对实在的深度及其复杂性的体面的回应。

这些墓碑处于伊斯坦布尔市中心,使人想起过去的人们。根据宗教教导而生活是预备死亡的最佳方式。

许多新近的理论并没有认真看待宗教,但是它们的广泛洞见就像被应用在许多别的领域一样,也被应用到对宗教起源的研究之中了。在这些理论方法中,有结构主义和后结构主义,以及解构的技巧。我们将在后面来考察这些观念中的几个观念。

许多学者试图去界定宗教发展的"阶段"。奥地利民族志学者和语言学家威廉·施密特(Wilhelm Schmidt,1868—1954)主张,人类曾经只相信一位至上神,这种纯粹的一神论信仰在后来被添加了对较低级的神或灵的信仰。也有人提出相反的观点,即多神论导致一神论。受进化论观念的影响,有的学者经反思认为宗教是从**万物有灵论**(animism,一种把自然中的所有要素看作是充满了神灵或许多精灵的世界观)自然地"进化"到多神论,然后到一神论。对这种观点的批判者觉得它偏向一神论,部分是由于它是一种原来就由基督教学者提出的观点,他们总是认为自己的信仰系统是最先进的。

今天的学者对于谈论从一种形式的宗教"进化"到另外一种形式的宗教感到犹豫。把生物学上的概念应用到人类信仰体系中似乎有些偏离事实、过于简化和思辨了。甚至更为重要的是,这种观点导致了主观的判断,认为一种宗教要比另外一种更加"高度进化"——这种短视的观点使得许多人没有欣赏到每一个宗教独一无二的洞见和贡献。因此,宗教研究的焦点已经从一种宗教的研究转向多种宗教的研究,承认所有宗教都是平等的,都具有同等的研究价值。

第三节 宗教中的模式

当我们在一种比较和历史的层面上来研究宗教的时候,我们不是要去证实或者否证它们,也不是要去增进我们自己的信仰和实践——如果我们研究自己的宗教传统,我们就会这么做。相反,我们想要尽可能充分地去理解特殊的宗教,并且去理解每一个宗教中人的经验。这个理解过程中的某些部分使得我们看到了宗教中相似和差异的模式。

虽然我们在寻找宗教的模式,我们必须认识到这些模式并不是一成不变的概念。宗教,特别是那些有着长期发展历史和广泛成就的宗教,通常都极其复杂。而且,宗教也不是一种永恒的理论构造,而是不断处于变化过程之中的——受到政府、思想家、历史事件、不断变化的技术,以及它们身处其中的文化价值观的变化的影响。

第一种模式:聚焦于信念和实践

认识到一切概论的局限性之后,通过检审各个宗教所展示出的取向,我们也会获得某种视角。当观察过世界上的主要宗教,我们看到它们的概念和神圣核心中有三个基本的取向。[9]

圣礼取向:圣礼取向强调定期和正确地举行礼仪和仪式活动,这是通向拯救的途径;在许多宗教中,正确的礼仪被认为能影响自然过程。所有的宗教都有某种程度的礼仪,但是仪式取向在诸如部落宗教、罗马天主教和东正教、吠陀印度教和藏传佛教中占据了主导地位。例如,拿天主教的十字记号来说,要以某种方式来施行:只能用右手,开始触摸前额,然后触摸胸部,最后触摸每一边的肩膀,从左至右。[11]

先知取向:先知取向强调,通过正确的信仰和遵守道德律,与神圣者的接触就得到了保证。这种导向也意味着个人也许是信徒和神圣者之间的重要中介。例如,一个先知会代表神圣者向信徒讲话。先知取向是犹太教、新教基督宗教和伊斯兰教中最突出的方面,

> 宗教是文化的实质,而文化是宗教的形式。
> ——神学家保罗·蒂利希[10]

它们都把神圣者视为超越的,但也是人格化的。福音派传道人的电视巡回讲道是先知导向实践中最好的例子。

神秘取向:神秘取向寻求与一个比自己更伟大的实在的联合,例如与上帝、自然过程、宇宙和整个实在的联合。通常有些技巧(例如席地冥思)可以降低对个体身份的感受,有助于帮助个人去体验一种更伟大的合一。神秘取向是奥义书印度教、道教和某些佛教流派中最突出的方面。九山禅师(Master Kusan,1909—1983,一位韩国禅师)以一个令人难忘的问题描述了在觉悟中合一的体验:"雪花能够在燃烧的火焰中继续存在吗?"[12] 虽然神秘取向在强调神圣者的内在性或者非有神论的宗教中更普遍,然而在犹太教、基督教和伊斯兰教中,虽然它也是重要的,但并不占据主流。

这三个取向的任何一个都会在宗教中占据主导地位,而其他两个取向在较弱的程度上也会在同一个宗教中寻见,并可能被用于极为不同的目的。例如,仪式能被用来引导神秘体验,就像天主教和东正教基督宗教、日本的佛教真言宗、藏传佛教、道教,甚至是佛教禅宗中那样,含有强烈的仪式成分。

第二种模式:世界观和人生观

宗教必须对人们提出的大问题做出回答。宇宙是怎样生成的?它有一个目的吗?它会终结吗?时间是什么,我们应该怎样利用好它?我们与自然世界应该有一种什么样的关系?为什么人类会存在?我们怎样才能达到自我的完善、转化或救赎?为什么世上有苦难,我们应该怎样对待它?当我们要死的时候会发生什么?我们应该把什么东西当作神圣的?问题并不繁复,但是答案却多种多样。

既然各个宗教的世界观有着极大的不同,我们就一点都不会惊讶于,每一个宗教都以不同的方式来界定神圣实在、宇宙、自然世界、时间和人的目的之本质。关于语言在表达神圣者上所扮演的角色及其与其他宗教传统的关系,它们所持的态度也各不相同。通过研究关于这些概念的观点,我们将有更多的基础来进行比较,这会使我们达到对世界宗教的一种更加透彻的理解。

神圣实在的本质(The nature of sacred reality):正如我们所看到的,有些宗教说神圣者是超验的,主要生存在一个超越日常生活世界的国度里。尽管在其他宗教中,神圣实在被说成是内在的;那就是说,它在自然和人类里面,可以被体验为能量或神圣性。有时候神圣者被视为拥有人格属性,而在别的地方,它又被看作是一种非人格性的实在。在某些宗教传统里面,特别是在某种佛教教派中,根本无法指出一种神圣的实在。这种事实提出了如下问题,是否"神圣者"只存在于我们之外,或者如果只把神圣者说成是人们"认为是神圣的一切",要更好一些。

宇宙的本质（The nature of the universe）：有些宗教把宇宙看作是始于一位有理智的、人格化的创世主，他持续地根据一个宇宙计划来引导宇宙的运行。其他的宗教把宇宙看作是永恒的，即没有开端和终结。这两种立场的意涵对宗教信仰的核心十分重要，也对出自这种核心信仰的人类行为十分重要。如果宇宙是受造的，特别是被一个超越性的神灵所造，那么神性的中心就是创造者而非宇宙，但是人类可以通过改变和完善世界来模仿造物主。然而，如果宇宙是永恒的，物质性的宇宙本身就是神圣和完善的，不需要做出任何变化。

人类对自然的态度（The human attitude toward nature）：在这个光谱的一端，有的宗教或宗教流派把自然看作是邪恶力量统治的国度，必须被攻克。对他们而言，自然是粗野污秽的，与非质料性的灵性世界相对而立——这种观点被称为**二元论**（dualism），基督教的某些教派、耆那教和印度教持有这种观点。而在光谱的另一端，比如道教和神道教，自然就被认为是神圣的，不需要做出改变。其他的宗教，比如犹太教和伊斯兰教，采取了中间的立场，认为自然世界源于神圣的行动，但是人类被要求继续塑造它。

时间（Time）：强调创造的宗教，例如犹太教、基督宗教和伊斯兰教，都把时间看作是线性的，从宇宙的开端到结束，都遵循一条直线的道路。由于其有限，而且不可重复，所以时间就特别宝贵。然而，在许多别的宗教，例如佛教中，时间就是循环往复的。宇宙只是通过无休无止的变化来运行，它以巨大的时间周期来重复自己。在这类宗教中，时间不是重要的或"真实的"，因为最终时间没有进入到某个最后的终点。因此，珍惜当下就比展望未来更重要。

人的目的（Human purpose）：在某些宗教中，人类是一个伟大神圣计划的一部分，并且尽管每一个人是独一无二的，但个体意义也是来自于此宇宙计划的。宇宙计划可以被看作是善恶力量之间的一场较量，人类处于舞台的中央，善恶两种力量在他们之中运作。因为人的行为是如此重要，他们必须被一种既定的道德法典加以引导，也就意味着需要个体将其加以内化。这种观点在犹太教、基督教和伊斯兰教中特别重要。相比之下，其他的宗教并没有以类似的戏剧性的词汇来看待人的生活，个人只是更大实在的一个部分。在道教和神道教中，一个人只是自然宇宙中的一个很小部分；而在儒教中，个体只是家庭和社会的一个部分。这些宗教很少强调个人的权利，而是更多地强调个人与整体如何能保持和谐一致的关系。行为没有受到一种内化了的道德制度的引导，而是被社会和传统，以及一种相互的义务感所引导。

言词和圣书（Words and scriptures）：在有些宗教中，神圣者要在成文和讲说的言词中才能找到，对那些写作和创制圣书的宗教而言，朗读、复写，以

年轻的不丹密宗教徒阅读老式的"贝叶经"来研究佛教经典。

及在音乐或艺术中使用神圣言词就是重要的。在原始宗教（主要是以口传形式继承传统的）、犹太教、基督宗教、伊斯兰教和印度教中，我们看到了这种重要性。其他的宗教——例如道教和佛教禅宗表现出对语言的不信任——重视静默和无语的冥想。虽然禅宗和道教在其实践中使用语言，并且产生了重要的文献，但是它们都发现语言在表达实在的丰富性和完整性方面是有局限的。

排他性和包容性（Exclusiveness and inclusiveness）：有些宗教强调神圣者不同于世界，世界的秩序必须通过区分善恶、真假而被赋予。在那种观点里，分享神圣性意味着分离——例如，回避某些食物、地点、人物、实践或者信念。犹太教、基督宗教和伊斯兰教在诸多宗教中大体上是排他的，这就使得同时归属于更多宗教是不可能的。相比之下，其他的宗教更强调包容性。通常，这些宗教也强调社会和谐，语言的不足，或者真理的相对性，他们的信仰中接纳了许多神灵。他们的包容性使得他们承认自己宗教中的许多类型的信仰和实践，个人同时从属于几个宗教——例如佛教、道教和儒教——是可能的。这种包容性有时会产生误解，正如一个基督教传教士会发现，一个已经"皈依了"的日本信徒仍然会去神道教的庙宇。

女性与宗教

女性的多重形象

女性主义者和其他的人批评传统宗教，是因为男性主宰了宗教领导职位和对神圣者的解释权。这种批评也属事实。学者们有意帮助我们注意到宗教中发现的女性的多重角色和形象。想想这些例子：

- 在印度，神是由其女性方面来被崇拜的，他被当作伟大的母亲（也被称为迦梨［Kali］和杜尔迦［Durga］），或者被当作其他女性神灵。
- 在天主教和东正教中，耶稣的母亲马利亚受到了特别尊崇；她被认为具有超人的力量，并被当作一个最佳的女性行为典范。
- 在大乘佛教的万神庙中，观音（Kannon）是作为慈悲观念的一个女性形象而受到崇拜的。
- 在日本，神道教中最主要的女性神祇是天照大神（Amaterasu），她是皇族的女性保护者。与许多别的宗教制度相比，女性神祇天照大神与太阳相关，而男性神则与月亮相关。
- 在韩国和日本，萨满巫师经常是女性。
- 在非洲、印度以及其他地区，许多部落文化仍然是母权制度的。
- 在现代巫术（Wicca）中，出现了一种对古代的以自然为基础的宗教的

标志着复活节——春天的丰产节——的彩蛋装饰着一家欧洲商店的橱窗。

恢复，虔敬者崇拜一位他们称为女神的女性神祇。
- 女性神祇的象征形式在几个宗教的礼仪中仍然很突出。普通的象征包括月亮、蛇、螺旋和迷宫、鸡蛋、约尼（yoni，阴户的象征）、水和大地。这些女性的象征意指产生、成长、哺育、直觉和智慧。

第三种模式：男性观和女性观

因为性别是人类一个重要的、内在的方面，宗教因此就有如此多的关于尘世和神圣界里男人和女人的角色的言论。所以，关于什么是男性、什么是女性的观点，就为宗教间的比较提供了另外一个基础。

在当今的许多流行宗教中，男性的意象和控制力似乎是决定性的。神圣者被

认为是男性，全职的宗教专员经常也由男性担任。最重要的女性神灵与繁殖和母性有着特别的关系，例如阿斯塔蒂（Astarte）、亚舍拉（Asherah）、阿弗洛狄忒（Aphrodite）和弗莱雅（Freia，星期五一词的来源）。有一种圣母的雕像——有时候有许多丰乳，表明了哺乳女性的灵性力量——遍及欧洲，土耳其、以色列和中东地区也都可以找到。

神灵的女性形象曾经非常普遍，女性宗教领袖曾经扮演着一种更加重要的作用，这些都是可能的吗？一直有人主张，作为城邦发展的结果，男性主宰宗教变得更加普遍，因为城邦需要组织力量进行防御，男性的地位因其战斗能力而得到提升。在以色列，先知教导人们只敬拜男性神耶和华（Yahweh），国王们希望人们忠诚于自己及其后裔，他们消灭了对女性神灵的崇拜。我们在希伯来的圣经中读到了这样的句子："并离弃耶和华，去事奉巴力和亚斯他录。耶和华的怒气向以色列人发作。"（《士师记》第2章第13节至第14节）[13]基督教《新约》中的有些话语，有时候也被解释为女性不应该在公共崇拜中扮演突出的角色："我不允许女性讲道，也不许她辖管男人，只要沉静。因为先造的是亚当，后造的是夏娃，而且不是亚当被引诱，乃是女人被引诱，陷在罪里。"（《提摩太前书》第2章第12节至第14节）[14]在亚洲，儒教总体上一直都不信任女性，通常拒绝她们担任领导角色。在佛教中，尽管在经典中承认女性可以觉悟，但是实践中大多数领袖都是男性[15]。

然而，变化——在宗教中是不可避免的，就像在别的任何地方一样——正在发生。在有些社会里，因为妇女在商业和国内政治生活中担任领导职务，她们也要求在宗教中担任类似的职位。比较宗教的研究有助于这个进程，它开拓了人们的眼界，使人们看到过去的许多宗教中，女性神灵受到了崇拜，妇女扮演了重要

在许多宗教中，与职权相关的职位不再只由男性来担当。在此，女性牧师在领导团契敬拜。

的角色。研究艺术、文学和宗教史的学生们正在寻找关于女性神秘主义者、诗人、萨满巫师和先知的充分证据。这使得几个宗教传统在某些领域接纳了妇女，而在之前的几个世纪里，没有人希望她们担任这样的角色。虽然局势十分紧张（在佛教、基督宗教和伊斯兰教中正在被公开地接受），但是我们可以希望妇女在领导职位上能够取得更加广泛的成功。

第四节　宗教研究中的多学科方法

宗教影响了人类生活的众多方面，以至于它不仅是宗教研究的主题，也是其他学科研究的主题。特别是社会科学，正如我们所看到的那样，从很早起就一直在研究宗教。最近，语言学、文学理论和文化研究也已经给我们提供了看待和解释宗教的新方法。

也存在其他研究宗教的方法。我们可以专门研究一个宗教，或者同时研究几个宗教。信徒们更容易"从内在"来考察自己的宗教，而非信徒也许想要关注几个宗教对同一个问题做出的回答，例如人类生活的目的是什么。以下列举了研究宗教的几种方法。

心理学（Psychology）：心理学（希腊语："对灵魂的研究"）处理人类的心灵状态、情感和行为。尽管是一个相当年轻的学科，心理学却十分重视宗教，因为它提供了那么多的人类"材料"以供探讨。一些研究领域涉及宗教在儿童培养、人类行为和自我认同方面造成的影响，以及宗教中的群体动力学、出神状态和比较性的神秘体验。

神话学（Mythology）：对宗教故事、文本和艺术的研究已经揭示出某些普遍的模式。神话学充满了在宗教中发现的反复出现的主题和形象，例如知识树、通往天国的阶梯、生命泉、迷宫、神秘花园、神圣的山峰、刚诞生的儿童、受难的英雄、创生、重生、宇宙战争、女性灵魂的指引，以及智慧的长者。

哲学（Philosophy）：哲学（希腊语："爱智慧"）在某种程度上，起源于一种与宗教的抗争。虽然两个相互竞争的领域提出了许多相同的问题，但是哲学不会自动地接受任何宗教给这些伟大问题提供的答案。相反，哲学独立寻求答案，依从理性而非宗教权威，而且它试图使其答案进入一种理性、系统的整体之中。有些哲学家提出的问题是，人类生活有一种目的吗？有死后的生活吗？我们应该如何生活？哲学本质上是个人的工作，而宗教是一种团体的体验；哲学力图避免情感，而宗教往往滋养情感；哲学可以不需要礼仪来开展工作，而宗教自然地把自己表达在仪式中。

神学（Theology）：神学（希腊语："对神的研究"）是一种对与某一特定宗教传统相关联的主题的研究。神学家就是通常研究他或她自己的信仰体系

的个人。例如，一个正在接受训练，要成为一位传道人的人也许会研究基督教神学。

艺术（The Arts）：宗教艺术模式的比较是一项耐人寻味的研究。例如，宗教建筑经常使用对称、高度和古代的样式来意指神圣者；宗教音乐经常使用一种节拍缓慢和重复的韵律来引导心灵宁静；宗教艺术也经常使用黄金、光环、等边设计和圆圈来意指来世和完善。

人类学（Anthropology）：人类学（希腊语："对人类的研究"）一直都对宗教如何影响一个文化处理多种问题的方式感兴趣，比如家庭相互作用、个人的角色、财产权利、婚姻、儿童抚养、社会等级、社会分工。

考古学（Archeology）：考古学（希腊语："对起源的研究"）探讨更早期文明的遗存，经常能发现古代文化中保留下来的宗教建筑中的文物和遗址。如果有可能的话，考古学家就把这些人留下的文献译解出来，其中许多都起源于宗教。考古学家有时也解释了一个宗教是如何影响另外一个宗教的。例如，150年前尼尼微楔形文字的发掘，发现了一个故事（在《吉尔伽美什史诗》中的故事）类似于——也许确实影响到——圣经中的洪水和挪亚的故事。考古学也能发现宗教资料，这让学者们可以解码文献的写作方式。例如，在19世纪早期，罗塞塔石碑（rosetta stone，在三段不同的碑刻里包含着同一种铭文）的发现让许多研究者明白了埃及象形文字的意思。

语言学和文学理论（Linguistics and literary theory）：语言学的研究有时涉及寻找可以为所有语言奠基的模式。但是语言学有时也意指一种普遍的模式和

我们所了解的许多古代宗教，例如埃及法老的宗教，就产生于考古学的研究。

结构，它可以作为比语言更加宽广的事物的基础：人的意识。这种对基础性模式的兴趣产生了新的关注点，人们开始关注宗教传说和礼仪背后可能存在的结构，以及对宗教信仰和态度的其他表达。语言学家也调查了宗教语言，为了弄清其意涵和通常隐藏着的价值。（例如，考虑一下宗教词语罪恶［sin］和神圣者［sacred］的不同意涵。）另外一方面，文学理论研究了成文的宗教文本，视其反映了产生此文本的文化设想和价值观。因此，文学理论指出了宗教反思和改进妇女、少数族裔待遇的方式，例如，把他们视为不同于或者仅次于优势群体的。文学理论也已经表明，非成文的资料——例如宗教法规、绘画、颂歌，甚至是电影——也可以被视为话语的形式，因此也能以研究成文资料的方法来加以研究。

宗教研究理论的运用不限于语言和文学领域。事实上，不断出现的学术学科也在研究宗教，把它视为人寻求理解的一个部分。因此，一个学者在艺术领域中，可以把宗教看作并解释为一种艺术形式。心理学专家会首先把宗教解释为对个人需要的表达。社会学家会把宗教视为塑造团体、促进和维护团体团结的一种方式。上述和其他学科的观点也能被宗教学者采纳，作为理解宗教复杂性的一把钥匙。

第五节　重要的批判性问题

作为一个学术性学科，宗教研究目前已经有两百多年的历史，学者们已经开始逐渐意识到其任务的复杂性。他们所提出的问题有，为了正确地理解宗教，我们应该研究些什么？当我们研究别人的态度时，我们应该持什么样的态度？研究者如何才能做到客观公正？

研究宗教似乎是一件相当简单的事情，尽管有些费时费力：学者们阅读各类不同的宗教经典，与实修者座谈，参观或研究圣地，并且体验重大的宗教仪式。然而，我们必须牢记，在比较宗教学产生的第一个世纪里，学者们几乎没有远行旅游。他们的研究基本上仅限于自己的阅读范围之内。学者们将会阅读到特定宗教的经典，读到其他已经体验到某些神圣遗迹和礼仪的人的报道，之后基于自己所读到的一切做出比较，并且出版自己的著作。此外，因为作为一门学科，考古学和人类学刚刚诞生，它们不可能被用来提升学者的研究和结论。那些不得不依赖这种方法的学者——有时被叫作"扶手椅学者"——有詹姆斯·弗雷泽和爱德华·伯内特·泰勒，前面已经提到过。但是那种工作方式的局限性很快就突显了。

有时，圣书的文本是不完全的，或者学者们需要使用的译文也不准确。许多宗教的经典通常包含圣徒言行录（hagiography，希腊语，意为"神圣作品"或"圣徒作品"）。圣徒言行录不是只记录些枯燥之事的客观历史，而是在讲故事，目的是要激发人的热忱；部分或者全部的细节也许是虔敬的虚构。再者，外界的帮助（来自于考古学和其他科学）也无法检查圣书中的故事的历史精确性。

宗教研究要关注的另外一个很大的研究领域，就是没有成文的经典，只有口述传统的宗教。宗教学者问过无数的问题：口述传统应该怎样研究才是正确的？在口传宗教中，宗教文物和礼仪化的语言是圣书的等价物吗？而且我们怎样才能理解人们实际所使用的宗教仪式和文物的含义？

近些年，在行为科学方面受过训练的人逐渐涉入宗教学术领域。这种科学倾向真正起始于法国社会学家埃米尔·涂尔干（Émile Durkheim，1858—1917）。在涂尔干之前，人们通常认为每一个主要宗教都是"一个伟大的创教者"的创造，但是涂尔干主张要把宗教当作一种服从于社会法律的团体现象来研究。他指出宗教行为与其置身于其中的社会相关，而且一个社会将通常使用一个宗教来增强其自身的价值。涂尔干主张，是社会而非伟大的创立者，创造了宗教。涂尔干基于自己的研究得出结论，而且他也敦促思想家们将结论建立在证据之上，而非仅仅是思辨基础之上。[16]

宗教研究近年间更多地受到了其他法国思想家的影响。他们的工作与社会科学相关，但是涉及了许多学科。克劳德·列维－斯特劳斯（Lévi-Strauss，1908—2009），最多产的思想家之一，在巴西度过了其职业生涯的早期岁月，他在那里研究了部落居民的文化。他在那儿的体验使他产生了对神话学毕生的兴趣。列维－斯特劳斯探讨了美洲的部落传说故事，并且认识到它们尽管存在着细节上的差异，但其中有某些不寻常的结构上的相似性。这种洞见使他进一步去探索构成亲属关系、社会关系和语言的基础结构。他逐渐主张一种根植于人心灵里的潜在的结构产生过程，它有助于人类把有意义的形式赋予各自的经验和语言。列维－斯特劳斯的立场被称为**结构主义**（structuralism），其影响力一直都非常广泛。在宗教研究中，结构主义一直被应用在不同问题的讨论之中，例如禁忌是如何产生的，宗教是怎样影响婚姻实践的，还有某些食物是怎样被逐渐认为是"洁净的"或"不洁的"。

对四处探寻结构的强调，导致了一种被称为**后结构主义**（post-structuralism）的反向运动。其倡导者质疑宏大结构的存在和阐释价值。他们主张对普遍结构的推崇不仅限制着理解，也因此限制着新思想，而且它也能被用于为囚禁和压迫行为辩护。其中最具影响力的思想家是米歇尔·福柯（Michel Foucault，1926—1984），他在哲学和心理学方面受过训练，并且精通历史、社会学、医学、语言学、人类学和宗教。福柯特别关注少数族裔和异化的群体，分析了他们是如何被社会认同、看待，甚至"被创造的"。他的主要著作思考了囚犯、患者、被视作疯子的人、所谓的反常者，以及其他边缘化人群。根据其所持的边缘群体观点，他指出数世纪以来，社会是怎样区别看待这些群体的。

雅克·德里达（Jacques Derrida，1930—2004）延续了这种多学科性的工作。他最初受到了哲学的训练，但是他也对语言学和行为科学感到好奇。（在法国学术规范里，这些学科被统称为"人文科学"，与典型的英美学术规范相比，它们被看作是相互关联的领域。）虽然德里达最初被人们当作结构主义者，但是他从宏大的理论转移到对语言、意义和解释问题的关注上面来。

宗教中的冲突

宗教和压迫

我们知道宗教在帮助人们和改善他们的生活方面做了许多贡献。但是宗教也会给人造成伤害吗?根据文化学研究,很多种压迫形式是以宗教的名义实施的,因此,答案似乎是这样的。

人们很容易就可以从过去找出例子来。在宗教的名义下,"异端分子"饱受折磨后被活活烧死,"女巫"惨遭杀害,宗教教派彼此相互杀戮。宗教权威宽恕了奴隶制,迫使当地人从其传统信仰转皈到外来者的宗教。甚至在今天,一个国家之内的主导宗教也会极力,或许是微妙地使那些信奉其他信仰的人边缘化。所有这些例子都包含我们许多人认为是压迫的东西。

但是宗教是否包含不那么明显的压迫形式,其伤痕并不那么清晰可见?以地狱的形象和诅咒的威胁吓唬孩子,这是在虐待儿童吗?不让女孩上学是一种压迫吗?教导信徒盲目地追随一个宗教领袖,这残忍吗?

法国思想家米歇尔·福柯向我们表明宗教是一种社会制度,通过使用权威、语言、奖赏和惩罚来维持控制。宗教是十分强大的,是因为它从我们的童年时代就在塑造着我们的思想,通常是以无意识的方式。福柯主张,宗教不仅控制着信徒的外在世界,也控制着自我理解和自我界定的内在世界。他指出,宗教中的力量有时是明显的,就像那些赐予权威人物和圣书的力量。但其势力也有可能以不易觉察的方式进入人类的生活,主要体现为人类遵从的多种社会压力。

我们现在更加清楚地认识到,在人最脆弱的时候,宗教的力量是最容易影响人的——就像儿童的批判力还未得到发展的时候,成人被恐惧或疼痛侵袭的时候。家庭和社会的价值通常被宗教所影响,以个人无法察觉的方式塑造心灵。宗教形式在内里塑造着人们感知自己和外在世界的方式。宗教甚至也塑造着人们思考自身思想的方式。

宗教塑造个人和社会组织的潜在力量,是无与伦比的。正如我们将在此书的后面看到的那样,这种力量一直被善用或滥用,通常是两者兼具。虽然一个宗教可以专门谈论超越者,但实际上它就被当作一种社会制度,所以总是卷入到外在的历史及政治中。这就是为什么虽然宗教是理想的,但是也表现出与世俗社会制度中同样的缺陷、滥用和问题。

也许研究宗教的目的是要认识到压迫的微妙力量,并帮助社会削弱它们。甚至更好的是,它也许会帮助我们去消除压迫性的力量和行为,为所有人谋福祉。

德里达尤其著名的地方在于,他试图超越对文本以及其他文化要素的一般阐释。他开始拒绝任何可以设想到的解释——这就是一种被称为**解构**(deconstruction)的技巧。例如在文学和电影里面,解构的实践鼓励人们以意想不到的方式去检视作品。在传统的文学理论研究里,小说和电影一直是根据它们的剧情和人物发展来加以检视的。与之形成强烈对比的是,解构主义者的方法也许会注意到行为背后未表达出来的价值——这种价值经常表达和主张了一个特定的文化或时期。因此

我们得以探究小说和电影，弄清它们对待土著民、妇女、儿童、老人、青年、贫困者、富人、移民以及其他人群的态度。（为了表明这种技巧如何能被广泛地应用，德里达曾经在一个旅馆的一次会谈中说过，甚至是旅馆周遭的一切，及其食物和顾客都可以进行解构。）解构对于宗教的意义也很重要。例如，经典文本可以从其文化价值和偏见中得到探究。同样，意识、绘画、礼仪用品和宗教建筑也可以被视为"文本"，能够被加以解构，以揭示出其背后的态度和价值观来。

宗教研究工作逐渐地严重依赖人类学的野外调查，人类学家学习过所需的语言，并与研究的人群居住在一起。一位人类学家因这种研究方式而受到了高度的评价，他就是 E. E. 埃文斯-普理查德（E. E. Evans-Pritchard，1902—1973），他生活在苏丹的阿赞德人（Azande）和努尔人（Nuer）中。另外一位受尊敬的研究者是美国人类学家克利福德·格尔茨（Clifford Geertz，1926—2006），他居住在巴厘岛、爪哇岛和摩洛哥，撰写了许多关于那里的特殊宗教实践的著作。格尔茨捍卫了他所谓的"深描"——不仅描写礼仪和宗教手工艺品，还要阐释它们对实践者的真正意义。

这种基于调研基础上的方法似乎会成为研究宗教的一种有价值的手段。但是它也产生了自身的问题和疑惑：我们将只听从研究者的意见吗？或者说被研究的人们的声音是否被真正地倾听到？一个旁观者，无论他有多敏感，他能做到真正客观吗？难道不是研究者自己干扰了研究工作的吗？而且有可能提供消息的人对于他们认为不合适的问题，故意给出了错误的答案，会这样吗？（他们的确会这样做。）

这里也存在道德方面的问题：这种研究是出于尊重，还是说研究者的好奇心只是文化主宰的另一个例子——一种新式的殖民主义？（一幅《纽约客》卡通作品很好地表达了这一点。两位朋友在森林里的村庄中谈论附近一个满脸愁容的外国人。这位外国人身着狩猎服，戴着头盔，被捆绑起来，等待着他的命运的到来。一位村民问道："又一个传教士吗？"这位村民回答说："不是的，只不过是另一位人类学家。"）第二个道德问题与土著宗教研究有着特别的关系。任何研究者都不可避免地把新的观念和物品（衣着、手电筒、相机和录像机）引进来。但是给一种数千年来没发生变化的文化带来重大变化，这是道德的吗？（当然，

当一幢商务楼即将建造的时候，通常建造的地址要领受祝福。在此，我们看到了泰国的"神舍"，人们奉献物品以求好运。

这个问题的紧迫性正在降低,因为现代生活甚至已经进入了全球最偏僻的地方。)

研究者不仅已经把注意力转移到了原始宗教上面,也注意到世界上主要宗教中出现的独特变化。恰恰在某些主要宗教的外表下面,通常活跃的是更加古老的宗教内涵,它们至今仍活跃着,有时是以一种交相融合的形式。这些融合形式很常见,例如拉丁美洲的天主教徒、印度尼西亚的穆斯林,以及东南亚地区的小乘佛教徒。但是,只要更多地关注世上主要宗教中信徒间的巨大差异,就会提出一些新的问题:我们真的还能再谈论一个单独的"基督教""佛教"或"伊斯兰教"吗?所谓的世界宗教真的存在吗?或者它们只不过是有用的虚构?

学者威尔弗雷德·坎特维尔·史密斯(Wilfred Cantwell Smith)在其著作《宗教的意义与终结》(*The Meaning and End of Religion*)中主张,铁板一块的世界宗教的概念应该被抛弃。他甚至主张,宗教的最终形式就是个体。其他的学者发展了他的批判方法。有些人指出,在一个宗教传统中,妇女的宗教经验可能完全不同于男人的宗教经验。(在伊斯兰教中,妇女的宗教经验发生在圣祠或家里,而男人的宗教经验更多地集中在清真寺。)我们也该认识到,在一个单一的世界宗教里,对于一个儿童、十多岁的少年,或一个成人来说,个体的宗教体验都各不相同。而且作为一个"佛教徒"或者"基督徒"或者"印度教徒"的含义是不同的,这取决于各个人所处的文化背景或历史阶段。(想象一下公元1世纪罗马帝国里的一个基督徒与21世纪北美洲的一个基督徒之间的差异。)最后,也存在这样一种事实,在某些社会里,比如中国和日本,人们信奉的宗教形式轻易地就能把来自几个主要宗教中的要素混合在一起。

虽然本书显然没有放弃对于世界宗教的划分,但却试图表明宗教不是分离、同质和一成不变的。本书把世界宗教看作宏大的模式,但是要认识到,只有当我们承认它们之间存在着巨大的多样性的时候,我们才真诚地对待了这些宗教。

第六节　为何要研究世界的主要宗教?

因为宗教是如此的广泛而具影响力,故而对它们的研究就有助于完成个人的教育,还能丰富人对许多其他相关事物的体验。现在就让我们来考虑一下研究宗教所得到的某些额外的快乐和奖赏吧!

> 科学研究;宗教解释。科学给人知识,使人有力量;宗教给人智慧,使人有自控力。
> ——马丁·路德·金[17]

洞察各宗教传统(Insight into religious traditions):作为一个复杂的价值观、关系、人格和人类创造性的系统,每一个宗教传统本身都是令人感到有趣的。

洞察宗教的分享(Insight into what religious share):宗教研究需要同情和客观性。某种宗教的信徒肯定会带来一种局外人不可能

具有的特殊见解，同样，局外人能够理解许多局内人总是不容易看到的地方。尤其是他们可以共同分享想象、信念和实践的模式。

洞察人心（Insight into people）：理解他人的宗教背景有助于我们更多地了解他人的态度和价值观。这种理解对于成功的人际关系是重要的——无论是在公共生活，还是在私人生活里。

对差异的宽容和欣赏（Tolerance and appreciation of difference）：因为人类是情感动物，他们的宗教有时候也允许燃烧的激情逾越表面的礼仪。正如我们每天所见到的那样，宗教能够被用来为暴行辩护。检视世界上的主要宗教有助于我们增进对于不同宗教传统里的人的宽容。在一个文化多元的世界里，对差异的宽容是极有价值的，但是能够分享这种差异则更为理想。丰富多样是自然界的一个事实，能够分享这种差异的人——在宗教和其他地方——是一个永远不会厌倦生活的人。

理智的质疑（Intellectual questioning）：诸宗教都宣称拥有真理，然而它们之间在许多观点上都难以达成和解。例如，在印度教里面发现的灵魂再生理论，难道不就与其他几个认为灵魂在世上只有一次生命的宗教的教导相冲突吗？灵魂不朽的概念又怎样与佛教中关于没有永恒的灵魂或存在的教导相一致呢？我们也应该质疑宽容本身，难道我们不应该宽容不宽容行为吗，即使它是宗教灌输的结果？当我们逐一研究宗教时，这类问题自然就会产生。这种研究使得我们的宗教诉求变得更迫切，并且邀请我们更加紧密地去检省重要的智识问题。

洞察日常生活（Insight into everyday life）：宗教的影响可能在现代文化中的任何地方找到，不仅仅局限于宗教建筑。例如，当政治家们向选民讲说一种"新的契约"时，他是在利用宗教意象。在道德问题上，比如堕胎和战争问题，特定的宗教和宗教教派采取了公开的立场。我们每周的生活惯例是根据原先犹太人每周工作六天、休息一天的习俗来制定的，而欧洲和美洲学校的校历则是根据原先的基督教圣诞节假期一分为二。甚至漫画也使用宗教图像：动物们挤到木舟上，一个人手握两块法版，天使飞在云端，一个人在山顶上冥想。宗教研究对于我们认识和欣赏遍布世界各地的宗教影响是有价值的。

艺术鉴赏（Appreciation for the arts）：任何人只要被绘画、雕塑、音乐或者建筑吸引，就会迷上宗教研究。因为无数的宗教传统一直都是艺术最重要的赞助人，宗教研究提供了一个发现和欣赏这些珍贵作品的门径。

旅行的享受（Enjoyment of travel）：我们时代最快乐的事情之一是旅游。参访柬埔寨的吴哥窟寺庙或者墨西哥的玛雅金字塔，完全不同于只在书上阅读它们。对世界宗教的研究为旅行者提供了必要的背景知识，能让他们充分地

礼仪和庆典

远行和朝圣

最普遍的宗教实践之一是朝圣——信徒决定远行去重要的宗教圣地。但是你不见得要皈依某个特定的宗教，才能从这个古老的实践中获益。远行前往宗教圣地是亲身经历人类信仰多样性的一条奇妙路径，特别是在宗教庆典时期。不带特别宗教目的的远行也能获得类似的益处，因为它使我们去体验该地的宗教艺术和建筑，以及产生它们的文化背景。

远行计划对年青人和老人来说都是丰富多样的。许多大学生选择海外求学计划，包括含有旅行的暑假课程，还有为期一学期或一年的海外研习计划。学术和其他的财政援助也能使这些计划实现。大型的旅行社也安排学生们的暑假旅行事宜，特别是到欧洲和亚洲；这些公司能够提供旅行线路，安排定期航班和价格适宜的旅馆。诸如此类的旅行对于初次出国游玩的学生来说非常不错。年轻的旅行者可单独旅行，也可以加入自己国家里的青年旅舍协会，利用世界连锁的并不昂贵的青年旅舍——它们在欧洲十分普遍，美国和世界上许多其他国家里也有。老年公民（55岁及以上的公民）可以利用老年旅舍计划。老年旅舍提供一系列的丰富活动——教育课程、短途旅行，以及服务项目，通常持续一至数周。

有关旅游、青年旅舍和住家交换的信息能在图书馆和书店的旅游书籍分区里找到。互联网也是包括其他国家宗教节日日期等旅行信息的一个重要来源。

享受他们现在能够直接体验到的诸多美妙胜景。

洞察家庭传统（Insight into family traditions）：宗教是如此强烈地影响到许多早期的文化，以至于它们的影响很容易在我们父母和祖父母的价值观中看到——尽管他们并非虔诚的宗教信徒。这些价值观包括对于教育、个体权利、性别角色、性、时间、金钱、实物和休闲的态度。

有助于个人自身的宗教探寻（Help in one's own religious quest）：并不是每个人天生注定要成为一个艺术家、音乐家或诗人，然而我们之中的每一个人都有某种能力去欣赏视觉艺术、音乐和诗歌。同样地，尽管有些人明显不是虔诚的教众，但是他们也可能有一种神圣感，渴求找到一种在茫茫宇宙中的归宿感。那些皈依了某个宗教的人通过对世界宗教的研究，也会丰富自己的宗教信仰和实践。因为他们会了解到自己宗教的历史、重要人物、经典和不同观点所产生的影响。其他对传统宗教不感兴趣，然而对灵性怀有强烈兴趣的人会把他们的生活看作一种灵性的追求。对任何涉入灵性探寻的人来说，研究各种各样的宗教是极其有益的。其他人探寻灵性的故事为我们制定自己的灵性探索旅程提供了启示。

第七节 旅　程

我们以开放的头脑渴求从宗教研究中获益，现在我们就开始一场理智上的朝圣运动，去理解世界上许多重要的现存宗教。我们将首先考察一系列通常与全世界的土著居民相关的宗教，然后我们将继续研究出现在印度次大陆的宗教，而后又研究在中国和日本兴起的宗教。之后，我们将旅行到东地中海地区——这里大体上是一片干旱贫瘠的土地，然而却一直是新兴宗教理念的肥沃土壤。最后，我们将遭遇某些最新的宗教运动，并且将思考一下现今的宗教研究。

我们的旅程尽管是理智和学术性的，但也会触发许多读者的强烈情感。对有些人来说，它会是真正亲身朝圣的一个序曲。对其他人来说，它会是一次理智上的朝圣，将激发疑问和深思。

我们在每一次旅程结尾，都获得了与我们开始的时候完全不同的认识。我们经历的是一次发现之旅，通过发现，我们希望变得更能体会在广阔世界中作为人的体验。

旅程开始了。

延 伸 阅 读

荣格的内在光明之梦

通过强调梦和宗教意象的象征性解释，心理学家卡尔·荣格扩展了我们对宗教的理解。在此，他描述了一个早年的，对他的自我理解很重要的梦。

这次，我做了一个让我恐惧而又激励我的梦。梦中是夜晚时分，在某个不为人知的地方，我顶着疾风徐徐前行。浓雾四处弥漫。我捧着双手，护着一点微弱的灯光，生怕它会随时熄灭。一切都依赖于我保存这点微弱的灯光。突然我有一种感觉，某个东西正在身后朝我走来。我回过头一看，是一个巨人……他正尾随着我。但是，同时我又是有意识的，不管我有多恐惧，我必须使自己的微弱灯光穿过夜晚和疾风，不顾一切危险。当我醒来的时候，我立刻认识到那个人就是……

我自己在旋涡般的迷雾上投下的阴影，正好是由我带来的微弱灯光产生的。我也知道这个微弱灯光就是我的意识，我仅有的光亮。我自己的理智是我所拥有的唯一财富，也是最大的财富。尽管与黑暗的力量相比，它是无比脆弱和渺小的，它也是一束光，我唯一的光。[18]

自我测试

1. 宗教明显包含八个可能的要素：信仰体系、团契、核心神话故事、礼仪、伦理、独特的情感体验、器物表达和_____。
   A. 象征主义　　B. 神圣性　　C. 二元论　　D. 解构

2. 万物皆有神性的信仰被称为_____。
   A. 无神论　　B. 一神论　　C. 泛神论　　D. 不可知论

3. _____主张上帝的存在是不可能得到证明的。
   A. 无神论　　B. 泛神论　　C. 一神论　　D. 不可知论

4. 人类学家_____相信宗教植根于灵魂崇拜。
   A. 詹姆斯·弗雷泽　　B. 爱德华·伯内特·泰勒
   C. 西格蒙德·弗洛伊德　　D. 卡尔·古斯塔夫·荣格

5. _____将以下观点理论化：神或诸神的信仰起源于成人在儿时所经验到的长久印象。
   A. 詹姆斯·弗雷泽　　B. 爱德华·伯内特·泰勒
   C. 西格蒙德·弗洛伊德　　D. 卡尔·古斯塔夫·荣格

6. 鲁道夫·奥托主张宗教是在人们体验到本质上是神秘的实在内容的时候而出现的；而_____则相信宗教是一类高贵的人对实在的深度及其复杂性做出的回应。
   A. 詹姆斯·弗雷泽　　B. 爱德华·伯内特·泰勒
   C. 西格蒙德·弗洛伊德　　D. 卡尔·古斯塔夫·荣格

7. 宗教是通过_____的方式来表达真理的。例如水表示灵性的洁净，太阳表示健康，大山表示力量，圆圈表示永恒。
   A. 象征　　B. 预言　　C. 神秘　　D. 构造

8. 在早期的宗教里，最重要的女性神特别与_____和母亲有关，人们一直用多种名字来称呼她们，比如亚舍拉、阿弗洛狄忒和弗莱雅。
   A. 力量　　B. 智慧　　C. 艺术　　D. 生殖

9. 当我们观察世界上的主要宗教的时候，我们在其众多概念和神圣场所中看到三个基本的导向：圣礼、先知和_____导向。
   A. 神秘的　　B. 灵性的　　C. 内在的　　D. 万物有灵的

10. 作为一门学科，宗教研究现在已存在达_____年之久。
    A. 10　　B. 25　　C. 200　　D. 2000

11. 基于本章中你所读到的东西，在不同宗教之中发现各种模式的好处何在？

这么做可能会有什么风险？

12. 在本章中我们看到无数的思想家试图去解答这个问题："为什么宗教会存在？"你认为谁的观点代表了关于宗教体验最有趣的洞见？为什么？

参考资源

书　籍

Armstrong, Karen. *The Great Transformation: The Beginning of Our Religious Traditions.* New York: Knopf, 2006. 解说世界主要宗教传统的演变历程，由一位广受欢迎的、一直从事比较宗教研究的历史学家所著。

Joseph Campbell 和 Bill Moyers. *The Power of Myth.* New York: Doubleday, 1991. 一种对神话、民间故事和宗教象征的研究，采取了易读的方式。

Dawkins, Richard. *The God Delusion.* New York: Houghton Mifflin, 2006. 一部由进化论生物学家和无神论者所著的作品，提出了反对上帝信仰的案例。

Foucault, Michel. *Religion and Culture.* Ed. Jeremy Carette. New York: Routledge, 1999. 福柯的作品显示出他对宗教话题的终生兴趣。

Juschka, Darlene, ed. *Feminism in the Study of Religion: A Reader.* New York: Continuum, 2001. 由女性主义宗教学者从一个多文化视角发起的一场讨论。

Kunin, Seth D. *Religion: The Modern Theories.* Baltimore: Johns Hopkins University Press, 2003. 当代社会科学的宗教理论的导论。

Lévi-Strauss, Claude. *Tristes Tropiques.* New York: Penguin, 1992. 一部著名的自传作品，描述的是列维-斯特劳斯在巴西土著人群中展开的人类学研究工作。

Pals, Daniel L. *Eight Theories of Religion.* New York: Oxford University Press, 2006. 一部关于宗教起源和目的的主要学说的概论，读起来津津有味，包括弗洛伊德、马克思、伊利亚德和埃文斯-普理查德的理论，附有这些思想家的个人简历。

Ward, Keith. *God: A Guide for the Perplexed.* Oxford: Oneworld Publications, 2002. 通过解释宗教和科学这两种理解宇宙的方式的共同关注点，对宗教和科学之间的调和做一种哲学上的尝试。

电影/电视

Bill Moyers on Faith and Reason.（PBS.）一部七集的小型系列片，于 2006 年首播，探讨宗教中信与不信之间的张力问题。

Freud.（导演为环球国际影业公司的 John Huston。）一部经典的影片，把青年弗洛伊德描述为一位英雄，充满痛苦地探求关于无意识动机的新理解。

In Search of the Soul.（BBC.）对荣格观点的一种检视。

Joseph Campbell and the Power of Myth.（PBS.）关于神话学的一部六集系列片。

The Question of God: Sigmund Freud and C. S. Lewis.（PBS.）一部四集的小型系列片，

通过弗洛伊德和 C. S. 刘易斯的生平记录来检视对上帝的信仰，他们二位是对宗教信仰持有极为不同观点的知识分子。

互联网

American Academy of Religion: http://www.aarweb.org/. 上面有关于会议、补助和奖学金的信息，由北美首屈一指的宗教学教授组织提供。

Internet Sacred Text Archive: http://www.sacred-texts.com/index.htm. 一种关于宗教、神话学和民俗学文本的电子档案。

The Pluralism Project: http://www.pluralism.org/. 研究目前出现在美国的多种宗教的极佳资源。

重要词汇

不可知论（agnosticism）：希腊语意为"不知道"；一种断言上帝存在无法得到证明的立场。

万物有灵论（animism）：源自于拉丁文"灵魂（anima）"，意为"精神""灵魂""生命力"；这是一种普遍存在于口传宗教（没有成文经典的宗教）里的世界观，认为自然界里一切元素都充满了精神和精灵。

无神论（atheism）：希腊语意为"没有上帝"；一种断言没有上帝或诸神的立场。

解构（deconstruction）：由雅克·德里达最先倡导使用的一种技巧，即把普通的分析概念搁置一旁，使用出人意料的观点来考察文化要素；可以用它来发现潜藏于文本、影片、艺术作品、文化习俗或宗教现象之下的价值。

二元论（dualism）：相信实在是由两个不同的原则（精神和物质）组成的；相信两种神（善和恶）是相互冲突的。

内在（immanent）：存在并运作于自然本性之内。

一神论（monotheism）：相信只有一个神存在。

非有神论（nontheism）：一种不关心超自然事物，也不断言任何神性事物存在与否的立场。

泛神论（pantheism）：相信宇宙里的每一事物都是神圣的。

多神论（polytheism）：相信有多个神灵存在。

后结构主义（post-structuralism）：一种分析方法，不致力于寻求可能构成语言、宗教、艺术或其他诸如此类的重要领域的基础的普遍结构，而是注意仔细观察文化现象里的个别因素。

结构主义（structuralism）：一种分析方法，致力于寻找构成语言、心智活动、神话学、亲属关系和宗教基础的普遍结构；这种方法把人类的活动看作是主要由那种潜在结构决定的。

超越的（transcendent）：源自拉丁文"攀爬越过"；超越了时间和空间。

注 释

1. *Webster's New World Dictionary*，第二版（New York: William Collins, 1972）。也有可能是其他拉丁词根。
2. *Cassell's New Latin Dictionary*（New York：Funk & Wagnalls, 1960）。
3. 可以找到类似的列表，例如在 William Alston, "Religion"，载于 *The Encyclopedia of Philosophy*，第 7 卷（New York：Macmillan, 1972），第 141~142 页；以及 Ninan Smart, *The Religious Experience*，第 4 版（New York: Macmillan, 1991），第 6~10 页。
4. Julian Huxley, *Religion Without Revelation*（New York：Mentor, c. 1957），第 33 页。
5. William James, *The Varieties of Religious Experience*（New York: Collier, 1961），第 337 页。
6. Rudolf Otto, *The Idea of the Holy*（New York：Oxford University Press），第 62 页。
7. 有人批评奥托的"令人畏惧的神秘"（mysterium tremendum）概念，声称他的理论化倾向受到了新教的过多影响，他本人就成长于新教氛围之中。
8. Carl Jung, *Memories, Dreams, Reflections*（London: Collins, 1972），第 222 页。
9. Alston, "Religion," 第 143~144 页。
10. "Between Mountain and Plain," *Time*, 20 October 1952，第 33 页。
11. 天主教徒首先触摸左肩；东正教徒首先触摸右肩。
12. Kusan Sunim, *The Way of Korean Zen*（New York: Weatherhill, 1985），第 168 页。
13. New Oxford Annotated Bible（New York: Oxford University Press, 1991）。
14. Good News Bible（New York: American Bible Society, 1976）。此版本是意译的。
15. 例如《胜鬘狮子吼一乘大方便方广经》（Srimaladevisimhananda Sutra）上谈到了女性俗家统治者的觉悟。
16. 参见 Daniel Pals, *Eight Theories of Religion*（New York: Oxford University Press, 2007）。
17. Martin Luther King Jr., *Strength to Love*（New York: Harper & Row, 1963），第 3 页。
18. Carl Jung, *Memories, Dreams, Reflections*（New York: Vintage, 1965），第 87~88 页。

访问在线学习中心 www.mhhe.com/molloy5e，以获得更多的练习和资料，包括"教室之外的宗教"和"更充分的理解"。

第二章

原始宗教

第一节 初次相遇

像大多数游客一样，你在夏威夷的第一站是人群拥挤的怀基基海滩，它坐落于瓦胡岛。在四天的游泳、观光、欣赏晚霞后，你飞往茂伊岛度过几天，然后飞往人口更少的夏威夷岛屿——当地居民称作夏威夷大岛。从希洛市的机场出发，你驾车沿内陆朝沃尔卡诺小镇行驶。希洛市的周边地区，位于岛的多雨的一侧，就好像幻想中的热带天堂一般：树叶如同明亮的橙色火焰，每户的庭院里种植着东方兰和芳香地开着白花的鸡蛋树。

当你沿内陆驱车向上行驶时，你发现草场以及民房逐渐被米黄色的草坪以及成群的深棕色的岩石取代。菩提树让位于长满银色树叶的铁心木树丛，它们的红花也一样精致。现在你距离火山更近了，这些火山目前仍然扩充着岛屿的面积。这里的陆地处于自然状态，并且相对较新。你到达陈旧的火山岩宾馆并且登记入住，期盼着在这里过夜。晚饭后，你会在休息厅的大壁炉前聆听尤克里里音乐，并且会看到一个男人和两个女人为客人表演的慢速草裙舞。

在一夜美梦过后，第二天清晨，你步行向火山口走去。你会为从岩石的裂缝以及孔中升起的蒸气而感到一丝惊奇。你沿着一条小路徒步前行，这条路会把你带到一座老的熔岩底部，沿途会穿过路旁淡赤黄色并且有点发紫的兰花丛。这个景点的火山口的熔岩已经风干，从上面走过发出嘎吱嘎吱的声音。在这儿你随处可以看见被铁树的宽大叶子包裹住的石头，并且会惊奇，为什么它们会在那里。

在回来的路上，有一位女士与你同行，她向你解释道，是大岛养育了她，但是现在她居住在另一个岛上。她只在这里停留几天，打算参观一下火山地区，并见一见老朋友。她会向你介绍火山女神佩里（Pele），火山是她的敬拜地。

这位女士开口笑道："在我年轻的时候我得知佩里是从考艾岛来到茂伊岛的，在她来这座岛之前她居住在哈雷亚卡拉火山口。现如今，这里的人们大部分信奉佛教或基督教，但是他们仍然敬重佩里。我知道有一位男士，他说佩里曾出现在他面前。他告诉我，佩里留着一头长发并且被火环绕着。其他人在路上也遇见过她。佩里收到很多的供奉品——大多是铁树树叶和食物。但是当熔岩向希洛市流动之时，人们也会拿出猪肉以及琴酒。我的朋友们告诉我，这些供品的确有用。"

她解释道，目前，在更靠近海洋的一连串火山口的另一端，岩浆正处于活跃的状态。她建议你在天黑前驱车前往熔岩流："一定要穿舒适的休闲鞋，携带手电筒，以免在你还没有返回车里的时候就天黑了。不要带走任何一块熔岩，据说这会带来坏运气的。"

下午 3 点，你驾车沿着曲折的黑色柏油马路，经过陈旧的熔岩流，来到靠近海边的公路。你把车停放在其他观看熔岩的人的车的周围，然后开始和几个人徒步穿越新熔岩并朝大海行进。大约行走了半英里的时候，你看见了黄色的警告条纹，并无意间听到有警察警告人们停下来："再往前走就十分危险了。它顶部看上去很坚固，但是人会从外壳滑落的。"你和其他人聚集在障碍物旁，看到前方升腾的蒸气。透过这些蒸气，你看到当熔岩流入大海时，在干燥的外壳下面有一条明亮的橘黄色的流动熔岩带。

太阳很快落山了，更多的人赶到了这里，一些人肩上围着毛毯。随着黑暗袭来，流动的熔岩变得清晰可见，蒸气呈现出微红的光芒。有人说："看那儿。"远处一道明亮的橘黄色熔岩流从山上滑落，就像慢镜头下的火焰瀑布。当天空彻底变黑之时，你至少观看了一个小时了。现在，唯一的光芒来自流动的熔岩以及几支手电筒。你想，这就像展现创世的时刻：这座岛诞生了。

第二天清晨，在大厅里你又遇到了那位夏威夷女士。她微笑着问道："昨晚你遇见佩里了吗？"你也报以微笑。在此逗留的剩余时间里，你对佩里、对夏威夷的本土宗教还保留下什么感到好奇。当你回想你曾阅读过的东西时，你问道：

草裙舞难道不是夏威夷人信仰的一种表现吗？为何人们供奉铁树树叶？原始宗教还有多少部分存留了下来？

第二节 发现原始宗教

原始宗教的实践活动发生在世界的每一个角落。在遥远的日本东北部的阿伊努人、加拿大的因纽特人（爱斯基摩人）、澳大利亚的土著居民、新西兰的毛利人以及许多非洲和美洲的原住民中，宗教教义主要通过口述而非书面形式传播。在某些地区，传统民族的古老宗教风俗或许不轻易显现，但是某些特征却有可能存在于当地的传说以及习俗中。

对于如何论及这些古老的宗教行为人们并没有达成共识。各种术语包括：传统的、土著的、本土的、部落的、无文字的、原始的、当地的、口述的以及基础的。每一个术语都不够恰当。比如，尽管"当地的"（native）这个词通常在美洲使用，但是在非洲这个术语——连同对"当地事务办公室"（Office of Native Affairs）的记忆——则是无礼的表现。"口述的"（oral）、"无文字的"（nonliterate）正确地描述了这一事实，即大多数原始宗教并非是通过书面形式进行传播的。但是也有例外，比如说玛雅人和阿兹特克人具有书写系统，甚至许多没有书写系统的原始宗教，在某些情况下也具有学者书写的神圣的传说以及信仰。口述的宗教与其他形式的宗教的区别同样是模糊的，这是由于具有书写形式的宗教在很大程度上同样是通过口头传播的，比如通过布道、讲授以及圣歌的形式。术语"传统的"（traditional）应该更为恰当，除了最新的宗教外，所有的宗教都有诸多传统因素。一些术语，比如"原始的""基础的"，可能会含有贬义（就像更老的术语"原始宗教"一样）。"本土的"这个词在基调上具有中立性的优势。（它和"当地的"所表达的含义相当，它源自希腊语而非拉丁语。）这种局面没有简单的解决途径。尽管"本土的"最贴近这些古老宗教，但是我们会在文本中采用前面所提到的诸多词汇加以互换。

原始宗教可以在各种气候条件下被发现，从热带雨林到极地冻原，一些宗教比当今的主流宗教更古老。由于他们中的大多数是在彼此隔绝的环境中发展，因此在创世与起源、关于来世的信仰、结婚和葬礼习俗等等问题上存在着巨大差异。事实上，这些原始宗教之间同现今的宗教一样具有诸多变化，例如佛教与基督教。比如，在北美，有数百个美国当地民族和超过50种美国本土语系。这些原始宗教传统的多样性令人晕眩，每一种宗教都值得深入研究。但是由于篇幅所限，本书必须关注一些共有的因素；很遗憾，对于诸多的差异我们仅能略谈皮毛。（你可以通过对本土宗教的学习，来补充对基本模式的研究，尤其是在你所在地的一种被土著居民实践过或实践着的宗教。）

理解原始宗教的过往障碍

直到20世纪的早些时候，学者们更多地关注产生过书面文本的宗教，而往往忽视通过口头传播神话、历史和宗教仪式来自我表达的宗教。这种对其关注的缺失可能部分由于对有书面记载的宗教的研究要相对容易一些。有书面记载的宗教不需要人们跋山涉水或耗尽体力去研究。此外，当学者们掌握了阅读的必要语言时，他们可以研究、翻译并且在家或者在任何地方向学生们讲授原始文本。

同样存在着一种对基于文本的宗教的偏见，它来自一种误解，即有书面记述的宗教是复杂深刻的，而口述宗教则是简单浅显的。然而，对口述宗教进行的更多研究已经消除了这种观念。例如，让我们考虑下纳瓦霍族的沙画和采用这种沙画的仪式。"在这些错综复杂的仪式中，人们创作了沙画并且由祈祷者吟诵。沙画是用干粉状的物质制成的存留短暂的绘画作品，用来描述圣民（神灵）并且充当临时的圣坛。有超过800种沙画形式存在，每一种都和特定的圣歌和仪式相联系。"[1]

当然，原始宗教曾经创造出很多永恒有时甚至是不朽的东西。我们只要去思考一下尤卡坦的玛雅金字塔以及靠近墨西哥城的特奥蒂瓦坎城。但是本土宗教通常用较短暂的事物来表现自身：舞蹈、面具、木雕、用矿物质和植物染料制作的绘画、文身、人体彩绘、记忆中的传说和圣歌。或许我们必须以同等的重要性看待这些短暂的宗教艺术表达形式和更加永恒的神圣作品及艺术创作。在论及非洲艺术时，有位学者曾把它称为"非洲信仰和思想的本土语言"，他甚至认为非洲艺术"提供了一种非洲宗教的圣典"[2]。

这些戴着面具的巴布亚新几内亚的舞蹈者在庆祝他们祖先的灵魂。

原始宗教的现代复兴

我们从一些学科尤其是人类学的学者所做的努力中了解了本土宗教的传统。其中一位开拓者是弗朗兹·博厄斯（Franz Boas，1858—1942），他是哥伦比亚大学的教授，同时兼任美国自然历史博物馆的馆长。在这一领域的其他杰出贡献者包括布罗尼斯劳·马林诺夫斯基（Bronislaw Malinowski，1884—1942）、雷蒙德·弗斯（Raymond Firth，1901—2002）、玛丽·道格拉斯（Mary Douglas，1921—2007）、E. E. 埃文斯－普理查德（在第一章中曾提及）。

生态运动同样使得我们对本土宗教的研究更具紧迫性。环境保护者大卫·铃木（David Suzuki）认为，我们必须留心当地民族以及宗教，以便获得在人类与自然的关系问题上的深刻教训。在他的书籍《长者的智慧》（*Wisdom of the Elders*）的导论中，他写到地球正加速走向他所谓的"生态危机"。他引用生态学者保罗·埃利希（Paul Ehrlich）的观点，即针对这一问题的解决办法将只能是"准宗教"式的。铃木认为

"我们的问题内在于我们如何理解自身同大自然其他剩余部分的关系,以及我们在万物的结构体系中的角色。哈佛大学生物学家威尔逊(E. O. Wilson)建议我们应该培养'亲生命性'(biophilia),即对生命的热爱。他曾告诉我,'我们必须重新发现我们自身和与我们共同分享这颗星球的其他动植物之间的亲缘关系。'"[3]

当然,这个兴趣部分起源于一种对土著居民及其与自然的关系时常浪漫化的观点。我们应该认识到,一些当地民族,比如西北太平洋的瓜基乌图人,他们把自然界看成极为危险的;其他一些民族则严重地破坏了他们的自然环境。尽管事实如此,有人在许多原始宗教中发现了对自然要素的非凡的敏感性。

摄影和录音技术的发展有助于本土宗教传统的复苏。摄影捕捉到了当地的生活方式并且让他们即刻被人们看到。民族音乐学涉及对圣歌以及有可能失传的乐器的声音的录制。格拉迪斯·赖希哈德(Gladys Reichard)是一位开创了研究纳瓦霍族(Navajo)宗教生活的专家,他曾写到,在纳瓦霍族宗教中圣歌咏者需要熟记"数不清"数目——即上千首——的歌曲[4]。听众可以重复收听这些音乐录音,这无疑提高了对这些音乐的鉴赏力。

小大口(Little Big Mouth),一位巫医坐在俄克拉荷马州锡尔堡附近的一个小屋前。该照片可以追溯至1900年左右。

在许多文化中艺术家试图超越他们自身有限的艺术传统,这使得他们在木雕、面具、鼓和纺织品中找到了灵感。例如,帕布罗·毕加索(Pablo Picasso,1881—1973)经常谈论非洲宗教面具对他的作品的巨大影响。至20世纪早期,西非的面具已经在巴黎以及当地的艺术家们那里找到了自己的位置。一位学者描绘了一件非洲作品对几位艺术家朋友产生的效果:"一件……是一副面具,莫里斯·乌拉曼克(Maurice Vlaminck)于1905年得到了它。他记载道,安德烈·德兰(Andre Derain)看到面具时'哑口无言'并且'目瞪口呆',他从乌拉曼克手中买下它,转而展示给毕加索和马蒂斯(Matisse),他们也被面具强烈地震动了。"[5]法国艺术家保罗·高更(Paul Gauguin)来到塔希提岛和马克萨斯群岛寻找并画出他希望是那里的基本宗教形式的东西,他的一些绘画暗示了塔希提岛的本土宗教信仰。[6]因此高更希望超越他的欧洲背景所导致的局限性观点。毕加索和高更这类艺术家的作品有助于开阔我们的视野,以便欣赏到原始宗教所产生的美。

当然,当地民族的宗教艺术不需要外人的鉴定。外人会有这样的问题:他们倾向于把原始宗教的物件视为纯粹的世俗艺

> 我们所有的历史、传统、准则是一代又一代通过口口相传的方式传承的。我们必须清晰准确地保留我们的记忆,我们必须敏锐观察,我们必须完全保持自我克制。
> ——肖尼族人托马斯·威尔德凯特·阿尔福特[7]

术作品,而有着原始宗教传统的人却不做这样的区分。原始宗教一般来讲存在于**整体式**(holistic)的文化之中,在这里每种物体和艺术品或许都具有宗教含义。在这类文化中,艺术、音乐、宗教以及社会行为是密不可分的,以至于很难判定什么是明显宗教性的以及什么不是。尽管我们可以在世界主要宗教的虔诚的实践者中找到相似的态度——对于他们来说每一种行为都是宗教性质的,但是,现代人类和工业文明通常把世俗与宗教的领域视为彼此分离的。

很幸运,曾经将本土宗教判定为"原始的"宗教精神的显现——与有文字系统的所谓的更高级宗教相对应——的偏见不复存在了。这是个不可回避的事实,即有书面文本的宗教时间跨度相对短暂——仅仅5000年——而科学家现在认为人类在地球上至少生活了100万年(也有可能是200万到300万年)。尽管我们不知道人类展现宗教行为有多久的历史,但是我们相信这可以追溯到人类具有抽象思维的时期。

第三节 研究原始宗教:从模式中学习

对原始宗教传统的研究呈现出其自身特有的挑战。幸好口头传统被记载下来、翻译并且出版。然而我们对这些宗教的理解不仅仅取决于文本记录,同样取决于人类学家、民族音乐学家以及其他学者在此领域的研究。

假使我们能够独立地研究并且体验每一种本土宗教的话,那将是十分理想的;然而,除此之外,有一种可操作的进路是把它们看作一个整体,即共享普遍要素的"神圣信道"。因此,在本章我们将关注本土宗教的模式——与此同时要谨记除了这些模式还有其他丰富多样的形式。我们在原始宗教中指出的模式同样会在稍后的章节中丰富我们与其他宗教的接触。我们将考虑到三个关键模式,即人类与自然界的关系、神圣时间与神圣空间的结构以及尊崇起源、诸神和祖先。

人类与自然世界的关系

大多数原始宗教是从人员较少的部落的文化中产生出来的,它们的生存环境要求与自然界保持一种谨慎的、敬重的关系。在这些宗教的世界观中,人类是自然界的一部分。人类从自然界本身(有时通过传说加以阐释)中寻求指导和意义。

一些原始宗教把宇宙万物视为有生命的,这类观念被称为**万物有灵论**(animism,我们在第一章中简要讨论过)。生命力(拉丁语为 anima)呈现于一切事物中,尤其在生物——树木、植物、鸟类、动物和人类中,也在水流、太阳、月亮、云彩以及风的运动之中。但是生命力同样显现于表面看来静止的山脉、岩石和土壤中。其他持有更为坚定的有神论观点的原始宗教在自然中看到了强大的神灵,这些神灵短暂寄居于自然物体中,并在那里显现它们自身。

万物有灵论的世界观认为一切事物都可以看作是同一实体的一部分。在自然与超自然间、人类与非人类间或许没有清晰的界限。万事万物都有其可见的普通实体，同时也具有内在的不可见的神圣实体。有四位奥格拉拉苏族（Oglala Sioux）的巫师，当被问及什么是"神灵"（wakan，"神圣的""神秘的"）之时说道："世界上的每件物体都具有精神，这种精神就被称为神灵。因此树木的精神或者那一类事物的精神，尽管不像人的精神一样，仍然称为神灵。"[8] 认为自然界中神灵无处不在的观点，可以成为一种对普遍的生命力和本质的、根本的神圣同时存在的确认方式。

在众多民族中，特殊的物体——独特的岩石、树木或者河流——是通过存身其中的一个精灵而被赋予了生命。在一些当地的传统中，我们发现神性关切着并且影响着一切实体，诸如土地、水或空气。在非洲的约鲁巴人中，暴风雨是雷神尚戈（Shangó）的杰作，他是一位拥有巨大力量并登上了天堂的传奇国王（见第十一章）。伊博人（Ibo）向"阿拉"（Ala）——地球母亲——祷告，以求土壤肥沃。妇女们为了孩子也向她祷告，男人们则向她祷告以求庄稼增产。在阿散蒂的宗教中，"大姚"（Ta Yao）是金属之神。他负责掌管铁匠与机械工的工作。[9]

在被精神赋予生命的世界里，人类必须审慎地对待一切事物。倘若精神遭到伤害或者冒犯，它会以牙还牙。因此人类必须显示出对自然的崇敬，尤其是那些被人类捕杀吃掉的动植物。人类应当理解灵性世界的存在和运转方式以便趋利避害。（我们稍后会在讨论神游状态和神灵专家萨满的时候重游这个精神世界。）

美国的原始宗教以对自然界的虔诚态度而闻名；人类和动物通常被描绘成共同存在的物种，太阳、月亮、树木以及动物都具有亲缘关系。黑麋鹿（Black Elk，真名 Hehka Sapa）是奥格拉拉苏族人，尽管他皈依了基督教，但是他道出了他对自身与自然界关系的体会，是他曾在南达科他州与他的同族一起成长的经历。他在1930年口述的自传中指出，他的群落曾居住于营幕（tipi，由动物皮毛和杆子制成的圆形帐篷）之中，他们把营幕排列成一个圆圈——就如自然之中经常出现的诸如太阳、月亮、旋风等现象一样。

美国原始宗教经常以宗教仪式的形式表达人类与动物间的亲缘关系。（在较小的程度上一些其他的宗教同样如此。）瑞典学者艾克·霍特克莱茨（Åke Hultkrantz）用一个实例来阐明许多模仿动物的舞蹈的含义。"平原印第安人跳舞时，男人们模仿水牛的动作……并非像早期研究所认为的那样理所当然，即用魔法仪式使动物成倍增加。它们更像一种祈愿的行为，在此印第安人用模仿野兽的方法来表达他们的渴望与期盼。这样一种宗教仪式告诉我们，印第安人对宇宙的活跃力量充满崇敬：这是一种祈祷。"[10]

在许多美国原始宗教传统中，人类与动物世界间的区别微乎其微；相反，两者之间具有一种亲族关系。盲目开采大自然甚至被认为和伤害一个人自己的母亲一样应当受到天谴。正如内兹佩尔塞人斯莫哈拉（Smohalla）所言："你叫我耕地。难道我可以用刀子撕裂我母亲的胸膛吗？那样的话，我死的时候她不会接纳我到她的胸膛中安息。"[11]

原始宗教通常包含一种限制开采和保护自然资源的伦理观。

> 小鸟将巢筑成圆圈，因为它们与我们有着相同的宗教。
> ——奥格拉拉苏族人黑麋鹿[12]

人类应该仅仅攫取自己需要的，并且充分利用动物或植物的全部。比如，在夏威夷的传统里，考虑到鱼类种群的再生，在特定区域捕鱼是被暂时禁止的（kapu，taboo，禁忌）。当然，这种理想并未普遍坚持下来，甚至当地民族有时意识不到他们的行为导致的消极影响。例如，北美的当地民族对海狸的蹂躏就值得我们关注，他们将海狸的毛皮出售给欧洲的贸易商；或者是夏威夷当地人砍伐檀香贩卖到中国。这样的例子不胜枚举，很显然，与大自然无法和谐相处的民族是无法长久生存下去的。

或许对于现如今居住在城市里的人们来说，很难完全体验到自身与自然界的其他部分的亲密关系，而这种亲密关系是本土宗教的一个共同之处。当代的主要观点认为，人类根本不同于其他动物。这种倾向或许是现代文化造成的结果，它注重书写和阅读的技能。我们在室内生活和工作，与我们的食物来源没有多大联系。电灯削弱了我们对白昼与黑夜的感知，并挡住了月亮和星星的光辉。除了昆虫、啮齿动物和大多数普通的鸟类外，我们几乎很少直接看到野生动物。交通噪音盖过了风声、雨声、鸟鸣声。

相反，在西北太平洋的海达族人（Haida）那里，人们能够体会将动物视为亲族的感觉："海达人把鲸鱼和乌鸦视为自己的'兄弟'和'姐妹'，并且把鱼和树木当作有鳍的和树状的人。"[13]

另一个相反的例子明确体现在居住在森林中的中非班姆布蒂人（Bambuti）理解森林的方式上。外人或许感觉黑暗与茂密的枝叶令人毛骨悚然。但是，正如一位人类学家写道的，对于那些居住其中并深爱这片土地的人来说，森林"是他们的世界……他们知道如何从许多其他看起来十分相似的藤蔓中区分看似无害的藤本植物，他们知道如何跟随它直到它指引人类到达贮藏着营养成分、甘甜的根部。他们知道微弱的声音可以预示蜜蜂把蜂蜜隐藏到了何处；他们可以分辨出能够带来大量长在地表上的不同品种的蘑菇的不同天气……他们知道所有外人不能理解的秘密语言，不懂得该语言的人类则不可能在森林中生存下去"。[14]

神圣时间和神圣空间

我们的日常生活在普通时间中进行着，在这里我们看到自己走向未来。神圣时间被称为"永恒的时间"。在北极的科宇刚族人（koyukon）中它被称作"遥远的时间"，它是神灵生活并工作过的神圣的过去。[15]在澳大利亚的土著居民中，它时常被称作"梦幻时光"，它也是土著居民们非常崇尚的大部分艺术品的主题。

神圣时间是循环的，它可以返回到源头以获得新生。通过回忆和以仪式重演神灵和祖先的行为，我们得以进入到他们生活的神圣时间中。原始宗教甚至倾向于以符合神圣时间中的神秘事件的方式来组织他们的日常生活；这使日常生活萌生出一种神圣感。

就像普通时间那样，普通空间存在于日常生活中。然而，神圣空间如同一道门，神灵和祖先的"另一个世界"经由它可以联系上我们，同时我们也可以联系到他们。

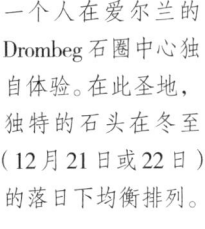

一个人在爱尔兰的Drombeg石圈中心独自体验。在此圣地，独特的石头在冬至（12月21日或22日）的落日下均衡排列。

神圣空间与整个宇宙的中心相关联，在这里力量与神性最强有力，并且我们可以在其中恢复自己的力量。

在原始宗教中，神圣空间可能包含高山、火山、峡谷、湖泊、森林、一棵大树或其他一些显著的自然景观。对于黑麋鹿和他的民族来说，在拉科塔族（Lakota）迁移到西部之后，屹立在南达科他州的哈尼峰就是神圣空间。在澳大利亚的原始宗教中，乌鲁鲁（艾尔斯岩）充当了神圣中心。在非洲，乞力马扎罗山和其他的高山被认为是神圣空间。

神圣空间同样可以被建造出来，通常是以象征性的形状，诸如圆圈或正方形，加以建造，由特别的建筑物或由绳索、岩石构成的界限加以界定，就如同英国的巨石阵一般。它甚至可以是树木或建筑物间的开阔区域，比如说靠近新墨西哥城的特奥蒂瓦坎神庙之间宽阔开放的区域。

崇敬起源、诸神和祖先

起源：大多数原始宗教都有关于宇宙起源的传说，它们经常通过宗教仪式和舞蹈来复述并重演。一些故事讲述了世界是如何起源于一个超自然的领域的。根据其他出现过的故事，地球起源自早先的陆地，或者更早的、更加混沌的物质形式。通常陆地生物来自深海。在霍皮人（Hopi）的创世故事中，尚未成型的地球是水汽弥漫的。

部落的起源传说或许可以与地球诞生相联系。在阿卡摩普韦布洛（Ácoma Pueblo），有这样一则传说：两姐妹完全生活在地下，后来他们沿着一棵大树的树根并通过地面上的洞爬到了阳光普照的地面，成了在地球上出现最早的人类。其中一人成了普韦布洛（Pueblo）之母。[16]

> 去阅读神话吧。它们教会你反观内心，于是你开始获取符号的信息。要阅读其他民族的神话，不仅仅是你自己宗教的神话，因为你倾向于用事实阐释你自己的宗教——但是如果你阅读其他宗教的神话，你会开始获得信息。
> ——约瑟夫·坎贝尔[19]

诸神：原始宗教经常论及超越一切神灵的至高神，它富有智慧、古老并且仁慈。因纽特人提到了一位居住于天空的伟大女性神灵，并且认为所有的人类精神最终都回归到她那里。在一些非洲的宗教中，至高神同样是女性、中性或者雌雄同体的；在一些宗教中存在着两个互补的至高神，他们被描绘成男性/女性、兄/妹、好/坏。中非的巴库塔人（Bakuta）谈及兄弟上恩赞比（Nzambi-above）与下恩赞比（Nzambi-below），尽管在他们的神话中，年幼的恩赞比消失了，而上恩赞比成了至高神。[17]

在一些非洲宗教中，至高神几乎总是世界的创始者，关于他的传说提供了对世界的不幸或者人类与神的距离的解释。许多非洲宗教讲述了至高神是如何创造了世界然后离去的——有时由于对人类的失望或者仅仅是失去了兴趣。"许多非洲中部和南部的人讲到神（Mulunga）起初生活在地面上，但是人类开始杀戮他的仆人并且放火烧了灌木丛，因此上帝撤回到天国停靠在一张巨大蜘蛛网上，那些蜘蛛网看起来像在晨雾中从天上垂挂下来。然而在布隆迪，据说创造完好的孩子的神创造出了一个残疾的孩子，他的父母十分气愤以至于试图杀死神，最终神逃之夭夭。"[18] 在非洲宗教中，至高神并不总是遥不可及的。例如，朱拉人（Diola）相信至高神的直接的、预言的启示，伊博人（Igbo）和修纳人（Shona）拥有来自至高存在的神谕。

虽然一神论在非洲宗教中很普遍，但是它却能够通过许多方式表达自身。

加拿大西部的一些土著民族建造了用来纪念祖先的图腾柱。图腾柱上面的形象与祖先的生平事迹有关。

虽然原始宗教通常尊敬至高神，但奉献给至高神的圣坛和塑像却并不普遍。大寺庙、寺庙仪式和祭司可以在一些文化中找到，比如在墨西哥和西非，但是这些文化要素很罕见。相反，在他们的祷告、宗教仪式和艺术中，许多本土宗教倾向于关注较少的神，尤其是那些与自然力相联系的神。更常见的本土宗教的仪式在小规模的神殿或会场举行。有时宗教仪式在室内进行，例如在蒸汗屋或者基瓦会堂（kiva，水中的会议厅）。其他时候，他们在户外举行，在河畔、岩层边或者小树林中。

祖先：在许多原始宗教中，神与祖先几乎没有区别。二者都很重要，因为活人为了生活顺利必须与二者打交道。由于对祖先的爱以及对力量的尊敬，人们必须善待祖先的灵魂。一些本土宗教，例如纳瓦霍人的宗教，由于恐惧，并不希望与死者的灵魂保持亲近。但是更加普遍的情况是死者得到了尊敬。在非洲宗教中，人们通常认为，如果祖先的灵魂高兴，他们可以带来健康、财富以

深度视角

普韦布洛人的宗教

坐落于美国科罗拉多州梅萨维德的多层建筑群是世界著名观光地之一,它们隐藏于高高的悬崖之上。这些现在空荡的建筑曾经有超过700年的人类居住史,它们能够为我们提供一个走入普韦布洛先祖(也称阿纳萨奇印第安人)生活无与伦比的视角。游客可以沿崖顶往下走,通过狭窄的石头小路和梯子,观赏其中一些房屋,并体验曾经用于举办仪式舞蹈的广场。接下来游客从木梯子爬下来进入"基瓦"(kiva),它位于地下,是一座漆黑的、像子宫一样的宗教仪式场所。在那儿游客可以看到"锡帕普"(sipapu),那是地面上的一个小洞,它是人类出现并来到这个世界的象征。基瓦和锡帕普显示出在这里实践过的宗教是如何完全面向大地的。

梅萨维德悬崖上的住所过去——现在仍然——仅仅是广泛的文化中的一处遗址。该文化所涉及的范围包括现在的亚利桑那州、新墨西哥州、犹他州以及科罗拉多州的大部分地区。在亚利桑那州的青利大峡谷和新墨西哥州的班德列尔国家纪念公园,同样可以看到相似的居所。在新墨西哥州,游客可以参观查科大峡谷的宗教中心,这里曾经是一座繁华的城市。成千上万朝圣者定期来到这里,在每年冬至与夏至到来时,有多达4万人到达这里。甚至现在这座遗址对于普韦布洛人来说也是神圣的。

古代普韦布洛居民的宗教生活并未完全被人知晓,但是从古道遗迹和考古学、岩画和绘画艺术中我们可以发现一些证据。一些建筑物的朝向与二至点和昼夜平分点相一致。基瓦的出现表明在那儿曾举行过宗教仪式,在一些基瓦里发现了壁画的残片。残存的岩画显示了自然界的元素,包括星辰与月亮。在大约1200至1250年间,对卡其那(kachina)的膜拜仪式和他的肖像大量出现。他是仁慈的精神守护者,人们认为他会出现于仪式场合。(我们稍后会做讨论。)*

*注意:本书中使用时间称谓 B.C.E.(公元前)和 C.E.(公元)代替基督教中心的缩写 B.C.("基督前")和 A.D.("主的纪元")。

前一页的图像显示了查科留下的基瓦,这对于普韦布洛人来说是一个重要的祖先遗址。上图是阿兹特克遗址国家保护地的重建物,该图显示出了一个正在发挥作用的基瓦的模样。

大型的居住地被遗弃时,比如梅萨维德的某处地方,人们便向村庄迁徙——主要是今天的亚利桑那州东北部和新墨西哥州西北部——但是,他们会带着他们的宗教信仰、雕像以及宗教仪式,尤其是对卡其那的膜拜仪式一同前行。传统的多层建筑风格仍然延续着,并且启发了西班牙殖民者给他们起了一个至今广为人知的名字——在西班牙语中"普韦布洛"是"村庄"的含义。(居住在新墨西哥州的普韦布洛人有时称为东普韦布洛人,居住在亚利桑那州的则称为西普韦布洛人。)

该地区的很多山脉、湖泊以及河流对于普韦布洛人来说都是神圣的。人们通常认为卡其那居住在那里,并且死者的灵魂有时会造访此地。陶斯普韦布洛人(Taos Pueblos)认为蓝湖是他们祖先的家园,并且是朝圣的地方。

普韦布洛人在建筑、统治以及宗教实践方面有诸多共同特征,但是在所有这些领域中也有着很多不同点。每超过24个普韦布洛村庄就会独立管辖该地区事务,并且流通多种语言:克雷桑语(Keresan)、苏尼语(Zunian)、三种塔努安方言(Tanoan: Tiwa, Tewa, Towa)、霍皮语(Hopi)。每个村庄的独立性使其具有各自的优势,这有利于每一种独特的文化得以保留。尽管他们也面临着改变的压力,但是,普韦布洛人完整地保留了自身的特性——特别是忠诚于他们的宗教信念以及实践。

每个普韦布洛村庄都有各自的宗教传统,在这里我们仅仅略谈皮毛。人类起源的传说在各个民族及部族中并不一致,但是许多部落讲述了人类来自于更低等的世界,在超自然存在的协助下学会了生存,得到过动物的帮助,以及在定居前曾过着居无定所的生活。比如,在7个讲克雷桑语言的村庄中,起源的传说讲述了人们是如何通过4种不同颜色的世界向上迁移的。在一只啄木鸟以及一只獾的帮助下,人们站在一棵大树顶部的一个鹰巢里,挖了一个足够大的洞爬上了这个世界。

宗教传统通过入会仪式、两性秘密团体

以及祭司施行的特别仪式来传承。我们仅仅通过考察下佐努兹人（Zuñis）的宗教社会便会体会到复杂性。佐努兹有6个宗教团体（他们献身于太阳神、雨师、动物神、战神、守护神以及守护神的祭司），每一个团体有自己的历法、仪式以及祭祀的对象。宗教的象征作用同样复杂。例如，在齐亚人（Zía）中，"4"是一个神圣的数字。它代表了4个季节、4个方向以及生命的4个阶段（婴儿期、少年期、成年期、老年期）。它被用于许多齐亚艺术品的设计中。（新墨西哥的州旗就是根据齐亚观念设计的，它显示了一个十字符号，由4个方向上的4条线所组成。）

一些受基督教影响的普韦布洛民族坚持一神论，但是许多民族保持了对传统诸神的信仰，而且也没有意识到什么不和谐之处。他们认为伟大的灵魂可以采取许多形式。比如，在霍皮人中间，人们认为有超过30个神灵。或许其中最重要的是每个清晨祈祷的太阳神（Tawa）、被想象成老人的月亮神（Mu-yao）、带来云和闪电的天空神（Sotuqnangu）以及被认为是一位慈爱祖母的蜘蛛女（Kokyang Wuuti）。

在所有的普韦布洛民族中存在着一种对守护神的信仰，它扮演的角色如同天使和保护神。他们就是卡其那（Kachinas）。他们不是神灵，但他们是祖先、鸟类、动物、植物以及其他存在物的灵魂。人们认为他们曾生存于人类之中，然后返回到自己的世界中去，但是他们每年都会回来。每当人们穿着特定的面具和服饰之时，人们可以表现出这些灵魂。

人们在霍皮人中发现了守护神信仰中最复杂的系统之一，在那儿传统宗教几乎没有受到其他文化的影响。从2月份到夏天，舞蹈者们代表着这些灵魂，并且有超过200个带着不同面具的人出现在舞蹈中。在霍皮语中他们称为卡其那（katsinam，单数为

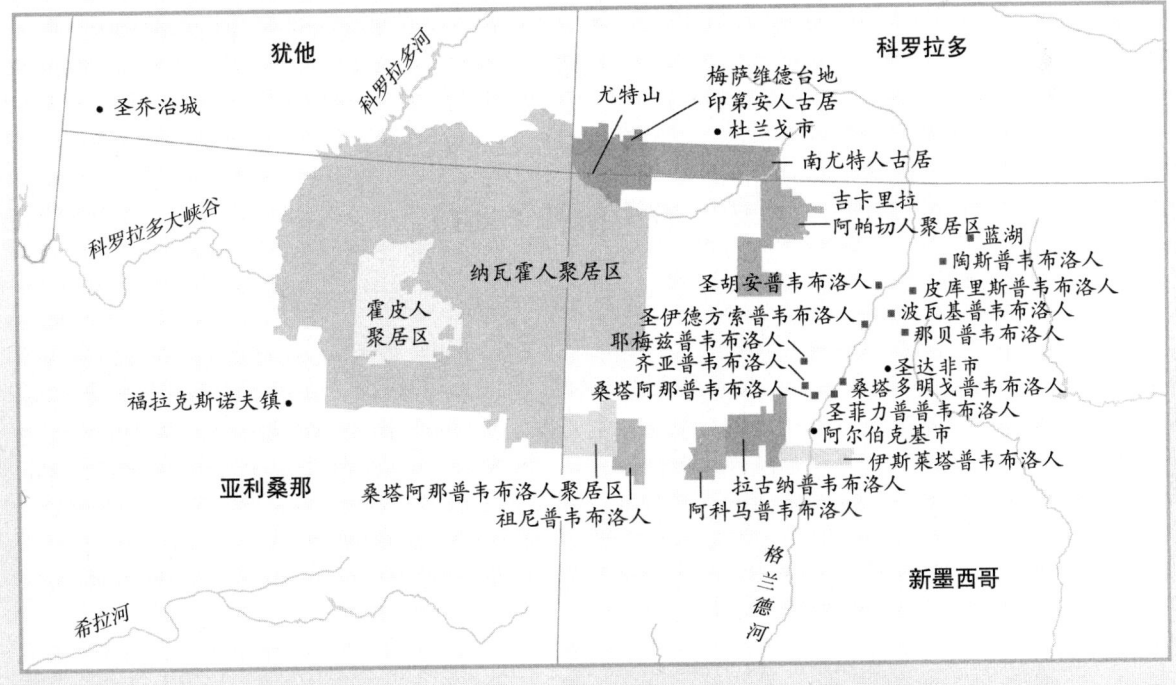

图2.1　普韦布洛人和美国西南地区的其他原生部落

katsina）。鸟类和动物灵魂是在许多鸟类与动物基础上形成的，这包括鹿、獾、羊、牛、马、蜂鸟还有鹰；自然灵魂表现了雨云、彩虹、月亮以及肥沃的土壤。有些展现出了人类的特点，比如勇士、磨谷物的少女、卫士、小丑还有儿童。同样有许多像怪物一样的人物。每个人都有名字，穿戴着特殊的服装和面具。苏尼人也有类似的守护神，他们称之为可可（koko）。

霍皮人和苏尼人同样以这些灵魂的绘画作品而闻名，这些作品被称为蒂图（tithu,单数为 tihu）。（外人称它们为"卡其那玩偶"。）它们是对那些在村庄中跳舞的带着面具的卡其那形象的微缩版二次创作。人们创作蒂图本来是要作为礼物，由头戴面具的舞蹈者赠送给村庄里的女孩的——一种通过图像进行的宗教教化。但是它们却成了收藏家的宝贝，外人分外珍爱它们。

舞蹈是普韦布洛人生活中极其重要的一部分。它们重演着创世、出现、迁徙的故事，并且在宗教团体支持下一年四季不停地表演。同样，舞蹈也有实际目的——确保降雨丰沛、土地肥沃、有好的收成或者狩猎大丰收，并且远离灾祸。我们可以通过一些名字了解到这些目的，例如谷物舞蹈、蛇舞、麋鹿舞蹈。有幸看到这些舞蹈以及其他普韦布洛仪式的游客会带着一种新的认识离开这里，因为，他们可以从中认识到不同的宗教形式，并且为这些古老而美好的形式能够历经无数世纪留存下来而感到惊奇。

及子嗣；若不高兴，则会带来疾病或者使人没有后裔。通过宗教仪式，有时包括供奉祭品，可以平息祖先的愤怒。一般认为祖先过着一种死后的生活，那是一种非常像尘世生活的存在状态。有时也可以发现轮回的信仰，正如在塔希提人（Tahitian）的本土宗教和许多非洲宗教中，从塞内加尔的朱拉族到刚果地区的巴刚果族人（Bakongo）之中。在夏威夷的传统宗教中，人们认为死者的灵魂进入阴间，而文化英雄的灵魂则飞升天堂。

第四节　原始宗教中的神圣实践

在当地社会，每天的宗教活动和宗教实践都是至关重要的，这是因为它们的首要目的通常是正确地处理个人、家庭、团体与诸神、祖先、其他人以及自然界的"关系"。仪式是人们确保自身可以与他人以及自然界和谐相处的一种主要途径。仪式经常被用于人类生活的主要方面：生命周期中的重大事件、关于特定行为的规范、献祭以及通向精神世界。此外，诸如面具和塑像这种工艺品也是特定仪式中的一个重要组成部分。

庆祝生命周期的仪式

在原始社会，生命旅程得到成长仪式的帮助并以此为标志。除了对个人具有重要意义外，这些仪式还通过更新社会纽带并接受新成员走向团体来团结社会。

成长仪式记录了重要的生命事件，例如婴儿出生。在一些本土宗教中，临产的妇女独自来到一个神圣的场所，或者是专为生育建造的房子内，生下她的孩子。对于母亲与孩子来说，分娩是一个奇妙的时刻，分娩流出的鲜血通常被认为具有危险的力量。

婴儿出生以后，人们通常会在最近（或孩子出生后一周到一年的任何时间内）将要举行的集体性活动中为其庆祝。在非洲的一些地区，人们通常会在公众仪式上为婴儿取名，与此同时，仪式上会伴随着歌声、舞蹈以及聚餐，直到这个时候，婴儿才会被社会成员所认可。人们会认真地为婴儿取名，这是因为名字会影响到孩子的未来。

特定的仪式同样标志着一个人进入成年期。这些仪式可能包括一段时期内对性爱、成年人的责任以及部落的历史与信仰的指导。其中通常包括成年礼，人们或许独自一个，或许在其他受礼者的陪伴下经历这个仪式。仪式上有象征性的死亡——痛苦并且骇人，意味着一个人从男孩变成了男人。在非洲，男孩十多岁时进行的割礼是进入成年期的普遍仪式。

在西非，入会社团会监督成年礼。"波罗"（Poro，一个秘密的入会社团）是为男性成立的，由长者阶层管理，各个村庄不尽相同，人们在埋葬部族首领的神圣树林中举行集会。入会的目的是为了年轻人的重生，据说起初波罗的灵魂会吞下年轻人，而在入会仪式结束之时，年轻人会重生返回父母身边。"[20]对于女孩来说同样有类似的仪式，她们会获得性指导以及结婚必需的技巧训练。

人们同样可以公开地记录下女孩的第一次月经期。比如说，在阿帕切族（Apache）中，一个为期四天的仪式记录下一个女孩的初潮（menarche，第一次月经）。在精心设计的仪式中，女孩们翩翩起舞，收到来自女性主办者的信息，跪下接受阳光的照耀，并围绕仪式用的手杖转圈。

在美国的本土宗教中，一个普遍的早熟仪式称为"探求幻象"或者"探求梦境"，它可能包含了持续很久的斋戒以及一些初步的净化措施，例如洗澡或者进汗蒸房。建造汗蒸房以及与此有关的仪式的诸多细节可能包括砍伐柳树枝，在此期间会提供烟草；把木棍、岩石、苔藓和甜味草收集起来；建造一座圣坛并且加热石头；把烟草涂在人的身体上；在地面上做标记；并且在每个步骤中说着适当的祈祷词。

在探求幻象前的数年，年轻人要接受训练来为这种经历做准备。通常来说，部族的宗教专家会通过仪式标记罗盘的四个方向和中心来创造一个神圣空间。该神圣空间远离社会，那里应该是一处拥有自然风光的场所。

直到幻象或者梦境到来之时，探寻者始终停留在神圣空间中。尽管探求幻象通常是男性成年礼的一个部分，但是在一些民族中它同样适用于女性。探求幻象在其他场合同样适用，尤其是当一个人或者一个团体必须做出重要人生决定之时。

> 在那里，当我还是小孩的时候，诸多灵魂将我从幻象中带至地球中心，向我展示了世界的神圣圈子中所有善的事物。
> ——黑麋鹿，讲述在他9岁时的探求幻象。[21]

深度视角

伊博人：转变中的原始宗教

当下，至少 600 万伊博人（Igbo，或称 Ibo，发音为 ee'-bo）居住在西非，大部分分布在尼日利亚。在诸多部族中产生了许多变化，而与此同时，传统的伊博人崇拜土地神（Ala）和各种神灵（alusi），例如河神、甘薯神、壁炉神。许多伊博人崇敬一位至高神（Chukwu 或 Chineke），把它设想为创世者。他们还尊崇祖先的灵魂，据说祖先的灵魂可以控制他们后代的生活。伊博人认为每一个人都有着独特的灵魂（chi），它在决定人的命运时扮演了重要角色。

在伊博人的宗教中，特殊的仪式记录了重大的人生事件。日常仪式在家中举行，在供奉有祖先雕像的神龛前进行。这些雕像会定期收到食物、酒等贡品，有时候还会收到献祭的动物的鲜血。宗教仪式标记了儿童的姓名、结婚、耕地以及收获。最重要和最复杂的仪式发生在葬礼上，那时伊博人认为他们必须帮助亡魂安心地进入灵性世界。对于这些仪式，伊博人会用心制作面具，用于宗教舞蹈以及假面舞会上。

基督教传教士于 19 世纪中叶开始在伊博人中传教。在 19 到 20 世纪尼日利亚沦为英国殖民地期间，英格兰教会，也称英国国教，派遣了许多传教士前往该地。1880 年之后到达该地的天主教传教士同样成功地改变了当地人的信仰。因此，基督教信仰与习俗深深地影响了伊博人的宗教。有时候基督教会替代传统的信仰与习俗。但是更普遍的是，在各种各样的宗教汇合（混合）中，两种宗教相互渗透，有时候甚至产生了新的独立宗教。

传统的伊博人信念与基督教的相似点有助于两种宗教的融合。伊博人的至高神

这张来自 20 世纪 30 年代的照片让我们了解到面具是如何在传统的伊博人舞蹈中发挥作用的。

类似于基督教的上帝。伊博人的自然的灵魂类似于基督教的天使。伊博人祖先的灵魂会代表活人去求情，就如同基督教圣徒所做的一样。伊博人对个体灵魂的信念类似于基督教对灵魂的信仰。

尽管基督教禁止了传统的伊博人的一夫多妻制，但是其他传统习俗仍保留了下来。每周日去基督教教堂做礼拜的伊博人，可以在平日去拜访传统祭司以及圣地以寻求灵魂的建议和协助。与此同时祖先的灵魂会继续受到人们的崇拜。甚至人们会为庆祝尼日利亚的一个重要节日——圣诞节——而举办假面舞会。

伊博人中发生的一切与在撒哈拉非洲以南地区所发生的一样，具有十分典型的特征。基督教正在成为主导宗教，但是它却具有非洲风格。

正如在许多其他文化中一样，在原始社会中，婚姻是一种仪式。它不仅要公开确认并维系一种联合的关系，同时通过仪式来加强一种经济安排，确保家庭的延续。然而，在非洲和北美的部落文明中，婚姻通常是一种实用性的安排。在北美本土民族中，婚姻通常仅仅作为一项由家庭制定的社会契约来庆祝。一夫一妻制是一种规范，但是当婚姻并不美满的时候，离婚也是允许的。在非洲的原始宗教中，有时候会用仪式来记录婚姻，以联合两个家族并且传递生殖力，但是通常情况下它的宗教意义"并非是与众不同的。它被视为成年仪式的正常延续，成年仪式的目的就是为此做准备"。[22]

随着生命的最终结束，死亡随之而来，人们借助仪式安抚亲属，帮助死者的灵魂前行，并且保护生者远离来自不受欢迎的鬼魂的伤害。死者的灵魂由于离开了家庭会感到悲伤，因此，生者必须帮助它们到达灵性世界。亲属和朋友在尸体旁放置衣服、食物、金钱以及最喜欢的物品来帮助死者。至于首领和其他杰出的人物，人们会在安排隆重的葬礼前把他们的尸体做防腐处理或者公开展示并做成木乃伊。从前，重要的非洲首领的妻子、孩子以及仆人要为他们陪葬。在美国原始部落中，亲属和仆人也会作为祭品来陪伴死去的领袖。比如说，纳齐兹领袖"刺青蛇"（Tattooed Serpent）在1725年去世后，他的妻子们以及另外6人在经过了斋戒的准备后，作为葬礼的一部分被绞死了。[23] 在北美本土宗教中死者的尸体通常会被埋葬，但有时候人们会把尸体放置于圣坛上或者树下。

禁忌和献祭

禁忌（taboo）是一种禁止关于某种物体、人、动物、日期或人生阶段的特定行为的规范。禁忌代表了一种社会与宗教秩序的汇编。在我们的语言中，禁忌通常情况下含有贬义，它是指某种事物与行为要被禁止。从本质上讲这是一种旁观者的观点。从原始宗教内部来讲，禁忌经常被视为一种保护个体及自然事物秩序免受灾祸的方式。

禁忌通常与性和生育有关联。同样地，血经常被视为神秘力量的一个要素——既有益又有危险。比如说，在一些但并非所有的族群中，人们希望行经期的妇女与其他人分隔开，因为经血被看作是很危险的。与此相反，一些文化（如阿巴契）向女孩的初潮致敬，认为在那期间她有能力治愈疾病。

大概由于鲜血包括了分娩期的血的缘故，在一些原始文化中妇女在分娩期必须独自一人或者只能由女性陪伴——甚至她的丈夫也不能在场。比如，在夏威夷传统中，具有较高等级的女性在分娩期要保持隔离，待在一处只用于分娩的巨大的石制场所里。原始社会也经常禁止男性在他的妻子分娩后的一段时间里与之发生性关系——这甚至要持续到孩子断奶。

如出生一样，死亡也伴随着诸多关于死者灵魂的禁忌。根据死者在世时的遭遇，他们会奖赏或者报复生者。死后世界是一个模糊的、不确定的领域，如果灵魂离开了一个快乐的家庭圈子，那么它不会情愿地进入到死后世界。因此人们为

礼仪和庆典

探求幻象

对于居住在北美北部平原和五大湖地区的奥吉布瓦人（Ojibwa）来说，人们通常期望儿童进行一次斋戒，为即将到来的青春期盛大斋戒做准备。人们期待女孩子们在月经初潮时进行一次特别的斋戒，但是男孩们除了斋戒外，还要开始一次幻象探求。"奥吉布瓦的男孩们被带到森林深处，安排在一棵选定的高大的红松树下。在这棵树下，一个覆盖着苔藓并由木棍搭建的圣坛坐落于较高的树枝上，作为年轻人在上进行斋戒的床铺。也许事先会准备好一顶树枝制成的华盖，用来遮蔽他，使其免遭风雨的侵袭。年轻人独自待在这里，并被严厉告诫不得摄取任何食物以及饮品。他要安静地躺在这个圣坛上一天一夜，并耐心地祈祷着幻象。"[24] 长者可以秘密地检视此次对幻象的探求，如果年轻人不能坚持下来的话，也可以回家，但是来年他还要返回这里。"当幻象奖赏斋戒时，它们通常表现为进入到灵魂世界的一次旅程，以及在宇宙维度下的一次灵魂之旅。在旅程期间，寻求幻象的人会看到一条小路，在那儿他的生命会延续下去。他会与一个或者多个灵魂相关联，这些灵魂可以作为他的守护者以及保护者，为其服务一生。"[25] 同样地，男孩可以收集或者被赋予这种灵魂守护的实体象征，他可以用余下的生命来保留这个象征，追忆这次探寻以及灵魂的庇护。

了避免激怒死者的灵魂而举行适当的仪式，并进行公开的哀悼。

其他的一些社会行为也受到诸多禁忌的控制。有一则与等级普遍相关的禁忌：地位高的人们，例如首领、贵族、祭司以及巫师，由于他们具有特殊力量，他们必须受到人们格外认真的敬待；禁忌可以保护这些人免受冒犯和不适当的行为。比如，在传统的夏威夷文化中，平民的影子不可以落到贵族成员身上。在等级观强烈的文化中，比如在许多非洲部族中，人们认为他们的健康以及土地的肥沃，取决于神圣国王的健康状况。国王为了保持健康则会受到禁忌的保护——尤其要注意与他有来往的人。由于这些禁忌，以及对他的地位的恐惧，神圣国王可能要过着远离臣民的生活。

在许多文化中，食品以及食品来源受到禁忌的掌控。在许多非洲民族里，平民禁止触碰或者食用国王的食物。在传统的夏威夷地区，妇女禁止食用特定的食品。

危害社会的行为同样会受制于禁忌。在美国原始宗教中，禁忌和规范倡导一种与部族成员和谐相处的观点。比如在部族中强烈反对通奸以及偷盗的禁忌，通常会在部族委员会的管理下，通过羞辱、警告来避免此等事件发生，并开除部族成员以便管理该部落。然而，尽管和谐至关重要，但是有时针对其他民族的战争也被视为是正当的。

当禁忌遭到破坏，或者灵魂需要安抚之时，个人或族群就必须对过失做出补偿，通常是通过献祭的方式。一般祭品为食

> 不要杀害或者伤害你的邻居，因为你伤害的不是他。不要冤枉或者记恨你的邻居，因为你冤枉的不是他，你冤枉了你自己。至高的存在者伟大母亲莫内塔（Moneto），爱你的邻居就如同她爱你一般。
>
> ——肖尼族的规定[30]

深度视角

传统的夏威夷宗教

从太平洋南部岛屿越过海洋来到夏威夷的定居者,将传统波利尼西亚的文化与宗教元素带到了这里。由于波利尼西亚人强大的航海技术,他们的文化得到了广泛传播。

在与西方人接触前,夏威夷的波利尼西亚人有完善的信仰体系,它由许多部分构成。他们的信仰体系涉及了原始黑暗(po),其中发生了分裂,于是形成了天空与大地。在二者之间的空间内,各种各样的生命形式诞生了。(这种诞生现在《库木里坡》[kumulipo]中被详细记录下来,它是夏威夷最华丽的创世诗歌。)最初的天空神与大地神是哇凯阿(Wakea)和他的女性伴侣帕帕(Papa)。但是夏威夷宗教同样提及了数千位其他的神灵(akua),他们是最早的神灵的后裔。这些神中,有一些出自对神圣的祖先的记忆,其他一些则是自然的特定方面的拟人化。他们的崇拜看似来自不同时期的不同岛屿族群,信仰的系统化过程只是进行得十分缓慢,它从来不是静态的,而是层层推进。

据说最终出现了数千位神灵,其中数十位经常受到人们的祈求,并且祭司会致力于对最伟大的神灵的崇拜。这些神灵中最重要的是苦(Ku)和龙诺(Lono),他们在很多方面是互补的。具有多种显现方式的苦是一位有强大力量的神。他是位保护者,庇护着采掘、捕鸟、打鱼等活动。在较为黑暗的一面,他还是战争的保护者。

第二位神龙诺是和平神,它与降雨、繁殖力、爱和艺术密切相关。尽管在一年的大部分时间里人们都是献身于苦,但是冬季是休战期,处于龙诺的庇护下。在此期间,献身于苦的庙宇会暂时关闭。对龙诺为期4个月的奉献开始了,此时昴宿星团首次出现在夜晚的天空——这发生在10月末至11月末。这一时期称为玛卡希基(Makahiki,字面意思是"眼球运动"),该术语是指天体的显现与运动。这段时间被用于各种宗教服务、舞蹈、体育竞赛以及休闲活动。在玛卡希基期间,龙诺的祭司将以他的名义供奉的祭品收集起来。为了宣称龙诺的出现,他的祭司会在每个岛屿周围钻孔,从中竖起一面白色卡帕(树皮布)旗帜。它系在一个长长的杆子上,在杆子顶端是龙诺的脸或者他的鸟状的符号。(夏威夷人认为詹姆斯·库克船长很像龙诺,这是因为探索者的船在1月份玛卡希基期间到达该地,同样由于这条船上有白色的帆,因此它与龙诺的旗帜惊人地相似。)

另外两个重要的神是肯恩(Kane)和卡那罗(Kanaloa),他们是一起从家乡卡西基(Kahiki)来到夏威夷岛屿的旅伴,或是兄弟。据说他们俩在夏威夷引进并种植了香蕉[26]。肯恩是水的保护者,但是他却出现于许多其他的自然形态中——尤其在雷电与彩虹中。屋内通常有一尊肯恩的神龛,它的中心是一块阴茎石,在此,肯恩收到人们的日常祷告。卡那罗与天空和海洋——尤其与海洋鱼池、海洋生物、潮汐和航海有关。

这些主要的神灵(很可能除了卡那罗)都具有自己的庙宇。在夏威夷的农历历法中,每月中有十天要献身于四位神灵中的一位,而在此期间不得从事大部分的工作。[27]捕鱼、耕地、收获食物受到了这一历法的调节。

女神佩里同样是一位重要的祭拜对象。她作为火神活跃于火山地带,受到人们的崇敬。关于她的传说描绘了她抵达了夏威夷,来到了考艾岛以东的尼豪岛;她的火山活动在考艾岛、瓦胡岛和茂伊岛进行;最终她易怒的灵魂移居到夏威夷的大岛,那里的火山

诸如椰子和水果等祭品，有时会用铁树树叶包裹着放在神坛的献祭平台上。这里的平台坐落在瓦胡岛的Pu'uo Mahuka。

仍然活跃。佩里的地位十分重要，她也拥有自己的祭司，后来又有了女祭司。其他有名的女神还包括佩里的妹妹伊阿嘎（Hi'iaka），佩里有时候会妒忌她；西娜（Hina），她是与月亮有关的女神；拉卡（Laka），草裙舞的保护者。

正如神具有多重外表一样，他们同样以多种形态展现自身（kinolau，"多重的自我"）。比如，佩里会表现为女孩、白犬、火山、火或者披着长发的老妇。（民族植物学家伊莎贝拉·阿伯特［Isabella Abbott］叙述了一个她父亲讲给她的故事。他说，从前他用车载了一位老妇人并给了她一支香烟。在他给老妇人点烟前，烟自燃了，老妇人抽起了烟。然后，她突然消失了。）

人们认为先祖曾经拥有、现在仍然具有神性的某些要素。被称作欧马库亚（aumakua）的神，作为强大的家庭守护者出现。与其他神一样，他们会以多种形式出现——最著名的形象是那些动物，诸如鲨鱼、狗、猫头鹰、海龟和蜥蜴（mo'o）。

祭司祈祷的场所在规模上有所不同——从巨大的石头神殿（称作heiau）到路旁的小神坛、临时圣坛，以及家中摆放圣物的地方。许多神殿和神坛有着特殊的用途，例如治疗病人或者求雨、祈祷捕鱼量上升和庄稼增产。神殿的设计源自塔希提和马克萨斯群岛的神殿。随着时间的流逝，神坛似乎比往日更具风采。神坛一般情况下是由石头砌成的户外的圣坛，四周有围墙环绕。在神殿内，人们竖立起神灵（ki'i）的雕像，供斋被摆放在木质圣坛上，祭司认真地背诵着圣歌。

在传统的夏威夷社会中存在着一种复杂的等级系统，宗教为社会提供了某些禁忌（kapu）。在过去的几个世纪里，社会分工似乎更加严格与复杂，严厉的处罚——通常是死亡——加强这种禁忌。社会等级明确——由各个等级的贵族（ali'i）、平民（maka'ainana）和奴隶（kauwa）组成。男人和女人扮演着不同的社会角色，并且用餐都是分开的。在妇女的经期，她们要独自居住。大概由于害怕经血具有的强大力量，妇女们吃的食物、接触的物品以及她们可以参与的工作都受到了限制。她们不能吃猪肉、椰子，或者大部分香蕉，她们不允许种植或者烹制芋头（kalo），而这是当地的主要食物。

支持整个社会制度的是一种人类灵性力量的概念，称作玛那（mana）。贵族被视为神灵的代表，他们具有伟大的玛那；但是他们的玛那必须受到保护。例如，当平民接近贵族时，就必须蹲下或者拜倒在他们面前。

1819年，统一了岛屿的卡美哈美哈国王去世。在同一年，他的儿子卡美哈美哈国王二世与妇女们共同进餐，这种行为代表了

尽管草裙舞通常被视为娱乐活动,但是大多数草裙舞讲述了夏威夷神灵和女神的故事。

对旧的禁忌体系的明确的、公开的抵制。(这种行为受到了与西方人数十年的接触的影响。)许多神坛因此遭到破坏并渐成废墟,大部分的神像也被埋了起来,正式结束了宗教祭司制度。第二年,基督教新教传教士从波士顿来到这里,于是基督教首次出现在这片土地之上。

然而,传统宗教并未完全消失。传统宗教的许多因素至今仍然保留。在那些最清晰的因素中,对佩里、祖先以及守护神信念的尊崇行为仍广泛流传。尽管由现代牧师进行祷告与献辞,但是仍旧会采用海水和铁树树叶等传统方式进行,在进行基督教服务时,人们通常会表演草裙舞以及传统的器乐演奏。在夏威夷,人们通常在草裙舞开始前吟诵虔诚的圣歌,人们会向女神拉卡和伊阿嘎祈求,舞蹈一般会重述女神和神灵的传说。人们期待公开的祈祷与祭祀仪式,有人会听到做礼拜的领导者向至上神(Akua)和"我们的欧马库亚"致辞。同样人们在理论上尝试对传统的多神论与一神论进行融合,用来说明诸多传统的神灵是天使,或者仅仅是唯一的神的某些方面。[28]

近几十年来,草裙舞、夏威夷语言和传统艺术的复兴引起了人们对传统宗教仪式的巨大兴趣。大量神坛得到修缮甚至重建,其中包括茂伊岛和夏威夷大岛上的几座大型神坛。一些传统的宗教服务在重建的神坛中进行,或许人们还将尝试恢复传统宗教的习俗。[29]

物和酒。人们往往"**祭酒**"（libation，往地上洒下一些酒以作为祭品的行为）或者在灵魂边放置些食物。动物也可作为祭品供奉，它的血会倒在地上或者圣坛里，作为向神祭奠的生命力。献祭的动物一般是可食性动物，比如鸡、猪和羊[31]。在献祭之后，所有的参与者（包括祖先和自然灵魂）会吃掉煮熟的动物——通过为他们提供食物并与他们一同进餐来取悦他们。

尽管活人献祭（有时为食人）很少出现，但是在一些原始文化中，它的确发生过。在阿兹特克宗教、夏威夷宗教以及新几内亚的部落中，活人献祭是为了某种目的而去实行的（至少一度曾是）；在北美和非洲，这则是十分罕见的。

在结束禁忌这一话题前，最好注意到禁忌在每一个社会中都是大量存在的，包括我们身处的社会。许多禁忌与性、婚姻，以及父母职责有关。比如，在现代社会，禁忌会反对一夫多妻制、乱伦以及近亲结婚。这样的禁忌在执行它们的社会看来是很"自然"的，而在外人看来则是"不自然"的。禁忌在各个部落与社会中不是固有的，而是由文化决定的。

萨满教、出神和灵性力量

正如我们所见，原始宗教理所当然地认为，存在一个具有强大影响力但却不可见的神灵世界，并且人类可以通向这个世界。**萨满**（shaman）充当了可见的平凡世界与神灵世界之间的媒介。通常，萨满为了帮助或者治愈他人，不仅可以接触这个领域，看到它，并且可以从它这里传递信息。正如一位评论家讲道："萨满处于一些文化的核心，而他们生活在其他文化的模糊的边缘地带。不过，似乎有一条线索可以将世界每一个角落的萨满联系起来。唤醒其他实体秩序、体验狂喜和开辟梦幻领域形成了萨满使命的本质。"[32]有时候，某些灵魂要通过萨满之口说话，而萨满知道通往他们的世界的入口。人们可以在梦中或出神状态下触及这些灵魂，通过攀登圣树、穿过洞穴潜到地下世界、在空中飞行或者跟随神圣地图前行等方式。

萨满理解太初的统一，并且体验过与动物及自然界其他部分的合一。因此萨满能够诠释动物的语言、迷惑它们并利用它们的力量。萨满通过穿戴以诸如鹿角、狮子的皮毛和鹰的羽毛制作的物件，可以得到动物和自然界其他部分的力量。

成为萨满的其中一个步骤，就是一次或多次以精神上的死亡或重生的方式来进入精神领域。一个人可能会经历某些重大损失——失明、失去孩子或

在厄瓜多尔二分日庆祝仪式上，萨满手持一只金色罐子。

者同等珍贵的事物。他/她或许精神崩溃，或许病入膏肓，抑或遭遇灾祸并濒临死亡。从这类极端经历中恢复过来后，这个人就能获得洞悉以及治愈疾病的新力量，这可以使他通往萨满之路。那些经历过被认为是神灵世界的显现、栩栩如生的梦境或幻象之人，有时候也被作为萨满来培养。

萨满通常混合祭司、神使、心理学家以及医生的角色于一身。有一个关于萨满的英语术语为medicineman（巫医），然而这个词仅仅强调了其医治病人的能力，并混淆了萨满既可以是男性也可以为女性这一事实。事实上，在韩国和日本的原始宗教中，萨满一般是女性。

> 我进入到大地中。我到了一个地方，那里就像人们饮水的场所。我走了一段非常漫长的路途。当我出来时，我已经爬上了［到达天空］的线。我爬上一根线，然后松手爬上另一根……你接近了上帝的场所。你做你在那里应该做的事。……［然后］你进入到地表，随后返回到身体里面。
>
> ——布须曼族出神舞者[33]

令萨满和其他人都产生了幻觉的萨满式出神状态可以由多种方式引起：减弱视觉界限（例如，处在山洞或者在茅舍的黑暗之中待一段时间），斋戒，体验感官丧失，发出规则的有节奏的声响（比如敲鼓声、拨浪鼓的声响、钟声和吟诵），反复地舞蹈，特别是以围成圈状的形式。摄入自然物质是很常见的；皮约特（peyote）仙人掌、曼陀罗属植物、大麻、古柯、鸦片以及毒蝇蕈这些物质均可用于引发出神状态，萨满独自一人时，或者在仪式中有参加者的情形下，都可以使用它们体验出神状态。

一些美国原始民族使用**烟斗**（calumet）——一根神圣的长管子——吸食比普通香烟更强烈的特殊烟草；事实上，它的味道十分强烈，以至于能够产生致幻效果。烟斗的斗部通常由黏土制作，但有时是用骨头、象牙、木头或者金属制成，烟杆则由木头制作而成。也有许多烟斗是石头做的。（一种红色石头，在平原印第安人和东部林地印第安人中甚为流行，人们曾在明尼苏达州派普斯通挖掘出这种石头。）对于拿烟斗的人来说，它提供了一种保护。人们将抽烟斗作为一种共享的仪式，它确立了所有参与者和仪式中庄严性极强的誓言之间的联系。

利用皮约特仙人掌的仪式在过去的两个世纪内首先在一些北美原始部落中得到了发展。[34] 这类仪式似乎是从墨西哥向北移动的，在那里，皮约特仙人掌更容易生长，并且长期被用于宗教活动。人们服用皮约特仙人掌的果实之后，它可以引发一种持续6个小时或者更长时间的幻觉体验，并产生忘我的状态和自我与自然合一的感觉。仪式一般在晚上的早些时候开始，并持续到黎明。

在北美的部落中，使用皮约特仙人掌的仪式通常混合了基督教的因素。比如，一名美国原住民教会人士描述了他是如何准备仪式的："起初我们建好一座圣坛——有一块墨西哥地毯，在上面是用我们的语言书写的拉科塔族圣经。在我们的仪式上我们只接受圣约翰的启示。它……充满幻觉、自然、大地、行星……我们在圣经之上摆放一根鹰的羽毛——这代表伟大的精神……在左面是生皮制成的包裹，里面装有撒在火上的雪松粉末。那是我们的香。"[35] 他说，诸多要素的融合是有意而为之的，这是因为它表明，从核心上讲所有的宗教都是相同的。很有趣的一件事是，尽管在日常生活中使用皮约特仙人掌是犯法的，但是美国原住

深度视角

艾萨克·谭思成为了一名萨满

艾萨克·谭思是加拿大西北部基特卡汕（Gitksan）的一名萨满，在1920年的一次采访中，他提及他是如何成为一名萨满的。在一个下雪的黄昏，当他拾柴火的时候，听到一声巨响，一只猫头鹰出现在他面前。"猫头鹰抓住了我，它挠着我的脸，试图把我举起来。我失去了意识。当我恢复知觉时，我意识到自己掉进了雪地。我的头上都是雪，嘴里还在淌着血。"[36] 艾萨克回到了家，但是他陷入了出神状态。他醒来时发现医生在为他治疗。有人告诉他，现在他也是时候成为哈列特（halaait，巫医）了。艾萨克拒绝了。不久之后，在一个鱼洞处，他又一次眩晕并陷入了出神状态。他被抬了回家。当他醒来时他在不停地颤抖。"我的身体在颤抖。当我保持这种状态的时候，我开始唱歌。一支圣歌脱口而出，没有什么能使它停止。许多事物呈现在我面前：大鸟和其他动物。它们在召唤我。"[37] 很快，艾萨克开始为其他人治疗疾病了。

民教会在宗教活动中使用它却得到了法律的支持。

在非洲原始宗教及其加勒比分支中，强大但却不可见的精神力量被认为既能够行善也可以作恶。预言师、使用咒语的治疗师、小型雕像、有时候称为**交感巫术**（sympathetic magic）的饮剂都可以规导这些力量。正如一位评论家说的，某些人手中的巫术可用于"有害的目的，人们把它作为坏的或是邪恶的巫术加以体验。或者人们可以将它用于有益于社会的目的，于是它被视为善良巫术或者'药物'。这些宇宙的神秘力量自身既不是善良的也不是邪恶的，它们就像我们控制下的其他自然物一样"。[38]

人们认为灵性力量和出神状态使得人类可以洞察过去与未来，这个过程被称为**占卜**（divination，来自拉丁语divus"神"和divinare"预测"）。洞悉过去有助于确定疾病和其他不幸的原因，而洞察未来则可以指引人生，采取明智的行动。在非洲宗教中这是一个普遍的信仰，即人具有预先决定的未来，它可以通过占卜来发现。

原始宗教所共有的世界观，为若干特定的宗教角色留出了空间。先知可以洞悉疾病、抑郁、死亡以及其他困难的原因。治疗师与饱受肉体与精神折磨的人合作，来寻求治疗方法。唤雨者终结了干燥的天气。邪恶的巫师通过对物体的操纵对人造成伤害；他们可以利用指甲、头发、衣服或者被害人的其他物品，然后烧掉或者毁坏它们，或者在被害人途经的路上埋下一件他们的物品，目的是对其造成伤害。女巫不仅仅使用灵性力量。"据信，女巫的灵魂在夜晚离开她们，去侵噬被害人，使他们虚弱并最终死掉。同样，据说女巫可以通过对一个人的观察，对其受损害的渴望或者利用言语将危害加到他身上等方式来伤害一个人。"[39] 当然，巫师和女巫同样也会将力量用于善途。

帕瓦仪式为印第安民族提供了分享舞蹈并将古老的故事传给下一代人的机会。

原始宗教的圣物和艺术表达

面具、鼓、雕像、拨浪鼓以及原始宗教中其他重要的物品，曾经被视为人类学博物馆收集并珍藏的奇物。不过，现如今我们改变了对其的看法；我们意识到，我们应当既重视它们对于孕育了它们的文化的重要意义，也不应该忽略它们的内在艺术价值。原始宗教的艺术不是由"艺术家"作为"艺术品"创造出来的，而是作为功能性物品以特定的方式用于特定的场合。比如，纳瓦霍的沙画通常由人们拍摄下来并在书中将其再现，就如同它们是永恒的艺术品一样。事实上，当医师使用这些物品之时，它们只是创作出的暂时性作品，随后会作为仪式的一部分而毁掉。同样，它们也不像在大多数工业文明中产生的艺术品，原始宗教中的神物及雕像并非独立地尝试体现宗教本身，而是作为宗教表现的一部分而存在。尽管现代世俗文化一般来说并不认为舞蹈、文身和人体绘画是宗教的表现，但是在许多原始宗教中这些艺术形式都扮演着这种角色。

在那些不依赖于书面形式的宗教中，艺术表达呈现出独特的重要性，这是因为这些艺术充满着内涵，可以使参与者想起口述传统的细节。当然，在许多口述宗教和书面宗教中，雕像和绘画是极其普遍的。在原始宗教中，舞蹈占有特别的重要地位，它包含许多宗教物品，诸如着色的雕刻面具、头饰、服饰、装饰品以及乐器。在夏威夷原始宗教中，人们往往跳起卡希科舞（hula kahido，古典草裙舞），连同诵唱赞美诗来荣耀神灵。用于表现节奏的乐器以及花环（lei，花圈或是其他的戴在头上、手腕、脚踝的植物），当用于草裙舞中的时候，往往被视作宗教神物。

这是危地马拉早期玛雅绘画作品的一小部分，它展示了国王的庇护者谷神的儿子在进行献祭的场景。这幅画完成于大约公元前100年。

　　同样地，赞美诗也是必要的，因为它们重复着神圣的话语并重新创造了宗教传统的神话。人们若想将其适当地用于宗教仪式中，则必须仔细地记住它们。吟诵者不仅要具有非凡的记忆力，能够回忆起成千上万的赞美诗，与此同时他们还必须能够对传统诗歌和口头文本适当地加以改造，以适应特别的场合。

　　面具在原始宗教中扮演了重要角色，尤其是当它们运用于舞蹈之时。当跳舞者佩戴面具以及任何与此相配的服饰时，他们不只是代表了神灵，实际上是成了神灵本身，被附身并拥有了神性的力量。比如，在非洲的巴普诺，舞蹈者不仅佩戴面具还要踩着高跷行走——总体效果是非常显著的。西北太平洋的一些部落，诸如海达人、茨姆锡安人、瓜基乌图人[40]能生产极其复杂的面具。有一些面具，尤其是那些描绘动物神灵的，它们都具有可移动的部分，以使佩戴或者看到它们的人更加强大。

　　除了面具和雕像，其他形式的木雕同样体现了宗教精神。或许最著名的木雕是雕刻的柱子，通常称为图腾柱（totem pole），发现于西北太平洋地区。图腾柱通常刻画了几个紧密堆叠的图腾。**图腾**（totem）一般是动物的形象——比如熊、海狸、雷鸟、猫头鹰、乌鸦还有鹰——人们崇拜它的象征意义和宗族符号。图腾动物大概是用于纪念祖先，或者代表族群的徽章，它们对负责图腾柱的个体或家庭具有特别意义。[41] 有些图腾柱是传统木屋或棚屋结构的一部分。其他的——显然是后来发展出来的——孤独地矗立着，通常用于标记重大事件。

　　其他具有宗教含义的重要艺术形式包括编织品、珠饰和篮筐。这些创作品似乎没有太明显的宗教内涵，但是所使用的形象通常是宗教的衍生物，尤其是来自部族神话、自然神、鸟和动物守护神的形象。

羽毛以及羽饰同样在许多原始宗教中具有重要作用，这是由于它们与飞行有着密切联系，并且与我们自己之外的那个世界有关系。理查德·W·希尔（Richard W. Hill）在一篇关于羽毛的宗教意义的文章中提到："一些文化将特定的鸟类与神灵力量或保护力量联系起来。人们认为鸟可以向人类传递歌声、舞蹈、仪式和神圣信息。戴在头上的羽毛被风吹拂时，会使人感觉这是鸟在飞行。对于19世纪晚期鬼舞教的信徒而言，鸟成为了重要的重获新生的标志。"[42] 人们把羽毛戴在头上、制成头饰，或者别在身上。在美国原始文化中，它们同样附着在马具、玩偶、烟斗以及篮筐上。

出现于神话和梦境中的象征符号是原始宗教艺术的基本元素。一般的象征符号包括坐落于世界中心的巨大山脉、生命之树、太阳和月亮、火、雨、闪电、鸟或羽翼、死者的头颅和骨架、十字架和环状物等。然而，这些形象通常出现在不寻常的形式中；比如，闪电也许由"之"字形来代表，太阳以万字符形式出现，生命之树看上去像阶梯。色彩被普遍用作象征含义，尽管在不同的文化中其确切的含义不尽相同。

在这张来自西北太平洋沿岸的毯子上，神圣的图像得到了重新阐释。白色的边缘以前曾是用贝壳制成，而现在使用的是纽扣。

第五节　个人体验：诸神在夏威夷

普豪那欧何纳拉（Pu'uhonua O Honaunau，"避难地"）坐落在夏威夷群岛的最南端。它曾经是一座为触犯了禁忌的夏威夷人所提供的避难所。这些人一旦通过水路或者陆路到达这里，或者是它的姐妹避难所，他们就会洗脱罪名并且远离惩罚。

为了逃离火奴鲁鲁狂热的生活，我乘飞机来到科纳机场，并驾驶租来的汽车沿大岛的西南海岸一路向下，到达了普豪那欧何纳拉，它现在由美国国家公园管理局经营。朝着海岸走了一段路后，我看见了避难所又高又长的墙壁。靠近海岸的部分是它的圣坛（神殿），由巨大的、几乎全黑的熔岩岩石组成。对于我这个外人来说，最吸引眼球的莫过于高大的木雕塑像了（在夏威夷，它称为 ki'i，在英语中通常称为 tikis）。它曾经召唤着那些渴望寻找这片海边土地的流亡者。靠近雕像的圣坛和茅草屋得到了修缮，因此我得以看到这处圣地在传统夏威夷宗教中的本来面目。由于 1819 年卡美哈美哈国王二世废除了官方的"卡普"制度，这处圣地便不再是人们寻求避难的场所了——至少官方上是这样。

甚至在这样阳光明媚的天气里，石墙、高大的塑像、荒凉的景色并没有显露出我们所认为的避难所应有的"和平与安逸"，相反，这里却充斥着权力、法律以及让人敬畏的庄严。地板是由坚硬黑色熔岩与白色的珊瑚制成的，除了在极少建筑物中间有几棵椰子树外，很少能看见绿色植被。海浪舔舐着海岸，却有一种怪异的静谧统治着这里。

傍晚时分，只有我一人在此。对我来说，把自己设想为一个离家逃走，现在却期待着祭司的祝福以求安全返回家的当地人并不是难事。我意识到，夏威夷宗教正是从这片土地中获得了力量。制造神坛的岩石是由火、水、空气和土地的石化作用形成的。这里并非导游所讲的热带梦幻乐园，也不是进行宗教实践的场所。但是对我来说这无所谓，我在这个岛上感受到的是生命力。

当我返回山间沿着主干道行驶时，我看见一个小的指示牌，上面写着"喷绘教堂"。我已准备好迎接另一番体验，于是我沿着箭头的方向行驶，并很快到达了圣本尼迪克特天主教堂——一座整洁的、白色的具有哥特风格的木质建筑。大门附近的一个指示牌显示，它的内部由比利时的传教士于一个世纪前所画。这座教堂坐落于一个

普豪那欧何纳拉的雕刻将这片避难所标记为神圣的土地。

绿草如茵的山腰上，在它之下有一座坟墓。我沿着教堂的木质台阶走了进去。

教堂的内部是"热带哥特"风格。十扇小窗户指向哥特式拱门。木柱看上去就像涂着红、白色旋涡形状的拐杖糖，它们的顶部变成了棕榈叶伸向天花板，仿佛柔色的天空中的彩色羽毛。在圣坛后有一幅哥特拱门的壁画，十分引人遐想，体现了欧洲教堂的奢华。在一面墙上，圣弗朗西斯在十字架上体验着耶稣的幻象。在另一幅画中，耶稣受到了撒旦的诱惑。另一面墙显示了一个男人临终前的场景，他的脸庞淋浴在天国光芒之中。钉死在十字架、死亡的痛苦——这些都是不愉快的体验，但是它们在这里被描绘得非常柔和。

退出门外，我从台阶的顶部能看见下面波光粼粼的海面，甚至能看到我不久前曾造访过的海边夏威夷人的避难所。这座颇具魅力的小教堂，呈现了古老熟悉的主题：至高神、献祭、血祭、正义的伸张。这些主题或许并不明显，但是它们的确存在。我在想，这里的宗教替代了夏威夷的原始宗教，整个过程十分典型，与诸多其他原生宗教传统中所发生的一样。它对宗教的兴衰有很大影响吗？当我穿过一个被马利亚雕像环绕的石洞时，我陷入了沉思，随后我路过了定居这里的祭司的小房子。里面传出了打棒球的声音和人群的喧闹声。有人喊道："第二次击球！"我穿过一座金银花花坛，准备回归我的大城市生活，于是我开门上车，驾车离开了这里。

一位传教士在圣本尼迪克特天主教堂的墙壁上绘画，用以表现传教士信仰的宗教的壮丽（或许是优越）。

第六节　今日的原始宗教

原始宗教显示出了勃勃生机。一些原始宗教得到广泛传播，甚至正在适应城市生活。比如，约鲁巴（Yoruba）宗教的传统不仅仅在西非——它们的发源地——流行着，同时也在巴西和加勒比地区开展，并且在北美的一些城市正蓬勃发展（见第十一章）。对原始宗教的意识也正在普及化，人们采取了多种手段来表示对它的尊重。在一些国家（例如墨西哥、厄瓜多尔和秘鲁），我们可以看到政府在加大力度保护原始居民的权利。土著居民自身通常采取政治手段来保护他们的文化。在许多地方（例如夏威夷、新西兰和北美）本土文化的复兴正在发生。有时这主要指文化因素的复兴，但是原始宗教进行宗教实践的场所也逐渐得到人们的重视和保护。

当代议题

万圣节:"仅仅为了好玩"还是民间宗教?

很多人认为原始宗教与我们的日常生活联系甚少。然而在现代文化中却可以找到原始宗教的要素。当我们观察宗教习俗是如何被传授时,它的口头形式就显现出来——不仅是书面教导,也通过语言和实例。万圣节就是一个很好的实例,不过其他的节日也会得到考察。

- 万圣节前夜是指万圣节前的夜晚,第二天便是11月1日。尽管万圣节这个名字来源于基督教,但是事实上,它的庆祝仪式传承自萨温节(发音为sa'-win),它是前基督教时期英国和爱尔兰的新年。当冬季到来,旧年已逝之时,会迎来一个鲜明的主题:死亡和重生。据说祖先的灵魂此时会自由地游荡,需要得到供养与安抚。于是我们看到,这引发了孩子们挨家挨户敲门接受食物的习俗。我们同样可以在许多万圣节服装中发现,这些服饰使人联想到死亡(骷髅)和与灵性世界(天使、魔鬼、宗教人物)的沟通。

- 虽然圣诞节的名字和意图是基督教性质的,但是,同样地,这个节日的起源仍是前基督教的。它最初是冬至节,那一天北半球白昼最短且最冷。人们以额外的光、温暖、富足来庆祝这个节日,对此进行弥补。点亮的圣诞树和常绿的花环及装饰与耶稣诞生并没有多大联系,相反,它是生殖力与生命的象征,庆祝者希望它们能够在寒冬中延续下来。赠送礼物与富足的观念相关,并且基督教圣徒圣尼古拉斯在过去的200年间转变为了圣诞老人的形象。他就像一位萨满或巫师,乘风而行,由他的驯鹿拉着,将各式各

这些用万圣节南瓜雕刻的面孔与世界上用于原始仪式中的那些面具并无差异。

样的礼物从他鼓囊囊的包中掏出,分发给全世界的孩子们。

- 复活节将起源于犹太人的逾越节的诸多要素融入了进来,但是构成这种传统的基础是生殖力以及新生命的象征——蛋、花和兔子。(复活节的名称Easter来自于古英语词汇,即对Easter——春神——的崇拜。)复活节与自然保持了密切的联系,人们经常在满月之时庆祝它。

我们可以在这些当代民间宗教的实例中看到宗教象征的"共同语言"。这种相同的语言,不管发现于民间宗教、原始宗教还是其他宗教,我们将在后续章节中处理。

不过，在一些地方，原始宗教似乎有些脆弱。主要有四个因素威胁着它们的生存：流行文化的全球传播、自然环境的丧失、传统语言的消亡以及改信其他宗教。

电视、收音机、电影、飞机以及互联网正将现代都市文化传播到世界的每一个角落。（美国的电视重新播放了马里播放的新闻就是一个实例。）在服装方面的改变也是十分明显的。随着西方风格逐渐成为流行标准，传统的地区性服饰在一个世纪前消失了。如今，在世界的每一个角落都可以见到西方的职业装，休闲装——棒球帽和T恤——也随处可见。一些文化正试图坚持它们的传统服饰文化，尤其在正式场合。（这种情形在韩国、菲律宾和日本十分常见。）同样地，随着"国际风格"——与此相关的平板玻璃、铝材和水泥——取代了传统的风格，建筑也逐渐标准化。随着现代都市文化在世界各个角落的传播，它将主导每个人的世界观。当现在的年轻人只需要一台电视、一台电脑或一张机票就能造访世界各地时，就很难再使他们去体验无观感的幻象探求活动。但是不管我们走到哪里，都能发现汉堡包、比萨、说唱音乐、摇滚乐以及牛仔裤。（一些人甚至认为流行文化正在成为一种取代其他所有宗教的宗教。）

另一个对原始宗教的威胁，是传统的土地以及自然环境的丧失。由于许多个体文化和族群文化发源于自然环境，因此自然环境的恶化或者丧失，可以说对本土居民的认同感是一个致命打击。伐木业的高额利润几乎在世界任何地方都是一个难题，而在东南亚（如印度尼西亚）、巴西、阿拉斯加以及加拿大西部尤为严重。泰国北部大部分地区居住着许多本土居民，那里的森林已经遭受到严重的破坏；伐木公司如今在缅甸开始了相同的破坏行为，这里同样是土著居民的居住地。关于资源保护、土地所有权和政府保护的斗争异常激烈。幸运的是，事情取得了一定进展（比如在新西兰和澳大利亚），那里土著居民的土地权利得到了认可。

另一个威胁是土著语言的消亡。据估计，当今世界现存的语言接近6000种，而在100年后将仅存3000种。美国曾拥有的土著语言的种类与现在仍在使用的语言的对比，很好地说明了有多少种语言和方言已经消失了。在美国和加拿大，仅有50万土著居民仍在使用他们自己的语言。一个很好的例子，就是居住在英属哥伦比亚省的瓜基乌图族。尽管他们的人口数量在增加，现在有近5000人，但是仅有250人还在讲土著语。很明显，土著语言的减少危害到了宗教的传播，这些宗教需要通过土著语言才能表达其思想。

当地人改信宗教也构成了一大威胁，尤其是皈依基督教和伊斯兰教。在太平洋地区，原始文化正经历一场复兴，但是这些文化的原始宗教元素与它们的早期形式相比，很少有保持不变的。自从19世纪由传教士（尤其是卫理公会、天主教以及最近的摩门教）传入，基督教替代了许多信仰，并对其他宗教信仰进行了重塑。在过去的数百年间，基督教在撒哈拉以南的非洲得到了广泛传播，创造了主流的西方宗派以及独立的非洲教会。因此，在当代英国国教中，黑人教徒要比白人教徒还多。在非洲，许多人也皈依了伊斯兰教。

尽管土著宗教的生存遭到了威胁，但是它们在全世界范围内仍然以多种形态

当代议题

绿色运动：全新的全球化原始宗教？

所有的原始宗教都会采用某种方式来尊重自然。这些宗教有时候和自然力相关，诸如风、雨、火山、地震等超越于尘世的不可见的神灵。其他传统认为这些力量明显地存在于山、树、河流、月亮以及太阳中。不管它被想象成什么形式，自然界理应得到人们的尊重，人们期待着通过与环境和谐相处来显示对大自然的崇敬。

与原始宗教不同，主流宗教在传统上并未对自然界投入太多的关切。不过，这种情况正在改变。现在，许多主流宗教开始对自然展现出一种新的敏感度。21世纪第一位天主教教皇本笃十六世将破坏环境的行为认定为是"罪恶的"。越来越多的总统、总理以及普通民众，不管他们的宗教信仰是什么，都在呼吁保护环境，参与到遍及全球的绿色运动中来。

美国绿色运动的第一阶段在100年前开始，那时联邦政府开始建造国家公园。人们意识到自然风景亟待保护。第二阶段发生在50年前，伴随着蕾切尔·卡森的《寂静的春天》这类书籍的问世，它们向人们警示了农药的危害。许多研究，诸如卡森的著作，为提高人们对生态的关注提供了科学上的支撑。第三阶段正在进行中，与此同时，环境主义在世界范围内得到人们的广泛认同。个人、学校、商业机构以及政府着意"将灰色转变成绿色"。部分世界能源现在开始从太阳、风、海浪以及植物中获取。建筑材料现在则包括竹子、再生砖和可回收的木材。有一则流行的口号为"可持续发展"，另一则广泛流传的口号是"减少、回收、再利用"。在经历了数十年被认为是古怪的"抱树者"的边缘运动之后，环境主义成了主流。曾经反对环境需求的企业开始意识到"拥抱绿色"所带来的经济效益，最终他们全力以赴进行实质改革。

如今，原始宗教正在变为绿色运动越来越明确并且具有发言权的一部分。比如，在巴西，亚诺玛米人（Yanomami）向人们证明了，他们在巴西利亚从修路和采矿中挽救了原生土地。在肯尼亚，旺加里·马塔伊（生于1940年）如今被称为"非洲树木之母"。她是绿带运动的发起者，并种植了超过四千万棵树木。由于她的努力，她在2004年获得了诺贝尔和平奖。

那些拥护绿色运动的人很可能并不认为他们在接受一种宗教，但是该运动有许多宗教特征。它带有政治原则性的宣言造就了一系列戒律与美德，不仅包括对可持续发展和生物多样性的倡导，同时还包括了对社会共识、草根民主以及非暴力的提议。它的祭司就是世界各国的科学家和环境专家，它的先知就是环境活动家。它倡导一种生活方式，并且对居住在这个星球的人类奖惩分明。

绿色运动是否被视为一种世界宗教并不重要。假使多国的绿色运动可以为了全人类的利益改变人们的行为，那将与许多我们已知的宗教所取得的成就相媲美。颇为讽刺的是，领导世界民众重新尊重大自然的绿色运动，同样引导着人们对以此为基础的原始宗教作出全新的评价。

苗壮成长。它们以最纯粹的形式，继续存活在一些几乎没有受到现代影响的范围较小的区域，诸如婆罗洲和亚马孙河盆地。有时候它们也会淡化自身形式，与其他宗教共存。例如，在中国台湾、韩国和日本，萨满教与佛教、基督教和其他宗教同时存在。（由于那里的萨满通常是女性，所以她们的原始宗教习俗认可她们的地位，而这些职位在外来宗教中是不对她们开放的。）同样地，原始宗教也和主流宗教相混合。在加勒比地区，非洲宗教的诸神，有时候会与法国和西班牙的天主教元素在巫毒教和桑特里亚教中相结合（见第十一章）。在中非，信仰天主教的人们同样也崇拜早期原始宗教的神灵。我们在墨西哥和美国西南部可以看到类似的组合形式。

在北美、太平洋地区和非洲，人们继续或者正试图复原祖先开展宗教活动的方式。比如，在新西兰，毛利文化在建造独木舟、文身、舞蹈以及木雕等方面正经历一场复兴。人们通过对如下这些问题的辩论，来开展这场复兴：土地所有权问题、将毛利语言引入校园及公共生活问题。在夏威夷，夏威夷文化、语言、草裙舞的复兴意味着重述夏威夷神话中诸神和女神的传说。如今，一些学校使用夏威夷语教授所有课程，草裙舞也得到了蓬勃发展。许多北美的土著民教导他们的子女如何跳传统舞蹈，以及如何进行宗教活动。不过，在面对一些主流的一神论宗教时，如何处理好传统的关于诸神的信仰，是一个很有趣的问题。结果之一，就像土著美洲人那样，其信仰与实践经常与口头传统和基于文本的传统相结合。

对原始宗教的巨大兴趣是一种潜在的对文化的恢复，这些文化从传统的农村家庭中快速转移到了城市家庭中。在本土传统中，我们可以看到尚未割裂的宗教。这些完整的传统使我们意识到，宗教的维度可以在我们的日常生活中显现，并且可以拓展我们对自然的感受。他们对神圣的过去的追忆，可以使现在和未来变得圣洁。

延伸阅读

黑麋鹿的观点

黑麋鹿（1863—1950）生长于传统的奥格拉拉苏族文化中，那时美国政府还未强迫苏族和平原地区的其他土著民族在保留地定居——直到19世纪晚期。这篇关于他的童年期的自传文章，展示出美国传统土著居民对幻觉经验的尊重。

我吃饭的时候听到一个声音："时间到了，他们在召唤你。"声音响亮且清晰，以至于我认为自己已经去了它要求我去的地方。于是我立即起身，开始……

第二天早晨帐篷又移动了，我和几个男孩在骑马。我们在一条小溪旁停下喝水，当我从马上下来的时候，我的腿扭到了，动弹不得。于是男孩们都过来帮我把我扶上马；那一夜我们再次露营时，我病了。第二天……我躺在小马拉的拖斗里，因为我病倒了。我的四肢都不舒服,脸也肿胀起来。

当我们再去宿营时,我躺在帐篷里,母亲和父亲坐在我旁边。我从眼缝中看到有两个人从云中向我走来……他们来到了大地上……他们站得离我有一定距离,看着我,说道:"快!起来!你的祖父在呼唤你。"

他们转身离开了大地,就好像离弦的箭。当我起来去追随他们之时,我的腿不疼了,我感觉很轻便。我走出帐篷,远处的人们拿着燃烧着的矛,一小片云迅速移动过来。它停下来,将我带走,并回到原位,飞得极快。我向下看着我的母亲和父亲,对离开他们感到十分遗憾。

除了空气和移动的一小片云层,其他什么都没有了,这使我感到厌倦。那两个人仍旧在前引领着我,将我引向前方,到如同堆叠在宽广的蓝色平原之上的白云山峰中去,其中有闪电跳跃闪动着。[43]

自我测试

1. 尽管对于古代宗教的形式尚未有定论,但是它们经常被不充分地指称为传统的、土著的、本土的、部落的、_____、原始的、当地的、口述的以及基础的。

A. 整体的　　　　B. 萨满的　　　　C. 无文字的　　　　D. 灵力的

2. 一般来说原始宗教存在于_____文化中,其中每一种物体和行为都具有宗教含义。

A. 整体的　　　　B. 神圣的　　　　C. 象征的　　　　D. 献祭的

3. 在许多美国原始宗教传统中,人类与动物界的区别十分细微。这些原始宗教视宇宙中的每件物体为有生命的,这个概念被称作_____。

A. 禁忌　　　　B. 神圣　　　　C. 起源　　　　D. 万物有灵论

4. 神圣时间是"_____的时间"。在北极的科宇刚族人中,它被称为"遥远的时间",它代表着有神灵生活并工作的神圣的过去。在澳大利亚的土著人中,它时常称作"梦幻时光",它是大部分备受称赞的艺术品的表现对象。

A. 永恒　　　　B. 仪式　　　　C. 生命周期　　　　D. 神灵

5. _____是"另一个世界"的神灵和祖先与我们联系,以及我们与他们取得联系的途径。它和宇宙中心相关联,可以被构造出来,时常以象征性的形态示人,比如圆圈或者正方形。

A. 二元论　　　　B. 神圣空间　　　　C. 仪式　　　　D. 永生

6. 大多数原始宗教具有关于他们的_____的宇宙神话。他们通常论及至高神,并且在神和祖先之间并未做出明确的区分。

A. 生命周期　　　　B. 仪式　　　　C. 禁忌　　　　D. 起源

7. 在原始社会,宗教性的日常活动和实践都具有重要意义,这是因为它们的首要目的通常是将个体、家庭、族群放置于与神灵、祖先、其他人和大自然的"正确的_____"之中。

A. 起源　　　　B. 关系　　　　C. 仪式　　　　D. 禁忌

8. 特殊的仪式标志着一个人进入到成年期。在美洲的本土宗教中,"探求幻象"是一种关于早熟的常见仪式,它还被称为_____。

　　A. 探求梦境　　　B. 出神　　　C. 神圣时间　　　D. 象征性死亡

9. _____是一种规则,它禁止与某些物体、人、动物、日期,或者生命阶段相关的特殊行为。

　　A. 献祭　　　　B. 图腾　　　C. 禁忌　　　　D. 占卜

10. _____扮演着可见的平凡世界与灵性世界间的媒介。

　　A. 神　　　　　B. 艺术家　　C. 图腾　　　　D. 萨满

11. 思考一下21世纪西方社会所面临的问题。原始宗教的神圣观点是如何有助于解决这些问题的?

12. 设想一下,你被布置了一篇关于原始宗教问题的论文,有关生命周期仪式、禁忌或者萨满教。根据你在本章中所阅读的内容,哪一个话题是你最想研究的?为什么?在研究这些话题的过程中,你觉得你会遇到什么样的挑战?

参考资源

书　籍

Abbott, Isabella Aiona. *La'au Hawai'i: Traditional Hawaiian Uses of Plants*. Honolulu: Bishop Museum Press, 1992. 一位夏威夷植物学家对传统宗教的整体性质所做的研究说明。Abbott 特别讨论了夏威夷农业的特点以及植物在宗教仪式和草裙舞中的使用。

Achebe, Chinua. *Arrow of God*. New York: Anchor, 1989. 在父子冲突的框架中探讨英国殖民统治下传统伊博人的信仰衰退。

Charlot, John. *Chanting the Universe: Hawaiian Religious Culture*. Hong Kong: Emphasis International, 1983. 一份对夏威夷传统宗教、文化的价值观及理念的准确的报告说明。

Cowan, James. *Aborigine Dreaming*. Wellingborough, UK: Thorsons, 2002. 对澳大利亚土著居民精神信仰的探索。

Deloria, Vine, Jr. *God Is Red*. Golden, CO: Fulcrum, 1994. 对美洲本土宗教权利的经典宣言的最新研究。

Fitzhugh, William, and Chisato Dubreuil, eds. *Ainu: Spirit of a Northern People*. Seattle: University of Washington Press, 2001. 对阿伊努人的历史、宗教、文化的优秀研究论文集。

Harvey, Graham. *Shamanism: A Reader*. New York: Routledge, 2002. 有关萨满教的性别、入会、迷幻意识、政治反抗问题的文章和摘录。

Johnston, Basil. *Ojibway Ceremonies*. Lincoln: University of Nebraska Press, 1990. 一位知情者对其本民族的重要传统仪式,包括命名仪式、婚礼和葬礼的描述。

Pijoan, Teresa. *Pueblo Indian Wisdom*. Santa Fe: Sunstone Press, 2000. 新墨西哥普韦布洛人的传说合集。

Ray, Benjamin. *African Religions*. 2d ed. Englewood Cliffs, NJ: Prentice-Hall, 1999. 关于非洲最重要的原始宗教、基督教、伊斯兰教的相关信息的报告。

Silko, Leslie Marmon. *Ceremony*. New York: Penguin, 2006. 一部小说，描述了一位遭受情感与精神创伤的美洲本土老兵在面对严酷的未来之时，是如何在部族长老的安排下被传统仪式治愈的。

Vitebsky, Piers. *The Shaman: Voyages of the Soul—Trance, Ecstacy and Healing from Siberiato the Amazon*. London: Duncun Baird, 2001. 对全球萨满教历史及风俗的丰富解说。

电影 / 电视

Dancing in Moccasins: Keeping Native American Traditional Alive.（Films Media Group.）一份对当代美洲土著居民是如何保持传统的调查。

Earl's Canoe: A Traditional Ojibwe Craft.（Smithsonian Institution Center for Folklife and Cultural Heritage.）一部厄尔·尼霍姆（Earl Nyholm）的纪录片，他是奥吉布瓦族的一员，他根据奥吉布瓦的传统观念建造了独木舟，并且讲解了他的部族关于制造和使用独木舟的观点。

Healers of Ghana.（Films Media Group.）对加纳中部博诺人传统医学实践的说明，包括草药的使用及灵魂附体。

The Shaman's Apprentice.（Miranda Productions.）一部在苏里南共和国雨林中拍摄的纪录片，讲述了马克·普洛特金（Mark Plotkin）博士如何尽力保护雨林以及本地民族的宗教习俗。

Walkabout.（Director Nicholas Roeg; Films Inc.）一部讲述两个英国儿童的经典电影，他们在澳洲内地遭到遗弃，被一位年轻的土著居民所救，当时他正过着短期的丛林流浪生活，这是一个将男孩转变为成人的神圣的仪式。

Whalerider.（Director Niki Caro; Columbia Tristar.）关于毛利族的部落传统，和决定证明自己是部族领袖的一位女孩之间的矛盾冲突的研究。

音乐 / 音频

The Baoule of the Ivory Coast.（Smithsonian Folkways.）来自非洲科特迪瓦的巴乌莱部落的音乐。

The Bora of the Pascoe River, Cape York Peninsula, Northeast Australia.（Smithsonian Folkways.）布拉土著的传说和歌曲。

Dogon Music of the Masks and the Funeral Rituals.（Inedit.）多冈民族关于面具和葬神的音乐全集。

Sacred Spirit: Chants and Dances of the Native Americans.（Virgin Records.）一部歌曲汇编，涵盖了美洲原始宗教赞美诗，以及音乐的传统和历史。

Uwolani.（Mountain Apple Company.）二十首夏威夷传统赞美诗，包括创世诗（ko'ihonua）、命名诗（meleinoa）、赞美神灵的诗，以及歌颂居住之地、风、雨之美的诗歌。

互联网

Center for World Indigenous Studies（CWIS）：http://www.cwis.org. 该网站致力于面对土著民族的挑战，研究土著问题、解决冲突的办法以及相关话题讨论。

The Foundation for Shamanic Studies（FSS）:http://www.shamanism.org/. 关于一个旨在保护和传授原始民族的宗教信仰的基金会的信息。

Internet Sacred Text Archive: http://www.sacred-texts.com/index.htm. 一部大型电子档案，内容包括非洲、澳大利亚、美洲和太平洋岛屿土著民族的传说和民俗。

United Nations Permanent Forum on Indigenous Issues（UNPFII）: http://www.un.org/esa/socdev/unpfii/. 联合国咨询组织的官方网站，关注原住民问题，包括经济和社会发展、文化、环境、教育、健康以及人权等。

重要词汇

烟斗（calumet）：神圣的长茎烟斗，主要由许多北美洲的土著民族使用；人们将它视作和平的象征。

占卜（divination）：预测未来或者回顾过去；通过魔法发现未知的领域。

整体式（holistic）：有组织性的、完整的，表明一个完整系统要比各部分之和重要；在这里指代一种文化，它的诸多要素（艺术、音乐、社会行为）可能都具有宗教含义。

祭酒（libation）：将液体泼洒在地上，作为对神灵的祭品。

萨满（shaman）：一个可以联结灵力，并且试图为部落或者团体管理灵力的人。

交感巫术（sympathetic magic）：试图通过某种与预期的结果明显相似的行为来影响一个事件的结果，比如，将水向空中抛掷来产生降雨，燃烧敌人的指甲来为敌人带来疾病。

禁忌（taboo）：强力的社会禁律。（汤加语：tabu；夏威夷语：kapu）

图腾（totem）：动物（或动物意象）被视作与家族或氏族的血脉有联系，并且是其守护者或者象征。

注　释

1. Nancy Parezo, "The Southwest"，载于 *The Native Americans*, Colin Taylor 编（New York: Salamander,1991），第 58 页。

2. Geoffrey Parrinder, *Religion in Africa*（New York: Praeger,1969），第 18、21 页。

3. Peter Knudtson 和 David Suzuki, *Wisdom of the Elders*（Toronto: Stoddart,1993），该书的前言部分，第 24 页。

4. Gladys Reichard, *Navaho Religion*（Princeton: Bollingen,1963），第 286 页。

5. Frank Willet, *African Art*（London: Thames and Hudson,1993），第 35 页。
6. 塔希提岛的高更博物馆内有一整间房间用来呈现高更对探索"原始宗教"的兴趣。它还展示了高更绘画作品中大部分意象的宗教起源。在巴黎的奥赛美术馆可以看到一个高更的绘画和雕刻作品的重点收藏室。
7. Florence Drake, *Civilization*（Norman: University of Oklahoma Press,1936），载于 John Collier, *Indians of the Americas*（New York: New American Library,1947），第 107 页。
8. Sword, Finger, One Star 和 Tyon, 由 J. R. Walker 记录, 载于 "Oglala Metaphysics"，见 *Teachings from the American Earth: Indian Religion and Philosophy*, Dennis Tedlock 和 Barbara Tedlock 编（New York: Liveright,1992），第 206 页。
9. 更多细节见 Parrinder, *Religion in Africa*, 第 47~59 页。
10. Åke Hultkrantz, *Native Religions of North America*（San Francisco: Harper, 1987），第 20 页, 引自 *Ways of Being Religious*, Gary Kessler 编（Mountain View, CA: Mayfield, 2000），第 71 页。
11. 引自 T. C. McLuhan 编著的 *Touch the Earth*（New York: Promontory Press,1971），第 56 页。
12. McLuhan, *Touch the Earth*, 第 42 页。
13. Knudtson 和 Suzuki, *Wisdom of the Elders*, 第 25 页。
14. Colin Turnbull, *The Forest People*（New York: Simon & Schuster,1968），第 14 页。
15. Knudtson 和 Suzuki, *Wisdom of the Elders*, 第 29 页。
16. 出处同上，第 27 页。
17. Parrinder, *Religion in Africa*, 第 43 页。
18. 出处同上，第 32 页。
19. Joseph Campbell, *The Power of Myth*（New York: Doubleday,1988），第 6 页。
20. Parrinder, *Religion in Africa*, 第 80~81 页。
21. Collier, *Indians of the Americas*, 第 105 页。
22. Parrinder, *Religion in Africa*, 第 81 页。
23. 细节参见 William Sturtevant, "The Southeast", 载于 Taylor, *The Native Americans*, 第 17~21 页。
24. Sam Gill, *Native American Religions*（Belmont, CA: Wadsworth,1982），第 98 页。
25. 出处同上。
26. Isabella Abbott, *La'au Hawai'i: Traditional Hawaiian Uses of Plants*（Honolulu: Bishop Museum Press,1992），第 37 页。
27. 出处同上，第 18 页。有四天对苦（Ku）献祭，三天对卡那罗（Kanaloa）献祭，两天对肯恩（Kane）献祭，月末的那天对龙诺（Lono）献祭。
28. 这并非史无前例。在萨摩亚，人们普遍认为海神大概存在于公元 800 年的早些时候。参见 John Charlot, *Chanting the Universe*（Hong Kong: Emphasis,1983），第 144 页。
29. John Charlot 曾提到，1819 年后建立的夏威夷第一项公众寺庙服务于 1980 年

10 月 11 日由 Samuel H. Lono 执行。出处同上，第 148 页。

30. 来自 Florence Drake, *Civilization*, 引自 Collier, *Indians of the Americas*, 第 107 页。

31. 参见 John Mbiti, *Introduction to African Religion*（London: Heinemann,1986），第 143~144 页。

32. Joan Halifax, *Shaman: The Wounded Healer*（London: Thames and Hudson, 1994），第 5 页。

33. 引自 Knudtson 和 Suzuki, *Wisdom of the Elders*, 第 70 页。

34. 对于美洲土著使用皮约特仙人掌的详细研究参见 Omer C. Stewart, *Peyote Religion: A History*（Norman: University of Oklahoma Press,1987）。

35. John Fire/Lame Deer 和 Richard Erdoes, *Lame Deer: Seeker of Visions*（New York: Simon and Schuster,1972），第 220 页。

36. Isaac Tens, 载于 Marius Barbeau 的著作 *Medicine-Men of the North Pacific Coast*, Bulletin 152（Ottawa: National Museum of Man of the National Museum of Canada,1958），见于 Dennis Tedlock 和 Barbara Tedlock 的书籍 *Teachings from the American Earth* 之中，第 3~4 页。

37. 出处同上。

38. Mbiti, *Introduction to African Religion*, 第 165 页。

39. 出处同上，第 166 页。

40. 这些是通常情况下使用的名称；一些西北部部落的名称正在发生改变。

41. Pat Kramer, *Totem Poles*（Vancouver: Altitude,1995），第 48~49 页。

42. Richard W. Hill Sr., "The Symbolism of Feathers," 载于 *Creation's Journey*（Washington, D.C.: Smithsonian Institution Press,1994），第 88 页。

43. John C. Neihardt, *Black Elk Speaks*（New York: Pocket Books,1972），第 18~19 页。

注意：关于普韦布洛（参见第二章）的专栏依据了诸多资源，在这其中我特别推荐：Alph Secakuku, *Following the Sun and Moon: Hopi Kachina Tradition*（Flagstaff: Northland,1995）; Frank Waters, *Book of the Hopi*（New York: Penguin,1977）; Ronald McCoy, *Summoning the Gods*（Flagstaff: Museum of Northern Arizona,1992）; Tom Bahti, *Southwestern Indian Ceremonials*（Las Vegas, NV: KC Publications,1992）; John Collier and Ira Moskowitz, *Rites and Ceremonies of the Indians of the Southwest*, 修订版（New York: Barnes & Noble,1993）.

访问在线学习中心 www.mhhe.com/molloy5e，以获得更多的练习和资料，包括"教室之外的宗教"和"更充分的理解"。

第三章

印度教

第一节　初次相遇

你乘坐的飞往贝拿勒斯（瓦拉纳西的旧称）的航班即将降落在瓦拉纳西机场。从靠窗的座位向下望去，你可以看到宽阔的、蓝白色的恒河。任何其他景象都是褐色的。在这座咖啡色的城市的远方，灰褐色的田野绵延千里，似乎永恒不变。

在小机场里，一位蓄着白胡子、戴着头巾的表情庄严的海关检查员问道："为什么来印度？"在你还未想好一个适当的回复前，他回答了自己的问题。"我知道，"他挥一挥手，笑着答道，"你们所有来到贝拿勒斯的人都一样。"他的头晃来晃去，"你们此行是为了朝圣（spirituality）。"简短的停顿后，他补充道："难道不是吗！"这听上去似乎更像是陈述句而非疑问句。你停顿了一下，去理解那个他说得很快的、意想不到的词——朝圣。从某种程度上说，他是对的。你来这儿就是为了这个目的。你点头表示赞同。他又笑了，在表格上写了些字，并让你通过了。

当你搭乘黑色出租车前往宾馆时，你意识到你接受了——不管情愿与否——海关检查员授予你的古老角色。你现在仅仅是一名来到印度母亲这里为了获得她闻名于世的宗教视野的朝圣者。现在，你是一名探索者。

在下榻酒店之后，你来到街上。空中满是灰尘。三轮车车夫摇动着铃铛，向你招揽生意，但是你想走一走，看看街边的生活。小商店在卖茶叶，其他的商店出售土豆、小麦、豆类和咖喱蔬菜制成的素食。孩子们在父母的商店门前玩耍。

沿街道向下，你看到一家"绅士服装店"，此时，一头瘦弱的母牛从你身边经过，咀嚼着看似纸袋的东西。另一家店出售书籍和信纸，其他的商店出售莎丽服和布匹。一股类似茉莉的花香从某处袭来。

随着夜晚的降临，商店亮起了昏暗的灯光和荧光灯，小贩用明亮的科尔曼马灯点亮了各自的货摊。由于要在第二天黎明前前往恒河，所以你很快便返回酒店。之后迅速入睡了。

电话铃将你从梦中惊醒。前台的人员通知你现在已经是早晨4点钟了。迷迷糊糊之中，你想起自己现在是在贝拿勒斯。你迅速地起床并穿戴整齐。

在酒店前，你唤醒了一位在三轮车中熟睡的车夫。和他商量好价钱后，你跳上了三轮车，前往城镇的主要十字路口，它就在河边，此时，天空正逐渐变亮。三轮车载你到河边的石梯（向下延伸到河中的石梯）旁，那里已经人满为患，许多人在黎明之时来到河中沐浴。有的人将檀香膏贴在额头上作为虔诚的标志，另一些人则带着铜壶来收集恒河的河水。

当你下到河边，听见船主在召唤你。有一位船长蓄着花白的八字胡，活像一位维多利亚时代的族长。你决定加入到他船上的旅客中去。船只离开了河岸，缓慢地逆流而行。欢乐的孩子在水中跳来跳去，而男人们和女人们则在齐腰深的水中面朝升起的太阳祈祷。在上游，专业的洗衣工在岩石上拍打着衣物，并把它们放在河岸的石头上晾干。

船返回到下游，经过了刚才你第一次下到河边所走的石梯。在明亮的晨光中你看到了许多把大伞，在伞下，导师们盘腿而坐，有一些弟子围绕左右。你非常好奇，这些导师是谁？沿岸的区域挤满了人和船只。在附近的一艘船上，人们大喊道："恒河母亲必胜！"

船继续向下游行进。在岸边，阵阵烟雾正从小型的火葬堆上徐徐升起，人们正在焚烧裹着红色和白色衣服的尸体。船主警告："这里禁止拍照。"船靠岸了，就停在下游焚烧尸体的柴堆的岸边，每个人都下船了。走上台阶，你看到一小队人静静地围观尸体焚烧。在柴堆旁，有一位男子用竹竿拨弄着火堆，还有一条狗在周围溜达。

不久后，当你回到了城镇中心时，你注意到一辆载着裹好的尸体的三轮车。车经过了坐在路边的妇女，向她们出售塑料的手镯和彩色粉末。你想，三轮车一定是前往焚烧尸体的柴堆处。你的大脑中充斥着混合在一起的对立事物：在同一条河的岸边，有人在洗衣服，有人在焚烧尸体；在街上，生和死毗邻相接——然而，似乎没有人注意到这种对比。在这里，它们合而为一。

第二节　印度教的起源

　　观察一下印度的地图就会发现，这块次大陆形状像一颗钻石，是孤立的。它两面朝向大海，而北部边界与陡峭的喜马拉雅山脉接壤。几乎没有山路可以通过，唯一的陆上通道是西北部狭窄的走廊，印度河流经的周围地区则是现在的巴基斯坦。正是这种相对孤立促成了印度珍贵且令人着迷的文明创举。

　　印度的气候，除了山地地区外，一般来说一年的大部分时候是温暖的，人们可以有大把的时间待在户外。事实上，有些人甚至坚信，这种气候有助于促进宗教价值观的形成，至少从某些方面来说是这样，它降低了诸如服装、房屋、财富等物质商品的重要性。

　　尽管许多地区干燥、炎热，但是印度拥有众多河流。其中最重要的是恒河，它从喜马拉雅山脉流出，向东流向孟加拉湾之时，众多支流将其拓宽扩大。恒河流经贝拿勒斯城（也称为瓦拉纳西和迦尸）之时，河流变得汹涌湍急；事实上，夏季季风过后，河水变得宽广，以至于通常情况下人们看不到河对岸。恒河的定期泛滥使得文明在印度北部大部分地区繁荣发展。它同样给予印度文化一种安全感、守护，甚至是关怀，因此获得"恒河母亲"（Ganga Ma）的美誉。

　　印度的宗教生活与恒河有一定相似之处。它传承了数千年，其推动力量不仅来自自身，还来自已经加入其中的新的力量。印度教是印度的主要宗教，它是这种流动的能量的重要组成部分。诸多影响——早期的原始宗教，以及后来来自移民的影响——成为它的内在动力。它没有确定的基础，没有牢固的组织结构来保护并扩大它的影响，也没有任何限定并巩固其信仰的信条；印度教以一种近乎藐视理性的方式，把对单一的神圣实在的信仰与对众多神灵的崇拜结合起来。事实上，"印度教"这个名称使人误解。印度教不是单一的、统一的宗教；它更像是众多信仰汇聚一堂的大家庭。

　　不过印度教的局限性或许也正是它的力量。它就像一座宫殿，起初只是一座只有两间屋子的村舍。数世纪以来，在它的基础上建造了诸多房屋，现在，它有着不计其数的房屋、阶梯、走廊、雕像、喷泉以及花园。这里有些东西可以取悦或者惊吓——惊愕——几乎每一个人。事实上，它的诸多信仰十分庞杂且意义深远，以至于印度教深深地影响了更广阔的世界，并且它的影响在持续扩大。在本章中，我们将探索构成这种宗教基础的诸多要素，以及为这纷繁复杂的印度教宫殿添砖加瓦的各个阶段。

印度教的最初阶段

　　在20世纪初期，铺设铁路的工程师在印度河河谷发现了古文明的废墟。如今，大部分印度河处于巴基斯坦境内，但是传统上它形成了印度西北部的天然边界——事实上，"India"和"Hindu"这两个单词均源于"Indus"。考古工作者在那里发现的文明繁荣于公元前2000年之前,它被命名为哈拉帕(Harappa)文明,那是众多古老城镇中的一座的名字(大事年表3.1)。

考古学家惊奇于他们所发现的文明的样式。众多城镇包含了规则的街道和坚固的砖房。人们发现了罐子、钱币,以及活水曾被用于厕所和浴室的诸多证据。正如一位历史学家评论道:"直到罗马人以前,没有其他的文明拥有如此有效的排水系统。"[1]这是技术发展名副其实的标志。这个复杂的文化同样发明了书写系统,如今学者们仍在努力破译它们。

财产的主人用印有动物图像的封条标记他们的物品,诸如公牛、老虎和犀牛,也包括男人和女人的画像。有三张封条显示了一位男子以瑜伽的沉思的方式坐着,头上长有触角。[2]同时也发现了暗示男性性能力的小型柱子。由于当

印度教重大历史事件时间表

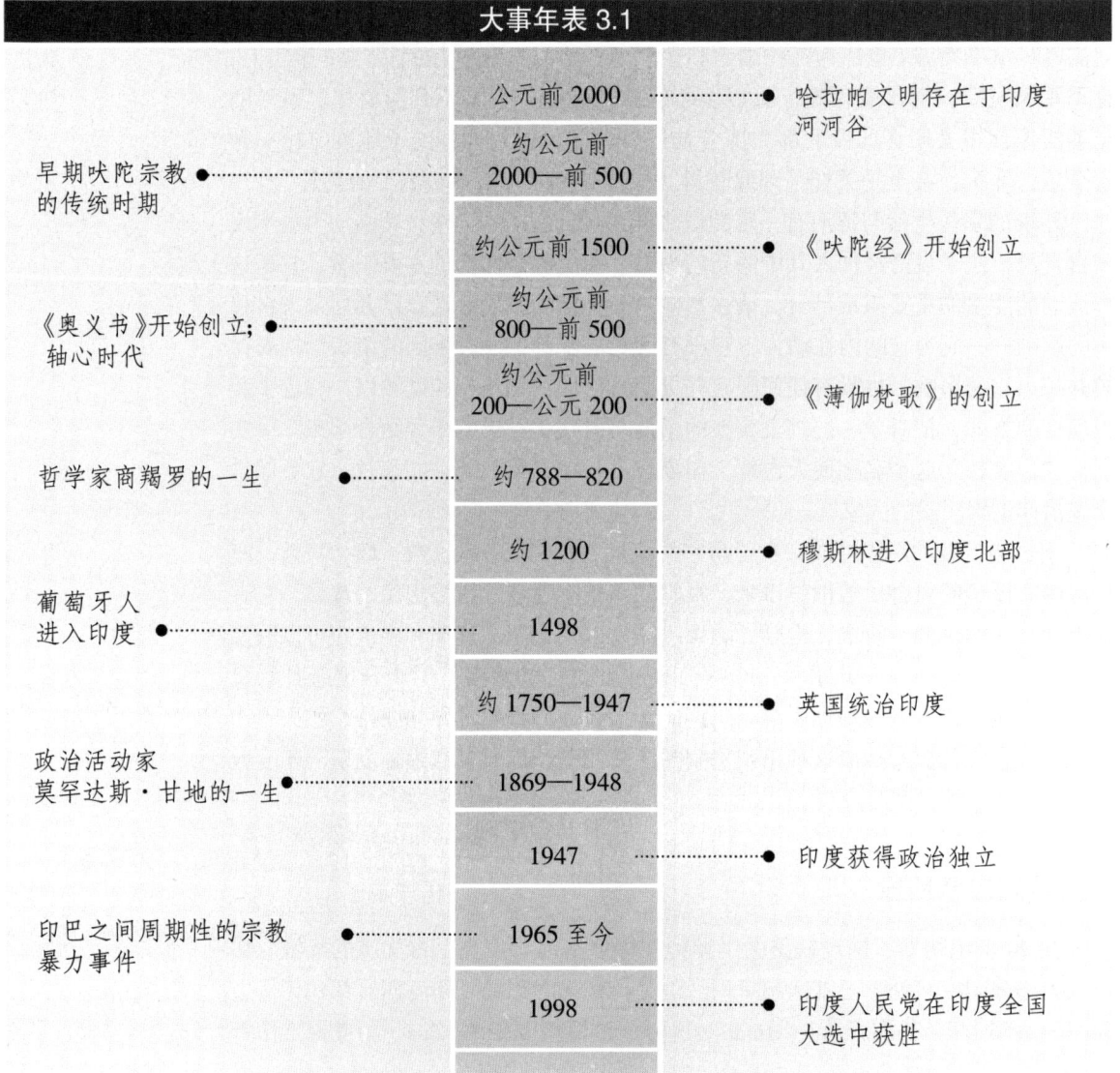

	大事年表 3.1	
	公元前 2000	哈拉帕文明存在于印度河河谷
早期吠陀宗教的传统时期	约公元前 2000—前 500	
	约公元前 1500	《吠陀经》开始创立
《奥义书》开始创立;轴心时代	约公元前 800—前 500	
	约公元前 200—公元 200	《薄伽梵歌》的创立
哲学家商羯罗的一生	约 788—820	
	约 1200	穆斯林进入印度北部
葡萄牙人进入印度	1498	
	约 1750—1947	英国统治印度
政治活动家莫罕达斯·甘地的一生	1869—1948	
	1947	印度获得政治独立
印巴之间周期性的宗教暴力事件	1965 至今	
	1998	印度人民党在印度全国大选中获胜

代印度文化中仍然出现许多相同的符号，我们可以假定，一些当代宗教习俗在遥远的古代就已经存在。比如，头上长有触角的男性可能是一位神，并且是湿婆神（Shiva）的早期形式，柱子就像是一些当代印度人为了向湿婆表示敬意而建造的低矮的圆柱。同样地，现在对母神以及树的灵魂的崇拜，很有可能可以追溯到这段早期历史。

吠陀时期的宗教

印度的古代经文称作《吠陀经》（Vedas）。它们提供了大量有关吠陀时期的神灵以及崇拜的信息，这一时期一般来讲指从公元前2000年至公元前500年这一阶段。不过，《吠陀经》的起源和它所描绘的宗教的起源都是不确定的。

在18世纪晚期，西方学者认为梵语——印度的古代语言以及《吠陀经》所用语言——和希腊语及拉丁语有关联。他们同样还意识到，在《吠陀经》中所提及的众多神灵，与在希腊和罗马所崇拜的是相同的神；同时他们还发现，有着近似名称的神灵曾出现于伊朗的宗教文献中。不久学者们推理认为，有一个单一的民族，他们自称雅利安族，在公元前2000年由现在的俄罗斯南部向两个方向迁徙——向西到达了欧洲，而向东则到达了伊朗和印度。随着进入新的地域，人们认为他们也带去了自己的语言和宗教。学者们起初认为，外来者很快便将他们的社会秩序粗暴地强加到印度的古老文明之上。根据这个"雅利安人入侵理论"，《吠陀经》被视为这些入侵者的宗教作品。

接着，在这种旧理论的基础之上出现了变种：新理论取代了一次入侵的观点，它坚信不断有移民来到巴基斯坦和印度北部，在外族与土著文化的碰撞中，《吠陀经》的宗教出现了。不过，最近这第二种"雅利安人迁徙论"受到了质疑。迁徙理论仍然被普遍接受，不过一些学者把任何假定来自印度外部的影响的理论都视为延续西方文化帝国主义的行为。考古学、语言学以及遗传学的调查研究继续为此提供线索，但是他们的诠释却并未解决该问题。

不管其起源是什么，《吠陀经》所描绘的宗教似乎包含了对大多数是男性的神灵的崇拜，人们认为他们可以控制自然力。众神之父是特尤斯·佩特拉（Dyaüs Pitr），他的名字意味着"闪耀的父亲"（他无疑与罗马的朱庇特和希腊的宙斯完全相同）。因陀罗（Indra）是风暴和战争之神，他受到了巨大关注，因为他的崇拜者希望从他这里获得力量。他可能是基于人们对一位善战祖先的回忆，由后代加以神性化。火神阿格尼（Agni，他的名字与英文单词"ignite"和拉丁语中的火"ignis"有关）将献祭带到神灵世界中。乌莎斯（Ushas）掌管黎明和复活，她是少有的女性神。楼陀罗（Rudra）带来风。伐楼那（Varuna）是天空和正义之神；毗湿奴（Vishnu）是宇宙秩序之神；苏利耶（Surya）是主要的太阳神。苏摩（Soma）被认为能够引起心智的变换，并且可以扩展人的意识。他通过一种仪式性饮品产生作用，这种饮品可能是由一种有着相同名称（soma）的致幻蘑菇制成，它使得人可以与神的领域联系。阎摩（Yama）掌管着死后的生活。

人们在户外的火祭坛处敬拜众神。祭司会留出一块正方形或者矩形的空间，用水将其净化，在其中建造一至三座低矮的圣坛用于献祭。通常的祭品为牛奶、纯净的黄油（称为 ghee）、谷物，有时候会有动物。特殊的马的献祭被视为向国王赋予巨大的力量，这种情况只偶尔发生。

祭司们从记忆中回想起来的圣歌是仪式的重要部分；由于他们认为圣歌自身具有力量，祭司阶层会保护它们，并以口头形式由父亲传承给儿子。正是这种圣歌的书写文本，组成了最早期印度教神学文献的核心《吠陀经》。尽管许多吠陀时期的神灵已经不再受到人们的崇拜，但是雅利安宗教的要素——诸如火的使用，以及一些祭司阶层传下的古老的圣歌——在当今印度仍然具有重要的意义。

《吠陀经》

《吠陀经》本来仅仅以口头形式保存，但最终书写下来，它是印度教最古老的神学书籍。它的名称意思是"知识"或"神圣的学问"，在英语中与此相关的单词是 vision（洞察力）和 wisdom（智慧）。尽管学者认为最早版本的《吠陀经》出现于公元前 1500 年，但是印度人认为它们的年代应该更久远。他们说《吠陀经》是被展示给瑞希们（rishis，遥远的过去的圣人）的，他们并未创作《吠陀经》，而是听到了它们并传给后代。

四部基本的神圣文集构成了《吠陀经》。《梨俱吠陀》[3]（"神圣的知识"）是一部拥有超过 1000 首关于雅利安神灵的圣歌的诗集；《夜柔吠陀》（"关于礼仪的知识"）包含了在献祭期间所进行的背诵的文集；《婆摩吠陀》（"关于赞歌的知识"）是一部关于吠陀圣歌的音乐说明的手册；《阿闼婆吠陀》（"来自'导师'阿闼婆的知识"）包含了实用的祷文和符咒，比如通过祈祷避免蛇和疾病。

《梨俱吠陀》是最重要的《吠陀经》，记载了宇宙的起源。据说宇宙从原人普鲁沙（Purusha）的分裂与宇宙献祭中形成。但是这种原因里包含着某种不确定性："谁真正知道？谁将在这儿宣告，这创造生于何方，来自何方？众神灵是在它的创造以后，那么谁知道它最早出自何方？"[4]

《吠陀经》一词有时仅指这四部作品。在更广泛的使用意义上讲，它还可以指代一些后世的材料。一些有关仪式细节的规定被称为《婆罗门书》（*Brahmanas*）和《阿兰若经》（*Aranyakas*），它们是由后人添加到这四部著作中的。《婆罗门书》以使用它们的祭司命名，该书记述了仪式的时间地点、场地准备、仪式物品以及净化仪式的细节。《阿兰若经》（"森林书"）许可仪式可以由脱离社会的森林苦行者，以非文字的象征方式理解与实践。四部《吠陀经》以后世的作品《奥义书》为结尾，它以反省和沉思的传统表达了哲学和宗教思想。

第三节 《奥义书》与轴心时代

公元前500年左右,印度文明经历了广泛且意义深远的变革,该时期被称为轴心时代,这意味着任何事物在这一时期都转到了新的方向。有趣的是,其他宗教和文明同样发生了巨大的变革——这是佛陀、孔夫子、主要的希伯来先知以及早期希腊哲学家的时代。

许多世纪之后,对吠陀宗教信仰及实践的质疑开始出现,并且势头强劲。早期的宗教戒律不断为其自身辩护,祭司阶层则招致怨恨。一些批评家质疑吠陀献祭的价值,我们从《阿兰若经》中得知,某些人放弃社会生活,独自一人居住在森林里,这为他们提供了大量的时间用于思考以及宗教试验。思想家质疑了古代的多神信仰,试图寻找可能是一切事物起源的、单一的神性实在来替代。[5]一些人甚至走得更远,他们把所有事物视为在奥秘中合一。也有一些人则完全拒绝宗教仪式。

一位苦行者从恒河取水,如同一头牛走自己的路一样。

在这个时期似乎存在着一种对一切转换意识的技巧的兴趣,比如以冥思、深呼吸、斋戒、禁欲活动、长时间缄默、戒眠、试食致幻植物以及居住在黑暗的山洞之中等方式长时间静坐。所有这些事情可以由任何阶层的人来完成——不仅仅是祭司。《奥义书》(*Upanishads*)中记录了这种智识培养以及精神训练的实践行为。

《奥义书》的起源

《奥义书》包含了大约一百部书写的作品,记录了对外部和内部实在的洞见。尽管有诸多对《奥义书》名称的阐释,但是通常认为它来源于那些意思是"近坐"的单词[6]。如果该术语的起源是正确的,那么它可能是指坐在导师旁边的弟子学习技巧以求获得宗教体验。在任何情形下,《奥义书》的首要概念是精神训练和冥思,无论是祭司还是非祭司,都可以感受到构成了所有看似独立的实在之基础的精神实体。不同于大多数早期吠陀的材料,其规定只有世袭的祭司可以成为宗教大师,《奥义书》告诉我们,一个人只要获得了必要的体验就可以成为精神导师。因此,《奥义书》很可能延续了《阿兰若经》中森林居住者的宗教兴趣。

《奥义书》主要是以对话的形式写成,既包括散文也包括诗歌。由于它们是在数百年间完成的,所以很难确定它们的时间。一般认为那些散文形式的(《唱赞奥义书》[*Chandogya*]、《广林奥义书》[*Brihadaranyaka*]、《推提利耶奥义书》[*Taittiriya*]、《卡那奥义书》[*Kena Upanishads*])或许要早于诗歌形式的作品(《卡塔奥义书》[Katha]和《曼都卡奥义书》[Mandukya Upanishads]）。大约有十多本奥义书尤其著名。

《奥义书》的重要概念

《奥义书》中最重要的概念是梵（Brahman）、自我（Atman）、摩耶（maya）、业（karma）、轮回（samsara）和解脱（moksha）[7]。这些重要概念成为日后印度教灵性的基本概念，直到今天仍被传授着。

梵和自我 术语梵（Brahman）起初代表了出现于吠陀献祭和圣歌之中的、由祭司掌控的宇宙力量。（梵语中 Brahman 这个词是中性的，来源于意为"成为伟大的"的词干。）在《奥义书》中，梵这个词含义扩大到意指事物核心的神性实在。《唱赞奥义书》中有一段著名的对话。它是一位祭司父亲和儿子之间的讨论。年轻人希维塔克图（Shvetaketu）离开家，跟随一位大师研习数年。他记诵了很多圣歌，并掌握了祭司仪式。年轻人的父亲询问他所学到的东西，而儿子则骄傲地背诵了他所知道的准则。于是父亲问儿子他所了解到的梵、至高精神，但是年轻人一无所知。为了帮助儿子理解这些概念，父亲让儿子把水倒入杯子，把盐投入其中，放置一夜。次日，他叫儿子找盐：

"把你昨晚投入水中的盐给我拿来。"

希维塔克图朝水里望去，但却无法找到，因为盐已经溶解了。

于是，他的父亲说道："从这边尝尝水，怎么样？"

婆罗门，这些来自最高种姓的祭司正在巴厘岛为一场宗教仪式的开幕祈祷。

"是咸的。"

"从那边尝尝，怎么样？"

"是咸的。"

"重新寻找一下盐，再上我这来。"

儿子如此照做，说道："我看不到盐，我只能看到水。"

父亲说："同样地，我的儿子，你看不到精神。但是事实上它就在其中。不可见的微妙存在就是整个宇宙的精神。那就是实在。那就是真理。那就是你。"[8]

《奥义书》坚持认为梵是某种可以被认知的事物——不仅仅是可以被信奉。比如，《白净识者奥义书》（*Shvetasvatara Upanishads*）讲道："我知道无限的精神蕴含于一切事物中，它超越于时间。"[9] 梵、神圣精神是如此真实，以至于可以被直接认知，正如男孩希维塔克图所学到的，关于它的知识可以像品尝盐的味道那样直接获得。

到底什么是梵？《奥义书》坚称它不可能完全用语言表达，但是语言给予了暗示。梵是活生生的经验，一切事物在某些方面都是神圣的，因为它们来自于同一个神圣的起源。它同样也是这样一种经验，即所有事物在某种程度上最终都是一体的。这种经验看似貌视常识，因为世界被分割成许多对象以及不同类型的实在。不过，当我们深入考虑实在的时候，我们会认识到诸多统一：一块木头可以变成船、房屋、火焰或灰烬；水可以转变成云或者植物。因此，仔细观察便会发现，所有明显的分离和划分实际是模糊不清的。要体验到梵就意味着要直接地了解到，世界上每件表面上独立的实在，实际上都是相同的神圣的能量海洋的一片波浪。根据《奥义书》的解释，梵"是太阳、月亮、星星。他是火、水、风"[10]。梵是"以无限形式显现的神"。[11]

梵同样可以用三个词来指称，它们有助于描述它的性质，以便被认识者所理解：梵是 sat，存在本身；chit，纯意识；ananda，极乐。尽管人们可以在日常世界的时空维度中体验到梵，但是那些谈论到此种体验的人认为梵是终极的、超越于时间和空间的。因此《奥义书》通常附带说道，对梵的永恒的体验，可以终结每天所遭受的痛苦，以及对死亡的恐惧。

自我（Atman）的概念与梵相关，它在《奥义书》中也是一个同等重要的词汇。尽管有时候它被翻译成"自我"或"灵魂"，但是《奥义书》中自我的概念不同于个体灵魂的概念。或许术语自我翻译成"最深层的自我"会更好一些。（有时候会翻译成"精微的自我"。）在印度信仰中，每个人具有独立的灵魂（jiva），它赋予个体独特性和人格。但是印度教却提出了这个问题：从最深层次来说，我是什么？很明显，我不仅仅是我的身体——身高、体重、头发颜色，所有这一切都易于改变。但是，那么我就是味觉、思想和记忆吗？或者有更多的东西？在我之中，难道没有一个比那些易于改变的个体特征更加根本的实在吗？根据《奥义书》，从最深层次的意义上讲，我是一切事物共有的神性实在、神性精神。《奥义书》教导我们，说"我是神"是正确的，因为对于理解了最深层次实在的人来说，任何事物都是神。当完全体验自我之后，它和梵是同一的。自我和梵一样，是神圣的、神性的、永恒的。通常术语梵指代的是自然和外部宇宙中的神圣经验，而自我指的是人自身中的神圣经验。然而，同一个神性仅仅具有两个名称而已，这两个词是可以互换的。

摩耶　《奥义书》将日常世界称作**摩耶**（maya），它通常被翻译成"假象"[12]。不过这种翻译还需进一步解释。它的词根表示了假象与神秘（正如"魔术"），但是它同样具有积极的、客观的含义，表明组成事物的原始材料（正如"物质"）。因此摩耶这个词包含了双重含义："魔术"和"物质"。说一切实在都是"摩耶"并非是指世界不存在或者世界完全是一种错误的感知。世界是真实的，但是与大多数人所认为的并不相同。一方面，人类把世界看作由个别的事物和人组成，他们是彼此分离的。在实在中，世界就是一个基本的神圣实在，它以许多不同形式呈现。《白净识者奥义书》劝告我们"自然界是摩耶，但是神是摩耶的统治者；宇宙中的所有存在物都是他无限光辉的一部分"。[13]

人们还认为世界是坚固的、永恒的。在实在中，外部世界更像是思维和梦境的内部世界——它变幻莫测，就如同思想和梦一般。人们认为时间是真实的，它以规则的速率前进，过去、现在和将来有着明确的区分。在实在中，时间是相对的。

《奥义书》所阐明的实在的模式，并不像一台由许多单独运行的零件组成的机器，它更像是一种伟大的意识。这种观点在宇宙的变化和转换中，产生了一种对宇宙的形式和变幻的惊异感——宇宙是完全无法解释的神奇力量。

当我从自身立场向外观看实在时，我可以将我生命的终止视作万物的终结。《奥义书》以不同的观点看待事物。首先，个体并非像他们认为的那样独立。相反，他们都是神圣精神的显现，当个体消亡后它不会终结。他们同样是生命的早期形式的延续，仅仅是采取了新的形式。从公元前500年左右开始，印度教普遍采纳了这种信仰，即一切有生命的事物都具有生命力，当生命力失去其形式的时候，它会在另一种形式中重生。这个过程被称为转世。

业（karma）　根据一般的印度教重生概念，人在一段时间或另一段时间里曾以"低级"形式存在，比如动物、昆虫，甚至有可能是植物。印度教还承认人类生命具有等级，从受限制的、痛苦的到极其快乐和自由的。人类同样有能力获得生命的"高级"形式，比如超人和半神。重生可以走向这两个方向，人生舞台充满危险，这是由于每个人都必须就如何生存做出重大的选择。倘若一个人未能正确地生活，他或她可能投胎到一个极其贫困、无情的家族——或者有可能是一种更加受限的、艰难的生命形式，比如狗、猪、蚂蚁。人同样可以向上飞跃，超越人类层次而达到超人的存在，甚至超越超人的层次达到完全的自由。

业决定一个人重生的方向。这个词来源自"to do"（去做）的词根，它还暗示着每一个行为都伴随着道德后果的含义。业是因果关系的道德律，对业的信仰就是相信每一种行为会自动带来道德结果。有一则众人皆知的谚语很巧妙地表达了业的本质：种瓜得瓜，种豆得豆。业起作用不是因为它是神或者梵的意志，而仅仅因为业是事物本性的一个本质部分。它是事物运作的方式。好的业可以带来更"高级"的重生，坏的业则会带来"低级"的、更加痛苦的重生。在某种意义上，这种信念允许向上流动，这是因为人类通过自身的行为可以影响到他们来世的诞生。当业的作用停止之时，便可达到终极自由；重生，不管是在范围内的向上或是向下，都完全地终止了。

一些导师认为业本身并无好坏，而是仅仅对于经历它的人来说呈现如此状态。这种观点认为业就如同重力作用——它就像自然力发生作用一样。它像雨，可以让植物生长，同时也能破坏一顿野餐。业有助于解释为何一些人生来就极富才能，而有的人出生却不带任何天分。

轮回　术语**轮回**（samsara）指的是生命的轮转、不断重生的循环，它强烈地表明日常世界充满了变化、挣扎与苦难。由于印度教信奉转世，因此它的生命观与西方所普遍持有的观点大不相同。考虑一下，你会多么频繁地听到有人说"你只能活一次"，这种生命观不被印度教所认同，它认为个体可以不断地重生，来自不同形式的前世，并且在将来会以新的形式出现。由于我们的现世生命极其短暂，因此我们可以在将来获得数次生命。但是我们愿意获得多少次呢？十次听上去或许合理，但是一百次呢？一千次？一万次？一百万次？仅仅考虑下所有那些生命次数便可使人厌倦！并且其中许多生命形式不可避免地是不幸的。我们中的大多数迟早打算跳下生命的旋转木马。我们想要逃避、解脱、自由。这将我们带到《奥义书》的下一个重要概念。

解脱　词语**解脱**（moksha）的意思是"自由"或"解放"，源于一个意为"被释放"的词根。在《奥义书》中，解脱是人生终极目标。它具有多重含义。解脱无疑包括超越自我中心式的反应的含义，比如忿恨和生气，它们对个人产生了限制。不仅如此，不同于现代追求完全自由来满足个体愿望的理想，解脱所指的自由甚至包括摆脱作为一个独立个体的限定——在特定时间作为特别的人出生，有一对独一无二的父母，摆脱成为这样一个具有独特的身体特征、情感、愿望和记忆的人。人可以采取行动来克服这些限制（比如离家出走），有时候这是获得解脱的一种方式，但是当人在限制中生活的时候，也可以选择接受它们，从而获得内在的平和与精神的自由。

当一个人变得更加自由，他便很少从自私和自我的角度看待生命，相反，他会更多以拥抱整个生命的视角来看待。万物所共有的同一与神圣性成为日常经验的一部分。对万物仁慈——对待动物如同对待人一般——是这种观点的自然结果，良好的行为同样可以产生有益的业报。远离快乐和痛苦，是使人从自我主义中获得自由的另外一种实践。

最终，伴随着足够多的洞见与苦行实践，个体可以完全超越自我，来理解万物所共有的神圣实在。当洞见与仁慈得到完美的体现时，最终重生的痛苦便可终止；个体的限制消失了，只有梵保留了下来。《广林奥义书》这样解释完全的自由：

"当一切变为精神,人如何看到自我,又看得到谁的自我?"[14]

尽管有的时候《奥义书》很模糊,但是它们致力于促进有关终极同一的洞见。但是《奥义书》并没有提供获得那种洞见,或者在日常世界中灵性地生活的细节指导。这种指引将被后世的印度评论家和实践家所发展。

第四节 充满灵性地生活在日常世界中

当今指导人们生活的印度教是一个实用的、包含诸多要素的混合体。其中一些要素来自宗教实践的早期阶段,这些我们已经讨论过,另一些是后来发展出来的。对于普通百姓来说,印度教习俗通常至少包含对一位神的虔诚。它建议人们寻找合适的工作,然后无私地投入其中。印度教习俗还包括研习宗教文本、冥想以及其他特别的宗教训练。下面的部分将会处理这种习俗综合的诸多要素,它们中的大多数可以在短篇经典《薄伽梵歌》中找到。

《薄伽梵歌》

《薄伽梵歌》(*Bhagavad Gita*,"神曲"或"神圣的一的歌曲")是长篇史诗《摩诃婆罗多》(*Mahabharata*)的一部分。《摩诃婆罗多》写成于公元前400年至公元400年间的某段时间,它讲述了般度王(Pandu)的儿子们是如何在克里希那(Krishna)的帮助下,战胜他们的姐妹库罗婆(Kauravas)的。《薄伽梵歌》是某段时间被添加到这首诗之中的,但是它具有自己的特性,经常从《摩诃婆罗多》中取出来独立印刷。《薄伽梵歌》由祭司阶层在公元前200年至公元200年之间完成,成为了一部灵性经典。它恢复了《奥义书》的主题,不过它同样尝试在神秘主义与日常生活的实际需求中达到平衡。行动和对义务的坚持都得到了认可,甚至被视为灵性道途。正如《薄伽梵歌》中所说的,"智者对知识和行动一视同仁。"[15]

《薄伽梵歌》如同《奥义书》一样,是以对话形式写成的。它几乎完全发生在两个人之间:王子阿周那(Arjuna)和他的战车驾驭者以及导师克里希那。阿周那的王权受到了他的数百位姐妹的威胁,她们被称为库罗婆,他必须决定是否联合他的兄弟们与她们作战来重建王权,或者接受她们的统治。他很矛盾。一方面,他知道自己的统治是正当的,但是另一方面,他想避免暴力行为。他的敌人都是亲密的家庭成员,这一点使事态变得异常困难。阿周那绝望地"将弓和箭扔到了战场上。他坐在战车的座位上,悲伤之感侵袭他的内心"。[16] 作为回应,后来表明是毗湿奴神的一个形象的克里希那解释了行动的必要性。"请听我说,一个人从事自己本性决定的工作,就会获得成功。全心全意崇拜神,把一切行动献给神,他就会成功。"[17] 这意味着阿周那不能仅仅服从自己的欲望——既不能服从恐惧,也不能服从想获得奖赏的希望——而只能是必须做正确的事。

这部史诗创作的时期,非暴力的教义正在印度的佛教和耆那教等宗教传统中逐渐增强，与此相反，克里希那建议阿周那进行抗争，以便维护他的王位以及社会结构——斗争就是他的责任。在大启示之时，克里希那向阿周那显示了神性实在正在宇宙万物中发生作用——在生者以及死者中。克里希那甚至说对于一个勇士来说，"没有什么比公正的战争更加高尚的了"。[18]

劝告阿周那进行战争的建议，给一些印度教的教徒造成了道德难题。莫罕达斯·甘地（Mohandas Gandhi, 1869—1948）是那些通过宣扬《薄伽梵歌》是宗教寓言来解决这个问题的人的典型代表。甘地坚持认为诉诸武力并不是指真正的战争，而是一种与危险的道德和心理力量，例如无知、自私和愤怒的抗争。这种阐释尽管看似违背了文本的文字意图，但是却影响深远。

种姓制度

当克里希那敦促阿周那去做符合一名武士该做的事情之时，他强调了**种姓**（Caste）制度（根据血统或职业将社会分成不同等级）。种姓制度是盛行的印度教社会系统，它在《梨俱吠陀》中就曾被提及："当他们分割普鲁沙（原人，超凡）时，把他分解成了多少部分？他的嘴变成了什么？他的双臂是什么？他的双腿和双脚又叫什么呢？他的嘴成为婆罗门（祭司）；他的双臂变成了罗阇尼耶（武士－贵族）；他的双腿成为吠舍（商人）；从他的双脚中首陀罗（农民）诞生了。"[19]

这幅克里希那和牧牛姑娘的细密画可以追溯至18世纪下半叶。

种姓制度在《薄伽梵歌》中得到进一步的宗教认可，它认为存在着不同类型的人，他们达到完美的途径不尽相同，这取决于他们的个性特征以及在社会中的角色。[20]比如，积极的人通过无私地工作完善自身，知性的人通过教导与研习完善自己。

从传统来说，种姓制度不仅仅建立在一个人的工作类型上，即便在现代，它也并不总是表示一个人的工作类型。种姓（caste，作为术语普遍运用）实际上是指社会阶层（varna），它可以细分为数百种亚种姓。[21]种姓制度禁止不同种姓的成员，通常是亚种姓之间，进行通婚。这种传统在乡村以及更加保守的南部印度仍然很强大，不过，在城市中它正逐渐削弱，在这里，人们经常在餐厅一起用餐，一起乘坐公共汽车和火车来旅行。尽管人不能改变他或她出生的种姓，但是通常认为，一个人现世种姓中好的生活，会保证他或她重生在一个更高的种姓或者更好的环境中。因此，从印度教的观点来看，向社会上流的移动是可能的——甚至不止用一辈子去实现！

社会成员主要被分为五种社会阶层：

1. 祭司（brahmin，**婆罗门**）[22] 传统上举行吠陀仪式以及充当导师。
2. 武士–贵族（kshatriya，刹帝利）具有保护社会的角色。这是贵族的传统种姓。
3. 商人（vaishya，吠舍）阶级包括土地占有者、放债者，有时候包括工匠。这三种高级种姓（婆罗门、刹帝利、吠舍）的男性在少年期的仪式上接受一条神圣的绳子，此后他们被称为"再生者"。
4. 农民（shudra，首陀罗）从事手工工作，为高等种姓服务。这个种姓的起源大概可以追溯到雅利安人征服原始居民时期，他们被强迫去做仆人的工作。农民被称为"一次生"。
5. 贱民（dalit，达利特）向来从事着最肮脏的工作——清扫厕所、街道，搜集动物尸体，硝制动物皮。他们低下的地位促使印度改革者莫罕达斯·甘地倡导该阶层的另一种名称——哈利真（Harijan，"神的子民"）——他敦促日常社会包容这个阶层。[23]

生命的阶段

正如种姓和亚种姓显示了一个人通往"正确行动"的道路，传统印度教坚信人生的每一个阶段都有适当的生活方式。每一种文化都通过个体走过的道路来确认特殊的人生阶段。在现代世俗社会，人生阶段似乎是童年期、青年期、事业期以及退休（这些阶段按有无工作来划分）；但是在印度，人生阶段的概念更具宗教色彩。这一观念由古代对高级种性的男性的发展理想所塑造，尤其是祭司种姓：

1. 梵行期（brahmacharin）：第一阶段形成了一生的宗教基础。年龄在 8 至 20 岁之间的年轻人研究宗教著作。禁欲是该训练的一部分。
2. 家居期（grihastha）：年轻人在大约 20 岁的时候要结婚（传统上由父母安排），人们通过抚养孩子来满足社会需求。
3. 林居期（vanaprastha）：当孙辈降生，人可以从普通的生活再一次回到宗教问题的研究上。古老的理想便是进入到森林中生活，有可能是和妻子一起，从而远离社会。但是在现实中，退休者通常继续和孩子们，以及大家庭的其他成员共同生活，但是他们会和家庭的其他成员分开进餐，并和朋友们花时间来实现宗教追求。
4. 遁世期（sannyasin，**桑雅士**）：只有在退休之后进入到最后一个阶段才被认为是适当的。并不是所有人都应当如此，这只不过是一种选择罢了。如果有人愿意完全脱离社会生活，他便可以离开家庭。对于这样一个人来说，整个世界都是他的家。一位男性可以离开妻子，尽管他必须要保证妻子生活无忧。禁欲是应该的，其虔诚的标志是一件橘红色的长袍。他们被认为超越种姓制度以外，可以自由行走，沿途乞讨食物，许多寺庙都用所获的捐赠支持这些朝圣者。他们可以一直四处旅行，到印度的圣地进行朝圣，或者也可以定居在**阿什拉姆**（ashram，宗教团体），甚至在山洞中生活。此种生活的目的就是加快扩充神秘的洞见，使得自身从一切附着物中解放出来，结束重生，获得解脱。

人生的目标

尽管印度教的灵性理想——诸如桑雅士的生活方式——一般来说是否定世界的，但是印度教同样展示了对许多世俗目标的崇敬。这些目标以其价值由低至高排列是享乐（kama，欲）、经济保障和力量（artha，利）以及社会和宗教义务（dharma，法）。只要能通过节制和社会规范来调和，这些可以同时追求的人生目标是可以接受的，甚至是道德的。不过，最高级别的目标是解脱——完全的自由。

瑜　伽

尽管《薄伽梵歌》赞同安静的沉思，但是它同样也建议活跃的宗教路径。它不仅赞同冥思，还支持人的种姓以及他的社会地位所要求的工作。不同形式的**瑜伽**（yoga）就是可以用来帮助人们富有灵性地生活的方法。单词瑜伽的意思是"联合"，与此相关的英语单词是"加入"（join）和"联结"（yoke）。瑜伽是人们用于完善与神的联合的一种方式，并且由于瑜伽暗示了通往完善之路，它们还被称为解脱道（margas）。印度教对于不同类型的人需要不同的宗教方式抱有宽容的认可，一个人的种姓以及性格特点有助于其选择适当的瑜伽进行练习。

伊纳纳瑜伽（"智慧瑜伽"）　这种瑜伽通过研习《奥义书》和《薄伽梵歌》以及对它们的评论，从获得洞见的导师处学习，将洞见带入到人的神圣本性中。**伊纳纳瑜伽**（jnana yoga）尤其适合祭司以及知识分子。

这种瑜伽由至今仍然十分活跃的重要哲学学派——吠檀多派（Vedanta，"Veda end"）[24]高度提炼而成。"Veda end"指向《奥义书》（《吠陀经》终篇）以及这样一个事实，即吠檀多学派将《奥义书》的观点作为他们的首要灵感。

吠檀多的伟大导师商羯罗（Shankara，788—820）认为一切事物都是终极的——一切都是梵。[25]根据商羯罗的观点，尽管我们的日常经验指引我们把一切事物都看成是独立的、不同的，但是这种看法是错误的。为了表明这种认知是错误的，商羯罗使用了一个事例，即一个人在黄昏时被一卷绳索吓着了——观察者错误地将绳索看作了蛇。商羯罗说，将事物看作与梵完全隔绝且不同是错误的看法。在他的《分辨宝鬘》（*Crest-Jewel of Discrimination*）中，作者将梵比作可以获得不同形状的金子。梵是，"向无知的我们显现名字形式和变化的多重宇宙的唯一实在。如同可以制成诸多装饰品的金子一样，它保持着自身不变的特性。这就是梵，'那就是你'。思考这种真理吧。"[26]相似地，海浪的波涛以及波浪中的水滴可以看作独立的实体，但是更大的真理是，它们都是变化着的、改变了形式的海水。

礼仪和庆典

印度教冥想：不仅是倾空头脑

在过去的30年中，冥想在西方世界盛行。从小学生到公司办公室的行政人员，所有人都花时间静坐，倾空头脑，让压力飘走。

不过，在东方的宗教传统中，冥想更为复杂，至少理论上如此。《瑜伽经》通常被认为是文法学家波颠阇利（Patanjali）[27]所作，它列举了达到完美冥想的8个必要步骤：

- **自我控制**（yama）是对摆脱了自私的人格的再次定位。它包括实践**非暴力**（ahimsa）、实行性节制、避免贪婪、拒绝偷盗以及拥抱真理。
- **劝制**（niyama）是前面五种道德追求的定期训练。
- **坐法**（asana）是冥想的基本方面，尤其是"莲花姿势"（padmasana），冥想的人们双腿交叉坐立，每只脚可以接触另一条腿。
- **调息**（pranayama）包括深沉的、有规律的呼吸，屏住呼吸，以不同的节奏呼吸。
- **制感**（pratyahara）有助于冥想者对外界分心事物不予理睬。
- **执持**（dharana）教导沉思者要仅仅关注一个目标，以求达到对任何事物的倾空。
- **禅**（dhyana），当思想只关注于目标时，冥想开始了。
- **三摩地**（samadhi）是通过深深的冥想达到的精神状态，这时个体失去了从宇宙其他部分分离出来的感知。[28]

商羯罗认为当个体理解了一切事物的统一性之时，就可以达到精神自由。商羯罗如此强调**一元论**（monism）——一切事物的合一——以至于他的吠檀多学派分支被称作**不二论**（Advaita），从字面上翻译，它意味着"非二"（a-dvai-ta）。这个术语的意思十分微妙。如果我说所有的实在是"一"，那么一些"其他"的实在同样可能存在——它们是一的对立面。但是术语不二清晰地表明最终没有其他实在。

因此，对于商羯罗而言，任何对神或女神的虔敬同样是错误的——这些神被认为与其崇拜者不同。不过，这种对虔敬的抵制给那些强调虔敬的印度教流派造成了大问题。因此，后世的吠檀多思想家，比如罗摩奴阇（Ramanuja，死于1137年）和摩陀婆（Madhva，活跃于1240年），限制或否认了极端一元论。他们强调，《奥义书》的篇章似乎将梵视作以某种方式独立于这个世界。他们从而创造了为宗教虔敬留得空间的某些体系。

业瑜伽（"**行动瑜伽**"） 这种形式的瑜伽声称，一切有用的工作，如果是无私地完成的话，都可以是完善的一种方式。（这里的单词业使用的是它的基本含义"活动"。）我们平时的行为大部分都受到金钱、快乐或是赞扬的激发，但是不带有被奖赏欲望的行为是**业瑜伽**（karma yoga）的核心。正如《薄伽梵歌》所说："对工作报酬的欲望肯定不会是工作的动力。"[29]

巴克提瑜伽（"奉爱瑜伽"）　我们大多数人曾在某时坠入爱河，我们知道有一些东西净化了此种经验，因为它强制我们向外看，超越我们自己，到达另一个爱的对象。当宗教引起人们对神或圣人——他们经常以绘画或雕塑变得可视——的虔敬时，它们利用了这种净化力量。由于印度教信奉诸多神灵，它为奉献行为提供了多种可能性。在《薄伽梵歌》中，克里希那告诉阿周那："将我视作你的至爱。你要知道我是你唯一的避风港。"[30]

巴克提瑜伽（bhakti yoga）包括多种虔敬的表达方式——最常见的是圣歌、唱歌、食物贡品以及往塑像上涂油。巴克提瑜伽同样可以延伸至向**古鲁**（guru，精神导师）、父母以及配偶表达的虔敬行为。我们稍后会描述巴克提瑜伽敬奉的神。

胜王瑜伽（"高贵的瑜伽"）　这种形式的瑜伽促进了冥想。术语**胜王瑜伽**（raja yoga）并未出现在《薄伽梵歌》中，但是稍后被用来指代冥想的步骤，可见边栏"印度教冥想：不仅是倾空头脑"所叙述。然而，《薄伽梵歌》的第六章描述了基本的冥想方法——安静地坐着，转向内心，使思想平静下来。以规律的原则保持一小段时间，冥想能够减少压力并带来平和感；保持更长的时间，它可以引起新的觉悟状态。

冥想的方式有很多种。其中一些包括倾空头脑，另一些包含关注某些身体或精神对象。人们可以通过闭眼、睁眼，或者关注面前短距离内的一点来进行冥想。有一个单词或者是短语经常伴随着呼吸而吟诵，它有助于倾空思想，被称作**真言**（mantra）。（简短的真言 om——有时候称为创造的声音——经常被使用。）冥想可以在寂静中或者轻柔的音乐中进行；同样地，也可以在注视蜡烛、月亮或者流动的水之时进行冥想。一些高级形式的冥想包括来自其他瑜伽的技巧。它们或许令沉思者创造象征性的精神图像（通常是一位神），凝视一幅神圣的图画（yantra，图案；具），或者重复复杂的神圣短语。许多冥想的技巧称为成就法（sadhanas）。

哈他瑜伽（"力量瑜伽"）　当我们大多数西方人想到瑜伽的时候，我们想到的是**哈他瑜伽**（hatha yoga）的形体训练。这些训练，起初是被发展出来以助于进行长时期的冥想，主要包括伸展和平衡。呼吸训练通常被视为哈他瑜伽的一部分。

哈他瑜伽拥有多个流派，通常是以他们的创始人来命名。有一些广为流传。在它们之中，艾扬格瑜伽聚焦于大量传统瑜伽呼吸训练和瑜伽姿势训练中的正确技巧和顺序。比克拉姆瑜伽包括一系列26种哈他瑜伽训练，和两种在加热（热被用来使肌肉柔软并有助于血液循环）的房间中进行的呼吸训练。阿斯汤加瑜伽是以《瑜伽经》中的教义来命名的，它是包括6套高强度运动型瑜伽姿势的高要

最近这些年，瑜伽已经成为全球成千上万人日常生活的一部分。

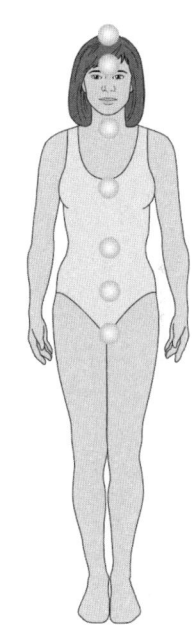

脉轮是中心，能量由其中穿过，从脊椎底部升至头顶。

求系列。

昆达利尼瑜伽 结合了胜王瑜伽和哈他瑜伽的要素，**昆达利尼瑜伽**（kundalini yoga）教导人们有 7 种被称为脉轮（chakra）的精神中心，它沿着脊柱一个挨着一个地存在。冥想和身体训练（如下文所描述）有助于沉思者抬升精神力量——称为昆达利尼，并被设想为盘绕的蛇——从一个中心到下一个。（昆达利尼的字面意思是"她蜷缩着躺着"。）每一个脉轮如同一扇大门，通过它昆达利尼得以通过，带来了增长的洞见以及快乐。当昆达利尼达到最高点，即头顶的能量的第七个中心时，实践者体验到了至深的福乐。能量的最高中心（sahasrara，"顶轮"）以莲花的意象呈现，能量达到它被比作莲花绽放。

除了这 6 种瑜伽外还有其他形式的瑜伽。事实上，任何可以引领达到更大的灵性的系统技巧都可称为瑜伽。

第五节 虔敬的印度教

印度是一个以农业、农村居民为主的国家，甚至今天也只有 15% 的人口居住在城市。其余人口数世纪以来一直居住于超过 50 万座村庄里。农村的男人大多数的工作时间用于经商、手工制造以及务农，而女性则在年轻的时候嫁人，她们的大多数时间用于准备食物、操持家务、照顾孩子。日常生活几乎没有为人们留下时间来进行哲学探索。

对于大多数印度人来说，前文所提及的某些精神训练——研习、冥想和特殊的身体训练——并未产生很大的吸引力。相反，大多数印度人遵循对某位神或诸神的虔敬（**巴克提**，bhakti）行为。在乡村的寺庙以及家庭的神坛，印度人供奉着他们的神灵。大多数人每天做礼拜，也有些特殊的日子用于敬奉特定的神灵。**礼拜**（puja）是在神坛前进行的虔诚的仪式，包括献花、贡斋、火祭、对某位神或者诸神敬香以及唱赞颂歌。

最早的印度教敬奉行为可以追溯到哈拉帕文明，包含给阳石涂油，敬拜女性生育之神以及崇尚自然神灵。这种宗教敬奉的形式延续至今天的印度。

吠陀宗教将它们的神灵引入，作为补充的崇拜对象。有一些神，比如因陀罗和阿格尼曾广受欢迎，而其他的神灵，例如特尤斯·佩特拉则失去了信徒，并很早地走向了后台。在这种敬奉模式中，我们可以看到，兴趣起伏是正常的：纵观历史，在所有的宗教敬奉中，对一些神灵的兴趣提高了，那么对另一些神的兴趣就减退了。

某些神和女神似乎是单独出现的，而不是作为吠陀众神的一部分——其中，克里希那是最著名的神灵之一。一些动物的形式被神化，最终，所有的神灵都被松散地纳入今天非常庞大的众神系统之中。

尽管印度教通常被描绘成一种鼓励多神崇拜的宗教，但实际上人们倾向于只

全世界的印度教信徒庆祝克里希那的诞辰。在这儿我们看到的是位于美国的一座寺庙中的敬拜仪式。

专注拜众神中的一位。有时候神被视为一切神性显现之中最为伟大的。在印度教中同样存在着一神论甚至是一元论的强烈倾向，因为所有的神灵——以及其他任何事物——被视为终极的、单一神性实在的表达。对某一位神或女神的敬奉通常得到认可，因为尽管神本质上是无形的，但人类必须通过神性的有形载体来敬拜它。这种信仰促生了诸多向众神表达敬意的绘画、雕刻、音乐以及仪式，这些神灵将在下面的篇章进行介绍。

三神一体：大梵天、毗湿奴和湿婆

在印度教的宗教敬拜和艺术创作中，有三位神扮演了极其重要的角色。尽管他们具有不同的起源，但是他们有时候被联系在一起——尤其在哲学和艺术中，在那里他们代表了创造、保护以及破坏三种力量。这三位神是大梵天、毗湿奴和湿婆。当他们联系在一起的时候，通常被称为**三神一体**（Trimurti），意即"三重形式"。

大梵天（Brahma）代表了创造宇宙的创造力。他被视为梵的人格化的一面，同时也是祭司阶层——婆罗门——专门的守护神。大梵天通常被描绘成坐在王位上作沉思状的古代国王。他有四张脸，每一张脸注视着一个方向，他有八只胳膊，每一只胳膊握有权力的象征物。他的动物伴侣是白鹅。

在印度过去的两百年间，将大梵天作为独立的神来崇拜逐渐衰落了，尽管他仍然时常出现在艺术作品中，位于毗湿奴和湿婆的旁边。或许这种兴趣的衰落与盛行的某种看法相关，即在印度大梵天作为慈祥的、遥远的形象，其力量不如毗湿奴和湿婆强大。（不过，很讽刺的是，在泰国，对大梵天的敬拜仍十分盛行，那里的佛教习俗深受印度教的影响。大梵天的塑像时常出现在户外的"神舍"里，人们在那里向他供奉食品和鲜花，有时候还有舞蹈，以求好运和庇护。）

毗湿奴（Vishnu）代表了宇宙中的保护力。在《吠陀经》中，他是一位与太阳有关的神，尽管他的角色很小。毗湿奴被视为冲破黑暗的光与温暖，他的声望不断地提高，直到最终成为印度教的一名主神。今天，毗湿奴（有多种形式）是印度最重要的敬拜对象，在印度大约有四分之三的人崇拜他或者他的化身。他的追随者被称为毗湿奴派。

在绘画和雕刻中，毗湿奴以多种形式显现，尽管通常情形下他显现为头戴一顶高高的王冠的王者形象。通常他长有四只握住权力象征物的胳膊。他的象征动物伴侣是一只巨大的类似鹰的鸟——金翅鸟，毗湿奴借助它飞遍整个宇宙。

由于毗湿奴与慈爱有关，因此人们相信他会在不同时间以不同的肉身出现在地球上，来帮助那些需要帮助的人。通常毗湿奴有十个**化身**（avatar），包括目前显现的。一些先前的化身是以动物的形式出现：鱼、野猪和龟。另一个是佛陀乔达摩·悉达多——把佛陀纳入毗湿奴的化身是很有趣的，这有助于印度教部分地重新吸收印度佛教的某些内容（见第四章）。还未到来的化身将是一个骑在马背上审判人类的救世主。毗湿奴有两重化身非常受欢迎——罗摩和克里希那。

罗摩（Rama）可能是一个历史人物，后来他成了一个神话人物。他出现在伟

在东南亚，涉及罗摩的故事是受印度教影响的一部分文化。图中上演的是其中一个受欢迎的故事——罗摩动身去夺回他被绑架的妻子悉多。

大史诗《罗摩衍那》中,他的故事曾激发了舞蹈以及艺术创作。罗摩和他的妻子悉多曾被视为理想夫妻,他们通常被人们放在一起描绘。有一则广泛流传的故事,讲述了悉多被拉瓦那——斯里兰卡的魔鬼国王——诱骗,罗摩作为国王,得到了猴王哈努曼(Hanuman)的帮助;哈努曼帮助罗摩杀死了拉瓦那并找到悉多,将其接回。或许由于哈努曼作为帮助者的形象出现,今天他是一位因其自身能力而最受欢迎的神。在印度北部,罗摩受到推崇,以至于术语罗摩(Ram 或 Rama)实际上是"神"的同义词。

克里希那(Krishna)是毗湿奴的另一重化身,他一开始被当作生殖崇拜的对象。他被描绘为多重形象,这可能表示他是诸多传统的复合体。在长篇史诗《摩诃婆罗多》中,克里希那作为成熟且庄严的神出现。在后世虔诚的作品《往世书》("传奇")中,他更为年轻;在那里他是牧牛姑娘(照看奶牛群的女工)的朋友,他偷盗黄油,吹奏长笛,表现出神幽默的一面。在对克里希那的刻画中,他的脸和皮肤是蓝色的,正是天空与天堂的颜色,这表明了他超脱世俗的真实特性。克里希那最亲密的牧牛女伴是罗陀(Radha),在印度思想中他们俩的关系是浪漫的。

湿婆(Shiva)是三神一体的第三位,他是一位与破坏相关的神,在起源和概念方面他是诸神中最为复杂的一位。在哈拉帕时期的印章上发现的以瑜伽冥想的姿势坐着的长着角的形象,可能是湿婆的早期形式,这意味着一些当今的神的某些方面,可回溯至前吠陀时期的印度。另一个早期形式显然是吠陀神楼陀罗,他是危险的山神与风神,他的崇拜者大概为了抵消对他的恐惧而开始称他为湿婆("幸运")。不过,他与破坏的联系通常在后来湿婆的画像中显现出来。在那里,他出现在坟场中,下面是被熊熊火焰吞噬的人体。

曼谷当代国际航空展的大厅耸立着一尊基于《摩诃婆罗多》的雕像。它描述了毗湿奴帮助众神和恶魔搅动奶茶中不朽的长生药的故事。

湿婆与破坏力的联系对于许多非印度教人士来说很难理解。在一些宗教中，破坏与神的惩罚有关。不过，在印度教中，破坏仅仅被视为神圣能量的另一部分在世界中产生作用。破坏是再生的一种形式，是形式的必要丧失，只有发生破坏才可能出现新形式；死亡通常被视为指向新的生命。我们知道，当树木成长时，种子消失了，花朵必须凋谢方可结出果实。因此，湿婆与重生相关。

以青铜雕塑刻画的湿婆破坏性的一面称为舞王湿婆（"舞蹈的主宰者"）。当他跳舞时，湿婆被一个火环包围，这表明他的破坏力与变形能力。他的修道者式长发在空中飞舞。他有四只胳膊，表示了他具有诸多权力。他的右上臂擎一面鼓，

人们认为湿婆之子象头神甘尼许（Ganesha）可以帮助信奉者破除障碍。人们通常会在甘尼许的画像前停留，用来祈求成功。

象征着创造力以及时间的开端；左上臂握一团火焰，象征破坏力。他的左下臂指向抬起的脚，暗示着任何人都应加入到他的舞蹈中来，像他一样自由。他的右下臂以祝福的姿势伸展，以象征的方式述说着"不要害怕"。他在一个矮小的魔鬼上面跳舞，代表了所有没能理解死亡是神性过程的一部分的人的无知。艺术历史学家海因里希·齐默尔（Heinrich Zimmer）解释道："通过获得真正的智慧摆脱魔鬼，以此从世界的束缚中释放出来。"[31]

> 拥有财富的那些人为你建造寺庙；我该建造什么？我贫穷。我的双腿就是柱子；我的身体就是寺庙。
> ——Basavaraja 赞颂湿婆[32]

湿婆可以带来重生的一面是由性暗示的形式所表现的。（在这里我们需要注意，在非工业化社会里，孩子出世是极其重要的——不仅是为了家庭的经济延续，还是为了当父母年迈之时有人照顾。父母祈祷以求有许多健康的孩子。）湿婆的一个常见形象是柱状的林迦（lingam）——通常是黑色的，为其增添了几分神秘。它通常建造在约尼（yoni）——一个圆形的基座上，是林迦的女性补足物。林迦或者是户外崇拜的自然形成的巨大的石头；或者是足够小能套在颈部的金属物；或者是大小适合在家中敬拜的木制品。在敬拜行为中湿婆的信徒会在林迦上倾倒多种液体，比如牛奶和玫瑰花水。

生殖力在湿婆的动物伴侣南迪（Nandi，一头公牛）和他的象头儿子（已成为力量与富足的象征）那里得到了进一步的强调。他们时常出现于供奉湿婆的神庙之中。湿婆崇拜在克什米尔和印度南部最普遍。我们同样应该注意到，只有当湿婆被视为三神一体的一部分之时，他才会和破坏力密切相关。在众多湿婆信徒中，他是单独的神，并非是只与破坏力有关的神。

对神圣女性的崇拜：提毗

三神一体中的三位神通常被描绘为男性形象。但是在世界所有主要宗教中，印度教或许最为认可神的女性特质。这可能来自于生育的实际利益。同样地，对女神的崇拜似乎成为前吠陀宗教的一个组成部分，早期崇拜的这方面要素也流传了下来。

母神也称作**提毗**（Devi，"女神"），她得到全印度人的敬奉，尤其是在东北地区。她被描绘为多重形象，既可以充满爱，也可残酷无情。她对那些不值得她去爱的人尤为严厉。对提毗的崇拜通常伴随着极端的人类情感。崇拜者可能会呈现出诸多感情，甚至穿上母神的配偶或者孩子的衣服。神秘的罗摩克里希那（Ramakrishna, 1836—1886）是加尔各答附近一座寺庙的祭司，他曾谈到他对提毗的特别的虔敬："我长期严格实践……我对母神的渴望如此强烈，以致寝食难安。我愿躺在荒芜的大地，将我的头贴在一块土地上，大声哭泣：'母亲，母亲，为何你还不来？'我不知道日子是如何过去的……当我到达连续的狂喜状态时，我放弃了所有外在的崇拜形式；我无法再完成它们。那时，我对母神祈祷：'母亲，现在谁愿意照顾我？我没有力量照顾自己。'"[33]

神圣女性以诸多女神的形象出现，在这其中最著名的是杜尔迦和迦梨。女神**杜尔迦**（Durga，"令人敬畏的""遥远的"）通常表现为有十只手臂、满载着用女神杜尔迦战胜了邪恶的力量。

于摧毁邪恶的工具。她面容安详,由光环包围,头戴皇冠。她骑在老虎身上,这可以帮助她战胜一切危险障碍。

迦梨(Kali,"黑暗")更为可怕。她通常戴着一条人骨项链,她的尖牙滴着鲜血。她的许多双手臂握满了武器,这对敌人来说是十分危险的,但是对她的儿女来说则有保护性。加尔各答("迦梨的阶梯")就是以这座城市中她的寺庙来命名的。

神圣女性的重要性同样体现于陪伴在诸多男神身边的女性伴侣之中。她们是男神不可或缺的部分,如果没有她们,男神便不会发生作用,因此她们被称为性力(shaktis,"能量"),因为她们使男神在人类世界变得有力。

女神萨拉斯瓦蒂(Saraswati)是大梵天的配偶,甚至比他更受欢迎。她掌管着音乐、艺术、文化,通常被描绘成手持乐器的形象。毗湿奴的性力是女神拉克什米(Lakshmi),她通常穿着女王的服装,坐在莲花之上。作为毗湿奴的配偶,她施与好运和保护。湿婆被刻画成拥有诸多性力的形象,其中最著名的是帕尔瓦蒂(Parvati)和乌玛(Uma)。有时候湿婆自己作为雌雄同体出现:一半是男性,而另一半则显示出女性的胸部。这种雌雄同体代表了实在表面对立之下的一种统一——在《奥义书》和《薄伽梵歌》中经常论及这种统一。

大自然之神通常是女性。女神恒伽（Ganga）就是一个典型例子，她使恒河充满了生机。同样地，树神也被视为女性，通常是女性向她们供奉祭品。

作为崇拜对象的古鲁

由于印度教并没有按照等级来组织，因此崇拜古鲁（精神导师）成为印度教精神一个巨大且古老的组成部分。单词古鲁在词源上意味深长："将黑暗驱除的人"。任何寻求灵性增长的人——不论他或她的种姓或者身份——可以寻找一位古鲁，定期拜访并得到他的建议，甚至立誓保持沉默的古鲁也可以为其弟子提供建议以及洞见，通过在写字板上书写或者仅仅是用慈爱的目光看着他们。

尽管大部分古鲁是男性，但女性古鲁并非不常见。古鲁需要的仅仅是作为神圣的人而被确认。由于古鲁期望能被学生和敬拜者环绕，因此他或她通常会建立一座阿什拉姆（ashram，修院）。一般来说修院是一个社区，那里的人们远离日常社会，居住于独立的大院之中。不过它也可能是一座城镇，由诸多敬奉者拥有并使用的建筑物所组成。大多数古鲁居住于他们的社区之中，但是也有一些古鲁游历四方，甚至去印度以外的地方建立修院。通常来说，年迈的古鲁会从他或她最亲密的弟子以及受过特别训练的人中委任一名继承者。

触摸甚至亲吻古鲁的双脚是很平常的——这是一种有时也对父母或祖父母施行的尊敬的行为。对于一个外人来说，这样一种行为可能有些过分。不过，许多印度人认为，古鲁既是圣人也是活生生的神性显现。在这个概念后面是这样一种认识：尽管神性实在存在于一切人类之中，但是大多数人都未能充分地显示出他们的

> 一个人可能会被蒙蔽，误入歧途，被遗弃在陌生的地方；当他遭遇这些的时候，他茫然回顾，恳求他人解除他的束缚，为他指明回家之路；当他乞求之人解开他的束缚，给他以安慰；于是，他走遍了村落，寻求他要走的路；当他最终到家的时候——他仅仅是遇见了一位获得了真知的觉悟的导师。
>
> ——《唱赞奥义书》[34]

当祭司角色主要由男性扮演的时候，在印度家庭中女性通常承担了更多的敬拜活动。

神性特征，这是因为他们的无知以及以自我为中心限制了这种表达。这些人被比作蒙灰的玻璃窗，只有一束微光可以穿过其中。不过，有一些人耗尽几世的心血才能达到这样一种成就的阶段，即他们的自我消失了，获得了巨大的宽容。在这些稀少的人之中，固有的神性之光闪耀着光辉。这种观点解释了为什么印度人相信，只是简单地在古鲁面前，就能让他的学生像阳光下的植物从他的精神中受益。

这种信仰还解释了神秘的达显（darshan，"得福"）实践。由于获得了灵性的人们被认为流露出了他们的神性特质，信徒会寻找机会来到圣人面前。有时候圣人会安静地坐着或站立，允许敬拜者依次上前凝视导师的眼睛，来体验它发出的神性力量。[35]

敬拜动物

在世界宗教中，印度教因其仁慈地对待动物而与众不同。虔诚的印度人是不会杀害或者食用动物的。牛经常在印度的大街上闲逛，汽车和出租车司机格外当心并绕过它们。不仅如此，游客们来到印度的一些寺庙，会发现猴子甚至老鼠得到很好的喂养，可以自由地奔跑。有一些十分受欢迎的神，比如甘尼许和哈努曼，他们都有动物的特征；诸如湿婆和毗湿奴这样的神会经常与他们的动物伴侣共同被刻画。如果没有南迪的塑像的话，湿婆的寺庙常被认为是不完美的，南迪是一头公牛，是湿婆的坐骑。

印度教中对动物的敬拜有诸多可能的起源：对强大动物的古代神化，例如大象和老虎；中和动物的危险或调皮的愿望，例如蛇、鼠和猴子；甚至有这样一种认识，即人类和动物有相同的起源（一种在原始宗教普遍的观点）。对轮回的信仰无疑也扮演着重要角色。当印度人看到动物和昆虫时，许多人看到的是前人类的存在，它们会经过精神演化最终变成人类。这种观点带来一种对动物生命的非人类形式的亲密感。

在动物之中，奶牛得到了特别的尊重。这种传统或许可以追溯到印度河峡谷在前吠陀时期对公牛和奶牛的崇拜，它们是繁殖力和经济价值的象征。在印度乡村，拥有一头奶牛意味着拥有牛奶和黄油、燃料（干粪），以及与家畜来往所带来的温暖和舒适。拥有一头奶牛，人就不会完全贫困。对奶牛的热爱同样起源于古代对神圣女性的强烈崇拜——通常使用的术语"奶牛母亲"（gau mata）暗示了这一点。

印度以外的人很难理解这种感情。但是当一个人看到印度奶牛面容和蔼、优哉游哉地沿着印度熙攘的街道漫步的时候，那么，这个人就会明确体验到，为什么在印度所有慈母的形象中牛是强有力的象征。（事实上，在印度，穆斯林屠宰牛是印度教徒和穆斯林之间可怕摩擦的根源。）

宗教虔敬的其他形式

印度思想崇尚多样性。"恒河沙数"被用来描述事物的多样性。有一则有关多

礼仪和庆典

印度教庆典

宗教节日十分常见,通常也让人愉快。有一些节日显然与季节有关,比如春季的丰收节和雨季后的节日。另一些与神的生活事件相关,比如该神的出生地或者他曾到访的地方。一些节日是地区性的,而另一些则是全国性的。

尽管印度每年大部分时间天气炎热,但是冬天则十分寒冷,尤其是北部。因此春天会迎来洒红节(Holi)。对于男孩和女孩来说,这是一种传统,以开玩笑的方式互掷彩色水(现在一些人甚至使用水枪),从而激起克里希那与挤奶女工调笑的意象。

夏季季风过后,大地是绿色的,空气凉爽,充满着平和的气氛。这个季节似乎是第二个春天,一切都是新的开始。人们通常花时间来修复任何可能由大雨引起的毁坏。这个时候的节日重演了善良力量战胜邪恶势力的场景。比如,排灯节(Divali)召唤罗摩和悉多的回归,此时,人们打扫房屋,用蜡烛和灯点亮房子。与好运相关的甘尼许和拉克什米这时候尤其受到人们的尊重。

人们通常在12月庆祝杜尔迦节(Durga Puja),该节日在印度东北部尤为盛行,它歌颂了女神杜尔迦战胜邪恶力量的能力。人们在街道上她的塑像面前跳舞。在加尔各答,该节日以将她的雕像沉入河底而告终。

样性的例子是,印度人认同大量的神灵。意识到每一位神或女神具有诸多形象,并且由神的配偶或者动物伴侣陪同,我们从中就能获得一种令人眩晕的感觉,即敬拜的对象是无穷无尽的。在日常生活中,每个人都被期盼进行涉及至少一位神的宗教实践,但是通常不要求确定的形式,事实上没有任何敬拜的形式会被拒绝。

正如在许多其他宗教一样,在印度教中,朝圣是宗教表达的一种常见形式。印度遍布诸多用于祭祀受欢迎的神灵以及女神的场所,某位神的敬拜者通常会尝试拜访所有与该神有关的重要场所。朝圣也可以包括倾听著名古鲁的布道,以及和古鲁的信徒共同冥想。

第六节 个人体验:巴厘岛的一场火葬

一条小溪流经城镇一端的高大竹林,稻田向西延伸。邻近的山丘上有几座不错的寺庙。巴厘岛中部地区的乌布镇有着优美的景观,长久以来吸引着艺术家来此观光。它建有两座巴厘岛艺术博物馆,它们本身就是美轮美奂的建筑。该镇地理位置优越,便于探索岛上的其他地区。

我住在一家小旅馆里,它在一条土路的尽头,处于该镇的郊区,需要登上一段很陡的室外楼梯才能到达我在二楼的房间,但是那儿有座阳台,可以眺望整片稻田,每天我可以听到从田野中的房屋里传出的两只公鸡的啼叫。每天早晨,住在隔壁的女士都会在花园里拿出鲜花以及包在绿叶里面的米作为贡品,然后将它们和香放置在小祭坛中，作为对大梵天的献祭。她倒出米，念完祷词，然后离开，此时一群鸟俯身而下取走了食物。

人们将印度教与印度联系起来，但它也是巴厘岛的主要宗教，在这里，它以高度仪式化的形式和民间宗教结合起来。当我到达乌布的时候，我走上大街去找一位司机。（在巴厘岛，你不会想自己开车的。）我对第一个向我提供帮助的司机说道："我对衬衫和雕刻没兴趣，只对寺庙和仪式感兴趣。"他笑了，我们很快达成一致。他叫纽尔曼，由于他的名字在巴厘岛十分常见，于是他给自己起了个昵称："纽尔曼·蓝"。他甚至还有印着名字的名片。他说他喜欢这个词的颜色和发音。每天早晨我和他在大街上见面，从月神餐厅穿过，计划我们每天的行程。

有一天早晨，我们见面的时候他说："今天我们不必驾车前往哪里。城外就有一场火葬。我们可以步行前往。"他带我走了几个街区，到达仪式将要举行的地方。我带着参观寺庙必须穿的布裙，将它系在腰间。

人们已经聚集起来，街道变得拥挤。一头用树干雕刻的、尺码与真身相当的木质红牛，被置于几根杆子的顶部。附近有

在巴厘岛的乌布，一具尸体在复杂的过程和仪式最后，在一只仪式用的公牛下火葬。

一座木质塔楼，基座处是一个小"房子"，用于安放死者尸体，他曾是这镇上的一位重要人物。穿戴着黑白方格布裙和金色头巾的男人欢快地聊着天，抽着印度尼西亚的丁香香烟。有更多的人来到了这里，但没有一个人面带悲伤。在等待期间，我试着去找片阴凉处，然后，由于不知道仪式要进行多久，以及葬礼持续到什么时候，我便走开去买了一瓶水。

当我返回时，男人们将塔楼和红牛抬起。仪式开始了，男人们左左右右来回地走，有时候围成圈，通常是一路小跑——他们想要确保死者的灵魂不能找到回来的路并引起麻烦。我们开始走上一座小山，向上走的时候小路向左弯曲，然后伸向镇外一片高大的树林。最后我们到了一片长满草的空地。男子卸下他们所带来的东西。我站在一棵菩提树下，试着不去引人注意。一位身穿白衣的祭司目送裹着寿衣的逝者被放置到红牛身下，然后他摇响铃铛，并开始洒水，他的指间有一束鲜花。死者的女性亲属上前将祭品放到红牛那里，旁边的一位男子举着公鸡。突然间红牛被火焰吞没，火苗烧到了我站的那棵菩提树的树叶。浓烟滚滚，我移到了另一块空

地以便离开这里。有几个男子前去烧掉了木塔,他们一直站在空地的后面,他们看上去要互相庆贺。人们在聊天——这使我想起礼拜后的交流时间——然后渐渐离开。当我们回来的时候,我意识到我站在一个转弯处。我可以看到旅馆的阳台,在稻田之上若隐若现。

让我惊奇的是没有人感到悲伤。不仅是死者在死后数月才举行火葬,而且没有任何哀悼,因为他们相信,死者过去曾有不同的生活,他们将来还会有更多的生活。火葬有助于将尸体变回基本的要素,并允许灵魂向前转移,进入重生的轮回,最终得到解脱。

第七节　印度教和艺术

考虑到印度教倾向于多样性,因此不必为印度的寺庙惊讶,尤其是印度南部,雕像遍布寺庙,其中许多雕像都具有众多面孔与手臂。多样性的概念有其自身的目的。为了领会这一点,只需考虑转动的车轮即可。起初,每根车条清晰可见,但是随着车轮越转越快,车条消失了,融入整体之中。印度艺术品丰富多样的意象能够起到类似催眠的作用,对多样性的经验通常导向一种对统一的感受。因此丰富性完美地与印度教中普遍的神秘倾向联系起来。

印度艺术感性的另一个特征是象征主义。最明显的事例是,绘画和雕塑中对拥有众多面孔和手臂的人物形象的描绘并不是真实的描绘,而是对他们力量与智慧的象征表达。特定的象征与唯一的神有关,它们使得这些神被人鉴别出来。比如,人们就是通过长笛来认出克里希那的。

印度绘画有时令人失望,比如说寺庙大门前贩售的花哨的宗教艺术品。毫无疑问,过去许多好的绘画作品由于其使用的脆弱的纸张和布料而消失。不过,现存的壁画表明了其曾经达到的高度;一些曼荼罗图案——用于冥想的几何图案——令人难以忘怀。

不过,印度雕塑远远胜过了它的绘画作品。在印度和全世界的博物馆中,陈列着精致的坚硬的石头和金属制成的作品。金属雕塑发展得很早。印度教雕塑最好的例证是以"舞蹈的统治者(Nataraja,舞王)"形象出现的——这是在一千多年以前引入到南部印度的形象,流传至今。对于许多人来说,这种雕塑代表了印度艺术的完美性,它将视觉美与增强了视觉力量的象征含义结合了起来。

石头雕塑的力量往往具有感官色彩。考虑到某些印度思想否定世界的观点,人们或许认为印度教的石头雕塑会带有苦行的色彩——或许是瘦长的和超俗的。不过,事实恰恰相反。在印度中部卡吉拉霍的寺庙中,有一些著名的石头雕塑正是享受感官快乐的男女的形象,他们彼此享受着生活的愉悦。这种雕塑深受反禁欲的密宗的影响,它认为世间的一切,包括性,都可以用于获得更高级的意识状态。

广受欢迎的印度教利用圣歌向诸多神灵致敬,以此作为巴克提瑜伽的表达方式。它们规律的节奏和重复有助于礼拜者进入一种意识改变的状态,产生一种忘我以及和神性结合的感觉。器乐演奏——尤其是包括鼓和风琴的演奏——数世纪以来已成为了宗教仪式的基本部分。

印度的古典器乐并未带有明显的宗教特征，然而不可否认的是，其中大多数具有神秘的特征。它利用了印度音乐的要素拉格（ragas），将音阶和旋律结合起来。通常人们利用拉格演奏，并将其发展为低沉的音色而作为低音来演绎。（锡塔琴，印度最有名的弦乐器，在其边上配有低音弦。）低音表示潜在的永恒的梵的世界，对抗变化着的旋律——表示时间的世界——的移动。音乐作品通常以试探性的节奏开始，逐渐加速到非常快的节奏，然后突然停止，给听众（和演奏者）带来一种解脱与和平的经验。

印度的古典舞蹈与宗教的关系更为亲密。它阐释了诸多源于神灵的故事，比如克里希那和罗摩。大多数舞蹈起源于宗教仪式的一部分，它们会在宗教节日上或者在神庙中或附近进行。舞蹈能产生美好的感觉，人们认为其中一些可以帮助人与某些神灵进行沟通。

第八节　印度教：现代的挑战

正如我们所见到的，由于诸多山脉与海洋的存在，印度与其他陆地隔绝开来。这意味着印度的乡村文化与古代的多神论可以不受打扰地发展数个世纪。但是侵略确实发生了，不可避免地带来了新的信仰与价值观。许多新的要素为人所接受，但也有一些受到人们反对。

在贝拿勒斯一尊印度教寺庙的屋顶轮廓线之后，耸立着一座清真寺的尖塔。与其他宗教和平共处，尤其是伊斯兰教，是当今印度教面临的一个巨大挑战。

一次早期的入侵仅仅是局部胜利。亚历山大大帝（卒于公元前 323 年）将他的军队从希腊带到印度，到达印度河，在那里他曾和桑雅士探讨宗教和哲学。他曾企图征服印度进而再到达中国，但是他的士兵伤亡惨重、士气低下，迫使他班师回朝，在回去的途中他死在了巴比伦。如果亚历山大能够实现他的计划，那么他将对印度产生巨大影响。尽管他未能实现计划，但由希腊侵略者所带来的政权及艺术形式，深深影响了印度的西北部达数个世纪。

在过去的一千年中，有两股势力席卷了印度：伊斯兰教徒和英国人。伊斯兰教首先从阿富汗传入，并于 1206 年在德里建立了伊斯兰教国家苏丹。经历了自 1398 年开始来自土库曼斯坦的数次侵略后，苏丹王权被莫卧儿王朝取代。后者一直延续到 19 世纪，甚至直到英国人在印度大部分地区巩固其控制的时期。

很难有比一神论的伊斯兰教和多神论的印度教更加相反的宗教了。这种对比产生了巨大摩擦，并延续至今。始于 1206 年并且长达五个多世纪的伊斯兰统治由其对印度教的态度的频谱所标记，即在残酷镇压与完全忍让中徘徊。国家的态度取决于那个时代统治者的主张。比如，阿克巴（卒于 1605 年）十分宽容，他邀请许多不同宗教的成员来到宫廷与其交谈，并且他逐渐确信印度需要一种全新的宗教来融合一切最优秀的古老宗教。但是，他的曾孙奥朗则布（卒于 1707）则以严酷而臭名昭著，他摧毁印度教寺庙，有时候要求信徒要么改变信仰，要么死亡。

当然，并非一切改信伊斯兰教的行为都是强迫的。对许多人来说伊斯兰教极具吸引力。它吸引了那些崇尚伊斯兰简洁的一神论、建筑、文学以及生活方式的人。（许多精美建筑由莫卧儿王朝建造；比如，泰姬陵就是由奥朗则布的父亲所建。）伊斯兰教吸引人之处同样在于，它是贵族统治各个阶层的宗教；同时它也深深吸引那些受印度种姓制度压迫的低等种姓的印度人。因此，到莫卧儿王朝末期，伊斯兰教已成为北部印度数百万人所信仰的宗教。但是这一事实稍后产生了巨大问题，尤其当印度成为独立国家的时候，它成为宗教摩擦与暴力的主要源头。

同样，欧洲价值观渐渐地给传统印度教带来巨大挑战。这一进程始于 1500 年，那时欧洲力量已经统治部分印度。西海岸的果阿成为葡萄牙文化的中心，并持续到 1961 年，那时果阿被印度军队所占领。无独有偶，东南海岸的本地治里曾一度成为法国文化的中心。不过，对印度影响最大的欧洲国家是英国。大英帝国统治次大陆的大部分地区长达两个世纪。尽管印度于 1947 年获得独立，但是英国的影响明显体现在当代印度的法律、教育、建筑、铁路运输以及军

世俗事物上的印度教图像，比如 T 恤衫上湿婆的图像，在一些亚洲市场中颇为流行。不过，这样使用神圣画像会引发争论。

事生活之中。

如今，人们可以在印度发现先前的英国教堂，大多数已经关闭，这暗示了英国基督教对印度产生的积极与消极影响。英国人并未使许多人改变信仰，但通过中学和大学教育，英国传教士促进了挑战与改造传统的印度教信仰与风俗。那些受到挑战的要素包括贱民身份、童婚、禁止寡妇再婚、多神论、教育内容以及女性角色。

早期受英国影响的印度改革家之一罗姆·莫罕·罗易（Ram Mohan Roy, 1772—1833），是众多成长于加尔各答的改革家的典型人物。加尔各答长期以来是英属印度的首都，并且是西方思想的中心。尽管他保留印度身份并撰写文章为印度教辩护，但是他的思想受到了理性主义和基督教的影响。[36] 他发动了一场梵社运动，采纳受基督教影响的因素：信仰一神、会众崇拜以及试图改善被压迫者命运的伦理迫切。梵社后来分裂为三个分支——他们至今仍然十分活跃。

大概作为与欧洲价值观对话的结果，19世纪早期所认为的非法的行为是为夫殉节（sati 或 suttee，以湿婆的第一任妻子命名）。没有任何证据表明这种行为是普遍的。在殉节观念看来，一位死去丈夫的女性应当自愿地在丈夫葬礼的火堆中自焚，作为妻子忠诚的标志。尽管英国人认为殉节十分恐怖，但是他们一开始不愿意干涉。不过，改革派印度人与英国人携手将这种实践定位为非法行为。殉节的事例今天仍然会出现，但是已经很少了。

莫罕达斯·甘地

莫罕达斯·甘地（1869—1948）出生于孟买北部、印度西北部的海滨城镇博尔本德尔。由于那时英国统治了国家，因此许多印度人倡导以暴力作为对英国统治的回应。这段历史转折点成为甘地一生中具有决定意义的时期。

作为一名年轻人，甘地从印度教和耆那教（见第五章）中学习了非暴力的基本思想。由于宗教教养，他是一名素食主义者；不过在那个时代，年轻的印度男孩认为英国如此强大是因为他们吃肉。年轻的甘地通过长达一年的食肉行为来验证这种理论，但是他有一次梦到山羊在他的肚子中啼哭，这迫使他放弃了试验。[37] 他13岁那年，经由家庭安排娶了一位名叫卡斯特尔白的妻子，那年她也13岁。

在他青年期的后几年，家庭成员建议他去伦敦学习法律。由于他虔诚信奉印度教的母亲担心他在伦敦会受到不良影响，因此他同意发誓在国外将不吃肉、不饮酒、不接触女性。一位耆那教的僧侣见证了他的誓言。甘地于1888年秋天离开印度前往伦敦，那年他19岁。卡斯特尔白和他年幼的儿子哈力赖留在了甘地父母那里。

这幅1946年的照片展示了印度两位领导人：戴眼镜的莫罕达斯·甘地，他最终带领印度走向独立；贾瓦哈拉尔·尼赫鲁，他曾是国家的第一位总理。

由于处于叛逆期，甘地热情地接受了英国的服装以及外貌打扮，甚至参加了舞蹈课程，但是在伦敦他仍然刻苦学习。在他逐渐熟悉基督教圣经后，他被耶稣所呼吁的宽恕与非暴力所打动，他在《新约》的登山宝训（《马太福音》第 5 章至第 7 章）中发现了这部分内容。

同样是在伦敦，他第一次阅读了《薄伽梵歌》，在印度之外发现了印度教的智慧。他认真对待书中积极而无私的人类理想形象。甘地后来写道，这样一个人是"不以自我为中心，无私，对待冷热、幸福与痛苦的感受一样，永远保持宽恕，永远满意，他的决意坚定，他对神拥有虔诚的思想以及灵魂，他没有畏惧，他不惧怕任何他者"。[38]

1891 年，在甘地获得法律学位之后，他回到了印度；但是很快，他决定在南非从事律师职业，那里的印度人非常多。在那儿他体验到了种族隔离的不平等以及法律原则对欧洲人的偏袒，于是他开始完善他的思想体系，这就是他后来在印度传播的思想。他受众多提倡朴素和非暴力的著作影响，比如美国作家亨利·大卫·梭罗的《论公民的不服从》（*On Civil Disobedience*）、俄国作家列夫·托尔斯泰的《天国在你心中》（*The Kingdom of God is Within You*）。甘地买下的一个农场成了修行的处所，而他在约翰内斯堡的法律办公室成为非暴力政治行动的中心。他开始利用罢工和游行示威来宣扬他的目标，并穿着印度服装（尤其是 dhoti，一种缠腰布）作为表明印度人理想的方式。

甘地于 1915 年返回印度，倾其毕生精力致力于将印度从英国的统治中独立出来。尽管多次入狱，甘地坚持要求他的信徒保持非暴力。对于他来说，不杀生（非暴力）是基本要求。甘地不仅认为非暴力本身值得信仰，他还感到它为信徒提供了道德力量，它可以动摇那些残酷、轻率与暴力的人。他称这种力量为非暴力不合作（satyagraha，"真实的力量""坚持真理"）。甘地利用了每一种可能的非暴力方式：游行、绝食、谈话、示威，当然还有宣传。他认为暴力只会引起暴力分子进一步的残暴和无情，而非暴力则引起钦佩、精神崇高以及终极自由。[39]

1930 年的"食盐进军"是甘地非暴力方法的一个著名事例。在那时，英国人向印度所有吃食盐的人征税，并认定持有非从政府垄断处购得的食盐为非法行为。甘地成功领导了一场从他的修所到海边的，为期三个星期的步行游行，行程近 250 英里。开始时有不到一百人追随甘地，随后有数千人加入进来。当到达海岸时，甘地将海浪留在沙滩上的天然盐类收集了起来，因而违反了法律。全印度各地海岸的团体纷纷效仿此种做法，于是数千人和甘地一起锒铛入狱。此次游行成为了转折点。由于印度独立运动的发展以及第二次世界大战的爆发，英国的势力受到了削弱，最终于 1947 年同意离开印度。作家罗宾德纳特·泰戈尔意识到"食盐进军"中甘地的伟大，于是称其为圣雄（Mahatma，"伟大精神"）。这成了甘地的头衔。

甘地如此崇尚宽容，他希望这可以保持印度全新的独立而免受宗教战争的侵害。不过，穆斯林的领袖担心印度大多数人会压迫穆斯林，于是建立了新的穆斯林独立国家巴基斯坦。一些印度激进分子想要报复他们所认为的，对新巴基斯坦印度人做出错误行径的穆斯林，一名激进分子于1948年暗杀了甘地。甘地临终时说道："神，神。"（Ram，Ram。）

甘地的事例极具影响力，使得非暴力不合作的理念在其他国家得到了传播，并在1961年由浸礼会牧师马丁·路德·金采纳，促进了对美国种族隔离制度的反抗。金坚决主张激进分子应当和平游行、在餐厅静坐，而不应以威胁和残暴行为作为回应。他们的温和坚持得到广泛宣传，并最终取得了胜利。

当代的问题

温和的印度教时至今日所面临的问题有三个来源：传统印度教的保守教义、数世纪以来与伊斯兰教的冲突，以及当代世界的挑战。

一些印度人为贱民制度寻找宗教合理性，试图严格保持种姓制度的划分，将女性限制在传统角色上。对贱民的不公正被长期肯定，但是法律对贱民的援助仅仅在20世纪才开始。现在，贱民可以进入印度所有的寺庙，他们在社会平等与机会的某些方面取得长足进展。比如，有一种针对贱民的配额体系，来确保他们可以得到政府的职位以及进入大学。不过，事实上在广大农村贱民仍然必须与其他人分开生活。他们不能自由地使用水井以及那些来自高等种姓者使用的水源，如果他们试图超越对他们的传统限制，就会受到暴力威胁。

种姓制度正在受到削弱，尤其是在大城市。但是瞥一眼大城市周日的报纸就会发现，种姓制度的延续仍存在于当代社会。比如说，通常的做法是，印度的父母会为子女刊登广告寻求配偶，这些广告通常列举了儿子或者女儿的种姓、教育背景，有时候甚至包括肤色。

在现代印度，女性的角色不断扩展，但仍然是激烈争辩的焦点。在印度遥远的前吠陀时期，女性是有可能扮演重要公众角色的。女性神灵的重要性，以及存在的众多女性古鲁可能就是这种早期传统的延续。但是吠陀的主导文化是绝对父权制的。正如在其他宗教中会封圣徒一样，众多印度的男性统治者被摩奴法典（公元前2世纪）封为圣徒。这部律法使得女性卑屈于男性，妻子卑屈于丈夫。人们期望好妻子可以将丈夫像神一样来侍奉，不管他品性如何以及如何对待妻子。女性不可接受教育、学习读写，因为人们认为这削弱了她们作为妻子和母亲的首要角色。现在印度女性通常培养读写能力，一些人继续接受高等教育并扮演重要公众角色。不过，批评家指出，女性通常只接受基础教育，大多数女性被限制在少数职业领域——教育、文书工作、护士以及医学。批评家同时还指出，在广大农村，女性有时候由于受到丈夫的暴力威胁而只能担当一些传统家庭角色。相关问题包括新娘家向新郎家提供的嫁妆钱。在一些事例中，当人们认为嫁妆不够充足时，妻子有时会受到威胁，甚至由丈夫的家庭成员处死，这样一来丈夫可以获得自由并再次结婚。

印度人和穆斯林之间的冲突继续着，特别是1947年印巴分治以后。甘地曾希望印度不再沿宗教路线分裂下去，但是穆斯林领袖主张分离。分裂并未带来和平，印度与巴基斯坦就边境问题，尤其是克什米尔地区的争论，从未得到解决。曾经爆发了两场战争，第三场战争一直是长期隐藏的威胁。由于两个国家都拥有核武器，因此这样一场战争的潜在威胁尤其重大。

在印度国内，印度教徒与穆斯林之间的冲突也并未停息。1992 年旧日创伤再度揭开，当时印度教徒激进分子摧毁了印度北部阿约提亚的一座清真寺。他们认为那是罗摩的诞生地，穆斯林领袖巴布尔曾摧毁那里的印度教寺庙，取而代之以一座清真寺。结果就是双方不断的暴行。当印度宣布成为世俗国家之时，事实上 85% 的人口是印度教徒，这使印度教徒具有无可否认的重要性，而穆斯林坚称政府未能充分保护他们。相似的冲突还发生在克什米尔的印度教湿婆的圣地。正如激进主义在诸多其他宗教中兴起一样，现在它正影响着印度教。

冲突的第三个源头是当代价值观的侵扰，尤其是个人主义、女权、性自由、当代时尚以及消费主义。全球化使得曾经进展缓慢的冲突即刻爆发。现在通过电子邮件和手机人们可以迅速取得联系，电视不可避免地将新的价值观带入家庭。西方世界的许多银行和金融信贷迅速转到印度经营，在这里，大学毕业生讲着英语而薪水却仍然相对较低。事实上，一位美国消费者打例行电话询问计算机问题时，可能会和来自班加罗尔、孟买或新德里的电脑专家进行交谈。这些工作将会为女性提供和男性一样的大量经济机遇，但也不可避免地引起了传统价值观与新自由之间的潜在冲突。

印度域外的印度影响

数世纪以来，印度教通常是借助贸易和移民的方式，在印度周边以及更远的国家得到传播。在一些地方它稳固地存留下来，而在其他地方则屈服于其他宗教。印度教是尼泊尔的主导宗教，在那儿 80% 的人口是印度教徒。印度教曾在东南亚广泛传播，但是时至今日仅有很少一部分保留下来。在柬埔寨，伟大的吴哥窟废墟起初就是印度教的综合体。在泰国，婆罗门祭司的痕迹仍然残存在宫廷仪式中，大梵天、毗湿奴和甘尼许的画像十分常见。一些北亚和东亚的仪式性的佛教形式，在艺术以及仪式中保留了诸多印度教神灵，比如因陀罗。当然，在印度人移民的国家里，印度教继续传承着。

印度教曾在印度尼西亚广为流传，是印度商人将其带到了那里。不过，在穆斯林入侵时期，信奉印度教的王室被迫从主岛爪哇岛撤离，定居在东面的小岛巴厘岛上，在那里迷人的印度文化兴旺发达起来。在那里，印度教以复杂的、优美的形式存在，它混合了民间宗教以及佛教。每个村庄都有印度教寺庙，上演着基于印度神话（尤其是关于罗摩的）的舞蹈。皮影戏讲述着印度神话，巴厘岛的木雕重塑着印度教神灵、女神和英雄的形象。巴厘岛的主要寺庙——阿贡火山上建筑物的集群——用于敬拜三神一体。尽管印度尼西亚其余人口主要是穆斯林，但是一些印度教因素保留在了印度尼西亚的舞蹈与皮影戏之中。

当代议题

印度教信徒的流散

单词流散（diaspora）来自于一个希腊词汇，意即播种。就像种子会被撒向不同的方向，印度人在过去的两个世纪里离开印度，定居于许多遥远的地方，并将他们的宗教带到了那里。第一股移民浪潮开始于19世纪，那时英国人将印度人运走，大部分为男性，作为农业工人在全世界范围内的殖民地工作。许多人在南非、肯尼亚、毛里求斯、特立尼达和斐济的农场工作。有一位声名显著的移民是政治领袖莫罕达斯·甘地。尽管他出生在印度，但他在南非开始他的法律事业，以及独立运动前的准备工作。他仅在生命的最后阶段回到印度，成为独立运动的和平主义领袖。有一小部分印度人为了寻求贸易做生意来到亚洲许多大的城市。

第二股印度移民浪潮始于20世纪前半叶，那时在第一次世界大战与第二次世界大战中，随英国军队作战的印度士兵定居在他们曾驻扎的地方。这一股移民浪潮持续到印度1947年取得独立并成为英联邦国家之后。印度人移民到英国和英联邦国家，尤其是加拿大和澳大利亚。这些国家的大城市开始形成了重要的印度人社区。

第三股移民浪潮开始于20世纪的后半叶。具有学术和商业背景的印度人移民到美国以及欧洲大陆，继续深造或者申请教职及从商。他们带来的不仅是素食烹饪、音乐以及他们对"宝莱坞"电影的喜爱，还有他们的寺庙以及宗教习俗。独立电影以及具有印度背景的作家完成的小说探索了流散的印度人的复杂经历。（直观的事例是电影《季风婚宴》以及裘帕·拉希莉的小说。）这样的作品描述了流散的印度人是如何由于渴望成为当代西方世界的一部分，而从不同的地方聚集到一起，与此同时，他们希望实现他们对父母、文化以及宗教传统的义务。

现在印度人社区存在于超过150个国家中。结果是，印度的主导宗教印度教逐渐成为全球化的宗教。印度教不是传教士宗教，它通常也不寻求皈依者。但是，今天印度教崇拜在印度外的数千座寺庙中进行。那些对研习更多宗教感兴趣的人可以拜访加拿大和美国的数百座印度教寺庙。它们大部分坐落在大都市中，但一些存在于意想不到的地方，包括密西西比和新斯科舍省。互联网列举了详细清单并提供了更多信息。

自从19世纪以来，印度教对西方也产生了诸多影响。早期的影响是智识方面的，那时《奥义书》和《薄伽梵歌》被翻译成拉丁语、法语、德语以及英语。哲学家、学者、诗人对这些翻译产生了巨大的兴趣。在美国，称为超验主义的新英格兰运动的开展也可归功于与印度教的文学对话。拉尔夫·瓦尔多·爱默生（1803—1882）、亨利·大卫·梭罗（1817—1862）和沃尔特·惠特曼（1819—1892）都在他们的著作中谈论了自然的神性以及一切事物的终极统一，有时候他们甚至使用术语阐明印度教的影响，比如梵天（Brahma）、超灵（Oversoul，梵的另一个名称）。这种文学思潮在英国以其他的形式表达了出来，作曲家古斯塔夫·霍尔斯特（1874—1934）和拉尔夫·沃恩·威廉斯（1872—1958）从《梨俱

舞蹈在传统印度教仪式中保留了重要地位。在这里，克里希那的诞辰日以音乐和狂喜的舞蹈的方式庆祝。

吠陀》和惠特曼的《草叶集》（*Leaves of Grass*）中挑选了某些内容谱成了乐曲。

第二股影响思潮发生于印度古鲁游历西方之时。这些古鲁中的第一位是斯瓦米·维帷卡南达（1863—1902），他在 1893 年于芝加哥举行的第一次世界宗教议会中代表了印度教。他是罗摩克里希那（前面提及过）的继任者，是著名的神秘主义者和母神的奉爱者。维帷卡南达开创了罗摩克里希那传教团，并在欧洲、印度和美国建立吠檀多社区以及罗摩克里希纳那中心。自从 20 世纪 30 年代，好莱坞就存在着一个吠檀多主义者中心，许多英国作家如克里斯托弗·伊舍伍德（1904—1986）、奥尔德斯·赫胥黎（1894—1963）以及格莱德·赫德（1889—1971）都曾在那里冥想过。伊舍伍德在他的古鲁斯瓦米·帕拉哈瓦南达的影响下成为了一名吠檀多主义者，并将《薄伽梵歌》翻译成了英文。

印度影响西方的第三股思潮发生在 20 世纪 60 年代后期。美国的反主流文化将印度视为智慧的源泉。商用飞机旅行使得印度导师来西方，以及西方人去印度成为可能。一些西方人，如披头士乐队，在印度与古鲁马哈里西·马赫施·友吉进行研修，并成为印度教的崇拜者。（乔治·哈里森的歌曲《我亲爱的主》就是用来敬拜克里希那的。）马哈里西最终来到美国，并发起了超觉冥想运动，倡导以日常规律的冥想获得健康和幸福。（北美运动中心在艾奥瓦州菲尔德附近的马赫西维德市。）一些曾到访印度的西方人成为了赛巴巴的信徒，他是中曼谷的四面佛神龛坐落在一座国际化的酒店和两座高架轨道之间。尽管泰国官方上是佛教国家，但是在这座十分流行的祷告场所中央也有印度教神灵大梵天的塑像。敬拜者提供焚香、金盏花的花环，以及带来好运的祷辞。

南部印度的一位当代导师，同样有些人成为其他人的信徒，比如心理学家理查德·阿尔伯特（他取名拉姆·达斯），他们与印度导师共同研习并返回西方世界将其经验编写出来。来印度的西方游客接受了瑜伽、印度素食烹饪、印度服饰以及印度音乐，并将它们带回了欧洲、加拿大以及美国，在那里它们走进了西方的主流。

国际奎师那知觉协会（ISKCON）的机构由斯瓦米·巴克提维丹塔·帕布帕德（1896—1977）于1967年在纽约建立，用于在西方人之中传播虔诚实践，通常被称作哈瑞·奎师那运动。国际奎师那知觉协会成功地吸引了众多西方人来过一种传统的印度宗教生活。它的实践者崇拜克里希那，将其作为最高的神性转世，并且每日唱赞歌、吃素食，如果独身的话，就穿传统的橘黄色长袍。这个机构在西方的影响尤其体现在烹饪上，它加速了素菜馆在欧洲、美国和加拿大的开张。

我们所讨论的——印度教对西方思想家、音乐家和诗人的影响——很大程度上靠的是受印度文化影响的印度人实现的。现在印度人自身，不管在国内还是国外，创作了享誉国际的作品，尤其是小说和电影。他们的独特观点来自数世纪以来最丰富的世界文化之一的经验积累。那些经验适时地帮助了全球民众，不管他们来自何处，以通过印度的世界观丰富了的视角来理解自己。

延伸阅读

克里希那劝告阿周那

在《薄伽梵歌》中,克里希那神教导阿周那,明智的人超越喜乐和痛苦,认为不灭的灵魂隐藏在日常生活的一切变化中。

正如灵魂在这个身体里,经历童年、青年和老年,进入另一个身体也这样,事外人不会为此而困惑。

阿周那,感观的世界中冷热苦乐来去无常。超越它们的,是强壮的灵魂。

那不为之所动的人,他的灵魂对痛苦和快乐一视同仁,通向永恒。

没有不存在的存在,也没有存在的不存在。能看到这一点的人洞悉真谛。

这遍及一切的灵魂不可毁灭,任何人都不能毁灭永恒的灵魂。[40]

自我测试

1. 公元前2000年以前繁荣于印度河流域的文明称为_____文明。

   A. 吠陀　　　　B. 哈拉帕　　　　C. 雅利安　　　　D. 印度

2. 古代的印度圣典称为_____。有四部基本的文本合集:《梨俱吠陀》《夜柔吠陀》《娑摩吠陀》以及《阿闼婆吠陀》。

   A. 哈拉帕　　　　B. 梵语　　　　C. 吠陀　　　　D. "闪耀的父亲"

3. 公元前500年左右,印度文明经历了大范围的重要变革,这一时期称为_____时代。

   A. 哲学家　　　　B. 先知　　　　C. 轴心　　　　D. 苦行

4. 在《奥义书》中,术语_____指的是自然内部和外部宇宙的神圣经验;而术语_____则指代自身中的神圣经验。这两个术语也可以互换使用。

   A. 业报、解脱　　　　　　　　B. 梵、自我
   C. 轮回、解脱　　　　　　　　D. 婆罗门、解脱

5. _____是长篇史诗《摩诃婆罗多》的一部分;它恢复了《奥义书》的诸多主题。

   A. 摩耶　　　　B.《薄伽梵歌》　　　　C. 般度族　　　　D. 耆那教

6. 印度教具有一种_____体系,包括五种主要的社会等级:婆罗门(祭司)、刹帝利(武士-贵族)、吠舍(商人)、首陀罗(农民)和达利特(贱民)。

   A. 工作　　　　B. 教育　　　　C. 仪式　　　　D. 种姓

7. 单词"瑜伽"意思是_____。

   A. 沉思　　　　B. 启蒙　　　　C. 实践　　　　D. 联合

8. 当个体理解了一切事物之中的统一(称作_____)之时,他便领悟了

商羯罗精神自由的信仰。

A. 虔诚　　　　B. 伊纳纳瑜伽　　C. 一元论　　　　D. 冥想

9. 当大梵天、毗湿奴和湿婆联系在一起时，他们通常称为_____。

A. 三神一体　　B. 湿婆　　　　　C. 印度教徒　　　D. 神圣文本

10. 莫罕达斯·甘地使用的_____技巧，包括游行、绝食、谈话、示威以及宣传，这些技巧被马丁·路德·金采纳，用来抵制美国的种族隔离。

A. 传统的　　　B. 非暴力　　　　C. 破坏的　　　　D. 圣雄

11. 设想有一场考试要求你只用两句话表达出《奥义书》的重要思想。你会写哪两句话？这些句子是如何抓住《奥义书》中最重要的思想的？

12. 选择本章所讨论的印度教面临的一种现代或当代挑战。根据印度教的信仰，你认为下面哪些神最有助于印度人应对这个挑战：大梵天、毗湿奴、湿婆还是提毗？为什么？

参考资源

书　籍

Bhagavad-Gita: The Song of God. Trans. Swami Prabhavananda and Christopher Isherwood. New York: Signet, 2002. 一部著名的译著，其导论部分颇有价值，由奥尔德斯·赫胥黎所作。

Gandhi, Mohandas. *The Bhagavad Gita According to Gandhi.* Ed. Strohmeier, John. Berkeley, CA: Berkeley Hills Books, 2000. 第一部囊括了甘地对《薄伽梵歌》的文本解读以及评论作品。

Gandhi, Mohandas. *The Essential Gandhi.* Ed. Louis Fischer. New York: Vintage, 2002. 甘地关于政治、非暴力、灵性以及他的一生的作品。

Kinsley, David R. *Hindu Goddesses: Visions of the Divine Feminine in the Hindu Religious Tradition.* Berkeley: University of California Press, 1988. 一部关于印度的女神以及印度教中神性女性角色的全面考察。

Lahiri, Jhumpa. *Interpreter of Maladies.* New York: Mariner Books, 1999. 一部获奖的短篇故事合集，记述了印度移民在美国产生的错位感。

S. Mittal and G. Thursby, eds. *The Hindu World.* New York: Routledge, 2004. 一部全面介绍印度教不同文学、传统和风俗的作品。

Patel, Sanjay. *The Little Book of Hindu Deities: From the Goddess of Wealth to the Sacred Cow.* New York: Plume, 2006. 一部寓教于乐的作品，介绍了印度教的众神，由一位在皮克斯动画公司的漫画家创作并配以插图说明。

Ramana Maharshi, Sri. *The Essential Teachings of Ramana Maharshi: A Visual Journey.* Ed. Matthew Greenblatt. Carlsbad, CA: Inner Directions, 2002. 一位伟大精神导师的教导，配有他和他的阿什拉姆的照片。

The Upanishads. Trans. Swami Prabhavananda and Frederick Manchester. New York: Signet, 2002. 十二部易读的基本《奥义书》的翻译作品。

电影 / 电视

Aparajito（English subtitles. Director Satyajit Ray; Merchant-Ivory/Sony.）描写了一个在贝拿勒斯的人的生活，以及他的父亲，一位贫困的婆罗门祭司的奋斗。

Gandhi.（Director Richard Attenborough; Columbia Tristar.）一部描绘了莫罕达斯·甘地的生活的史诗电影，曾获得数项奥斯卡奖。

Ganges: River to Heaven.（Aerial Productions.）一部关于贝拿勒斯某座收容所的纪录片。年迈的印度人即将去世时来到此地，他们希望在这里死去可以改善来世的业报。

Hinduism: Faith, Festivals, and Rituals.（Films Media Group.）一项关于印度南部喀拉拉邦敬拜仪式的调查。

Mahabharata.（Director Peter Brook; Parabola Video.）一部关于印度的现代英语纪录片。

Mystic India.（Giant Screen Films.）一部史诗片，记录了 18 世纪后期尼迦提（Neelkanth）的精神觉醒，他是一位 11 岁的瑜伽信徒，为了寻求启迪，他徒步旅行印度长达 7 年，全程超过 7000 英里。

Short Cutto Nirvana: Kumbh Mela.（Mela Films LLC.）一部探索大壶节（Kumbh Mela）的纪录片，它每 12 年举行一次，据说是世界上规模最大的人类集会。

音乐 / 音频

The Bhagavad Gita.（Multimedia and Culture.）一部完整的有声读物，内容涵盖克里希那和阿周那之间的著名对话。（由 Juan Mascaró 翻译为英语）

Darshana: Vedic Chanting for Daily Practice.（Mother Om Sounds.）一部关于日常实修的吠陀诗歌的编纂作品，由 Sri Swamini Mayatitananda（母亲玛亚）吟诵。

Hymns from the Vedasand Upanishads, Vedic Chants.（Delos Records.）源自经典宗教资料的传统赞美诗和圣歌。

Religious Music of Asia.（Smithsonian Folkways.）印度虔敬音乐的唱片。

Sounds of India.（Columbia.）由拉维·香卡演奏的印度经典虔敬音乐。

互联网

HinduNet:http://www.hindunet.org/. 一个门户网站，允许用户了解印度教信仰及仪式，在线访问印度寺庙，聆听印度教经文，并参与论坛讨论。

Sanatan Society: http://www.sanatansociety.org/. 有效的信息资源，提供了印度教诸神、瑜伽和冥想、吠陀占星术、素食主义以及其他相关话题。

Virtual Religion Index:http://virtualreligion.net/vri/hindu.html.包含《吠陀经》《奥义书》、史诗、神学和虔诚、学院和导师以及瑜伽的独立部分。

重要词汇

非暴力（ahimsa，*uh-him'-sa*）："不杀生""非暴力"。

阿什拉姆（ashram，*ash'-ram*）：灵性团体。

自我（Atman，*at'-mun*）：一切独立个人的精神本质。

化身（avatar，*ah'-va-tar*）：神的世俗显现。

《薄伽梵歌》（Bhagavad Gita，*bhuh'-guh-vud gee'-ta*）：一部关于克里希那的宗教文学作品。

巴克提（bhakti，*bhuk'-ti*）：对神或古鲁的虔信。

巴克提瑜伽（bhakti yoga）：对神或古鲁的虔信的精神训练。

大梵天（Brahma，*bruh-mah'*）：创造之神。

梵（Brahman，*bruh'-mun*）：世界的精神本质。

婆罗门（brahmin，*bruh'-min*）：祭司种姓的成员。

种姓（caste，*kaast*）：印度教认可的主要社会阶层之一。

提毗（Devi，*deh'-vee*）："女神"；神圣女性，通常称作母神。

禅（dhyana，*dhyah'-nah*）：冥想。

杜尔迦（Durga）："令人敬畏的""遥远的"；母神，是提毗的一重形式。

古鲁（guru，*goo'-roo*）：精神导师。

哈他瑜伽（hatha yoga，*hah'-tha yoh'-ga*）：关于姿势以及形体练习的精神训练。

伊纳纳瑜伽（jnana yoga，*gyah'-nuh yoh'-ga*）：知识和洞见的精神训练。

迦梨（Kali，*kah'-lee*）："黑暗"，提毗的一种形式；与破坏和重生有关的女神。

业（karma）：决定重生方向的因果关系的道德律。

业瑜伽（karma yoga）：无私行为的精神训练。

克里希那（Krishna）：一位与神性幽默有关的神；毗湿奴的一种形式。

昆达利尼瑜伽（kundalini yoga，*koon-duh-lee'-nee yoh'-ga*）：胜王瑜伽的一种形式，预想个人能量作为一种力量能够从身体中心提升至头顶，产生愉悦的状态。

真言（mantra）：简短的神圣语言，通常在唱诗或者冥想中使用。

摩耶（maya）："幻象"；使我们不能正确看到实在；以不充分的视角看待世界。

解脱（moksha，*mohk'-shah*）：从个人的局限、自我和轮回中"解放"。

一元论（monism）：一种哲学立场，认为一切表面分离的实在实际上是终极的一；一种信仰，认为神和宇宙是相同的，宇宙充满着神性。

礼拜（puja，*poo'-jah*，普迦）：为纪念神而提供的祭品和仪式。

胜王瑜伽（raja yoga）："皇家的"冥想的训练。

罗摩（Rama）：一位神和神秘的国王；毗湿奴的一种形式。

三摩地（samadhi，*suh-mah'-dhee*）：由冥想所带来的完全内在的平和状态。

轮回（samsara，*suhm-sah'-rah*）：日常世界的变化以及导致重生所遭受的痛苦。

桑雅士（sannyasin，*san-nyas'-in*）：云游的圣者。

湿婆（Shiva，*shee'-vah*）：一位与毁灭和重生有关的神。

三神一体（Trimurti, *tree-mur'-tee*）：神的"三重形式"——大梵天、毗湿奴和湿婆三位神。

《奥义书》（Upanishads, *oo-pahn'-i-shads*）：关于宇宙和自我精神本质的冥想的书写记录。

《吠陀经》（Vedas, *vay'-duhs*）：四部古代祷文和仪式的文集。

毗湿奴（Vishnu）：一位与保护和爱有关的神。

瑜伽（yoga）：精神训练；一种完善人神合一的方法。

注　释

1. Arthur Basham, *The Wonder That Was India*（New York: Grove,1959），第 16 页。书中第二章包括对哈拉帕文明的详细描述。
2. 出处同上，第 23 页。
3. 还拼作 Rg Veda。关于代表性的祷文，参见 William T. deBary 编, *Sources of Indian Tradition*, 第 1 卷（New York: Columbia University Press,1958），第 7~16 页。
4. 《梨俱吠陀》第 10 章，第 129 节，引自 Basham, *The Wonder That Was India*, 第 16 页。
5. 在此时期以及之后罗马帝国时期的数世纪中，希腊也存在着相同的哲学倾向。
6. 哲学家商羯罗提供了另外一种阐释——"完全地流逝"。
7. 在《奥义书》中，这六种概念并非确定的概念。它们更像是诸多思考所围绕的中心，甚至在同一部《奥义书》中对它们的描述也有所不同。例如，梵（Brahman）的概念有时候会从超越于世界的神性实在，变为存在于世界中的灵性实在。
8. 《唱赞奥义书》第 6 章，第 13 节，《奥义书》，Juan Mascaró 译（New York: Penguin,1979），第 118 页。
9. 《白净识者奥义书》，第三部分的结尾，《奥义书》，第 90~91 页；着重部分由作者标明。
10. 出处同上，第四部分，第 91 页。
11. 出处同上。
12. 例如，参见上一出处，第 92 页。
13. 出处同上。
14. 《广林奥义书》第 2 章，第 4 节，《奥义书》，第 132 页。
15. *Bhagavad–Gita: The Song of God*, Swami Prabhavananda 和 Christopher Isherwood 译（New York: Mentor,1972），第 5 章，第 57 页。
16. 出处同上。第 1 章，第 34 页。
17. 出处同上。第 18 章，第 127 页。
18. 出处同上。第 2 章，第 38 页。
19. 《梨俱吠陀》第 10 章，第 90 节，deBary 在 *Sources of Indian Tradition* 中引用，第 1 卷，第 14 页。

20. 参见《薄伽梵歌》的第 2 章。
21. 有时候术语种姓也被我用来称呼亚种姓——众多基于职业的社会划分（jati）。
22. 我遵循惯常使用的单词 brahmin（祭司）的做法——而不是梵语术语 brahman——目的是要避免与大写字母 B 打头的 Brahman（梵，世界的灵性本质）的混淆。
23. 例如，参见路易斯·费歇尔（Louis Fischer）的《甘地》中对甘地为贱民"斋戒至死"的描述。（New York: New American Library, 1954），第 116~119 页。
24. 印度教哲学的六大正统流派都发展了个体解脱的体系，但是在带来解脱的观点和方法上有所不同。这六个学派是正理派（Nyaya）、胜论派（Vaisheshika）、数论派（Sankhya）、瑜伽派（Yoga）、弥曼差派（Mimamsa）和吠檀多派（Vedanta）。（当术语瑜伽和吠檀多用于哲学学派时，比通常的使用具有更精确且不同的含义。）正理派（"分析"）崇尚明晰、理性、逻辑的洞见。胜论派（"特殊性"）教导它所认为的理解实在的正确方式——将实在看作本质上是由微粒构成的。数论派（"计数"）起初是无神论哲学，认为宇宙由两种基本原则——灵魂和物质组成。瑜伽派（"统一" "灵性训练"）强调冥想和形体训练。弥曼差派（"调查"）为《吠陀经》作为救赎指导而辩护。吠檀多流派发展了几个亚流派，但是倾向于统一的原则——梵——在日常生活中变化的现象背后发生作用；个人可以通过获得与这种原则的统一而寻求救赎。
25. 商羯罗的梵的概念存在争议。对于他本人来说，梵或许是一种真实的灵性实在，或者是接近于佛教的空的概念。
26. Shankara（attrib.），*Shankara's Crest-Jewel of Discrimination*（New York: Mentor, 1970），第 72 页。
27. 尽管这些经典被归到一位曾生活于公元前名为波颠阇利的古文法学家的名下，但这些经典大约公元 200 年左右才写就。
28. Basham, *The Wonder That Was India*，第 326 页。
29. 《薄伽梵歌》第 2 章，第 40 页。
30. Basham, *The Wonder That Was India*，第 18 章，第 128 页。
31. Heinrich Zimmer, *Myths and Symbols in Indian Art and Civilization*（Princeton: Princeton University Press, 1972），第 153 页。
32. Basavaraja，在 *Sources of Indian Tradition* 第 1 卷第 352 页中引用。Basavaraja 是一位 12 世纪的印度政府官员，他建立了敬拜湿婆的宗教秩序。
33. *The Gospel of Ramakrishna*，载于 deBary, *Sources of Indian Tradition*，第 2 卷，第 86 页。
34. 《奥义书》（New York: Mentor, 1970），斯瓦米·帕拉哈瓦南达和弗雷德里克·曼彻斯特译，第 70~71 页。
35. 术语得福延伸至通过观摩神灵的肖像感受他们传达出来的神性的意思。
36. 参见 Ainslie T. Embree 编，*The Hindu Tradition*（New York: Vintage, 1972），第

279 页。
37. Fischer, *Gandhi*, 第 11 页。
38. 在 Fischer, *Gandhi* 中引用，第 18 页。
39. 在第一次世界大战中，甘地对待非暴力的立场有所妥协，那时他鼓励印度人加入到战争中，站在英国一边。不久，他说这种立场错了。
40. 《薄伽梵歌》，第 2 章，第 13~17 行，第 10~11 页。

> 访问在线学习中心 www.mhhe.com/molloy5e，以获得更多的练习和资料，包括"教室之外的宗教"和"更充分的理解"。

第四章

佛 教

第一节 初次相遇

你到达了曼谷,这是你在东南亚考察旅程的第一站,稍后你还将前往柬埔寨和老挝。到达这座城市的起初几个小时中,你被喧杂的景象与声音所包围着。在从机场开走的巴士上,你留意到有一些金色寺庙,但是同样还有单轨铁路,到处都交通堵塞。城市的核心是一片现代的玻璃摩天大楼,其中的一座就是你要下榻的酒店。登记入住后,你走出来看了看你在哪里。酒店周边凌乱的人行道上,推着手推车的小贩在兜售着芒果片、大块菠萝、小薄饼、兰花植物、太阳镜、手表、钥匙、假牙以及用汽水罐制成的摩托车玩具。尽管你还没倒过来时差,不过已经观赏得不想睡了,你意识到自己现在身处人类丰富多彩画面的中心。

早上,吃过酒店的自助早餐后,你们一群人乘坐巴士到达了世界佛教联合会总部,在那儿你聆听一位身着橘黄色长袍的光头西方人讲话。他说他是泰国东北部的一名普通"林僧",不过他来首都讲课有一些时日了。在解释了禅定是僧侣生活的核心之后,他讨论了禅定的原则,其中一些听上去十分熟悉。在他的指导下，你和朋友们随后练习了不同类型的禅定。首先你们进行跌坐禅定，只注意自己呼吸的进出。这之后是走路禅。他让你们缓慢地行走，告诉你们什么都不要去思考，而仅仅去体会你们所走的每一步。

午饭后回到酒店，你有一下午属于自己的时间。在几个街区之外，通过一条小巷隐约可以看到，那里似乎有一座大寺庙。今晨和尚告诉你泰国的寺庙几乎总是对公众开放的。于是你出发前往那条小巷，走了很长一段台阶后到达了寺庙的入口。门外有许多双鞋，你将鞋放到了那里。你迈步进入，停下来让眼睛适应里面昏暗的灯光，觉察到了交通噪音逐渐安静下来。

尽管你看到了很多双鞋，但是你只看见了一个人，她静静地坐在地板中央。从她的姿势看去，她正在跌坐禅定。你不想去打扰她，于是你在大门内安静地坐下来。在你盘腿坐下之后，你的双手放在了膝盖上，开始冥想，艰难地尝试着只关注自己的呼吸。

最后你安静地离开了，因为那位坐在地板上的女性仍然没有移动。你好奇为什么人们来到寺庙做这样的事情。难道你们不是经常到寺庙来礼佛或者祈祷吗？禅定是祈祷的一种形式？如果你不说话，那该如何祷告？你好奇这种宗教的奠基人佛陀的生活，以及这一切从何而来。

第二节　佛教的开端：佛陀生平

佛教是世界上最古老、最重要的宗教之一。它流传于几乎整个亚洲，影响了那里的众多文化，如今在西方有越来越多信徒信奉该宗教。但是佛教的开端在印度，它起源于一个人的体验。

在公元前5世纪，印度是一个宗教动荡的国家。对个人宗教体验的巨大热忱使人们去尝试冥想和深呼吸，并和古鲁共同研修。越来越多的哲学流派传授着新的思考方式，其中有一些人反对祭司制吠陀宗教的发展。乔达摩·悉达多（Siddhartha Gautama）来到了这个世界上，他就是后来为人所知的佛陀，或者觉悟者。

由于有诸多关于佛陀生平与教诲的虔敬的传说，有时候很难将事实与杜撰区别开。[1] 尽管没有单一的、权威的佛陀自传，他的传奇生活大体上有这样的轮廓。悉达多是释迦族王子的儿子，那里是当今的尼泊尔，坐落在喜马拉雅山脚下。传说他的母亲摩耶（Maya）梦到一头白象进入她的右胁——这是佛陀受孕的时刻——然后悉达多奇迹般地从她的右胁降生。悉达多的母亲在他出世后一周去世，他由姨母抚养长大。

一位智者检查了悉达多的身体，看到孩子身上有特殊的标记，这预示了他将来会是一位杰出的人物。在他的命名仪式上，祭司们预言他的一生将朝两个方向中的一个行进：追随他父亲的步伐，继承王位，成为一位伟大的国王、一位"世界的统治者"；或者，如果他目睹了苦难的景象，他将成为一名伟大的精神领袖、一位"世人的导师"。

悉达多的父亲希望他继承自己的事业，于是采取了诸多措施以使孩子免遭苦难。悉达多生活在巨大的宫殿内，过着奢华的生活；很年轻的时候就成了家，妻子是他父亲挑选的年轻姑娘；并产下一子。他是以武士的身份接受教育和训练的，目的是最终可以接替父亲的角色。

一切都按照悉达多父亲的计划进行着，直到他违背了父亲的命令而离开皇宫。他走访附近的城镇，不久便目睹了平民所遭受的苦难。他看到了——并且为之触动——所谓的"四个路见的景象"。他遇到了一位佝偻的老人，牙齿已经掉光；一个身患重病、饱受死亡折磨的人；一具即将火化的尸体。随后他看见一名托钵僧（云游的圣人，放弃世俗生活的人），他一无所有却看上去非常平和。

悉达多在达到觉悟之前是一位富有的王子，在这里他被描绘为佛陀，头戴王冠身披王室服装。在缅甸的寺庙中经常会看到这种描绘。

佛教寺庙中的绘画重新讲述了佛陀对路见景象的强烈回应。29岁的时候，他意识到，直到此时他的生活就是一座快乐的监牢，他看到了这种千篇一律的生活将会贯穿他的一生。他遇到的苦难使他质疑人生的意义，他陷入沮丧之中，无法再享受浮华的生活。

悉达多决心离开。传说他见了熟睡的家人和侍从最后一面，然后骑马来到皇宫边上，在那儿他将马交给了仆人，摘下身上的宝石，并剪去了他黑色的长发。他穿上朴素的衣服，走向了外面的世界，除了诸多疑问，一无所有。这次事件被称为"伟大前行"。

在印度寻找一位灵性导师十分普遍，悉达多这样做了。他遍访导师，学习冥想技艺，探讨哲学，但是最后仍未满意。他乞讨食物、露宿街头，花了大约六年时间寻求问题的答案——尤其是关于苦与死亡的问题。他的母亲过世很早，她的死似乎没有意义。他时常问，为什么会有苦？为何人们会衰老并且死亡？在事物表面的背后是否存在着一个神或者不变的神性实在？是否有灵魂和来世？我们会重生吗？我们可以避免苦吗？我们该如何生活？

在寻找问题的答案时，悉达多发现他的导师们对某些问题意见一致，而对另

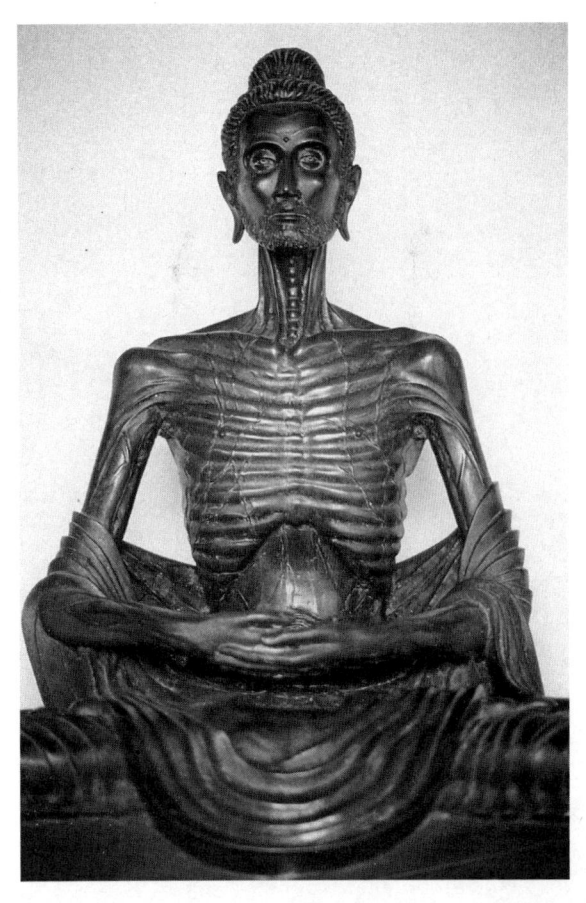

正如这里所描绘的，悉达多实践着清苦的生活，以求获得洞见。这种方法被证明是不恰当的。

一些问题则没有一致看法。因此，在另外五名流浪"追寻者"的陪同下，他开始寻找他所需要的答案。为了不让自己分心，并且在灵魂上得到净化，悉达多还进行苦行实践。他尽可能地减少吃、喝乃至睡眠，希望可以寻求到新的洞见并最终获得灵性力量。

最终，悉达多由于身体虚弱而失败了。他被一名妇女发现坐在圣树之下，该妇女来自旁边的城镇伽耶，她来此是为了敬拜圣树灵魂的。（悉达多如此消瘦，以至于这位妇女认为他就是树神。）她为悉达多提供食品，悉达多感激地接受并在遮阳的树荫下进食。恢复之后，悉达多便意识到他的苦行并未使他强大，也未使他接近他寻找的答案。他的五个伙伴，因发现悉达多拒绝了苦修，于是离他而去。

为了切合实际，悉达多决心采取一条温和的路径——一条介乎放纵和禁欲之间的中间道路。他来到另一棵树下，现在人们称其为菩提树², 朝东而坐，决心待在这里进行冥想，直至理解他所要理解的东西。众多传统提供了不同的细节，但是每一个版本都讲述了他与饥饿、口渴、疑问还有虚弱的抗争。有一些故事描述恶灵罗摩的所作所为，他与他的女儿曾用美色和恐惧来动摇悉达多。但是悉达多抵制住了一切。一天夜里，当他在一轮满月下跌坐冥想时，悉达多进入到了深深的觉悟状态。传说他看见了自己的前世，领悟了控制每个人的因果法则，并最终从苦和轮回的解脱中获得了洞见。

最终，在黎明时分，他达到了深刻的理解状态，称为觉醒或证悟（bodhi, **菩提**）。他以全新的方式参透了苦、老和死，意识到那些都是人生不可避免的一部分，但也看到了解脱的可能。我们或许好奇树和月亮对悉达多产生的影响。头顶上的树，连同繁多的树叶和枝条，尽管看起来是永存的，但是它们都会变化、衰老并且消亡；散发着亮光的满月是一种对全新理解的允诺。不管他证悟的原因是什么，悉达多起身说，他现在是一个觉醒的人了。从此他获得了新的名号——佛陀（the Buddha），"觉者"，它来自于意为"醒悟"的梵语词汇。

佛陀在他证悟的地方伽耶又待了一段时日，品味着他看待生命的新方式并继续禅定。传说在这时，一场倾盆大雨来临，一条眼镜蛇自己立起来保护悉达多免遭大雨侵袭。（在亚洲大多数地方，蛇没有被视作邪恶的象征，而是一种有保护作用的动物。）最后佛陀向西远行。他在贝拿勒斯附近的鹿野苑向前面的五位同伴解释了他的觉醒。尽管他们早些时候因为悉达多放弃苦行而离开他，但是他们

作为一处世界奇迹，坐落在斯里兰卡波罗那鲁瓦的巨大卧佛雕像或许是无与伦比的，它传达了佛教教义的核心——宁静。

顺从了悉达多并成为他最早的弟子。

佛陀用余下的生命在印度东北部的村庄游历，传授他的洞见以及生活方式。他吸引了众多追随者，以及为新教义提供土地、树林和房屋的施主。这样，佛陀开创了一个僧侣的阶层（sangha，僧伽），以及后来的尼姑阶层。佛陀的方法是一种温和的路径，一种中道，不仅对他自己而且面向他的弟子们也是如此。这是一种介于离家前的世俗家庭生活，和离家后从社会隐退的苦修之间的中道。但是僧侣团体生活的特点，和它与非僧侣团体的世界的关系——僧侣依赖那里的食物——随着时间的流逝需要得到解决。

传说佛陀与弟子的关系亲密，他们的生活方式是云游四方、化斋为食，并聆听教导。僧侣们只有在夏天雨季到来的时候才会待在一个地方，因为这时大雨使得他们的出行变得不太实际。从现代的观点来看佛陀的生活方式的话，我们可以看到这是一种健康的生活方式：有节制的饮食、不喝酒、每天行走、有规律的冥想、纯净的空气。大概因为这样，佛陀寿命很长。

据传说，佛陀80岁时，一个名叫纯陀（Chunda）的善良铁匠给他提供食物，但是由于食物变质了，佛陀吃后便大病一场。意识到自己将不久于人世，他召集自己的弟子们。他提醒那些为他将过世而痛哭的弟子，一切事物都会消亡——甚至佛陀自己。随后他对弟子们说了临终的忠告："你们要自己作自己的明灯，自己为自己的依估。不在自己之外寻找依估。以法为明灯，以法为依止，更不外求依止。"³ 换句话说，佛陀的临终教导是这样的：相信自己的洞见，自我控制以实现圆满的内在平和。

忠告之后，佛陀向右侧而卧，而后圆寂。众多所谓的卧佛雕刻和绘画可能就是他圆寂时安详的画面。⁴ 无论如何，佛教徒将他对死亡的态度理想化了，并作为典范展现于世人。

第三节　佛教的基本教义

人们不可能确切得知佛陀教导的内容。因为佛陀并未将教义书写下来，他的早期弟子也没有这样做。唯一的文字版本是在他圆寂的几百年后记录下的，接下来的几个世纪都是口口相传——以多种形式诠释。我们应当对这种口传心授的传统和传播佛陀教义的众多书面文本给予同等的信赖。

书面教义用多种语言记载下来，它们与佛陀所讲的语言（显然这是一种摩揭陀语的变体）并不相同。流传下来的佛教教义使用的最重要的语言是巴利语，它是一门与梵语有关的语言；另一种语言便是梵语自身——由于它在早期学术著作中的广泛使用，通常它被称作印度的拉丁语。

人们一般认为佛教的基本核心是三宝（梵语：Triratna；巴利语：Tiratana），即佛宝、法宝和僧宝。佛宝被视为一位理想人物，他是其他人应效仿的对象；他跌坐禅定的形象是自我克制与正念的固定模式。他并不经常被认为已经死去，相反，他存在于永恒的、超越宇宙的维度之中。法宝（梵语：Dharma；巴利语：Dhamma，**达摩**）意即关于如何看待世界及正确生活的全部佛教教义。**僧伽**（Sangha）是僧侣与尼姑的团体。⁵

佛陀的教义就如同佛陀自身一样——实修。在佛陀的时代，印度被各种思潮包围着，这包括思考来世、神的本性以及其他难题，佛陀则专注于切近

佛教的三宝是佛、法和僧。在佛教世界的部分地区，所有男性至少在一段时间内都要加入僧伽。在这儿，坐落在曼谷的僧王寺内，两位男性正被委以僧侣的圣职。

人生的根本问题。他拒绝探讨任何其他事情——一个善意的忽视，这被称为尊贵的静默。他说，专注于无法回答的问题的人，就像被箭射伤之人非要了解关于箭的一切情况以及谁射伤他之后才将箭拔出一样。不过伤者在还未得知他想要的信息前，便已命丧黄泉了。

佛陀希望专注于关于存在的两个最重要的问题：我们如何将自己以及他人的苦降至最小？我们如何获得内在的平和？佛陀的结论并不仅是智慧上的方法。它们还是实际的生活方式的建议。佛教的教义不是盲目接受的信仰；相反，每个人在接受它之前首先要体验到它是真理。

三法印

佛教各宗所共有的是一种看待世界的方式。尽管这种观点初看起来是悲观的，但是它意味着对存在的一种现实评估，一旦领悟了，它终将有助于人们达到内在平和甚至极乐。根据这种观点，实在显现出三种特点：诸行无常，诸法无我，一切皆苦。这种观点是四圣谛和八正道的基础，我们稍后将简短地探讨。

诸行无常 佛陀劝告人们，我们应该按照生命的本来面目看待它。当我们这样做时，他说道，我们首先注意到的是，生命在不断地变化，或者说是**无常**（巴利语：anichcha；梵语：anitya）的。我们时常惊奇于万物的变化——并由它产生痛苦——因为我们并不期望变化，但事实上我们一生中经历的事情没有什么会始终不变。我们习惯于事物（我们的面孔、家庭、朋友、房子、汽车、邻居），每当我们观察它们时，它们似乎总是基本保持不变。但是，这是幻象，因为它们每天都在变化着。我们通常只会随着时间流逝才会注意到诸多变化。

每个人都了解变化带来的震动，比如说分别数年后会见一位老朋友，或者欣赏童年时的照片。甚至电视播放的旧电影和收音机中的老歌——表演者如今年华不再，甚至已经过世很久了——清楚地表明佛家变化恒在的观点。家庭聚会能产生同样的效果：深受爱戴的祖父母的过世，会与在角落的游戏护栏内玩耍的曾孙的场景形成对比。

人们的观点同样会变化。考虑一下"爱"这个词对一个五岁少年、一个青少年、一对刚有孩子的父母或是一个失去配偶的人来说意味着什么。或者设想一下听到两个人离婚的消息，而你却认为他们很般配并且有着幸福的婚姻。

当我们真正体会到无常的时候，我们就会看到一切实在都在时间中流逝，宇宙处在变化之中。随着实在的万花筒慢慢转动，它的模式在变化；而当旧的模式消失之时，新模式又产生了，一切都很有趣。就像佛陀教导的那样，明智的人期盼着变化，并接受它甚至品味它。明智的人或许还会反思，正如快乐不会长久一样，痛苦也是短暂的。

诸法无我 我们知道佛陀劝导人们放弃自我以及对物质对象的关注。与此相关，他否认一切事物都是永恒的。因此，实在的第二法印就是，每个人、每件事并不仅仅是变化的，同时还是由诸多部分所组成，而这些部分也在不断地变化，这就是"诸法无我"的概念。就人类而言，它被称为"没有永恒的灵魂"或"无我"。巴利语的术语是 anatta（无我）；在梵语中是阿特曼（anatman，无我；"no atman [没有自我]"），因为佛陀拒绝接受印度教的基本观念——永恒不变的实在构成万物人、物、本质和众神。

为了合乎逻辑，我们通常讲每个人或物仿佛是单一的统一实在。我们首先考虑下非人类的事物，比如说汽车。我们称它为一辆汽车，就好像它是单一的实在，但事实上它由诸多部分——玻璃、铝、橡胶、油漆、车头灯、皮带、活塞、电线以及液体组成——许多部分或者现在发生故障，或者稍后出现状况。

接着，考虑下每个人尽管都有一个独立的名字，但是实际上他们都是由器官、身体各部分、本能、记忆、观念、希望等组成的——一切都是不断变化的。再思考下人的自我感知。我天真地认为每一天我都是相同的，虽然我会剪发、减肥或者看场电影。但是，如果我回忆下 10 岁的时候，然后将那个人与现在的我加以对比的话，现在的我会十分不同。

对于佛陀来说，相信一个人具有某种不变的身份或者灵魂，就如同错误地相信一辆汽车会有不变的本质。汽车并不是因为它有一个"汽车灵魂"而是"一辆汽车"；相反，它是"一辆汽车"，是因为社会习俗用一个词语提及它的诸多相关部分。这种倾向十分强烈，以至于我们有时候认为标签（汽车）就是实在。尽管佛教的观点初看起来可能有些怪异，但却是理性的——当汽车不能发动之时，当朋友变得疏远之时，抑或当照片显现出人衰老的必然性之时，它有助于消除人们的惊异。所有这些变化体现出了在起作用的同一过程。[6]

苦 实在的第三个特点是**苦谛**（巴利语：dukkha；梵语：duhkha），通常翻译为"苦"或"悲"，但是它通常意指"不满"或"不适"。它指的是这样一个事实：当人们依传统去生活时，不会完全满足，因为生活多变无常。甚至处在快乐中的时候，我们经常会意识到快乐是短暂的。甚至当账单都付清之时，我们知道，几天之后会有更多的账单。我们可能尝试将生活中的一切安排得井然有序，但是混乱很快会再次出现。我们在快乐的体验中会担心我们所爱的人。多变无常的生活时常会带来痛苦：父母、配偶或者孩子的离世，离婚、疾病、火灾、洪灾、地震、战争，失业或无家可归。

苦蕴含于一切事物之中，从可怕的苦难到日常的挫折。有人曾将苦的必然性与买新汽车做比较。你的汽车会给你带来自由的快乐和占有的得意，但是在你第一次驾车时你就知道你面对的是什么：保险费、日常保养以及昂贵的维修费。

佛陀总结道，生活意味着要不可避免地经历痛苦和不满。但是他分析了苦的本质和原因，就如同医生诊断疾病一样——为了了解并战胜它们。那些认为佛教悲观地关注于苦的人并未看到这种关注背后充满希望的意图。事实上，没有人能免除苦难，但是每个人可以决定如何回应它，正如四谛中所揭示的一样。

四圣谛和八正道

或许出于便于记忆的目的,一些佛教教义分为四类和八类。四圣谛是一系列关于生命的真谛:(1)苦的存在;(2)苦有原因;(3)苦有终结;(4)有一种方法可以使人从苦中解脱——遵循八正道。让我们来更加准确地看看每一个概念。

第一谛 苦谛:生即是苦 这样说可能更加生动真切:"出生之时伴随着痛苦,衰老是痛苦的,疾病是痛苦的,死亡是痛苦的。"[7] 具有肉身意味着我们会疲惫、生病。拥有意识意味着我们会受到困扰和挫折。我们每天要尽如此多的责任,以至于我们的生活变成了一长串要完成的任务,我们感觉就像杂技演员一般,要试着保持球在空中旋转。过去无法重温,未来是不确定的。每一天我们必须决定该怎么度过余下的生命。(据说,成年人经常询问儿童"你长大了想做什么",这是因为成年人自身仍在尝试决定如何处理他们的生活。)

八辐法轮是佛教教义的古老象征。

生活就意味着经历渴望、失去,有时候甚至是极度痛苦。换句话说,"生即是苦"。尽管这听上去有些灰暗,但是这一真谛劝导我们要现实,而非悲伤;它同样具有满怀希望的含义,如果我们认识到为何产生苦,那么我们便可减少苦。

第二谛 集谛:欲望带来苦 当佛陀分析苦的时候,他看到,苦来源于我们想得到我们欠缺的,来源于我们对已有事物的不满足。单词"欲"(梵语:trishna;巴利语:tanha)通常翻译为"欲望",或许被译作"渴望"更好一些;它还可以译作"强烈的欲望",这表明了一种对失落的沉溺与恐惧。我们的一些欲望是明显的:食物、睡眠、衣服、房屋、健康。一些欲望更加微妙:隐私、尊重、友谊、安静、没有压力、安全、变化、美丽。一些欲望仅仅是由我们的社会培植的"想要":酒、名牌服装、烟草、娱乐、昂贵的食品。我们都有欲望,因为我们周围的生活总在变化,不管我们获得了多少,我们不会得到永久的满足。欲望是没有止境的,结果就是不快、不满甚至是痛苦。但是,有没有一种摆脱苦的道路呢?

第三谛 灭谛:终结欲望即能终结苦 很难否认这一真谛的合理性,但它与当代西方的观念是冲突的。西方倾向于尽力实现每一种可以想象到的欲望。这种倾向似乎在众多文化——例如许多现代文化——中得以繁荣,它强调个人规则与道德权利以及个体间的竞争,个体在学校、工作、运动中的成功。相信存在独特的、永久的自我或灵魂不死或许是这种个体主义的起源。这种倾向与另一种自我意识不同,后者来自一种在团体中评估成员身份的世界观——一种在部落和亚洲文化中更加普遍、更加传统的自我观点。

对于我们的现代思维方式,佛陀的劝导似乎显得刻板。不过,他自己离弃家庭、放弃财富,是因为他相信——并且教导——任何形式的执着都会不可避免带来苦。剃度和僧侣、尼姑特别的服饰象征了他们从世俗关注中彻底地超脱。

得尝独处与寂静之味后,饮法悦者得以无畏无恶。

——《法句经》[8]

然而，佛教徒自己也承认，并非每个人都可成为一名僧侣。因此，第三谛对于俗人来说是温和的。它通常被阐释为一种劝导，即每个人平静地接受所发生的一切，去追求更少的快乐而得到更多的内在平和。人应该关注现世，而非过去、将来以及对它们的欲望。由于快乐的时光总是要以痛苦的时光作为代价（钟摆朝两个方向摇摆），一种确定的情感中立是最佳路径。

如果我承认我现在所拥有的实际上已经足够，接受就是获得内心平和的一步。最终，我必须接受我的身体、我的才能、我的家庭甚至我的亲属。当然，还可做出一些调整：我可以搬家、做整形手术、换工作或者离婚。最终，尽管大部分生命仅仅是接受——在可能的时候要加以赞赏。

第三谛的本质是这样的：我不能改变外部世界，但是我可以改变自身以及我体验世界的方式。

第四谛 道谛：从苦中解脱是可能的，遵循八正道即可获得解脱 佛教的最终目标是达到**涅槃**（nirvana，该术语为梵语；在巴利语中的对等词是nibbana）。术语涅槃表明了许多事：苦的终结、内在平和以及从世界的限制性中解脱。单词"涅槃"似乎意味着"熄灭""平息"，表明欲望之火已经熄灭。在达到涅槃之后，个体获得了自我克制，不再受内在的强烈情感力量驱使，也不再受外部的不可预知的生命事件的驱使。这不一定意味着消除了愤怒（传说佛陀在僧门内争论之时有过愤怒），但是它的确表明一种普遍的内在宁静。佛教同样认为涅槃将终止现世之后的业和轮回。（在本章稍后部分将讨论涅槃。）为了达到涅槃，佛陀建议人们遵循八正道。

八正道：走向内在平和之路 该路径的八"步"实际上形成了一个方案，即佛陀的教导将指引我们从无常与现实之苦中解脱。它们共同描述了三个主要目标：客观地面对人生、和善地生活以及培养内心的平和。尽管它们经常被称为"步"，八条建议并非是按照顺序进行实践的，相反它们是共同实践的。正如时常翻译的那样，八正道听上去很老套，以至于读者可能不会立即想到它的实用性。但是，请记住，下面列举的"正"是一个单词的翻译，它被译为"正确"或"完整"或许会更好。

1. 正见 我认识到人生的无常，欲望的运作方式以及苦的原因。
2. 正思维（正志） 我的思想和动机是纯洁的，不受我的情感以及自私欲望的沾染。
3. 正语 我带着诚实与善意以积极的方式去讲话，避免说谎、夸张和尖刻的言辞。
4. 正业 我的行为不会伤害到任何人，包括动物；我避免偷盗和淫邪这些会带来伤害的行为。
5. 正命 我的工作不会给我自己及他人带来伤害。
6. 正精进 采用节制的方式，我可以不断进步。
7. 正念（端正意念） 我实践冥想（dhyana，**禅**）的训练，关注于意识以便

更深刻地思考实在的特点。

8. 正定　我培养内在平和（samadhi，三摩地）的极乐状态。

第四节　印度思想对早期佛教教导的影响

佛陀是否打算开创一种全新的宗教并不确定。早期佛教文献拒斥某些时代的吠陀实修因素，尤其是它的仪式主义、对祭司的依赖、种姓制度以及信仰所有永久的灵性实在。当妇女和奴隶进入到佛教僧侣阶层之时，非佛教徒对此颇有争论。这些证据使我们相信，早期佛教徒认为自己外在于主流的祭司吠陀文化——这一事实或许可以帮助他们发展自己的信仰和修行体系。不过，我们的确知道早期佛教教义接受了某些印度思想的要素，这些要素至今仍被印度教、耆那教和佛教所共享。

不杀生："不伤害"

来自佛陀时代印度教世界观的诸多因素之中最重要的是不杀生（ahimsa，"不伤害"，见第三章）的观念。这种观念的历史有多久并不清楚，人们也并非经常遵循这条原则。我们知道佛陀时代的吠陀献祭有时候包括动物献祭（在印度教习

"正念"不仅在寺院中被练习着，还在禅修中心进行，在这里，它同样吸引着众多佛教徒和非佛教徒的人。

俗中可以发现动物献祭，尤其在尼泊尔和巴厘岛）。但是我们还知道，不杀生的观念在佛陀时代之前已经在印度盛行，或许具有古老的前吠陀起源。

对于佛教来说，不杀生是基本原则。这一观念认为，给任何存在物造成苦都是残忍和不当的——生命对每个人来说已经很艰难了。不杀生反对的不仅是给身体造成痛苦，还包括精神上的痛苦以及利用他人的行为。在真正彻悟之后，即认识到一切有感受的存在物都会受苦之时，个体会得到广泛的同情。那时他以温和的方式生活将是自然且舒适的。

不杀生是一种极高的理想，并不容易实现。不仅如此，我们必须认识到，在理想与不同佛教文化以及不同个体的实修之间存在鸿沟。不过，尽管"最佳行为"的概念很模糊，这一理想却异常明确。一个富有同情心的人总是尽可能避免造成苦："耻于粗暴，极富仁慈，他生活在对一切众生的慈悲之中。"[9]这种同情的理念已经被阐释为对尽可能素食或半素食的倡导，同时避免从事任何伤害他人的工作和活动，比如成为一名屠夫、猎人、渔夫、士兵或武器制造者。结果是产生了一种和谐的、免于悔恨的生活方式。

灵魂和业

佛陀拒绝灵魂（一种不变的灵性实在）的概念，但是他接受一种轮回观念。那么我们会问道，如果没有灵魂，人怎样轮回呢？佛教认为尽管没有个体的灵魂，但是构成人的诸多要素可以重组，因此它们可以从一世转到另一世。佛教提供了一些例子：蜡烛的火焰从一支传到另一支、微风拂过草坪。蜡烛是分开的，但是有一朵火焰在每支蜡烛间传递；草叶植根在不同的地方，但是微风从草叶上面拂过的模式在运动中使它们"一致"。

与轮回紧密联系的观点是业（karma）。正如我们在第三章所讨论过的，业决定了人如何轮回。在印度教和耆那教里，轮回中的业如同某些依附在灵魂上的东西从一世转到另一世。它自动产生作用：善的行为产生带来好效果的业，比如智慧、高贵的出身、财富；恶行会产生相反效果的业，包括轮回至动物和昆虫的生命形式。由于佛陀不承认灵魂的存在，所以在佛教中很难解释业的作用。它被认为伴随并能影响在后一世再次投生之人的人生状态。不管它们产生作用的特定方式是什么，业和轮回已经成为佛陀时代印度的重要观点，它们影响了早期佛教，从此在印度之外广泛传播。至今它们仍然是佛教国家中极具影响力的概念。

涅槃

在佛教中和在印度教中一样，变化不居的日常世界被称为**轮回**（samsara），该术语意味着衰落与痛苦。但是，涅槃可以让人们从轮回中解脱出来。这个概念与印度教解脱（"解放"，在第三章中讨论过）的目标极为相似。涅槃被认为是

巴戎寺,吴哥的宏伟寺庙之一,图中的佛教雕像显示出与印度教不同的结构特点。

超越了限制的存在。许多西方人将涅槃与一种心理状态联系起来,因为它被描述为唤醒的愉悦与平和;不过,或许将涅槃视为无法形容并超越于一切的心理状态会更好。尽管很难达到涅槃,但是理论上在人的一生中是可以达到的;据说佛陀在其觉悟之时"进入涅槃"。一旦人达到涅槃,轮回便会终止,在这样一种文化中,人们认为在现世生命之前已经多次轮回,因此人们往往希望结束轮回。

第五节 佛教的早期发展

佛教,与耆那教一样,如果不是因为公元前 250 年左右一位名为阿育王的精力充沛的国王的话,或许仍然是彻底的印度宗教。阿育王计划扩大对印度大部分地区的统治,这无疑需要更多场战争。在印度东部一场极其血腥的战争过后,当阿育王视察战场时,他目睹了与之前不同的场面。整个经历使他毛骨悚然,以至于皈依了非暴力的理想。尽管不确定阿育王是否成为了一名佛教徒,不过他的确利用了佛教道德价值观为其政治目的服务。有人讽刺道,放弃暴力对任何一个想保住王位的人来说都是一种有实效的做法。无论如何,当非暴力的原则得到广泛承认时,它最具影响力;否则,少数崇尚非暴力的人将会被暴力折磨致死。

为了使大多数人接受他的非暴力思想和行为,阿育王决定在印度甚至印度之

大事年表 4.1

左侧事件	时间	右侧事件
	约公元前 563—前 483	传统上的佛陀乔达摩·悉达多的时期
阿育王的时代，他是一位传播佛教价值观的印度国王	约公元前 273—前 232	
	约 50	佛教传入中国
《妙法莲华经》问世	约 100	
	约 300	佛教开始在东南亚传播
佛教传入朝鲜	约 400	
	约 520	佛教的菩提达摩禅定学派传入中国
佛教传入日本	约 552	
	约 630	佛教传入中国西藏
日本的天台宗和真言宗佛教建立	约 820	
	约 845	中国佛教徒遭受迫害
小乘佛教在斯里兰卡和东南亚复兴	约 1000	
	约 1100—1500	佛教在印度衰落
法然的一生，他是日本净土宗的创立者	1133—1212	
	1158—1210	知讷的一生，他是朝鲜曹溪宗的创立者
日本的禅宗开始发展	约 1200	
	1222—1282	日莲的一生，他是日本日莲宗佛教的创立者
宗喀巴的一生，他是西藏佛教的改革者。	1357—1419	
	1644—1694	诗人松尾芭蕉的一生
世界佛教徒联谊会创立	1950	

佛教重大事件时间表

外的地区传播非暴力的原则。为此，他建造了大量题有该信条的石柱，将一些石柱放置于佛陀生活过的重要场所。许多石柱至今仍然存在。

我们关于阿育王的历史知识有限，不过他出现在大量的佛教传说中。有一则故事讲述了阿育王委派名叫摩哂陀的儿子或侄子作为使节前往斯里兰卡。不管这个故事是否是真的，事实是斯里兰卡今天是一个佛教大国。事实上，可能正是阿育王倡导了佛教的传播，并且帮助它成为世界性的伟大宗教。

在佛陀圆寂后的第一个世纪，作为对佛陀教义长久以来普遍存在的分歧的回应，许多佛教学派和分裂派别悄然兴起。其中大多数最终消失了，至今人们得知的仅仅是一些名称。有一小部分存留下来，成为我们现在知道的佛教分支：小乘佛教、大乘佛教、密宗。

人们曾假定每个分支依次出现，就如同三股思潮起源于接下来几个世纪的印度一样。但是现在的学者认为三大分支的基本要素通常是共同存在的，甚至可能出现于佛教的早期岁月中。有时候，不同修持的僧侣曾生活在同一座寺庙中，有一些现在仍然如此。此外，不同的分支在某些地区共存或者占支配地位，但是随后消亡了。（比如，在缅甸大乘佛教曾经很普遍，不过现在已经不存在了。）同样地，众多分支间的界限时常很模糊，甚至不存在界限。

我们同样应当意识到所谓的三大分支并非同一种类的整体。相反，它们之中存在着诸多分野以及对信仰与实修的不同理解。（比如，在小乘佛教的僧侣阶层中，一些人认为他们必须赤脚行走，而另一些则认为应该穿凉鞋；一些人穿橘黄色的袍子，而另一些则穿棕色或酒红色的；一些人认为他们应该乞讨食物，而另一些却不这样做；诸如此类。）诸多分支更像是具有共同要素的家庭。

此外，遵循特定佛教路径的人们并非时常意识到其他分支。这一点不适用于其他某些宗教，那些实践者清楚意识到他们所属宗教的内部区别所在。（比如，穆斯林将他们自己定义为逊尼派或什叶派，基督徒将他们定义为新教徒、天主教徒或东正教徒。）但是某一分支的佛教徒，即使他们知道了其他的形式，一般来说，他们不会将自身与其他分支做出相反的定义。相反，他们会根据佛教的"世系"定义自身，将其信仰与实践追溯到过去的伟大导师，这一系列的导师与弟子传承着他们所遵循的传统。

因此，在将佛教区分为这些所谓的分支前，我们必须意识到，谈论三大"分支"是在将复杂的佛教现实状况过分简单化。这种划分只是用来增强对佛教历史、信仰与实践的丰富性的理解。

第六节 小乘佛教：长老的觉悟之道

在佛教的最初几个世纪里，一些学派声称他们坚持原始的、不变的佛陀教义。他们都与佛陀一样崇尚简单、禅定与超然，反对吠陀仪式和婆罗门祭司制度。他们采取保守的方法，希望严格保护佛陀教义以及简单的实修行为以避免改变。在

每年新年之时佛教徒会造访当地寺庙。他们留下贡品，并得到寺庙僧侣的祈福。

所有的保守学派中，有一派延续至今：小乘。人们通常用它的名字指代整个保守运动。

小乘学派的命名是取自传承不变的佛陀教义的目标。它意指"长者（thera）之路（vada）"。小乘佛教的僧侣最初以口头形式传播教义，不过他们最终将其书写下来。该学派自称长期以来保持了相对不变的教义，这一说法未必可信，但是可以肯定的是，小乘佛教有意采取保守的倾向。自19世纪以来，小乘的名字被广泛用来指称主要存在于斯里兰卡和东南亚地区的佛教的众多形式。

小乘佛教的核心是它的僧侣团体。作为一个学派，它强调通过冥想达到超然以及无欲，并进而达到涅槃的理想。（当然，有人指出这种理想与僧伽追求财富与世俗权力相矛盾。）尽管小乘派的确承认俗家弟子可以达到涅槃，但是僧侣生活却可以提供更加确定的路径。这一观念在达到涅槃的**阿罗汉**（梵语：arhat；巴利语：arahat，意思是"完美者""贤人"）的理想中被神圣化。（在讨论小乘佛教时，使用巴利语的术语nibbana, arahat, sutta比梵语的术语nirvana, arhat, sutra更加精确；不过，为了保持一致，本章将采用更加贴近西方的语言，不管是巴利语还是梵语。）

小乘僧侣团体在流浪的桑雅士和居住于森林的印度苦行者之中起源久远。（这种联系的标志即是橘黄色的袍子；印度苦行者和众多小乘佛教僧侣阶层的人穿着这种袍子。）但是甚至在佛陀时期，他的弟子在夏季雨季到来之时开始过定居生活，这给予了他们讨论的时间，他们居住在山洞、树丛或者公园里，接受世俗弟子的供奉。

小乘很早便从印度传播到了斯里兰卡，在那里它经历了多个发展与衰亡阶段。公元4世纪，小乘——与印度文化的其他要素一起——传播到了缅甸以及泰国。直到11世纪中叶，小乘才在缅甸占据主导地位，那时巴甘作为佛教城市以及在阿奴律陀王统治下的小乘中心，开始繁荣起来。14世纪的泰国从高棉的统治下解放出来，同样接受了小乘佛教。小乘的保守倾向因其道德上的苛刻严厉，在政治上吸引了统治者的关注。现在，它是斯里兰卡、缅甸、泰国、老挝和柬埔寨的主导宗教。

小乘僧侣以乞讨为生，这意味着如同佛陀的早期弟子一样，他们的生活要接近俗世人。事实上，小乘寺院通常建于城中。许多寺庙开设学堂、冥想中心、医疗诊所，并照顾走失的家畜（这些动物有时候四处逃窜）。作为回报，僧侣们成为日常供奉的受惠者。每到清晨，小乘僧侣外出乞讨，想要无偿提供食物的人们会向僧侣提供米饭以及蔬菜。捐助者认为，由于他们的慷慨行为，他们将得到好的业报。人们支持寺庙，就像其他社会团体向图书馆和其他社会机构捐助一样。

在佛教节日上，僧侣们得到新的长袍和装有必需品的桶，桶中有肥皂、牙膏、剃刀和罐装食物等。通常在新年庆典或者雨季开始和结束时进行捐赠。（这段时期通常称作"守夏节"，开始于夏末并持续三个月。在这段时间，僧侣们待在寺庙中研修。）

在大多数婚礼、葬礼以及其他家庭大事中，若没有僧侣到场，通常被认为是不完整的，这些僧侣念诵佛经（佛陀的言教，我们稍后将稍加讨论）来为家庭成员积累功德。同样地，僧侣是节日的重要组成部分，许多僧侣由寺庙自身组织起来。（人们时常看到僧侣待在亭子下，这些亭子是为节日而特别建造的，用于展示木偶戏、杂技甚至是跆拳道。）年长的僧侣为人们提供商业及婚姻方面的建议，其中一些被认为具有特别的能力（人们向这种僧侣咨询中奖彩票的数字）。年迈干瘦的僧侣——被认为创造了奇迹的僧侣，其雕像甚至可以在商场中买到。人们将其购回并放置在家中高高的架子上，家人以献花、供水和焚香等形式敬拜它，在这里，雕像受到了供奉。

这些缅甸尼姑头顶托盘，每天早晨她们走进社区接受供奉的食品。

在小乘佛教中，不仅是那些打算成为终身僧侣的男性会受戒，"临时受戒"也经常发生。通常情况下，临时受戒持续整个雨季，但是也可以是更短的一段时期。临时受戒被视为一种有效的为个人及家庭"积累功德"的方法。人们认为这对年轻人性格的形成产生了积极作用，有时候它会得到整个团体的执行，比如警察，因为这被视作诚意和友好的标志。

正如我们见到的，禁欲主义渗透到小乘佛教文化的社会和日常生活中。正如前面提到的，寺庙甚至坐落在城市中心，在那里僧侣随处可见。同样地，寺庙生活也具有流动性，因为小乘佛教的僧侣时常在多年之后选择放弃寺庙生活。但是，在成为僧侣的这段时间里，他们被视为行为榜样，并遵守着严格的道德标准。

早期的西方小乘佛教翻译者和学者透过自身的文化棱镜来看佛教。他们认为组成宗教这一概念的关键是大量的书面经文；学者们认为书面的经文对信仰者的生活产生了重大影响。更多的近期学术成就表明，佛教教义很大程度上是口头传播的。由于大多数佛教徒不识字，他们并非从书中得知宗教信仰及实践，而是通

深度视角

泰国的佛教

小乘佛教是泰国的国教,超过90%的泰国人是佛教徒。不过,泰国的佛教徒实践了一种融合了佛教、印度教和民间信仰的宗教。或许由于佛教十分强调宽容的观点,于是佛教正如实际上实践的那样,由众多不同来源的要素组成。

佛教在泰国的盛行体现于日常生活中。泰国人通常遵行行善事会"积累功德"——为今生和来世带来好的业报——的信念。为了积累功德,泰国人会向街上的贫困者施舍硬币、向僧侣提供食物和长袍、参加佛教仪式、救助动物等。佛教僧侣随处可见——在街上行走,在巴士的后座(他们免费乘坐),在三轮车上,在内河船只中。

同样随处可见的还有"精神之家"。它们看上去像小型寺庙,建造在高处、高层建筑的天台或高大的老树下面。精神之家用于对财产的守护神和前所有者灵魂的献祭。每天信徒为其供奉食物和鲜花。

通常,印度神灵大梵天的形象出现于精神之家中,跳舞的小女孩的肖像——源于印度寺庙崇拜——遗留下来作为永久的祭品。在商店里,观光者会看到与成功联系在一起的象头神灵甘尼许的雕像。印度教的其他影响明显体现在泰国艺术、舞蹈中,它讲述了罗摩、悉多和哈努曼的故事,而这些故事又在拉玛坚神话——泰国版本的《罗摩衍那》——中得到重新演绎。

神秘维度也是泰国佛教的一部分。泰国男性通常戴着佛教护身符作为项链,用于保护自己免受疾病和伤害(拥有者快乐地描述着每一个护身符的来源与能量)。文身通常与佛陀、罗摩和哈努曼的肖像共同出现,被认为具有相似的影响。出租车司机——不用说他们焦急的乘客了——希望众多的佛教肖像出现在仪表盘上,在途中这会为他们提供必要的保护。

过讲经、观看寺庙绘画以及聆听长者的方式获得。早在书面材料出现很久以前,某些僧侣就被视为专家,他们念诵佛陀的教导、僧团的戒律,以及正确生活的诫命。最后这种口头的材料被书写下来并编辑成典籍。但是,就算我们从书面经文获得知识,我们也必须理解口头传诵所发挥的重要作用。

除了所谓的权威经文之外,民间故事也颇具影响。最著名的是数百部佛陀本生故事。它们和《伊索寓言》相似,它们的早期形式或许影响了那些故事以及其他国家相似的文集。这些故事是关于人类与动物的,每一则故事都有关于一种特定美德的道德训导,比如友谊、诚实、慷慨以及节制。在小乘佛教中,这些传说通常出现在佛教语境中。传说以佛陀讲述故事为典型的开端。随后故事以佛陀述说他前世为动物或者故事中的人物而结束。佛陀本生故事通常成为东南亚地区艺术、戏剧、舞蹈的主题。

尽管在西方人眼中僧侣的生活似乎很简单，但是实际上他们得不到照料：许多儿童僧侣都是孤儿或弃儿；寺院的房屋有时得不到修缮。不过，可以在寺院中感受到平静和慈悲的精神。

小乘佛教的教导和经典

小乘派佛陀教义的文集称为《巴利经典》。这些材料作为整体被称为《三藏经》（巴利语：Tipitaka；梵语：Tripitaka），意思是"三篮"。该称谓来自这样一个事实：这些作品根据它们的主题被分为了三组。

第一文集《毗那耶》（巴利语和梵语为 vinaya）概述了僧侣生活的仪式规则。这包括乞讨、用餐、僧侣与非僧侣之间的关系以及其他戒律[10]。第二文集由佛陀说教和对话形式的言论组成。这类材料称为《修多罗》（巴利语：sutta；梵语：sutra）。稍后发展起来的第三文集称为《阿毗达摩》（巴利语：abhidhamma；梵语：abhidharma），意指"超越基本教义的作品"。它将经文中几乎无序出现的教义加以系统化。

小乘佛教的艺术和建筑

佛陀的雕像在佛教初期的几个世纪中并没有出现；相反，艺术家使用象征来表达他及他的教义。其中一个象征是法轮，它源于"八正道"，表达了佛教的一切基本教义——达摩。（轮子可能由太阳的圆盘形象象征了光和健康，或者由君王战车的车轮象征了皇权的统治地位。）伞，通常用于保护重要人物以免受到太阳的炙烤，这象征了佛陀的权力。另一些常见的象征包括：一串脚印、莲花以及空的王位。诸多种类的**佛塔**（stupas）源于大坟冢，出现在佛教僧侣的遗体上面，并建在重要的佛教场所。起初，众多象征只是被简单地使用，这可能是因为艺术家在努力应付一项基本的挑战：同时刻画佛陀的仁慈（人类爱）以及他的精神抵

坐落在曼谷玉佛寺的卧佛占据着整间寺庙，它是泰国最受尊重的雕像之一。如果你走近雕像底座观看，你会发现有许多敬拜者站在神坛之前。

达——觉悟。不过，到了公元1世纪，佛陀的雕像开始出现。（学者讨论到这可能受到了希腊雕塑传统的影响。[11]）在小乘派的国家中，我们现在时常看到佛陀冥想的雕像、站立的雕像（同时合十双手祈祷）、行走或平卧的雕像。最出色的一些雕像是斯里兰卡和泰国的卧佛像。

第七节 大乘佛教："大渡船"

佛教的第二大分支称为大乘佛教，该词通常翻译为"大渡船"。它使人想起一艘巨大的渡船，载着形形色色的人们过河，这表明大乘佛教视野的宽广包容，适应于多种多样寻求觉悟的人。大乘佛教强调，不仅僧侣可以达到涅槃，每个人都有可能达到。大乘佛教还强调觉悟是对慈悲的召唤，因为"大乘佛教传统坚称人必须通过拯救他人来拯救自身"。[12]

一些大乘佛教的批评家声称，大乘佛教容许了仪式和沉思——佛陀曾不再强调这些——这些因素的重新兴起。很可能印度对仪式及肖像的热爱在大乘佛教中保留了下来，并以新的形式存在。比如，一些大乘佛教宗派的拜火仪式源于吠陀教仪。不过，客观地讲，大乘佛教起初完全是印度人的，它试图用各种印度的方式表达真知。[13]

早期佛教的某些实修方法和态度很可能并不能满足人类崇尚仪式的宗教世俗需求。不过，大乘佛教可以满足几乎任何宗教及哲学的渴求。[14]它是众多非凡的人类思维创作的源泉——表现在艺术、建筑、哲学、心理学及仪式等方面。

新的理想：慈悲和菩萨

在大乘佛教中，宗教理想扩大了：从完全超然于家庭生活的寺庙僧侣的典范扩展至包括非僧侣、女性和已婚者。大乘佛教开始探索在世上遵循积极的宗教路径的可能。这种区别标志着何为道德的观念的变化。它或许代表了一种反对印度教禁欲主义和狂热崇拜桑雅士的观点，抑或表明了虔诚与仪式狂热的一种新形式。它同样可能来自于涅槃观念的延伸。如今，可以在轮回——变化不居的日常世界——之中发现涅槃。一般而言，这种虔诚的改变发起于印度和中亚，但是当大乘佛教传至具有长期珍视自然界和现实世界的文化的中国后，它得到了长足的发展。在大乘佛教中，人类的肉身和物质领域得到了肯定，同时对艺术和音乐有极大的开放性。随着理智和情感日益成为灵性变化的一种方式，大乘佛教得到了发展。

在大乘佛教中，智慧仍然是重要的目标，不过智慧与慈悲成对出现是教义的核心。慈悲成为了基本的品质，以及智慧的完美表达。这一术语称为"悲"（karuna），有时可以翻译为"移情""同情"或"仁慈"。在某种程度上，悲不同于西方的仁慈概念。在西方语境中，一个独立的个体出于个人的慷慨会给予另外独立的人以帮助。相反，悲表明我们都是同一个不断变化的宇宙的一部分。从更深层次来说，个体并非真的不同于任何人或任何其他事物。对他人仁慈实际上就是对自己仁慈。行动中的慈悲仅指践行这种众生平等的意识。出于一切存在物（包括动物）相互联系的观点，慈悲自然而至：如果我仁慈的话，我的

正如这里所见的尼泊尔博达哈大佛塔涂油的穹顶一样，往圣物上涂油的印度教仪式已经成为大乘佛教虔敬实践的一部分。

仁慈就必须向任何感受到痛苦的存在物展示出来。佛教慈悲的祷告是这样的：愿一切众生安宁快乐。这是一种常见的大乘佛教的实修方式，在精神上对日常世界表达此种愿望。

对悲的尊重影响了大乘佛教的人道理想。不同于小乘佛教阿罗汉的理想——尊重超然的智慧与脱离尘世的生活，大乘佛教的理想是具有深切同情心的人——**菩萨**（bodhisattva，"觉悟的存在"）。由于菩萨使慈悲具体化，通常认为菩萨不会完全进入涅槃，这是为了轮回到人间帮助别人。人们甚至可以受"菩萨戒"而不断轮回直至一切众生都觉悟。

我们在印度教中所见到的对各种宗教路径的开放性也是大乘佛教的特征。大乘佛教认为人与人是不同的，可以在灵性发展的不同阶段发现自身。比如，一个不能从研修与冥想中收获的人可以通过实践仪式、使用意象和宗教物品来达到新的理解水平。在大乘佛教中很可能发现巴克提瑜伽（见第三章）的影响，这是因为大乘佛教甚至赞同对众神的敬拜。一些批评家称此种实践为迷信。无论如何，大乘佛教向任何可以通往更深刻的灵性意识的事物开放，这一概念称为"善巧方便"（梵语：upaya）。

大乘佛教的思想及世界观

大乘佛教倡导一种虚幻、宽广且通常深奥的实在观点。有一则传说讲述了这样一位中国皇帝，起初他阅读大乘佛教的某些经文，随后他惊奇地发现，这种体验就如同俯瞰大海一般。当这位皇帝体验到了佛经数量之广、内涵之深时，就领悟出大乘佛教视域的广阔。

在这里我们需要介绍一些重要的概念。这些概念向我们展示了充满神圣人格和神性的世界。当读者仅仅是读到这些观点的时候，它们似乎略显枯燥；但是，当一个人置身于寺庙或者博物馆体验大乘佛教艺术之时，这些观点将变得意味深长，它们是大乘佛教雕刻艺术、绘画以及信仰的基础。

三身学说（Trikaya）　在大乘佛教中，佛陀可通过三种方式表现自己，这就是**三身学说**。历史上曾居住于印度的佛陀被认为是神的实体的化身，即"法身"，梵语中称为 Dharmakaya（通常译作"法身""形式身""实在身"）。根据大乘佛教的解释，尽管法身具有无形的特征，但是它充斥在万事万物之中。（法身有时被比作印度教的"梵"这个概念，可能是受它影响的缘故。）对于人来说，法身通常作为潜在的形式表现自身。事实上这是我们需要认识与理解的本性。法身同样存在于大千世界之中，因为万事万物是它的神圣化身而已。当我们体验自然界的神秘之时，我们即体验到了法身。

由于乔达摩·悉达多的肉身被认为是神的存在的化身，因此被称作"应身"（变化身）。历史上的佛陀是神的化身这一概念，使我们想起印度教中毗湿奴的多个化身的观点，并且印度教信仰或许也影响到了大乘佛教的观念。

在尼泊尔加德满都的博达哈大佛塔，这些眼睛代表着无处不在的佛陀本性。

在坚持诸多化身的概念的同时，许多大乘佛教学派认为佛陀具有不止一个变化身。我们可以追忆一下，小乘佛教与大乘佛教学派都曾描述过佛陀的前世。佛教的这两个分支同样认为具有另一个历史上的佛陀，**即弥勒佛**（Maitreya，巴利语为 Metteya），他将出现于尘世，并且开辟一个黄金年代。在一些大乘佛教文化中，这种信仰很重要。在中国和越南，即将到来的佛陀被称为弥勒佛，并且通常以肥头大耳、愉快的形象——笑佛示人。在韩国，Miruk（即当地的弥勒佛）的概念对于产生一个对获救的来世的信仰是至关重要的，因此激发了许多精美的雕像作品问世。弥勒佛通常以这样的形象示人：以所谓西式风格的坐姿坐于凳子或升起的平台上，一条腿下立于地面上，另一条腿与之交叉，一只手深沉地托住头，似乎在沉思着来世。

在大乘佛教的哲学中，法身同样以神圣的佛陀的身形显现，他们居住于超越尘世的极乐世界中。这些佛陀具有光芒四射的特征、刀枪不入的身体并且生活在恒久的快乐中。在梵语中，他们被称为"报身"（完美极乐的佛陀）。大乘佛教设想有许多佛陀同时存在，每一尊佛陀都有自己的影响范围，即"佛土"。在落日西方开创了佛土的报身佛尤其重要。在那里，他接纳了死后渴望受到启迪的人们。在印度他名为**阿弥陀佛**（Amitabha Buddha）。虔诚的佛教徒希望在他的极乐世界里获得重生。在获得启迪后，这些人可以重返尘世来拯救其他的生命。他们对阿弥陀佛的虔诚激发了大量优秀的绘画以及雕刻作品的产生，这些作品描绘了一尊盘坐于莲花之上的大佛，其弟子身处布满鲜花的花园长亭内，环绕在佛陀左右。

天上的菩萨 我们已经讨论过大乘佛教中尘世的菩萨——一位悲天悯人的圣人。但是，大乘佛教同样认为有许多希望帮助人类的菩萨存在于尘世之外的其他

在大乘佛教中，观世音菩萨作为慈悲的象征受到人们的尊崇。

维度中。同样地，他们富有同情心。其中一些曾经居住在尘世间，并且已经在尘世之外获得重生，但是他们仍然保留了悲天悯人的特质。若有需要，他们会奇迹般地出现于尘世间，并且有可能的话会在人间重生而帮助他人。

在诸多天上的菩萨中，最有影响的一位非**观音**（Avalokiteshvara）莫属了，他居于高处俯瞰人间来帮助世人。在印度，观音是以男性的形象展现在人们面前；而在中国，观音由于悲天悯人而被想象成女性的形象。在汉语中，她名为"观音"（"听到哭泣声"）。起初，在早期的描绘中，观音是以兼具男性与女性特点出现的，但是最终她完全变成了女性。（作为献身者，她在亚洲充当的角色如同欧洲的马利亚一样。）东亚的绘画以及雕刻作品通常把她描绘成面带笑容、身着白衣、手持智慧宝石或琼浆玉瓶，月亮或在她的脚下或在她身后的天空中。关于观音菩萨的其他一些艺术作品，尤其是寺庙中的雕刻，展现出一个具有许多手臂的光圈（据说她有一千只手），这代表了她有帮助世人的巨大能力。每个手掌中有一只眼，象征了她有能力看到需要帮助的世人。在中国和日本，许多寺庙都供奉着观音菩萨。

空性　大乘佛教的一个重要学说认为，所有的实体都是空（"空"，永恒本质的空无）。从字面上讲，**空性**（shunyata）可以翻译成"空"或"无"。这意味着什么呢？这个概念是佛陀实在观的基本体现，即万事万物瞬息万变、无物常驻。如果我们来考虑一个个体的人，我们可以说此"个体"是一个形态，它是由许许多多连续变化的部分组成的。如果把我们的视野扩展开，更大的形态就出现了，诸如家庭、城市、社会的形态。同样地，自然界就好像轮子之中套着轮子一样，它是由许许多多小的形态组成的更大形态。这些组成部分最终随着新的形态的形成而瓦解。为了更好地理解这一概念，我们来思考一下云彩，它们看上去巨大充实却永远处于浮现与消失的状态，它们交错着移动，其形态和大小不停地变换。由于一切事物都是变化着的，每一个表面独立的人和事实际都是永恒个体的"空"。空的概念同样表明了这一经验，即任何事物都是其他事物的一部分，并且所有人和事物都是共同存在着的。

真知　从字面上翻译，**真知**（tathata）的意思是"真如""如实""如是"。

这个概念意义丰富，能够引起每个人不同的体验以及阐释。真知代表了一种经验观点，即当我们体味那些形态、关系以及变化时，实体每时每刻展现在我们面前。由于没有完全相同的瞬间，也不存在任何一模一样的物体，因此随着时间流逝，我们可以观察并且领会每件事物。简单地说，日常事件都会展现出实体的本质。当两个要素以意想不到的方式聚集在一起时，我们或许可以体验到"真如"的含义。比如说，有个小孩说的一些话很天真却很明智。有时，当我们注意到变化，比如说经过长期闷热的夏天之后，在第一个清爽的秋夜，我们起床加了一条毛毯；抑或当我们注意到要素以某种意想不到的方式结合时，比方说一只小鸟从泉眼里饮水，或者一条狗欢快地从行进的车中伸出它的头；当我们认识到一个简单的物体或事件的独特性的时候，比方说超市中的某个苹果之美，或者在某个特定时刻，树的倒影投射到附近的建筑物上；此时，我们便领悟到"真知"的含义了。这种体验同样可以来自于某些滑稽或者悲伤的事情中。尽管真知蕴含了世俗，但是它也是一段诗化的时光，并且永远不会以几乎相同的方式返回。

日常生活中随处可见的惊异正是"真知"这个概念所暗示的。当我们体验某些事情并对自己说"是的，正是这样；这就是事物的本来面目"时，我们知道，我们正体验着实体的"真如"。这时候我们意识到，实体极其美丽，但它的形式却短暂易逝。

大乘佛教的经典

印度的大乘佛教发展出了不同版本的梵文《三藏经》，许多其他著作也同样成为圣典。大乘佛教中有许多新作品被称为经典，因为这些经典声称记载了佛陀所说的话，而实际上它们却是佛陀在世至少数个世纪后（大约从公元前100年至公元600年）虚构的生动的创作品。这些经文中的教义可以看作佛陀基本观点的自然传承。

在这些经文中，最重要的莫过于《般若波罗蜜经》（"关于智慧的完善的经文"），其中最早的经文完成于公元前100年左右。他们试图将我们惯常的理解与开悟的理解——万事万物都是相辅相依的——相互对比。

《维摩诘经》同样具有举足轻重的地位。这部佛经教导人们，一个人不是僧徒也可以过虔诚的佛教徒生活。按照史学家的描述，经文中的主人公维摩诘是"一位有权势、善于言谈的俗家弟子，他是一家之主，过着快乐的生活；但是，与此同时他也是一名虔诚智慧的佛教徒，他充满智慧并完全遵循戒律"。[15] 由于这部佛经中的主人公不是一位僧人，而更像是一位虔诚的凡人，我们可以看到是什么使这部著作在俗家弟子中广为流传。这部佛经的目的是严肃的，它向我们展示了每个人都可以在危险的世俗生活中生存、免灾并提升自身惠及他人。

有两部佛经可以说对东亚的佛教发挥了重要的作用，它们属于净土经（《无量寿经》的两个版本，"描述乐土美景的经文"）。这些经文论及极乐世界，即由仁慈的阿弥陀佛建立的净土，在那里人可以重生。若想在净土中重生则必须虔诚地对待佛祖，正如出于对他的信任而要重复他的名号一样。这些经典最终成功地推动了净土宗的发展，其影响延续至今。（我们将在本章稍后部分讨论大乘佛教的净土宗。）

《妙法莲华经》（"佛法义理深奥的莲华经"）是大乘佛教广泛流传的经典著作之一，简称《法华经》。在这部佛经中，佛陀显示了其超然无限的特性。他面对数以千计的弟子布道时，其光芒、智慧遍布整个宇宙。这部佛经借助寓言故事的形式强调了人皆平等地具有佛性，因此每个人皆可成佛。这些寓言中有许多故事谈论到了"方便善巧"，这使得不同类型、不同智力水平的人皆可受到启迪。

在中国南方的大乘佛教寺庙中，敬拜者在佛陀雕像前显得十分渺小。

大乘佛教在东亚的传播

公元1世纪时，大乘佛教传播至印度之外，到达中亚和中国。随着佛教传播至中国及其周边地区，梵语著作渐渐被翻译为至少十三种亚洲语言。在中国，主要作品已有几种中文译本。截止到8世纪，大量佛教作品已经译成汉语。[16]

在古代中国，大乘佛教的感染力值得深究。在一些方面，佛教寺庙独身生活的理想与中国儒家文化的本质是相冲突的，这表现在（1）儒家文化认为道德需求存在于家庭关系之中，（2）尊重祖先，（3）重视世系的延续（见第六章）。而大乘佛教拥有吸引宽广领域的人群的众多长处。它接受本土的宗教仪式，并且继续使用仪式中的实践向普罗大众施展魔法、治愈疾病和送子添丁。大乘佛教创造了大量带有精美艺术和仪式的寺庙。它促进和平与家庭和谐。它解答了关于来世的疑问，并为死者举行葬礼与悼念仪式。它为那些不想生儿育女或者不想建设自己家庭的人们提供了一种安全的社会生活方式。大乘佛教不仅为中国文化提供了其本身没有的哲学洞见，而且为诸多统治者带来信徒以及众多仪式，这些将有助于保护国家以及统治者自身。

究竟有多少大乘佛教的独立学派和世系存在，至今仍在讨论。一些大乘佛教的学派可能是完全独立的，而另一些则仅仅是对存在于同一寺庙中的规则和教义的不同阐释。尽管作为危险的外来输入而偶尔遭到迫害，大乘佛教仍旧传遍整个中国。尤其是大乘佛教的两个宗派得到了繁荣发展。冥想学派（禅）在僧侣、诗人和艺术家之间颇具影响。净土运动与对阿弥陀佛的虔敬一同成为平民奉爱的主要形式。最终，佛教与道教和儒教联系起来作为官方支持的"三教"之一，成为中国文化不可或缺的一部分。

佛教及其文学早在公元372年就从中亚和中国传到了朝鲜。[17] 佛教因被认为具有保护统治半岛的三个王国的力量而被广泛接受。人们认为寺庙是有强大力量的组织，他们可以将僧侣的祷文送至强大的佛陀与菩萨那里，同时作为回报，可以得到上天的眷顾。新罗王统一了朝鲜，开创了统一的新罗王朝（668—918），国家的统一促进了道教、儒教、萨满教和佛教的融合。佛教成为国家宗教以及官方仪式的主要施行者。

在韩国寺庙中，人们在这样的雕像前跌坐或者跪下。集会者在这里冥想抑或研习佛教经文。

礼仪和庆典

佛教节日

佛教最重要的节日关注佛陀的诞生、觉悟、圆寂，庆祝新年，有时候是对死者的纪念。这些庆典和纪念仪式的确切日期在不同文化中是不同的。

在小乘佛教国家，卫塞节（Vesak）使人回忆起佛陀的诞生、觉悟和圆寂。在五月份满月之时人们庆祝此节日。

在大乘佛教中，三个关于佛陀一生的节日彼此独立。他的生日在四月初八庆祝；觉悟在冬季的成道节（Bodhi Day）上庆祝，时间是十二月初八；在春季二月十五，人们纪念圆寂。（中国和朝鲜佛教徒遵循农历，而日本佛教徒则使用阳历。）

新年庆祝通常包括拜访寺庙来终止旧的一年，并用分享素食的方式来迎接新年。（日本人庆祝西方的新年，而中国人则庆祝农历新年。）

在日本，人们在仲夏节盂兰盆会上纪念死者，这源于古老的中国习俗。它将神道教的因素，与引导死者返回灵性世界的大乘地藏菩萨的信仰结合起来。如果可能的话，灵魂返回之路会被蜡烛照亮，这些蜡烛漂向溪流下游或者汇入大海。

在夏天，盛行于日本的盂兰盆会在世界各地的佛教寺院中庆祝。每座寺庙都会有特别的舞蹈。在靠近水边的寺院，人们放流带有逝去祖先名字的灯笼。

佛教在朝鲜的高丽王朝时期（918—1392）达到顶峰。在此期间，有80000枚木块被用于雕刻印刷朝鲜语及汉语佛教文本《三藏经》的字模。在第一批木块于蒙古侵略时期被焚烧殆尽之后，另一批木块于公元1251年雕刻完成，至今仍然存在。知讷和尚（1158—1210）是这一时期朝鲜佛教的伟大倡导者之一。他从小就进了寺庙，很早就开始冥想并研习文本。他有三种关于洞见的体验，这一切都得益于阅读大乘佛教的材料。他建立了曹溪僧团，将文本研习与日常冥想结合起来，至今仍然颇有影响。

在李朝时期（1392—1910），作为国家宗教的儒教取代了佛教。不过，尽管贵族阶层认同儒教，普通民众仍然信奉佛教。

佛教于公元6世纪传入日本，在那里它起初受到了抵制，随后得到发展。佛教在早期首都奈良的势力极其强大，新首都京都（那时被称为平安京）在794年建立的部分原因就是为了免受佛教僧侣的影响。新首都仿照中国的样式设计为方格状，在这一时期，诸多中国文化的要素输入到日本文化中。由于新首都的建立适逢中国大乘佛教的纷争期，日本佛教同样引进了中国佛教的众多实践及教义。

佛教在日本的历史表明了一场旨在提升平民力量的运动。第一阶段实质上由佛教寺院所主导，此时首都为奈良。在迁都后的第二阶段，主导学派（真言宗和天台宗）具有仪式化的特点并吸引贵族。他们的声望持续了近400年。不过，在公元13世纪，有两个学派（净土宗和禅宗）吸引了平民和军队。一般来说，由于军队对日本的统治直到1868年才结束，而禅宗在军队中被广泛接受，因此它

在火奴鲁鲁的这座越南佛教寺庙里，集会者在庆祝农历新年。

图 4.1 佛教的分支和学派

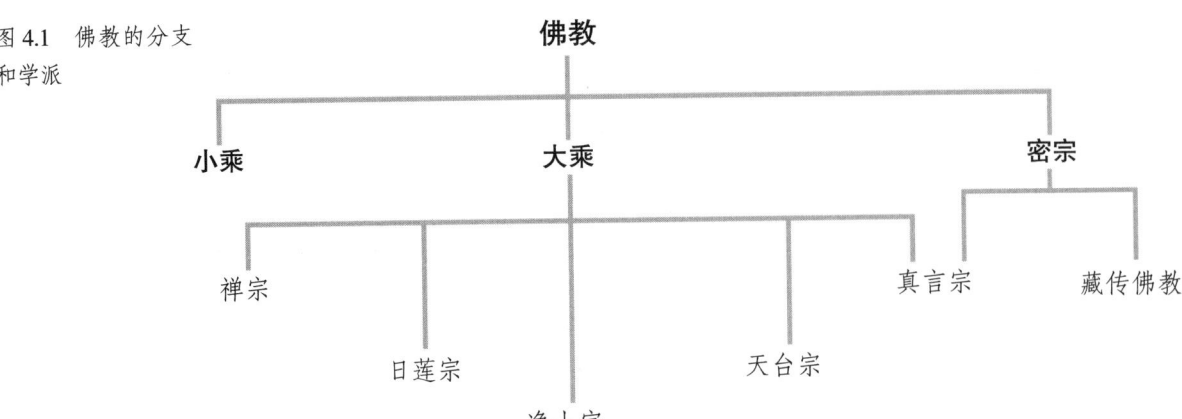

在日本文化中发挥了巨大作用。（在下面的部分将分别描述各独立学派。）

大乘佛教中的主要流派

  大乘佛教的理念含有诸多阐释知识和实修学派的萌芽。这样一种理念——慈悲是觉悟意识的重要标志——使得众多前佛教信仰和实修继续存在于大乘佛教中：众多旧神接受了新的称谓，他们成为天上的佛陀和菩萨；旧的信仰被吸收；旧的实修带着新的含义继续存在。正如我们在前面所讨论的，大乘佛教同样认为，人们可以在灵性进化的不同阶段发现自身。因此，不管是什么，只要有助于人进入到下一个意识阶段，在宗教上便是可以接受的。这就是"方便善巧"的概念：一些人需要看着神佛形象并祈祷；另一些人则需要虔诚的社团；有很少一部分人仅需要静默和空地。最后，大乘佛教文本的多样性催生了诸多哲学观点和实修方法，一支佛教学派关注一个文本，而另一支学派则关注另一个文本。因此，针对艺术和仪式的使用，以及追求福乐、世俗成功，大乘佛教表现出多种多样的态度。

  正如接下来几页所描述的，这些有趣的差异体现在日本的各主要宗派中。传统认为这些独立的教派（有一支除外）源于中国，随后传至日本。不过，这些宗派起初在中国是怎样起源和分离的，至今仍是一个有待探讨的问题。在日本和夏威夷，这些宗派保持了相当大的独立性，对此感兴趣的游客或许可以轻易体验到它们之间的差异性。

  真言宗 这一学派称为真言宗（Shingon），意思是"真实的话语"或"真理的话语"。该名称指的是神圣唱诵，称为"真言"。我们或许会想起，大乘佛教在中国的流传在某种程度上是由于佛教仪式的神奇效果。人们相信，如果能够认真执行佛教仪式的话，它将保护统治者、为已婚夫妇带来子女，并为农民带来更好的农耕条件。

  在真言宗仪式的背后，是对与佛陀的普遍本质融合为一的体验的关注。这一过程可以通过念诵真言来实现，与此同时伴随着众多仪式和宗教对象。在这些仪式中首先是火的仪式——护摩（goma）——吠陀教中一种火的仪式的延续。在这种仪式中，祭司在一块用彩绳围起的方形神圣空间中将火生起。行法者向火堆中缓慢地投掷木头和树叶，这象征着摧毁一切阻碍通向神秘合一的我执。

真言宗使用两种曼荼罗（mandalas），它们都是几何形状，通常画在布料上，用一种象征的形式显现实在。金刚界（金刚世界）曼荼罗表现宇宙是来自智者的见地，将宇宙视作圆。它代表了一种被视作涅槃的宇宙。另一种曼荼罗——胎藏界（子宫）曼荼罗表现宇宙是来自慈悲之人的见地。它将宇宙视为一个轮回，一个充满苦难与成长的地方、一个需要我们救助的地方。

真言宗发展自佛教中神秘的一派，它产生于印度并传入中国。在日本，它由空海（Kukai，774—835）创立。空海是一名日本和尚，他曾前往中国研修，并将大量有关仪式的知识、佛经、曼荼罗和祭坛用具带回了日本。他死后被授予弘法大师（传承法的大师）的谥号，在此名下，他成为日本备受尊重的文化英雄。由于真言宗对仪式的推崇，它促进了艺术，尤其是雕刻和绘画的发展。真言宗与藏传佛教有诸多相似点，因此它也包含了金刚乘佛教的一些因素（在本章稍后部分将加以讨论）。

地藏菩萨的雕像，后面是真言宗空海大师所作的曼荼罗绘画。

天台宗　天台宗是以坐落在中国天台山（天国的平台）的重要僧侣机构命名的，据说该宗派起源于中国东部地区。那里曾出现过众多形形色色的寺庙。[18]

截止到公元8世纪，有众多佛教文本出现，有一些是佛陀时代1000年后完成的。当这些文本译成中文时，这些译作造成了巨大的混乱。佛陀是怎样说出这么多教义的？且其中一些有着明显的矛盾之处。解决办法是将这些教义根据其复杂的程度组织起来。据说，佛陀曾将他最基本的一些洞见展示给每一个人，但是他只将最难理解的思想展现给那些能够理解它们的弟子。天台宗试图将所有教义归类整理，并将它们以有意义的形式展现出来，如同某种指引我们达到完全的觉悟的阶梯。当然，天台宗自身的特殊教义仍是最重要的。

在日本，天台宗得到了统治者和朝廷的支持，原因在于它能给国家带来利益和保护。最澄（Saicho，767—822）是一名日本和尚，他曾到访过中国，并将天台宗的教义带回了日本，后来他得到了"传教大师"（传播教义的大师）的谥号。

延历寺是天台宗的中心,坐落在京都北部的比睿山上。

净土宗 净土宗开创了一种虔诚的佛教形式,实践者既可以是俗家弟子也可以是僧侣。对菩萨的敬拜在印度和中亚早已存在,但是它也同样吸引着中国民众。中国的净土宗可以追溯至昙鸾(T'an Luan,476—542)。传说由于他的所见所感,他建立了对阿弥陀佛敬拜的宗派。他认为对这位佛陀的完全敬拜会使信仰者在阿弥陀佛的净土——西方极乐世界——重生。信徒们有规律地重复着一小段源于大乘佛教的经文,并对阿弥陀佛称赞。起初,重复佛陀的姓名是一种僧侣作为,但是后来传播至俗人之中。在汉语中,该短语为"南无阿弥陀佛"(Namo Amito-fo),在日语中为"南無阿弥陀仏"(Namu Amida Butsu)。这二者的意思都是"对阿弥陀佛的称赞"。日常的重复和临终前的读诵被认为可以确保信徒往生西方极乐世界。

在日本,净土运动得到法然和尚(Honen,1133—1212)的传播,他曾是比睿山天台宗的一名和尚。他的运动成为一支独立的宗派,即净土宗(Jodo Shu)。法然的弟子亲鸾(Shinran,1173—1262)继续使日语中所讲念佛世俗化。他教导道,人类自发获得救赎的行为与佛陀的拯救力量相比是不重要的。由于相信寺庙修行不是必要的,亲鸾结婚了(人们经常用马丁·路德与他相比较,因为他曾结婚,并强调简单的信仰即是救赎之道。)。亲鸾发起的运动最终成为净土真宗(True Pure Land sect)。净土宗在中国和日本极为盛行,而这种盛行也使它成为大乘佛教中规模最庞大的。

人们曾经普遍认为净土是超越于尘世的某个真实场所。不过,现在它通常被视为一种充满慈悲心并且愉快地生活在日常世界中的隐喻。

净土宗佛教曾经刺激了——并将持续刺激——艺术的发展。在雕刻和绘画作品中,阿弥陀佛通常位于三圣的中心。两位菩萨伴其左右。阿弥陀佛同样以独立的形式出现,被光束环绕,从天上下来提供帮助,并接引死者。同样的形象有时候用金箔画在靛蓝色的纸上,通常出现在《妙法莲华经》的手稿之中。

日莲宗 与迄今为止所讨论的其他宗派不同,日莲宗佛教始于日本。它的建立者是一位天台宗的和尚日莲(Nichiren,1222—1282)。在比睿山学习之后,日莲找到一条比天台宗更加简明的路径,通过大量经文和实修寻求开悟。在浩如烟海的大乘佛教文本之内,日莲试图寻找一部包含佛陀一切基本教义的佛经。天台宗最关注《妙法莲华经》,于是日莲遵循天台宗的传统指引,声称《妙法莲华经》实际上已经体现了一切基本的宗教教义。他认为自己是《妙法莲华经》中小佛陀的化身(他的法号日莲意指"太阳莲")。他的宗派这样吟诵经文:南无妙法莲华经(Namu Myoho Renge Kyo),意思是"赞誉妙法莲华经的神秘律法"。虔诚的信徒每天都要重复数遍祈祷文,尤其是早晨和夜晚。他们认为这样做可以将他们自身与宇宙的神性力量联结起来。

日莲宗佛教产生了诸多分支。在这其中最重要的是日莲宗(Nichiren sect)、日莲正宗(True Nichiren sect)和创价学会(Value Creation Educational Society)。日莲宗视其创始人为一尊菩萨,或者佛教圣人。日莲正宗将日莲的地位提升至佛陀的化身——"现世的佛陀"。创价学会这一分支曾是日莲正宗的一个世俗部分。不过，在1991—1992年间发生了巨大分裂，创价学会完全独立。这些分支都接受物质世界并尝试改善它。创价学会尤其通过政治途径变革社会，通过跨文化理解来寻求和平。

直到第二次世界大战之后，日莲宗佛教才为日本之外的人所知。现在，在世界各地都有它的踪迹。一些日莲宗团体的有目标导向的经文非常吸引西方人，众多明星（比如蒂娜·特纳）都在践行着这种信仰。

禅宗 禅宗是大乘佛教的一个学派，它始于中国，并传向日本。它极具影响，因此值得我们仔细探讨。

禅的名字取自于八正道的第七步——禅（dhyana，冥想）。在汉语中这个词是禅（chan），在日语中是禅（zen, ぜん）。（在这里讨论禅[chan]时指的是中国的宗派，禅[zen]则是指在日本发展以后的宗派。）中国佛教的复杂性有利于产生趋向于简单化的平衡。对于中国的禅宗而言，简单化来自于直接进入到乔达摩·悉达多的觉悟经验。悉达多通过禅定成为了佛陀、觉悟者。尽管他并未否认仪式的价值，但是佛陀并不认为它可以通往觉悟。于是禅宗运动的参与者，由于渴望觉悟，便如乔达摩·悉达多所做的那样，进行打坐禅定的修习。

传统上禅宗可以追溯至一位叫菩提达摩的和尚，据说他曾从印度或者中亚前往中国（约公元500年），并在中国创立了他的学派。菩提达摩通常以坐禅的形象示人，有着一张西方人的面孔，肌肤黝黑，胡须稀疏，带着耳环。在绘画中，

佛教徒在虔诚地追忆亡者，在家里或者寺院安放灵灰的地方（安放死者骨灰的墓穴）敬拜他们的灵魂。一些寺院甚至鼓励"积累功德"，以使亲属尽快达到涅槃。

他对着一面壁，来表明他强烈渴望摒弃一切使他从禅定中分神的事物。据说他因长时间的禅定导致胳膊萎缩。他是忍耐与持久力的化身。

作为中国本土宗教和哲学的道教无疑为禅宗铺平了道路，并深刻影响了它。道教具有相似的理想：静默、超脱、包容、不相信象征以及与宇宙合一。道教同样进行禅修打坐。或许道教将其自身尊重自然与崇尚顺应自然的观念添加至佛教之中，尽管道教是如何影响禅宗的这一点仍饱受争议。在中国和日本的禅宗中同样还有诸多儒教的因素，比如寺庙集体的生活，以及师徒相承的传统。

作为导师，僧侣们传授着从自己导师那里学习到的传统，包括艺术。这里是一位越南的僧侣在教授书法。

深度视角

佛教和日本艺术

许多人认为佛教在塑造日本艺术方面扮演了角色。事实上,我们所认为的"日本风格"是神道教(见第七章)、佛教影响(尤其来自禅宗)、传统日本文化对待自然的态度这三者的混合物。在过去的三百年间,这些艺术呈现出自身的生命力,由俗人与大乘佛教众多分支的实践者传承着。

俳句

俳句(haiku)是很短的诗歌。在日本,中国长篇诗歌的形式被缩短并加以完善。俳句是一种用三行话写成的较短的诗歌。完美的传统俳句应当提及或者暗示到季节,就像一张好的摄影作品一样,应当在事物流逝之前捕捉到瞬间的本质。

松尾芭蕉(Matsuo Basho,1644—1694)被视为日本最伟大的俳句作家。下面这首诗广为引用,被视为他的经典之作:

Old pond: 古池幽且静,
A frog jumps in. 闲蛙一跃入清冷,
Sound of water. 空余弄水声。

我们会好奇,为何这首诗歌备受尊重?起初阅读时,它似乎很简单,并没有多大价值。但是仔细审视一番会发现,这首诗展现出惊人的平衡与反差。有诸多可能的解释。古池表明了永恒性,但是溅出的水则是短暂的,这代表了与永恒背景相对的日常事件。或者,蛙可能代表了人类;池,代表了人的思维;水花,代表了通往觉悟的瞬间突破。或许蛙意味着冥想中的佛教僧侣,而池则代表佛陀的一切教义。或许蛙象征了诗人自己,而水花则是诗人的洞见。因此,这个意象既可以用文字来表达,也可以用诸多等效的象征方式描述。

茶道

为客人泡茶、饮茶、提供茶水已经成为日本的一种优良艺术形式,这称为茶道(sado,chado,茶的形式)。在日语中,将客人聚集起来进行茶的仪式被称为"茶の湯"(cha no yu,泡茶的热水)。饮茶最初出现于中国的寺庙中,是出于医疗目的,并且帮助在禅修中保持清醒。在那里,饮茶同样发展了一些仪式的因素。随后饮茶传至日本,得到禅宗僧侣与一般人的刻苦钻研。在茶道大师千利休(Senno Rikyu,1522—1591)的带领下,茶道发展为当今高度仪式化的形式。[20]

日本茶道的本质是将几位客人聚起来,准备好绿茶,向客人提供茶水和糖果。茶道一般在茶舍举行,它的设计可能受到乡村棚屋的启发,这经常在中国诗歌中出现。茶道的目的是要创造并且共同欣赏和谐与美的气氛,在那里每一个物体、行为、语言都有助于带来宁静的体验。

陶艺

茶道中所使用的碗有意亲近大自然,看上去几乎是从土中挖掘出的一样。它们通常看上去粗糙且不完整,碗边的釉面已经脱落。有时候碗边并不是很平滑,颜色也并非清一色。甚至会有气泡和裂痕。所有的一切都是故意做出的。在窑中烧制碗的工艺,随着所产生的土壤色调的微妙变化得到推崇。矛盾的是,这样做的目的是要展现有意做出来的作品是自然而然的。

花道

日本风格的花道词汇——生け花(ikebana)——意思是"绽放的花朵"。花道可以追溯至中国和日本寺庙神坛上供奉的鲜花。但是花道以其自身的特点发展

花道将自然带至家中、茶室或者寺院。它使观赏者想起佛教关于万物无常的教导。

为独立的形式，现在花道的例子在餐厅、办公室和家庭里随处可见。

花道与西方的花卉布置大不相同，西方的风格倾向于浓密、对称且艳丽多彩。花道与此相反。花道注重通气、不对称的设计，一般来说不会超过两种颜色。实际上，花道是短暂的艺术品，持续不会超过几天，并且每天都在变化。因此，一些人把花道视为佛陀对无常的洞见的表征。花道亦是佛教雕像作品。

园林设计

在中国和日本，花园是建筑学中必要的组成部分，与所建造的建筑物相配而建。园林设计者和诗人与艺术家一样，具有很高地位。一些园林是为了散步而建造的，而有些是为了在屋檐下坐禅而设。当然，它们实际并不是为佛教徒而设计的，也并非每一座寺院都有园林。但是我们通常会发现佛教园林，因此会说园林是用于展现佛教理想的。

有一则著名的事例，是位于京都西北部龙安寺的石头园林。龙安寺的园林被两面低矮的土墙围绕，设有五群倾斜着的白色砾石。岩石和砾石暗示了山顶耸入云端，或者表明它们是河中的岛屿。园林让人痴迷之处正是巨石间的关系。以这种方式看待的话，巨石似乎更像伟大思想中的观点。园林中唯一的植物是石头底部的苔藓以及越过墙壁的树。实际上龙安寺更像理想园林的 X 射线图，由于其多石的特点，它看上去似乎是不变的；但是实际上它会经常变化，这取决于季节、天气、光线以及白昼的时间。

书法和绘画

在中国和日本，书法（希腊语："美妙的笔迹"）被视为水平极高的艺术形式。相比于字母来说，日语字符和汉字更像绘画作品，所以呈现出大量的生动美感。禅宗的理念是产生自然的且意义深远的东西，由于书法用毛笔书写，因此可以形成黑色、有力且灵动的表现手法与书写风格。此外，墨汁不会被擦掉，结果就是书写者的个性和觉悟水平可以即刻表现出来。当书法天才受邀书写绝世名言或者诗歌时，无疑会产生很强烈的效果。禅宗的简单性在艺术中最重要的事例则是"圆相"（enso）——一个黑色圆圈，通常单独、迅速打在纸上或者木头上。空的圈子象征了一切实在的空性。

禅宗设计的因素包括简单的优美、不对称、自然状态下的石头和木头，接近空性，这是石头园林的特征。在过去的一百年间，禅宗同样产生了全球化影响——在建筑、艺术、室内设计和时尚方面。比如，很明显，在弗兰克·劳埃德·赖特和他的学生所设计的家庭建筑中，他们将大扇窗户和天然石头做成一种流行样式。它甚至还影响了连锁零售业，比如 Gap 旗下的"香蕉共和国"，在那里我们会看到天然的木头地板、整齐的空间以及柔和的土壤色调的服饰。

在佛教漫长的历史长河中，有一些导师注重日常禅修的重要性以及禅修技巧的效果，他们认为禅修可以渐渐通往觉悟，就像黎明的到来一样，这是必然的。其他人强调可以突然觉悟，就像闪电一般，在任何地点任何时间均会发生。觉悟的经验（称为心灵**顿悟** satori 或 kensho）带来一种感知：自身与宇宙其他部分合为一体。觉悟的人认识到人类的区别和独立性——我的、你的；这、那；一、多——这种差异由社会和个体的思维产生并且投射于其他人和事。但是这种差异并非终极的，因为一切人类包含了宇宙相同的基本能量，只不过以不同的形式呈现。这种终极统一的经验为生活艺术带来了新的洞见以及情感：在通往目标的过程中少一些焦虑，对死亡少一些关注，珍视当下日常生活的可贵。

达到觉悟最基本的禅宗技巧是日常的"静坐禅修"，这称为打坐（zazen）。在禅宗寺庙中，僧侣们通常在早晨和夜晚进行数小时的打坐。这包括安静地跌坐，坐的时候后背挺直，保持身体的静止并深呼吸。这些仅仅是平息念头且观照当下的简单技巧。随着长期的练习，人的思想变得更加平静、完美，简单意识的状态会取代人的"真本性"而展现出来。[19]

达到此种意识的另一种技巧称为**以心传心**（koan）。它没有明确的起源，但是这一名称来自于汉语中的公案，翻译为"参话头"。以心传心是一个不可能用逻辑轻易解答的问题。它需要人的沉思。比如，考虑到一个问题——为什么菩提达摩来自西方？合理的回答或许是"花园中的灌木**丛**"——或者是任何一个提及普通事物的回答。这个显然奇怪的解答体现这样的意义：菩提达摩的全部意图是要使人类觉悟到日常生活中简单事物的美好本质。有时候对以心传心的完美解答并不需要语言的回应，而仅需一个适当的行动，比如举手、脱鞋、捧上一束鲜花甚至是扬起眉毛。[21]

体力劳动同样是禅宗的必要训练。在禅宗寺庙中，在菜园或厨房中劳动、修理或打扫寺庙，可以作为技巧弥补语言的不足，进而来描述实在。这里受到道教影响的禅宗认为，语言通常是障碍，它阻碍我们直接接触到事物的真实特性。融合对现实世界直观经验的静默冥想，可以使我们超越语言和思维来体验实在本身。

第八节　金刚乘佛教："金刚乘"

大乘佛教的实践和信仰在印度得到了发展，有时候被称为秘传的（隐藏的，不公开教导），比如使用特别的诵词和仪式来获得超自然的力量。当这样一些传统传到西藏时，印度的大乘佛教与西藏的苯教（萨满教）融合起来产生了藏传佛教，一种包含信仰、艺术和复杂仪式的体系。尽管金刚乘实际上包括其他形式的秘教佛教，但是藏传佛教是它最杰出的表达。

金刚乘（Vajrayana）这个名称意指"金刚之乘"或"闪电之乘"。这一名称暗含有力量、明晰、智慧、闪光的意思，这一切都与该乘试图传输的觉悟意识有关。

金刚乘被一些人仅仅视为大乘佛教的一种特殊形式。但是由于金刚乘的复杂性和独特的因素，大多数人认为它是佛教的第三大分支。

藏传佛教的起源、实践和经典

前佛教时期的西藏宗教崇尚自然的力量。正如众多本土宗教一样，这些力量通常被预想为须得到抚慰的恶魔。萨满教的仪式包括动物献祭，以及使用骨头、舞蹈和神奇咒文来达到控制恶魔力量的目的。

这种西藏宗教受到了一种新宗教的挑战，这是印度东北部一种特殊的佛教实践，因其经文是坦陀罗（传播），它被称为坦陀罗佛教。坦陀罗佛教反对原始佛教对世界的脱离以及它对肉体快乐的抵制态度。坦陀罗教导道，身体和一切能量都可以用来达到觉悟。对于佛教来说，觉悟是一种终极纯一的体验，它发生于实践者实现对立面统一之时。性的结合是一种强烈的联合经验，坦陀罗佛教用意象而很少使用两性交媾的实践方式来帮助达到觉悟。在它的意象和信仰体系中，坦陀罗佛教展现了其来自印度教的影响——尤其是它倾向于将男性神与女性神配对以及对多重神性的崇拜。金刚乘认为佛陀的神性通过许多男性和女性神来表现。

坦陀罗佛教的形式起初在公元7世纪时由印度的传教者传入西藏。传统认为赞普松赞干布（活跃于公元630年左右）成为它的推动者并使它成为国家宗教。起初，当地的祭司与这种新宗教做斗争，但是8世纪晚期由印度而来的传奇佛教僧侣莲花生大士将两种宗教加以调和，并将西藏的恶魔神灵转变为佛教的守护神。

结果，这种宗教融合了苯教的信仰关切、坦陀罗佛教的性意象以及传统佛教因素，如吟诵经文、禅修、非暴力的理想和寻求觉悟。因此僧侣不仅被称为导师，也被称为医生和萨满；人们期望他们带来健康、控制天气、用法术保护信徒免受死亡侵袭。西藏的灵修导师通常称作喇嘛（古鲁的藏语释义），这一称呼通常是一切僧侣的荣誉的头衔。

尽管印度云游圣人和洞穴隐居者的理念并未在藏传佛教中灭亡，但它们并不能很好地适应那种严寒的气候和贫瘠的青藏高原。似乎更加与之相容的是，大量兴起于印度佛

最著名的密宗传法者莲花生大士，在一些地区以上师仁波切（珍宝）闻名。图示是位于中部不丹的古杰寺的住持身穿上师仁波切的服装在信徒间游行，作为庆祝大师诞辰的一部分。

教晚期的寺庙。这样一种复杂的西藏佛教通常看上去像一座坚固的山顶城堡，事实上，这是一座完整的城市，有时候有着成千上万的僧侣，包括藏书、礼拜圣殿、厨房、储藏区，以及用于公众活动的庭院。一种藏语的书写形式被创造出来，用于将佛教经文从印度翻译过来。同样地，它也使经文的评注作品和其他论著译介过来。

随着时间的推移，禁欲的实修衰落了，西藏寺庙的首领经常将统治权传给他们的儿子。食肉、喝酒同样变得普遍。不过，在宗喀巴大士（Tsong Kha-pa，1357—1419）时期爆发了一场改革运动，要求僧侣不得结婚，并重新建立了严格的修道实践。因此，他的宗派后来被称为格鲁派，意味着"道德派"。（通常它还被称为黄教，因为僧侣在宗教仪式中穿戴着高高的黄色顶帽。）这一宗派势力强大。它帮助建立了拥有众多艺术品和完整佛教经典的大寺庙，并且数世纪以来为西藏提供政治领袖。格鲁派的领袖称为达赖喇嘛（无边的海洋）。

在藏传佛教中，某些重要喇嘛是先前喇嘛的转世的观念逐渐成为共同的信仰，这些喇嘛转而被视作佛陀或者菩萨的化身。（转世信仰于是解决了领袖接任这一难题，因为在禁欲的寺庙僧团中是无法传位给儿子的。）比如，达赖喇嘛的传承可以追溯至宗喀巴大士的侄子，他是第一位继任者。每一个达赖喇嘛都被视为大悲观音——慈悲的天国菩萨的化身。当重要的喇嘛逝世时，人们会寻找、发现并训练他的转世者。一队僧侣在向神使咨询过转世地点之后，带着先前达赖喇嘛使用过的法器（比如念珠）并将它们与类似法器物品混在一起。被视作现世达赖喇嘛的男童挑选仅由前世达赖喇嘛使用过的那些物品，用于帮助证明他的身份。

西藏佛教的文献包含两大类的著作。《甘珠尔》是核心，由取自《三藏经》（主要的大乘佛教经文和毗那耶与密宗文本）的作品构成。第二部分是《丹珠尔》，由经文注释和各种各样学科，比如医药、逻辑学和语法的论著所构成。这部文集包括超过四千部作品。

礼仪和艺术

金刚乘佛教关注内部力量和外部力量的获得，并坚称这些力量可以通过适当的仪式来获取。仪式允许把个人与一些佛陀或者菩萨视为一体，为个体赋予力量，并使其得到他们的保护。

由于正确地进行仪式会带来与强大神性的一体感，因此仪式中物品扮演了重要角色。我们先前注意到一些方式，比如咒语或曼荼罗用于大乘佛教的实践中。这些方式接下来被金刚乘所采纳。但是在金刚乘佛教里，这些物品和技巧具有特殊的重要性。在这些重要的仪式法器中，有一件物品称为**金刚杵**（vajra），它是一个金属物件，有一些类似神赐的权杖，或者代表着风格化的闪电节杖。金刚杵与金刚石的坚硬、力量及洞见有关联。右手持有它，象征善行。左手则举着铃，象征智慧。当二者一起使用时，一只手举着一件法器，它们代表了智慧和慈悲的联合。金刚杵和铃从某种程度看对于藏传金刚乘佛教仪式极为重要，与其他宗教法器（接下来的段落会涉及）不同。

藏传佛教的另一个重要法器是转经筒，它有很多尺寸——从非常小的到两层楼那么高。转经筒是一个圆筒，围绕着中间的杆旋转。在圆筒内是铭刻着神圣短语的纸张。据说旋转书写的颂句会产生好的业报，就如同一个人在背诵它们一样。信仰者通常会携带小的转经筒，走路时旋转它们，也或者在寺庙和公众场所推拉大的转经筒。一些转经筒坐落在溪流之中，奔流的河水转动着它们。同样的道理适用于通过风吹动的经幡，这些经幡由方形或者三角形的包含有铭文的布料组成。

某些仪式法器一开始由于其与死亡的联系而令人敬畏。他们通过让人们在死亡之前便接受它，以让人们克服对死亡的恐惧。比如，人的股骨用于制造小喇叭，人的半个颅骨用金银粉饰后或许可以作为仪式中的碗。忿怒神灵的绘画和雕像通常具有相似的作用。

萨满使用的用于对抗恶魔的音乐和舞蹈，同样在藏传金刚乘佛教中发挥了重要作用。鼓、长喇叭、铃和铜钹用于给深沉、缓慢的经文吟诵伴奏。这具有催眠的效果，并可以唤醒现实表面之下的神性。

在金刚乘和大乘佛教中，人们念诵咒语或者将其书写下来，通过重复带来力

身着盛装的僧侣们在一幅巨大的刺绣画（佛教挂毯）前面舞蹈，这里描绘了上师仁波切的多种显现形式。在一年一度的不丹寺庙仪式上，挂毯会展开一个小时。观看刺绣画据说会将人从轮回的循环中解脱出来。

长喇叭、铃和鼓通常为密宗仪式上的经文吟诵进行伴奏。

量与智慧。在藏传金刚乘中最受尊重的祷文是"唵嘛呢叭咪吽"（字面翻译是："唵——宝石——哦，莲花——啊！"），按照坦陀罗性的象征，其含义是：珍宝藏在莲花里。宝石和莲花代表了性的双方，咒语代表了性的结合——觉悟的象征。在另一种象征的翻译中——宝石即是莲花——宝石代表了佛陀神性，莲花代表了生与死的世俗界。因此，咒语意味着，这个苦难的世界与佛陀神性是一致的，觉悟者会看到他们是相同的。不过，同样可以将咒语仅仅阐释为向大悲观音菩萨的祷告，这个形象可能双手持有两件法器。于是祷文的意思将成为："高呼宝石——莲花！"不管该咒语起源于何处以及它的含义是什么，普通的信仰者仅仅将它作为一种有力量的祷文。除了这句祷文外，还有许多其他咒语，每一句都被视为对佛陀或者菩萨的尊重，或者被视为有助于得到某种确定结果。

佛陀雕像上的象征性手势（mudras，**手印**）在所有佛教形式中都很普遍。比如，右手向外伸出手掌，手指向上是保佑的手印；如果手掌张开而手是向下的，手印象征着慷慨。在金刚乘中，大量的手印得到发展用以传达神秘含义，比如对立物的联合。手印还有助于区分大量的佛陀与菩萨。不仅如此，手印可以用于吟诵经文之时，双手同时形成一个接一个手印，用来制造出对立物的和谐平衡。

一些大乘佛教中使用的曼荼罗在藏传佛教中呈现出诸多的复杂变化。我们或许会回想起，曼荼罗是神圣的宇宙图示，通常用于禅修中。它或许可以用象征的形式代表整个宇宙、神的圣殿甚至是自身。通常的设计是一个位于方形内或者环绕它的圆圈，抑或一系列随着接近设计的中心变得越来越小的圆圈和方形；另一种形式看上去像许多方格的图案。曼荼罗通常作为布料上的绘画作品出现，但是会采取很多形式。对于一些仪式来说，僧侣们在沙地上创造出曼荼罗，随后在仪式结束时将其毁掉，这生动表明了佛陀的教义，即万物皆变。

密宗的传统鼓励僧侣创作并思考佛教教义复杂的绘画，包括曼荼罗的复杂形式。在这里，一位21世纪的密宗僧侣在一间商场里安静地制作曼荼罗。

布料上面的绘画作品都可称为唐卡（thangka）。除了曼荼罗的设计外，各种各样的主题都可以出现在唐卡之中。佛陀、菩萨和护法神是通常的形象，以慈悲或忿怒的形象绘成（恐怖的形象既可以吓跑恶魔，同时也可以磨炼信仰者）。女性神灵度母，代表了慈悲，以两种主要形式（白度母和绿度母）和七种次要形式出现。我们时常可以发现莲花生大士和其他著名导师的形象。许多天上的存在者和圣人的存在——连同他们的侍者和象征法器——为艺术家提供了多种多样的绘画和雕刻的主题。

第九节 个人体验：僧侣和池塘

在最近一次去东南亚的旅行中，我听说有一座古老且美丽的寺庙，完全由柚木建造而成，并且以精美雕刻而闻名。有人告诉我，这里很少有游客到访，因为它远离城镇。我必须过一条河，然后步行相当长一段距离方可到达。人们建议我和向导同行。

一切依计划进行。我的向导是一位女性，同时她也是一位老师。我们乘坐一辆小巴士到达河边，在那里等待渡船。我们周围的人都提着装有农产品的篮子，许多人带着自行车。那天天气潮湿，但是阳光格外明媚。我们在用来遮挡太阳的黑伞下面耐心地站着。最后，一艘木船驶来，人们推着自行车上船，随后船起航了。

我和向导很幸运，一辆装备齐全的马车在河对岸的树下立着。车夫很高兴看见我们。我们商量好价格然后跳到车后面。马沿着泥泞的公路缓慢愉快地行进着，在路边大树的影子中进进出出；但是由于路上有坑洼，于是马车颠簸得厉害，我们不得不抓紧车的边框以免被甩出来。

很快，我听到了喇叭里传出的念经的声音。（如今，人们总不可能摆脱电子扩音器的声音，即便是在乡下。）来到一条路的转弯处，我看到了一座白色佛塔和一座灰泥砌成的寺庙坐落在山脚下。这儿一定是寺庙市集，我这样想着。但是，随着我们接近那里，我看到，寺庙已经荒废，人们在附近的山腰处聚集起来。难道是一场特别的仪式？

我问道："我们可以停下来看看吗？"

车夫在寺庙旁停下了。我们跳下车，迅速走向山腰。随着我们越来越接近山顶，我们很震惊地看到一位躺在地上的女性，人们团团围住她。她长发凌乱，陷在一种强烈的情感之中。她的眼神茫然，似乎处于出神状态。然后我们看到，在她身后的人群中，有四个男人举着一条很粗、看上去很强健的蛇。我们不再向前走。躺在地上的女性激动地讲起话来。人们一动不动地专心听她说话。每个人看上去都很平静，也并不感到害怕。几分钟之后，众僧侣们开始在人群之中走动。

我问向导："发生什么事了？"

她说："这是一个奇迹，奇迹！"

"那位妇女讲什么了？"

"蛇通过她讲话了。在说，'不要伤害我。我仅需要你们为我在寺庙这里挖一个池塘。我会住在池塘中保护你们。'"

"僧侣们在做什么？"

"他们在召集人去挖一座池塘。"

这位出神的妇女得到另一双手臂的保护，据说她可以讲蛇语。

我无言以对。我们返回到马车上，继续前往柚木建成的寺庙。在路上，我在想那些装潢用的蛇，它们点缀了东南亚众多寺庙的栏杆。我回想起《佛陀本生故事》中蛇的故事，它以英雄的气概甘愿受死，而实际上却挽救了自己的生命。我还想起邻陀蛇的故事，它是眼镜蛇之王，它庇护了处于觉悟状态下的佛陀。我甚至在想，佛教有多少种不同的表现形式，从复杂的哲学到盛行的意想不到的实修形式。人们应当准备好这一切。

最后，我们到达了闻名遐迩的木质寺庙。在刚经历寺庙的兴奋后，这里真是和平的绿洲。建筑物的一边，一位老和尚安详地坐在一扇打开的窗户旁，阅读当地的报纸。在他旁边有五个儿童齐声背诵着字母表。穿过几座大型佛像后，我走到了寺庙的尽头。在那儿，四个和尚坐在宽敞的木质地板上，借着阳光在研习经文。

第十节　佛教和现代世界

尽管佛教起源于印度，随后主要在亚洲传播，但如今，它已成为一种全球范围的宗教。佛教寺庙和禅修中心可以在许多国家找到，尤其在欧洲的工业化国家和美国。佛教的吸引力部分在于它的诸多根本教导似乎与当代价值观一致。一些人欣赏他们所见到的佛教，它强调意识、自我依靠和洞见。另一些人认为佛教非常符合当代科学的观点。还有些人被佛教的非暴力理想所吸引，把它视为多元文化世界中文明行为的标准。

在离曼德勒不远的旧式柚木寺院的门廊里，三位年轻的僧侣和他们的导师在研究经文。

批评家指出，当代世界从佛教中汲取了它所欣赏的，而忽视了另一些内容。比如，当代世界并没有很快接受佛陀或佛教僧侣、尼姑的禁欲生活——而这些传统则代表了佛教的核心。当代世界认同循环的理念，却不相信轮回转世之说。当代世界对诸多佛教信徒的修行行为视而不见，从事佛教活动只为了"积累功德"、获得健康、增加财富、享有好运。批评家对当代人通往佛教的"自选式路径"感到不屑。他们指出，当代人仅仅采纳他们所欣赏的要素——冥想、禅宗设计以及西藏的异域风情，据此产生了一种拥有自身面貌的全新佛教形式。佛教正在变成售卖铜锣和冥想坐垫的高级市场。

所有的这些怨言都是真实的。并且佛教一直在变化着。在它漫长的历史中，随着教义从一种文化传播至另一种文化，一些东西系在了桅杆上，而另一些则丢到了外面。在当代，这一事实甚至更加适用，它使研究佛教和当代世界的相互关系变得妙趣横生。

佛教与西方的第一次接触是在18世纪末，那时主要的小乘佛教资料的翻译由英国殖民者从斯里兰卡和缅甸带回了欧洲。由于许多殖民者是传教士，他们尤其受到了佛教道德教义的感染。因此，他们所传播的佛教观点强调了这种宗教令人钦佩的伦理体系。

19世纪下半叶日本对外国人的开放产生了第二股佛教兴趣的浪潮。法国人、英国人和美国人开始阅读日本文化，并且看到早期佛教寺庙以及受佛教激发的艺术作品。1868年后，外国人的利益与日本反佛教的政府行为相契合，导致许多佛教寺庙不得不变卖一些艺术作品。随后日本的艺术品在欧洲和美洲被私人收藏者和博物馆竞相收集。

正如许多人认为佛教影响了日本艺术一样，佛教也通过日本影响了西方的艺

礼仪和庆典

佛教禅修

由于禅修是佛教的核心实践，因此诸多不同类型的禅修得到了发展。有一些传到了西方，并时而得到更改。

在小乘的传统中，有一种禅修的方法尤其重要。它被称为内观（Vipassana，洞见），因为它强调完全专注于当下的时刻。这种专注，有时候被称为正念（mindfulness），它主要通过静坐并集中注意自己的呼吸来完成。走路时也可以进行相同类型的禅修。禅修者在平坦的地面上极其缓慢地行走，意识到步伐向左与向右的每一步运动。（在斯里兰卡和某些地方，为了进行这种形式的冥想，一些寺庙建有特别的小路。）

坐禅尤其受益于禅宗的发展，它是大乘佛教最重要的禅修形式。与内观类似，起初它聚焦于人的呼吸。随后，可能会沉思师父提出的问题或者一行诗歌的含义。还可能包括反复默念一段有意义的句子或短语。

金刚乘传统连同对艺术和仪式的热爱，曾发展出众多复杂的禅修。金刚乘禅修倾向于利用仪式法器（铃、蜡烛、油灯）、雕像、曼荼罗、梵语词汇（真言）、手势（手印）以及形象练习。通常情况下，禅修包括在人的想象中重建一位挚爱的神灵的形象。在禅修阶段，禅修者与那位神灵达到一致。其他形式的禅修包括冥想月亮、云彩或水。一些禅修利用了想象力的技巧；禅修者在思想中创作出一只莲花、一张月盘、一个梵语字母、一座神坛、色彩或者光线，通常是以某种顺序设想这些的。

这三种传统都具有一些我们称之为慈悲的禅修形式。禅修者反思不同类型有意识的存在物——人、动物和昆虫。禅修的下一步是要认识到所有这些存在物在努力生存下来，都在尝试避免痛苦，许多存在物正经历着痛苦。禅修结束之时，禅修者向外界许下愿望，愿一切有意识的存在物幸福安康。有时候此种愿望伴随着光的精神图像和向外流露出的温暖。

对佛教禅修感兴趣的初学者可以尝试简单的坐禅。安静的地点最佳。禅修者应当坐在垫子或者沙发上，双腿盘起。（如果做不到这些，那么人可以坐在椅子上，双脚平放在地上。）一些人喜欢脸朝外，注视着花园。后背应当挺直，姿势应该舒服，保持深沉、缓慢且有规律的呼吸。双眼睁开或者闭上均可。禅修者应当尽可能保持静止，随着呼气与吸气的动作，关注于每一次呼吸。思想不必要倾空，但是应该完全"注视"，就像注视流动的云彩。开始时可以禅修一小段时间——甚至每天只有五分钟。很快就可以一天进行一两次长时间禅修。许多报道称，这种练习通常可以给人以巨大的内心平和，并且甚至可以与周围达到合一。

术。毫无疑问，自从日本对西方打开国门之后，日本对西方艺术的影响是巨大的。19世纪末期的法国艺术受到了日本版画和画卷的启迪，这些日本艺术品在1880年后大量涌入法国。不对称、热爱自然、崇尚流逝的时间——日本艺术的诸多特点——开始出现在印象派和后印象派的作品中，尤其是文森特·梵高（1853—1890）、亨利·德·图卢兹·劳特莱克（1864—1901）和克劳德·莫奈（1840—1926）。（我们几乎可以确定梵高的一幅自画像受到了他所看见的佛教僧侣绘画

女性与宗教

女性与佛教

在东南亚，在佛寺圣地门前看见英文标牌"女性不得越过这里"，是一件司空见惯的事。在著名的缅甸金石圣殿，只有男人们才能通过用金叶子附加到曾用来给佛陀整理头发的巨石上来"积累功德"。而且，尽管女性可以削发为尼，她们的地位依然是不如那些男性僧侣的，并且她们不能被授予圣职。这些以及其他一些例子都揭示出，在具有佛教传统的地区，女性公民的地位是次等的。

然而，任何到佛教国家旅行的人会看到，女性在佛教中扮演着重要角色。通常，大多数信仰者都是女性。除了僧侣宿舍，女性造访寺院的频率很高。通常她们清扫神龛并看管祭品，例如鲜花或蜡烛。她们还帮助僧侣准备饭食。女性每天天不亮就起床烹饪额外的饭菜，以便家人将它们捐助僧侣来"积攒功德"。从各方面来说，没有女人，就没有佛教习俗的存在。

佛教最初就对女性存在着矛盾的情绪。最初，佛陀不允许女性加入僧团；因为僧侣必须保持贞洁，佛陀教导说有女性在僧团会勾起邪念甚至引发丑闻。但是佛陀的姨母，也是佛陀的继母，多次呈请他允许自己进入僧团。最终，佛陀发了慈悲，允许她以及其他女性加入僧团。然而，在他死后，是否允许女性进入僧团的争论又重新出现了。一些僧侣甚至主张女性必须转世变成男子才能当僧侣。

一些佛教传统，特别是在中国台湾地区、韩国以及越南的大乘佛教，也向女性授予圣职。相反地，在斯里兰卡以及东南亚地区的小乘佛教，曾经向女性授予圣职，但是这种做法最终逐渐消失了。传统的藏传佛教是不向女性授予圣职的。不过，改变正在发生。虽然在泰国的小乘佛教中，女性尚未完全能被授予圣职，但在斯里兰卡已经可以了。

女性在佛教机构中也开始扮演重要角色。台湾著名女修道士证严法师创立了一个具有影响的慈济基金会，以帮助有需要的人。该基金会已经发展壮大，成为一个世界范围的社会福利机构。成为尼姑的西方女性——其中有教师和作家玛·丘卓、津帕莫还有卡玛·莱克舍·索玛——已经成为了为佛教中的女性争取主要地位的特别发言人。除少数特例以外，男性依然在佛教中维持着主要的实际控制地位。但是，男女平等的理念已经广为接纳了，实现现实中的平等也为时不远了。

作品的影响。）莫奈日本风格的水景园，以及巴黎附近吉维尼池塘的百合花，都是世纪之交时日本对法国艺术影响的绝佳例证。

俳句和日本诗歌的其他形式在同一时期开始影响西方诗歌。我们看到这种影响尤其体现在意象派之中，他们创作的短诗立足于使用简洁的语言呈现生动的意象。这种风格的诗人包括埃兹拉·庞德（1885—1972）、爱德华·埃斯特林·卡明斯（1894—1962）、希尔达·杜丽特（1886—1961）以及威廉·卡洛斯·威廉斯（1883—1963）。

佛教影响的第三股浪潮出现在第二次世界大战之后的数十年，此时正值美国士兵从美国占领的日本撤出。这一时期最大的兴趣是禅宗（或许仅仅是零散的理解），它影响了避世运动的诗歌以及反文化的生活方式。杰克·凯鲁亚克（1922—1969）的小说展示了禅宗式的对自然流露的爱。他的作品《在路上》，讲述了一段与朋友穿越国家的旅行，激励读者进行类似的探索。禅宗对当下的热爱同样体现于艾伦·金斯堡（1926—1997）爵士乐般的诗歌以及劳伦斯·弗林盖蒂（生于1919）的讽刺诗中。在旧金山，众多避世运动的作家以此为根据地，这里成为美国早期乃至现在禅宗思想和实践的总部。

禅宗中心通常由私人领导，在这一时期建立在北美、南美和欧洲的主要城市中。这些中心让西方人通过教学和禅修直接学习禅宗。一些中心还开设了书店、素菜馆以及休养所。

佛教影响的第四股浪潮距离现在更近一些，它包含了众多形式的佛教。藏传佛教在美国（加利福尼亚、科罗拉多、纽约、夏威夷）和欧洲（瑞士、法国、英国）建立了皈依者的僧团，博物馆常常获得并展示西藏佛教艺术品。净土宗和日莲宗佛教也获得了诸多皈依者，尤其在北美的大城市中。来自中国台湾、香港以及东南亚的亚洲移民在他们定居的地方也共同建立了他们自己的寺庙和庆典。

从19世纪中叶到20世纪中叶，亚洲之外的佛教徒主要由种族上的佛教徒（主要是移民）和所谓的精英佛教徒（非亚裔知识分子和教师）构成。这两个群体相互影响并被大量中产阶级所追随。一种新的佛教形式出现于三种团体的相互作用下——"入世佛教"。这一运动由各个阶层的人组成，他们作为佛教徒为了社会进步做出很多工作。在欧洲、北美和澳大利亚，有着广泛基础的佛教正呈现出这样一种活力，并开始被称为"第四乘佛教"（亚娜，yana）。

讽刺的是，尽管在西方佛教信徒增多了，但是它在一些国家和地区却受到了削弱，而这些国家和地区则是它传统意义上的家园。斯里兰卡北部的分裂运动导致印度教徒和佛教徒彼此交战，这就违反了两种宗教中的非暴力传统。在缅甸，虽然政府官方上支持佛教，但佛教徒的入世行为也在违反传统教义。

另一方面，与非佛教世界的关系为传统地区的佛教提供了新的生机。比如，我们发现不少"绿色佛教"运动。尽管早期佛教并未明确提及环境方面的理念，但是它的确包含了诸多与环境主义相符合的原则，这其中包括和谐、节俭、慈悲、尊严和尊重。尤其是树木，在佛教中发挥了重要作用。佛陀在树下诞生、禅定、觉悟、圆寂。数世纪以来，东南亚的僧侣通常在棚屋或者荒郊野外的小寺庙中禅修。在泰国，僧侣在保护森林的运动中扮演了领导角色。僧侣们利用他们的道德权力来倡导村民种植新树苗并且限制焚烧树木。寺庙从皇家森林部和城镇边界的支持者那里得到小树苗，这些人期望通过改善自然环境来为自己积累功德。僧侣甚至暂时为树木"加持"，通过在树木周围系上橘黄色的长袍，以求从樵夫那里拯救树木。

佛教在其漫长的旅途中，显然正进入一个新阶段。从某种程度上，佛教可以预见这一阶段将会带来什么：始终如一、一如既往地变化。

当这位捧着吃饭用的碗的僧人行禅时,孤独的僧人追随着自己的影子,缓慢地移动着他的脚步。

延伸阅读

《法句经》:"我们是我们所思"

《法句经》是一部以人们易于理解的方式来解释佛陀教义的虔诚文本,在小乘佛教中尤为流行。这一部分论述了八正道中的第一步"正见"。

我们就是我们所想的,我们是怎么样都是来自我们的思想,我们用思想来创造这个世界。当你用不纯的头脑来说话或行动,烦恼就会跟随着你,就好像轮子跟随着拉车的牛。

我们就是我们所想的,我们是怎么样都是来自我们的思想,我们用我们的思想来创造这个世界。当你用纯净的头脑来说话或行动,快乐就会跟随着你,就好像你的影子一定会跟随着你一样。

"看他怎么骂我,打我,损我,又抢夺我。"如果你带着这样的想法来生活,你就会生活在怨恨之中。

"看他怎么骂我,打我,损我,又抢夺我。"如果你抛弃这样的想法,你就会生活在爱之中。

在这个世界里，怨恨从来就没有办法驱除怨恨，只有爱能够驱除怨恨，这是自古以来不变的法则。（第一章）[22]

自我测试

1. 悉达多与老者、病人、死尸和游行的圣人之间的遭遇促使他丢下了奢华、无忧无虑的生活，这被称作_____。

　　A. 诱惑　　　　B. 四个路见的景象　C. 觉悟　　　　D. 唤醒

2. 悉达多在一个月圆之夜，经过了一整夜的禅定之后，最终从苦与重生之中获得了洞见。佛教徒认为，他达到了一种深刻的领悟，这称为_____。

　　A. 法　　　　　B. 佛塔　　　　C. 禁欲主义　　D. 觉悟

3. 一般来说，_____的核心被称为三宝：佛陀、佛法和僧伽。

　　A. 苦　　　　　B. 觉悟　　　　C. 佛教　　　　D. 存在

4. 根据佛教教义，实相表现为三大特征：诸行无常、诸法无我、_____的存在。

　　A. 真谛　　　　B. 苦　　　　　C. 死亡　　　　D. 清苦的生活

5. 根据一切佛教形式所具有的共同观点，实相表现为三大特征：诸行无常、诸法无我、苦的存在。这种观点是_____和_____的基础。

　　A. 四圣谛、八正道　　　　　B. 三藏经典、弥勒佛
　　C. 金刚乘、法身　　　　　　D. 天台宗、净土宗

6. 正如印度教一样，在佛教中，_____揭示了衰落与痛苦。

　　A. 变化　　　　B. 四圣谛　　　C. 轮回　　　　D. 实在

7. 从衰落与痛苦中解放出来称为_____。

　　A. 涅槃　　　　B. 轮回　　　　C. 解脱　　　　D. 觉醒

8. _____佛教的重要概念包括三身、空性、真如。

　　A. 非暴力　　　B. 小乘　　　　C. 大乘　　　　D. 吠陀

9. 在_____的佛教国家中，一种大型庆典（卫塞节）使人回想起佛陀的出生、觉悟以及圆寂。每年五月满月之时举行该庆典。

　　A. 西方　　　　B. 盂兰盆会　　C. 大乘　　　　D. 小乘

10. 在藏传佛教中，格鲁派的首领称为达赖喇嘛，意思是_____。

　　A. 觉醒　　　　B. 无边的海洋　C. 天上的菩萨　D. 慈悲

11. 考虑一下，你是一个诸如家庭、企业或学生组织的成员，如果这个团队的成员以"无常""无我"的理想生活的话，那么这个团队的活力将如何？为什么？

12. 考虑一下这条陈述："佛教没有真正的神灵。"利用你在本章所学的知识，你是否同意这个观点？用你的话列举佛教的不同分支。

参考资源

书籍

Faure, Bernard. *The Power of Denial: Buddhism, Purity, and Gender.* Princeton, NJ: Princeton University Press, 2003. 一份对佛教中性别角色的研究,以及宗教对女性解放或限制程度的调查。

Friedman, Lenore. *Meetings with Remarkable Women: Buddhist Teachers in America.* New York: Random House, 2000. 描述了作者与 17 名女性导师的接触,提供了一种女性在现代佛教中角色提升的洞见。

Gross, Rita. *A Garland of Feminist Reflections.* Berkeley: University of California Press, 2009. 一部论文文集,作者是一名佛教与女性思想方面的杰出专家。

Gunaratana, Bhante H. *Mindfulness in Plain English.* Boston: Wisdom Publications, 2002. 内观冥想实践的指南,由一位斯里兰卡的僧侣出品。

Kabat-Zinn, Jon. *Wherever You Go, There You Are.* New York: Hyperion, 1995. 关于忍耐、琐碎事务、呼吸等主题的短篇章节——这有助于观照我们的日常生活。

Lopez, Donald, Jr. *Buddhism and Science.* Chicago: University of Chicago Press, 2008. 一部关于佛教与科学兼容性的批判性分析作品。

Nanayon, Upasika. *Pure and Simple: The Buddhist Teachings of a Thai Laywoman.* Boston: Wisdom Publications, 2005. 一部泰国佛教导师的文集。

Thich Nhat Hanh. *The Heart of the Buddha's Teaching.* New York: Broadway,1999. 一位杰出的越南佛教导师所著的有趣的佛教导论。

Williams, Paul. *Buddhist Thought: A Complete Introduction to the Indian Tradition.* New York, Routledge, 2000. 一部关于印度佛教传统的历史、实践以及哲学研究的作品。

音乐 / 音频

Chants and Music from Buddhist Temples.(Arc Music.)一部念诵佛经的录音合辑,范围包括中国、印度、斯里兰卡和泰国等地的寺庙。

Japanese Traditional Music: Gagaku and Buddhist Chant.(World Arbiter.)一部 1941 年录音作品的翻录,内容包括日本宫廷音乐以及皇室佛经念诵。

Nirvana Symphony.(Composer Toshiro Mayuzumi; Denon Records.)受佛教启发而录制的当代古典音乐。

Tibetan Master Chants.(Spirit Music.)世界著名的西藏圣咏导师录制的低沉的经文念诵,包括咒语 "Om Mani Padme Hum."

电影 / 电视

Buddha Wild: Monkina Hut.(Carpe Diem Films.)一队来自泰国和斯里兰卡的僧侣探讨他们对佛教的信奉以及佛教的生活方式。

互联网

Buddha Net: http://www.buddhanet.net/. 该网站提供了大量佛教信息和资源，包括各国词典、电子图书馆、在线杂志以及公告栏。

Virtual Religion Index: http://virtualreligion.net/vri/buddha.html. 网站上的"佛教研究"页面，内容包括一般性资源的独立部分、佛陀的一生、小乘佛教与大乘佛教。

Wikipedia's Buddhism Portal: http://en.wikipedia.org/wiki/Portal:Buddhism. 维基百科网站上关于"开悟之门"的页面，提供了子范畴的诸多链接，比如文化、佛教分支、神灵、节日、历史、哲学概念、修行、寺庙、术语和文本。

重要词汇

（佛教术语通常采取英文发音，下面有两种发音的术语后，第二种是英文发音。）

阿弥陀佛（Amitabha Buddha, *ah-mee-tah'-buh*）：西方极乐世界的佛陀，大乘佛教中佛陀的报身。

无我（anatta, *un-nah'-tuh*）："没有自我"；人类与事物中不存在灵魂或者永久的本质。

无常（anichcha, *uh-nee'-chuh*）：短暂性，不断的变化。

阿罗汉（arhat, *ahr'-hut, ahr'-haht*）：在小乘佛教中，阿罗汉指的是实践着寺庙戒律并且达到涅槃的人。

菩提（bodhi, *boh'-dee*）：觉悟。

菩萨（bodhisattva, *boh'-dee-suh'-tvah, boh-dee-saht'-vuh*）："觉悟者"；在大乘佛教中，指的是具有慈悲之心的人，尤其是不进入涅槃而不断重生来帮助他人的人；有慈悲之心的天上的存在者。

达摩（Dharma, *dhur'-mah, dar'-muh*）：佛陀教义的总和。

禅（dhyana, *dee-yah'-nuh*）："冥想"；专注于思想；有时指处于出神的状态。

苦谛（dukkha, *doo'-kuh*）：痛苦、苦难。

观音（Guanyin/Avalokiteshvara）：大乘佛教中盛行的慈悲的菩萨。

悲（karuna, *kuh-roo'-nuh*）：慈悲、怜悯。

以心传心（koan, *koh'-ahn*）：在中国和日本的禅宗中，它指的是不能用逻辑来回答的问题；一种用于考验意识并带来觉悟的技巧。

喇嘛（lama）：藏传佛教的导师；通常用作对所有西藏僧侣的荣誉头衔。

弥勒佛（Maitreya, *mai-tray'-yuh*）：期望于来世出现在人间的佛陀（或菩萨）。

曼荼罗（mandala, *mun'-duh-luh, mahn-dah'-luh*）：一个暗含神性、内有诸多几何形状和符号的圆圈，表达整体、自我和宇宙的概念。

手印（mudra, *moo'-druh*）：具有象征意义的手势。

涅槃（nirvana, *nir-vah'-nuh*）：从苦与轮回中解脱出来而带来内在的平和。

三摩地（samadhi, *suh-mah'-dee*）：处于深刻意识的状态，深刻禅定后的结果。

轮回（samsara, *suhm-sah'-ruh, sahm-sah'-ruh*）：不断的重生，并且伴随着苦；变化着的日常世界。

僧伽（Sangha, *suhng'-huh*）：和尚与尼姑的团体；首字母小写时表示独立的寺庙团体。

顿悟（satori, *sah-toh'-ree*）：在禅宗中，指的是觉醒的意识。

空性（shunyata, *shoon'-ya-tah*）：大乘佛教中空的概念，意指宇宙没有永恒的实在。

佛塔（stupa, *stoo'-puh*）：圣地，其形状通常为穹顶，用于标记佛教的遗迹或神圣场所。

修多罗（sutra, *soo'-truh*）：神圣文本，尤其是记录的佛陀口述的言辞。

真知（tathata, *taht-ha-tah'*）："彼界""如实""如是"；实在的每一个变化瞬间的独特性。

三身（trikaya, *trih-kah'-yuh*）：佛陀的"三身"——法身（宇宙佛性）、应身（历史佛陀）、报身（天上的佛陀）。

三藏经（Tripitaka, *trih-pih'-tuh-kuh*）："三箧"，或佛教文本的合辑。

金刚杵（vajra, *vuhj'-ruh, vahj'-ruh*）："金刚石"节杖，用于藏传和其他形式的佛教仪式，象征着慈悲。

注　释

1. Arthur Basham 完美地阐述道："历史上佛陀的真正教义（不同于佛教的教义）目前仍有诸多不明之处。" *The Wonder That Was India*（New York: Grove, 1959），第 256 页。
2. 这种树大概是菩提树的一种，由于它与佛陀的渊源，现在人们称其为菩提榕（宗教的无花果树）。
3. 载于 William T. de Bary 编，*Sources of Indian Tradition*（New York: Columbia University Press, 1958），第 1 卷，第 110 页。通常可以翻译为"灯"的词，也可译作"岛"，含义都是信徒必须做出独立于尘世的判断。
4. 一些学者认为卧佛或许还描述了佛陀睡觉的状态，有时候他的兄弟阿南达出于保护他的目的而注视着他。通常这还解释为，那些紧闭双脚的佛陀雕像表明他处于死亡的时刻，而那些双脚分开、放松的雕像则表明佛陀处于静止状态。
5. 有时候术语僧伽（Sangha）在更广泛的意义上包含虔诚的平信徒。
6. 参见 David Kalupahana, *Buddhist Philosophy: A Historical Analysis*（Honolulu: University Press of Hawaii, 1976），第 38~41 页。
7. *Buddhist Suttsa*, T.W. Rhys Davids 译（New York: Dover, 1969），第 148 页。
8. *The Dhammapada: The Sayings of the Buddha*, Thomas Byrom 译（New York: Vintage, 1976），第 15 章，第 76 页。
9. 选自 *The Teachings of the Compassionate Buddha* 中的 *Sammanphala Suttanta*, E. A. Burtt 编（New York: New American Library, 1955），第 104 页。
10. 有时候顺序是反的，佛经被命名为第一箧，律藏位列第二。

11. 这种外观的外来传入并进入佛教意象的普遍观点遭到质疑。参见 Stanley Abe, "Inside the Wonder House: Buddhist Art and the West," 载于 *Curators of the Buddha: The Study of Buddhism under Colonialism*, Donald S. Lopez Jr. 编（Chicago: University of Chicago Press, 1995），第 63~106 页。

12. Hirakawa Akira, *A History of Indian Buddhism*（Honolulu: University of Hawaii Press, 1990），第 258 页。

13. 关于大乘佛教起源的细节，参见 John Koller, *The Indian Way*（New York: Macmillan, 1983），第 163 页。

14. 关于佛教哲学学派的信息，参见 John Koller, "The Nature of Reality," 载于 *Oriental Philosophies*（New York: Scribner's, 1970），第 146~179 页。

15. Kenneth Ch'en, *Buddhism in China*（Princeton, NJ: Princeton University Press, 1972），第 385 页。

16. 更多信息参见 Richard Robinson 和 Willard Johnson, *The Buddhist Religion*, 第 4 版，（Belmont, CA: Wadsworth, 1997），第 181 页及其后相关部分。

17. Robert Buswell, *Tracing Back the Radiance: Chinul's Korean Way of Zen*（Honolulu: University of Hawaii Press, 1991），第 5 页。参见描述朝鲜早期佛教与中国和中亚接触的介绍。

18. 对于一位游客描述的 17 世纪的寺院团体，参见李祁，《徐霞客游记》（香港：香港中文大学出版社，1974），第 29~42 页。

19. 冥想手册 *Shikantaza: An Introduction to Zazen*（Kyoto: Kyoto Zen Center, 1990）包含有打坐的指导说明和禅宗大师认真挑选的关于实践和打坐效果的文章。

20. 对于基督教和茶道间的联系，参见 Heinrich Dumoulin, *A History of Zen Buddhism*（Boston: Beacon, 1963），第 214~224 页。

21. 参见临济义玄（Rinzai）的故事，他得到了他的师父黄檗希运（Obaku）的敲打，作为一个对简单问题的类似于公案的回应，载于 D. T. Suzuki, *Studies in Zen*（New York: Delta, 1955），第 68~70 页。Suzuki（铃木大拙）列举了许多公案的例子和评论。在过去 300 年间，日本寺庙中公案的实际使用变得越发形式化。人们不再通过公案工作，相反，训练中（希望承袭父亲的寺庙）的人们现在时常查阅书籍以求获得答案。

22. *The Dhammapada*，第 1 章，第 3~4 页。

访问在线学习中心 www.mhhe.com/molloy5e，以获得更多的练习和资料，包括"教室之外的宗教"和"更充分的理解"。

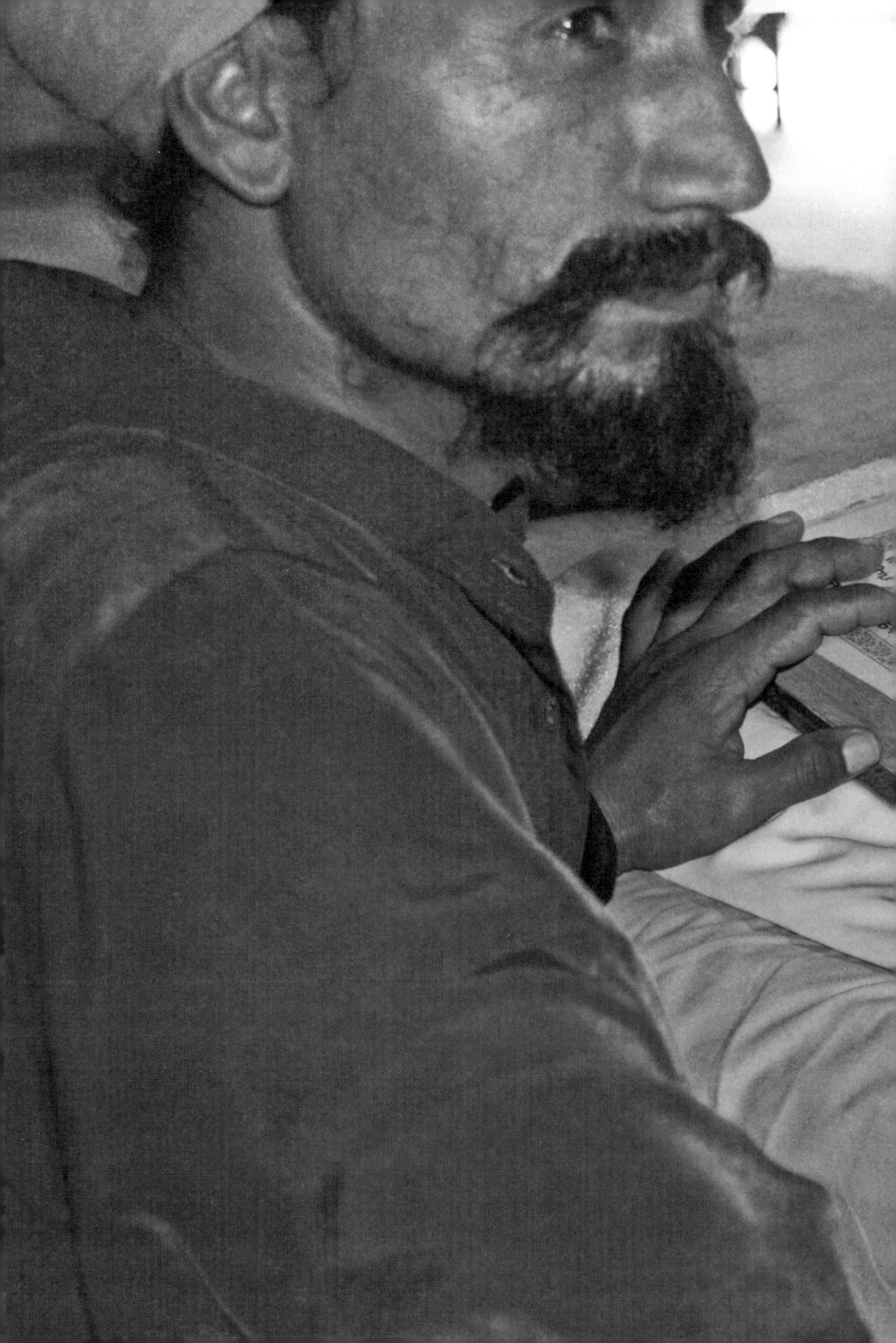

第五章

耆那教和锡克教

第一节 初次相遇

在东南亚的一条街道上,你向一名警官问路。你和他进行了更深入的交流,你的口音表明你来自美国,而他有亲戚在美国。他问道:"也许你知道他们?你住得离田纳西州近吗?"

尽管你不认识他的亲戚,但是你很快便了解了他的家庭。他有两个儿子,已经结婚,有一个任性的女儿已经到了结婚的年纪。他担心她会爱上一个信奉不同宗教的人,如果那样他该怎么办?很快,他将你带到附近的锡克庙(gurdwara)——锡克教的宗教中心——他会在今天午后在那儿做一些志愿者的工作,再吃些什么。

你的新朋友在入口处拿了一块橘黄色的布料,围成了一个头巾用来裹住你的头顶。他自己也这么做。他说:"我们这样做是出于尊重。"上楼之后你遇到一位当地的祭司,他张着一双明亮的蓝色眼睛,戴着一顶橘黄色的帽子。"我们的教团将他从印度请来做我们的祭司。"你的锡克朋友一边走向神坛附近一边向你解释。很快祭司向你展示了《阿底格兰特》的副本,这是锡克

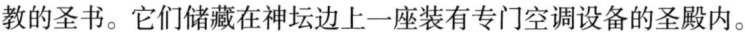

教的圣书。它们储藏在神坛边上一座装有专门空调设备的圣殿内。

随后你在屋子边上看到了剑的收藏品，并讨论着祭司佩戴的锡克短刀（kirpan，仪式用刀）。你的朋友解释道："锡克教徒不得不学着保护自己。这些是我们力量的象征。"

后来，你受邀来到楼下巨大的厨房和餐厅。大桶散发着光芒。你和朋友坐在一张长桌边，饮用着加了牛奶的茶，和厨房工人在傍晚时分一同吃着小吃。

离开之前，你在入口处将头巾归还给那位锡克警官，并感谢他的盛情款待。你同情他的女儿，并记下了他美国亲戚的姓名和住址，计划下一次访问那个州的时候联系他们。他帮你叫了一辆出租车，车停下来时，他邀请你参加三天后的一次仪式活动。"届时会有锡克教音乐上演，一定要来啊。"你上车后，他又补充道，"到时肯定还有美味的食物。"

司机带着你在弯曲的路上穿行时，你在想，头巾挺好的。但是剑呢？还有佩剑祭司？这些对任何一个宗教来说都是适宜的象征吗？为何宗教对暴力采取了这样不同的态度呢？

第二节　共同的起源

印度是现在耆那教和锡克教的故乡，而这两种宗教却并不为西方人所知。耆那教历史悠久，而锡克教则相对年轻。世界上有为数不多的这两种宗教的信徒，但大多数还是居住在印度。

这两种宗教都与印度教有某些联系，分享着它的某些特征，比如相信业报和重生。不仅如此，这两种宗教都与印度教的多神论和仪式主义相对立，努力向着更加简单的宗教发展。不过，尽管它们具有相似性，耆那教和锡克教在对待实在的观点以及情感度等方面是不同的。因此，逐一看待它们是非常有趣的。耆那教反对造物主的信仰，将世界仅仅视为运动中的自然力量，它还承认每个人具有灵性潜能。和早期的佛教类似，耆那教特别强调不执着与不伤害（非暴力）。与此相反，锡克教是虔诚的一神教，接受食肉以及军事自卫。尽管这两种宗教存在差异，但是它们都重视通过个人努力达到净化自身、遵循道义的行为并为他人行善。

耆那教

第三节　耆那教背景

随着吠陀宗教向东扩展至恒河流域，反对的声音随之产生。正如我们在第四章所看到的，一些人反对愈演愈烈的种姓制度，非婆罗门，尤其是贵族，他们担心受到祭司力量的威胁。由于受到慈悲的感动，一些人反对通常作为吠陀仪式一部分的动物献祭。有两股巨大的宗教运动产生于这种反对的声音之中。其中一个——佛教——被众人所知，它远播印度之外。另一个运动——耆那教——很少为人所知，因为直到最近，在其他地区也没有皈依者。当佛教和耆那教产生之时，它们都受到某些早期印度教理念的影响，但是它们或许还践行着更为古老的苦行传统。

耆那教没有广泛传播的原因很可能在于它绝不妥协的本性：在耆那教中我们发现了极端主义的特质，它令人着迷、发人深思，并且通常是高贵的。在耆那教中，印度教和佛教中非暴力的倾向以及明显的苦行达到了逻辑终点，早期佛教的怀疑主义被严格践行。事实上，研习耆那教会使我们对其他两种印度宗教有一个更加清晰的理解。

尽管耆那教并没有广泛传播，但是它强烈的非暴力理想吸引着全世界的兴趣。我们可以直观地在圣雄甘地的思想和著作中发现这种影响，或者，间接地在马丁·路德·金的思想和著作中发现它们。

第四节 大雄和耆那教的起源

耆那教的起源可以追溯至遥远的过去。他们相信在宇宙过去的一次循环中，有二十四个人达到了完美；尽管这些圣人居住于不同的世纪，他们是行为榜样，是为

耆那教和锡克教历史上重大事件时间表

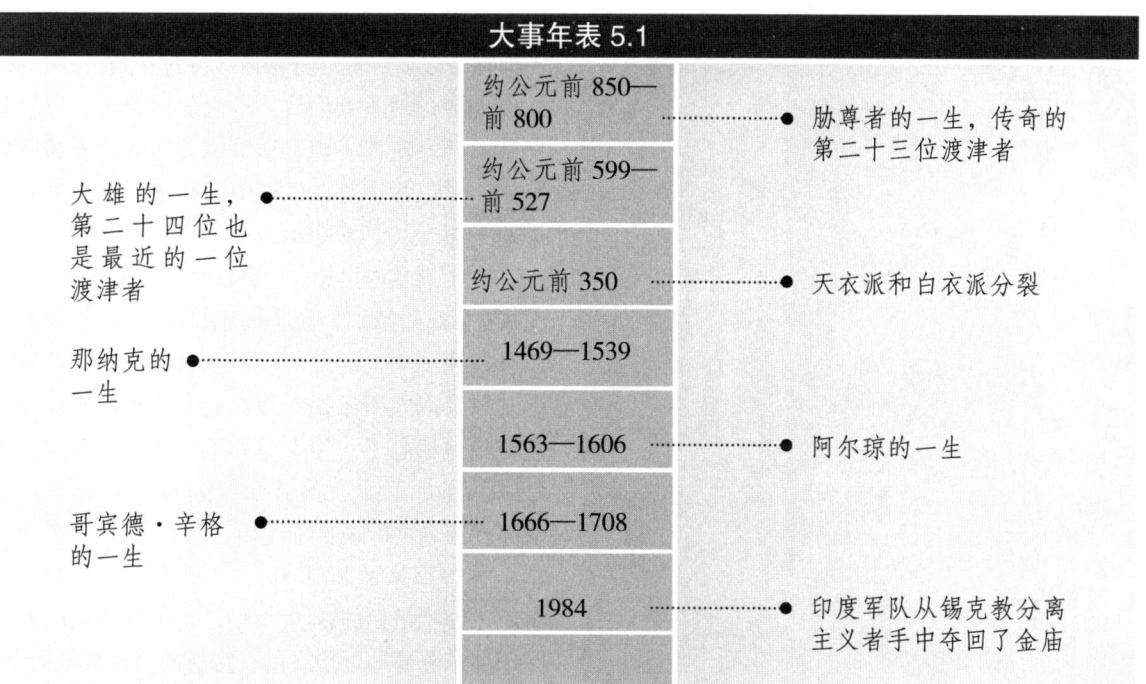

	大事年表 5.1	
	约公元前 850—前 800	● 胁尊者的一生，传奇的第二十三位渡津者
大雄的一生，第二十四位也是最近的一位渡津者	约公元前 599—前 527	
	约公元前 350	● 天衣派和白衣派分裂
那纳克的一生	1469—1539	
	1563—1606	● 阿尔琼的一生
哥宾德·辛格的一生	1666—1708	
	1984	● 印度军队从锡克教分离主义者手中夺回了金庙

他人指明方向的引路人。这些圣人被称为**祖师**（tirthankaras），可以翻译为"渡津者"（crossing makers）或"涉水而过的发现者"（ford finders）——ford是河流的浅水处，通过它人们可以达到另一边。值得注意的是，这个术语并没有传达桥梁的意象。这一术语的关键点在于，如果人们身子不湿或者不依靠自己，是不会穿过河流达到另一边的。大多数祖师在历史上是否存在不可考证，但是第二十三位胁尊者可能是一位居住于印度的真实人物，大概生活在公元前850年至公元前800年（大事年表5.1）。

最近的一位祖师被他们视为耆那教的伟大创立者。他名叫筏陀摩那（Nataputta Vardhamana），但是人们通常以他的荣誉头衔大雄来指代他，意为"伟人"或"英雄"。他的生活年代并不完全明确。耆那教接受的更早的年代推测，将他一生完全置于公元前6世纪（约公元前599—前527），不过一些学者认为他的生存年代还会晚一些（公元前540—前468），大概是佛陀的同时代之人。

大雄的生活隐没在传说当中，尽管基本的梗概——某些内容类似于佛陀的传说——似乎是明确的。他出生在一个贵族部落的贵族家庭中。很幸运，他是次子，因此，比起他的兄长，他承担了较少的照顾父母的责任。耆那教的一个分支认为，他终生未婚；另一分支则认为，他曾结婚，并育有一子。但是所有的分支都一致认为他在大约30岁的时候离家，过着一种游行圣人的生活。

在离家之后，大雄奉行着严格的禁欲主义，传说讲述了他对自己以及来自他人的严厉态度。据说他离弃世界之时曾拔掉了头发，村民在他的冥想期间嘲笑他，用火伤害他，用针来刺他的皮肤。狗袭击他，但是他并不反抗。为了能避免对所有人和场所的依恋，他每天都搬到一个新地方；在丢掉腰带之后，他赤身裸体地度过了余下的生命。他作为游行的圣人生活，沿途乞讨食物。他十分仁慈，避免伤害一切生物，他过滤所饮下的一切液体，以免吞食落在他杯中的昆虫，他走路时尽量地仔细，以免踩到蚂蚁。

在十二年的冥想、云游以及极度的耻辱之后，大雄在42岁之时体验到了极大的自由。他感觉到完全摆脱了尘世的束缚——不再被痛苦、苦难、羞耻以及失败所困扰。现在他完全掌控着自己，意识到他战胜了一切束缚人类的力量。由于他体验到了自由，因此大雄被称为**耆那**（jina，征服者）。耆那教的名字即来自于此。

在接下来的30年中，大雄传授他的教义并组织了赤裸僧侣的教团。他在大约72岁的时候，在印度东北部靠近现在的巴特那的村庄波婆去世。

妇女们在印度拉那克普的耆那教寺庙祈祷，据说这里有1444根圆柱，每一根柱子上都雕刻有不同的设计图案。

第五节 世界观

与佛教类似，耆那教强烈反对造物主的信仰。公元9世纪的长篇耆那诗歌《伟大的史书》说道，"愚昧之人声称造物主创立了世界。世界是被造的这一教义是欠考虑的，应当抛弃。"[1] 耆那教提供了下列哲学论证：如果造物主是完美的，那么他为什么创造了一个并不完美的世界？如果创造主是出于爱而创造了世界，那么为何这个世界充满了苦难之人？如果世界不得不被创造，那么造物主同样需要被创造吗？起初，这个创造主是从何而来呢？

耆那教徒回应了这些问题，他们否认了任何的开端，声称宇宙是永恒的。尽管宇宙总是存在着，但是它不断地变化，在永恒变化之中，各种结构出现了。耆那教（类似于印度教）教导道，宇宙通过规律的升起与落下的循环而运行着，人类存在之时，起初出现的是道德的完善，接下来是不可避免的道德堕落；不过，幸运的是，在人类的每一个阶段，祖师似乎指出了通往自由之路。

根据耆那教教义，一切事物都充满生命力，能忍受苦难。这种称为**物活论**（hylozoism，希腊语："活着的事物"）的实在观或许历史十分悠久。在传统上，耆那教哲学是二元的。耆那教认为，宇宙的所有部分是由两种实在组成的，二者混合而成。既存在精神用于意识和感觉，也存在没有生命的物质，不具有意识。耆那教称这两个原则为**命我**（jiva，灵魂、精神、生命）和**非命**（ajiva，非精神、无生命）。不过，耆那教徒视生命和意识甚至存在于火、岩石和水之中，而其他宗教却无这样的观点。他们将灵魂和感觉的概念延伸，超越于人类、动物和昆虫之外。他们同样意识到极小的生命形式存在于陆地、水和木头之中。他们看待实在的观点使耆那教徒极具谨慎以免伤害任何事物——甚至是那些起初似乎没有感知伤害的能力的事物。

耆那教认为人类由两种对立物所组成。人类物质的一面试图寻求享乐、逃避痛苦、自私自利，而精神的一面则寻求自由并从物质世界的一切束缚和自我的限制中解脱出来。由于其他形式的实在并没有意识到这截然相反的两个层面，因此它们对两部分根本上的不相容性无从下手。但是，人类有能力理解它们的双重特性并克服它们的限制。人类可以借助训练来摆脱物质世界和肉体的束缚，通过洞见、苦行和仁慈释放他们的精神。

耆那教的业和轮回的观念将人类处境的视野加以充实。与印度教徒类似，耆那教徒也认为精神以不同的形式不断地重生。精神可以向上或向下重生，而且可以从重生的链条中完全解脱出来。

控制重生方向的是业力，它由每一个行为所产生。正如前面所讨论的，业是印度教和佛教的重要概念，但是对于耆那教徒来说，业具有物质特性：它就像粉末或者尘垢一样栖居于精神之上。重生的等级，根据人的现世肉身死亡之时的业的状态，在无意识的情况下被决定。

耆那教传统上认为超人存在于尘世之上的宇宙范围内。通常这些存在者被称为上帝或神祇,但是这些术语会误导人。我们应该记得,耆那教认为这些超人的存在者同样服从于业报和变化。当神灵的业耗尽之时,他们会在宇宙更低一级中重生。不过,一些耆那教徒的确认为当处在超人形式中时,这些天上的存在者可以帮助尘世中向他们祈祷的人。耆那教徒还认为,一些存在者处在尘世之下痛苦的领域内,他们希望可以避免在那里重生。

耆那教的目标是达到一种完全自由的状态。自由的精神最终从禁锢的物质肉身中解脱,居住于最高的领域内,这被视为宇宙的最高点。大雄和其他祖师生活在那里,尽管他们不能帮助人类(神灵或许会),但他们是人类为了获得力量和勇气而虔诚忆念的行为榜样。

第六节 耆那教的伦理学

耆那教有五条伦理劝诫,僧侣和尼姑应当严格恪守。不过,俗家弟子可以根据他们现实的生活状况进行调整(我们同样还应想起,个体并非总是完美地实践着这些理想。)

非暴力(ahimsa,不杀生) 更加确切的英文翻译或许是 gentleness 或 harmlessness("温和"或"无害")。不杀生是耆那教伦理学的基础,耆那教徒在这一点上以其极端的方式而闻名。由于相信大雄在走路或者坐下之前会打扫面前的路,于是耆那教的僧侣和尼姑有时候用柔软的小刷子将蚂蚁和其他昆虫清理到路边,以确保没有生命——甚至是最小的——遭到碾压。由于感受到与动物界的亲密关系,耆那教徒建立了诊所用来照顾生病的动物。很多人知道,他们常常购买装在笼子里的动物并将其放生。耆那教徒还是严格的素食主义者,有一些人还反对使用动物产品,比如皮革、羽毛和皮毛。

耆那教的俗家弟子避免从事可能会伤害昆虫或其他动物的活动,因此捕猎和钓鱼与屠杀或销售动物鲜肉一律禁止。虽然有一些耆那教徒是农民,但是通常情况下农耕是禁止的,因为犁地必然会伤害居住在田野中的小动物和昆虫。相反,耆那教徒倾向于理想上不会造成伤害的职业,比如医学、教育、法律和商业。作为间接的结果,耆那教徒在印度形成了强大的商业阶层,他们的道德名声为其赢得了其他人的信任。

不妄语 耆那教不允许一切谎言,避免夸张甚至幽默的表达。耆那教徒认为说谎和夸张是危险的,它们时常造成伤害。尽管人们并不总是遵循这些理想,耆那教徒对他们言语的观照和在合同协议中诚实的名声为其赢得了巨大的尊重。

与此同时,耆那教教导道,"绝对真理"是不可能被找到或表达的,因为每个人都是从独特的视角来看待问题。有一则著名的故事阐明了真理的相对性。在这则故事中,有几位盲人摸同一头象,但是体验却是各不相同的。第一个人摸了大象的耳朵,于

> 圣人,具有真见地,他们为整个世界表达怜悯之情……伟大的智者会成为受伤的生物的庇护所,就像一座不会被水吞没的岛屿。
> ——《阿迦蓝伽集》1:6,5 [2]

深度视角

耆那教徒和神圣的死亡

耆那教特别崇尚不执着,因此他们为人类终结自己生命的权利做辩护。(印度教同样如此,但并非其他宗教也是这样——尽管大多数宗教事实上都关注美好的、圣洁的死亡。)耆那教的经文甚至教导道,大雄和他的父母是以自我绝食的方式死去的。不过,在这里我们必须谨慎使用自杀这个词。耆那教徒的确接受结束一个人的生命,但是我们必须从耆那教的角度和文本去理解这一实践。耆那教认为一切生命都准备将其精神(命我)从肉体中解脱出来,当一个人的精神得到充分发展之时,这个人可以做出最终的选择,不再产生业报。

因此耆那教的理想承认并尊重结束人的生命,但仅仅是在很长的一段充满德行、超然的生活之后,而且必须考虑到他人。以温柔的方式结束生命是最佳的,比如走进大海或者湖泊。不过,最受尊崇的方法是自我绝食,这被称为**萨莱克哈那**(sallekhana),"圣洁的死亡"。耆那教通过斋戒为萨莱克哈那准备数年。当一个人年迈,并且逐渐衰弱、吃得越来越少,这时候加快死亡被视为恰当的办法。自我绝食或"最后的斋戒",包括放弃食物但是继续饮用液体;人会在大约一个月之后死去。这种通过自我绝食来达到的死亡被视为对不执着和自由的终极的、高尚的表达。

是说这是一把扇子;第二个人摸了象腿,于是说这是树干;第三个人摸了大象的尾巴,说这是一根绳子等等。(尽管这则故事在耆那教徒中广为流传,但是它毫无疑问要早于耆那教自身。)

不偷盗 耆那教徒不会从他人那里取走不属于他们的东西。偷盗源于不正当的欲望,这会伤害他人。

贞节 对于僧侣与尼姑来说,这意味着完全的禁欲,对于已婚的人来说,这意味着对配偶的性的忠诚。大雄认为,性是危险的,因为它将人与物质世界强烈地捆绑起来,强化了欲望,可能会滋生情欲,伤害他人。对于那些性活跃的人来说,不正当的性就会伤害他人。

不执着 人类很容易产生依恋——对家庭、家乡、熟悉的领域、服饰、金钱和财产。耆那教声称一切依恋会带来某种束缚,那些依恋,尤其是对金钱和财产的依恋会完全控制住一个人。对于俗家弟子来说,不执着要求塑造一种慷慨和超然的精神并且限制真正必要的财产。对于僧侣和尼姑来说,这种要求得到了更为严格的诠释。耆那教教导道,大雄抛弃了一切依恋——家庭、财产甚至是衣服,僧侣和尼姑应当尽最大的努力来效仿他。

第七节　耆那教的发展及分支

耆那教起初发源于印度东北部,该地区同时也孕育了佛教。大雄和佛陀都反

一位敬拜者在耆那教雕像的脚上涂油。两边的藤本植物（照片的上方显示出的）暗示渡津者的常住与坚毅。

对吠陀宗教的某些方面：他们拒绝接受《吠陀经》的权威、吠陀诸神、祭司阶层的重要性。相反，他们强调冥想和自净。

尽管佛教谨慎地遵循了一条温和的路径——"中道"，耆那教却以禁欲生活为荣耀。佛陀抵制裸行与自杀，以及一切严格的禁欲，而大部分耆那教徒认为，大雄解脱经验的突破要归功于他对自己的极端严格态度。他能成功正是因为他接受了——甚至是寻求——严寒、酷热、穷困、裸行以及耻辱。

不过，极端禁欲方式只能适应很小一部分人。对于大多数人，甚至是僧侣和尼姑来说，必须根据人的生存状况舒缓这种严格的教规。耆那教在印度不同地区传播，印度各地的文化和气候截然不同，因此产生了耆那教的诸多分支，阐释基本信条和教义时也会有些不同。

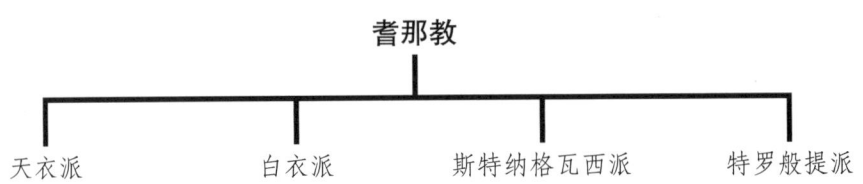

图 5.1　耆那教分支

天衣派

这一宗派有美妙的名称，它的含义是"以天为衣"或"穿上空气作为衣服"。该名以令人很愉快的方式指出僧侣们完全赤裸的生活方式，甚至在公开场合。**天衣派**（Digambara）认为一切事物都应该放弃，包括最后一片衣服，以及因赤裸而产生的羞愧感。

如今这一分支的大多数成员居住于印度南部。正如传统所说明的，出现在北方的饥荒使许多耆那教徒南迁。在那些继续待在北方和向南迁徙的人之间的分歧产生了。考虑到北方的信徒失去了基本的严肃态度，南方分支变得保守，仍旧持守那些已被放弃的大多数为错误的形式。它的保守主义以多种方式呈现。比如，耆那教天衣派不允许女性进入寺庙生活，该派认为她们若想成为僧侣，只能等到重生为男人之时。大概由于对独身主义的高度尊崇，天衣派还反对大雄曾结过婚这一传统。

白衣派

这一宗派名称的含义是"着白色衣装"，它来自于这样一个事实，即僧侣们身着白色长袍。**白衣派**（Shvetambara）允许女性作为尼姑进入僧侣生活，并且穿白色衣服。（穿衣不仅仅是对端庄的尊崇，还因为印度北部的严寒。）耆那教白衣派教导道，大雄的确曾经结过婚，但是他离家去寻求解脱。如今这一分支的成员不仅存在于印度东北部，甚至还在印度的西部和西北部。

斯特纳格瓦西派

如果以印度的标准来衡量，**斯特纳格瓦西派**（Sthanakavasi）相当年轻，它在过去数百年间成长起来。它是一场改革运动，出现在18世纪早期的白衣派。盛行的耆那教逐渐发展了崇拜大雄和其他祖师雕像的实践，这受到了印度礼拜（puja，普迦，在雕像或神坛前举行的虔诚的仪式）的影响。一些耆那教改革家反对这种仪式，因为它似乎将众多祖师变成了接受祈祷和提供帮助的神灵。因此，斯特纳格瓦西派并未使用寺庙或者雕像。（他们的名称来自简易的建筑——sthanakas，斯特纳卡斯，在那里他们相聚。）斯特纳格瓦西派更加关注的是冥想和个人的苦行，而非寺庙仪式。

特罗般提派

特罗般提派（Terapanthi）分支是一场更为新近的改良运动。这一分支于1817年由阿阇梨·比丘（Acharya Bhikshu，1788—1860）建立，人们还称其为斯瓦米·比堪即·马哈拉吉（Swami Bhikkanji Maharaj）。特罗般提派名称的含义是"十三"，它的起源饱受争论。它可能来源于由创立者概述的十三条道德原则，或者是早期信徒的人数。和斯特纳格瓦西派类似，特罗般提派反对使用偶像。为了保证戒律，创立者建立了以至高的古鲁阿阇梨为首的等级结构，他监管着一切事物的运行。尽管特罗般提派奉行严格的教仪，但是这一派处于在印度国外发扬耆那教，以及向印度国内外的非耆那教徒传播耆那教基本教义的前线。

第八节　耆那教的仪式

耆那教徒重视个人自净和完善自身品性的能力，因此他们并不强调虔敬的行为——针对神灵或逝去的领袖——可以提供帮助。尽管如此，礼拜仪式——向着祖师和神灵——被大多数耆那教徒采纳了。（斯特纳格瓦西派和特罗般提派是例外。）耆那教徒通常认为，虔敬的行为会对人的业报产生积极的影响，他们将注意力放在神圣的行为上。因此，耆那教的寺庙包括祖师的雕像，尤其是瑞沙巴那沙（Rishaba，第一位祖师）、尼米那沙（Nemi，第二十二位）、帕史瓦那沙（Parshva）和摩诃毗罗尊者大雄（Mahavira）。寺庙的雕像通常看上去都是相同的。在天衣派的寺庙中，雕像很朴素并且不穿衣服；在白衣派的寺庙中，它们会穿上华丽的衣服。礼拜通常在雕像前进行，由耆那教徒（在一些地区由受雇的印度教婆罗门）执行。礼拜通常包括供奉的食物、焚香时的烟、油灯的火焰、鲜花，有时候会为雕像沐浴，信徒会围着它绕行。在一些地区，大型户外雕像在某些特别的场合下会浸泡在牛奶或是其他的液体中。许多耆那教徒在家中的神坛前举行礼拜。

僧侣和尼姑定期进行斋戒，尤其在满月和新月之时。在夏季耆那教年份的最后几天，在新年开始之前（在八月或九月），俗家弟子加入到僧侣的斋戒之中。这一阶段的斋戒（帕里乌沙纳节）在天衣派中会持续十五天，而在白衣派中会持续八天。宗教年份以忏悔罪行告终，并向信徒所冒犯的任何一个人祈求宽恕。

朝圣是耆那灵性修持的一个重要组成部分。大雄逝世的地方，靠近巴特那的村庄是一座伟大的朝圣中心。耆那教徒还会造访巨大的寺庙群（有一些坐落在印度西部的山顶），参加大型雕像的沐浴。耆那教徒在春天庆祝大雄的诞生，在秋天则庆祝他获得解脱的经验。

第九节　耆那教的经典

耆那教认为古老经典《十四前》（the Purvas）已经完全不复存在了，只出现在后世经文的有限引用之中。不同宗派对所接受的正典（权威）产生了分歧。白衣派保存的文献包括四十五部作品，可以分为经典著作和后世的非经典著作。这些经典材料的核心是十一支"安伽"（Angas，树枝）。（一度有十二支。）耆那教认为安伽是大雄的教义，尽管它们直到大雄死后的两个世纪才取得了最终的形式。还有十二部"乌潘卡"（Upangas，较小的树枝），它是有关律法、仪式（尤其是与协助死亡有关的）和其他各种文本的合辑。后世的非经典著作包括圣人的传记、经典著作的评论、哲学和科学书籍[3]。天衣派并不完全接受安伽的真实性，

坐落在杰伊瑟尔梅尔的耆那教寺庙看上去就像一座沙漠中的海市蜃楼。

他们认为大雄的言辞在耆那教第一次分裂后没有完全被人们记住并传播。斯特纳格瓦西派不承认任何文献是圣典。

第十节 耆那教的建筑和艺术

耆那教艺术中最引人注目的莫过于大雄和其他祖师的雕像了。尽管趺坐的雕像类似于佛教雕像，但是其他的雕像形式与佛教相对应的雕像却形成了强烈反差。佛陀的形象通常是温和地注视着，表情非常和蔼；但是耆那教的祖师形象则刚勇、有力、庄严。赤裸站立的祖师形象就是这样的：他们的赤裸在某种程度上为其增添了力量，站立的形象通常表现为四肢由藤蔓包围，其静止的状态表明了坚毅有力的性格。祖师似乎敢于面对与他一样强大的观看者。

耆那教的寺庙建筑并未与其雕像的简单质朴相呼应。一些耆那教寺庙与印度教寺庙一样，喜欢华丽和装潢。（印度西部阿布山的耆那教寺庙以其复杂的、由大理石雕刻的天花板而闻名于世。）有时候，正如在加尔各答一样，寺庙会借鉴来自欧洲建筑的丰富元素，比如科林斯圆柱和彩色玻璃。

锡克教

第十一节 锡克教背景

锡克教在一个名为旁遮普的地方发展起来，如今那里是印度的西北部和巴基斯坦的东部地区。尽管在这一地区印度教徒和穆斯林的宗教纷争历史悠久，但这里也存在试图弥合分歧消除误解的重要努力。因此不必惊讶，孕育在冲突与消解中的锡克教，呈现出了那两个团体的众多要素。

很难想象有两种宗教比印度教和伊斯兰教之间的分歧更大了。印度教承认许多神灵，而伊斯兰教仅承认唯一的神；印度教热爱宗教雕像，而伊斯兰教则严令禁止；印度教提倡素食主义，而伊斯兰教尽管有饮食限制，但是它允许宰杀、食用许多动物，包括牛。

然而，这两种宗教都崇尚对宗教的虔诚，并且重视获得神秘意识。在印度教中，这些传统由巴克提瑜伽的信徒所塑造，在伊斯兰教中，则是苏菲派（见第十章）形成了这一传统。（一些学者认为实际上苏菲主义受到的启示要比印度教早。）这两种宗教都承认灵性导师——古鲁或者族长——的重要地位。伊斯兰教以抵制造像而著称，而一些印度教徒则反对对造像的过分崇尚。

在锡克教开始之前，所谓的圣人已经实践了一种源自这两种宗教的灵性修习，并试图调和宗教的分歧。这种最伟大的圣道传统的倡导者是神秘主义者伽比尔（Kabir，1440—1518），他的诗歌在印度的影响十分巨大。正是从超越了任何一种宗教限制的神秘主义灵性的兴趣中，锡克教诞生了。在旁遮普，两种对立宗教冲突的地方，一种全新的宗教诞生了。

第十二节　那纳克和锡克教的起源

锡克教的创始人那纳克在 1469 年生于今天的巴基斯坦。他在一个印度教家庭长大，结婚，育有两个孩子，从事过多种职业——第一份工作是当放牧人，接下来是协助苏丹的神职人员。由于那纳克的家庭生活伴随着浓厚的宗教氛围，因此他和一个名为玛尔丹的穆斯林朋友建立了一个虔敬的社团，每天夜晚聚会吟诵圣歌并讨论宗教思想。

有一天那纳克体验到了一种强烈的经验，他将其视为天启。在附近的一条河中沐浴、进行宗教净礼之后，那纳克来到了毗邻的森林中，三天没有出现。在那段时间里，他感觉到自身进入了一种神性存在状态。后来他说，他直接体验到了神。这种令人震惊的体验向他揭示了唯一的神，这个神超越于人类的一切名称和观念。

那纳克将基本的神性实在称为真名——表示一切用于神的名称和术语都是有限的，因为神是超越人类的观念的。那纳克现在领悟到，印度教徒和穆斯林崇尚的是同一位神，两种宗教中的区别是错误的。那纳克坚称，当体验而非仅仅讨论神的真名时，"印度教"和"伊斯兰教"便不再存在了。这个观念使那纳克声名鹊起。

那纳克的体验类似以赛亚、琐罗亚斯德和穆罕默德所经历的改变人生的、预言性的召唤（我们会在稍后的章节看到）。他所启示的经验解决了早期的困惑，也是他生命的转折点。由于决定传播他的新领悟，那纳克在朋友玛尔丹的陪同下离开了家。作为无家可归的漫游者，他们拜访了印度北部的神圣场所。不管走到哪里，那纳克都会布道并寻求信徒，这些信徒被称为**锡克教徒**（Sikh）。作为布道活动的一部分，那纳克唱起虔敬的歌曲，来自于音乐世家的玛尔丹则为其弹奏伴唱。

那纳克的服装式样尤为惊人，他有意混合了印度教和伊斯兰教的某些要素。他带着印度教徒的腰布（dhoti，拉在两腿之间形成裤子），还有一件橘黄色穆斯林大衣和穆斯林帽。他在前额涂上了印度教的标志。诸多要素的混合成为了一条重要的先知式的陈述，不出所料地在印度教徒和穆斯林之间引起了轩然大波。

那纳克和玛尔丹继续他们的虔敬教导，直到玛尔丹不到70岁的时候去世。此后不久，那纳克意识到来日不多，他将权力和工作传给了一位精选的信徒。他在1539年去世，享年70岁。那纳克通常被称为古鲁那纳克，他被视为十位锡克教古鲁（灵性导师）的第一位。

第十三节　那纳克的世界观和教导

正如那纳克的服饰结合了印度教和伊斯兰教的诸多要素，他的世界观也是如此，至少表层是这样。早期的评论家谈到锡克教时仅仅将其称为印度教和伊斯兰教要素的混合，而锡克教徒自身——以及更为近期的学者——将锡克教视为完全独立的宗教。他们认为那纳克曾反对伊斯兰教和印度教，他们坚称，锡克教来源于一种全新的启示。

那纳克接受了——正如印度教一样——轮回和业报的信条。他的人生观与数论哲学的观点相似，将人类视为肉体与灵魂的复合物。肉身和现实世界被自然捆绑并限制了精神，因此精神在寻求自由和专注于神性时必须战胜人的肉体性。这一过程可能需要几世才能完成。

尽管那纳克接受了轮回和业报，但是他抵制印度教中的其他一些要素。比如，在他早年时曾抵制过印度教对仪式的崇尚，批评它使人类的注意力远离了神。与此类似，他蔑视印度教的多神论，尤其是对众多男神和女神雕像的虔敬。有可能在这一点上那纳克的观点受到了伊斯兰教的影响。伊斯兰教的教仪同样支撑了那纳克对食肉的认可。（那纳克认为动物界就是为人类而创造出来的。）

根据那纳克对神的观点，尽管神最终超越了人性，神的确具有人类的特质，诸如知识、爱、正义感以及慈悲。由于这些特质，人类可以通过自身的努力接近神。在那纳克的观点中，神是最重要的古鲁。尽管那纳克自视为神的代言人，但是他宣称神居住在每个人体内，可以在内心与神沟通。

尽管那纳克强调在个人体内寻找神性，但是他认为真正的宗教应具有强烈的社会责任感。他批评伊斯兰教和印度教未能帮助弱者和受压迫者。作为对其信念的回应，那纳克组织了宗教团体，称为教区（sangats），向神表达崇敬并且帮助人们。

第十四节　锡克教的发展

锡克教经历了数个发展阶段。在最初阶段，锡克教并未被定义为一种独特的宗教。它仅仅是一场宗教运动，寻求与其他宗教的和平共存。在下一阶段，锡克教不得不对世界采取激进的、自我保护的立场，并且呈现出某些更为制度化宗教的要素——圣典、圣城、定义清楚的宗教仪式。在那段自我定义和强化期之后，锡克教在其第三个阶段也是最后的一个阶段走出了它的发祥地，在各处寻求皈依者。

最早的阶段出现了四位古鲁——那纳克、安格德、阿马·达斯和拉姆·达斯。在这一阶段，人们书写了大量圣歌，组织了众多团体，在印度北部的阿姆利则产生了一个总部性质的村落。

下一阶段——强化期和宗教定型期——开始于古鲁阿尔琼（Arjan，1563—1606），他是拉姆·达斯的儿子。作为第五位古鲁，阿尔琼在阿姆利则建立了金庙和环绕的池塘。收集了大约三千首诗歌——由他与先前的古鲁和圣人创作而成，阿尔琼创立了锡克教的圣典《**阿底格兰特**》（Adi Granth，"原始文集"）。由于穆斯林君王贾汉吉尔试图让阿尔琼采用伊斯兰教仪式，而阿尔琼坚决抵制，因此他死于酷刑之下。

在印度昌迪加尔附近的安纳波沙希贝圣地，敬拜者接受食物是节日庆祝的一部分。

阿尔琼的儿子哈尔·哥宾德以更加自我保护的方式控制了锡克教。作为对他父亲受迫害的回应，哈尔·哥宾德征募了一名保镖和一支军队保护他和他的追随者。他采纳了佩剑这一修习形式，放弃了印度教不伤害他人的理念。锡克教发展出来的好战尚武在接下来的古鲁哈尔·拉伊和哈尔基尚时期成功地防止了被迫害。

不过，第九位古鲁德格·巴哈都尔被穆斯林君王奥朗则布投入监狱并斩首，奥朗则布认为锡克教对他的统治构成了威胁。作为回应，第十位古鲁哥宾德·内尔（Gobind Rai，1666—1708）将剑理想化了。由于他的军事力量，哥宾德·内尔以哥宾德·辛格（哥宾德·狮子）而闻名于世。他开创了一个特殊的男性军事团体，称为卡尔萨（Khalsa），发明了入会仪式，称为以剑洗礼，包括使用被剑搅过的水喷洒到新入会者身上。卡尔萨对所有的种姓开放，哥宾德在锡克教徒中终结了种姓的差别。卡尔萨中的每一位男性都取名辛格（狮子）。

深度视角

锡克教卡尔萨的"5K"

在印度和西方的大城市中，如今锡克教经常和头巾帽联系起来。事实上，他们独特的服饰反映的不是一项而是五项实修行为。不过，这些实践不是由所有锡克教徒遵循着，而只是那些进入到卡尔萨——特殊军事团体的人。这五项教仪起初由卡尔萨成员遵循着，用来加强力量并提高自我认同。由于这些实修的名称都以字母k打头，因此它们也称为"5K"。

- 长发（kesh）：蓄长发、胡须——与狮子和它的力量相联系；头发上通常佩戴着鸟的冠毛，还有头巾帽或布块。
- 发梳（khanga）：梳子——固定头发。
- 短裤（kach）：特殊的内衣——暗示着警觉并准备好斗争。
- 锡克短刀（kirpan）：剑——用于防御。
- 手镯（kara）：钢制手镯——象征着力量。

另外，卡尔萨的成员被要求忌绝任何酒类。长久以来，卡尔萨只对男性开放，但是它也渐渐向女性敞开了大门。

随着时间的推移，哥宾德·辛格与他的四个儿子去世了，没有留下继任者。大概预见到了自己会遭暗杀，他宣布《阿底格兰特》成为他的继任者以及最终、永久的古鲁。因此，出现在阿姆利则和**锡克庙**（圣堂，gurdwara）中的圣典同样受到了尊重，并且会展现给在世的古鲁。同样地，它被称为古鲁格兰特·沙希卜。在哥宾德·辛格死后，锡克教被清晰地定义为一种宗教，与此同时，它的教义传到发源地之外的地区。

第十五节　锡克教的圣典

锡克教最重要的经典《阿底格兰特》分为三个部分。第一部分也是最为重要的部分为《**灵魂之歌**》（Japji），古鲁那纳克创作的中等长度的诗歌，他总结了该宗教。它讲述神的不可描述性，以及同他联合所产生的愉悦。它开放的言辞宣称："只有一位神，他的名字是真实，造物主，不畏惧仇恨，不朽，未诞生，自我存在。"[4]第二部分包含有古鲁那纳克和后世古鲁创作的三十九部曲子（rags）。第三部分是诸多作品的合辑，包含有来自印度教徒、穆斯林、锡克教古鲁和圣人的诗篇和圣歌。

由于《阿底格兰特》包含了那纳克及其继任者的活跃灵性，因此它受到了极大的尊崇，并作为古鲁的象征得到了人们的尊敬。在阿姆利则的金庙中，一位戴着手套的侍者在清晨将它拿出，放在华盖下面的软垫之上，由专业的宣读者大声朗读，声音震彻天空；晚上，再安顿它"入睡"。在圣堂里，人们阅读《阿底格兰特》的副本并将其奉为圣典。如果遇到问题可以随意打开它，从左侧边的顶部开始阅读，寻求解决问题的建议。（其至给小孩子取名也是采用这种方法，根据任意翻开的《阿底格兰特》左手边顶部的第一个字母来给孩子命名。）锡克教徒的家中有一间供奉《阿底格兰特》的屋子，虔诚的锡克教徒每天都会朗读或凭记忆背诵其中的篇章。

下面这首那纳克赞美神的诗歌是《阿底格兰特》诗化特性的例证：

> 你的言辞如此美妙，你的知识如此美妙；你的创造物如此迷人，它们的物种如此迷人；它们的形式如此奇妙，它们的色彩如此动人；赤身游走的动物非同寻常；你的风如此轻柔；你的水如此清澈；你的火如此惊奇；你的大地……；你的荒漠如此富饶；你的路如此平坦；接近你是如此美好，远离你是如此悲伤；看到你的存在是如此重要。[5]

第十六节　锡克教和现代世界

一位寺庙助理解释仓库的重要性，这里保存着《阿底格兰特》和锡克教的其他神圣书籍。

由于锡克教徒受到的军事训练，他们经常受雇于英国，充当雇佣兵。不过，英国在1947年离开印度次大陆之后，锡克教经历了痛苦的动乱。有超过两百万人离开了巴基斯坦，以此来避免和穆斯林多数派的冲突。他们大多数人定居在印度西北部，现在一些锡克教徒希望能在那里建立独立的国家。在这个问题上锡克教徒和印度政府突然间爆发了冲突，尽管锡克教的独立主义者接管了位于阿姆利则的金庙，印度的政府军却多次将它夺回。作为对印度总理英迪拉·甘地在第一次占据时支持政府军行为的报复，1984年混在卫队中的数名锡克教徒将她暗杀。

锡克教徒开始在印度境外广泛定居，尤其是在对印度移民开放的国家，比如英国和前英属地区。（比如在英属哥伦比亚省的温哥华，存在人数可观的锡克教团体。）他们建立了锡克庙，作为日常祈祷中心、慈善食堂和社会交际的场所。尽管锡克教徒并没有寻求皈依者的传统，但是他们简单的、自我依靠的生活方式已经吸引了许多新成员。他们的成功和不断扩大的人数将有可能延续下去。

第十七节　个人体验：拜访金庙

阿姆利则的金庙坐落在繁华的市中心一座人工湖的岛上。不过，我造访的那天，湖水已经干涸了，大约有三十名工人在底下打扫维修，他们走来走去，聊着天。当我看着这一场景时，无意间听到了附近有人操着类似于美语口音的英语。一个黑头发短胡须的男人、他的金发妻子，还有他们的小女儿在那里照相并讨论着修缮工作。我给他们照了一张背对金庙的照片，随后我们聊了起来。那位男士介绍了自己和他的家人。他说，辛格先生和妻子玛丽安娜不是美国人而是加拿大人。

他解释道，"我在我父母从印度移民到加拿大后出生。我们来这儿拜访祖父母并参观金庙。"辛格夫人补充道："我祖籍亚伯达省。我不是锡克教徒——至少现在还不是。我信奉天主教。我的父母从波兰移民到加拿大，他们在卡尔加里北部有一座农场。我的丈夫和我在加拿大英属哥伦比亚大学相识。"她转向了女孩，"这是我们的女儿，琼。"随后我们握手，然后我们一同穿过行人通道进入了金庙。

里面潮湿而闷热，但是一种虔敬感袭来，消弭了我的不适。一位蓄着长白胡子看上去让人心生敬意的男士在阅读《阿底格兰特》，一位侍者为他扇动着一面翎毛扇子。人们排队缓慢前行，但是我们在里面的时间实际上很短，因为拥挤的人群不允许我们待得太久。出来后，我们决定一起吃午饭。我们在附近找到了一家餐厅，在那里用餐并聊了起来。

辛格先生指着他的短发和整齐的胡须："你看，我并没有践行我的宗教传统。不过，我以我的宗教为荣，尤其是它对忍耐的强调与重视。"

辛格夫人点点头："处在混合婚姻中的我们有时的确需要勇气，我们在双方的宗教中找到了一些因素可以帮助到我们。我想，尽管我们是典型的加拿大夫妇，

工人定期清理、重建金庙和池塘。

我们的混合婚姻对我们俩来说是一种宝贵的体验。"

"对我们的父母来说也是这样的。"辛格先生补充道，俩人都笑了，会意地点了下头。他继续道，"我名字的含义是'狮子'，我希望借助我自己的力量成为一个强大的人，不仅是宗教的代表。我生活的地方，有一个大型的锡克教团体，我很容易和与自己宗教相同、具有同一种族背景的人交往。但是我想变得更加普通一点，把我的宗教放在自己心里。"

我们起身离开，向对方道别，辛格先生举起手臂。"虽然我剪去了头发和胡须，但是我经常这样着装。"他拉了一下长袖衫的袖口，骄傲地向我展示着他的手镯——他的钢制锡克教镯子。

延伸阅读

《阿底格兰特》论妇女

《阿底格兰特》是锡克教的神圣经典。尽管锡克教的男性被期待在家庭和宗教仪式中扮演领导角色，并且早期的领袖都是男性，但女性也有着很高的地位。下面是一篇关于女性尊严的文章：

我们由女性所生，我们在妇女的子宫中孕育，我们与女性订婚、成亲。我们和女性交朋友，世系的传承也是靠女性。一个妇女去世之时，另一个出现了，我们通过女性和这个世界联系在一起。

我们饮用母亲的乳汁而长大成人变得聪明。为何我们会说她的坏话，是谁生下了国王？女性由女性而生；没有她便没有一切。唯有唯一的真主是不需要女性的。[6]

自我测试

1. 在耆那教中，筏陀摩那是最伟大的_____，通常他被冠以大雄的头衔。
   A. 佛陀　　　B. 圣雄　　　C. 祖师　　　D. 祭司
2. 由于大雄体验到了解脱，以及接下来十二年经历的冥想、流浪、耻辱，他被称为_____。耆那教的名称就是取自大雄的名字。
   A. 命我　　　B. 德维　　　C. 辛格　　　D. 耆那
3. 耆那教的目标是达到一种_____的状态。
   A. 完全解脱　B. 轮回　　　C. 肉体完美　D. 理智完善
4. _____是耆那教五条诫命之一。
   A. 非暴力　　B. 苦　　　　C. 赤裸　　　D. 瑜伽
5. 尽管佛教有意遵循了一条温和的道路，不过耆那教将_____发扬光大。

A. 吠陀宗教　　　　B. 苦行　　　　　C. 中道　　　　　D. 祭司阶层
6. 锡克教的创始人古鲁_____被视为十大锡克古鲁（灵性导师）的首位。
A. 乔达摩　　　　　B. 辛格　　　　　C. 巴克提　　　　D. 那纳克
7. 锡克教主要受到印度教和_____的影响。
A. 伊斯兰教　　　　B. 耆那教　　　　C. 佛教　　　　　D. 道教
8. 正如印度教一样，那纳克接受了轮回和_____的观念。
A. 多神论　　　　　B. 无神论　　　　C. 业报　　　　　D. 三相神
9. 锡克教徒佩戴的钢制手链称作_____，它象征着力量。
A. 长发（kesh）　　B. 短裤（kach）　 C. 短刀（kirpan）　D. 手镯（kara）
10. 锡克教最重要的圣典是_____，据说它含有十位古鲁的活跃灵性。
A.《古兰经》　　　B.《吠陀经》　　　C.《阿底格兰特》　D.《伟大的史书》
11. 思考如下陈述："圣洁的死亡违背了耆那教不杀生的原则，因为这是一种伤害自身的行为。"运用本章的事例，耆那教的信徒应该以什么观点来反击这一陈述？
12. 讨论耆那教和锡克教的异同。你认为什么是最重要的相似点以及不同点？用具体事例回答。

参考资源

书　籍

Cort, John E. *Jains in the World: Religious Values and Ideology in India.* New York: Oxford University Press, 2001. 耆那教当代教俗的写照。

Grewal, J. S. *The Sikhs of the Punjab.* Cambridge: Cambridge University Press, 2008. 这部作品可能是目前能得到的关于锡克教历史综合性最强、信息量最大的单册书籍。

Mann, Gurinder Singh. *The Making of Sikh Scripture.* New York: Oxford University Press, 2001. 一份对锡克教经典创立的详细研究。

Parikh, Vastupal. *Jainism and the New Spirituality.* Toronto: Peace Publication, 2002. 一部探索耆那教与和平运动和生态学联系的作品。

Rankin, Aidan. *The Jain Path: Ancient Wisdom for the West.* Delhi: Saujanya Books, 2007. 该书借助耆那教传统信仰与哲学来呼唤一场全新的全球化的慈悲与相互依靠的运动。

Singh, Patwant. *The Sikhs.* New York: Knopf, 2000. 对锡克教历史的考察。

Tobias, Michael. *Life Force: The World of Jainism.* Fremont, CA: Jain Publishing, 2000. 耆那教的入门介绍，作者是一名对生态学感兴趣的西方实修者。

电影/电视

Around the World in 80 Faiths.（BBC.）一部八集纪录片，在一年之中记录了六个大陆上的八十个神圣仪式。第六集包括锡克教纪念哥宾德·辛格三百周年以及

印度南部的耆那教仪式的部分内容。

Gandhi.（Director Richard Attenborough; Columbia Tristar.）圣雄甘地的一生，他曾受到耆那教的强烈影响。

Sikhs in America.（Sikh Art and Film Foundation.）一部荣获艾美奖的纪录片，描述了美国的锡克教团体。

音乐/音频

Ho Shankheswarwasi.（Raj Audio Music.）十首耆那教圣歌的合辑。

Music of Asia.（Smithsonian Folkways.）一张亚洲宗教音乐的唱片，内容包括一首耆那教礼拜音乐以及一支唱诵锡克教《阿底格兰特》的作品。

Sikh Net Gurbani Collection-Volume1.（SikhNet.com.）来自全世界的锡克教虔诚录音的合辑。

互联网

Jainism: http://www.cs.colostate.edu/~malaiya/jainhlinks.html. 该网站资源包括分类链接，比如"歌曲与祷文""素食主义与非暴力""耆那教文本""耆那教朝圣""耆那教偶像"以及"区域组织"。

Jain World: http://www.jainworld.com/. 关于耆那教哲学、社会、教育、文学和寺庙的信息。

All About Sikhs: http://www.allaboutsikhs.com/. 锡克教的综合门户网站，包括百科全书、书单，关于锡克教古鲁、历史、生活方式、寺庙、圣典的一般信息。

重要词汇

《阿底格兰特》（Adi Granth, *ah'-dee grahnt*）："原始文集"；锡克教最重要的经典。

非命（ajiva, *uh-jee'-va*）：不含有灵魂和生命的事物。

天衣派（Digambara, *di-gam'-ba-ra*）："以天为衣"；耆那教的一宗，理想上这一宗派的僧侣不穿衣服。

锡克庙（gurdwara, *gur-dwa'-rah*）：锡克教寺庙。

物活论（hylozoism）：相信一切自然物都有生命和感觉。

《灵魂之歌》（Japji, *japh'-jee*）：古鲁那纳克所作的诗歌，是《阿底格兰特》的开篇；锡克教徒每天念诵的诗歌。

耆那（jina, *jee'-na*）："征服者"；耆那教的术语，意指不会重生的完美之人。

命我（jiva, *jee'-va*）：使物质获取生命力的精神和灵魂。

礼拜（puja, *poo'-ja*）：用于敬拜祖师或神灵的仪式。

萨莱克哈那（sallekhana, *sahl-lek-hah'-nuh*）："圣洁的死亡"；通过自我绝食的方式死去，受到耆那教的推崇，作为一种对永恒生命的高尚的自我了结，有德又超然。

白衣派（Shvetambara, *shvet-am'-ba-ra*）："着白色衣装"；耆那教的一个宗派，该宗的僧侣与尼姑穿着白色衣服。

锡克教徒（Sikh, *seek*）："信徒"；锡克教的追随者。

斯特纳格瓦西派（Sthanakavasi, *stun-uk-uh-vuh'-see*）："塑造人"；耆那教的一个宗派，他们反对使用塑像和寺庙。

特罗般提派（Terapanthi, *teh-ra-pahn'-tee*）："十三"，耆那教最年轻的教派之一。

祖师（tirthankara, *tihr-tahn'-kah-ruh*）："渡津者"；在耆那教历史上二十四位理想的人之一，最近的一位是大雄。

注 释

1. *Mahapurana* 第 4 章，第 16 节，引自 William T. deBary 编，*Sources of Indian Tradition*，第 1 卷（New York: Columbia University Press, 1958），第 76 页。
2. *Acaranga Sutra* 1: 6, 5, 引自 deBary, *Sources of Indian Tradition*, 第 1 卷, 第 65 页。
3. 参见 John Koller, *The Indian Way*（New York: Macmillan, 1982），第 114~115 页。
4. 选自 *Mul Mantra*, 引自 M. A. Macauliffe, *The Sikh Religion*, 第 1 卷 （Oxford: Oxford University Press, 1901），第 195 页。
5. 选自 Asa Ki Var, *Mahala* I. 引自 Macauliffe, *The Sikh Religion*, 第 1 卷, 第 221 页。
6. http://www.allaboutsikhs.com/sikhism-articles/quotations-from-adi-granth-about-women.

访问在线学习中心 www.mhhe.com/molloy5e，以获得更多的练习和资料，包括"教室之外的宗教"和"更充分的理解"。

第六章

道教和儒教

第一节 初次相遇

你前往台北"故宫博物院",参观世界著名的中国艺术收藏品,体验多姿多彩的中国文化及其错综复杂的特性。城市生活的确如你期望的那样五彩斑斓。景观和喧闹声充斥着台北。这个城市似乎有一半人骑摩托车。你经常会看到一家人——父亲在前面,母亲和孩子在中间,祖父母在后面——稳稳当当地骑在一辆小摩托车上。

漫步在繁华的大路和偏僻的街道之间,你看见一座寺庙,你最先看到围墙,随后看到墙里面高大倾斜的瓷砖屋顶,拐角处陶瓷镶嵌的龙和其他形象。你走到路边的摊铺时,就知道离入口处已经不远了,这些货摊兜售着寺庙用品:橘子、西柚、红蜡烛、鲜花,还有用金红色纸包裹的长条熏香。你决定买一些熏香。

走进寺庙大门,你觉得似乎走进了一座集市。人们三五成群地聊着天,随后又离开,随意闲逛。在你周围有人将装着水果的盘子端到一张大桌子上,桌子就摆放在开阔的庭院中央。一个带着船形红帽子的男人站在桌子边上吹着号角。在寺庙

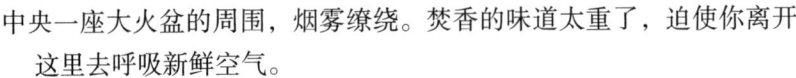

中央一座大火盆的周围，烟雾缭绕。焚香的味道太重了，迫使你离开这里去呼吸新鲜空气。

庭院的中央有两队人分别排开，看上去在等待看病。一位身穿蓝色衬衫的女士在两支队伍的前端，当人们走到前面时，她拍打和摩挲人们的肩膀、手臂和后背。你驻足观看。旁边一位友善的男士高兴地与你用英语交谈，解释道，"这些女士在治病。她们过去常常患病，不过已经治愈了，现在她们在为其他人看病。"

你注意到有一对年轻男女在每座火盆前面的神坛上摆放一束香。那位男士与你一起向前走，向你解释道："他们打算结婚，来寺庙这里寻求神灵的帮助。"

你在一幅长袍飘扬的年轻女性的画像前驻足。她的下面是奔腾的海浪。你的新朋友向你讲述道，这就是妈祖（Mazu），一位英年早逝的中国姑娘，后来成为一位女神。作为渔民的保护神，她拥有巨大的影响力。那位男士把她称为天后圣母。

有一队老年人，他们每个人都带着焚香和水果，跟随在一位看似出神的赤膊男青年后面。他带着这队人转到寺庙后面。那位男士说道，"他们从南方而来，到此寻求神意。那位男青年有特殊的天赋，可以和这里的主神交流。"

你和同伴继续走着，讨论着众多神像，把点燃的薰香放到几座神坛面前。在一座小坛面前，一位佝偻的老太太将两块看上去非常大的月形的木质豆子扔到她前面的地板上。你朋友说，"她在为将来寻求帮助。"在后面的走廊边上，你注意到几位男士在伸懒腰，还有几位倚靠在鲜红的柱子上。靠近出口的地方，你停下来，注意到一位女士在折叠黄色、红色、金色的方块——"纸钱"，她会把它们作为供品留下或者烧掉。

在出口处，你对这位热心的向导告别，并向他致以谢意。他向你鞠躬并和你握手。走到大门外的时候，向你兜售焚香的店主对你微笑点头，你以微笑回应，之后你走向另一条拥挤嘈杂的街道。

第二节　中国传统信仰中的基本要素

儒教、道教和佛教通称为三教，它们对中国文化和历史产生了深远的影响。正如我们在第四章看到的，佛教从外传播至中国，它植根于印度的本土宗教信仰。另一方面，儒教和道教在中国本土信仰的土壤中生根发芽，一并成长。因此，我们通过思考中国的某些传统信仰和教仪的特征来研究这两种中国的宗教体系。

早期的中国信仰是多种因素的混合物。其中一些，比如对灵魂的信仰可以追溯至3000年前。下面的诸多要素为后世中国宗教的发展奠定了基础，对儒教和道教的发展尤为重要。

鬼神 早期的中国信仰认为鬼神活跃于自然界和人类世界的每个角落。良善的鬼神带来健康、财富、长寿并保佑多子多孙。邪恶的鬼神引发事故,导致疾病。自然界的灾难,比如干旱、地震,这些都是鬼神对人类缺点的惩罚,不过人们可以通过仪式和献祭来恢复和谐。

天 在商朝时期(约公元前1500—约前1100),统治世界的全能力量被称作上帝,它被视为一位人格化的神,祭祀者可以与之沟通。大概上帝是对某位祖先的回忆,尊重上帝成为古老的祖先崇拜行为的一部分。在周朝时期(约公元前1100—前256),一支新的政权——周王朝——无视商代信仰,并开始通过不同的概念"天"来解释生命。看来,天被设想为一种统治地球万物的非人格化的力量,并且是决定善恶的宇宙道德原则。

祖先崇拜 对鬼神的崇拜同样可以自然地转用于祖先身上。祖先死后变成了鬼神,它们得到安抚确保了对在世的家庭成员产生积极的影响。祖先崇拜为儒教发展提供了环境。

对自然的看法 中国的大江大河、巨大的山脉、分明的四季、时常暴发的洪水、干旱以及地震统统影响了中国人看待自然世界的观点。为了生存,中国人知道了既然不能控制自然,便要通过了解它运作的模式来与自然共处。有一些运作模式易于识别,比如四季的更迭、日月的运行轨迹以及生死的循环。另一些则更加微妙,比如波浪的运动、山脉的起伏、道(稍后我们会简单讨论)之韵律,以及阴阳的变换。道教或许可以追溯至发现乃至与自然格局共存的一种关切。

阴阳 在大约公元前1000年之后,中国人通常认为,宇宙以相反却互补的原则表现自身:明暗、昼夜、热冷、天地、夏冬。这些对应物实际是无限的:男女、左右、前后、上下、外内、动静、生死、荤素、奇偶……这种互补的原则就是**阴阳**。

这些原则与善恶并不相同。阳并不去战胜阴的力量,反之亦然;相反,理想状态是在两股力量中保持动态平衡。事实上,阴阳平衡的象征是阴阳图,它由两个相互环绕的逗号组成。一半明亮,代表阳;一半黑暗,代表阴。在每一部分之内是一个相反颜色的圆点,代表对立面的萌芽。逗号表明,一切事物都包含着它的对立面并最终成为它的对立面。当两股力量变换之时,它们处于完美的动态平衡之中,正如白昼和黑夜在更迭中保持平衡一样。我们可以认为阳和阴是能量的

北京的天坛,君王举行祭天仪式的场所。

阳和阴由一个明暗交替的圆圈来代表，表明了互补却相反的宇宙力量，它们产生了所有形式的实体。

跳动或者起伏，就像心跳和呼吸一样。

占卜　占卜（一套用于预知未来的方法体系）是早期中国传统的一个主要部分。最早的方法包括阅读骨头和龟壳上面的纹路。后来，一种更为复杂的方法发展起来，这其中包括《易经》，变易之书。这是一部古老的典籍，通过对六爻的分析来阐释生命。六爻是一个具有六条水平线的图形。它包括两种线：分离的（阴）和未分离的（阳）。六爻由两卦（每一卦有三条线）组成，通过蓍草或投掷钱币的方法起卦并记录下结果，以最下一条线（初爻）为开端。因此可能产生六十四种卦象。人们认为卦象代表了诸多模式，在人的一生中得到发展，《易经》诠释了每一卦象。借助《易经》，人们可以阐释卦象，有助于未来做出决策。

现在，我们回到中国宗教思想的两大体系中来，它们是道教和儒教，许多人认为这两大宗教是互补的。通常情形下，人们认为道教代表了自然阴的一面，而儒教则代表了阳。它们共同形成一种对立面的联合。尽管我们会分别讨论这两种体系，但将它们分离开是不切实际的。实际上，这两种体系共同成长，随着它们的发展，二者之间相互促进。在研究它们的时候我们必须牢记这一点。

道　教

由于道教包括先前提及的某些因素，以及许多来自中国传统信仰和实践的形式，实际上它就像一辆购物车，里面装有不同的物品：预测未来、哲学思想、生活准则、健康运动、保护性仪式以及用于获得长寿和内在纯洁的修行。不过，我们应当注意，道教和中国民间宗教并不完全是一回事，尽管有些术语时常交替使用，并且在一些情况下二者的界限并不分明。

道教包含了早期阶段的某些观点和修行方法，这体现在《道德经》和《庄子》（道教经典，稍后将简单讨论）以及后世发展出来的众多方法中。人们曾在早期阶段做出过区分，人们赞扬它的哲学观点，而后世的仪式和宗教发展却并不那么受捧。但是近几十年来的学者对诸多道教话题，如礼拜仪式、大师的家系、宗教团体、禁欲主义、神、祷文、艺术、服饰甚至是舞蹈，都给了了很多关注。学者们把这些发展视为早期道教修行洞见的有机组成部分。在持续关注由早期文本支持的观点的同时，当代学者指出，"真正的"道教是从早期观念到当代修行方法的完整流变。

第三节　道教的起源

恰当地来讲，道教的起源十分神秘。它的早期文本包含诸多思想要素——萨满教、崇尚隐士的生活、渴望与自然合一、热爱健康、长寿、呼吸、冥想以

"观卦"由两组三线形组成。下卦表示"地"，上卦表示"风"。

及入定。这些思想线索表明了道教的众多可能来源，它们似乎共同促成了这一思想运动。

老 子

每一种思想运动都需要一位创始人，而道教可以追溯至一位名叫**老子**的传奇人物，他的名字意指"年迈的大师"或"老小孩"。老子是否真的存在过无人知晓。

道教和儒教重大历史事件时间表

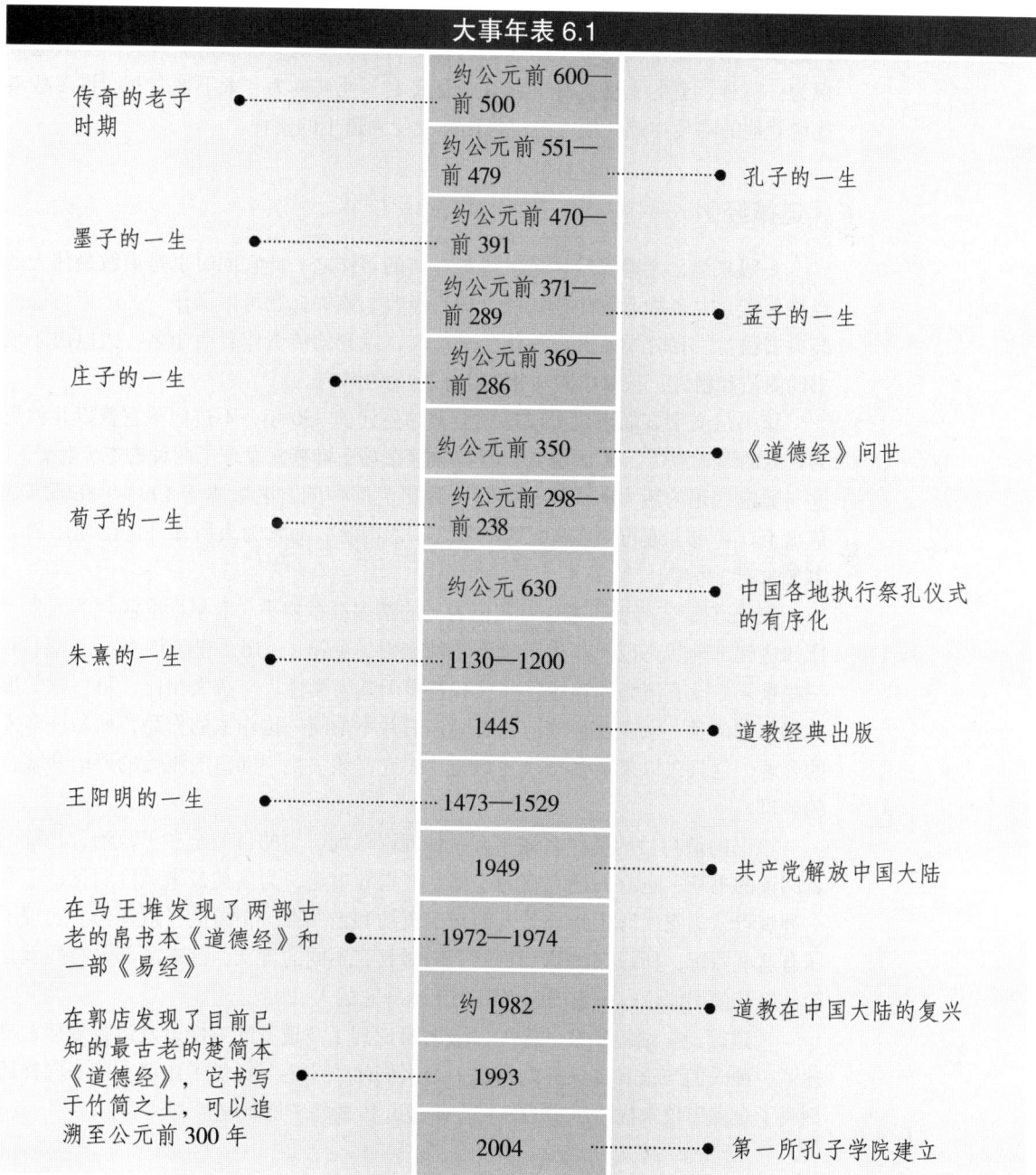

	大事年表 6.1	
传奇的老子时期	约公元前 600—前 500	
	约公元前 551—前 479	孔子的一生
墨子的一生	约公元前 470—前 391	
	约公元前 371—前 289	孟子的一生
庄子的一生	约公元前 369—前 286	
	约公元前 350	《道德经》问世
荀子的一生	约公元前 298—前 238	
	约公元 630	中国各地执行祭孔仪式的有序化
朱熹的一生	1130—1200	
	1445	道教经典出版
王阳明的一生	1473—1529	
	1949	共产党解放中国大陆
在马王堆发现了两部古老的帛书本《道德经》和一部《易经》	1972—1974	
	约 1982	道教在中国大陆的复兴
在郭店发现了目前已知的最古老的楚简本《道德经》，它书写于竹简之上，可以追溯至公元前 300 年	1993	
	2004	第一所孔子学院建立

或许他是一个真实的人物，也可能是诸多人物的混合神话中的人物。

在传统故事中，可能是一位贞洁女子怀孕并生下老子（约公元前600年；大事年表6.1）。根据传说，这个男孩生来已经年迈，于是起名"老子"。老子在王城洛阳担任了多年的史官或图书管理员。（传说同样涉及孔子是如何与这位老人讨论哲学的。）最终老子厌倦了这份工作，辞去职务，牵着一头牛，去了遥远的西方。在西部边界地区，老子是一位备受尊重的学者，在他写下他的教义前，不被允许通过那里。结果便是《道德经》横空出世，这是一部大概只有五千汉字的典籍。老子完成该书之后，离开了中国，向西而行。后世一直流传着老子的神话故事。据说他将教义带至印度，后来又回到了中国，继而得道升天。不久他被视为一尊神，道的人格化身。在这个意义上，他被称为"太上老君"。许多故事述说着他的临凡神迹。他一直被当作神祇受到道士的崇拜。

《道德经》

一般来说，《**道德经**》是世界最经典的著作之一。它同时也是道教最伟大的经典著作，大多数道教徒把它视为核心经典。该书标题可以译作"关于道与德的经典书籍"。有时候该书还称作《老子》，以它的传奇作者而命名。大概由于该书的简洁和精炼，它对中国文化产生了巨大的影响。

该书从文字方面来讲可以追溯至大约公元前350年，不过似乎它曾以几种更为古老的形式流传。在1972年，考古学家在马王堆墓穴发现了两种古本《老子》，这与通常使用的版本有所不同。另一种更为简短的古老版本于1993年在郭店楚墓出土。它包含通行版本[1]大约三分之一的内容。通常为人所知并广泛使用的版本来源于3世纪。

在《道德经》的81章中，我们看到的诸多篇章似乎含有早期萨满教的因素，比如达到出神状态以及获得刀枪不入的能力（见第1、16、50、55章）。该书有一些重复，没有清晰的顺序，并且有意显示其模糊性。与散文相比，每一章的形式都更有诗意。众多要素的结合表明该书并不是同一位作家的作品，而是许多人的合著，是长久以来诸多作品的集合。或许，该书是一部口头流传的谚语和箴言的合辑。

该书的最初目的是什么呢？有一种理论认为，它的目的全在于政治，是统治者阅读的书籍；也有人把它视为一部宗教指导书籍，为信徒带来灵性洞见；还有一种观点认为它实际上指导着人们与宇宙的和谐共存。很可能《道德经》实现了所有这些目标，所以它的篇章可能会同时具有不同的含义。该书的部分特质就是简洁以及使用悖论——它的含义取决于诠释它的人。

《道德经》通篇提及"**道**"。该书谈论到了"道"的本性以及运行规律；描述了一种人们与道和谐共存的样式；为人们体验"道"提供了建议。该书同样还刻画了众多形象来描述所有的事物。不过，什么是"道"呢？

《道德经》的开篇十分著名：道可道，非常道。该书认为，可以言说的道并非永恒的道。换句话说，我们不能完全准确地用文字解释道——事实上，讽刺的是，该书本身就是用语言描述的。不过，该书继续讲道，道是无名；即它不是任何一个具有名称的个别事物——比如，门、树、鸟或者人。道不可以命名，原因在于它不具有形式。但是道用来体验，可以让那些具有名称的事物来遵循。《道德经》说，道是万物的起源，所有个别的事物都是道的"显现"。

尽管道是自然的起源，但它不是"上帝"，因为它不具备人格。它从不关心人类也不憎恶他们——它仅仅产生他们，与产生自然界其他事物一样。由于道使得自然界按照它的方式运行，它可以称为自然之道或者自然之律。

为了体验道，我们必须放弃对个别事物的欲望，这种观念与我们日常的关注相反——某物有多少价值，现在是几点，某物是大还是小。事实上，用道教的方式看待事物对有些人来说特别奇怪，以至于开始时好像在黑暗中摸索，正如《道德经》第一章结尾说的那样：

玄之又玄，众妙之门。

道教看待事物的视角是不同的。《道德经》的第12章为我们提供了一处证据：五色令人目盲，五音令人耳聋，五味令人口爽，驰骋畋猎令人心发狂，难得

老子，"道教之父"，在这里描绘为骑牛的形象。

之货令人行妨²。道士因事物的反差而困惑。其他人似乎很快乐，并且沉浸其中，而道士只是置身事外，冷眼旁观。随后这一章以出人意料的断言而结束。道士认为某些事物极具个人化并且很难满足，但是他们愿意与世隔绝，也拒绝看待事物的日常方式。道士接受这一点，并总结道：

> 我独异于人，而贵食母。

因此，我们不能用看待汽车或是聆听声音的方式来"认识"道。人们不能直接感受到它，而只能通过直觉来感知它。或许这类似于单纯地听音乐和辨识出一首歌的差别。

《道德经》展现出多种强大的意象，在这里道似乎是最为活跃和可见的。沉思它们可以帮助我们体验道，通过接纳这些意象中的某些品质，我们开始了与存在于其中的道的和谐生活。如下是一些常见意象：

水　水是轻柔的、平淡的、谦卑的，同时又异常强大与重要。它绕开一切障碍而流淌。《道德经》的第8章这样赞美它："上善若水。"³它帮助一切事物，"水善利万物而不争。"

女性　女性敏感、善于接受，但影响力大而有力。

儿童　儿童精力充沛、充满好奇心和天真。

山谷　山谷代表阴，具有神秘性。

玄　玄是安全的，虽无言却充满一切可能。

庄子

庄子的作品丰富了道教的思想，他活跃于大约公元前300年。我们对他的了解来源于他留给后世的著作。庄子性格玩世不恭、独立、喜欢想象。他的著作名为《庄子》，由7部"内篇"和26部"外篇"（含"杂篇"）组成，其中内篇是由作者亲自完成，而外篇的作者身份不详。

与《道德经》的诗体表达不同，《庄子》包含了许多怪诞的故事。它延续了早期道教思想的主题，比如与自然和谐一致的需求，所发生的一切道的运行，以及我们可以从简单率真中获得愉悦。它强调变化是必然的，以及一切人类判断都是相对的。它还将幽默感引入道教思想中——这在世界众多圣典中实属罕见。

"庄周梦蝶"或许是该书中最著名的一段故事。在梦中，他在空中飞舞尽享乐趣，但是不知道自己是庄子。醒来后，他困惑于这样一个问题：不知周之梦为蝴蝶欤，蝴蝶之梦为周欤？这则故事表明，现实和想象的界限并不如我们所认为的那样清晰。

另一则故事则取笑人们的判断力以及喜怒无常的本性。一个养猴人早晨给猴子吃三个果子，晚上吃四个。由于早晨得到的果子太少，猴子们向养猴人表达不满，他便清晨时给猴子们四个果子而在晚上给它们三个。结果，"猴子转怒为喜。"⁵

《庄子》反对一切事物之间的界限，包括现实与梦幻之间、正常与非常之间，正如庄子梦蝶的故事所说明的那样。但是在某些故事中，讲述的智者可以获得某些超自然的力量，很能说明庄子对奇迹的热爱。《庄子》讲述了一位杰出的人物，他可以述说一个人过去和将来的一切，还讲述了一个御风之人，还有一个不会被炽热和痛苦伤害的人。因此，《庄子》详述了人与道合一而产生的潜能。

第四节　道教早期的基本教义

《道德经》和《庄子》的主要教义可以总结为如下几点：

道　这是一切神秘实体的名称，它使自然成为它所是，按照它的方式行事。"道"可以理解为"方法"，也可以翻译成"存在""模式""过程"。首先，道是一种大自然表现自身的方式——自然之道。人类可以把自身生活的方式与道合一。

无为　不为而成的理想　严格的戒律与道教的本性背道而驰；但是道教的确提出了诸多关于如何生活的建议——不从神的训导而从自然中获得平衡与和谐的典范。在《道德经》中最常提及的建议是**无为**，字面意思是"不采取行动"。或许翻译成"不滥用"或"不为而成"会更好。这一理想蕴含了这样的含义：避免不必要或有意识的行为。如果我们观察一下大自然就会发现，诸多事物都悄无声息地生生灭灭：植物生长，鸟和动物出生，暴风雨之后自然修复自身。自然的运行仅仅伴随着必要的行为，仅此而已。思考一下筑造普通鸟巢的平凡力量。鸟类根据自己的需要建造它们的家园，它们的创造简单且精美；它们不需要环形车道、柱子或者大理石的通道。"无为"的理念与一切动人格言相反，比如"不劳无获"和"起起落落"。

船夫顺流而行就是"无为"的表现。

简单　通常来讲，道教要求它的信徒消除掉一切不必要和人为的行为，取而代之的是崇尚简单和平凡的事物。就这一点而言，道教不信任一切正规教育，因为它们是不自然且复杂的。（这是与儒教的主要分歧之一，儒教对教育十分看重。）数世纪以来深受学徒喜爱的《道

深度视角

生命的四季

有一段著名的故事说明了与自然和谐共存意味着什么：庄子的朋友惠子听说庄子夫人去世，立即前来吊唁。他认为庄子会嚎啕大哭并在仪式上穿丧服，但是他却发现庄子鼓盆而歌。惠子震惊了——这太过分了。庄子以一种哲学的方式回应，他说，起初他的夫人去世时，他悲痛万分，但是随后他意识到，夫人的存在就是一个循环。在他的夫人还未变成人之前，她没有形态或者生命，她的原始自我是宇宙无形实体的一部分。后来她变化为人。"今又变而之死，是相与为春秋冬夏四时行也。"[6] 冬天到来时我们不应悲伤。那是不合时宜的。与此类似，人也会经历四季。庄子描述他的夫人现在就如同一个沉睡于一间大房子中的人。"我噭噭然随而哭之，自以为不通乎命，故止也。"[7]

在这则故事中，我们注意到，庄子鼓盆而歌。与消极的悲痛不同，他的所作所为抵消了他的痛苦。他的歌唱是一段意义深远的人类的回应，相当真实。庄子并没有说，由于他的洞见，他就不再悲伤了。相反，他说，尽管悲伤是不可避免的，"止也。"换句话说，尽管他感觉悲痛，但是有意做出了这样的行为，他似乎感激宇宙，于是做出比痛苦更为恰当的行为。

这段故事表明，与自然的和谐共存意味着接受它的一切变换。大道产生了阳和阴，二者不断地交替变化。故事表明，阴阳是我们的父母，我们应当服从。如果我们无法欣然接受变化，那么至少应该以坦然的心态去顺从它们。

德经》第19（原文作"20"，系英译本章数。——编注）章陈述了自己的观点："绝学无忧"。

良善 由于道教追寻温和的路径，所以厌恶武力与战争。智者崇尚和平，限制或避免一切不必要的暴力。智者"恬淡为上。胜而不美，而美之者，是乐杀人"。[8]

相对性 人们基于自己的视角以一种有限的观点看待事物。他们看到了事物的相对：我与你，好与坏，贵与贱，有用与无用，美与丑。道教徒认为应获得这样一种观点，即万物超越于这些明显的对立之外。

第五节　道教与对长生不老的追求

道教将诸多人道合一的修行方法纳入其中。这些方法有助于人们体会到自然的流动，获得灵性纯净以及长生不老。

用瑜伽这个词描述道教的修行方法可能会产生误导，因为瑜伽(yoga)是一个梵语词汇。但是这个词有助于向非专业人士传达道教在形体方面的内容。道教经典包含诸多内容，包括各种形式的肢体运动、呼吸吐纳、饮食、按摩。现在，太极最具影响力，它是一系列用于增进平衡和循环的和缓的肢体运动。在中国，每天清晨会看到数百人在公园中打太极，这一场景颇为壮观。这种场面如同优雅和缓的芭蕾舞。

有一种"瑜伽"修炼称为内丹。它旨在转变并净化修炼者的气。一些后世的内丹术形式传授这样的技巧：把来源于脊椎的气运行到头顶，从那里再循环，通过心脏回到它的起点。这个运动要通过特定的姿势、肌肉训练以及心象来完成。一些道教信徒曾认为内丹可以创造一种实体——"圣胎"，可以使身体长生不老。

在古代中国，一些人曾利用物理的炼金术进行试验，希望可以炼出仙丹妙药来延长寿命，甚至长生不老。由于金子不会生锈，于是人们试图将金子转化为可饮用的液体，或者制成饮用仙丹妙药的容器。人们还利用玉器、珠宝、珍珠母以及水银的混合物。毫无疑问，许多人死于这种试验。当人们意识到以这种方式几乎不能成功的时候，炼金术则变成了一种隐喻，因为发展出了内丹术，"炼金"一词则只有比喻的含义了。不过，中国文化中仍然保留了对丹药、食物、内服药的兴趣，人们认为它们可以延长寿命。有一些（比如人参、大蒜、生姜）似乎的确具有医疗作用。

第六节　道教的发展

早期的道教并不是一种"组织化的宗教"。许多早期修行者过着独居的生活，有些人至今仍然如此。隐士隐遁的生活方式可以追溯至中国古代，《道德经》的某些篇章就可能源自那种生活方式。

不过，随着时间的推移，这项运动开始采取组织化的形式。道教的诸多因素吸引了众多个人与团体，他们对达到各种目标颇有兴趣。这些目标包括长生不老、超自然的能力、抑制疾病、社会改革、政治统治以及灵性洞见。由于道教内部存在各种各样的兴趣以及容易形成新团体的空间，在数百年间它产生了大量宗派、分支和宗教社团。他们的力量此消彼长，取决于他们维护自身的能力以及当世统治者的兴趣。（比如，公元1281年，道教遭遇了低潮期，当时的统治者下令焚烧道教书籍。）在众多发展起来的组织中，有两个宗派流传时间很长，并且产生了广泛的影响。这两派至今仍然存在。

其中一个古老的组织称为天师道。这一组织可以追溯至一位公元2世纪的天师张道陵，据说他具有老子的视野。张道陵发展了一个组织，这让道教保存至今。组织管理基于世袭的模式，权力由父亲传至儿子继而传至孙子。组织的领袖获得"天师"的头衔。这一组织创立了教区的体系。目前，它在中国台湾比较活跃。

道教的另一个现存分支则是包括道观和与之相关的独身道士的团体。这种形式的道教已在中国大陆地区复苏。这一团体叫作全真道。这一派有意将道教、

道教祭司带领一个大家庭在一年一度的祭祖仪式上。该道观坐落在马来西亚槟城的一条安静街道上。

佛教和儒教融合起来。它最重要的祈祷书在 2000 年再版。人们可以在许多道观参与早晚的仪式，在仪式上用到这部祈祷书（比如，最著名的是在北京的白云观）。

佛教在公元 1 世纪传入中国，它是促成道教采取组织化形式的因素之一。佛教由一名僧侣传至中国，并建立了众多寺院和庙宇，这些寺庙举办各种令人敬畏的仪式。道教在其自身的发展中遵循了这些模式。截止到公元 5 世纪，道教已经发展为一个具有重要政治影响的组织。

道教也仿效佛教那样，创作了大量神圣典籍。其内容非常广泛：冥想的指导、呼吸练习、房中术；仙人的故事和飞升天外；长生不老和神通的秘诀；炼金术指南，还有对科仪的描述。从一些名称中就可以看出道教的兴趣：《文始真经》《太上感应篇》《龙门心法》《太上老君内观经》《晚坛功课经》《度人经》《黄庭经》《通玄真经》。人们收集了一千多部权威典籍并将它们编辑成《正统道藏》。这一经典的主要版本于 1445 年出版，不过随后有许多增补。

道教产生了供奉有数百尊神的庙宇。一些神具有宇宙力量；一些是成为了神仙的人类；一些是祖先灵魂。这些神祇包括老子、自然神灵、家庭的保护神、神化的历史人物等等。其中，最为著名的是三清。他们组成了道教的三位一体。（大概效仿了佛三身说。）三清的第一位是元始天尊；第二位是负责传播道教洞见的神，被称作灵宝天尊；第三位是太上老君，他以一头白发示人。还有一些重要的女性神。这其中包括老子的母亲，李母；妈祖（前面提及过），一位神女，渔民的保护神；斗姆，北斗七星之母，被称为斗姆元君；西王母，掌管一切神仙的母亲形象。玉皇大帝是一个古老的传说人物，人们认为他统治着天国与尘世，每年的年末会评定人们的行为。

其他通常受到崇拜的神灵还包括诸多家喻户晓的神灵，比如灶神、门神、天神、土地神、河神、城隍。人们还对地方神和祖先的灵魂加以敬拜。道教寺庙以雕像和绘画的形式象征众神，食物、水、香火等祭品通常会摆放在神像前面。

在中国台湾、香港等地区以及马来西亚和新加坡等海外华人团体中，道教发展很兴盛。1999年，一尊巨大的老子雕像在中国东南部竖立起来。来自台湾和其他地区的信徒定期前往中国大陆东南部的圣地湄洲岛敬拜妈祖女神。

在中国大陆，全真教派的许多寺庙和道观得到重建，尤其在传统的山区。同时，天师道在大陆也得到发展。在台湾，它一直是仪式化乡村道教的主要形式。道士从事着专职工作，专注于公众的需求。驱魔人经常以红帽子或围巾示人，他们的工作是治愈疾病或者恢复和谐。道士佩戴黑色道冠，主要执行祈福、葬礼和其他的仪式。

道教仪俗和信仰不仅由道教信徒所传承，还得益于中国多种信仰体系的混合。比如，人们很容易在佛教寺庙中发现道教的雕像。在大多数中国人心中，这是不需要争论的。在一般修行中，来自道教、儒教和佛教的元素结合在一起。这三大宗教相互支撑——他们的信徒通常也和睦相处。

第七节 道教与艺术

在许多中国艺术的形式中可以看到道教的影响，尽管影响的程度并不能精确衡量。老子骑牛的画像清楚地表明了道教的影响，正如诗歌中提及的庄子一样，但是除了这些，或许可以更精确地说，诗歌和艺术分享了诸多相同的道教思想——正如它们共享了中国佛教和儒教思想一样。

正如我们所见，无限、循环、自然的神秘都是《道德经》中常见的主题，书中一些重要的意象包括水、峡谷、天然形成的石头。这些主题和意象充分体现在中国的绘画作品中。

在中国的寺庙中，并不是经常能见到神灵附体的萨满和信徒。一些寺庙试图让显灵活动剔除萨满因素。

在中国的写生绘画中，透视法是极为重要的。从自然中提取的意象要么以特写的形式展现，要么距离更远。鸟或竹的特写有助于观看者认识到这些非人类生命形式中的神秘力量：一只鸟栖息于枝头，一根竹子以其独特的方式显露在阳光之下。这些绘画使我们更加亲近地看到了自然谦卑的因素——猫、兔子、鸟、鹿——认识到它们同样也拥有自己的关切、生活方式，而人类的生活方式仅仅是更为广阔的大自然中的一小部分而已。

中国写生画的长处明显体现于远距离的风景画之中。这些作品通常描绘了远处的群山以及它们之后辽远的空间。一些人描绘出这样的景象，一个人注视着远处，甚至超越了绘画本身。我们在这些作品中所见到的是对留白艺术的使用。一些绘画作品几乎有一半是空白的，但是人们并不认为它未完成，也不会认为有些东西遗漏了。马远（约1160—1225）是这方面的大师。在他的作品《观瀑图》中，一位老者的目光越过松树树枝，延伸至远方；画的左上方，老者注视的方向完全空白。在他的作品《山径春行》中，一个男人闲逛至一处空旷之地——事实上是画的整个右半部分，只有一只小鸟栖息在此。绘画作品的留白是一种积极的空无，《道德经》正是通过这一点吸引了我们的注意。

一般来说，在《道德经》和《庄子》中会发现中国诗歌所赞美的主题：田野生活的乐趣、远离嘈杂的都市；四季的变换；简单质朴；与自然的和谐。李白通常因其对道教的终极表达而受推崇。他生于唐朝，大约在762年去世。人们对他的身世知之甚少，而他的去世则因为一个诗意的事件。一天夜里，李白坐在一条船中饮酒，伸出手去摸水中月亮的倒影，却落入水中消失在水波之中。他有一首关于庄周梦蝶的诗歌。还有一首诗歌描述了李白

这幅画精细描绘了一只栖息于李子花的树枝上的鸟。该画由明末陈洪绶（1599—1652）所作。

沉醉于自然之中，竟然没有意识到黄昏将至；当他最后醒过来时，花瓣落满了全身。他的诗歌备受推崇，数百年来中国人记忆、背诵这些诗歌，用来表达他们对李白最真挚的感情。

中国的园林设计是一种艺术形式，它补充并完善了中国的建筑学。房子代表

深度视角

中国园林——通往无限的桥梁

哲学家陈荣捷曾提及中国园林所扮演的半宗教角色：

中国人从来不认为自然是混沌、无秩序的。天地和谐共存，四季有规律地交替……在这种巨大溪流中保持的人与自然的和谐使中国园林不仅仅扮演着世俗的角色。事实上，没有人可以将中国园林视为一种宗教结构……但是，尽管如此，我们也不能否认这样一个事实，园林可以作为冥想的理想场所。冥想，或许仅仅是道德上的，一种达到自省的努力。不过，强烈且真诚的冥想不可避免会使人专注于无限。⁹

阳，它是方形和直线的领域；园林代表阴，它是圆形和曲线的领域。里面是家庭的和谐；外面是与自然的和谐。一种领域支撑着另一种。中国的园林设计与常见的西方设计不同。不同于直线和对称性，走廊和小桥蜿蜒曲折。为了仿效月亮的形状，门建成了圆形。水波以它的自然方式流动——不是像喷泉一样向上喷出，而是缓缓地向下流动。

> 花园不仅仅是房屋的补充。它使生活的功能更加完整，而这一功能唯有借助艺术方能更加完善。
> ——陈荣捷¹⁰

中国的园林将自然与建筑因素融合起来，在人类与大自然间造就一种和谐感。

图中描绘的蜿蜒曲折的形式是一种经典的中国式的"曲水流觞"。啜饮美酒的文人邀请其他人来品酒和诗,与此同时酒杯从上流漂到下流。

第八节 道教与现代世界

或许道教可以重获早期的地位。在中国香港、台湾以及海外的华人社团中,道教并未受到抑制,它在那些地区势力依然强劲,而它唯一的挑战则来自当代世界的世俗化力量。正如我们看到的,在中国大陆地区,有许多复兴的迹象。道教的寺庙得到重建,有很多来自国外的经济援助,现在,在许多传统的山区、城市、村庄都可以发现道观。道教似乎开始复苏——尤其在中国东南部地区,这大概由于它的地理位置接近台湾。

在世界文化中,在《道德经》和《庄子》中发现的那些观点其影响还在持续。(《道德经》是继圣经之后世界上翻译最多的一本书。)道教的艺术和仪式因近年的博物馆展览而备受关注,尤其通过芝加哥艺术博物馆和旧金山亚洲艺术博物馆的工作。当代道教学者通过阐释现实中的道教修行,正在向更为广泛的民众介绍这种宗教。

儒 教

正如我们见到的,道教追求人与道的合一,尤其通过效仿自然界的某些特质——它的和谐、弛缓、流动的神秘。错综复杂的理念及信念有助于塑造老子的教义,并影响孔子——中国第二大思想学派的主要导师。因此,我们不必惊讶,

这座越南寺院屋顶上的龙和其他形象表明了它的中国根源。

儒教与道教对"道"表现出同样的关注；正如一部儒教经典中所叙述的，"从容中道，圣人也。"[11] 这个"道"是遍布在整个世界的宇宙之道——这个道是我们从君子的日常生活中所发现的，并且"及其至也，察乎天地"。[12]

第九节　儒教之道

不过，儒教之"道"与道教之"道"含义上存在差异。对于儒家学者来说，道的首要关切在于人类世界中的道，它体现在"正确"的关系以及和谐的社会之中。当孔子述说他的特定愿望之时，道是孔子所描述的一种社会和谐："老者安之，朋友信之，少者怀之。"[13]

在道教中，万物皆是自然之道的一部分。不过，在儒教中，尽管鸟、云、树保持了它们的本性，但是人类不可能自发地成为他们应该成为的样子。可爱率真的婴儿会很快变成自私的小孩儿。儒教认为，培养德性是必要的，它的目的在于让道清晰地体现在人的身上。

《中庸》是一部重要的儒教经典（本章稍后会做讨论），它为人们提供了诸多形式的培养方法，包括塑造个人节制与中和的性格。我们应该回想起《道德经》中的道教理想与这种"培养"是相对立的，道教认为正规的教育潜在地扭曲了人原初的纯洁状态。不过，儒教坚称，最好的培养不会扭曲人的本性，相反，通过德性的养成，可以使性格清晰明确。

第十节　孔子生平

孔子生于公元前551年，那时的中国并非统一的帝国，而是由众多诸侯国组成的。他名叫孔丘。后世为其冠以"孔夫子"的头衔，其含义是"大师孔子"；但是在西方，人们熟知的还是他的拉丁语名称，由欧洲天主教传教士发明并传播。

据历史记载，孔子生于一个没落的贵族家庭，曾一度因为政治风险而逃至鲁国（现今北京的南部）。孔子的父亲在他很小的时候便去世了，尽管家境贫寒，孔子的母亲还是将他抚养成受过教育的有教养之人。他喜欢驾驭战车、剑术、鼓瑟。在他的青年时代，他立志于研究学问。据说他曾在朝廷做过税吏，大概用来供养母亲及他的研究。孔子的母亲在他17岁那年去世，孔子为其守孝三年。守丧结束后，他开始了作为导师的公众生活。

尽管孔子最终成功地成为导师，但是他始终渴望在国政上发挥重要作用，很可能他曾有一段时期（约公元前500—前496）担任过鲁国的大司寇。据说孔子结婚并育有一儿一女。他在外生活15年，最终还是返回到鲁国作为"国老"主持一些仪式工作。约公元前479年孔子去世。

> 子曰：吾十有五而志于学。三十而立，四十而不惑，五十而知天命，六十而耳顺，七十而从心所欲，不逾矩。
> ——选自《论语》[14]

第十一节　根据儒教价值观而生活

由于分封制的瓦解，孔子出生时赶上了社会的动荡期。孔子看到每个家庭及

这尊孔子的雕像，主持着河内的文庙，表达了人类高尚的理想。

个人由于社会混乱而遭受了极大痛苦，于是总结道，只有当人们接受德的教育并且遵守德性的要求时，社会才可能正常运转。

孔子的理想包含两点：他期望让"完美的"人成为社会领袖，与此同时创造和谐的社会。他认为，这些理想是互为补充的：完美之人能够保持社会和谐，而和谐的社会可以塑造完美之人。

孔子相信，每个人都有能力成为好人、不断地完善甚至成为伟人；不过，他与道教徒并不相同，因为他确信人不可能在孤立的情形下获得这些品质。在他看来，一个人若想成为完人，只能通过对其他人的贡献及对他们履行职责。其他人包括父母、老师、朋友、祖父母、祖先甚至是执政者。

孔子同样相信，成为完善的个人不仅需要社会的相互作用（这一点甚至动物也可做到）。对于孔子来说，还需要更多因素，这就是使普通人变成完人、"上等人"的因素。"更多的因素"包括什么？什么是人类完善的根据？

根据孔子的观点，完善的人格部分来源于人的德性教化与学识培养。因此，教育必不可少。不过，我们应当认识到，孔子的教育不仅仅指知识，它还包括诸多技艺的发展，如诗歌、音乐、艺术鉴赏、言行举止以及祭祀仪式。孔子重视教育，原因在于它可以传播知识，可以将过去的知识带至将来。他认为产生完善之人所需要的大部分智慧已经在先贤的教义中体现出来了。孔子坚信，过去为将来提供了良好的典范，他认为教育可以为明智快乐的生活指明方向。

不仅如此，孔子认为文明是一项复杂且脆弱的创造；正因为这一点，他相信文明之人必定受到尊重与关照。人们应当关怀年轻人，因为他们将在人间延续生命；同样人们也必须对老人给予关照，因为他们教导并传承着众多传统。社会应当对一切有价值的事物给予尊重，而这些事物是由先辈传承下来的。

孔子完美社会的理想是指每个社会成员都受到关照与爱护，没有人会感到被社会遗弃。（与现代工业社会形成了鲜明的对比；在一个人口众多的城市，人会

如今，正如过去的数世纪一样，中国人潜心学习——这里是位于北京的前国子监的一间自修室。

深度视角

完美的人

儒教通常被视作一种管理社会群体的体系。它还是一种改造个人的体系。受到底层民众支持的儒教不仅是社会秩序的理想，还是完美人类的理想。

完美的人类被称为**君子**——这个术语通常译作"优越之人"，不过译成"高尚之人"会更好。下面的引文会为我们提供关于君子（呈现人性至善面的人）处世道德的一种理解。对于这样一个高尚之人，在其童年时代就接受孔子理想的教诲，长久以来进行道德践履，这使得儒家的整套处世方式在他这里变得平常且自然。正如艾尔弗雷德·布鲁姆（Alfred Bloom）描述的，"高尚之人可以通过忠实、勤奋、谦逊等方面辨别出来。他既不会挟知识以自傲，也不会掩饰错误。他全面地看待事物，处事谨慎，不沉迷于自我认可。他过着有尊严的生活，行事沉着、坚决、简单。他是孝行的典范，对待亲属慷慨大方。在与他人的关系上，他具有诸多优点，尽管他并不严厉。作为领导者，他知道如何承担责任，知道何时宽恕和提携他人。他能敏锐地体察到别人的感情和态度。"15

乔治·凯特（George Kates）为我们提供了如此微妙的描写，他描述了他在中国的私人导师的君子形象。凯特写道，有教养的举止体现在导师行为的各个方面，甚至体现在导师进屋或者就坐时的文雅的方式。有一位导师，王先生，"曾努力过一种单调的生活，仅仅从事一成不变的教学活动和朴素的家庭事务，的确平衡而合理……他的目光和蔼；当被新思想捕捉到的时候，他的眼睛则神采奕奕。他的侧脸让你欢喜……足不出户，安贫乐道，这只不过是因为他领悟到如何有效地避免一切轻率的评论或者如何劝诫心智不成熟的懒散青年……当王先生确信我们同样具有合乎礼仪的意识时，我们之间的隔膜消失了。不过我比以往更不愿意打探他的私事，对此他也保持谨慎的态度；在此基础上，我们建立了一种稳定的关系，一方面这是恰当的，另一方面也使我们多年来保持了平和的关系。他成了我的正式导师。"16

感到彻底的孤独。）孔子认为，如果人们能够恰当地扮演社会角色，那么完美社会就会到来。孔子的社会责任观念可以总结成"五伦"。

五 伦

在儒教中，诸多关系如同可见事物一样真实。人类不仅仅是独立的人。同样，人与人的关系相互交织在一起。在很大程度上来说，在孔子的思想中，人就是他们自身的人伦关系。

然而，一切关系并非都是平等的。关系的等级可能由个人的因素决定，比如友谊、家庭关系，或者是更为正规的社会因素，比如年龄或社会地位。儒教承认这种不平等，并且实际上根据等级列举了诸多关系，最重要的是：

1. **父子** 对于儒教信徒来说，家庭是社会的基石，与此同时父子关系是其核心。这种关系同样代表了一切父母－子女类型的关系。父母要负责孩子的教育和品德培养。孩子必须尊重、服从父母，并且在父母年迈之时照料他们。儒教将这种父母式的角色延伸到各个方面，当今一些更为个体主义的社会并不崇尚这种关系；比如，父母要为子女选择职业和婚姻伴侣。但是这种责任关系是相互的：父母和子女必须互相照顾。守望相助的责任不会在死亡时终结，甚至是父母过世之后，孩子们也仍会尊重、纪念父母，尤其通过在家中神龛处供奉他们的照片，或者保护他们的坟冢。父母－子女关系是主要的关系，它通常作为一切这类关系的典范而发挥作用，比如老板与雇员或者老师与学生之间的关系。

2. 兄弟　英语、法语、西班牙语这些语言对兄长与弟弟不加区别。但是汉语、韩语、越南语和日语——都曾强烈受到儒教思想影响——对这两类兄弟有不同的词汇。在他们的文化中，区分它们是很重要的。哥哥必须为抚养弟弟妹妹承担责任，弟弟妹妹则必须顺从。有这么一种情况——孩子们还未长大成人，父亲过世了，此时，这种安排的效用就变得异常明确了。这时父亲的责任就转移到了长子身上，他在家庭中开始拥有至为关键的地位。

3. 夫妇　处在此种关系中的每个人都要负责照顾另一个人。在儒教思想中，这种关系是有等级的。丈夫是权威的守护者，妻子是受到保护的主妇和母亲。儒教中的婚姻概念比起现代西方的概念来说缺乏浪漫；在儒教社会中，随着时间的推移，妻子甚至对丈夫付出了慈母般的爱。

4. 长幼　所有长者都要为年幼之人负责，因为年幼之人需要照料、支持以及性格的培养。同时，年幼之人也必须尊重那些比他们年长的人并虚心听取他们的建议。

　　导师的角色对于这种关系来说十分重要，儒教文化严格恪守师徒关系。长幼关系存在于教师和学生、老板和雇员、年长与年幼的工人、师父和学徒之间。（在古汉语和日语中，教师一词的字面意思是"先生"。这一术语表明了老师－弟子这种先后关系，它还强烈地暗示了相互间的义务这层关系。）

关系的等级制度主导着人与人之间的责任。男性长者在家中的责任是最重要的。图中一位祖父在骄傲地炫耀着他的长孙。

在"五伦"的一些版本中，朋友关系位列第四。不过，长者与年幼之人的关系和朋友关系实际上十分接近。在这种关系下，通常也具有等级：朋友间会因阶层、健康、财富或者知识的不同而有高低之别。并且，如果这种分歧起初不明显的话，随着时间的推移它会暴露出来。在这种关系中，更为有权的朋友有责任帮助其他有需要的朋友。一般来讲，朋友关系，尤其男性间的朋友关系对于中国人的意义，就如同浪漫的爱情对于后文艺复兴时期的欧洲和西方社会一样。在儒教文化中，友谊包含了重要的承诺，儿时结下的友谊会持续一生。

5. 君臣　这种关系似乎应当位列第一，有时候的确如此。[17] 不过，通常它出现在最后一位，这反映了儒教对待君王角色的态度：总之，君王必须如同父亲一样行事，承担责任，照顾那些如同他的子女一样的臣子。因此，父子关系是首要的，因为它是大多数其他关系的典范。儒教认为，社会秩序在和睦的家庭中产生，随后向外延伸到城镇、省市、国家。于是，最后一种关系为这份名册带来了完整的循环，返回到了社会的最小单位——家庭。

五伦意味着，每个人都必须根据他或她的社会角色和地位来生活。这叫作正名。我仅仅依据我的社会角色和声誉来了解我的职责。比如，父亲必须有爱心，经理必须负责任，朋友必须友善。

在儒教社会中，人们十分看重和别人的关系以及社会角色。这意味着用恰当的方法建立和维持人际关系是十分重要的。优雅的举止必不可少。有教养的人在用词、音调、说话声音、着装甚至姿势上都应令人尊重。在所有的正式交往中，人们尤其应当守礼——比如，在社会上层和底层人之间，人们初次见面之时，参与重要的社会活动时。遵循礼节的规则显示了对他人的尊重。

送礼在儒教文化中扮演了重要角色。礼物缓和了与陌生人见面时的尴尬，拉近了关系。但是选择礼物要恰当并且要适应不同的场合；礼物不能太个人化，也不能缺乏人情味，不能奢侈，也不能吝啬。（拿不准的时候，食品礼盒是个不错的选择。）礼物的包装同样也很重要；送钱的时候——比如在葬礼上——必须放在合适的信封里。在正式的礼节中，要谨慎地接受或者送出单据及其他物品，双手奉上并低头示意。

鞠躬本身是一种艺术形式，要视场合而定。地位平等的人打招呼时微微点头即可；与社会地位较高的人见面则应双肩鞠躬；深鞠躬用于表达深深的敬意、严正的请求或者诚恳的道歉。诸如此类的儒教礼节对于外人来说似乎矫揉造作，但是在儒教社会中，人们从童年时就接受这种表达敬意的行为的教诲，对参与者来说这似乎理所自然。所有这些要素都至关重要，它们都是可见的人际关系。

家庭是一切团体最重要的典范，因此年龄决定了地位。今天，我们在儒教国家中看到了五种主要人际关系意义隽永的内涵。比如，日本和韩国的现代企业如同大家族一样，管理者扮演着父亲的角色。（老板在婚礼中具有重要地位——有时候甚至为员工做媒。）与此类似，雇员的认同感很大程度上来源于他或她在企业中的地位，职称非常重要。互换名片——人们清晰地标注头衔——是一项周到的礼节。长者对年轻人负有责任，年轻人的开销和角色很大程度上要看长者的意见。人们不特别强调私事和个人权利，人们之间相处和睦。其乐融融是至关重要的。

儒教的德性

正如社会和谐来自社会上的五种关键关系一样，完善的个人来源于养成五种德性。尽管五伦强调人与人之间的融洽关系，但儒教的美德并未造就稳固的团结。一些儒教的德性，比如崇尚教育和艺术，促进了个人发展其独特的天赋。但是受到儒教赞誉的关键德性在很大程度上是社会之德。尽管儒教重视个人的独特性，但是它应当是无声的、微妙的、体谅他人的。

孔子的言行经常被雕刻在石头上，至今仍然教导着人们。铭刻表明，拓印可以方便人们追忆孔子的智慧。

仁 汉字仁，通过两个更为简洁的象形文字的结合来阐明该汉字的含义——既有"人"之意，也有"二"的意象。当我们研究仁的德性在汉语中的表意文字时，我们理解了它的含义：考虑他者。它有多种翻译："同情""怜悯""仁慈""慈悲""善良""体贴""深思""人道"。

不过，有一些人不知道如何表达友好，或者在某些场合下他们不能自然地表达善意。在儒教思想中，对于这些人来说，遵循社会习俗是彰显仁的一种重要方式。毕竟一切有价值的社会习俗都是审慎的。有一句格言体现了仁的本质："如果你想示好的话，请先讲礼貌。"

礼 这个词经常译为"适当"，其含义是"做适当的事"或"做合乎情势的事"。起初，礼指的是举行恰当的仪式。一般说来，它指的是为了社会生活而了解并使用恰当的词语和行为。对于每一种情形，都有适当的言辞去表达，用适当的方式去处理，做正确的事。有时，礼节包括节欲。《论语》（Analects）据说记载了孔子及其弟子的言行，该书认为，"克己复礼为仁。"[18] 西方文化崇尚差异以及个人主义，礼的概念似乎含有专制的含义，暴露出人性的弱点。与此相反，儒教认为控制是力量的象征——

这个商场的橱窗展示了毛笔，左边是用于雕刻个人印章的石头。正确使用这些东西可以彰显人的修养。

也是长于践行的象征。我们都承认这一点，每一种社会行为都具有隐藏的结构。面试时嚼口香糖，你是不可能获得这份工作的；在葬礼上穿短裤可能会对哀悼者造成伤害。礼意味着良好的举止。它将仁付之于实践。

恕　恕通常译作"互惠"，但是它在本质上却提出了一个问题：我的行为是如何影响到他人的？这是黄金法则的另一种版本：要像你希望别人对待你一样去对待别人。有趣的是，儒教用了一种否定的表达："己所不欲，勿施于人。"[19]因此，这通常称为银律。银律有助于自己从他人的立场上审视自己的行为。这种美德还暗示，由诸多关系所包含的责任是相互约束的。

孝　孝通常译作"孝道"（子女对父母的孝敬）。它还指代所有成员对整个家庭幸福做出的奉献。它包含诸多概念：祭祀祖先、尊老爱幼。从观念上讲，它尊重整个家族——过去、现在和将来。儒教后世弟子可能比孔子本人更强调这种品德。这种品德尤其在《孝经》中得到普及，该书最迟完成于孔子时代之后的一二百年间。

文　术语文指的是"文化"，它包含一切与文明有关的技艺。儒教特别崇尚诗歌、文学、书法、绘画和音乐。受过教育的人不仅应该掌握这些技艺的知识，还要具备一些业余技巧。"文"同样包含艺术欣赏或艺术鉴赏这种一般的含义。鉴赏家具有高深的鉴赏力，可以了解并品鉴众多形式的美。

儒教还强调其他德性——尤其是忠诚、求同存异、辛勤工作、节俭、诚实、正直和自控力。人们通常提及的一种德性是真诚。不过，在儒教中真诚的概念与西方的概念并不相同；事实上，它们是相反的。西方的真诚概念关注的是某个人"发自内心"而说出的话或做出的事，是不受社会控制所约束的。然而，儒教的真诚概念指的是，人们自然而然地选择为社会做正确的事。它教导人们应该限制自私的欲望，来完成工作、履行职责并恰当地履行社会义务。通过这种无私的真诚，君子可以和宇宙之道合一，而宇宙之道——根据儒教的思想——就是"诚"。"诚者，大之道也；诚之者，人之道也。诚者不勉而中，不思而得，从容中道，圣人也。诚之者，择善而固执之者也。"[20]

第十二节　儒教典籍

孔子认为自己首先是智慧的传播者。因此，许多所谓的儒教典籍实际上要早于孔子，而后由儒教学者将其编纂整理到儒教典籍之中。现在，人们发现许多伟大的中国经典作品，甚至是那些归功于某一个人的作品，实际上是分别创作并历经多年才完成的。书籍可以以多种形式循环，几代人不断地将他们的见地添加其中，直

深度视角

五经和四书

五经

据推测,《尚书》是一部历史材料的选集,内容涉及从远古时代至周朝早期(约公元前1100—前256)的帝王。

《诗经》是一部篇幅为三百多首的周朝诗歌集,人们一度认为这些诗歌是由孔子所修订的。

《周易》讲述了宇宙的基本模式。它用来理解未来事件并恰当地运用。它还是一部重要的儒教文献,论述了君子在面对人生事件时是如何行事的。

《礼记》列举了古代的礼节仪式及其含义。另一部典籍《乐经》据说曾经是诸多经典中的一部,但是现在已经亡佚。其中一部分保留在《礼记·乐记》之中。

据说,《春秋》记录鲁国的历史,再以评论作结。鲁国是孔子的母国。

四书

《论语》作为孔子及其弟子言行的记录而流传后世。传统认为,孔子的弟子曾搜集他的言行并记录下来,但是这部作品或许归功于许多后世弟子更为妥当。现在,人们认为完成《论语》至少用了两百年的时间,该书是分阶段完成的,并且得到有规律的再整理。《论语》的二十个部分包括小故事和一些简短的话——有时只是一两句话那么长,常以"子曰"二字起首。

该书涵盖了众多话题,不过它经常讨论君子的人格品性。这里是两句有代表性的言论:"君子喻于义,小人喻于利"[21];"君子欲讷于言而敏于行。"[22]

《大学》简短地讨论了君子的性格及其影响力。实际上它是《礼记》的一章,自从公元13世纪以来一直是单独印行。它是中国学生记诵并研习的第一部书籍。该书强调,如果一个人想要在家庭或国家中发号施令,那么他首先必须具有自我修养和个人德行。"自天子以至于庶人,壹是皆以修身为本。"[23]

《中庸》也是源自《礼记》的一部作品,该书称赞了"中庸"或"均衡"的观点。开篇——提及了"天"与"道"——暗示了儒教神秘的一面。"天命之谓性,率性之谓道,修道之谓教。道也者,不可须臾离也。"[24]遵循"天道"之人避免极端并保持一种和谐的状态。这种平衡是通过让个体和宇宙之间保持平衡而让个体获得"中庸"。"天地位焉,万物育焉。"[25]

《孟子》是一部关于孟子学说的长篇选集,孟子是孔子数世纪之后的一位儒教大师。与《论语》一样,孟子的言行通常以短语"孟子曰"开始。有时候该书的基调十分温和,比如这句格言:"孟子曰,大人者,不失其赤子之心者也。"[26]

至最终成为权威著作。我们已经在古老的道教典籍中看到这一点。因此,人们并非总能确定地把孔子本人的思想与上古先贤的观念和孔门弟子的发挥区分开来。

最为权威的儒教典籍是**五经和四书**。它们包含前孔子时期的诗歌、历史和占卜;孔子和弟子的言行;后世儒教导师孟子的言行。

早先,儒教典籍是中国教育的"核心课程"。中国是世界上第一个通过正规考试制度来选拔人才进入行政部门就职的国家，而考试内容均建立在儒教典籍及其注疏的基础上。任何一位男性都可参加考试，获胜者通常在政府内担任一个职位。

儒教典籍是现存教育体系的一部分，孔孟的言行渗透到中国文化的方方面面。在中国，它们作为权威经典被引用，正如圣经在西方或者《古兰经》在伊斯兰社会中被引用一样。它们也同样在邻国的文化中留下了烙印，比如韩国、日本、新加坡、越南以及海外的华人社会。尽管在亚洲儒教典籍已经不是教育课程的主要部分了，但是儒教价值观在学校仍旧以正统的方式被教导着，并且在家庭和社会文化中以非正规的方式教育着民众。

第十三节 儒教的发展

哲学流派

纵观中国历史，人性善恶是一个重大论题。人性是善是恶还是介乎二者之间？这不是一个推理问题，因为人们对这个问题的回答会产生重要的实践后果。如果人性本善，那么人们应该保留并信任它，而道德培养、法律、惩罚也就不再那么重要了。如果人性本恶，人类就需要严格的道德教育、严刑峻法和强有力的统治者。介乎善恶之间同样有问题：如果人性是中性的，人类就不需要强制的教育，而是需要一位率先垂范来掌管国家的统治者。

在汉朝（公元前206—公元220），儒教还未取得官方地位之时，讨论这个话题的主要哲学流派就已经出现了，观点异彩纷呈，令人眼花缭乱。儒教学派在极端之间采取了中道，它认识到人类的两种可能性以及它们形成的需要。

道教徒是最为自由的思想家，他们对人性本善持乐观态度，他们反对正规的教育。《道德经》清楚地表明，道教徒反对人为的形式。[27]该书表达了这样一种观点：人们在小村庄过着简单淳朴的生活，顺其自然地管理自己。[28]不需要太多法律，因为如果人们能过简单淳朴的生活，秩序就会应运而生。（当然了，随着道教的演变，它对维系人类文化和社会统治产生了更为积极的影响。特别是奉行苦修的道教，为正确的行为制定了诸多规则。）

孟子是一位儒教大师，活跃于公元前300年左右，他的教义离中心越来越近，但始终偏左。（他的名字Mencius是中文名称的拉丁语译名。）孟子的教义最终为人所接受，并成为四书中的一部，该书的许多言论都出自孟子本人。

孟子并不仅仅重复孔子的思想和价值观；他似乎对人性持有更为积极的态度，这或许是由于他与道教有联系的缘故。在孟子的言辞中可以发现不计其数的含有道教观点的篇章。比如，其中一篇就使用了道教徒崇尚的意象："民之归仁也，犹水之就下。"[29]

孟子深受诸多蕴含在平民身上的德性——宽容、仁慈、良知的感染。"恻隐之心，人皆有之；羞恶之心，人皆有之；恭敬之心，人皆有之……"[30] 他认为在人类中存在着"天生的善"，德性存在于每个人之中，至少是萌芽的形式。新芽需要的仅仅是适当地培育，而教育可以通过帮助儿童自发地形成善的倾向，进而适当地成长并开花结果。教育并不是彻底限制人性，而是促成人向符合他本性的那种人转变。

孟子意识到博爱的理想，但是他认为这样的一种理想是不可能实现而且是不明智的。根据孟子的观点，社会存在着爱和责任的等级：我们首先应该爱自己的家庭，然后是我们的朋友、邻居，再次是其他社会人群。他否认结构会带来社会混乱。教育在塑造清晰的自然秩序，以及帮助个体忠实地与自然共存方面发挥不可估量的作用。

孔子对待人性的立场似乎最接近问题实质。我们已经在他对待教育的重要观点中看到了这一点。孔子同样持积极态度；他认为人对仁与善一定会有所回应。

荀子活跃于公元前 250 年左右，他对人性持消极的态度。他也是儒教大师，但由于他对人性的消极态度，其思想最终没有得到官方的支持，官方最终采纳的是孟子的思想。孟子和孔子倾向于将天、统治宇宙的力量看作仁慈和善的。但是对荀子来说（正如道教徒那样），天道无亲，宇宙只根据自身的本性和模式运转。

荀子认为人性和人类在以一种机械论的方式运行。如果人类没能得到教化就会转向利己主义。因此，教育不是对具有良好教养之人的社会改进；相反，它必须是一种对人类本性的根本的道德和社会改革，这种本性主要表现为利己主义。教育必须教导人们习得适当的礼节、举止、法律、习俗，因为人为的准则有助于人类超越自私的利己关切并创造文明。"人之性恶，其善者伪也。故枸木必将待檃栝、烝矫然后直；钝金必将待砻厉然后利……"[31]

墨家学派与荀子持有类似的人性观，尽管墨家的地位并未得到准确归类。墨子（约公元前 470—前 391）以自律而闻名于世，他是一个理想化的人物，生活简朴至极，极力反对战争，为平民的幸福而奋力奔走。他认为，若没有法律，人们将具有掠夺性，若有法律，尽管社会有了秩序，但是社会必将是不公平的。他坚信，社会问题是因为人们爱有差等、存在偏私所导致的。他认为，解决办法是对每个人赋予平等的爱。"谁是最明智的？天是最明智的。因此正义的确来自于天。那么，世界上愿意行正义之事的有教养的人只能服从天的意志。我们应当遵从天的意志的什么方面呢？那就是对所有人普遍的爱。"[32]

法家在大约公元前 400 至大约公元前 200 年之间极具影响力，这一学派的人性观与荀子和墨子的观点近似，不过有可能更为消极。对法家来说，人根本上来讲是自私懒惰的。他们会撒谎、行骗、偷盗，尤其涉及利益时甚至会杀人。"文明"只是一个空洞的外表，很容易破碎；若没有严刑峻法的话，人必将伤害他人。根据法家的观点，儿童的教育应该主要包括劝诫和惩罚，社会必须对成人一直保持这种约束力，因为成人实际上正是伪装的儿童。

在孔子之后的数世纪当中，诸多哲学学派竞相发挥各自的影响。法家在公元前3世纪曾一度成功。不过，汉朝的建立为追寻一种致力于社会秩序的学派提供了可能。在公元前135年左右，有一位学者向君主提议，儒教利于国家统一。这位学者就是董仲舒，他还建议皇帝为教育朝廷官员而建立儒教学派。皇帝听从了他的建议，自此儒教思想开始作为一种重要的政治哲学而获得认可。

儒教演变为一个宗教体系

作为对诸多需求和利益的回应，儒教取得了长足发展。正如我们所见到的，在它的最初阶段，它受到了与之竞争的其他哲学的挑战。接下来便受到宗教的质疑。

当佛教于公元1世纪传入中国时，它带来了全新的观念和修行方法（正如我们在第四章所见），消除对人间的关注和责任是一条根本的观念，正如佛教僧侣践行的独身苦修一样。僧侣没有子女为其延续家系，他们也不关注年迈的父母——这似乎是与孝行相对立的缺陷。佛教似乎关注这些话题：死、业报、涅槃、前世、来世。人们为其建造奢华的寺庙，举行复杂的仪式。对此情形不该过分夸大，但是一些儒教教徒确实认为这些思潮是于社会有损的。

当然了，儒教教徒所无视的佛教某些方面使得佛教赢得了众多信徒。佛教思想瑰丽，充满想象力以及各种清规戒律，它给人们希望，让人认为有超自然的神明会帮助他们。中国僧侣或尼姑也会受益，因为他们具有相当安适的生活，并且不用纳税。

作为对佛教成功的部分回应，儒教进入到第二阶段，赋有清晰的宗教特征。在佛教进入中国后不久，儒教家庭的成员在孔子的墓前敬拜他的灵位。诸多汉朝皇帝纷纷效仿。但是在接下来的几个世纪中，孔子获得了谥号，在公元7世纪，中国的每个省都建立了孔庙，并且维持日常的仪式。人们竖起了孔子的雕像，并图绘他门下弟子的画像；人们在春天和秋天举行兼有祭祀、音乐、舞蹈在内的复杂仪式。官方开始将儒教与佛教和道教相提并论，这三种传统宗教日渐合流。三大体系（许多因素相互认同、补充）与日、月、星相比，每一个都是完整宗教世界的一部分。三位创立者——老子、孔子、佛陀——的雕像开始出现，三个人以友好的姿态彼此挨着对方。这一事实延续至今。

在公元1000年后，儒教迎来了它的第三阶段，

老子、佛陀和孔子时常一起出现在同一幅画中。这幅清代的绘画描述了孔子正将年幼的佛陀抱给老子。

诸多学术成就以及哲学思想丰富了儒教。新儒学运动阐明了文本的含义，将儒教思想的众多因素辑录成书。它试图确定哪一儒教学派的思想原则与孔子的观点相一致。它还试图为儒教提供形而上学的实在论，这与在道教和佛教中发现的因素类似。

朱熹（1130—1200）是新儒学运动中最著名的倡导者，他将儒教塑造为完整的思想和行动体系。朱熹对四书的权威注解有助于四书及相关的评注成为科举考试的基础。

朱熹曾试图借助孔孟教义中发现的诸多概念建立一种普遍的实在论。他反对大乘佛教的"空无"概念，与此相反，他采纳了与道教不断生成的实在论相似的实在论。尽管他的观点从现代意义上看并不科学，但是他的观点有其积极意义，强调了事物的自然秩序。[33]

新儒学运动另一位重要的学者是王阳明（1472—1529）。与朱熹不同，他并不强调向外寻求。相反，他认为真理可以通过直观来发现。王阳明将思维与镜子做类比，二者都有反映自然的能力，但是需要经常打磨清洁。他看到了知识和德性之间的密切联系，坚称与生俱来的洞见不仅为人们提供了对事实的理解，还包括对德性的崇尚。他说，那些了解善的人会实践这一点。

明朝时（1368—1644），人们尝试简化儒教仪式，与此同时，皇帝敕令简化孔庙及儒教仪式。孔子及其弟子的雕像被刻有他们姓名和名号的石碑所代替。为了与古代形式相一致，仪式变得更简化，孔庙采取了一种古朴的节约，让孔子的精神变得更真实。这种节约至今仍有影响。

如果我们回顾儒教2500年的历史，就会看到诸多一般的模式和转折点。在孔子死后的最初500年间，儒教开始作为官方承认的哲学出现。在接下来的1000年间，国家建立了大量孔庙并举行仪式。在接下来的又1000年间，儒教汲取了来自道教和佛教的哲学因素，但是转向了更为简化的仪式生活。在大约一个世纪前，正统儒教教育和仪式在中国失去了政府的支持。不过，正如我们稍后会见到的，来自官方的对儒教的支持并未完全消亡，尤其在中国大陆之外的地区更是如此；甚至在中国大陆，儒教也正经历着一场复兴。更为重要的是，许多儒教价值观在家庭、公司和政治生活中也保留了下来。

第十四节　儒教与艺术

儒教是中国艺术源源不尽的思想来源。理想之人，即君子，需要的不是财富，而是对历史、艺术、诗歌、音乐的充分热爱。由于儒教高度重视教育和书籍，因此君子尤其会接受书法方面的熏陶——这是儒教中最重要的艺术形式。

儒教如此推崇书面语言，使得书法成为儒教对艺术贡献最多的领域。在西方，书法并不像在中国及受中国影响的国家那样备受重视。任何一位到东亚观光的游客都能轻易发现书法艺术十分重要。

（书法会出现在意想不到的场所。我记得中国的一位公交司机曾为他购买的一幅作品而欣喜若狂。我们在中国西部一个灰蒙蒙的小城市落脚、吃午饭。饭后，乘客们回到车上，这时巴士司机举起一幅刚刚在小商店购买的卷轴。在人们强烈的要求下，他小心翼翼地展开了卷轴。中国乘客感到燥热、疲惫，准备睡觉，不过车前方的每个人都拉长脖子越过其他人肩膀瞥了一眼。中国汉字色调单一却栩栩如生，汉字浓重的墨迹与白纸黑白分明，字形匀称优美。在狭窄卷轴上的竖行字是："欲穷千里目，更上一层楼。"我能轻易想象到一千年前相同的场景，只不过是在一辆牛车上。）

在中国文化渗透到的地区，不管是国内还是国外，将中国书法挂在家里、餐厅、酒店的墙上已经成为一种潮流。有时候在书法展览的地方（比如在韩国），甚至一般民众都不能理解中国的表意文字。

由于书法将众多有价值的因素结合在一起，因此它才成为中国最伟大的艺术形式之一。一幅书法作品可以展现形体之美、智慧之美、道德之美。书法展现了创作者的优雅本性，显示出对诗歌、古代思想家的尊重，并且激起观看者的学识和德性。

祖先的名字通常雕刻在象征灵位的木牌上，摆放在神坛前，与儒教价值观保持一致。在这里我们看到的是马来西亚的一个纪念神坛。

正如道教对中国艺术有巨大影响一样——尤其在风景画方面，儒教亦然，主要体现在对祖先的刻画上。在中国古代的家庭中，委托他人为自己的父母和直系祖先作画是司空见惯的，并且会将画像放在家中来象征亡者的存在。（现在人们挂照片，有时会用刻有祖先姓名的木牌来替代。）

不仅儒教影响了艺术，反过来艺术的感官特性似乎缓和了儒教鲜明的界限。人不能爱艺术却憎恶世界，因为艺术歌颂了世界的美。但是儒教认识到，所有艺术品都具有道德含义。从最低层次来讲，艺术品的道德性可以用一种显而易见的方式评定。比如，如果一件艺术品上书写有一句谚语，那么单纯之人会想当然地认为它有道德性。不过，从更为复杂的层次来讲，我们认识到，一件艺术品通过其特性来传达一种道德观。因此我们会说有"优秀的艺术品"，也有"糟糕的艺术品"。有趣的是，我们用优秀和糟糕这两个词既描述了艺术品也描述了人类行为。儒教徒会说，这种用法相当正确，优秀的艺术品会造就优秀的人才。

第十五节　个人体验：清明节，一个春天的祭祀仪式

马诺亚山谷苍翠繁茂、美丽动人，有绿油油的山脉和巨大的老树环绕四周。但是，请带上雨伞。因为峡谷已经到了山的深处，阳光时常混杂着薄雾和降雨——尤其现在，早春时节。每年的4月5号前后，火奴鲁鲁（檀香山）的华人社团都会在肃穆的祖先墓前集会，它坐落在山谷后山坡上的墓园里。在这里，社团庆祝春天里的清明节。这个时候，人们清扫墓地，用来追忆祖先，并且外出郊游。今天，中国人墓地前的草坪被重新修整了一番。在山顶的大菩提树下，人们建了一座亭子。我们到那里时，有一支小乐队在演奏着中国的传统音乐。

我沿着陡峭的小路走到凉亭，阳光透过薄雾普照大地，照亮了坟墓周围的红色铁树叶。红色与绿油油的草坪形成了对照，显得格外耀眼。我在墓前看到一些祭品——橘子、汽水，甚至还有罐装啤酒。在一座墓前，人们点燃了银色和金色的纸钱；在其他地方，许多家庭点燃了檀香，放进香炉中。

帐篷颜色红白相间，建在山顶附近，在它里面我接到一项任务并找了一个座位。在祭桌旁，两位女性摸了一下盘中的米、鱼、鸡和一只烤全猪。另外两位女性坐在我的左边，我们攀谈起来。其中一个告诉我，"我们是姐妹，小时候祖母每年都带我们来这儿。"

"我们故地重游，纪念一下我们的父母和祖父母"，另一个人补充道，"距

一个中国社区的代表在向祖先供奉祭品，这是火奴鲁鲁马诺亚山谷清明节祭仪的一部分。

离上一次来这儿已经很久了。"

一位司仪头戴华丽的帽子,金色与黑色相间其中,他打开话筒,开始了仪式。他向每一位前来的嘉宾致谢。他按照真正的儒教顺序和社会等级介绍了人们的名字。首先,他感谢市长,随后是活动的组织者,华人社团的诸位领导——他们就职于中国文化广场,"水仙皇后"——以及她的四位公主(她们头戴银色皇冠,腰系蓝色腰带),最后他介绍了乐队的成员。

司仪高声朗读了来自两位参议员、众议院成员以及州长的祝贺信,他们都想参加今天的活动,但是由于其他事情而不能前来。司仪追忆了这项活动的悠久历史,以及修建这座墓地的祖先。他感谢在过去许多年间建造崭新红色大门的那些人。

市长应邀上台致辞。他身着深蓝色西装,佩戴黑色领带。他说,这些传统是多么宝贵啊。"从我很小的时候,我就喜爱不同团体的仪式,那些人就住在我家附近。所有这些不同的传统丰富了我们的社区生活。仪式还给了我们一次机会,可以向逝者、爱我们、维系我们生活的人表达感激之情。"

随后,司仪让华人社团的诸位领导上前。我注意到,所有的代表都是男性,身穿黑色西服和领带。他们起身点亮了宏伟的祖先坟墓前的蜡烛和薰香。接下来,他们举起了用于献祭的装有各种各样食物——米饭、猪肉、水果、茶叶的碗。他们举着食物,深深地鞠了一躬。乐队奏响了乐曲。我很好奇,周围安静的人们脑子里到底在回想着什么。

驱赶邪恶鬼魂的时间到了。一个身穿黄色雨衣的助手一直站在人群边上,他走到露台边的草坪上,点燃了一挂长长的鞭炮。很多人跑过去观看。爆竹噼啪作响之时其他人用手塞住了耳朵。透过烟雾,我看到一些海军和退役军人正在向山顶行进。当爆竹响过之后,海军停止了脚步,鸣礼炮二十一响致敬。

我环顾四周,颇有疑问。接下来会发生什么?如何结束?许多年前,人们将玫瑰花瓣和康乃馨从高空的直升机上抛下,作为仪式的终结。但是今年的闭幕仪式在地面进行。有几个打开的笼子,几十只鸽子飞向高空。这些不是普通的鸽子;每一只都染成了粉色、蓝色、红色或者黄色。很快,鸽子组成的彩虹出现在人们的视野里。两姐妹中的一位倚在另一位身上,说道,"别担心,它们都受过训练,会回来的。"

随着爆竹的浓烟在墓地管理者身后渐渐消散,他大概为其驱散邪恶的鬼魂而得意,转过身来继续清明节的主要仪式。

正当我们再次就座之时,司仪热情相邀,"这儿有很多食物,请大家过来品尝。"

第十六节 儒教与现代世界

在现代世界,儒教很难得到政府的支持。公元 1912 年清朝灭亡,儒教的公众仪式和教育体系也随之走到了尽头。面对从欧洲引入中国的科学知识,要成为一种完全意义上的教育课程儒教似乎还不够资格。当年轻的中国人寻求全新的教育形式时,传统儒教无力参与角逐。在中国,曾经依靠政府支持的孔庙仪式同样走到了尽头。

于 1916 年发起的新文化运动最先对儒教进行了抨击。一些成员希望坚持基本的儒教伦理观,而另一些人则认为儒教的一切残余思想都应清除。新文化运动的某些领袖曾在西方进修过。在这些人中,胡适(1891—1962)曾在哥伦比亚大学就读,师从哲学家约翰·杜威(John Dewey,1859—1952),后回国教书写作。新文化运动采纳了实用主义思想家,比如威廉·詹姆士(William James,1842—1910)、约翰·杜威、伯特兰·罗素(Bertrand Russell,1872—1970)的观点,该运动还从不同方面批判了儒教。他们指责儒教奴役女性,使她们屈从于父亲和丈夫,迫使儿子屈从专制的父亲,对只存在于古文纸堆中的旧文化和旧文学抱残守缺。

1949 年新中国成立后更加弱化了儒教作为信仰体系的功能。这延续了早期反儒教的主题,由于几点原因儒教遭受了多方面的批判。

首先,儒教传播的是精英主义而非平等主义思想。尽管儒教主张每个人通过培养都可成为君子(高尚之人),事实上,儒教教育通常只对那些承担得起学费的人开放。相反,新中国倡导的是全民共享平等的教育。

第二,儒教被认为重视男性而歧视女性,只为男性保留受教育和参政的权利,不给妻子和女儿赋予参政权利。帝王的正式身份只允许男性承担,中国历史上只有一个例外(武则天从公元 683 年至 705 年统治中国)。女性的传统角色就是生儿育女,女性从男人身上获得社会认同感。儒教的性别歧视导致了压迫以及社会人才的缺失。

第三,儒教被认为固守过去而不能接受未来新生事物,只关注人文知识而忽视科学。而拘泥于过去表明了一种落后的眼光,就如同驾驶汽车时只看后视镜。

在大陆,这种观点导致了对孔庙以及功能类似的建筑的破坏,还导致了基于西方课程的教育发展及职业发展。

儒教体系在中国大陆周边发展良好,比如韩国和中国台湾。在那里,孔庙和仪式得到保存,尽管政府或家庭私人形式逐渐同化了。在每一个受到中国影响的国家里,比如日本和新加坡,我们都会发现仍然存在着儒教道德和行为体系。尽管这些国家在课程中采纳了西方科学,他们的文化却仍然主张儒教伦理观。他们高度重视持久的家庭、教育、个人自律和公共秩序。

纪念孔子诞辰的仪式每年都会在孔子的出生地曲阜举行。

许多学者都认为，儒教道德有助于儒教国家发展现代经济。中国大陆并未漠视这一事实，弱化了早期的反儒教立场。在政府的支持下，大型的祭孔仪式年年在孔子的家乡曲阜举行。中国台湾将每年的9月28日作为教师节来庆祝孔子诞辰，当天早上，岛上的所有孔庙都会举行仪式。其他许多国家也庆祝孔子诞辰，比如新加坡、韩国以及世界上任何一个大量中国人聚居的地方。（它的传统日期是农历八月二十七。）在韩国的许多地区，每年春天和秋天会举行祭孔仪式，在五月的第一个周日，首尔会举行壮观的祭孔仪式并在电视上直播。

公众对孔子及其思想日益增加的尊重把一些修复的儒教课程材料融合到科学、数学、计算机科技之中。儒教国家的领导人看到一些西方国家倡导的个人主义酿成了混乱和暴力的严重后果，他们深感震惊。他们将儒教伦理视作救治社会疾病的解药，因此还将教育视为塑造性格的良药，不局限于心智培养。新加坡已经发展了 种全民的教育课程，明确教导儒教道德，这或许可以成为一种供其他地区仿效的典范。儒教道德继续在学校、公司、东亚国家的政府工作中传播。同样有趣的是，我们看到有许多儒教教导出现在东亚国家的电视荧屏上。在那儿，人们可以在历史剧和许多现代生活故事中看到带有和谐价值观的行为、忠诚和孝行。（比如，这种孝行宣传在韩国电视剧中十分明显，它在许多国家已经成为流行节目。）

实际上，儒教的教导在现代生活中也做了修正。随着女性开始要求平等的机会，人们正在放弃女性地位低下的观点。现在，任何一个儒教社会都为人们提供了诸多课程，通过研究过去，这些课程融合了科学以及对未来的关注。人们的需

当代议题

孔子学院

近些年，或许作为中国政府与日俱增的自信的一个标志，孔子思想再次"复兴"。儒教仪式再度于孔子的家乡曲阜举行，他的教义再次成为中国教育课程的一部分。

孔子学院正反映了这种有趣的文化转变。孔子学院总部设在北京，由中国教育部主办。作为大规模鼓励汉语和中国文化培训的政府计划的一部分，这一组织已经帮助全世界许多大学建立了它们的下属孔子学院，现在有超过100个学院在40多个国家授课。

尽管孔子学院以孔子的名义设立，但并不关注孔子哲学和历史研究，而是促进汉语研究以及当代文化理解，帮助中国和其他国家间的学术和商业交流。与倡导德国文化的歌德学院和提倡英国文化交流的英国文化协会不同，所有的孔子学院都隶属于并且仅仅存在于外国大学之中。

由于孔子学院受大学而非国家政府的支配，一些批评家认为这些学院是中国政府在海外获取本国利益的手段。但是支持者推崇这种赞助，认为开办大学可以提供中国文化的课程。当然，没人知道孔子自己是怎么看待这些学院的。

求和个性正在获得越来越多的自由。这些修正让儒教获得了全新的吸引力。

在儒教漫长的生命中，它没有死去，相反它步入了一个新阶段。儒教的核心观念不容置疑。首先是伦理观，因为它关注正当的行为。但是这还不够，因为它依据的是天人合一、与天地相参的视野。

延伸阅读

《论语》中的谚语

《论语》中的谚语富有感召力，原因在于它们简洁明了、有道德权威。《论语》用多种形式述说了心灵的高尚、视野的宽广、谦恭有礼的品性以及对正道的虔敬追求。

不患人之不己知，患不知人也。（1:16）
君子周而不比，小人比而不周。（2:14）
朝闻道，夕死可矣！（4:8）
君子坦荡荡，小人长戚戚。（7:36）
颜渊问"仁"。子曰："克己复礼为仁。一日克己复礼，天下归仁焉。为仁由己，而由人乎哉？"颜渊曰："请问其目？"子曰："非礼勿视，非礼勿听，非礼勿言，非礼勿动。"（12:1）
君子上达，小人下达。（14:24）
过而不改，是谓过矣！（15:30）

君子有九思：视思明，听思聪，色思温，貌思恭，言思忠，事思敬，疑思问，忿思难，见得思义。（16:10）[34]

自我测试

1. 儒教、道教和佛教统称三_____。
   A. 宝　　　　　B. 教　　　　　C. 学派　　　　　D. 学院

2. 道教的传奇创始人是_____，意指"年迈的大师"或"老小孩"。
   A. 孟子　　　　B. 孔子　　　　C. 老子　　　　　D. 墨子

3. 道教的伟大经典是_____，大多数道教徒视其为核心经典。
   A.《道德经》　B.《三藏经》　C. 三箧　　　　　D. 教旨

4. 根据道教的观点，_____是万事万物的起源，一切独立的事物都是它的"显现"。
   A. 阴　　　　　B. 道　　　　　C. 耆婆　　　　　D. 气

5. _____影响道教并使之采取了组织化的形式。
   A. 印度教　　　B. 佛教　　　　C. 耆那教　　　　D. 基督教

6. 对于儒教来说，道的首要关切在于人间之道，它体现在_____之中。
   A. 正确的人际关系以及和谐的社会　　B. 传统的山区圣地以及天上的星座
   C. 自然标志与象征　　　　　　　　　D. 复杂的沉思以及普遍的爱

7. 五伦意味着每个人都要遵循他或她的社会地位行事。这被称作_____。
   A. 正名　　　　B. 正义之道　　C. 众神之道　　　D. 觉悟

8. 所有家庭成员对家庭幸福的奉献称为_____。
   A. 恕　　　　　B. 文　　　　　C. 君子　　　　　D. 孝

9. 最重要的儒教官方文献由五经和_____书组成。
   A. 三　　　　　B. 四　　　　　C. 五　　　　　　D. 二

10. 新儒教主义者_____借助孔子和孟子教义中的观点，试图建立一种普遍的实在观。
    A. 朱熹　　　　B. 老子　　　　C. 毛泽东　　　　D. 王阳明

11. 解释一种情形，说明遵循道教无为的原则会对你自己或者他人带来益处。在什么情形下，以什么样的方式遵循无为的原则会带来伤害？

12. 根据你所阅读的儒教发展中的诸多哲学学派，谁具有更为准确的人性观——孟子还是法家？用阅读中的例子支持你的回答。

参考资源

书　籍

Confucius. *The Analects.* Trans. D. C. Lau. New York: Penguin, 1979.《论语》，一部有关孔子格言的准确译本。

Kidd, David. *Peking Story*. New York: Clarkson Potter, 1988. 该作品描述了在共产党革命期间，一位贵族子弟极不寻常的一生。

Kingston, Maxine Hong. *The Woman Warrior: Memoirs of a Girlhood Among Ghosts.* New York: Vintage, 1989. 一部根据作者童年经历完成的当世经典自传，探索了中国传统信仰与现代西方价值观的冲突。

Kohn, Livia. *Daoism and Chinese Culture.* Cambridge, MA: Three Pines Press, 2001. 一份对宗教历史和本质的总结，以及在过去三十年间出现的最新诠释。

Lopez, Donald, Jr., ed. *Religions of China in Practice.* Princeton, NJ: Princeton University Press, 1996. 一部与众不同的文选，内容选自中国的宗教，包括诗歌、民间故事、圣歌以及幻象。

Oldstone-Moore, Jennifer. *Confucianism: Origins, Beliefs, Practices, Holy Texts, Sacred Places.* New York: Oxford University Press, 2002. 对儒教的清晰概述。

Porter, Bill. *Road to Heaven: Encounters with Chinese Hermits.* San Francisco: Mercury House, 1993. 一份杂志，当代中国道教徒和佛教隐士的对话研究。

Wong, Eva. *Seven Taoist Masters: A Folk Novel of China.* Boston: Shambhala, 2004. 一部历史小说作品，涉及七位道教大师——六位男性与一位女性的故事，他们在自我修行之路上克服了重重困难。

Xinzhong Yao. *An Introduction to Confucianism.* Cambridge：Cambridge University Press, 2000. 一部综合类的儒教入门书籍。

电影/电视

Around the World in 80 Faiths. （BBC.）一部八集纪录片，在一年之中记录了六个大陆上的八十项神圣仪式。第二集包括在中国孔庙举行的仪式的一个片段，还有描绘道教徒敬拜的片段。

Crouching Tiger, Hidden Dragon. （Director Ang Lee; Sony.）《卧虎藏龙》，一部流行的武打电影，阐明了道教和儒教的价值观。

The Joy Luck Club. （Director Wayne Wang; Buena Vista.）《喜福会》这部电影描述了一个亚裔美国妇女在其母亲去世后在一间社交俱乐部接替了母亲的位子。她在那儿发现了母亲留给她的秘密。它对传统中国价值观的描述反映了儒教的价值取向。

Mulan. （Disney.）《花木兰》，一部动画电影——根据一位女扮男装的中国女孩的故事改编，描述了孝行、性别角色、符合传统儒教价值观的祖先崇拜。

Pushing Hands. （Director Ang Lee; Cinepix Film Properties.）在《推手》这部电影中，一位离婚的太极大师从北京来到纽约和儿子一起生活；父亲用了一种被称为"推手"的特别的太极技巧化解了他所面对的诸多挑战。

Raise the Red Lantern. （Director Yimou Zhang; Miramax.）《大红灯笼高高挂》，颂莲的故事，富有的陈先生的四姨太与其他三位太太在传统的中国家庭中尔虞我诈饱受欺辱的故事。（英文字幕）

Star Wars.（Director George Lucas; Lucasfilms.）这部电影借鉴了道教中"气"的概念，这与道十分类似，还借鉴了绝地武士的指导哲学，正如欧比旺·肯诺比（Obi-Wan Kenobi）和尤达（Yoda）所表达的。

音乐/音频

Chinese Taoist Music.（Arc Music.）一部传统道教音乐的合辑，由上海市金庙道教乐团演奏。

Classical Chinese Folk Music.（Arc Music.）传统中国民乐，有24首乐曲、两张碟片。

Dao De Jing: A Philosophical Translation.（Narrator Ralph Lowenstein; Simply Audiobooks.）重要道教文本的音频版本，由罗杰·埃姆斯（Roger T. Ames）和大卫·豪尔（David L. Hall）翻译。

Ellie Mao: An Anthology of Chinese Folk Songs.（Smithsonian Folkways.）传统中国民乐，体现了道教或儒教的一些价值观。

互联网

Confucian Traditions: http://www.religiousworlds.com/confucian.html. 世界宗教网站上儒教传统的资源罗列，包括儒教的种类、儒教经典以及与诠释孔子相关的问题。

Tao Te Ching: http://www.taoteching.org/. 一部完全由公众完成的英语版的道教基础文本。

Virtual Religion Index: http://virtualreligion.net/vri/china.html. 虚拟宗教网站上的"东亚研究"页面，内容包括一系列关于中国文化和哲学、道教起源和儒教经典的资源。

Wikipedia's Daoism Portal: http://en.wikipedia.org/wiki/Portal:Taoism. 一份综合性的参考文献，包括诸多条目：经文、神、宗教人物、文本、寺庙、宗教修行。

重要词汇

《论语》（Analects）：记录孔子言行的书籍。

道：宇宙的神秘起源，存在丁一切事物中。

《道德经》：道教的经典文献。

五经：孔子之前的经典文献，包括诗歌、历史和占卜。

四书：主要的儒教典籍，包括孔子和孟子的言行。

君子："高尚之人"，儒教文雅的人格理想。

老子：道教的传奇创始人。

法家：最严厉的中国哲学学派，倡导严刑峻法。

礼：适当的行为、仪式、礼节、礼仪。

墨家：教导兼爱的中国哲学学派。

气：生命力。

仁：移情，体谅他人，人道；儒教道德观。

恕：互惠；儒教道德观。

文：文化教养；儒教道德观。

无为："不采取行动""没有限制"；做自然而然之事；无功用。

孝：家庭虔敬，孝行；儒教的德性。

阳：实在的积极一面，表现在言语、光、热之中。

《易经》：关于占卜的古代中国儒教书籍，五经之一，至今仍然使用。

阴：宇宙的包容性，体现在沉默、黑暗、冷和静止之中。

庄子：《庄子》的作者；《庄子》是一部瑰丽谲怪的散文集，表现了早期道教思想的主题。

注　释

1. 参见 Livia Kohn, *God of the Dao*（University of Michigan at Ann Arbor: Center for Chinese Studies, 1998），第 9 页，n.6.

2. *Lao Tzu: Tao Te Ching*, Robert Henricks 译（New York: Ballantine, 1989），第 72 页。

3. *Tao Te Ching*, Gia-fu Feng 和 Jane English 译（New York: Random House, 1972），第 8 章。除另外指出，通常使用这个翻译。

4. *The Wisdom of Laotse*, 林语堂译（New York: Modern Library, 1948），第 76 页。

5. *Chuang Tzu: Basic Writings*, Burton Watson 译（New York: Columbia University Press, 1964），第 36 页（第二部分）。

6. 出处同上，第 113 页（第十八部分）。

7. 出处同上。

8. 引自 *The Way and Its Power*, Arthur Waley 译（New York: Grove, 1958），第 181 页。

9. Wing-Tsit Chan, *Man and Nature in the Chinese Garden*, 载于 *Chinese Houses and Gardens*, Henry Inn 和 Shao Chang Lee 编（Honolulu: Fong Inn's Limited, 1940），第 35~36 页。

10. 出处同上，第 33 页。

11. 《中庸》第 20 章第 18 节，《孔子：〈论语〉〈大学〉和〈中庸〉》, James Legge 译（New York: Dover, 1971），第 413 页。（使用 Legge 对四书——儒教主要作品，包括孔子和孟子言行——的翻译，除非另有说明。）在最初的翻译中，单词 right 用斜体排字，而 word 则不用。我没有这样用，目的是使我的观点更加鲜明。

12. 出处同上，第 12 章，第 4 节。

13. 《论语》第 5 章，第 25 节，第 4 段。

14. 出处同上，第 2 章，第 4 节，1~6 段。

15. R. D. Baird 和 Alfred Bloom, *Indian and Far Eastern Religious Traditions*（New York: Harper & Row, 1972），第 169 页。

16. George Kates, *The Years That Were Fat*（Cambridge, MA: MIT Press, 1976），第 28~29 页。
17. 不同的顺序参见《中庸》第 22 章，第 8 节。
18.《论语》第 12 章，第 1 节，第 1 段。
19. 参见《论语》第 12 章，第 1 节，第 2 段；《中庸》第 13 章，第 3 节。
20.《中庸》第 20 章，第 18 节；改编。
21.《论语》第 4 章，第 16 节，Arthur Waley 译（New York: Vintage, c. 1938），第 105 页。
22. 出处同上，第 4 章，第 24 节。
23.《大学》，"孔子的文本"，第六诗行。
24.《中庸》第 1 章，第 1~2 节；改编。
25. 出处同上，第 1 章，第 5 节。
26.《孟子》第 4 章，第 2 节，第 12 段，James Legge 译（New York: Dover, 1970）；改编。
27. 参见《道德经》第 18~20 章。
28. 参见《道德经》第 80 章。
29.《孟子》第 4 章（上），第 9 节第 2 段。
30. 出处同上，第 6 章（上），第 6、7 节。
31. 上一出处的介绍篇章，第 81 页。
32. 引自 William T. deBary 编，*Sources of Chinese Tradition*，第 1 卷（New York: Columbia University Press, 1960），第 45~46 页。
33. 出处同上，第 1 卷，第 436 页。
34. *The Essential Confucius*, Thomas Cleary 译（New York: Harper Collins, 1993）。

访问在线学习中心 www.mhhe.com/molloy5e，以获得更多的练习和资料，包括"教室之外的宗教"和"更充分的理解"。

第七章

神道教

第一节 初次相遇

明治神宫位于东京一处草木茂盛的公园里，这是一座建于20世纪早期的神道教**神社**（jinja），用于纪念一位君王的神灵，他和其他官员一起帮助日本对外开放。1912年，这位君王去世之后，全日本的所有学生都为明治神宫所在地捐赠树木，如今这些树木已经长成参天大树，环绕在大片紫色和白色的日本蝴蝶花周围，夏季的玉蝉花开得正旺。

走过**鸟居**（torii），你便进入了神社，牌坊是一个构造简单的高大木门。走向神社建筑所在的院子时，你会看见大片的石砌水池，流水潺潺。你会看见游客们把竹制长柄勺子伸进水池中，舀水倒一点在手上，再抹抹脸颊，在继续行进前用白色的手帕擦干双手。这些参拜者沿着石子铺的小路静静地走向神社的主建筑。他们沿着陡峭的石阶拾级而上，虔诚地站在神社大厅入口前的平台上，拍几下手掌。静静地低头鞠躬之后，他们才会沿着石阶向下走。在另一边，两位妇女把白色的小纸条粘到书上，而其他游客则挤在售卖护身符、纪念品和帝王诗歌手迹的小摊前。与此同时，五个男子，身着白色长袍，头戴黑色硬礼帽，脚蹬形状奇怪的黑鞋，排成一列静悄悄地从庭院中穿过。

你闲庭漫步，慢慢地走向玉蝉花园。园内满是欣赏玉蝉花的游客，以至于你只能随着人流一步一步地在花园和池塘之间曲折蜿蜒的碎石小径上挪动。让你感到惊奇的是，尽管拥挤的人群试图在玉蝉花旁拍照，但还是有人已经搭起画架，在玉蝉花前画画。

你找到一条空着的石凳，坐了下来，看着园内的玉蝉花和人群。拍拍手掌有什么含义呢？为什么人们会在庭院的入口处舀水倒在手上呢？那些身着白色长袍的是什么人？所有这些和一位君王的神灵有什么关系呢？为什么整个神社看起来更像一个公园，而不是教堂或庙宇呢？

第二节　神道教的起源

和很多古代宗教传统一样，神道教的创建者或创建团体并不为人所知。实际上，神道教神秘的起源可以追溯到古代日本人，以及他们流传的关于世界是如何形成的故事。与很久之前的众多居民一样，日本群岛（图7.1）上居民的生活亲近自然，而神道教作为宗教反映了对神灵的崇拜，人们相信这些神灵居住在大自然中。神道教似乎源自人们意识到自然的力量和与其和谐相处的需要。神道教保留了萨满教、与自然神灵交流以及神秘治愈术这些元素。尽管世界上大部分古老的自然宗教已然消失，但是在现代日本社会中，隐蔽在混凝土建造的摩天大楼间的神社表明，神道教依旧存在。

但是，神道教不仅仅是一个自然宗教，还涉及民族和家庭。神道教中被崇拜的神灵包括去世的家庭成员的灵魂、一个家族的远祖以及伟大的领袖——比如明治天皇，他为日本的现代化做出了很多贡献。

"神道教"这个名字提出了一个问题，这不是一个日语词，而是出现于佛教从中国传入日本之时。在那之前，每个人都简单地认为没有必要命名已经存在的宗教。实际上，佛教的日语名为 *Butsu-do*（"佛道"），佛教帮助了日本本土宗教的命名。日本信仰的这一宗教最后被命名为中文的 *shen-dao*（"神道"），日语发音是 *shin-to*。（"神道"在日语中还用短语 *kami-no-michi* 来表示。）

和神道教的起源一样，日本人的发源同样神秘。尽管日本人一直认为自己是单一的"种族"，但他们显然是几个移民群体的后代，这些移民来自西北方（可能是西伯利亚和韩国）和南方（可能是马来半岛）。（我们应该知道日本居住着更加古老的民族，早期居住在日本北部的民族虾夷人可能是他们的后裔。）虽然这些移民群体起初可能崇拜不同的自然力量（例如太阳和月亮），但是他们的传统似乎最终混合在了一起，许多神最终融合为众神谱系，同时产生了单一的创世神话。

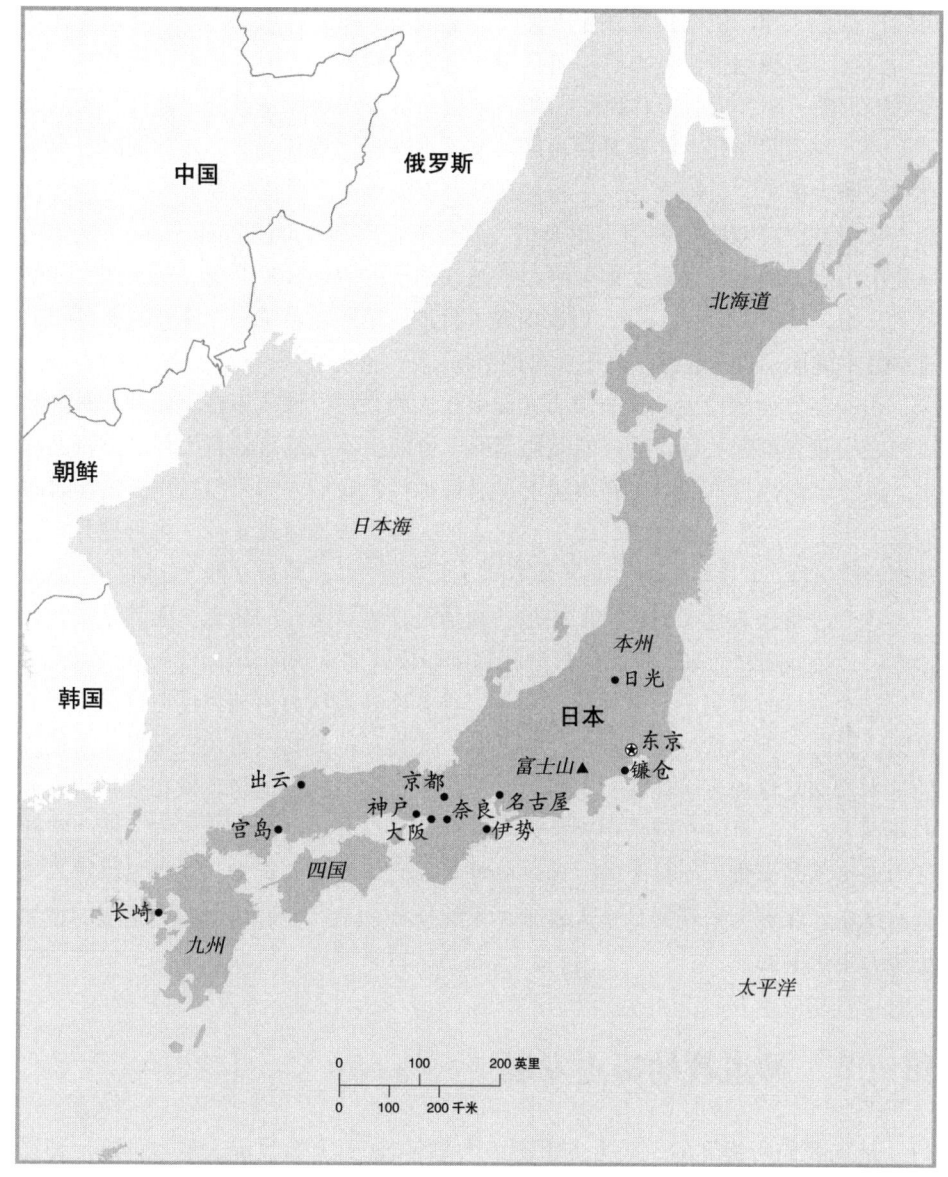

图 7.1 主要的神道教神社或祭典所处的日本城市

根据创世神话,起初天地混沌,后来居住了几代被称为**神**(可能是"神圣的")的神祇或神灵[1]。其中两位神——**伊奘冉尊**(也叫伊邪那美命,"female who invites")和**伊奘诺尊**(也叫伊邪那歧命,"male who invites")成为创造日本第一个大陆(也叫"大八洲")的创世神。根据古代编年史《古事记》的记载,"随后,所有的天神对伊奘诺尊和伊奘冉尊发号施令,要求他们'制造、整合并孕育这块漂浮的岛屿'。天神们赐予他们一把神圣的嵌有珠宝的长矛,他们屈尊恳请这对神祇夫妇。这两位神站在天界的浮桥之上,向下挥舞嵌有珠宝的长矛搅动海水……;从长矛末端滴落的海水聚集在一起,成为一个岛屿。"[2]

伊奘冉尊和伊奘诺尊后来孕育了其他的神,其中许多是自然神祇。其中一位自然神祇是火神。伊奘冉尊在生火神时严重烧伤，死后去了阴间。伊奘诺尊无比悲痛，去阴间找到了伊奘冉尊，但是伊奘冉尊断然拒绝了他的要求，因为自己面容尽毁形象丑陋，而且身体腐烂，爬满蛆虫。伊奘诺尊惊恐万分，独自一人回到了人间。与阴间和死亡的肮脏接触后，他入水净身，重获纯洁。与此同时，太阳女神**天照大神**（"天国之光"）和月亮神月夜见尊（"月夜的主人"，也叫月读命）从伊奘诺尊双眼中的泪水里诞生。风神素盏鸣尊（impetuous male）[3]从他的鼻孔中出生。最终，太阳女神天照大神派其孙子去治理日本群岛。从天照大神的孙子开始，神话一直延续下来，后来出现了日本的第一任君主——神武天皇。所以，日本皇室虚构了自己起源于太阳女神的故事。

由于多方面的原因，这个故事尤能引起人的兴趣。该故事在太阳神、月神和风神之间建立家庭关系，这样能够协调原本可能由不同部落各自崇拜的神祇的故事。该故事宣称日本的君王在本源上是君权神授（我们应当可以看出，这在日本的整个历史中产生了重要的分歧）。它还把天照大神描述成女性，将月神月夜见尊描绘成男性。（这与传统信仰体系不同，通常而言，月神是女性，日神是男性。）

这个故事还表达了对纯洁的关注，纯洁是神道教关注的焦点。尤其是接触死亡之后，污染随之而来，但是通过洗礼和赎罪仪式能重获纯洁。

这个创世故事另一个重要的方面是，日本群岛被认为由神灵创造且是他们的家园。因此，日本是一个"现世"的天堂，人类和神灵共同居住在那里。（传统的日本信仰坚称神灵居住在"上界"，但是由于他们的领地与现世相连，所以他们存在于现世，且能在现世中现身。）这种观点与有些宗教截然不同，那些宗教认为现世不是天堂，而是受苦之地——唯有死后才能进入天堂，现世只是进入天堂的准备。在更为乐观的日本人看来，人的任务就是在他们出生的天堂般的世界里努力生活下去。

第三节　神道教的历史发展

正如我们所提到的，公元6世纪（大事年表7.1）佛教传入日本，迫使神道教明确自己的定义。这一过程因大乘佛教包容且吸收本地宗教元素而变得复杂。佛教僧侣认为，神道教中的神仅仅是大乘佛教中的佛陀、菩萨和其他天神的不同形式，他们宣称，日本人崇拜的神都是拥有神道教名字的佛教的神。这一方法让佛教很容易就融入日本文化。起初日本人对佛教有所排斥，认为新宗教不仅危险，而且与神道教格格不入。但是随着时间的推移，佛教和神道教的元素互补互用，一种混合的宗教践行形式出现了。

随佛教传入日本的还有一股中国的文化元素。与中国接触之前，日本已经有了自己的文化，但是与中国文化相比太过简单。日本与中国接触后引进书写系统，并开始改为己用，此外还引进了中国的建筑、诗歌、陶艺、艺术和各种新观念——从哲学到烹饪，从服饰设计到城市规划。日本人对所有这些新奇的事物和观念很

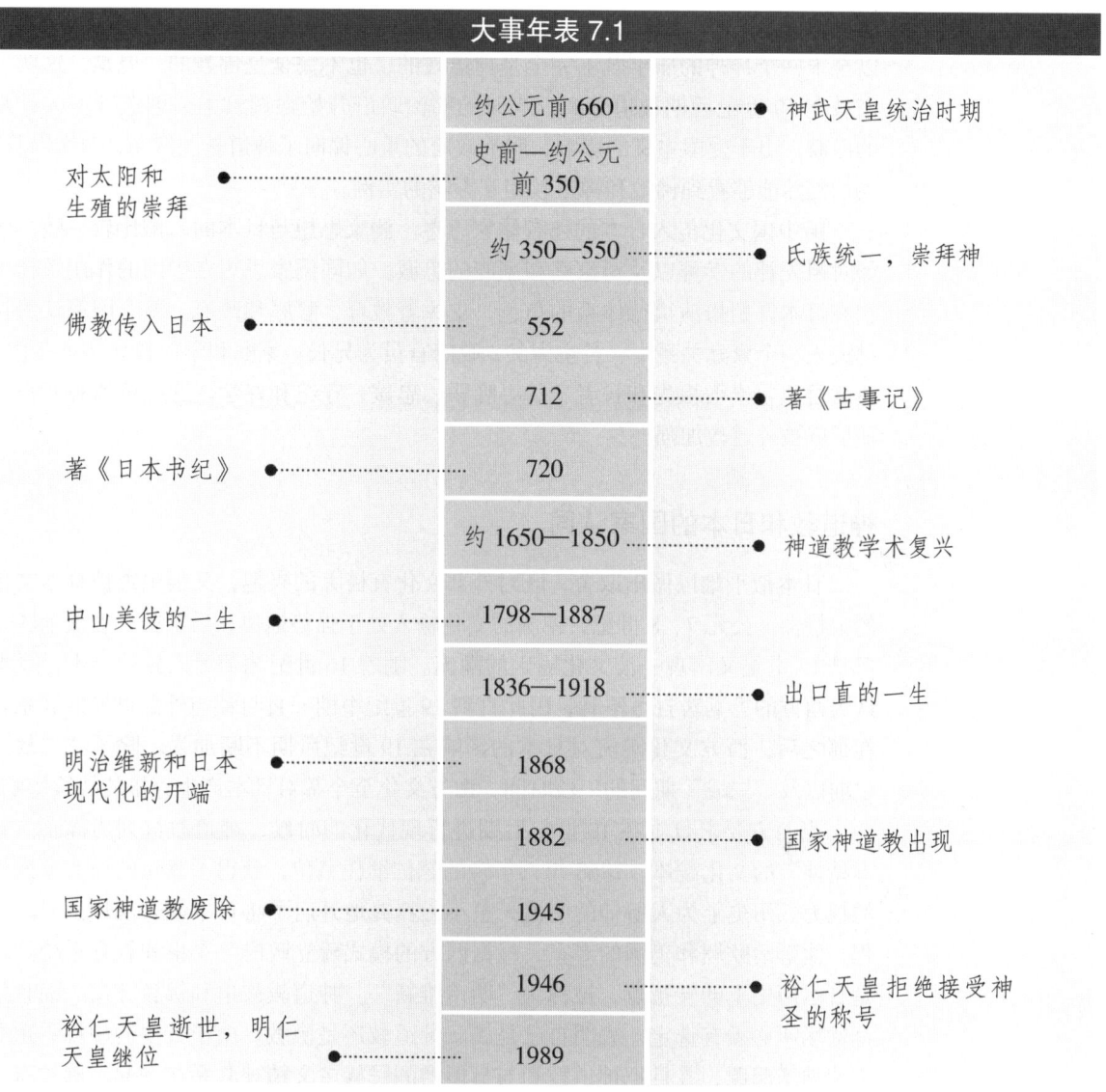

大事年表 7.1 神道教重大历史事件时间表

事件	时间
神武天皇统治时期	约公元前 660
对太阳和生殖的崇拜	史前—约公元前 350
氏族统一,崇拜神	约 350—550
佛教传入日本	552
著《古事记》	712
著《日本书纪》	720
神道教学术复兴	约 1650—1850
中山美伎的一生	1798—1887
出口直的一生	1836—1918
明治维新和日本现代化的开端	1868
国家神道教出现	1882
国家神道教废除	1945
裕仁天皇拒绝接受神圣的称号	1946
裕仁天皇逝世,明仁天皇继位	1989

感兴趣,他们引进中国文化虽时有中断,但是仍持续了一千年之久。

与佛教和儒教的相处

尽管日本人热衷于佛教以及随之而来的中国文化,神道教却并没有消失。相反,佛教和神道教的关系得到调和。尽管有很多例外,还是出现了几个形式:神道教经常和农业、生产力、生育联系在一起,而佛教关注哲学,帮助治疗重病,主持葬礼以及为亡者超度。

很多方面显示出这种关系的调和倾向。神道教神社经常建有供佛教徒祭拜的地点,或是祭拜神道教神祇时举行一些佛教的仪式,而佛教寺庙里常有神道教神社。神道教还采用佛教传教、敬拜神像和焚香的教仪。此外,神道教神社有中国建筑的特色,例如屋顶铺瓦、使用红漆。通常佛教和神道教之间的融合程度非常深,以至于一个拜神的庙宇既不完全是神道教的,也不完全是佛教的。但是,这两个宗教在19世纪后期被迫分离。当时的明治政府开始强调君主是创造日本的神祇的后裔,由于爱国主义的影响,明治政府的重心偏向了神道教。然而,时至今日,人们仍然能够看到佛教和神道教相互影响的实例。

随中国文化传入日本的还有儒家思想。儒家思想与日本的风俗比较一致,例如对祖先神的崇拜以及对家庭和家族的忠诚。如同儒家思想在中国的作用那样,它在日本开始扮演道德体系的角色,支撑着教育、家庭和政府。整个国家认为自己进入一个家庭关系中,君主为父,政府官员为兄长。家庭和学校教导儒家美德:尊敬君主、崇敬祖先和长者、关心晚辈、忠诚、守纪和好学。这些价值观有很多随后就被神道教加强。

神道教和日本的国家认同

日本似乎难以做出取舍,既对外部文化有极大的兴趣,又很想维护日本文化的独特性。公元7、8世纪,中国的文化输入处于强势地位,后来曾一度被削弱,但是13世纪又出现一波文化输入的潮流。随着16世纪葡萄牙人到达日本,日本认为西方的思潮对自己不利,因此直到19世纪中期一直封锁与外部世界的联系。在那之后,西方文化潮流对日本的影响在19世纪后期不断加强。除了"二战"之前以及"二战"期间的一段时间,西方文化至今都对日本产生直接的持续影响。

当西方要求日本在19世纪后期进行现代化的时候,神道教被列为保存"日本精神"的文化载体。1868年,年轻的睦仁继任皇位,获得了真正的而非象征性的权力。历史上为人所知的明治天皇小心翼翼地开启了将日本领入现代世界的进程。他延请欧洲和美国的专家,根据西方的模式建立政府、军事和教育系统。这是日本历史上的转折点,被称为"明治维新"。神道教被迫和佛教分离,而且祭拜的场所必须有选定,表明自己是属于神道教还是佛教。由于日本的领袖看重君王的神圣起源,并且把神道教和与日俱增的民族主义精神联系在一起,佛教有一段时间甚至遭受打压。

神道教成了建设国家的工具。1882年,名为"国家神道"的国家宗教建立起来了。成千上万的神社获得特殊的国家地位,得到政府的财政支持,并受内务省的管制。这些神社里的神职人员是正式的公务员,为了获得财政资助,他们应该代表皇室的形象并维护传统的价值观。其他所有非政府神道教的神社和组织被视为独立、自给的机构,因而统称为"宗派神道"[4]。

令人遗憾的是,在日俄战争中日本获胜后,军国主义扩张,神道教的这些发展为这些势力利用神道教提供了舞台。在20世纪30年代军事实力暴增的"二战"期间,日本政府不断使用国家神道助长爱国主义。君主(天照大神的后裔)的神性被正式用于学校教育,学生每天记忆背诵一句支持该观点的语句,即《教育敕语》。

宗教中的冲突

神风突击队飞行员和神道教

"二战"期间，进行自杀性攻击的日本飞行员在西方舆论中臭名昭著，以至于英语中出现了一个新单词：**神风突击队**（kamikaze）。这个词包含神（kami），意思是"神风"。这个词和神道教有关吗？

我们知道神道教官司为飞机和神风突击队队员祈祷。这些祷告是政府使用神道教达成军事目的的一部分。但是，我们可能也会在培育神风突击队飞行员的过程中发现佛教和儒教的元素。佛教宣扬要勇于接受生命的短暂易逝。儒教强调对政府领袖和上级的忠诚。这两种观念继而生成包括忠诚、尽职和荣誉在内的武士准则，称为武士道（bushido）。虽然20世纪之后武士道发展成为群体相对较小的**武士**（samurai）阶层的准则，但是它对日本的军事产生了重要的影响。

有时，神道教被用来推动战争的发展，也可以说神道教有时变成了民族主义的工具。（目前争论的起因是祭拜东京靖国神社中阵亡士兵的灵魂。）平心而论，我们应当注意日本大部分的佛教派别也支持日本在战事中所扮演的角色。

"二战"结束后，盟军占领日本，要求日本变成世俗国家，因此日本政府废除了国家神道，天皇宣布放弃自己的神圣地位，神道教神社重新变为私人的宗教习俗场所，所有的宗教至此处于平等的地位。神道教理论上成了严格意义上的个人宗教，但是实际上它在国家生活中仍然有其特殊的地位。

第四节 神道教信仰的实质

神道教的中心观念是一种对自然的神秘力量的敏感。人们认为神并不是居住在另一个遥远国度的人类，而是处于或靠近现世的力量，人们可以感知神的存在，比如我们站在树丛中，或注视着瀑布或凝视远山。神也会恐惧，就像一个人在可怕的风暴中或是迷失在海洋中的感觉。神是秉有自然生命的力量：他们让水稻生长，清风吹拂；他们引起火山喷发熔岩肆虐，引起地震撕裂大地。尤其是在拥有自然力量和美景的地方可以看见自然神。

神被看作人且拥有自己的姓名，这样人类能够接近他们，也感到亲近。我们已经知道主神的名字：伊奘冉尊、伊奘诺尊、天照大神、月夜见尊和素盏鸣尊。此外还有辅神，其中有火神、谷神、海神、山神（其中富士山山神最为强大）以及大树、河流和瀑布神祇。还有动物神灵，尤其是那些神秘狡诈的动物，比如獾、狐狸和蛇。

祖先也会成为神，他们居住在人类附近，随时准备回去看看自己的后代过得如何。[5]因此，神道教是维持家庭和家族成员之间联系的一种方式。

佛教进入日本后，皇室里有权势的成员设法记录早期的神话，这样既能保存这些神话，又能维护贵族权力的宗教基础。在8世纪早期，按照天皇的要求，人们使用源自中国的新文字体系记录这些神话。起初，古代神话出现在两部核心作品，《**古事记**》（"古代事件编年史"，712）和《**日本书纪**》[6]（"日本编年史"，720）中。这些作品中也有真实的史料。古代神道教的仪式和祷告（norito）在10世纪被记录下来。

尽管神道教没有明确规定道德准则，但是神道教的价值观体系及其看待生活的方式揭示出一种道德观。神道教中没有西方提及的心灵内疚感。神道教没有说教的上帝，不会发号施令或是评判人类的善恶，也没有意识到原罪或是本性的罪恶。相反，人性本善，人类的身体健全，而且现世的生活令人满意。神道教崇拜生育和新的生命，认为性是积极正面的，而不是罪恶。因此，很多神社可以看到性意象，尤其是形似阴茎的岩石和木雕[7]。

与许多其他宗教不同，神道教倾向于将注意力从死亡上转移开来，死亡与生命和成长完全相反。[8] 因为神道教崇拜生命力，所以能够对抗任何带来疾病或死亡的东西。其他所有污染物就像污垢一样可以清除。按照神道教的要求，我们必须保持身体、房屋和衣服干净整洁，一旦弄脏了，我们必须清洗、去除污垢，然后通过祝福祷告净化它们。所以，日本随处可见的洗涤、清理和打扫都有宗教含意。人的品质也必须完美无瑕，人与人之间应该保持健康的关系。同样，人的品质必须"真诚"（makoto）——必须纯洁，不自大自负，忠诚坚定。（明治神宫出售

典型的早期神道教仪式里，官司和祭拜者弯腰接受净化拂尘的洗礼。

的明治天皇的许多诗歌谈的就是真诚的重要性。）人类通过履行义务、偿还债务以及为罪行道歉，保护并重获纯洁。

由于神无处不在，我们和神一起生活需要对他们表示崇敬。一种方法是参拜神社，那是神居住的地方。另一种方法是尊敬自然，这也就是为什么日本高度重视农业、林业以及在建筑中使用诸如木材和石块等自然元素的原因。尊敬自然同时还意味着与自然及其所有的进程保持和谐的关系。

第五节　神道教宗教实践

神道教习俗存在于不同的层面，包括神社里僧侣主持的正式祭拜和祷告，神社之外僧侣的祷告；假日、四季和自然的神道教宗教仪式，个人每天在家里的习俗，以及天皇和其他政府部门举行的神道教仪式。这些仪式中仍在使用的神社宫司通常是世袭制。

神社里的崇拜活动

人们参拜神社，祈求身体健康、事业顺利、学业有成，并为他们所爱的人祈求幸福健康。人们首先经过一个鸟居（神社前的牌坊），看上去像是一个正式的入口或是通道，牌坊看上去高大宏伟。⁹ 参拜者在门口的水池里净手漱口，继续

身着红色服饰的宫司唱着卷轴上的手写祷辞，用正规的仪式向神致意。

向前走过空阔的庭院，到达拜殿，这就是祭拜神的地方。拜殿后面（通常在拜殿里就能看到）可以看见安放神龛的小厅阁。小型的神社可能没有前面的拜殿，只有供奉神的神龛。（有可能最早的神社里根本没有建筑物。[10]）

参拜者拾级而上，到达拜殿或是供奉神的神龛前面。他们鞠躬、捐赠一枚硬币，随后通常摇摇铃铛拍拍手，以引起神的注意。他们再次鞠躬并祈祷，可以不出声，也可以念念有词。然后他们鞠躬离开。有时候，他们在小木板或纸片上写上自己的祈求，然后再系到栅栏或是旁边圣树的枝干上。

当参拜者来到神社祈求祝福时，神社的僧侣会念祷文，并在他们头上挥动树枝或是饰有纸带的木杖。这种工具被用于净化参拜者和周围的区域。

每个神社都有自己特定的祭典日（matsuri）。祭典日当天会举行大型的游行和各种各样的娱乐活动。有时，为了对神示以尊重，参加祭奠的人会把神像放在轿子里，抬着轿子游行。祭奠那天，人们会设立临时的小摊，售卖食物和宗教纪念品。（像明治神宫这样的大型神社设有永久的摊位。）这些宗教纪念品是各式各样的护身符，有的装在锦囊里，可以给人们带来好运；有些护身符供奉在家里；而有些小的护身符则放在汽车里，以求神灵保佑。

这幅照片是典型的乡土神社，里面有水果、清酒和糯米团等供品。装有清酒的瓶子后面有一面镜子，象征太阳神。两个大灯笼上的字表示祈求家人平安、事业兴盛。

人们在生命中的重要时刻参拜神社祈福。婴儿出生后每个月都会到神社接受祝福。孩子还小的时候仍会参拜神社接受祝福，人们认为此时神的特殊保佑对孩子很有价值。这个习俗被称为"7-5-3"：女孩 3 岁和 7 岁的时候会被带去参拜神社，男孩则是 5 岁。

神道教宫司也在神社之外举行典礼，比如说结婚典礼。如今，在家乡举办的婚礼通常是在大型宾馆或会客厅举行，因为婚礼之后通常有婚宴。宫司还为建筑工地、房屋和汽车求神赐福，而且他们会在与厄运有关的地方举行驱魔仪式，让那里的人们重获安心舒适。

神道教宫司身穿长袍（通常是白色，象征干净和纯洁），长袍根据中国古代贵族服饰设计制成，在平安时代的日本宫廷十分流行。宫司的鞋子由木头雕刻而成（像荷兰木鞋），表面涂有黑漆。他们头戴高帽，饰有漆黑色的马鬃。身居要职的宫司所戴的帽子顶部或后面系着一根柔软的长布条。这根由中国创制的布条代表马尾。（作为精力和力量的象征，马逐渐成为神圣的动物。有些神

一位神道教的宫司在为一辆汽车祈祷时，用拂尘挥扫来象征性地驱除鬼魂。

社甚至有马厩。）

有些神社也有女性神职人员，她们身穿亮红色裙子，协助完成仪式，弹奏配有铃铛的短金属乐器。这些巫女体现了早期萨满教的痕迹。

新年的庆祝仪式

新年是神道教习俗里非常特殊的时刻。准备庆祝新年时，人们必须彻底打扫房屋，让房屋对到访的神灵具有吸引力。大门上布置了一种特殊的门松（kadomatsu，"门口的松树"）装饰，门松由几段植物制成：砍下的青竹、一小段松枝，可能还有李树枝。竹子预示坚持不懈，松树预示新生和历经严冬的生命，李子象征早春最早的生命迹象。门松里这三种绿枝布置在一起，象征人类的美德。

新年期间，人们将米饭捣成软软的糯米团，然后搓成圆形，一个摞着一个，最上面放一个柑橘。大米预示健康和多产，而糯米团用以祈盼来年春季种植稻谷。新年前夕，家庭成员聚到一起，喝一种由蔬菜和糯米团用以做成的汤，人们认为这种汤能增强体质。新年那天，男女都穿上和服，带上子女去参拜神社，祈求来年顺利。在接下来的几天里，人们正式拜访亲朋好友，重温亲情友谊。清洁净化和生命的复兴是整个假期的主题。

关于四季和大自然的纪念活动

神道教传统上用特定的习俗来纪念四季，尤其是播种和收割稻谷。但是，如今日本是工业化国家，这些宗教仪式已经没有以前那么重要。

因为神道教的中心是尊敬自然，所以人们有时在森林、田地或是山里放置神物或是小的神社，其中有牌坊（就连海洋里都有）、一堆石头（可能源自生殖崇

246　体验宗教

旧金山樱花节期间，很多男性托着装有供品的神社。神道教神社里的仪式通常既正式而又庄重，而一些崇尚自然的庆祝仪式则吵闹喧哗。

拜）或是一根神圣的绳索。对祖先的灵魂表示尊敬时，人们把水或茶倒在墓碑上，并且供奉食物和鲜花等供品。

用水进行净化是神道教值得注意的一个习俗，而且自古以来就有，因为它出现在几个关于神的神话中。正如我们前文提到的，信徒们总是在神社的入口处用水洗手。与该习俗相关的**禊**（misogi）的仪式上，修行者站在瀑布下面，进行一种净化仪式。在这之前，修行者做一些体能和深呼吸运动，然后再用一点盐清洁身体。修行者回到水中，在瀑布下面站一会儿，任由水流拍打在他们的肩头。他们可以大声喊叫，在空中挥舞手臂，以增强自己对净化的感受。仪式结束时，修行者喝下　杯清酒（米酒）；如果和其他人一起进行净化仪式的话，则可以吃一顿饭。禊将净化仪式和自我约束的完美理想结合在一起，而且可能开始于生活在深山中苦行僧的修行。

攀登圣山是神道教的另一个习俗，这样人们能与山神精神合一。比如，很多日本人希望一生至少完成一次的活动就是登上富士山，而且有些神道教宗派专门崇拜富士山神灵。

其他的宗教习俗

日常的敬拜活动会在家里进行，人们通常在高高的架子上供奉一个被称为**神**

棚(kamidana)的小型神道教神社,神棚里可能有一面镜子以及供品,尤其是米和水。每天早上,人们通常在神棚前进行祷告。有些家庭还在花园里供奉一个户外神社。

天皇及其皇室信仰的神道教是一种半正式的形式,也仍是神道教的一部分。传统上而言,天皇被认为是神道教的高级宫司,而且天皇就职典礼时会举行神道教仪式。为了确保国家的稻米丰收,每年春季天皇都会在宫殿的庭园里参加种植稻米的仪式。每年,天皇及其家庭成员还会参拜**伊势**(Ise)神宫,为国家祈福。天皇去世后,葬礼将按照神道教仪式举行——这一情况相当罕见,因为普通日本人的葬礼由佛教僧侣主持。

第六节　个人体验:一座高过京都的寺庙

我第一次去京都时,原本计划花上一整天时间在京都东边风光秀丽的小山里走走。我野心勃勃,计划从最北端开始,向南穿过城市东部,最后在京都佛教的"母亲寺"——清水寺结束旅程。我曾听说那里是观看日落和欣赏夜景的绝佳地点。

离日落的时间越来越近,我走到阶梯前,沿阶而上便能到达寺庙。把这个地方称为单一的"寺庙"容易引起误解。这里其实是一大片木制建筑群,散布在树木茂密的小山里。寺庙的主体部分建造在山腰中远远伸出去的一块巨大的石台上,下面有木柱子支撑,看上去高悬于树冠之上。

站在石台上,我可以俯瞰整个京都。其他人也在那儿,站在围栏旁耐心地等待日落。所有人肃穆而立,看着太阳慢慢沉入地平线,空中的云变成了粉红色,城市也沉浸在橘黄色的薄雾中。随着日光逐渐消失,灰白的城市变成了蓝色,京都的夜晚即将出现。不难想象,山下城市中的餐馆、面条店和小酒肆都变得热闹起来。然而石台上的我们却沉浸在清水寺远离尘嚣的古朴氛围中。

在离开寺庙的路上有一条分成三股支流的小溪,名为"清水",清水寺也是因此得名。我沿着寺庙高高的台阶往

前往清水寺的游客从神圣的溪流中接水,然后喝下去。

下走，可以看见下面远远地有三条细细的水流，像瀑布一样落入池子里。走近了些，我在暮色中看见放在那儿供游客舀水饮用的长把竹勺。走到台阶下面的时候，我又朝溪水那儿看了一眼。在三条瀑布的朦胧水帘后面隐约可见一位身穿白色长袍的人，一动不动地站在及膝的水中。我看见他的手掌合二为一，做出祈祷的手势。我从瀑布中接水喝了一口，然后沿着通向寺庙下面山谷的小径往回走。我回头朝瀑布看了最后一眼，那个人依然一动不动。

我去清水寺期待的是绚丽的落日、焚香的味道，可能还有佛教的诵经声。出乎我意料的是，有人在寺庙脚下修行神道教的禊。[11] 在我看来，佛教作为一个与日本本土宗教紧密相连成长起来的宗教，拥有献给神道教神祇的清水（清水寺名称所由来，亦即这座宏伟寺庙的骨架基础），这是何等恰当。

第七节　神道教与艺术

神道教崇尚美，但是神道教对美术的影响并不是那么清楚。造型艺术（用图画和雕刻来描绘神祇）在神道教中没有深厚的传统。虽然有些例外，但是人们认为神祇几乎是一种不可见的东西，无法用艺术形式描绘出来。画风大胆泼辣、常用自然元素和刻意追求简洁是神道教艺术的鲜明特征。

可以说，神道教高度崇尚自然对日本艺术和建筑产生了深远的影响。日本描绘自然风景的屏风和卷轴通常被认为是道教或禅宗的作品，这些同时也是神道教的作品。所有的艺术和装饰艺术形式（比如陶瓷与和服设计）也是如此，自然元素是这些艺术的主要灵感。传统的日本建筑地板上铺有草席，木质墙面没有涂过油漆，这也说明了神道教的影响。

可能因为神道教不太重视教义和伦理要求，所以其关注的焦点是仪式的美感，这就让神道教和艺术之间产生了重要的关系。神道教喜爱仪式，这就得注意仪式中使用的所有物品和服饰，举行仪式的地点以及举行仪式的正确方式。

建　筑

传统的神社建筑是神道教艺术的主要表现形式。这些建筑起初似乎用作存放谷物和其他食物，基座高于地面以防潮防虫。这些粮仓便是神灵自然舒适的家园，这些神灵又是储粮的保护者。最早的神社有木质墙面和茅草屋顶，这样可以定期进行修缮。神社的屋梁通常延伸到高于屋顶的位置，在南太平洋群岛的建筑中也能看见这种风格。屋梁外延的特色，以及建筑材料似乎适于温暖湿润的气候的情况，让很多人认为神道教神社可能起源于马来西亚和更靠南的岛屿。

"纯粹"的神道教风格中，人字形茅草屋顶棱角分明，木质墙面未涂油漆，没有雕琢，没有使用铆钉，这种风格在伊势神宫最为明显。为保持墙面和屋顶清新亮丽，需定期更换墙面和屋顶，而只有少数几处地方能够进行这种维护。

在离日本主岛不远的严岛神社能看到典型的神道教建筑。

伊势神宫每二十年修缮一次，因其极为简洁的风格而引人注目。伊势神宫坐落在白色岩石地面上，周围是高大的雪松。游客进入内神社必须穿过一条河流。夏天，周围满是蝉鸣，平添了几分原始的神秘感。

尽管我们并不知道牌坊的确切起源，但是三根绑在一起的圆木，可能就是最早的牌坊，或仪式的入口。由这一基本形状衍生出许多形态优美的牌坊。虽然如今许多牌坊被漆成白色、红色或橙色，但是最初的牌坊确实是由未经油漆的木头建成。牌坊通常是神圣的界标，但是也能将牌坊放在水中。（矗立在广岛附近宫岛海洋中巨大的橙色牌坊最为出名。）

一些神社竖立牌坊作为感恩祭，很多年之后，这些牌坊的数量变得如此之多，以致形成一条隧道。人们经常把**注连绳**（shimenawa）系在牌坊上或是神社前面，尤其是在节日当天，绳上可以悬挂白色的纸飘带。因为人们认为神祇住在令人敬畏的自然界中任何一个地方，所以注连绳还可以装饰特殊的树木和岩石。

音乐与舞蹈

神道教还因其别具一格的**雅乐**（gagaku）而出名。雅乐最初是中国唐宋年间的宫廷音乐，后被改编用于神道教。雅乐节奏徐缓，能奏出古时庄严肃穆的感觉。

雅乐中的乐器发出如笛声般细长的声音，忽远忽近，余音绕梁而又清新明丽。雅乐是神道教仪式的最佳伴乐。

《古事记》中的一个故事讲述了天照大神如何被音乐和舞蹈从岩洞中吸引出来。在节日期间，神道教神社通常会有舞蹈，为居住在那里的神祇提供娱乐。神社舞蹈最终演变成盛大的**能剧**（Noh）舞蹈剧，讲述人类及其与神灵接触的故事。为能剧演员制作面具和精美的长袍也已成为一种高雅艺术。

第八节　神道教的分支：新宗教

神道教不是一个高度制度化的宗教，这既是其缺点也是其长处。说这是缺点是因为神道教一般没有改变他人宗教信仰，或在日本以外传播宗教所必需的组织结构。神道教神社属于联合会，这样能帮助神社安排员工，而很多小型神社隶属于古老大型的国家神社。

不过相对薄弱的体制结构可能是一大益处。人们使用源自神道教的仪式、象征以及价值观，创造出新形式的信仰和习俗，这些都更可能与当代社会产生共鸣。因此，尤其是在过去的两百年中，宗教派系不断增多。一些宗派相比于其他派系更加传统；一些宗派崇拜所有的主神，或是仅仅崇拜其中一位神祇；一些宗派引入儒教、佛教或基督教的思想，谈论圣洁的父母以及作为一个家庭存在的所有人类；一些宗派遵循源自苦行主义的传统；一些宗派重视治疗法；还有一些宗派崇拜的具有神赐能力的创始人被认为是神祇和神启的接收者。那些认为自己是独立宗教的宗派有时被称为新宗教。

和韩国一样，日本萨满教历史悠久，在日韩两国，萨满通常是女性。我们可能会想到，萨满是神和人之间的媒介。萨满帮助进行生理上和心理上的治疗。对于萨满教的开放性促进了神道教分支的产生，这些宗教派系崇拜得到神启的领袖。神道教的这些分支说明日本的宗教传统能呈现出新的形式。

新宗教之一是**天理教**（Tenrikyo），由中山美伎（1798—1887）创立，她偶然发现了自己的宗教天赋。美伎召请萨满举行仪式，改善她抑郁的生活和不幸的婚姻，她只打算给萨满当助手。但是，她后来昏睡了好几天。在她昏睡期间，一位神祇通过美伎说："我是真正的原始之神……我从天上来，为拯救所有人类，而且我想让美伎成为神的圣所……"[12] 美伎从昏睡中醒来之后，解释说有很多神和她说过话。她说其中最伟大的要数所有人类的父母神（oya-gami），这位神的名字是天理欧诺弥格多（"天理王命"），父母神希望美伎向人们传播教义，教导人们正确的生活方式，这样人们才能拥有健康长寿的生活。

身体健康源于心理健康，是宣扬信仰疗法的天理教根深蒂固的观念。该宗教的体制结构以及其他传统宗教元素很不一样，使得天理教能够传播到日本以外的地方。天理教有自己的宗教经典——中山美伎聆听神启后写下的诗歌。[13] 该宗教派系甚至在奈良附近创建城市，叫作天理城，天理教的理念在那儿付诸实施。天

日本龟冈大本总部在拜殿的入口处分发象征供品的清酒。

理城有大学、图书馆和博物馆,每天会在大礼堂中进行两次宗教活动。

另一个新宗教被称作"大本教",或简称为**大本**(Omoto)。该教由出口直(1836—1918)创建,她的生活贫苦不堪。她的八个孩子中死去了三个,还有两个患有精神疾病。30岁时,直的丈夫去世了,她沦落到卖破旧衣物维生的境地。绝望之中,直经历了一段创建新的完美世界的幻景。她和养子出口王仁三郎一起建立宗教,希望可以改革社会。

直的幻景脱离了传统神道教视地球为神灵天国领地的观点,背离了神道教对神灵治愈人类的萨满教式的信任。和其他许多新宗教一样,大本教的目的是改善现世,而不是为来世积累善德。大本教希望给人们带来幸福,给社会带来和平。

大本教尤为有趣,因为在其艺术创作中可以看出宗教现象的本质。对于大本教而言,一切艺术皆宗教。为了传播其关于艺术和宗教之间的联系的信仰,大本在位于京都附近的龟冈总部开设学校,向非日本籍人员教授传统日本艺术。为了促进世界和平,大本鼓励学习世界语(一种通用语言),并赞助与其他宗教团体(比如伊斯兰教和基督教)的交流活动。大本甚至在陈列有神道教礼器的纽约圣约翰大教堂举行宗教活动。

大本自身也有宗教分支,其中之一是由冈田茂吉(1882—1955)创建的世界救世教(Sekaikyusei-kyo),信众认为茂吉能够借助自己体内发出的光线来治愈疾病。他认为可以将"光线"(hikari)这个词写在纸上,然后与他人共享自己的治疗之光,他把写有字的纸送给了自己的信徒。虔诚的信徒为了地球上一个即将到来的时代而奋斗,在那个时代,世界没有战争、贫穷和疾病。大本教有佛教元素,因为其至尊神

艺术是宗教之母。

——大本

祇被称为弥勒（弥勒佛的日文名称，将来可能出现的未来佛）。

其他神道教分支包括诞生于大本教的生长之家和完美自由教团，以及诞生于天理教的本道。所有这些宗教团体的目标都差不多：和谐、美感、健康、快乐以及在地球上创建天堂。

新宗教是一些人关注的目标，因为他们能够预示宗教的发展方向。新宗教趋向于实际，以和平为本，关注"现世"。很多新宗教重视妇女的贡献，尊重艺术。新宗教借鉴其他宗教的宝贵元素，在新的发展方向上不断前行。

第九节　神道教与现代世界

佛教的成功发展原本可能会让神道教灭亡，日本采用西方科学技术也有可能使神道教逐渐消失，但神道教是现代日本社会中唯一一个依然生机勃勃的早期自然宗教。

虽然神道教是一个古老的宗教，但是如今它仍有重要意义。神道教一直重视自然的传统，有很多崇敬环境，崇敬树木和石头、花朵和果实以及季节变化的知识传授给现代社会。在崇拜自然方面，神道教使人想起其他本土宗教。神道教的许多价值观也符合现代人的情感。这些价值观包括低调、非道德视角、包容、强调治愈和安享现世、积极的身体观、举行赏心悦目的宗教仪式。

只要有日本人居住的地方——巴西、秘鲁和美国（尤其是夏威夷、加利福尼亚和华盛顿州）就会有神道教。有些信徒认为神道教有成为普世的自然宗教的潜

神道教不再局限于日本。在这幅照片中，美国椿大神社的官司在西雅图的一座建筑里进行净化仪式。

力,他们想在非日本籍人员中传播神道教。然而,神道教不是通过传教士进行传播的宗教,也基本上没有进行传教工作的体制结构。但是,一些像天理教那样组织结构井然有序的神道教分支,可能将会传播到发源地之外很远的地方。

传统神道教如今的勃勃生机大部分来自日本特殊的地形、气候和相对封闭的地理环境,还来自日本的山川、瀑布、茂密的森林和大量的岛屿,所有这些随着季节的改变而不断变化的外部条件变化不大,那么神道教将继续停留在日本范围内。尽管如此,我们至少可以想象传统神道教的传播,尤其是传播到欢迎、支持神道教的地方,这样神道教的一些特殊元素可能会在那里生根发芽。

延伸阅读

《古事记》

根据《古事记》,伊奘冉尊和伊奘诺尊作为最早的父母神,一起创造了土神、风神和火神。不幸的是,伊奘冉尊作为天地之初的第一位母亲,在生育火神时被烧死。对于这一事件随后的描写表现了伊奘诺尊的悲痛之情。这段文字之后叙说了伊奘诺尊决定去黄泉寻找妻子的灵魂。

生儿育女的过程一切顺利,但是在生育火神时,意料之外的不幸发生在圣母伊奘冉尊身上。在分娩过程中,伊奘冉尊女神被这个浑身冒火的孩子严重烧伤,最终昏了过去……她的死亡标志着死亡进入到这个世界。同样,她的身体腐烂以及由她死亡而引起的悲痛之情都是在这个世界上第一次发生。

由于妻子离世,忠贞的丈夫伊奘诺尊在世上感到孤独。伊奘诺尊和妻子共同努力,按照天神的指引,创造并巩固了日本岛。在履行他们神圣使命的过程中,伊奘诺尊和妻子过着相亲相爱的理想生活。因此,妻子的死对他而言确实是致命的打击。

他卧倒在地,大声哭道:"哦,我亲爱的妻子,你为何离我而去,留我一人孤独于世?我怎么能用你去换哪怕一个孩子呢?看在世界的分上,回来吧……"他万分悲痛不能自已,站在坟墓旁抽泣。[14]

自我测试

1. 神道教这一词语源于中文神道,意思是"_____"。
   A. 神灵的道路   B. 英雄的路径   C. 知识之源   D. 穿过鸟居
2. 在神道教创世神话中,由于几代神祇或神灵的出现,原始的混沌中开始有人居住,这些神祇或神灵被称为_____。
   A. 明治   B. 神   C. 伊势   D. 神道

3. 在神道教神话中，太阳女神天照大神让她的孙子给日本群岛带去秩序。她的孙子的后代神武天皇，是日本第一位_____。

　　A. 古鲁　　　　B. 先知　　　　C. 天皇　　　　D. 神

4. _____进入日本迫使神道教对自身进行阐明解释，该宗教宣称其神祇已经在日本以神道教中的名字受到崇拜。

　　A. 印度教　　　B. 儒教　　　　C. 锡克教　　　D. 佛教

5. 日本历史上的转折点是_____，它以一位天皇命名，在19世纪末期开启了将日本带入现代世界的进程。

　　A. 本居时代　　B. 明治维新　　C. 加茂（Kamo）　D. 神道教学术复兴

6. _____结束之时，占领日本的同盟国军队要求日本成为世俗国家，而且废除国家神道教。

　　A. 日俄战争　　　　　　　　　B. 第一次世界大战
　　C. 第二次世界大战　　　　　　D. 明治维新

7. 拜访神社先要经过类似某种仪式入口或大门的鸟居。用水清洗双手和漱口之后，祭拜者们继续前行走到一处被称作_____的庭院建筑里，在此拜神。

　　A. 拜殿　　　B.《日本书纪》　C.《古事记》　D. 小木板

8. 神道教因其别具特色的音乐而著称，这种被称作_____的音乐所使用的乐器能发出象笛声一样纤细的声音，听起来时近时远，清新明丽，余音绕梁。

　　A. 角松　　　　　　　　　　　B. 年糕汤（お雑煮，ozoni）
　　C. 雅乐　　　　　　　　　　　D. 能剧

9. 日常神道教崇拜在家里进行，那里供奉着被称为_____的小型神社。

　　A. 京都　　　B. 神棚　　　　C. 禊　　　　　D. 小木板

10. 神道教的一个支派是被称为"新宗教"的其中之一，该支派是_____，宣扬通过信仰治愈疾病。该宗教的核心信念是身体健康来自精神健康。

　　A. 天理教　　B. 龟冈　　　　C. 弥勒　　　　D. 折中主义

11. 假设你在课堂上陈述神道教最重要的方面。请说明你将如何开展自己的论述。你是更多地注重神道教信仰还是神道教仪式？为什么？

12. 复习关于日本新宗教中的天理教和大本的章节。你认为为何这些新宗教对有些人别具吸引力？你认为为何有些人会认为这些新宗教没有吸引力？

参考资源

书　籍

Blacker, Carmen. *The Catalpa Bow*. New York: Japan Library, 1999. 对日本萨满教的文化研究。

Kasulis, Thomas P. *Shinto: The Way Home*. Honolulu: University of Hawaii Press, 2004. 对神道教的简述，侧重宗教生活经验。

Llewellyn Evans, Ann. *Shinto Norito: A Book of Prayers*. Oxford: Trafford Publishers with Tenchi Press, 2004. 收集古代日本神道教祭祷辞。

Nelson, John. *Enduring Identities: The Guise of Shinto in Modern Japan*. Honolulu: University of Hawaii Press, 2000. 研究位于京都的贺茂别雷神社——该神社的建筑物和庭院、每年在此举行的宗教仪式以及神社中的人。

Nelson, John. *A Year in the Life of a Shinto Shrine*. Seattle: University of Washington Press, 1996. 记载长崎一处神社一年四季中每个季节所举行宗教仪式的第一手资料。

Schnell, Scott. *The Rousing Drum*. Honolulu: University of Hawaii Press, 1999. 对日本古河镇喧哗的敲鼓仪式诸多发展阶段及其意义的描述。

Smyers, Karen. *The Fox and the Jewel*. Honolulu: University of Hawaii Press, 1998. 从人类学的角度研究对稻荷神（lnari）的崇拜，这位日本神祇经常和狐狸联系在一起。

Yamakage, Motohisa. *The Essence of Shinto: Japan's Spiritual Heart*. Tokyo: Kodansha International, 2007. 该书认为神道教是生活宗教，强调神道教的非教条性、非教义性和去中心化的特征。

电影 / 电视

The Essence of Being Japanese.(Films Media Group.) 研究神及其对日本历史和当代文化的影响。

Kodo: The Drummers of Japan.(Director Jôji Ide; Image Entertainment.) 世界闻名的日本太鼓手在希腊卫城表演时录制的时长一小时的纪录片。

Princess Mononoke.(Director Hayao Miyazaki; Miramax.)《幽灵公主》，宫崎骏1997年制作的经典动画片，展现了自然与文明之间的冲突，该动画片从神道教自然神灵的信仰中得到创造性的启发。

Spirits of the State: Japan's Yasukuni Shrine.(Films Media Group.) 拍摄靖国神社的一些资料，该神社是神道教最重要也是最具争议的神社之一，专用于供奉阵亡士兵。

Ugetsu Monogatari.(Director Kenji Mizoguchi; Criterion Collection.) 在这部经典的电影中，两户农民分别受神道教和佛教信仰的影响，形成不同的人生命运。

Woman in the Dunes.(Director Hiroshi Teshigahara; Image Entertainment.) 该导演的一部杰作，研究了一位生物学家与一名乡村妇女被困在沙坑之后心理状态的变化；电影中对现代日本人和与自然紧密相连的传统价值观之间冲突的刻画尤其到位。

音乐 / 音频

Festival of Japanese Music in Hawaii, vols.1 and 2.(Smithsonian Folkways.) 该唱片记录夏威夷神道教节日中的宗教伴奏音乐。

The Japanese Koto.(Smithsonian Folkways.) 该唱片记录传统的日本筝乐。

Japanese Shinto Ritual Music.(Collectables Records.) 用在祈祷、舞蹈、节日和净化仪

式中的传统神道教宗教音乐的曲目集。

Religious Music of Aisa.(Smithsonian Folkways.) 该唱片记录亚洲的宗教音乐，包括神道教的行进圣歌和集会圣歌（processional and congregational chant）。

Shakuhachi–The Japanese Flute.(Nonesuch.) 汇编了日本传统的长笛音乐，其中一些与日本皇室关系密切。

互联网

Yasukuni Shrine: http://www.yasukuni.or.jp/English/. 位于东京的一座神道教神社（靖国神社）的英语官网网站，该神社专用于供奉那些为日本天皇战亡的英灵。

Internet Sacred Text Archive: http://www.sacred-texts.com/shi/index.htm. 互联网宗教文本档案馆的"神道教和日本宗教"页面上有版权公有的神道教文本，包括《古事记》和《日本书纪》。

Kokugakuin University Encyclopedia of Shinto Http://eos.kokugakuin.ac.jp/modules/xwords/. 网络上可用的最全面的神道教参考数据库，包括关于神、宗教机构、神社、仪式和节日、信仰和实践以及其他很多方面的详细信息。

重要词汇

天照大神（Amaterasu, *ah'-mah-te-rah'-soo*）："天国之光"；太阳女神。

武士道（bushido, *boo'-shee-doh*）："武之道"；在军事上献身于统治者，忠心不二、尽职尽责且自我牺牲；国家神道教宣扬的奋斗目标。

雅乐（gagaku, *gah'-ga-ku*）：神道教庄严的仪式音乐。

伊势（Ise, *ee'-say*）：位于日本本州东南部祭祀天照大神的一处重要神社。

伊奘诺尊（Izanagi, *ee-za-nah'-gee*）："male who invites"；创世父神。

伊奘冉尊（Izanami, *ee-za-nah'-mee*）："female who invites"；创世母神。

神社（jinja, *jin'-ja*）：一座神道教神社（A Shinto shrine）。

神（kami, *kah'-mee*）：神道教的英灵、男神或女神。

神棚（kamidana, *kah-mee-dah'-na*）：供奉神用的架子或家庭供坛。

神风突击队/队员（kamikaze, *kah-mee-kah'-zay*）："神风"；"二战"期间日本作自杀性攻击的飞行员。

《古事记》（Kojiki, *koh'-jee-kee*）：日本最早的编年史。

禊（misogi, *mee-soh'-gee*）：一种站在瀑布下面的宗教净化仪式。

《日本书纪》（Nihongi, *nee-hohn'-gee*）：日本第二部编年史。

能剧（Noh）：穿戴面具和服装进行表演的戏剧，和神道教有关。

大本（Omoto, *oh'-mo-to*）：一种新宗教，重视艺术和美。

武士（samurai, *sah'-moo-rai*）：封建社会里的战士。

注连绳（shimenawa, *shee-may-nah'-wa*）：缠在一起的绳子，神圣场所的一种标志。

天理教（Tenrikyo, *ten'-ree-kyoh*）：一种新宗教，致力于改善人的生活。

鸟居（torii, *to-ree'*）：像门一样的建筑物，神社里的一种标志性建筑。

注 释

1. 该神话是《古事记》("古代事件的编年史")的开端;参见 Translation of Ko-ji-ki, Basil Hall Chamberlain 译,第二版(Kobe: J. L. Thompson, 1932),第 17~23 页。对 "kami" 的语源进行讨论。
2. 同上,第 21~22 页。同样的故事出现了很多的变化,出现在另一部古代作品《日本书纪》的开始部分。
3. 同上,第 50~51 页。
4. 也被称为神社神道。详细内容参加 H. Byron Earhart, *Religions of Japan* (New York: Harper & Row, 1984),第 43~45 页和第 93~100 页。
5. 有时会区分自然的神灵和逝者的神灵。对于一种神灵的信仰是否是对于另一种神灵信仰的起源,这有待讨论。参见 Carmen Blacker, *The Catalpa Bow* (London: Allen & Unwin, 1975),第 45~46 页。
6. 翻译参见 *Nihongi*, W. G. Aston 译(London: Allen & Unwin, 1956)。
7. 显然,这种意象在 19 世纪西方文化(及其端庄的意识)影响日本之前更为常见。
8. 死亡具有污染性和危险性这种意识解释了一些神道教神社定期重建以及焚毁逝者衣物和个人用品的原因。
9. 鸟居起到大门的作用,但不是任何地方都可以放置鸟居以象征神的存在。
10. 参见 H. Byron Earhart, *Japanese Religion: Unity and Diversity*,第二版(Encino, CA: Dickenson, 1974),第 21 页。
11. 后来在回寺庙的路上,我在寺庙上方的一条小径旁发现了一座神道教神社——神道教和佛教相混合的另一处标志。地神神社祭拜生育和分娩,是向守护寺庙的神祈祷的地方。
12. Keiichi Nakayama, *Tenrikyo Kyoten Kowa* (Tenri: Tenrikyo, 1951),第 3 页;引自 Harry Thomsen, *The New Religions of Japan* (Rutland, VT: Tuttle, 1963),第 34 页。
13. Miki 的诗学作品 *Mikagura Uta* 的翻译载于 Thomsen, *The New Religions of Japan*,第 41~48 页。
14. Genji Shibukawa, *Tales from the Kojiki*, Yatchiro Isobe 译。http://www.wsu.edu:8080/~wldciv/world_civ_reader/world_civ_reader_1/kojiki.html.

访问在线学习中心 www.mhhe.com/molloy5e,以获得更多的练习和资料,包括"教室之外的宗教"和"更充分的理解"。

第八章

犹太教

第一节 初次相遇

你在特拉维夫市待了两天,之后去了耶路撒冷,下榻的酒店位于老城区附近。刚落了脚,你就等不及去开始探索。老城是个适合散步和漫游的地方,狭窄的街道上有着美妙的景观。

古代圣殿的遗址像块磁铁一样吸引了你。差不多两千年前,它被罗马士兵摧毁了,只有基石保存了下来。从前坐落着圣殿的山上,现在有个闪闪发光的金色穹顶。由穆斯林建造的这座圆顶清真寺(the Dome of the Rock),遮蔽着其下的圣石,犹太人像穆斯林一样崇敬它,他们认为其祖先亚伯拉罕曾经来过此地。

你决定从城市往下走,从下方仰观山景,之后你计划转回身,像一个真正的朝圣者一样旅行:"上耶路撒冷去"。你走在城里时,在货摊上买了午餐。没多久,你就走过了老城城门。很幸运,天气晴朗却又不热。你看见山谷下有一座巨大的石头坟墓,而山谷东面则是斯科普斯山。

最后到了休息吃午餐的时间。你坐在一棵树下开始回顾,在心里对自己讲述这座遗址所见证过的事件。你的脑海中挤满了圣经中的国王、先知以及和耶路撒冷有关的祭司们的名字：大卫（David）、所罗门（Solomon）、麦基洗德（Melchizedek）、以赛亚（Isaiah）和耶利米（Jeremiah）。周围的车辆噪音干扰了你的想法，你回想这座圣城经历的诸多战火、接连出现的征服者们——巴比伦人、希腊人、罗马人、阿拉伯人和欧洲的十字军——他们过去占领过这儿，你又想到这座城市近些年的争斗和难题。你不禁想到，这个地方所经历的暴力与城市名字的词根——salem之间所形成的反差。像shalom（您好；再见）和salaam（问安；敬意）这些与之相关的词一样，单词salem意为"和平"与"圆满"。

你开始返回，满腹心思地走上山。你看见墙壁前面的小墓碑、那些高墙和一扇漂亮的双层石砌门，现在封闭着。你慢悠悠地从城市周围的街道往回走，来到了西边，那儿是伟大圣殿的遗址。这些巨大的基石是在希律大王主持的一次扩建中放置的，太坚固而无法击碎，太巨大而无法运走。**西墙**（Western Wall）基部周围的一片开阔的区域，现在被用作沉思和祈祷——男人站在左边，女人在右边。一些人手持祈祷书，还有很多人将手和前额贴在墙上。你看到小片的纸张，上面写着祈祷词，卷起或是折起来，放进了石头间的缝隙中。留下了这些纸条的人们，来这儿是为了与上帝谈话，或者在祈祷中纪念他们的家人。你思考着推动建造圣殿的那些历史事件。你想起悠久而伟大的犹太人历史，尽管他们在异国他乡遭受迫害，却繁荣地发展着。待在这儿真是能深受感动，你沉思良久，静默无言。

第二节 犹太历史概观

人们认为，犹太教的历史可以追溯到2000多年前甚至更久远。这种不同意见围绕着一个主要历史事件：公元70年罗马人毁灭耶路撒冷第二圣殿（见大事年表8.1）。这一事件导致圣殿祭拜仪式终结了，大批犹太人被迫远离故土四处流亡。圣殿被毁之后，早期犹太教不得不发展出新的生存方略。早期犹太教是以色列人集中在圣殿举行祭拜仪式，而圣殿被毁之后，不住在以色列的犹太人开始采用一种在家里或地区教堂举行祭拜仪式的宗教形式。认识到犹太教的这一转向，我们就能区分**圣经犹太教**（biblical Judaism）与**拉比犹太教**（rabbinical Judaism）了。如今我们研究犹太教祭仪教律，实际上研究的是第二圣殿毁灭之后留存下来的犹太信仰和宗教仪式。

这两个重要的时间跨度——在第二圣殿毁灭之前和之后——通常各自再被细分为两个时期。在第一个重要的时间段里，一个没有土地的民族在以色列建立家园，耶路撒冷成了这个国家的首都。然而，巨大变动发生亦即开始了另一个时期，巴比伦人摧毁了犹大王国和第一圣殿（前586），迫使以色列的人民在巴比伦（现在的伊拉克）流亡了将近五十年。这些事件使流亡者明确地意识到，必须将宗教律法和历史著录成书以保障它们的延续。结果便是创作出了希伯来圣经，并且对

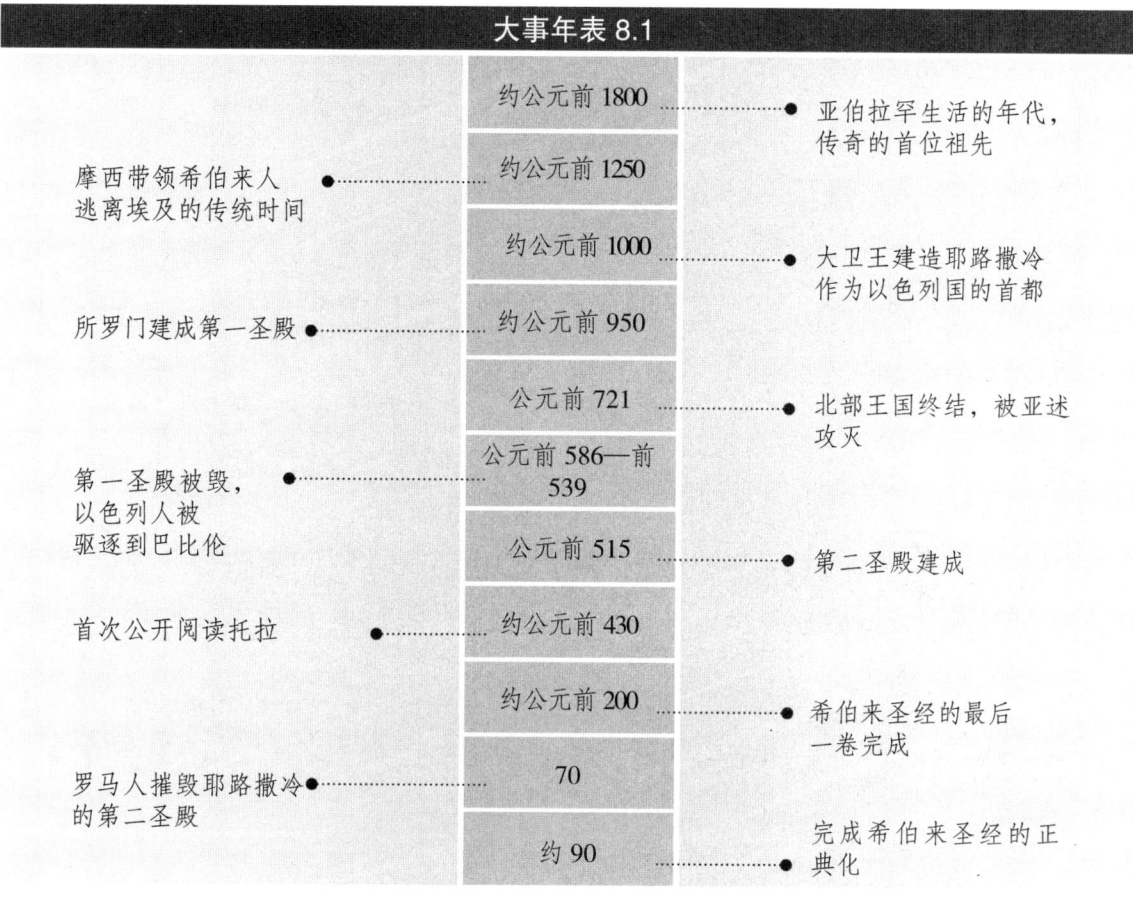

犹太教重大历史事件时间表

宗教经文的研究和在犹太会堂中祈祷变得重要了，甚至是在重建圣殿之后。

第二个重要的时间段包括了犹太教在公元后两千年的发展。这也可再细分为两个时期。第一个时期以拉比犹太教和传统犹太生活的发展为标志，从约公元100年至约公元1800年（现代时期的开端）。在约两百年前，犹太教中发生了一场运动，始自对以下事情的回应：（1）欧洲启蒙运动的新思想，（2）美国和法国革命的自由主义思潮，和（3）在法国以外广泛推行的拿破仑法律。这场运动被称为**犹太教改革运动**（Reform），使传统犹太教接受了质疑和现代化，并推动了现今犹太教内部不同分支的产生。犹太改革运动也提出了犹太人的身份问题。怎样才算是一个犹太人？犹太教的必要条件是什么？这两个问题我们之后会接着讨论。

据希伯来圣经记载，犹太教起源可以追溯到久远的过去，一个没有土地的民族（有时被称为希伯来人，更常被称作以色列人）将自己民族的起源追溯到一个名为亚伯拉罕的祖先。由于对希伯来历史第一时间段所知的东西大多来自希伯来圣经，所以我们就首先来检视一下。但我们应当注意到，希伯来圣经不是一本现代意义上的史书；它被称作圣史也许更恰当。它体现的是在这些历史事件之中以色列人如何看待上帝与他们之间的关系。

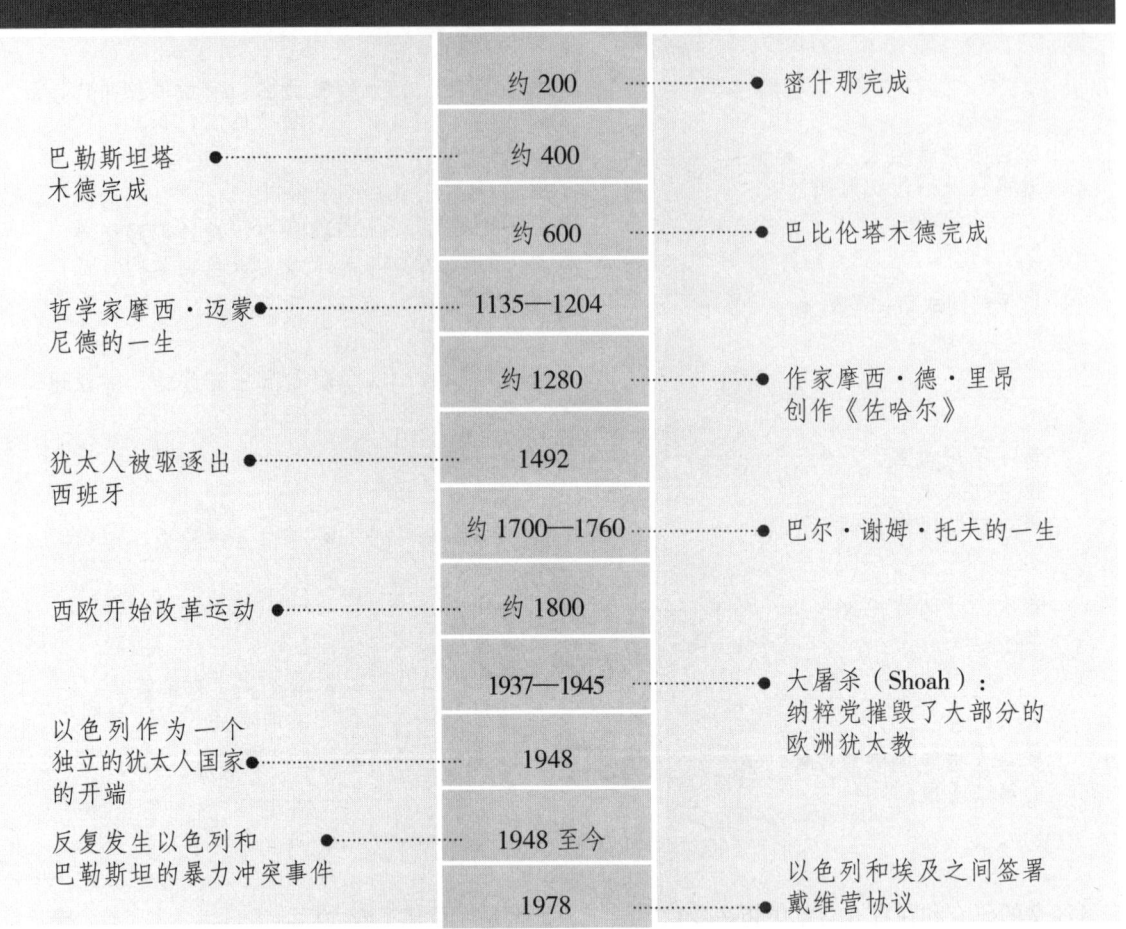

我们也应注意到，希伯来圣经并不只是在希伯来历史方面值得关注，它在犹太教过去两千年的发展中的作用同样值得关注。当公元 1 世纪耶路撒冷圣殿的仪式性宗教消亡后，希伯来宗教经文为拉比犹太教的发展提供了基础。这些经文为**犹太拉比**（rabbis，智者型导师）提供了坚实的基础，拉比得以奉献出自己对圣经律法和习俗的**米德拉什**（midrash，阐释）：这些典籍概述十诫及其他道德教导；设立主要的年度节日，指导和圣化犹太人的生命；包括作为世界各地犹人人日常祈祷词的诗篇。

因此，我们首先谈谈希伯来圣经，理解它的结构并检省希伯来民族的律法和历史。在熟悉了希伯来圣经、希伯来与犹太人的历史之后，我们会接着思考犹太人的信仰、实践及其影响。

第三节　希伯来圣经

犹太教经常与以色列联系在一起，但也许它与最重要的经典即希伯来圣经联系在一起会更合适。尽管现在作为单独的一卷出版，希伯来圣经是由独立的"书籍"组成的，它们曾经是分开写成的卷册。Bible 这个词，事实上源自希腊单词 *biblia*，意为"书籍"。单个的书籍起初是口述材料，随后也许在早至公元前 900 年左右以某种形式书写了下来，尽管最终的形式直到约公元前 200 年才完成。人们曾以为是摩西写了圣经的头五章——托拉——但目前人们已经不怎么认可这种观点了。而学者们认为托拉是由四部分组合而成，它们在不同的时期出现，却被后来的圣经编纂者们有技巧地融合在了一起。[1]

希伯来圣经分为三个部分：**托拉**（Torah）、**先知书**（Nevi'im）和**圣录**（Ketuvim）。它们作为一个整体常被称为**塔纳赫**（Tanakh 或 Tanak），它是三个部分希伯来语名称首字母——t、n、k 组成的缩写。

托拉是希伯来圣经神圣的核心部分，它讲述的故事有创世记、亚当与夏娃、挪亚以及希伯来的男族长与女族长——希伯来民族早期的祖先。它介绍了摩西这位伟大的解放者、立法者和他的兄长亚伦——祭司职业的创始人。它包括日常行为规则和宗教礼仪的法规——这些材料对犹太教之后的发展极为重要。因为托拉包含五本著作，有时称为"摩西五经"（Pentateuch，希腊文："五卷"）。（我们也应当认识到，Torah 这个词也被用于更广泛的指代，包括书写的和口传的那些人们认为是上帝启示的所有教义戒律。）

耶路撒冷，传统犹太人正在打开托拉的卷轴。

深度视角

希伯来圣经各卷

托拉
- 创世记（Bereshit）
- 出埃及记（Shemot）
- 利未记（Vayiqra）
- 民数记（Bemidbar）
- 申命记（Devarim）

先知书
- 约书亚记（Yehoshua）
- 士师记（Shofetim）
- 撒母耳记（Shemuel）
- 列王纪（Melakhim）
- 以赛亚书（Yeshayahu）
- 耶利米书（Yirmeyahu）
- 以西结书（Yehezaqel）
- 十二书（Tere Asar）：何西阿书、约珥书、阿摩司书、俄巴底亚书、约拿书、弥迦书、那鸿书、哈巴谷书、西番雅书、哈该书、撒迦利亚书、玛拉基书

圣录
- 诗篇（Tehillim）
- 箴言（Mishle）
- 约伯记（Iyyov）
- 雅歌（Shir Hashirim）
- 路得记（Ruth）
- 耶利米哀歌（Ekhah）
- 传道书（Qohelet）
- 以斯帖记（Ester）
- 但以理书（Daniel）
- 以斯拉－尼希米记（Ezra–Nehemyah）
- 历代志（Divre Hayamim）

塔纳赫的第二部分，叫作"先知书"，用那些以上帝之名与犹太人民说话的人来命名。侧重以色列王国历史的部分称作"前先知书"，随后补充的书籍称为"后先知书"，充满强烈的想象和道德语气。在后先知书中，先知的个人观点往往占主导地位。

塔纳赫的第三部分，称作"圣录"，它更接近我们所认为的富有想象力的文献。虽然包含一些晚近时期的历史书籍，但它主要包含的是短篇故事、箴言、对生活的思考、圣诗赞美词和诗歌。

我们用"希伯来圣经"这个词汇指代上述所有材料。（犹太人不像基督徒一样把希伯米经文称作"旧约"，因为这个名称隐含的意思是，只有当把犹太经书与基督教新约联系到一起时才有意义。而且希伯来圣经中各书卷的次序——假定为公元10世纪末的编排，与基督教圣经中所看到的普遍顺序有所不同。）基于早期的希腊文翻译，一些书卷通常所用的题目是希腊文的。[2]

希伯来圣经的历史并不完全准确，因为并不是圣经的全部描述都能得到考古发现或是其他历史记录的证实。即便我们可以假设很多记述（尤其是在犹太王国建立之后的事）基于史实，也必须认识到这些都是犹太人自己记录下来的，他们自然会以自己的特定视角看待历史事件。此外，很多记述在写下来或汇编定型之前已经口头流传了很久，因此影响了讲述它们的方式。

第四节　圣经历史

不论其历史的准确度如何，希伯来圣经中英雄和神话的力量都是不容否认的。经书中充满了令人惊叹的无所不能的人物形象。例如，亚当和夏娃，赤身站在伊甸园的树丛和溪流时，忽然有了羞耻意识。挪亚和他的妻子在大木船中被动物们围绕着，安然渡过了一场大洪水。摩西爬上乌云笼罩的西奈山顶峰与上帝谈话并接受"十诫"。这些形象和观念不仅令人难以忘怀，也构成了西方文化的一部分，对后世的法律、艺术、文学和生活方式产生着影响。

开端：起源的故事

在《创世记》第 1 章第 11 节中，希伯来圣经所记录的最早的故事有一种受到普遍青睐的神秘特质。世界起源的故事把上帝呈现为一个智慧、主动且充满男性力量的形象，他征服了太初的混沌。为了创造秩序，上帝实施了分离——将光从暗中分离，将陆地与海洋分离——用六天时间逐步完成了造物的工作。每天结束后，上帝审视他的造物，觉得它们还不错。他对自己的劳动成果很满意，上帝第七天休息。

这个记述（类似于巴比伦史诗《埃努玛·埃利什》[Enuma Elish]中创造宇宙的故事）出现在《创世记》的第 1 章，它是圣经的第一卷书。第一则记述是宇宙性的，韵律齐整——以这种方式编写，可能是为了祭司在圣殿仪式上读出来时有神圣感。第二则记述（也许比第一则编写得更早）从《创世记》的第 2 章开始。这则记述更加人性化，运用了生动的对话，并且侧重点在人类的第一对父母——亚当和夏娃，还有他们道德的困境上。

上帝为了休憩而建造的伊甸园，基本的格局是一座有围墙的花园，园中果树、珍禽异兽、中央喷泉以及洗刷暑气的溪流一应俱全。上帝创造了亚当，用地上的土造了他的身体，用自己的气息将生气吹在亚当鼻孔里，让他生活在园子里看守打理。在某种程度上，亚当是上帝自身的一个复制品，因为圣经上说，人是用"上帝的形象"创造的（《创世记》第 1 章第 27 节）[3]，秉有一部分上帝的高贵气质。但很快亚当深感孤独，上帝决定给他一个同伴。上帝趁亚当熟睡时从他身上取下一根肋骨，用这根肋骨造了夏娃。在第一则记述中，男性和女性是同时创造出来的，但在第二则记述中，是先创造了男性然后才创造了女性——由此衍生一种解释：男人是对上帝的仿造，女人只是对男人的仿造。

有趣的是，在创世故事中上帝的概念与之后的很多观点都有所不同。首先，即便圣经中的上帝没有明显的仇敌，他也不是独自露面，所以当宣布"让我们造人"（《创世记》第 1 章第 26 节）[4]时，他最有可能是和天国的顾问们说话。其中有一些人在后面的文本（例如《诗篇》和《约伯记》）中可以找到。另外，上帝没有表现为纯粹的圣灵。《创世记》第 2 章记述说，上帝边走边吃；而且创造了一个用以享受的花园，他在其中散步，享受凉爽的微风（据原文译，但说法与圣经

布鲁斯·戴维的一幅现代画《新开端》，彩虹作为标志，提醒着上帝在挪亚的旅程结束后的承诺。希伯来语的题词引用了《以赛亚书》第11章第9节："地上将会充满耶和华的知识，正如水充满洋海一样。"

不完全一致。——编注）。上帝允许亚当和夏娃食用几乎所有树上的果子，但是禁止他们吃其中一棵树上的果实，他就是用这种果实滋养了自身的超自然生命和洞察力。夏娃受到诱惑吃了禁树之果，之后又劝说亚当也吃下。因为他们不顺从的行为，上帝将他们逐出了伊甸园。上帝不能再信任他们了，因为如果他们留在伊甸园可能会成为他的对手。现在他们必须住在花园之外，辛勤劳作并在艰辛漫长余生中吃苦受罪。

有些人认为，夏娃的形象——一个为亚当和她自己招致惩罚的妖妇——令人痛心。但也应当指出，夏娃有抱负有个性，而亚当的形象似乎远不及她的形象那么饱满。不论如何解释——确实出现了很多种——亚当和夏娃的故事已经影响了西方对女人、男人以及婚姻的观念数千年。

然后是亚当和夏娃的孩子该隐和亚伯的故事（《创世记》，第4章第1节至第16节），他们的手足之争以该隐杀死亚伯告终。这则故事可能反映了农民和牧民之间的冲突。

在此之后是大洪水的故事（《创世记》第6章至第9章），它效仿了美索不达米亚的传说《吉尔伽美什史诗》（*The Epic of Gilgamesh*）。出于对不道德人口快速增长的厌恶，上帝发了一场洪水毁灭人类——也就是说，除了正直的挪亚和他家人之外所有的人类。上帝告诫挪亚建造一艘大木船（一个方舟），里面装满动物，因为只有在船里才能在即将来临的暴雨洪水中保全生命。洪水消散之后，上帝与挪亚立约，不再以洪水毁坏土地。作为立约的记号，上帝将他的"弓"（也许是一个弓箭手的弓）放在天空上。彩虹便是对他郑重承诺的提醒。像几个更早的故事一样，这个记述对一种自然现象做出了解释。这个故事还解释了，从挪亚的三个儿子如何兴起了不同的种族。

《创世记》的第11章讲述了巴别塔的故事。人们想要抵达一直被人相信存在于天空之上的天国，而开始建造一座极高的塔。上帝不愿别人侵入他的私人世界，变乱建塔人的语言而阻止了他们。他们不能再理解对方，所以没能完成巴别塔。这则故事也为这个问题给出了一个简洁的答案：为什么世界上有不同的语言？

亚当、夏娃、该隐、亚伯、挪亚和其他人的故事确有其事吗？几百年间，犹太人都认为他们是历史人物。然而现在，受到学者们观点的影响，很多犹太人将他们看作象征性的形象，是为了给随后的事件提供舞台。《创世记》的前11章，实际上是对希伯来圣经余下部分的寓言式铺垫。其中有很多对非历史的寓言的有目的的隐喻。例如，亚当和他的直接后裔被描述为活了很大年纪——据说亚当活了930岁（《创世记》第5章第5节），而活得最长的玛土撒拉（Methuselah），有969岁（《创世记》第5章第7节）。而且，很多名字也明显是象征性的：例如，Adam意为"人类"而Eva意为"生命"。正如刚才所说，学者们认为，上帝造物和洪水的故事来自早期的美索不达米亚传说。不过，重要的是要了解，改编它们的以色列文士赋予这些故事的新的意义。

男祖先和女祖先的世界

亚伯拉罕是犹太人的第一个男祖先（patriarch，希腊文"父源"）。《创世记》第12章介绍了他，从他开始圣经看上去才更像历史。亚伯拉罕，起初称作亚伯兰（Abram），受上帝召唤离开家乡去另一个地方。亚伯拉罕最初从乌尔（Ur，现在的伊拉克境内）启程，途经哈兰（Haran，土耳其境内）迁徙到迦南（Canaan）。"主对亚伯兰说：'你要离开父家，往我所指示你的地方去。我必叫你成为大国。'"（《创世记》第12章第1节至第2a节）⁵ 这段文字对犹太教具有重要意义，因为它被看作是确立了现在称为以色列的地区的文献。亚伯拉罕的迁移成为具有重要

马克·夏加尔的《亚伯拉罕和三个天使》画中还有亚伯拉罕上了年纪的妻子撒拉，她的怀孕是女祖先历史中的一个重要部分。

意义的旅行，使得他、他的儿子以撒(Isaac)和他的孙子雅各（Jacob）成为了犹太人的祖先。

在许诺亚伯拉罕以土地和众多的子孙之后，上帝与亚伯拉罕定了一个契约，一个**圣约**（covenant）。作为对上帝提供土地、保护和子孙的回报，亚伯拉罕和他的子孙要行割礼，将其作为与上帝独有关系的标记（《创世记》第 17 章）。

亚伯拉罕最有名的故事是关于他的儿子以撒的。亚伯拉罕和他的妻子撒拉（Sarah）一直未能有一个儿子。在撒拉的催促之下，亚伯拉罕与她的女佣夏甲（Hagar）生下了以实玛利（Ishmael）。但是后来，让所有人惊讶的是，撒拉自己也生了个儿子（《创世记》第 19 章）。不过，不久撒拉就妒忌地将以实玛利和夏甲赶走了。（故事的这方面在随后要讲的伊斯兰教中相当重要。）令人震惊地，上帝之后要求亚伯拉罕将老来所得的爱子以撒献祭（见《创世记》第 22 章）。（这也许是早期人祭的残余。）亚伯拉罕同意了，将他的儿子带到了摩利亚山（Mount Moriah），犹太人认为即现在耶路撒冷所在的山丘。正当男孩即将被献祭之时，上帝拦住了亚伯拉罕，这时一只犄角让附近的树丛缠住了的公羊，被当作了替代的牺牲品。上帝由此检验了亚伯拉罕的虔诚，并且亚伯拉罕证明了他对上帝的绝对忠诚，显示了自己理应领受土地、财富、名誉，并享有知晓自己将拥有无数子孙的喜悦。（这段文字可能表现了用动物替代活人献祭。）

《创世记》还包括一些非常值得注意的女性故事，希伯来民族的女性祖先们包括撒拉、利百加（Rebecca）、拉结（Rachel）和利亚（Leah）。虽然这些女性总是与他们的丈夫联系起来被陈述，但她们都具有坚强而栩栩如生的个性。例如，当客人到访时撒拉谦虚地躲在帐篷里面，但笑声太大让客人听到了，于是客人很疑惑她为何发笑（《创世记》第 18 章第 10 节至第 15 节）。

《创世记》里的故事也讲述了与上帝的神秘接触——称为**显圣**（theophanies）——有时和善友好，有时也让人胆战心惊。例如，上帝出现在以撒面前，承诺给他保护和赐予他众多子孙（《创世记》第 26 章第 24 节）。以撒的儿子雅各在梦中见到了上帝（《创世记》第 28 章）。他看到一个由地上延伸到天空的阶梯。上帝站在顶端，天使上下环绕，天地相接。另一次更加不同寻常的显圣是雅各与一个神秘的陌生人——上帝或是上帝的天使——彻夜角斗。到黎明时角斗结束了，陌生人给了雅各一个新的名字：以色列（"与上帝角斗"）。因为雅各和他的儿子们将定居在迦南地，这个地方后来以他的新名字命名。雅各，连同他的两个妻子和两个媵妾，育有很多子嗣，他们将会成为以色列十二个部落的祖先。

雅各的倒数第二个儿子约瑟（Joseph），是《创世记》最后一章的焦点。因为约瑟的兄弟们察觉到他父亲最疼爱他，就计划暗杀他。但是，最终他们还是把他当奴隶卖掉了，他被带到了埃及（图 8.1）。在那儿，他凭借其独特的才能升任宰相。以色列发生的一次饥荒使得他的兄弟们到埃及寻找粮食，约瑟并不记仇，反倒请他的兄弟们将他们的父亲带来埃及并定居下来。他们照做了，并在埃及西北的歌珊地（Goshen）定居。《创世记》以雅各的死而结束。

这些故事，尤其是有关亚伯拉罕的，有多少是史实？相信传统的人和一些学

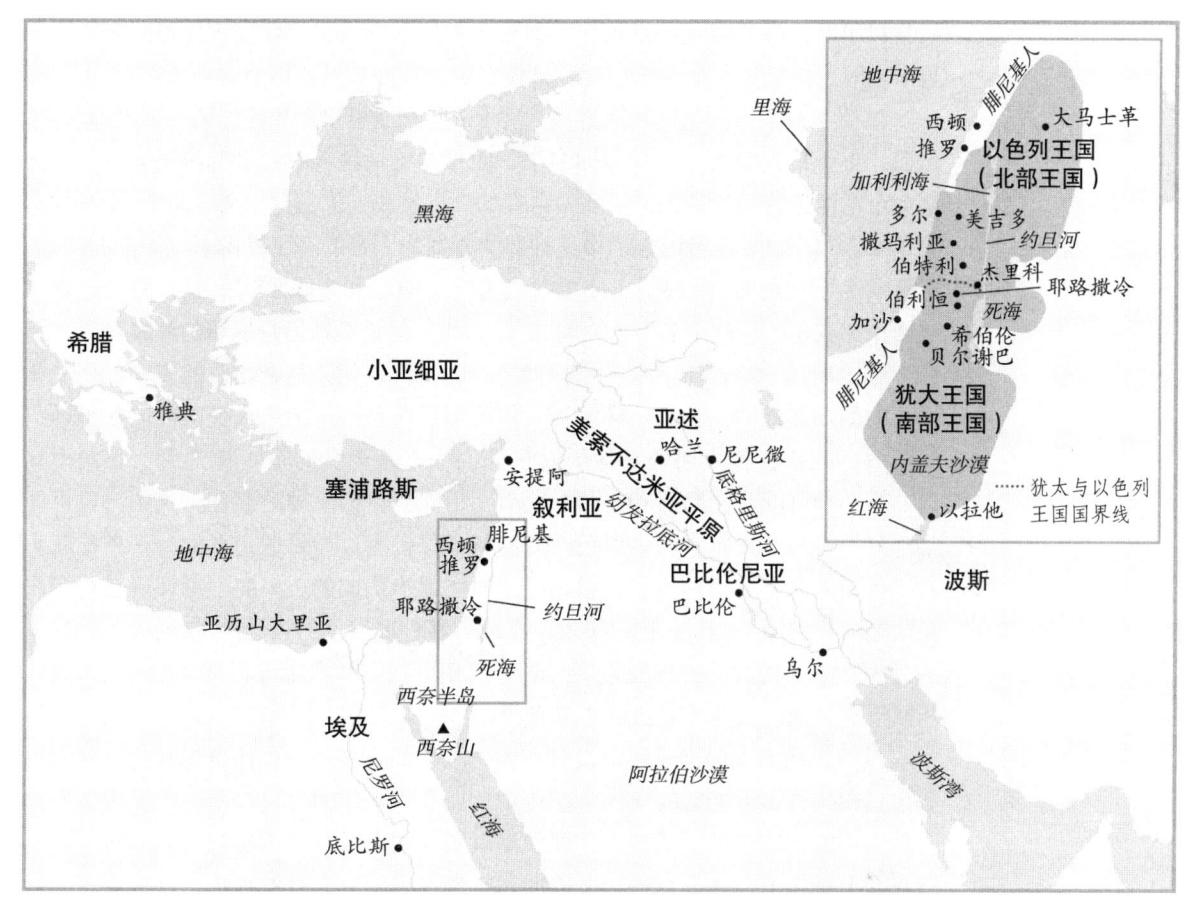

图 8.1 古代的地中海东部，小插图是以色列国和犹大国（约公元前900年）

者认为，围绕亚伯拉罕的故事表达的就是历史真相，尽管是口口相传的。然而，其他学者则论断，以色列人就来自以色列，可能是反叛统治者的失地农民群体。如果这个观点是正确的，那么亚伯拉罕和他由其他地方传入以色列的故事可能不具备历史准确性。另外，至今并未发现可以证明亚伯拉罕存在的考古学证据。关于亚伯拉罕在历史上到底存不存在的争论，可能永远都得不到解决。

摩西和律法

《出埃及记》记载，在埃及的希伯来人口经过几百年的繁衍生息，已多到足以让埃及人将他们视作威胁。为解决此难题，法老下令杀死所有新生希伯来男婴。然而，小摩西（这可能是埃及人名）被藏了起来得以幸免。三个月后，他的希伯来母亲不敢再留他，她和女儿做了一个不漏水的篮子把他放进去，并把篮子放进了尼罗河。一位埃及公主发现了他，把他当作自己的孩子抚养。在他刚刚成年时（圣经传统常作摩西四十岁时。——编注），摩西看见一个埃及工头正严酷虐待一个以色列奴隶。试图制止工头时，摩西杀死了工头。之后摩西逃离了埃及。

我们再见到摩西时，他在埃及边界之外找到了新的生活，已经是一个为米甸人祭司叶忒罗（Jethro）工作的牧羊人，娶了他的女儿为妻。有一天，摩西外出为岳父牧羊时，看到奇怪的景象：一处大灌木似乎在燃烧，却没有烧毁。当摩西靠近灌木时，他听见了上帝的声音，他命令摩西返回埃及，解救希伯来人。

生活在一个信仰多神的世界里，摩西很好奇地想知道和他说话的神灵的名字。然而，上帝拒绝给出一个具体的名字，而是神秘地说："我是自有永有的。"之后命令摩西告诉希伯来人："那'自有的'打发我到你们这里来"（《出埃及记》第3章第14节）[6]。在希伯来语中这神秘的答案为上帝的名字提供了词源学的线索。上帝的名字，通常与动词hayah（"成为"）即耶和华联系在一起，而且它常常被译作"我是"。这个名字通常写作Yahweh，但是不知道它确切的读音。

如上所述，摩西生活在人们信仰多神的年代，他又是在埃及的多神崇拜文化中长大的。各地的人们都信仰多神，将他们看作是特定组织或是区域的保护神。摩西——或者在他之前的其他男女祖先们——是否真的是一神论者？我们不知道。有一种可能是，摩西和希伯来的男女祖先们信仰多神的存在，其中一位可能是重要的神灵，宣布自己是以色列人的特殊保护者。如果这是真的，一神论就不是以色列人原有的信仰体系，而是经过时间逐步形成的。一些学者怀疑是否是埃及法老阿肯纳顿（Akhenaten，即Ikhnaton，在位时间为约公元前1352—前1336）的行为影响了犹太一神教的发展。阿肯纳顿单独崇拜太阳神阿顿（Aten），而他压制崇拜其他埃及神灵的尝试并未成功。

最终，犹太人的神灵逐渐被宣布为"唯一的真神"。在托拉中我们看到两种圣传。在一种（可能是较早的）圣传中，耶和华化作肉身直接向人类显现。在另一种（可能是较晚的）圣传中，耶和华以圣灵的方式存在，是与人类截然不同的存在。上帝作为一种处身遥远世界的超越性存在的观念日益强化，这种观念的转变完成于，耶和华最终被认定是纯粹的圣灵，凡谈及他的身体都被看作是隐喻。另外，人们认为上帝的名字太神圣而不应当念出来；牧师和读经士以希伯来单词Adonay（"主"）[7]来代替，不首称其名Yahweh。最终，其他的所有神都被视作假神，任何可以被理解成神灵的偶像都被禁止，耶和华最终成了整个宇宙唯一的神。

但是这些改变都是在摩西之后的时代发生的。在《出埃及记》中，希伯来人的神耶和华，只是要证明自己比埃及的其他神灵更有威力（《出埃及记》第12章第12节）。他的威力使埃及人受到十种灾难的侵袭，说服了法老（可能是伟大的建造者拉美西斯二世［Ramses Ⅱ］，约公元前1292—前1225）释放以色列奴隶。

最后一样也是最严重的灾难是埃及人长子的死。以色列人的孩子们能够幸免是因为他们遵从了耶和华的警告，在他们房屋的门上用献祭的替代品——一只替罪的羔羊做了标记（《出埃及记》第12章第13节）。因为上帝"越过"埃及（圣经记载为越过以色列人。——编注），这个事件因此被称为**逾越节**（Passover），一年一度的逾越节已经成了一个主要的犹太节日（我们在后面会对此加以讨论）。

圣经讲述了希伯来人逃出埃及的旅程，在去往西奈半岛（the Sinai Peninsula）的路上，经过了一大片水体，红海（它的希伯来语单词可以翻译为"红海"或"芦苇海"，第二种翻译可能是指埃及西北充满芦苇的泥地）。电影着重

深度视角

埃及诸神

埃及作为历史上最早的帝国，在古代近东是一个重要的文化标志。即便是从未受其直接政治统治的国家也通过贸易感受到了它的权势，这些国家将埃及的商品、文化和宗教带到了埃及之外的地方。在希腊、以色列、黎巴嫩、叙利亚和地中海的岛屿上，如果发现埃及的宗教手工艺品不足为奇。然而，并非所有的民族都欢迎埃及的影响，包括希伯来人，他们在其经文中记录了这种担忧。尤其是十诫，显示了要逃离埃及影响的渴望。例如，第一条诫命下令时暗指的就是埃及诸神："除了我以外，你不可有别的神。"下一条诫命通过禁止制造描绘空中、地上、水中百物的画像强调了这条命令。这条禁令尤其排除了很多动物形象的埃及神。为了更清楚地了解圣经中的这些担忧，我们必须查看埃及宗教信仰。

埃及的文化追溯到古代。考古学家揭示它早在公元前5000年就存在于埃及和努比亚的复杂社会中，努比亚是埃及南方的一个地区。埃及人的生活以尼罗河为中心，它的河水灌溉庄稼，并且作为一条货物、人口、思想便利传播的通途。由于文化中心分散在河的沿岸，相距很远，埃及的宗教首先是多样化局部发展，每个社区都有自己的神灵和创世故事。公元前3000年之后发展成统一的国家，才有一个更统一的埃及宗教。（我们在下一章会看到，在希腊–罗马宗教中也出现了同样的统一过程。）一些神灵混合在了一起，很多在神话中才有联系，而为数不

这是在一张莎草纸上描绘的天空之神努特（Nut）——像一个天蓬，在斜躺的大地之神盖布（Geb）之上。

少的神灵成为主神。我们在此会讨论一些最重要的。（我们会使用他们为人熟知的名字，其中一些是埃及的，一些是希腊－罗马的。）

埃及的多神信仰

尽管有至少四种主要的创世故事，最通行的一个讲述的是原始的汪洋混沌努恩（Nun）和他产生的九个神灵。这则创世神话讲到，在无形的水之中生出了一堆土，并且从这堆土中产生了最初的太阳神，称作瑞或拉（Re 或 Ra），或是阿图姆（Atum）。太阳神的努力产生了一对最早的双亲，干燥的空气之神舒（Shu）和他的伴侣雨雾女神塔芙努特（Tefnut）。接着他们俩生下了另一对神灵——天空女神努特（Nut）和她的伴侣大地之神盖布（Geb）。他们又生下四个孩子：一对是奥西里斯（Osiris）和他的伴侣伊西斯（Isis）；另一对是塞特（Set/Seth）和他的伴侣娜芙提斯（Nephthys）。（这九位相互联系的神灵常被称作九柱神［Ennead］；来自希腊语的单词"九"。）

女神努特尤其受人敬爱。她往往表现为一个伟大的女性，通常是蓝色的并覆盖着金色星星，她保护性地弯腰居于大地之上。她被空气之神舒高举着，居于斜卧的大地之神盖布之上，舒的力量分离了天空和大地。人们相信，每天晚上太阳神拉都进入天空女神中，坐在一艘船上航行在黑暗中，而其他诸神在大地之下，而每天早上又由努特中重生。

伊西斯、奥西里斯和他们的儿子荷鲁斯（Horus）也深受人们敬畏。他们的故事为数代埃及人提供了指引。根据早期神话，奥西里斯被他嫉妒的弟弟塞特杀害，放进棺材沿尼罗河而下。伊西斯寻找奥西里斯并在比布洛斯（Byblos，现在在黎巴嫩境内）发现了他的尸体。她将尸体带回埃及，但是塞特发现了他们并将奥西里斯切成了块。伊西斯用亚麻布捆起碎块，将奥西里斯的尸体拼在一起（丢掉的一块，被鱼给吃了，她用木头补做上了）。由于她的爱，奥西里斯重生了一天，陪伴伊西斯。就是这时，她怀上了他们的儿子荷鲁斯。奥西里斯回到了阴间，而且成为了死亡和审判之神。在他出生后，伊西斯把荷鲁斯藏在了三角洲的芦苇中，为了让他逃脱塞特的报复。荷鲁斯成年后，便战胜了塞特并成为了埃及的统治者。埃及人开始相信，通过模仿奥西里斯，他们就能变得和他一样，能够在他的国度里获得永生。由于仪式性地重演了伊西斯包裹奥西里斯的身体碎块，木乃伊化就成了与奥西里斯合一的重要方法。

对来世的信仰强烈而又复杂。埃及人设想，死后他们会被带到诸神的法庭面前，奥西里斯是那儿的审判长。已故者的证言会被书写之神索斯（Thoth）记录下来，而且每个人的心脏都将会被放在天平上。在天平的另一侧是女神玛特（Ma'at）象征性的羽毛。如果称出心脏和羽毛一样重，已故者就能安全地进入来世并与诸神长存。在埃及被敬拜的数千位神灵中，影响遍及埃及的有几十位。最受喜爱的神灵中，有很多关联着某种动物并且以动物的形象呈现。这些神灵可能开始是动物形象，而逐渐变得更符合人的形象。其中，哈索尔（Hathor）显现为一头奶牛，或是长有奶牛角的女人，她与爱和母爱联系在一起。长有猫头的巴斯特（Bastet），是家庭的保护者。书写之神索斯，显现以伊西斯的头（一种像鹭的鸟）；他的喙暗示着抄写员的芦苇笔。长有豺头的阿努比斯（Anubis）神，引导亡者去奥西里斯的审判室。

人们既在庙宇也在家中敬拜诸神。祭司主持的庙宇活动，包含对诸神神像的日常维护、节日庆祝、咨询服务以及制作艺术品、药材和护身符。埃及人似乎已经高度宗教化了，他们根据各自地区的宗教节日组织自己的生活，并且通过拜访庙宇、唱颂、符咒和祈祷保护自身。

埃及的影响

尽管希伯来人渴望脱离埃及文化，埃及的影响仍无法完全消除。希伯来圣经中有很多那种影响的标志。例如，摩西这个名字明显是埃及语的，可翻译为"孩子""出生"或"儿子"多个词。（吐特摩斯［Tutmose］的名字中也有这个词，其意为"索斯［Thoth］的孩子"，它曾是好几个法老的名字。）女神玛特（Ma'at）可能启发了希伯来的《箴言》中智慧神的形象，在书中智慧显现为一个协助过上帝创世记工作的女性形象（《箴言》第8章）。一些赞美诗可能也有埃及起源。最明显的例子是《诗篇》第104章，一首写自然之美的赞美诗；它显示了与早期赞美诗——考古学家在尼罗河沿岸的阿肯纳顿城市废墟里所发现的——的类似之处，后者赞扬了光明之神阿顿，他的光芒为大地带去营养。

正如我们在前面几章所见，宗教的历史证实了借用与影响，一些很明显而另外一些不易察觉。希伯来宗教的历史也不例外。如果考古学家和学者们继续他们对希伯来和埃及历史的研究和理解，无疑会发现更多这种联系的证据。

描述了这个事件：希伯来人从两道后退的水墙之间通过。但是事实可能没有那么戏剧性。即使埃及的记载中没有提及，逃离埃及已经成了犹太教的一个中心主题。被上帝保护的整个民族，离开饱受奴役之地，走向自由。

《出埃及记》和《民数记》详细叙述了返回以色列的迁徙——这次迁徙持续了整整一代，大约四十年。文章中这段时期最重要的事件是，上帝在西奈山上与摩西的相遇。《出埃及记》（第19章）描述了一幅骇人的景象：山上乌云密布，烟雾缭绕；云中电闪雷鸣；号角声划破天空。人民被警告要与之保持一定距离，因为只有摩西可以在山顶与上帝相见。摩西走进了云中，与上帝交谈。

当摩西下来，他带着生活的规范——十诫（《出埃及记》第20章）回到了他的人民当中。犹太教强烈的道德取向在这儿很明显，因为摩西不是带着宇宙的解释、科学，或是艺术回来的，他带回的是道德戒律。类似的事情也发生于其他几个早期的法典中，尤其是巴比伦国王汉谟拉比（约公元前1792—前1750）的法典。

支撑戒律的是对耶和华和他子民之间的圣约——一个契约——的确立。他会照管他们，但他们必须履行合约中他们那部分义务，遵从他的律法，只崇拜他这一位神。这样的协议已经在上帝和挪亚，之后是和亚伯拉罕之间制定过了。与摩西立约而重申圣约，用律法和戒律的形式巩固了它。

《利未记》首先讲述有关动物献祭的详细律法（第1章至第7章），然后提出复杂的纯洁的礼仪。除了笼统的有关诚实和仁慈的律法，《利未记》概述了很多会对之后犹太教的发展很重要的律法：明确说明哪些动物可以食用和不能食用的律法（第11章），禁食带血的肉（第17章第10节）或是禁止剃须（第19章

第 27 节）的律法，以及规定庆祝主要节日的律法（第 23 章）。《民数记》回到了历史主题，详细地讲述了希伯来人进入迦南之前多年的流浪，但也讲述了保持礼仪的纯洁性和恪守誓约的律法。托拉的最后一卷书是《申命记》，它复述了十诫，并叙述了摩西的去世，这个事件恰恰发生在希伯来人进入应许之地迦南之前。[8]

就如同亚伯拉罕，摩西是不是史实成了另一个争论焦点。几乎所有的犹太人都相信他是一个真实的人物。然而，至今为止没有发现埃及考古学记录中曾提及摩西、一场奴隶起义或是逃离埃及。神话学的专家指出了摩西的故事和埃及宗教传说之间的相似性。并且，迄今也没有发现考古学证据，可以证明摩西在荒漠流浪的四十年。但是，缺乏历史证据也不能否认摩西的存在是个史实。通常的观点认为，圣经的记述表现的是随着时间的推移被夸张和美化了的历史真相。

《士师记》和《列王纪》

摩西去世之后，领导以色列的是同时拥有军事和法律权力的男性和女性，他们被称作士师。将他们看作是军事将领，要比想象成现今法庭的法官更恰当些。

《约书亚记》和《士师记》记述了这段时期，还叙述了以色列的扩张以及迦南最终划分给十一个部落的事件。由于意识到他们需要统一以便得到保护，以色列的人民不久就立了王，选择了都城，建立了法律体系，并为集体敬拜修建了一个圣殿。圣经的《撒母耳记》（上、下）和《列王纪》（上、下）记述了这个过程。

第一个王扫罗（Saul，他在位约始于公元前 1025）成了一个悲剧人物，反复失利，不久在一场战役后死亡——一种传统说法是死于自杀（《撒母耳记上》第 31 章第 4 节）。一场内战过后，新的国王应运而生领导耶路撒冷。大卫（约公元前 1013—前 973 在位）是来自于伯利恒的一个年轻人，那儿是犹大王国部落地区的一个城镇。作为一位成功的军事领袖，大卫监督了王国的建设。他觉得需要一座中心城市，于是占据耶布斯城的山顶，重新命名为耶路撒冷，立为国家的首都。

近期的考古学证据似乎确认了大卫与其子所罗门的存在是史实，所罗门建成了大卫所设想的圣殿。《历代志》记录了所罗门是如何在耶路撒冷建造了第一圣殿，并举行落成典礼的。如此一来他为耶和华创造了一个家，希望耶和华能够保护他的王国。崇拜仪式包括祈祷和赞美诗，用号角和铙伴奏（详见《诗篇》第 150 章）。焚香和谷物是常见的供奉，根据仪式杀死动物，并作为燔祭（用火烧全兽作为献祭）供奉给耶和华。[9]

拥有了耶路撒冷的皇宫和全民族的圣殿，分散的希伯来部落一度得到统一，然而为了建造这些及其他的众多建筑项目，所征收的税金数目繁多，很快迫使人民叛乱。所罗门去世后，北方的部落脱离了耶路撒冷的国王统治，建立了自己的王国。

民族分裂削弱了这两个国家，公元前 721 年，来自东北方的一股扩张势力——亚述，征服了北方的王国。那个时代的先知为北方王国的毁灭做出了一种神学解释。**先知**（prophets）（以上帝的名义说话的人）是重要的人物——不论是作为群体还是个体。他们从王国早期开始就很活跃，但是作为个人的先知在公元前 800 年

深度视角

十诫

我是耶和华你的神,曾将你从埃及地为奴之家领出来。除了我以外,你不可有别的神。

十诫[10]开端便提醒,耶和华是希伯来人的保护者,并且因为他的帮助,他们应服从他。然而,似乎有种理解是说其他的民族也有他们的神。

不可为自己雕刻偶像,也不可做什么形象仿佛上天、下地和地底下、水中的百物。不可跪拜那些像,也不可侍奉他,因为我耶和华你的神是忌邪的神。恨我的,我必追讨他的罪,自父及子,直到三四代;爱我、守我诫命的,我必向他们发慈爱,直到千代。

不许造偶像的戒律是要阻止崇拜除耶和华之外的神,并且几百年来这一条始终被非常严格地奉行。即便发现了几幅早期犹太会堂的人像绘画,[11]禁令在总体上限制了犹太绘画和雕塑的发展。犹太艺术家只是在近几百年才出现的,并且很多是抽象艺术家。

不可妄称耶和华你神的名;因为妄称耶和华名的,耶和华必不以他为无罪。

禁止妄称耶和华的名这条戒律反对用耶和华的名字给人们带来灾祸,例如通过诅咒或是黑魔法(以邪恶力量为根基的法术总称,多半用在伤害敌人上——译注)。最终,将耶和华的名用于任何目的的宣称都是不可接受的了。只有大祭司有这个特权,并且一年只能用一次。

当记念安息日,守为圣日。六日要劳碌做你一切的工,但第七日是向耶和华你的神当守的安息日。这一日,你和你的儿女、仆婢、牲畜,并你城里寄居的客旅,无论何工都不可做;因为六日之内,耶和华造天、地、海,和其中的万物,第七日便安息,所以耶和华赐福于安息日,定为圣日。

守安息日的戒律是仁慈的,它让仆人、奴隶、儿童、工人和动物定期休息。

当孝敬父母,使你的日子在耶和华你神所赐你的地上得以长久。

对孝敬父母的奖赏是长寿。我们应该认识到,希伯来人通常认为奖赏和惩罚是伴随降临在人世间的每个人的一生的。奖赏要降在未来的生活或是来世的概念是后来的发展。

不可杀人。

这条戒律不是禁止所有的杀害而是指谋杀——即非法地杀害无辜的人。战时或自卫时杀人是允许的,并且死刑理应是许多种罪行的惩罚。

不可奸淫。

禁止奸淫的戒律只是偶然地关系到了性。首先它是一条财产法,因为一个男人的妻子在法律上是他的财产。这条戒律与它前后的戒律是联系在一起的,因为三条都涉及财产权。谋杀即是非法地夺取另一个人的身体;奸淫即是无视一个男人对他妻子的独有权;而偷盗即是非法地占有另一个人的财物。

不可偷盗。

不可作假见证陷害人。

不可贪恋人的房屋;也不可贪恋人的妻子、仆婢、牛驴,并他一切所有的。

在最后这条戒律中,财产权被连在一起清楚列明。

之后的 300 年内变得更加重要了。通常先知体验到神启改变了生命，自感要将上帝委托的信息转述给人们。活跃在公元前 8 世纪的先知以赛亚，可能最为著名。他在耶路撒冷的圣殿内见到了上帝的幻象，他将其描述为充满烟雾的生命——烟雾是神圣存在的一个象征。他在那儿聆听天使的声音。他们在上帝面前呼喊着"圣哉，圣哉，圣哉"（《以赛亚书》第 6 章）。当一个天使用点燃的炭沾他的唇，他毫无价值的感觉消失了，以此便洗清了以赛亚的罪并且授权给了他。从那以后，他便可以传达上帝的信息。以赛亚和其他先知解释说，政治失败是耶和华降下的惩罚，因为他们崇拜异神且不遵守他的律法。这些失败所表现的不是上帝的软弱，而是他的公正和力量。

南方的王国犹大国，独自持续了一个多世纪——即便一直忧患不断。不幸的是，兴起了另一股力量——巴比伦王国——起初南方的王国要向它纳贡；但是后来贡物被拒绝，巴比伦王国夺取了统治。在公元前 586 年，尼布甲尼撒二世（Nebuchadnezzar II）摧毁了所罗门圣殿，拆除了耶路撒冷的城墙，并将贵族和大部分犹太人掳掠到了巴比伦王国。犹太人持续流亡了将近五十年。由于王国终结，圣殿祭拜不复可能，以色列的宗教似乎丧失了它的核心。

流亡与囚禁

在巴比伦王国的流亡时期（公元前 586—前 539）是犹太教历史上的重大转折点和最激动人心的篇章之一。《诗篇》第 137 章表明了犹太人被囚禁期间所感受到的悲痛。它讲述道，他们在流亡期间无法唱出欢乐的歌曲："我们曾坐在巴比伦河边，一想起锡安就泪流满面。"[12]

没有了圣殿，公众仪式就走到了尽头，但是成文的章句填补了它的位置并呈现出了新的重要性。在他们流亡巴比伦王国期间，犹太人开始每周聚会讨论经文并祈祷。由此发展出有敬拜、学习、讲道和赞美诗的**安息日**（Sabbath）礼拜，礼拜在一间礼拜堂，或称犹太会堂（希腊语："聚会的场所"）里完成。流亡期间也明确了，如果犹太人想要生存，口述的希伯来宗教传统就必须记录下来。

在他们流亡期间，犹太人民开始吸收周围巴比伦文化的影响。希伯来语言的知识消退了，与此同时一种同系语言亚兰语，作为通用语言兴起了。（亚兰语最终进入了神圣文献之中。[13]）同样在这时期出现的还有对活跃的恶灵的日益强烈的观念，此恶灵常常被称为撒旦，同时还有一种宇宙善恶的对立。虽然道德对立的观念在早期的以色列宗教中就出现了，但也许它正是因流亡的痛苦而日渐深彻。

返回耶路撒冷与第二圣殿

在公元前 540 年，居鲁士（Cyrus）登上了波斯帝国的王位，他统治了巴比伦王国之后允许犹太人返回故土。返回的流亡者重建了圣殿，在公元前 515 年为它

女性与宗教

希伯来经文中的女性

希伯来经文中女性的地位包含着很多对立面。经文屡次叙述，从法律的观点看，女人在很多方面不如男人并且依赖男人。女人隶属于父亲、丈夫、兄弟、儿子，并且希伯来律法将她们看作一种财产。另一方面，希伯来经文中列举和描绘的数十个女人具有很坚韧的个性，心理独立而且有时甚至掌控男人。有些，例如底波拉和以斯帖，甚至达到了英雄形象的地位。

十诫中清楚地表明了女人的财产身份的合法性；她们和房屋、驴子、牛作为财产列在一起（《出埃及记》第20章第17节）。男女不平等在婚姻中尤其引人注目。男人允许有一个以上的妻子，但是女人只允许有一个丈夫。女人在结婚时必须是贞洁的，但对男人并不这样要求。希伯来律法将通奸定义为一个男人和另一个男人的妻子之间的性行为，这被视为犯罪是因为它侵犯了那个丈夫对自己财产的权利。只有男性可以诉讼离婚，并且程序非常容易。金钱和财物通常是传给儿子和男性亲属，而不传给女性。

总体上，女人被期望以孩子和家庭为生活中心。因此，希伯来经文中一位早期模范女性角色是个恭顺的妻子。她是一个仁爱而勤劳的配偶。早期的女祖先尤以这类人为典范：亚伯拉罕年老的妻子撒拉；以撒的妻子利百加；雅各的第二个妻子拉结。路得（Ruth）是个非常模范的妻子，她甚至在丈夫去世后仍然照顾丈夫的母亲拿俄米（Naomi），甚至陪她回到以色列的故地（《路得记》第1章）。

有时人们带有嘲笑地说，希伯来经文中有两种女人：恭顺的妻子和危险的妖妇。（这种划分也许是源自人们倾向于把人区分成相反的两种道德类型。）撒拉、利百加和拉结——都是男祖先的忠实妻子——是第一种类型的例子。第二种的例子有在伊甸园诱惑亚当的夏娃（《创世记》第3章第6节）、诱惑参孙（Samson）泄露他力量的秘密的大利拉（Delilah）（《士师记》第16章第16节至第17节），和邪恶的女王耶洗别（Jezebel）（《列王纪上》第18章）。

但是希伯来经文中也确实有更多生动的女性，她们不好分在任何一类中。她们之中有摩西和亚伦的姐姐，女先知和诗人米利暗（《出埃及记》第15章第20节至第21节）；大卫王坚强的妻子拔示巴（Bathsheeba），她确保了她的儿子所罗门成为王（《列王纪上》第1章第17节至第31节）；军事将领底波拉，她领导了对抗迦南的斗争（《士师记》第4章至第5章）；以及以斯帖，一位拯救犹太民族免于毁灭的王后（《以斯帖记》第2章至第9章）。甚至有一个女巫（隐多珥女巫）和一个外国女王（示巴女王）露了面（《撒母耳记上》第28章第3节至第5节，《列王纪上》第10章第1节至第13节）。而且女人常常在重要的事件中扮演主要的角色。例如，幼年摩西的故事中，充满了受女人帮助的事迹。这其中有两个助产士，施弗拉（Shiphrah）和普阿（Puah）；救摩西免于一死的，他的母亲和姐姐；以及一位埃及公主，她将他从尼罗河中安全救出，并把他养育成人。

因此希伯来经文中对女人的性格描述非常复杂。即便在法律上女人是软弱的，在希伯来经文中仍然显示了坚韧的性格并扮演了重要的角色。

尽管第二圣殿在公元70年被摧毁了,但对圣殿的描述还是能让工匠建造得原模原样。

举行落成典礼,并恢复了圣殿祭拜传统。《诗篇》包含150首赞美歌的歌词,即我们习称的第二圣殿赞美诗集;读到《诗篇》结尾,圣殿祭拜中使用了所有的乐器,我们感受到了仪式的辉煌壮观。

与此同时,记录口述传统和编纂书面材料的工作也越来越重要。抄经人不愿遗失他们民族的历史,而他们工作的成果就是之后的希伯来圣经。托拉("摩西五经")的最后版本完成了,先知书编纂完成,新的书卷也写就了。最后的书卷中有几部是文学性的——例如《传道书》,一部对于生活的阴郁冥想的作品,还有《雅歌》,一部情诗集。最终被接受为希伯来正典的书卷完成于公元前约200年。[14]

第五节　第二圣殿时期的文化冲突

标准希伯来经文中的历史记录最后描述的是第二圣殿的建造。但是这个地区的历史并没有终结。由于以色列的地理位置,以色列的犹太人似乎一再地被迫去对付外族势力的侵略——有时会被异族侵占。

塞琉西王朝时期

在亚历山大大帝率军征服埃及的路上，他将以色列纳为希腊帝国的一部分；公元前323年亚历山大去世后，他的将军们瓜分了帝国。以色列起初是被埃及控制，由亚历山大的将军多利买（Ptolemy）的后裔所统治。之后，以色列由叙利亚控制，由亚历山大的将军塞琉古（Seleucus）的后裔统治。

公元前167年，塞琉西统治者安提阿四世（Antiochus Ⅳ，安提阿·依比芬尼 [Antiochus Epiphanes]）占据了圣殿，其意图明显是将对希腊神宙斯（Zeus）的崇拜引入这个场所。他故意放了一盘猪肉——禁食的肉在圣坛上。他还禁止割礼。他的行为引起了犹太人的憎恨并招致叛乱。由拥有五兄弟的马加比（Maccabees，或称Hasmoneans，哈斯摩年）犹太家族领导，犹太人夺回了他们国家的统治权，圣殿重新用于以色列崇拜唯一的上帝。（现在广泛庆祝的冬季节日**光明节**[Hanukkah]，是追忆第二圣殿重新使用的欢乐的纪念活动。）这个国家维持了将近一个世纪的独立，直到被罗马将领庞贝（Pompey）在公元前63年占领。

在犹太文化和这个地区日益增长的希腊文化之间的对立不可避免，因为犹太文化的价值观念和传统使希腊文化对它的吸收即使存在着可能，也非常困难。例如，犹太男性要受割礼，这意味着他们在公共浴室或在体育馆锻炼时很容易被认出来。还有犹太的饮食限制，禁止吃猪肉、海鲜；对安息日工作有严格的禁令。这些传统是与共称希腊精神（Hellenism，来自于Hellas，意为"希腊"）的希腊语先进文化相冲突的。这种文化开始成为整个地中海地区的主导，甚至延续到罗马人占领这个地区之后。地中海周围的所有地方都阅读希腊的戏剧和文学作品；人们认为，希腊的历史、科学、医学和数学是那个时代最先进的；并且希腊的建筑和城市设计渐渐成了典范。由于它复杂而又先进，希腊文化对受过教育的人有着巨大的吸引力。

回应外来的影响

与希腊文化接触引起了各种各样的回应。一些人欢迎它；一些人拒绝，情绪激昂地坚持他们自己的民族和宗教始源；还有一拨人则采取中间的立场。紧张感导致了公元前165年左右几个宗教派系崛起于以色列的犹太人之中。

撒都该派（Sadducee）是首先出现的派别。[15] 他们是祭司家庭的成员，主要居住在耶路撒冷，并且掌管着圣殿活动。他们将自己的生活追溯到圣殿祭拜，这就足以让他们很传统了——至少在他们的公众行为上是如此。

法利赛派（Pharisee）是第二个兴起的派别。[16] 他们的关注点在于通过对宗教律法和传统的严格恪守，来维护希伯来人的虔敬。（之后的拉比犹太教会从法利赛派中发展出来，继续从事他们所做的工作。）

第三个派别，最终被称作**奋锐派**（Zealot）。它反对外来的影响，并在公元6年之后强烈地反对罗马对以色列的统治。罗马人称呼他们"强盗"。奋锐派的名字（Zealot）——来自希腊语"热忱"（zeal）——是犹太人和罗马人之间开战时罗马人取的。这些反叛者为达目的有时使用暴力手段。

艾赛尼派（Essene）是第四个派别。对他们人们所知甚少，即便当前人们对其有浓厚的兴趣。古典世界的这三位作者——菲洛（Philo，约公元前10—公元50），亚历山大的犹太神学家；约瑟夫（Josephus，约37—100），犹太将军和史学家；和老普林尼（Pliny the Elder，23—79），罗马作家——在写作中提到了他们。这些古典作家指出，艾赛尼派人数达到数千；主要在死海附近的荒漠地区过着公共的独身生活；拒绝动物献祭；忌食酒肉。我们还得知，艾赛尼人精通医术，身着白衣，遵循着一种与圣殿所用的阴历不同的太阳历，用心研究经文，并且置身于社会之外。此外，我们现在认识到可能存在着好几种艾赛尼人，在库姆兰（Qumran）有一支严格的禁欲主义者核心组织（称作盟约派，Covenanters），它受到一群遍及以色列的非禁欲的同情者和支持者的拥护。

艾赛尼人将自己视为先遣队，准备迎接上帝结束旧的不公正的世界，带来一个新的仁慈与和平的世界。他们将自己描述为与"黑暗"势力做斗争的"光明之子"。[17] 由于他们的中心位于耶路撒冷东侧不到十五英里之处，因此他们可能接触到那个时代的政治潮流，并且他们可能与奋锐派和法利赛派有一些共同的理想。

在 1947 年和 1955 年之间，死海西北岸的库姆兰附近山洞中发现的书卷和书卷碎片称为死海古卷。这些书卷有可能曾构成艾赛尼派的图书馆；它们也有可能属于一个范围更广泛的犹太圣书书库，在始于公元66年的反对罗马人的叛乱期间，从耶路撒冷被带到这儿妥善保管下来的。除去藏有几乎所有希伯来经文每部书卷

期盼找到更多证据的考古学家，在发现死海卷轴的遗址筛沙。

的全部或残片,书卷的贮藏处还包括评论圣经书卷的作品,详述了艾赛尼人的组织和习俗,并讲到了即将来临的审判和世界末日。死海古卷表明,在第二圣殿时期的晚期并没有让人普遍接受的正确的宗教规范,并且宗教的正典化仍处于形成的过程中。相反,有很多关于正确习俗的书籍和解释,竞相成为标准。

尽管第二圣殿蒸蒸日上,古老的、仪式的、以圣殿为基础的宗教,事实上正让位给以希伯来经文、法利赛人的习俗和犹太会堂中的宗教实践为基础的一种更趋分散的宗教。

第六节 拉比犹太教的发展

公元6年,罗马皇帝僭取了对以色列大部分地区的直接政治控制,并且施以严酷的管理。因此,反抗罗马的热情高涨,广大人民普遍期望能够驱逐外族人,重新建立一个犹太人的国家,如同马加比时期。公元66年发生了一场重大的起义,但在公元70年遭到罗马军团的残酷镇压,当时圣殿和耶路撒冷的大部分地区都被摧毁。

第二圣殿的毁灭是犹太信仰的一个转折点并产生了两个主要后果。它终结了祭司阶层的权力,他们无法再执行献祭礼仪。它也迫使这个宗教朝向一个远离圣殿仪式的新方向发展,犹太教开始转向经文和对经文的解释。

经文的正典化与塔木德

既然以圣殿为基础的宗教遭到毁灭,就很有必要清晰地界定,哪些书卷——多达百种的书卷都在由不同的群体尊崇和阅读——构成神圣的宗教法规。即便是现在的一些学者对此仍有疑问,旧的传统认为在第二圣殿毁灭二十年后的公元90年,犹太拉比们聚集在了以色列的尼亚城。据说,他们在那儿逐个检查每一书卷,以决定将哪些书卷放入正典。(一些书卷,例如《雅歌》和《传道书》,备受争议而几乎被排除在外。)以色列的正典便出自这个甄选程序。比这数目更多的书卷早已被埃及的犹太人所接受,后来被称为《亚历山大正典》。

公元132年,以色列爆发了另一场起义。一些人宣称他们的领导者巴柯巴为**弥赛亚**(Messiah),上帝指派给犹太人的那个期待已久的救世主。公元135年,罗马人凶残地平定了第二次起义,其残酷程度远甚于第一次,并有多次公开处刑。在第二圣殿毁灭之后仍留下来的犹太家庭,这时都逃走了。他们不仅逃到了埃及,还定居到地中海的沿岸,使得生活在**移居地**(diaspora,以色列以外的犹太人流散地)犹太人的数量增加了。有了经文正典,它就能够被复写并传至任何地方,为表面遭受失败的犹太人带来胜利的希望。以解释神圣经文和口述传统为基础的拉比犹太教得以传播和繁荣。

一旦希伯来经文正典甄选宣布完成,接下来的发展就理应是保护和阐释它们。阐释的工作称为"米德拉什"（"找出"），它成了犹太教发展的重心。翻译希伯来经文、将它们的原则应用到日常问题的工作仍在继续。大约公元200年，有一场哲学讨论，针对的是具体圣经律法及其运用的六个部分——被称为"密什那"（Mishnah："重复"）。约公元400年，密什那得到了进一步的注解（革玛拉，Gemara："补充"），就产生了巴勒斯坦**塔木德**（Talmud："研究"），或称以色列地的塔木德。

> 两个拉比的话：
> 希勒尔（Hillel）曾说：如果我不为自己着想，谁会为我着想？但是如果我只为自己着想，这个我还有什么意义呢？
> 沙买（Shammai）说：留出固定的时间学习托拉；少说多做；以喜悦的神情面对所有人。
> ——出自《父辈的话》[18]

然而，当人们使用"塔木德"这个词语时，他们通常所指的是第二种，那本汇编了更多资料的文献。因为它是由巴比伦王国的宗教专家所编纂的，所以被称为"巴比伦塔木德"。巴比伦塔木德由较早的密什那和范围更广的注解组成，完成于约公元600年。除希伯来圣经之外，巴比伦塔木德成为犹太教文献中第二重要的典籍，并在随后的几个世纪中由犹太拉比们继续评注。

巴比伦塔木德内容广阔，有时与人可以航行或畅游其间的海洋相媲美。在巴比伦塔木德中，不同世代的拉比们加入了他们对问题的洞见和解答。可以看出评论的增长，因为最早的材料是印在每一页的中央，而之后的注释是排列在其周围。巴比伦塔木德包含律法的资料（哈拉哈，halakhah："规则"）和非律法的轶事与故事（哈加达，haggadah："传统"）。它确实可以说是一部大百科全书，根据题材组织成章节或短文。它的数目和复杂性以及掌握的难度都会为犹太教后来走上强烈的学术倾向做出贡献。

伊斯兰教与中世纪的犹太教

古代犹太人的大流散把犹太人的活力带到了远离以色列的地区，例如西班牙和伊拉克。到了9世纪之后犹太人还能继续存在，是因为能够容忍伊斯兰教——当时伊斯兰教在西班牙、北非和中东占优势地位——通常对待他们的方式。在伊斯兰教看来，犹太人和基督徒有一种特殊的身份，叫作"圣经民族"，他们与穆斯林一样是同一种广义的宗教家庭中的成员。结果，一些城市便成为犹太教思想的避风港，例如亚历山大港、开罗、巴格达和科尔多瓦。

最杰出的中世纪犹太思想家是摩西·迈蒙尼德（Moses Maimonides，又称为Rambam，1135—1204）。迈蒙尼德出生在科尔多瓦，但是当对犹太人和基督徒怀有敌意的穆斯林军队占领那个城市后，他和他的家人逃离了那里。他最后定居于开罗，在萨拉丁的宫廷里行医。让他成名的作品是《迷途指津》（*The Guide of the Perplexed*），在此书中他主张，犹太教是一个理智的宗教，并且信仰和理智是互补的。他以阿拉伯文写出此书，意在拥有更多的读者。迈蒙尼德的另一本用希伯来文写成的学术作品《密什那托拉》（*Mishneh Torah*）也很有名，这本书是塔木德和其他拉比作品的摘要。迈蒙尼德因他所列举的犹太教信仰基本信条而著称，我们会在本章的后面加以讨论。

犹太教思想在解释希伯来圣经中一贯地使用几种方法。创作出塔木德的更趋保守的倾向相当严格地诠释了希伯来经文，使其成为道德生活的指导。另一种倾向是推测性地、想象地发挥经文，以此作为了解更多有关上帝的自然和宇宙的方法。从第二种倾向产生了犹太教神秘主义的作品，接下来我们看一下。

卡巴拉派

在中世纪，人们对犹太教神秘主义产生了新的兴趣。犹太教神秘主义的文献主体被称为**"卡巴拉"**（Kabbalah，"被承认的""流传下来的"），卡巴拉主义在公元前关于希伯来圣经神秘篇章的某些推测作品之中就出现了。例如，卡巴拉文献中推测以诺（以诺，亚当的一个早期后裔）和先知以利亚（Elijah）并没有死亡而只是被带到了上帝的国度（《创世记》第5章第24节以及《列王纪下》第2章第11节）。它还推测出耶和华的王位和围绕的天使们的声音（详见《以赛亚书》第6章第2节）；用经文作为工具去了解上帝的实在和宇宙隐藏的结构。一个常见的神秘主义假设是说，希伯来圣经是以编码的语言写成的，只能由知晓其密码的人破解。这种观点认为，多数的圣经语言不能照字面理解，而是要象征性地去理解。

中世纪时期出现了新的神秘玄想，有时这是对犹太人受到日甚一日的迫害的一种回应。常见的主题有：世界的神圣起源，上帝对犹太人的关怀，以及弥赛亚的最终到来（在《但以理书》第7章及其他地方有提及）。人类的世界常常被看作是一个超越地球的更广阔的神圣世界的缩影，而人是宇宙的缩影："优越的世界和卑微的世界，在圣体的形式下维系在一起，并且彼此关联。"[19]

卡巴拉中最著名的书籍是《佐哈尔》（Zohar："光辉"）。人们长期以来一直认为这本书写于公元1世纪，但它实际上可能是由拉比摩西·德·里昂于1280年在西班牙写成的。《佐哈尔》认为宇宙是由一个纯净、无边的精神实体中诞生的。从这个神圣的整体（Unity）中产生十个塞弗洛（sefiroth）——十个活跃的、神圣的力量源，例如聪明、智慧、爱和美。《佐哈尔》将它们比作色彩，并认为塞弗洛是上帝和他的造物之间的链接。人类是造物中具有独特意义的，因为他们体内有神圣之光的火花，使人类追寻自由并归向上帝。其他文本包括《创造之书》（Sefer Yetzira）和《虔诚者之书》（Sefer Hasidim）。一些犹太人团体像看待塔木德一样珍视卡巴拉的神秘文本，甚至更看重卡巴拉。[21]

> 从火焰最深处的核心涌现一口泉水，流溢出的色彩散布于万物之下，躲藏在无限者神秘的隐藏之处。
>
> ——《佐哈尔》[20]

基督教和中世纪的犹太教

当欧洲的犹太人遭受更多的迫害时，神秘运动给了他们安慰。到13世纪晚期，基督教已经成为整个欧洲的主要宗教。但是基督教从公元1世纪开始就带有反犹太的偏见，那时候的基督教——不时带有愤怒的情绪——从犹太渊源中分离了出来（参考基督教《新约》中《马太福音》第 27 章第 25 节，《使徒行传》第 7 章第 31 节至第 60 节）。

基督教在中世纪欧洲所占有的主导地位也具有政治含义，因为基督徒被认为是忠诚的公民，而犹太人被看作是有别心的人甚至是叛徒。由于在家中进行的犹太宗教习俗是如此之多，迷信故事就在基督徒中间流传，说犹太人需要基督教儿童的血做他们的逾越节晚餐，或者他们偷窃和滥用圣化的基督教圣餐饼。因为犹太人常常被禁止拥有农田，所以他们被排除在农业之外；同时因为被行会（中世纪的职业联盟）拒之门外，许多城市的工作他们都无法从事。此外，由于法律禁止中世纪的基督徒以贷款获利，放贷就成了犹太人的职业，但它也引起了许多借贷者的仇视。在许多地方，犹太人被迫戴上一顶特殊的帽子，或是显露其他可供辨认的细节。他们时常还会被迫住在城市里的隔离区，即犹太人区（ghetto），它会被墙壁隔开，晚上将犹太人关在里面。

犹太人每隔一段时间就会遭受迫害。例如，在第一次十字军东征时期，一些十字军行进在现在的德国到以色列的路上，杀害了很多犹太人。在淋巴腺鼠疫即黑死病期间（1347—1351），有时人们将死亡归咎于犹太人。为了报复，很多犹太人被杀死，有的甚至在犹太教堂里被活活烧死。

在中世纪晚期之初，欧洲的犹太人遭到流放。通常，动机不是宗教就是经济，因为流放犹太人可以使基督教统治者没收他们的财产而不用还债。经过了两个世纪，犹太人被英国、法国、西班牙和葡萄牙驱逐。在 1492 年，西班牙迫使他们成为基督徒或是逃亡。一些西班牙的犹太人改信基督教，但在家里仍然保留犹太习俗。西班牙宗教法庭找出了只是为留在西班牙而改信的犹太人，结果，犹太人逃离到其他地方——摩洛哥、埃及、希腊、土耳其、荷兰、中欧和美洲大陆。这时候，犹太教形成了两大文化派别——地中海地区、北非和中东的赛法尔丁犹太教和德国、中欧、法国的阿胥肯纳吉犹太教。我们稍后会在细查犹太教的分支时考察他们在文化上的区别。

自 1215 年始，犹太人往往被迫居住在城市里的独立区域，称作犹太人区（ghetto）。我们在这儿看到的是布拉格老犹太人区的犹太公墓。

第七节　质疑与改革

　　15和16世纪的文艺复兴为欧洲开启了一个新时代。当人们开始更多地旅行时，他们暴露在许多之前未知的宗教、文化以及地区之中。活字印刷的发明通过使书面材料广泛应用而加快了这个进程。科学上的发现以及望远镜等仪器彻底革新了人们对地球的认识和它与更广阔的宇宙之间的联系。这些向全世界的基督徒提出了要求改变的挑战，也影响了犹太教。

　　文艺复兴之后，犹太教开始走向两个趋势，如今它们都仍在继续。一个趋势重视传统方式；另一个看到了现代化的需要。在东欧发展壮大的传统方式，从一个不确定的世界中提供了避难处。在中欧，传统主义者同时在塔木德的学术和哈西德主义（Hasidism，"忠诚""虔诚"）的虔诚运动中表达着自己。以色列·本·以利撒（Israel ben Eliezer，约1700—1760），一位神秘主义者，被亲切地称为巴尔·谢姆·托夫（Baal Shem Tov："美名大师"）的信仰治疗师。他认为按照托拉和塔木德的规则生活很重要，但虔诚的实践也应当伴随着对无处不在的对上帝狂喜入神的感知。[22]哈西德主义强调日常生活和物理世界的美，教导说"只有在有形的事物中你才能看到或听到上帝"。[23]哈西德主义对犹太人的启示持续了几百年，并且仍是现今犹太教中最重要的运动之一。

> 造物者和他的创造之物是不可分割的统一体。
> ——哈西德派格言[24]

　　犹太教的另一个趋势是现代化。德国和法国最强盛的自由主义趋势激励犹太人走出犹太区，接受世俗教育并且进入各自国家的主流。在德国，犹太教改革的现代化运动始于18世纪晚期。带着使礼拜仪式更容易的目标，改革运动将很多希伯来文的祈祷翻译成了德语，并引入了一些元素，例如风琴和合唱音乐。然而，改革运动引起了很多逆反——其中有一种尝试是去保存传统的犹太教（正统派的犹太教），还有一种尝试是维持传统中最好的部分，并结合了一些现代的元素（保守派的犹太教）。我们在之后会更详细地研究所有这些运动。

第八节　犹太教与现代世界

　　欧洲犹太人的自由在19世纪有所好转，反犹太人的活动却并没有终止。以东正教为既定宗教的俄罗斯帝国，对犹太人的限制仍在持续，并且时不时地实行迫害。作为回应，犹太人从俄罗斯帝国、波兰和波罗的海地区迁出，从1880年到1920年，超过一百万的犹太人来到了美国，大多数来到或途径纽约市。他们的儿孙往往迁居到更远，定居在洛杉矶、芝加哥、迈阿密和其他地方。犹太人也迁徙到了北美洲和拉丁美洲的其他大城市，例如蒙特利尔、多伦多、墨西哥城和布宜诺斯艾利斯——为犹太教带来了更多的自由，但这自由是要付出代价的。犹太人对于身份的认同削弱了，因为很多犹太人希望融入当地的文化，并且通婚的频率也在增长。

传统的犹太教生活在欧洲延续到了20世纪30年代末,尤其是在仍有超过三百万犹太人的波兰和波罗的海区域。这种温暖而又传统的生活方式的美丽召唤,明显地体现在马克·夏加尔(Marc Chagall)的绘画以及他与其妻子贝拉共同创作的书籍《点燃之光》(*Burning Light*)中。[25] 然而,这个有数百年历史的文化,将会在十年内被阿道夫·希特勒摧毁。

希特勒与大屠杀

1933年,阿道夫·希特勒成为德国总理和纳粹党的领袖掌权,开始了长时间的反犹活动,最终演变为了最可怕的苦难。希特勒的头脑中充斥着好几个不理智的观念。一个是种族等级理论,想象雅利安人种纯粹而神圣,犹太人和吉普赛人则是低于人类的污染者。希特勒的另一个看法是,犹太金融家和企业家密谋对抗德国,并在一战期间帮助协约国战胜了德国。希特勒追求的是一种幻想的种族纯净和政治复仇。

起初,纳粹党给犹太人施加移居国外的压力,排除他们在政府和大学的职位,通过抵制他们的店铺,并最终通过迫害身体。很多犹太人移民了,尤其是到北美洲——阿尔伯特·爱因斯坦是个著名的例子。在吞并奥地利和入侵波兰(1939年)之后,纳粹党的统治最终蔓延到了荷兰、挪威、法国北部和捷克斯洛伐克;并且对犹太人的迫害,伴随着纳粹党的统治蔓延到了这些国家。想要逃走的犹太人很难找到避难地,因为包括美国在内的很多国家拒绝接受大量的犹太人。此外,法国和英国也并没有有力地抗议希特勒反对犹太人的政策,天主教领袖教皇庇乌十二世(Pope Pius XII)还与希特勒签署了前期谅解协议。犹太人没有保护者,而且"二战"宣战时,他们陷入了圈套。

奥斯维辛,通往死亡之路。

希特勒开始计划根除欧洲所有的犹太人。在纳粹统治下的国家,犹太人被正式认定,强迫在公共场合佩戴黄星,并且最后乘火车被驱逐到集中营。到达集中营之前,通常将犹太人分为两组:(1)体力强壮可以劳动的人和(2)其余的人——大部分是妇女、儿童、病人和老人——这些人马上会被杀害。(心理学家维克多·弗兰克[Viktor Frankl]在他的《活出意义来》[*Man's Search for Meaning*]一书中描述了这个过程。)起初是枪杀被拘禁者;但是人数增多之后,就建造了毒气室和火葬场,将他们杀害,尸体烧成灰烬。被留下当作劳工的人生活条件极差,并且经常挨饿、衣不蔽体,受各种害虫和疾病的侵袭。最终能够活下来的很少。

在1945年"二战"结束后，约有1200万人——犹太人、吉普赛人、同性恋者、耶和华见证人（相信世界末日在即的教派，入该教者才可免受惩罚——译注）、战俘和政敌——死在了集中营里。在这些人中，估计犹太人多达600万，并且该数字中约有150万是儿童。这场巨大的损失被称为**大屠杀**（Holocaust，希腊语："烧尽"）或Shoah（希伯来语："灭绝"）。这是人类所犯下最严重的违背人性的罪行之一。

这场浩劫给文明留下了阴影，为犹太教留下了一道巨大的伤疤。在大屠杀期间，世界上大约三分之一的犹太人被杀害，在死者中，很大一部分是虔诚的传统犹太人。他们在如此痛苦的境遇下的死亡，对于信仰和犹太教的未来都提出了令人困扰的难题。

以色列国的创立

大屠杀的一个主要结果是在一百多年的希望、思考和努力之后，以色列国得以创立。数百年充满敌意的反犹太人限制和迫害使很多的犹太人生出了对国家的渴望，在那儿他们能够没有恐惧地生活在信仰的传统历史的家。这次运动被称为**犹太复国运动**（Zionism），以耶路撒冷建造的地点锡安山（Mount Zion）命名。

以色列国经由几个步骤形成。第一步是一部有影响力的书《犹太国》（The Jewish State）推广的独立犹太国家的概念，该书由生于匈牙利的奥地利人西奥多·赫茨尔（Theodor Herzl，1860—1904）写于一场在法国爆发的反犹太运动之后。第二步是英国政府在1917年公布的政治声明——贝尔福宣言（the Balfour Declaration），它赞同犹太人的家园。"一战"结束时，英国人掌控了巴勒斯坦地区，并准许一批数量有限的犹太人迁徙到他们的领土——"英属巴勒斯坦托管地"。第三步是"二战"之后，新创立的联合国投票将英属巴勒斯坦托管地划分为两个国家，一个交给犹太人，另一个给托管地的阿拉伯居民巴勒斯坦人居住。犹太人接受联合国的计划并在1948年托管期结束时建立了以色列国。反对犹太人迁徙到英国统治地区的巴勒斯坦人，拒绝联合国的计划并与临近的阿拉伯国家一起抵制以色列的建立。

犹太人和巴勒斯坦人之间的艰难关系一直持续到了今日。以色列人和巴勒斯坦人之间一直有反复的战争和恐怖主义活动的交战，并且冲突在近年来变得愈加令人惊骇。

由于欧洲的犹太教几乎被全部摧毁，现在的犹太人有两个生活中心：以色列和美国。以色列的犹太人口估计约有500万，美国约有600万。美国的犹太教大部分是自由主义的并且实际上享有普遍自由。在以色列，犹太教观点和习俗式各样，从自由主义甚至无神论到高度保守和传统的宗教。一些政府政策和日常生活主要掌控在传统主义者手中，但是可能对大多数人来说，犹太教更多是一种文化而非一种宗教。

第九节　个人体验：参访安妮·弗兰克之家

我在高中读过安妮·弗兰克（Anne Frank）的日记。她是住在阿姆斯特丹的一个十几岁犹太女孩，在"二战"的大部分时间里都和她的家人还有其他人一起躲了起来。她那记录敏感心情的日记包括她13岁到15岁的光阴。在1944年8月，纳粹士兵发现了这家人，并把他们带到了贝尔根－贝尔森集中营，安妮在1945年3月死在了那儿——离战争结束只有短短几个月了。她的父亲是唯一活下来的家庭成员，当他回到阿姆斯特丹时，人们把在他们躲藏的房子地板上发现的日记给了他。

在日记里她记述了她对自然美的探索——这是她在之前从未欣赏过的东西。躲在阁楼房间里时，她开始从楼上的窗户长时间地向外观看。一天晚上她写道："黑暗的雨夜、狂风和飞云将我完全震住了；这是我一年半以来第一次直面夜晚。"[26] 安妮描写了她在那儿的恋爱，还有她的初吻——是与他的朋友彼得，一起躲藏在阁楼的男孩。她如此描述："突然间，平时的安妮溜走了，另一个安妮取代了她，这第二个安妮不是鲁莽、爱开玩笑的，而是一个只想去爱和表现温柔的人。"[27] 她还写到了上帝、宗教和信仰。

在我临近大学生涯结束头一次到欧洲旅行的期间，在阿姆斯特丹我找到了运河边上的那栋狭窄的房子，安妮和她的家人以及其他人曾藏身过的地方。登上陡峭狭窄的楼梯之后，从安妮曾多次朝外看的那同一扇窗户瞭望，我感受到，曾住在这儿的年轻而有智慧的生命被毫无意义地毁掉了。当我站在那儿沉思，从敞开的窗户向外凝视时，传来了附近教堂的钟声。我想，这钟声在安妮和她的家人心中唤起的情感多么复杂啊。至于我，却只能感受失落和空虚。

事后再读她的日记时，我惊讶于她在临近书的结尾——也是临近她短暂生命的结尾时所表达出的乐观："抛开这一切，我还是相信人真的是善良的。"[28]

第十节　犹太教信仰

事实上，并不存在正式的犹太教信纲，但是有一套核心的信仰，最初由中世纪学者迈蒙尼德制定。其中有：

- 相信上帝。上帝是独一的、无形的、全知的、永恒的。上帝除了是宇宙的创造者和审判者，还是宇宙的主宰。上帝既是慈爱的，又是公正的。
- 相信先知的言辞。
- 相信上帝将律法交给了摩西。
- 相信弥赛亚，上帝所派的拯救者，总有一天会到来。
- 相信好人会在"将要到来的世界"里复活。

有关这些信仰，对弥赛亚、好人的复活或是"将要到来的世界"的确切意义并没有达到一致的认同。从前，人们只是以字面意义理解这些信仰。弥赛亚将会是一个天堂派遣来的、有权柄的领导者，开创一个新时代，到那时遵从上帝律法的死者将会复活。一些犹太人已经不再从字面意义理解这些信仰，而是将它们看作是世上善良最终会获胜的象征。

对人类不朽和死者复活的信仰一直是犹太人经常讨论的话题。尽管复活的概念甚至是不朽灵魂的概念被许多具有犹太信仰的人所捍卫，犹太教更加强调的是另一种不朽，它得自在世间行公义、教育好后代并在世间做出善举。

在犹太教中，人类具有特殊的角色。由于他们是以上帝的形象所创造的，因此有能力去推理、下决心、言语、创造以及关爱；并且他们有责任将这些神圣的特征显明到世上。犹太人相信，犹太人在人类之中有特殊的角色——有人认为这个角色是去见证唯一的上帝并实现他在世间的意愿。另一些人相信，他们的作用是为一个只有上帝知晓的目的而受苦。也有人说，他们的作用是将正义带到往往完全缺乏它的世间。尽管对于什么是犹太人独特的角色意见并不一致，犹太人中还是有一种大体的意识，即他们在这世间有着独一无二的身份，并且他们对于自己民族为世界文化所做出的贡献而感到非常骄傲。

第十一节　宗教实践

然而，成为一个犹太人并不只是由于持有一套信仰，这更是一种生活的方式。学者们解释这点说，犹太教不怎么对orthodoxy（正确的信仰）感兴趣，而是对orthopraxy（正确的实践）兴趣更浓。十诫自然是犹太道德的核心，并指导信徒的日常行为；但还有很多附加的律法和详细的习俗，指定如何利用时间、什么食物可以吃、祈祷怎样实施。并且，尽管犹太教提倡会众崇拜，很多犹太人的庆祝活动还是在家中进行的。由宗教律法和习俗所订立，星期、月份和年份如同环环相套的轮子，遵循规律变化。然而，所有这些律法的目的都是使人们认识到上帝的存在与人类生活的伪神圣。

犹太教的安息日

所有犹太教派别都有一个核心，即把安息日——一周中的第七天——作为特别的一天。如果恰当地遵守安息日，人们就会感觉圣化了接下来的一周。人类回想上帝在六日创世辛苦之后的神圣休憩，将安息日作为祈祷和放松的特殊一天（详见《出埃及记》第20章第11节和第31章第12节至第17节）。[29] 在更早的时候，钟表发明之前，一"天"开始于晚上的日落时分；因此犹太教的安息日开始于周五的日落并一直持续到周六的日落。

安息日的传统目的是富有同情心的：它允许每个人，甚至是奴隶和动物，定

深度视角

名字里的故事

以很多常用名字为例,就可以证明希伯来圣经的巨大文化影响。以下是一些来自希伯来圣经的人名,还有它们的本义和在圣经中的位置:

亚伦(Aaron):"巍然的山"(《出埃及记》第4章至第6章)

亚伯(Abel):"呼吸"(《创世记》第4章)

亚比该(Abigail):"父亲很高兴"(《撒母耳记上》第25章)

押尼珥(Abner):"圣父是光明"(《撒母耳记下》第2章至第3章)

亚伯拉罕(Abraham):"众人之父"(《创世记》第12章至第25章)

亚当(Adam):"人"(《创世记》第2章至第3章)

阿摩司(Amos):"(上帝)带来的"(《阿摩司书》第1章至第9章)

便雅悯(Benjamin):"最喜爱的儿子"(《创世记》第42章至第44章)

迦勒(Caleb):"狗",意为"忠诚的"(《约书亚记》第14章)

但以理(Daniel):"上帝是审判者"(《但以理书》第1章至第12章)

大卫(David):"所爱的人"(《撒母耳记下》第1章至第24章)

底波拉(Deborah):"蜜蜂"(《士师记》第4章至第5章)

以斯帖(Esther):"(女神)伊师塔"(《以斯帖记》第1章至第9章)

以探(Ethan):"坚定"(《列王纪上》第6章第44节)

夏娃(Eva):"生命"(《创世记》第2章至第3章)

哈拿(Hannah):"优雅的"(《撒母耳记上》第1章至第2章)

以撒(Isaac):"笑声"(《创世记》第21章至第35章)

以赛亚(Isaiah):"主是我的救恩"(《以赛亚书》第6章)

雅各(Jacob):"抓住脚跟"(《创世记》第25章至第50章)

雅列(Jared):"血统"(《创世记》第5章)

耶利米(Jeremy):"上帝的崇高"(《耶利米书》第12章至第13章)

约珥(Joel):"主是上帝"(《约珥书》第1章至第3章)

约拿丹(Jonathan):"主已赐予"(《撒母耳记上》第20章)

约瑟(Joseph):"上帝还会再赐予"(《创世记》第37章至第50章)

约书亚(Joshua):"上帝所援助"(《约书亚记》第1章至第24章)

玛拉基(Malachi):"我的信使"(《玛拉基书》第1章至第4章)

弥迦(Micah):"谁像(上帝)?"(《弥迦书》第1章至第7章)

米迦勒(Michael):"像上帝一样的人"(《但以理书》第10章至第12章)

米利暗(Miriam):"反叛"(《出埃及记》第15章)

拿俄米(Naomi):"我的欣喜"(《路得记》第1章至第4章)

拿单(Nathan):"赠与者"(《撒母耳记下》第12章)

挪亚(Noah):"平安的"(《创世记》第6章至第9章)

俄珥巴(Oprah):Orpah的重新拼写;"脖颈"(《路得记》第1章)

拉结(Rachel):"母羊"(《创世记》

第 29 章至第 35 章）

利百加（Rebecca）："圈套"（《创世记》第 24 章）

流便（Reuben）："看，一个儿子"（《创世记》第 37 章）

路得（Ruth）："同情"（《路得记》第 1 章至第 4 章）

撒母耳（Samuel）："上帝之名"（《撒母耳记上》第 1 章至第 3 章）

撒拉（Sarah）："公主"（《创世记》第 17 章至第 23 章）

塞特（Seth）："约定的"（《创世记》第 4 章至第 5 章）

时休息。经过几个世纪，对禁止工作已经有了各种各样的解释。通常，在安息日不能生火，因为这涉及了劳动；这意味着食物必须提前做好或是吃生食（详见《出埃及记》第 35 章第 1 节至第 3 节）。商店当然要关闭。以现代人的意愿解释对休息的需要，一些犹太人就在安息日期间不开电灯和厨房的火炉，也不开车或者使用电话。虽然一些限制可能有些过分，但它们的目的是区分开日常的劳作世界和每个人可以享受的周末一天的闲暇。

安息日应当是快乐的，传统家庭中长大的成年人也常常这样庆祝这一天。塔木德建议母亲们在周五晚上点燃蜡烛迎接安息日，它还建议家庭在安息日餐上饮酒来表达幸福。在犹太人被驱逐到巴比伦王国期间，到犹太会堂学习和崇拜成了纪念安息日的惯常方式，现在，宗教上的犹太人在周五晚上或周六上午参加犹太会堂的礼拜仪式已经非常普遍。人们经常会把朋友们邀请到家里来一起享用安息日的主餐，在周六晚上安息日终于结束。有一句犹太古语：是犹太人保存了安息日，安息日也保存了犹太人。

犹太人在谈论他们保留安息日时深感自豪，他们指出，犹太教给世界的伟大礼物不是在物理空间上所建造的美丽圣殿，而是在时间上所建造的美丽圣殿。犹太人曾因在每七天的工作中停下一天而被罗马人称作懒惰。但是犹太人的实践胜利了，全世界基本都从每周中划出一天休息。

圣　日

正如安息日圣化了一周，月份和整年也接受定期的圣日和圣期的圣化，每个日期都带有独特的情感基调——快乐、悲伤、忏悔、感激。

在讲具体的节日之前，我们必须指出犹太宗教历法是阴历，意味着每个月以新月为开端。但必须做些调整，才能使阴历的年份在总体上与常规的阳历保持一致。由于一年的十二个阴历月持续 354 天，一个阴历年就比阳历年少 11 天。因此，犹太宗教历法中大约每三年多加一个月。从而犹太年每年的阴历月份和圣日会有些出入。

犹太教的新年**哈桑纳节**（Rosh Hashanah）是为了追忆创世，于阴历七月的秋季举行（详见《利未记》第 23 章第 23 节至第 24 节）。此时是农业季节的结尾，它使人们有机会思量所接受的恩惠，清偿欠下的债务。它之前的一个月，每日都吹响羊角号（shofar），庄严的号音能提醒人们他们是站在上帝面前的。

十天之后便是一年中最为神圣的日子**赎罪节**（Yom Kippur），即赎罪日（the Day of Atonement）（详见《利未记》第 16 章）。赎罪意味着弥补一个人所犯下的过错，在传统上一直是在这天祈祷和严格斋戒来庆祝，一整天不吃喝任何食物和饮料。犹太教新年和赎罪日被称为至圣日（High Holy Days）。此外，世俗的犹太人时常以一种方式庆祝，即不去工作和学习，而是前往犹太会堂。整个这段时间被称作敬畏的日子（the Days of Awe），因为庄严时刻所充斥的审判气氛。

之后不久，是一个愉悦的丰收庆祝与敬畏的日子形成互补，被称为**住棚节**（Sukkot，"避所""棚屋"；详见《利未记》第 16 章第 12 节至第 15 节）。在早期，各家各户在秋季收获季节期间睡在户外的田地里是很常见的——这能使他们在田地里早起工作、晚归、保护收成。传统上睡觉用的小棚子，之后成为了庆祝的一部分，通过在棚子里吃饭睡觉，来象征以色列人进入迦南地之前在荒漠流浪的时期。现今，用轻木材（在希伯来文里被称为 sukkah）做成的棚子架设在房子里面或是旁边，经常装饰上树枝和水果，暗示土地的慷慨。（圣经中对这个收获节日的描述，促成了美国的第一个节日：感恩节。）住棚节的第八天被称作诵经节（Simhat Torah）。随着对"摩西五经"结尾部分的朗读，住棚节为前一年所开始的托拉阅读循环画上了句号。在这结束之后，朗读的循环就又开始了。男人们携带着托拉列队游行，亲吻托拉的卷轴，有时甚至与卷轴跳舞以表达对托拉的指导的感激。

光明节（Hanukkah）又叫修殿节（Feast of Dedication），是初冬里一个充满欢乐的节日，常被称作 the Feast of Lights。在阴沉气氛愈加浓烈的日子里，这个节日为人们提供一个愉快的庆祝机会。在八天的时间里，每天将九支烛台——这是一种特殊形式的**犹太教烛台**（menorah）——上的蜡烛多点亮一支，直到节日最后全部点亮。（通常犹太教烛台只有七个分支。）这个节日是为了纪念在公元前 165 年，被安提阿四世（Antiochus Ⅳ）的叙利亚军队亵渎的时期结束之后，第二圣殿得到了重建。传统上讲述说，只够烧一天的油

在新年季期间的仪式上，吹响用公羊角做成的羊角号。

当时奇迹般地一直燃烧了八天。接下来，经过八天之后，一家人在晚上聚到一起，点燃光明节蜡烛，和孩子们一起玩传统游戏。每个晚上孩子们还都能收到小礼物。

在春季到来时的一个早春节日，是为了庆祝另一个重要的事件。**普林节**（Purim）是为了追忆希伯来人在美索不达米亚面临毁灭的危险那个时期，在《以斯帖记》中有所记述。当一名政府官员哈曼（Haman）想要毁灭希伯来人时，皇后以斯帖和她的叔叔末底改（Mordicai）救了他们。[30] 人们阅读《以斯帖记》、开派对以及重演这个故事的古装戏，来庆祝这个欢乐的节日。

为时一周的逾越节（Pesach）是在阴历一月，它可能最初源自一个庆祝大自然春季新生的节日。[31] 然而它现在的首要角色，是追忆希伯来人逃出埃及，并以之象征他们的自由（详见《申命记》第 16 章第 1 节至第 8 节）。杀死羔羊做逾越节餐，如《出埃及记》所述，将血涂在希伯来人的门上（《出埃及记》第 12 章），从而使当上帝的权能"越过"埃及时不让死亡天使进他们的家中。逾越节最重要的事件是举行一顿纪念性的晚餐，**逾越节家宴**（Seder，"命令"），犹太人在其间食用几种象征性食物。长扁形未经发酵的面包（matzah）是为了追忆在希伯来人仓促离开埃及时无暇等待面包发酵。晚餐中还包括羔羊或其他动物的胫骨，用以代表牺牲的羔羊。果仁和水果的沙拉（haroseth，赫罗塞思）用来追忆希伯来人被迫劳动时使用的灰浆。晚餐在盐水中蘸欧芹、吃苦菜，以提醒他们自己希伯来人被压迫时所受的苦。在食用这顿纪念餐时，他们会重述逃离埃及的故事。餐桌上为先知以利亚（Elijah）多设一个座位，并给他留有一杯酒——这些行为都表示希望他将返回世间宣告弥赛亚的到来。晚餐的仪式之后是一顿美餐。现在，很多犹太人会邀请他们的非犹太人朋友来分享他们的逾

逾越节家宴的食物包括未发酵的面包、红酒、赫罗塞思（用苹果泥、坚果仁等拌制的糊状食品）和苦菜。

越节家宴和对犹太习俗的庆祝。

在四月或五月的大屠杀纪念日这天纪念大屠杀。这是一个新的纪念活动，在晚春进行，并且人们仍在对其礼仪进行着商讨，其中包括纪念逝者的仪式。纪念活动的主题是"永不重演！"

逾越节之后直到夏季的节日五旬节（Shavuot）的时期，人们要一直遵行禁欲。五旬节也被称作七七节（the Feast of Weeks），因为是在逾越节七个星期——五十天之后（详见《申命记》第16章第9节至第12节）。它开始是一个夏季的庆祝谷物收获的节日。之后，五旬节获得了独特的宗教含义，是作为圣约延期的邀请，因为人们相信上帝是在当年的这个时节授予了摩西十诫。

五旬节之后九周结束的这一天要进行斋戒，以追忆两座圣殿的毁灭。称为阿布月初九（Tisha Be-Av）的这次斋戒和这之前的一周，传统上是以恸哭和非常严肃的气氛为标志；但是在以色列建国之后，就不再广泛地奉行这一段庄严的仪式了。

犹太教新年前的一个月，特征是每天吹响羊角号，并且随着犹太教新年的到来，又重新开始了新的宗教年。

犹太教的饮食规定

自从它最早的圣经起源，犹太教就重视饮食清洁并且非常注重食材。一些以前的卫生学基本规则，已经发展成为有关礼仪洁净的规则。最近几个世纪，一些犹太人已经放宽了他们所遵循的某些饮食规则，在程度上或多或少的不同，是依据他们自己认为合适，以及他们所属犹太教支派的教义。

传统犹太教饮食习俗的基本信纲之一，是要根据宗教律法食用和处理食物。词语kosher（希伯来文：kasher）意为**"符合犹太教规的"**，而且特别是指食物的加工和食用。在肉类方面，肉被煮熟或吃掉之前必须排干所有的血，因为赋有生命的血液对于上帝而言是神圣的。在圣殿仪式中，供奉在祭坛上的血与其他牺牲是分开的，并且圣餐上祭司和分食的人只许吃不带血的肉（详见《利未记》第17章）。这则规定也确保了死在野外或被大型野兽杀死的动物——可能食用不安全的残骸——不被人们食用（详见《出埃及记》第22章第31节）。在实践中，有非常具体的屠宰、检查和保存食物的方法。

禁止吃猪肉和贝类海鲜（详见《利未记》第11章），可能是认为这些是食腐动物因此容易被它们吃的食物所污染。（猪肉里有时含有一种寄生虫——旋毛虫，只有高温蒸煮时能被杀死。）[32] 对于传统的犹太人，肉类和奶制品不能混合或是在一餐上同时食用。这也意味着一个"保持犹太饮食"的家庭必须持有两套独立的烹饪器具，包括锅、盘子等器皿——一套煮肉，一套用来烹饪奶制品。一些家庭甚至有分开的水池和冰箱。这些习俗来自一条来历不明的规则，它禁止用母羊的奶水烹饪小山羊或是羔羊（《出埃及记》第34章第26节）。有可能这种行为是因为残酷而遭到禁止；一些动物胚胎，在出生前从子宫中切割下来，则被认为是鲜嫩的佳肴。在母羊的奶水中烹饪幼崽的行为，也可能是与非希伯来的宗教习俗有联系并因此被禁止。

其他宗教实践

虔诚的犹太人每天在黎明、中午、黄昏定时做祷告，还会在就寝时间做私人祷告。在每周早上做祷告时，遵循传统的男性使用**经文护符匣**（tefillin）或称经匣，它们是两个装有经文篇章的小盒子；一个贴着额头用皮带裹在头上，而另一个贴在左上臂并用布条一直向下裹到手。它们以非常字面的意义来表明上帝的律法在祈祷者的头脑和情感之中（参见《利未记》第6章第8节）。**塔里特披巾**（talit，一种祈祷时用的披巾）——通常是白底，搭配黑色的条纹和流苏——祈祷时盖住男人的头和身体，表示在上帝眼前的谦卑。在不那么传统的犹太教类型里，有时不使用祈祷披巾，但是男人们戴上**无边帽**（希伯来语中是kippah，而在东欧犹太人的古老语言意第绪语中是yarmulke）。有时虔诚的男性为了表达他们在上帝面前的敬畏，醒着的时候头上一直盖着顶无边帽。

门柱圣卷（mezuzah）也有助于提醒人们上帝的存在，它放在家里大门的门柱上，有时也放在里面房间的门柱上（参见《利未记》第6章第9节）。如同经文护符匣，门柱圣卷是一个盛有圣经章句的小容器；人们进入房子或房间之前摸一下它。与经文护符匣不同的是，世俗的犹太人也使用门柱圣卷。

也许是因为将性能力和生命的起源看得特别神圣，犹太教有很多与之相关的习俗。一个男性出生后8天，为他命名，并进行割礼——由一个专家割下男孩阴茎上的包皮。这个仪式追忆上帝与希伯来人的圣约（参见《创世记》第17章和《利未记》第12章第3节）。犹太教里割礼习俗的起源不确知。也许它开始是一种卫生措施，用以防止炎热气候普遍引起的感染；但也有可能最初是作为一种方式来确认神对性和生育的控制。男性在13岁时举行一个成年仪式，或称"**男子成人礼**"（bar mitzvah），用以标志他进入青春期，这时一个小伙子成为法律承认的成年人。

在一些犹太教的分支里，12到18岁的女孩在成年仪式，即**女子成人礼**（bat mitzvah）中被人们承认。女人的行经期和分娩期也被认为是特殊的时期，以仪式性的经后沐浴和洁身礼庆祝。

尽管古时候在圣殿任职的祭司和战场上的士兵应当暂时禁欲，犹太教仍将性看作是积极的。犹太人尊重婚姻，并将抚养后代看作是生活的一个主要目的，只有艾赛尼派例外（参见《创世记》第1章第28节和第12章第2节）。

马克·夏加尔1914年的作品《维捷布克斯的拉比》，描绘了一个沉浸在祈祷中的俄国拉比，表现了一种近乎萨满的强烈情感。

虔诚的犹太人将一个装有托拉章句的门柱圣卷放在家中门旁，当他们进去时恭敬地摸一下。

第十二节　当代犹太教的分裂

我们发现犹太教既有文化上的不同，在遵循传统规则上也有差异。因此，一些评注者不说"犹太教"，而用"犹太文明"（Judaism）。

基于文化的分歧

犹太人中的巨大民族差异，引起了犹太教内的诸多文化分裂。理解这些分歧对领会犹太教的丰富多样，明了以色列所面对的挑战来说是重要的，这些社群的成员已经聚到那里一起生活了。

西班牙系犹太人（Sephardim，赛法尔丁犹太人）　赛法尔丁（Sephardic）的名字来自于一块神秘的土地赛法尔（Sephar，或称赛法拉德 Sepharad），人们认为它曾存在于距离以色列很遥远的西方，往往被等同于西班牙。当罗马在以色列战胜犹太人（公元 70 年和 135 年）之后，犹太人从以色列迁出并定居在遥远的土地上。尤其是西班牙南部成了繁荣的犹太生活中心，尤其是在穆斯林统治之时，但在公元 1492 年，随着基督教统治者驱逐穆斯林和犹太人，这种繁华的生活也结束了。**西班牙系犹太人**将他们的语言和文化带到了摩洛哥、希腊、土耳其、埃及、地中海地区的其他地方以及荷兰和英国。西班牙系犹太人共同的语言拉地诺语（Ladino）已被证实衍生自拉丁语，它是一种与希伯来词语混合的西班牙语，并且常常用希伯来字母书写。西班牙系犹太人直到最近大部分人迁徙到以色列时，才具有相当的数量。以色列的犹太人半数以上有西班牙系背景。

这座犹太会堂坐落于缅甸的仰光，远离通常的犹太人散居地和犹太移民区。尽管现在这座犹太会堂里没有拉比，却仍维护得像是随时会有个拉比到来。

德系犹太人（Ashkenazim，阿胥肯纳吉人）　阿胥肯纳吉（Ashkenazic）的名字来自于亚实基拿（Ashkenaz），一个定居在遥远的北方土地的挪亚后代（详见《创世记》第 10 章第 3 节）。**德系犹太人**是指那些以前居住在或是来自中欧的犹太人。有非常多的犹太人曾在波兰、乌克兰、立陶宛、拉脱维亚、德国和匈牙利繁盛了几个世纪，在大屠杀之前仅在波兰就居住着 300 万犹太人，往往整个城镇（称作犹太社区）都是犹太人的。阿胥肯纳吉犹太人的起源并不清楚，但最常见的观点是，他们是在公元 1000 年之后，从法国和其他西欧国家迁移到中欧的犹太人。

中欧犹太教的共同语言是意第绪语（Yiddish："犹太人的"），一种中世纪的德语，混合希伯来词语并用希伯来的字母书写。它繁盛之时，阿胥肯纳吉犹太教以意第绪语创作出了丰富的书籍、故事、歌曲和戏剧文化。阿胥肯纳吉文化最终因大屠杀而在欧洲终结，但是意第绪语在美国、加拿大和以色列存活了下来，即使其曾经似乎急速地衰退了下去，但是最近有了复兴的迹象。意第绪语文化为美国人的生活贡献了意第绪语词语和思想。（例如，电视使意第绪语单词 shlemiel 和 shlemozzel 流行——这是两种滑稽角色的名字。头一个单词来自于名字萨缪尔 [Samuel]。）意第绪语现在正被翻译成多种语言。

其他犹太人文化 犹太教的一种神秘类型存在于非洲埃塞俄比亚的法拉沙人之中。法拉沙人实践的宗教只接受托拉的五部书卷为正典——这是埃塞俄比亚犹太教可能相当古老的一种标志。犹太教还在印度西岸的一个小社区立了足，即使它现在的规模非常小。独特的犹太教文化也存在于也门、伊拉克和其他地方。

基于仪式的分歧

在当代的犹太教内部，还存在着基于宗教仪式的差异而产生的分歧。即使一些犹太人一直坚持传统习俗，另外一些分支却在发展时坚信，犹太教只有重新解释自己的传统才能保持活力。一共出现了四个分支。我们以最传统的开始看到最不传统的，但这些分支不是以这个顺序出现的。

正统派犹太教 传统的犹太教常被称为正统派（Orthodox）（图 8.2），但是我们可能回想到直到犹太教改革运动开始之前，没有必要为传统犹太教专门命名，因为当时所有犹太人的信仰和实践都是传统的。在某种意义上，正统派犹太教在改革运动开始之后才产生，并且是作为对改革的一种回应而产生的。当我们使用正统派这个词语指代传统犹太人时，我们也应当认识到正统犹太人中的繁多种类——特别是关于社会和政治立场。一些被称为种族平等主义者（integrationists）的人，寻求在世俗社会中发挥作用；而另外一些被称为分离主义者（separatists），他们想要离开社会过他们的传统生活方式。正统派犹太人还在他们对以色列国家的支持和对世俗教育的需求上有分歧。

于此，我们可以将正统派描述为一个承诺保留传统习俗和信仰的犹太教分支。一些详细的习俗如下：

- 正统派的犹太会堂区分开男性和女性，女性通常是坐在二层的楼座上。
- 举行礼拜式时，必须有由十名犹太男性组成的祈祷班（minyan）。

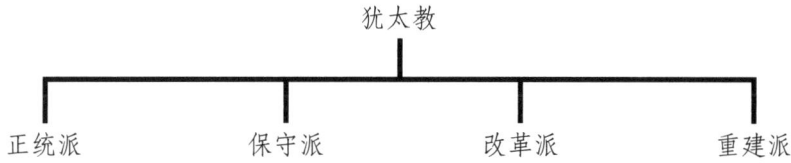

图 8.2 基于仪式的犹太教分支

- 礼拜式完全用希伯来语进行，并且由一名男性拉比指挥。
- 只有男性可以举行成年礼（男子成人礼）。
- 祈祷的男人佩戴塔里特披巾，而且在工作日早晨的祈祷中使用经文匣。
- 男性必须盖住头部（用无边便帽、晨祷披巾，或是礼帽），用以提醒上帝是高于一切的。
- 社会角色是严格区分开的（尤其是在极端的正统犹太人中）。男人是家庭的经济支柱，而女人负责管理家务。
- 男性的下巴上和耳朵前面的胡须有时留着不剪，以响应托拉里的诫命（《利未记》第19章第27节）。
- 一些正统派犹太教男性（尤其是隶属于某个特定的哈西德派社区的犹太人）还穿一种19世纪在中欧流行的服饰——黑帽子和黑色外套（通常是一顶河狸毛皮的帽子和一件黑色罩衣）。
- 已婚的正统派女人外出时有时头上盖上头巾。盖住头发是表示端庄，因为女人的头发被认为是对男人有挑逗性的。
- 正统派家庭严格地遵守关于饮食的传统律法。
- 正统派犹太人严格地遵守安息日禁止体力劳动的习惯。不允许烧饭，也不允许开车、长距离行走、拨电话，或者甚至是打开电灯。

局外人可能觉得这种生活方式太过严格会带来不便。但是正统派的人自己——尤其是那些出生在正统派家庭的人——认为这并不困难。他们甚至说它很令人满意，因为在每个清醒的时刻都自愿投入到了对上帝的崇拜之中。

在欧洲大陆，正统派犹太教几乎被纳粹毁灭殆尽。在以色列，即使只有十分之一的人口能被看作是传统的或是正统派的，这部分人也具有很大的政治权力。在美国，正统派构成了实践犹太教的人中一个规模很小的少数派，但它尤其是凭借哈西德派社区的努力，已经获得了认可和关注。

保守派犹太教　对于一些犹太人来说，欧洲的改革运动似乎太过激进了。**保守派犹太教**（Conservative Judaism）将自己的源头追溯到德国，但是它在美国犹太人中深深地扎下了根，这些人希望温和的改革同时契合对人们喜爱的传统的保护，例如在礼拜式中使用希伯来语。因此这支犹太教接受改变，但它以学习和讨论来仔细地指导改变。在美国，几乎半数虔诚的犹太人属于这个分支。

改革派犹太教　**改革派犹太教**由德国开始，始自一些犹太人彻底离开犹太区的生活而进入欧洲文化主流的愿望。对这个运动比较早期的影响来自摩西·门德尔松（Moses Mendelssohn，1729—1786），一位重要的思想家和作家。门德尔松尽管不是改革派的犹太人，却促进了改革派和正统派的形成。他论证了宗教忍耐力，认为犹太教可以与市民文化结合，并接受19世纪欧洲启蒙运动的很多理念——人的尊严、平等、个人自由、民主、世俗教育和科学的发展。这些理念在采纳它们的犹太圈子中带来了激进的改变，因为以改革的名义，每项传统的信仰和习俗都可能被质疑。

结果就是在改革派犹太会堂的崇拜中，男人和女人不分开坐，礼拜式同时用母语和希伯来语进行，唱诗班和风琴音乐很常见，披巾和经文匣或被使用或被放弃。在正统派中常见的穿着方式已经消失了。或许更重要的是，男女平等被采纳了。因此女人可以成为拉比，而且女孩可以接受成人礼并成为"诫命之女"。

重建派犹太教 这个犹太教最新也是最小的分支，发展自其创始人摩德盖·卡普兰（Mordecai Kaplan，1881—1983）的思想，他是一位幼时来到美国的立陶宛人。卡普兰受到了美国的民主思想和实用论影响。作为犹太教进步协会（the Society for the Advancement of Judaism）的领袖，卡普兰提倡一种世俗的观念，鼓励犹太人尽可能多地去熟悉犹太教的传统因素，但是给予他们个人解释的自由。传统犹太人以字面解释的信仰元素（例如天使、预言、启示的律法和弥赛亚）被**重建派犹太教**（Reconstructionism）作为有用的符号，其甚至以一种实用主义的视角将上帝的概念看作"使我追随更高理想的权能"。³⁴ 重建主义没有去寻找保留犹太教要素的信仰和习俗，而是将犹太教看作一股变化中的文化力量，拥有许多元素和现象。以这种观点看来，犹太教这种文明"以文学、艺术、音乐甚至烹饪表达着自己。它从未止步不前，而是一直在演变"。³⁵

一个年轻的姑娘正大声朗读着托拉，这是她完成成人礼的标志。

第十三节　犹太人的身份认同与犹太教的未来

当代的犹太教尤其要面对两个大的问题，它们之间也不可避免地有关联：什么是一个犹太人的必要因素？犹太教可以生存下来吗？

犹太人中的文化和宗教分歧已经表明，现今定义何为犹太人是多么困难。三百年前不存在身份认知的问题，实践传统犹太教的人就是犹太人。然而，现在犹太人的身份不再那么容易确定。尽管正统犹太教会认为，如果一个人的母亲是犹太人那他生下来就是犹太人，但它没有提到实际情况，而且现今有很多不奉行传统的犹太人。个人也可以选择改信犹太教。然而，一些正统派犹太教拉比拒绝接纳皈依犹太教非正统分支的人。犹太教当然是一个宗教，但是在信仰和习俗上有很大的分歧，并且很多人即使不信奉这个宗教，仍把自己看作是犹太人。

此外，任何一种把犹太人界定为从属于某个单独的文化或民族团体的尝试几

当代议题

生态犹太教

由于强调道德生活,犹太教一直保有关于人类应当如何适当地与环境相处的基本原则。然而,希伯来经文的书写,远在地球环境成为紧近问题之前。在努力更新生态智慧的信仰观点的过程中,当代担心环境的犹太人重新寻访于传统圣经资源。

希伯来经文为环保人士提供了两个价值观的故事。头一个故事是亚当和夏娃的,他们被上帝指派去保护伊甸园。第二个是挪亚和大洪水的故事。将动物成对收集进方舟,挪亚挽救了这些动物(以及它们的后代)免于灭亡。因此现代环保人士可以将亚当、夏娃和挪亚看作是第一批动植物物种的守护者。

希伯来经文也提供了重要的章节,表明创世时的神圣之手宣扬对自然,尤其是对动植物的尊重。《创世记》为创世神话收尾时说道,上帝看着他所创造的宇宙说"甚好"(《创世记》第1章第31节)。《诗篇》第19章开头便说:"诸天述说神的荣耀,穹苍传扬他的手段,"并且《诗篇》第104章是一首赞扬自然之美的赞美诗。《申命记》提出了特殊的规则,讲述即使是在战时也不可糟蹋果树(《申命记》第20章第19节)。圣经也显示了对农业土地和动物可持续使用的关注。为了使土地恢复它的矿物和营养,经文中要求每七年要休耕一次(《利未记》第25章第3节至第4节),而且在安息日让动物休息(《出埃及记》第20章第10节)。

当代的犹太人越来越多地表达着对环境的关心。以色列西班牙系和德系的首席拉比们发布了声明,呼吁人们要更加尊重土地。以色列正着手保护约旦河与死海。(约旦河正由于叙利亚、约旦及以色列的农业而急速地枯竭,并且这也反过来导致死海的耗竭。)几个以色列的集体农场(kibbutzim,社区)种植有机水果和蔬菜。在英国和美国,犹太团体正在努力保护湿地、建立回收中心以及在犹太学校中加入环境教育。

借鉴圣经的话语,现代环保人士摩谢·康菲尔德(Moshe Kornfeld)为当今世界重新解释了上帝的诫命。据康菲尔德说,上帝告诉今日的人们:你应当全身心地节约使用、循环使用自己拥有的资源。并且我要求你们今日发自内心地关注地球。而且你当经常教导子女可持续性的重要:当你坐在用能源之星认证的家中时,或者在你骑自行车去上班时,在你入睡和醒来时。而且你手上应有非一次性的杯子作为标志,用有机棉的帽子为眼睛遮阳。[33]

乎都是不可能的。犹太人在种族上和思想上都种类繁多,只要亲自参观以色列就会很清楚地看到这个事实。虽然关于犹太人的身份认知问题仍然没有明确的答案,但由于犹太人越来越多地与非犹太人通婚,这个话题变得愈加重要了。

犹太教历史充满了被外族侵占与受难的事件。在过去的一个世纪中,世界犹太人口被消灭了将近三分之一。不过,犹太教历史也打上了意志坚忍的烙印。犹太教强劲坚韧的适应力要在很大程度上归功于它对不断变化的境况和环境的应变能力。这种能力表明,在将来的几十年里犹太教会再次采取新的形式,获得新的生命。

希律王圣殿的全部遗迹——耶路撒冷的哭墙和耶路撒冷最古老的建筑之一圆顶清真寺只相隔几百英尺。解决以色列人和巴勒斯坦人之间棘手的冲突是犹太教未来的一个关键。

延伸阅读

安息日蜡烛的祝福

艺术家马克·夏加尔的妻子贝拉·夏加尔记述了在她的童年时代一个传统的犹太家庭是如何过安息日的。当家庭中的母亲向蜡烛祈福并为家人祈祷时，安息日就开始了。

她手里拿着根火柴，点燃了一根又一根蜡烛。七盏烛火都开始颤抖。火焰闪耀在母亲的脸上，像是身上被施了魔法一样，母亲低垂着眼睛，连续三次，她缓慢地用双臂圈起这些蜡烛；她看上去像是要将它们带进心脏里。就这样，她平日的忧虑随着蜡烛消散了。

她向蜡烛祈福。她在手指间低声祝福，那话语使火焰燃烧得更旺了。母亲放在蜡烛上的手闪着光，像是光明圣柜（the Hol yark）上的十诫碑。

……我听到母亲在她的祝福祈祷中提到了一个名字，接着又有一个。她提到了父亲、孩子们、她自己的父母。现在，是我的名字落进了蜡烛的火焰中。我的喉咙很热。

"愿那至高者为他们赐福！"母亲结束了祈祷，终于把手放下了。[36]

自我测试

1. 公元70年，耶路撒冷的第二圣殿被罗马人摧毁，导致了以色列_____仪式宗教的终结。
   A. 以圣殿为基础的　　　　　B. 多神崇拜的
   C. 拉比的　　　　　　　　　D. 族长的

2. 希伯来圣经划分为三个部分：_____。
   A. 梨俱、夜柔、阿闼婆　　　B. 亚当、夏娃、挪亚
   C. 创世记、出埃及记、民数记　D. 托拉、先知书、圣录

3. _____是第一位希伯来祖先。上帝与他建立了神圣的契约，其中包含应许之地、庇护和子孙满堂。
   A. 亚伯拉罕　　B. 挪亚　　C. 以赛亚　　D. 创世记

4. 《创世记》中的一个故事里，雅各整夜与一个神秘的陌生人——他是上帝或者上帝的天使——摔跤。到了黎明，搏斗结束了，而且陌生人给了雅各一个新名字，_____，它意为"与上帝角斗"。
   A. 犹大　　B. 以色列　　C. 约瑟　　D. 挪亚

5. 在希伯来语中，上帝的名字，通常与动词hayah（"成为"）联系在一起，通常写作_____。
   A. Baal　　B. Adonai　　C. Yahweh　　D. Adam

6. 巴比伦_____包含律法材料和非律法的故事与传说。
   A. 圣录　　B. 塔木德　　C. 托拉　　D. 圣约书

7. 在18世纪的欧洲，犹太传统主义者在塔木德的学术研究以及虔敬运动_____（"忠诚""虔诚"）上表达着自己。
   A. 哈西德主义　　B. 赛法尔丁　　C. 犹太教保守派　　D. 艾赛尼

8. 到"二战"结束时，估计有六百万犹太人被杀害。这次巨大的损失被称为_____（希腊语："烧尽"）或Shoah（希伯来语："灭绝"）。
   A. 大流散　　B. 米德拉什　　C. 大屠杀　　D. 普林节

9. 传统的犹太教经常被称为_____犹太教。
   A. 改革派　　B. 正统派　　C. 重建派　　D. 赛法尔丁

10. _____是犹太教最新和最小的分支，由其创始人摩德盖·卡普兰的思想发展而来。
    A. 重建派犹太教　　B. 改革派犹太教　　C. 保守派犹太教　　D. 卡巴拉

11. 思考下面的陈述："整个希伯来圣经中似乎最着重强调的概念，是上帝想要他的追随者献身于他，并且仅他一人。"以本章中讨论过的希伯来圣经故事为例，你同不同意这个陈述？如果不同意，你觉得什么是希伯来圣经中最着重强调的？

12. 在正统派和改革派犹太教的诸多区别当中，你认为哪两点造成了这两个

分支之间的强烈分歧？使用本章的例子，解释你为何认为这两点区别造成了如此大的分歧。

参考资源

图 书

Alter, Robert. *The Five Books of Moses*. New York: Norton, 2004. 一名出色的学者对"摩西五经"的新译本。

Armstrong, Karen. *A History of God: The 4,000-Year Quest of Judaism, Christianity and Islam*. New York: Ballantine Books, 1994. 这本书陈述了上帝的概念在数百年中是如何变化的，以及犹太教、基督教和伊斯兰教是如何影响一神论的。

Bellis, Alice. *Helpmates, Harlots, and Heroes: Women's Stories in the Hebrew Bible*. Westminster, MD: Westminster John Knox Press, 1994. 对希伯来圣经中有关女人的流行故事的女权主义阐释。

Frank, Anne. *Anne Frank: The Diary of a Young Girl–The Definitive Edition*. New York: Doubleday, 1995. "二战"期间的荷兰，一名与家人躲藏起来的犹太女孩的完整日记。

Frankl, Viktor. *Man's Search for Meaning*. 修订版。New York: Washington Square Press, 1997. 一本两部分的书，描写了作者在数个集中营里的恐怖经历，然后给出了作者关于人类对意义的需求的反思。

Friedman, Richard E. *The Bible with Sources Revealed*. San Francisco: Harper, 2003. 清晰地解释了托拉的起源。

Frymer-Kensky, Tikva, ed. *Reading the Women of the Bible: A New Interpretation of Their Stories*. New York: Schocken, 2004. 由女性拉比所写的，从女性观点出发对托拉的思考。

Grossman, David. *The Yellow Wind*.（附有作者所写新后记。）New York: Farrar, Strausand Giroux/Picador, 2002. 对以色列人和巴勒斯坦人之间关系的有力反思。

Leegant, Joan. *An Hour in Paradise*. New York: Norton, 2003. 来源于犹太教的十个故事，有关许多地方的不寻常的人。

Steinsaltz, Rabbi Adin. *A Guide to Jewish Prayer*. New York: Schocken, 2002. 一位优秀犹太教法典学者对犹太教祈祷的权威审核。

Yehoshua, A. B. *The Lover*. New York: Harcourt Brace/Harvest, 1993. 一部受人称赞的小说，由一位犹太作家所写，探索以色列人生活中的张力。

电影 / 电视

Bill Moyer's Genesis: A Living Conversation.（PBS.）一部十集的连续剧，调查《创世记》

中故事对犹太教、基督教、伊斯兰教和世界文学的影响。

Eye of the Storm: Jerusalem's Temple Mount.（Films Media Group.）对世界上争夺最激烈的地点——犹太教、基督教和伊斯兰教的神圣场所的一系列观点。

Heritage: Civilization and the Jews.（PBS.）一部关于圣经时代到现在的犹太民族历史的纪录片。

The Jewish Americans.（Director David Grubin; PBS.）一部记述从殖民时代到现在的犹太裔美国人生活和贡献的迷你剧。

Judaism: Bar Mitzvah Boys.（Films Media Group.）关于犹太男孩13岁成人礼的概览。

The Ten Commandments.（Director Cecil B. DeMille; Paramount.）经典的摩西故事电影版，查尔顿·赫斯顿（Charlton Heston）领衔主演，饰演希伯来人领袖埃及王子。

Trembling Before G-d.（Director Sandi Simcha Dubowski; New Yorker Video.）一部获奖纪录片，调查正统派同性恋犹太人的个人故事，他们努力调和自身的性取向与对传统犹太教的信仰，传统犹太教是禁止同性恋的。

Yentl.（Director Barbra Streisand; MGM.）一个由芭芭拉·史翠珊（Barbra Streisand）所饰演的女孩想成为拉比的故事。

音乐 / 音频

Cantorials for the High Holidays: Roshashona and Yom Kippur.（Smithsonian Folkways.）一张希伯来祈祷者在大圣日期间演唱的唱片。

Legendary Cantors.（Nimbus Records.）一张传统犹太礼拜仪式音乐的合辑，由20世纪上半叶的唱诗班领唱者们演唱。

Religious Music of the Falashas.（Smithsonian Folkways.）一张埃塞俄比亚犹太人的宗教音乐唱片。

Sacred Chants of the Contemporary Synagogue.（Bari Productions.）一张在一座德国犹太会堂，女中音歌手 Rebecca Garfein 作为首位女性领唱者所作的开创性表演的唱片；它包含了希伯来语和意第绪语的歌曲和祈祷。

Thank God It's Friday! : The Music of Shabbat.（Vox.）一张犹太安息日的音乐合辑，包含 Samuel Cohen, Louis Lewandowski 和 Felix Mendelssohn 的传统音乐作品。

互联网

The Jewish Virtual Library：http://www.jewishvirtuallibrary.org/index.html. 一部全面的犹太教在线百科全书，有超过13000篇文章和6000幅图片及地图；主要包括历史、女人、大屠杀、旅行、地图、政治、地理、以色列和宗教。

Judaism 101：http://www.jewfaq.org/index.htm. 一部犹太教的在线百科全书，有关于信仰、人、地方、事物、语言、经文、节日、习俗和惯例的内容。

Navigating the BibleⅡ：http://bible.ort.org/intro1.asp?lang=1. 成人礼的在线辅导教师，网站包含早期希伯来人中的希伯来圣经关键信息，有录音、翻译和注释。

重要词汇

德系犹太人（Ashkenazim, *ash-ken-ah'-zeem*）：以前居住在或是来自于中欧的犹太人。

男子/女子成人礼（bar/bat mitzvah）："诫命之子/之女"（亚兰语）；标志着年轻人被法律认可的犹太社团内成人的成年礼。

圣经犹太教（biblical Judaism）：在第二圣殿摧毁（公元70年）之前的犹太教。

迦南（Canaan, *kay'-nun*）：以色列地的古老名字。

保守派犹太教（Conservative Judaism）：试图将新旧犹太教的精华相混合的分支。

圣约（covenant）：契约；希伯来民族与他们的神 Yahweh 之间的契约。

移居地（diaspora, *dai-as'-po-rah*）：犹太人流散出以色列，大多到了波斯、埃及和地中海地区。

艾赛尼派（Essene）：隐居的半修士的群体，兴盛于公元前150年到公元68年。

光明节（Hanukkah, *ha'-nuk-kah*）：追忆重新使用第二圣殿的初冬节日，庆祝时将蜡烛点燃八天。

大屠杀（Holocaust）：纳粹党摧毁欧洲犹太人的事件；也被称为 Shoah（希伯来文："灭绝"）。

卡巴拉（Kabbalah, *kab-bah'-luh* 或 *kab'-bah-luh*）："被承认的""流传下来的"；整个犹太教神秘主义文学。

圣录（Ketuvim, *ke-tu-veem'*）"文集"；希伯来圣经的第三部分，由早期的诗歌、箴言和文学作品构成。

符合犹太教规的（kosher, *koh'-shur*）："合乎教规的"；尤其是指对食物的准备和食用。

犹太教烛台（menorah, *me-noh'-ruh*）：一种通常包含七个——偶尔是九个——分支的烛台，用于宗教庆祝活动。

弥赛亚（Messiah, *mes-sai'-uh*）：上帝所派遣的拯救者，犹太人期待着他的到来（详见《但以理书》第7章第13节至第14节）。

米德拉什（midrash, *mid'-rash*）："研究"；拉比对经文和口传律法的评注。

先知书（Nevi'im, *ne-vee-eem'*）："先知"；希伯来圣经的第二部分，由历史书和先知书构成。

正统派犹太教（Orthodox Judaism）：犹太教最传统的分支。

逾越节（Passover, 或 Pesach）：愉悦的春季节日，追忆希伯来人逃离埃及，从压迫中得解放。

法利赛派（Pharisee）：第二圣殿时期的教派，强调遵守圣经的法规。

先知（prophets）：接受上帝的启示而为他代言的人。

普林节（Purim, *poo'-reem*）：早春季节的愉悦节日，追忆犹太人幸免于难，如《以斯帖记》所述。

拉比（rabbis, *rab'-bai*）：宗教导师；犹太教的祭司。

拉比犹太教（rabbinical Judaism）：在第二圣殿摧毁（公元 70 年）之后发展出的犹太教。

重建派（Reconstructionism）：犹太教的一个自由主义分支，强调犹太教的文化方面。

犹太教改革运动/改革派（犹太教）（Reform）：19 世纪开始的一场运动，质疑犹太教并使其现代化；犹太教中的一个自由主义分支。

哈桑纳节（Rosh Hashanah, *rosh ha-sha'-nah*）："一年的开端"；是在农历七月，庆祝犹太新年。

安息日（Sabbath）："安息"；一星期中的第七天（星期六），祈祷并从工作中停下来休息的一天。

撒都该派（Sadducee, *sad'-dyu-see*）：祭司阶层的教派，在第二圣殿时期极具影响力。

逾越节家宴（Seder, *say'-dur*）："命令"；逾越节期间仪式性的晚餐，是为了纪念希伯来人逃出埃及。

西班牙系犹太人（Sephardim, *se-far'-deem*）：西班牙、摩洛哥等地中海地区的犹太人。

住棚节（Sukkot, *soo-koht'*）："棚屋"；仲秋时的节日，追忆犹太人逃离埃及之后在荒漠流浪的时期。

塔里特披巾（talit, *tah'-lit*）：虔诚的男性所披戴的祈祷时使用的披巾。

塔木德（Talmud, *tahl'-mood*）：对希伯来经文的百科全书式评论。

塔纳赫（Tanakh, *ta-nak'*）：完整的希伯来圣经，由托拉、先知书和圣录组成。

经文护符匣（tefillin, *te-fil'-in*）：经文匣（phylacteries）；两个装有圣经篇章的小盒子，正统派的男性在每周的晨祷时佩戴在头和左臂上。

显圣（theophanies, *thee-ah'-fuh-nee*）：上帝的神示或显现。

托拉（Torah, *toh'-rah*）："教导""训导"；希伯来圣经的前五卷；也是上帝的附加诫令，很多人相信是由摩西经教师和拉比之口连续传下来的。

西墙（Western Wall）：耶路撒冷最后一座圣殿西面墙壁的基石，现在是祈祷的场所。

无边帽（yarmulke, *yar'-mool-kah*）：虔诚的男性所穿戴的无沿盖帽。

赎罪节（Yom Kippur, *yohm kip-puhr'*, the Day of Atonement）：犹太年中最神圣的日子。

奋锐派（Zealot）：一个反罗马的爱国主义派系，活跃于罗马统治以色列时期。

犹太复国运动（Zionism）：鼓励以色列建国并支持以色列国的一场运动。

注　释

1. 这个理论被称作底本学说（Documentary Hypothesis）。更多详情参见 Stephen Harris 的 *Understanding the Bible*，第三版（London: Mayfield, 1992），第 53～59 页。

2. 希伯来圣经的希腊文译本常称为"七十士译本"（Septuagint）。七十士译本的详情参见 Henry Jackson Flanders, Robert Wilson Crapps 和 David Anthony Smith 的 *People of the Covenant*，第四版（New York: Oxford University Press, 1996），第 21 页。

3. 译自 *Tanakh—The Holy Scriptures*（Philadelphia: The Jewish Publication Society，1985）。
4. 强调字体为作者所加。
5. 《牛津新注释版圣经》（New York: Oxford University Press，1991）。
6. 犹太出版协会（Jewish Publication Society）所给出的翻译（1985）只有希伯来短语"Ehyeh-Asher-Ehyeh"；它上面有注脚，说它确切的希伯来文意义无法确定，但通常的翻译是"我是自有永有的"（第88页）。
7. 词语 Yahweh 和 Adonai（也拼作 Adonay）最终被混合创造了 Jehovah 这个名字，在英文版《圣经》中使用。
8. 《申命记》也许构成了希伯来人进入迦南的第一本历史卷册，这段历史在《约书亚记》和《士师记》中继续讲述着。
9. 尽管现在我们会觉得动物献祭的想法很可怕，但是应当意识到在当时全世界这都很普遍，甚至是在印度和中国。它实现了好几种功能。崇拜者常常认为共享圣餐的仪式可以让他们与神灵合一。会降到人类头上的惩罚将转移到献祭的动物上。它还表明是神灵掌管着所有的生命。
10. 《出埃及记》第20章第2节至第17节，摘自 *Tanakh—The Holy Scriptures*。
11. 最著名的是在叙利亚南部的杜拉欧罗普斯（Dura Europos）。
12. 《牛津新注释版圣经》。
13. 有两处是亚兰语的长段落：《但以理书》第2章第4节至第7章28节和《以斯拉记》第4章第8节至第6章第18节。《创世记》（第31章第47节）和《耶利米书》（第10章第11节）中也出现了亚兰语的短节。
14. 很多其他的宗教书卷非常流行，但最终没有被以色列的犹太人选为正典。然而，几部附加的书卷被住在埃及的以色列人选为正典，例如《德训篇》（*Sirach*）、《所罗门智慧书》（*The Wisdom of Solomon*）和《马加比书》（*Maccabees*）（天主教和东正教基督徒随后也将它们纳入了正典）。
15. 撒都该（Sadducee）这个名字可能来自 Zadok（或 Sadoc），大卫王时代一名祭司的名字。
16. 法利赛（Pharisee）这个名字可能来自一个表示"分离"的希伯来文单词——指的是认真实践宗教律法的洁净礼仪。
17. 艾赛尼派的二元世界观，很有可能受到了波斯宗教琐罗亚斯德教（Zoroasreianism）的影响，而且他们半修道式的生活方式受到从印度传至埃及的修道理想的影响。
18. *Union Prayer Book*（New York: Central Conference of American Rabbis，1959），第一部，第166~167页。
19. 《佐哈尔》中的一段文字，引自 *The Wisdom of the Kabbalah*，Dagobert Runes 编（New York: Citadal，1967），第172页。
20. 引自 Gershom Scholem 的 *On the Kabbalah and Its Symbolism*（New York: Schocken，1969），第103页。

21. 电影《燕特尔》开头所展示的价值观，就有对《创世记》的神秘主义解释。
22. 伟大的犹太作家 Martin Buber，搜集并出版了两册哈西德谚语，上册有很多巴尔·谢姆·托夫的故事。*Tales of the Hasidim: Early Masters*（初版 1947 年；New York：Schocken，1973）。
23. Louis Newman, *Hasidic Anthology*（New York: Schocken，1975），第 148 页。
24. 同上，第 149 页。
25. Bella Chagall, *Burning Lights*（New York: Schocken，1972）。这本书包含 Marc Chagall 的 36 幅画作。
26. Anne Frank, *The Diary of a Young Girl*（New York: Pocket Books，1959），第 222 页。
27. 同上，第 192~193 页。
28. 同上，第 233 页。
29. 安息日的起源并不确定。它可能受到了巴比伦文化的启发，也可能是希伯来人所特有的。然而，将一个农历月划分成七天的时间段，非常合乎情理。
30. 这个故事的文字真实性令人怀疑。我们也许能注意到，以斯帖和末底改的名字非常接近巴比伦的神灵伊师塔（Ishtar）和马尔都克（Marduk）。因此这个节日可能来源于巴比伦关于生殖的一个节日。
31. 逾越节出现在犹太阴历的正月，这个事实也许可以表明它一度是犹太教的新年。
32. 人们以前也有可能认为猪和贝类海鲜是"不洁"的动物。洁净的陆地动物（例如绵羊和山羊）反刍且有分蹄；洁净的海洋动物有鳞片。所有其他的动物都是"不太洁净"的。
33. http://www.zeek.net/708enviroment/.
34. Leo Trepp, *Judaism: Development and Life*（Belmont, CA: Dickenson Publishing，1966），第 75 页。
35. 同上。
36. Chagall, *Burning Lights*，第 48~49 页。

访问在线学习中心 www.mhhe.com/molloy5e，以获得更多的练习和资料，包括"教室之外的宗教"和"更充分的理解"。

第九章

基督教

第一节 初次相遇

你来到了埃及,观赏那里的宏伟景象:尼罗河、吉萨的金字塔,还有卢克索的寺庙。当你在开罗的旅馆前面靠近埃及博物馆的地方,你叫好一辆出租车,司机在某天午后载你去金字塔。车辆缓慢前行,喇叭声不绝于耳。你从车窗里看到,一只驴子拉了一辆装满金属管子的大车,一个女人头上顶着一盘面包,一个男孩顶着一盘咖啡杯,还有一辆装满了西瓜的过载卡车和老旧的汽车,还有闪亮的黑色高级轿车争抢道路。

你的出租车司机是盖吉斯,一个留着灰短胡须的和善中年男人。他开车时打开车窗,一路上和其他的出租车司机聊着天。你们到了金字塔附近时,他说:"如果等到黄昏,你就能看到声光一体表演。游客们喜欢金字塔上打的绿色镭射光。我可以自己在吉萨吃晚饭,之后来接你回去。"这听起来像是个不该错过的体验。于是你答应了他。

你想过,金字塔曾是在远离城市的孤寂沙漠中,它们现在就在必胜客、婚纱店、商店和公寓的街区旁边。显然,开罗市在前一段时间把沙漠

城市化了。

灯光表演结束之后,很难相信你能在涌动出的人海中找到盖吉斯。幸好,后来他找到了你。"来,快点,"他说着,并飞快地把你带走了。返程过河时,你问起了他的背景。

"我是一个科普特人,"这个埃及基督徒说,"而且我是以圣乔治的名字命名的。"为了证实他所说的,盖吉斯举起了他的左胳膊。在昏暗的灯光里,你看见在他左手腕内侧文上的一个小蓝十字架。不久,你得悉了他的出生地(在亚历山大港)和他的亲戚(在萨斯喀彻温——加拿大一个省,译注)。他给你讲述了有关科普特基督教的事情。

"它非常古老。第一位主教是写福音书的圣马可。我们的教宗欣诺达(Pope Shenouda)和多任教宗都继承了他的法统。我们科普特人在埃及只占10%的人口,但是我们的教会势力很强大。"为了提起你的兴趣,他给你讲了其他你可能想去的地方。他提出要带你去开罗的老科普特区。"它在尼罗河岸边,离你的旅馆不是很远,"他怂恿你说。你答应周五早上在旅馆前和他碰头。

周五那天你参观了三个教堂。因为是耶稣受难日(Good Friday,指复活前的星期五——译注),所以有好多活动,而且所有的教堂里都出人意料地挤满了礼拜者,几个小时后排满了特别的礼拜仪式。在一所教堂里,一名祭司站在通往至圣所(犹太教中,帐幕和后来犹太圣殿中最内层的位置,用幔子和外面的圣所隔开。——译注)的门前,显然在为一群听众解释着什么。在参观的最后一所教堂里,你看到外面的一幅画上画着马利亚和耶稣坐在驴子上。盖吉斯解释说,这所教堂标志的是耶稣一家来访埃及时所待的地点。你很怀疑,但在教堂的地下室看到的一个大标志证实了他所说的内容。

你们沿着老街,一路走出了科普特区,盖吉斯给你讲了更多有关科普特人的事儿。"科普特人曾指最初的基督教隐士,"他自豪地说,"我们的教皇以前是个修道士,在沙漠里过着精神充沛的修士生活。现在他还把一些祭司和修道士送到了美国。我知道有些是去了新泽西。"

回到了你的旅馆门前,盖吉斯又有个提议。周日他会去圣马可大教堂的圣餐礼。"教皇欣诺达会出现的。仪式会很久,但是非常漂亮。你愿意去吗?"

"太好了,"你说,"但我们得坐在靠近门的地方。

"好,"他说,"在那个位置空气也不会太闷。"

周日你和盖吉斯开车来到的地方,门后掩映着一座巨大的圆顶教堂。穿着深蓝西装的高大男人,看着像保镖,站在通往教堂的通道边上。在里面,一条巨大的紫色帷幔挂在至圣所的大门上。上面缝着一头翼狮。"那象征着圣马可,"盖吉斯低语道。在至圣所的左边有一把像王座的木椅子。"那是教皇的椅子,圣马可的宝座。"

圣餐礼在焚香和歌声中开始了。没有风琴,但唱诗班用了小鼓和铙钹。这种

深度视角

基督教的纪年体系：B.C. 和 A.D.

基督教的影响在欧洲的纪年体系上体现得很明显，它现在已经被全世界普遍采用。罗马帝国记事起始于罗马的建立（公元前753），但是一名基督教修士狄奥尼修斯·伊希格斯（即小丹尼斯［Dennis the Little］，约公元470—540）设计出了新体系。新的体系以耶稣的降生为历史的中心事件。因此使用"B.C."，意为"在基督之前"（Before Christ），和A.D.，源自"在我主之年代"（in the year of our Lord）的拉丁文 Anno Domini。人们选定的耶稣降生的年份可能有误，现在学者们认为耶稣是在公元前4年出生的（《马太福音》第2章第1节和《路加福音》第2章第2节给出的耶稣降生年份并不一致。）并且，由于罗马数字中没有零，因此新的年代体系是以公元一年而非公元零年开始的。由于这套纪年体系源自基督教，很多书籍（包括我们这本）现在使用稍作修改的缩写："B.C.E."，意为"公元前"（Before the Common Era）；"C.E."，意为"公元"（Common Era）。

主的晚餐的形式是你前所未见的。有时你只能听到祭司的声音，因为至圣所的门周期性地关上时你就看不到圣餐台了。仪式以领圣餐礼结束。这全部过程中，人们——男人在左侧，女人在右边——都特别地虔敬。

回到旅馆后，你回想看到和听到的东西。你知道，主的晚餐与耶稣和他的信徒们的最后一顿晚餐有关。但焚香和铙钹是怎么回事？这些仪式是怎么产生的？你听过罗马有教皇，但从没听过埃及也有教皇。这另一个教皇是如何产生的？你想知道，如果现在耶稣与你站在一起，他会有什么想法。最后，埃及教会——还有，在这个变化的世界中基督教自身的未来会是怎样的呢？

第二节 耶稣生平及教导

从犹太教中发展出来的基督教，对世界历史有着重要的影响。在讨论它的成长和影响之前，我们必须研究耶稣的生平。人们认为他是基督教创始人，还有一些谈论他生平的早期经文。

在耶稣诞生之前，以色列地一再被强邻侵占。在耶稣时代，以色列被称作巴勒斯坦，并成为罗马帝国的一部分——但并不是出自情愿。这块地区充斥着不安，宗教和政治的派系斗争运动如火如荼。正如我们在第八章所讨论到的，爱国者想驱逐罗马人。撒都该人，一群耶路撒冷的祭司，继续执行着犹太教的圣殿仪式，别无选择地接受了罗马人的占领。艾赛尼人，一种半苦行主义运动的成员，在沙漠或乡间过着禁欲的生活；他们中的大部分人有意远离耶路撒冷的堕落生活。法利赛人，一群虔敬犹太人，他们发起了世俗化运动并专注于一丝不苟地履行犹太

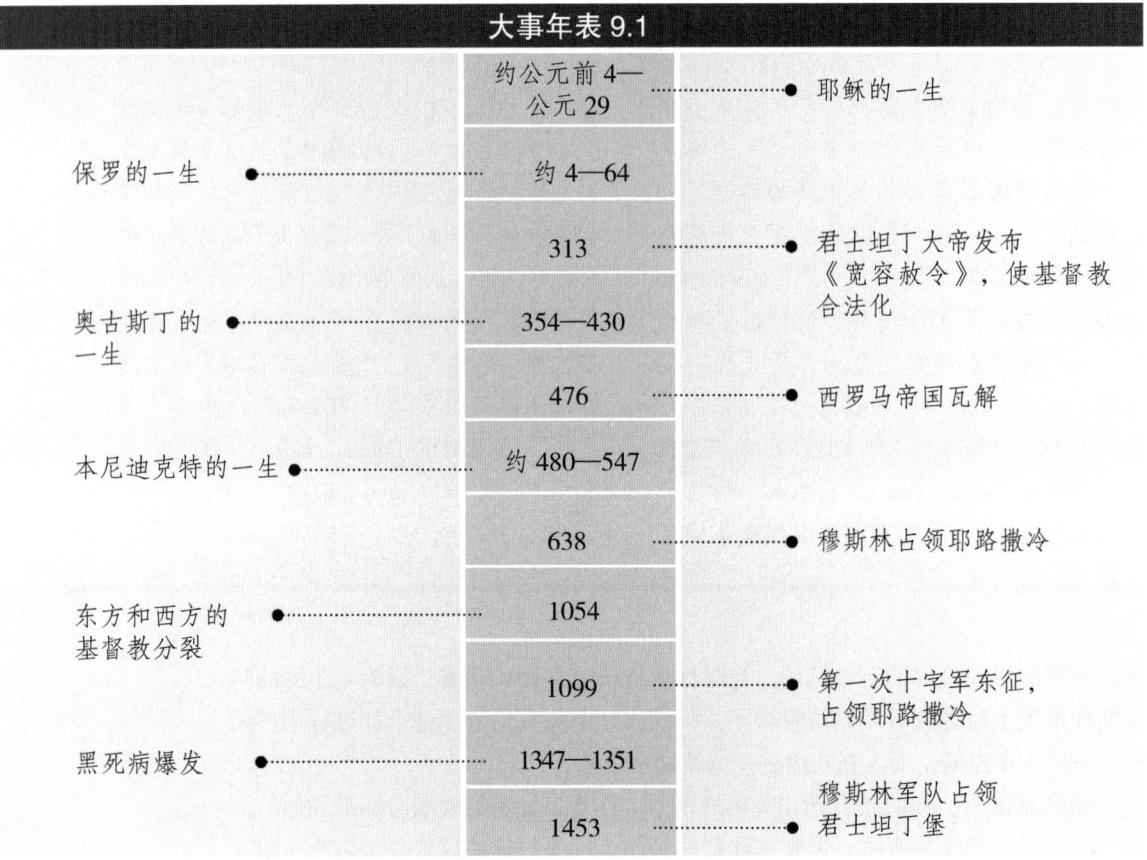

基督教重大历史事件时间表

律法。

耶稣时代的很多犹太人认为，他们生活在"末世"。他们期盼着一段动乱和困苦的时期以及一场最终的大战，那时上帝将会消灭虔诚犹太人的所有敌人。他们相信，上帝将会开创一个公正和仁爱的新时代。一些人期盼着新的伊甸园，经过神的审判之后善人留在那里，整年可以吃到水果，女人分娩不再疼痛。大部分犹太人共同抱有一个希望：罗马人受到驱逐，作恶者被惩罚，上帝的使者**弥赛亚**（Messiah）终将临在。耶稣时代的犹太人都有一个共同的期盼，弥赛亚将会是大卫王的后裔，是个国王或者军事将领。（弥赛亚这个名字意为"涂油的"，也指涂抹橄榄油并选为王的涂油礼。）很多人认为弥赛亚已经在他们的一些神圣书籍——例如《以赛亚书》《弥迦书》《但以理书》——中预示过了，并且他们期待由他来统领新世界。

大约两千年前，耶稣降生到这片复杂的土地上（大事年表9.1）。传统的教诲讲述了以色列北部的小镇拿撒勒，一个奇迹的起源地，圣母马利亚在一个离耶路撒冷不远的南方小镇伯利恒生下了他。它讲述了智者在婴儿降生后不久就追随一颗启明星找到了他。艺术作品中常见的传统耶稣肖像表明，他在早年一直待在北部省份加利利，帮助他养父约瑟做一名木匠。这些传统细节的某些真实性——

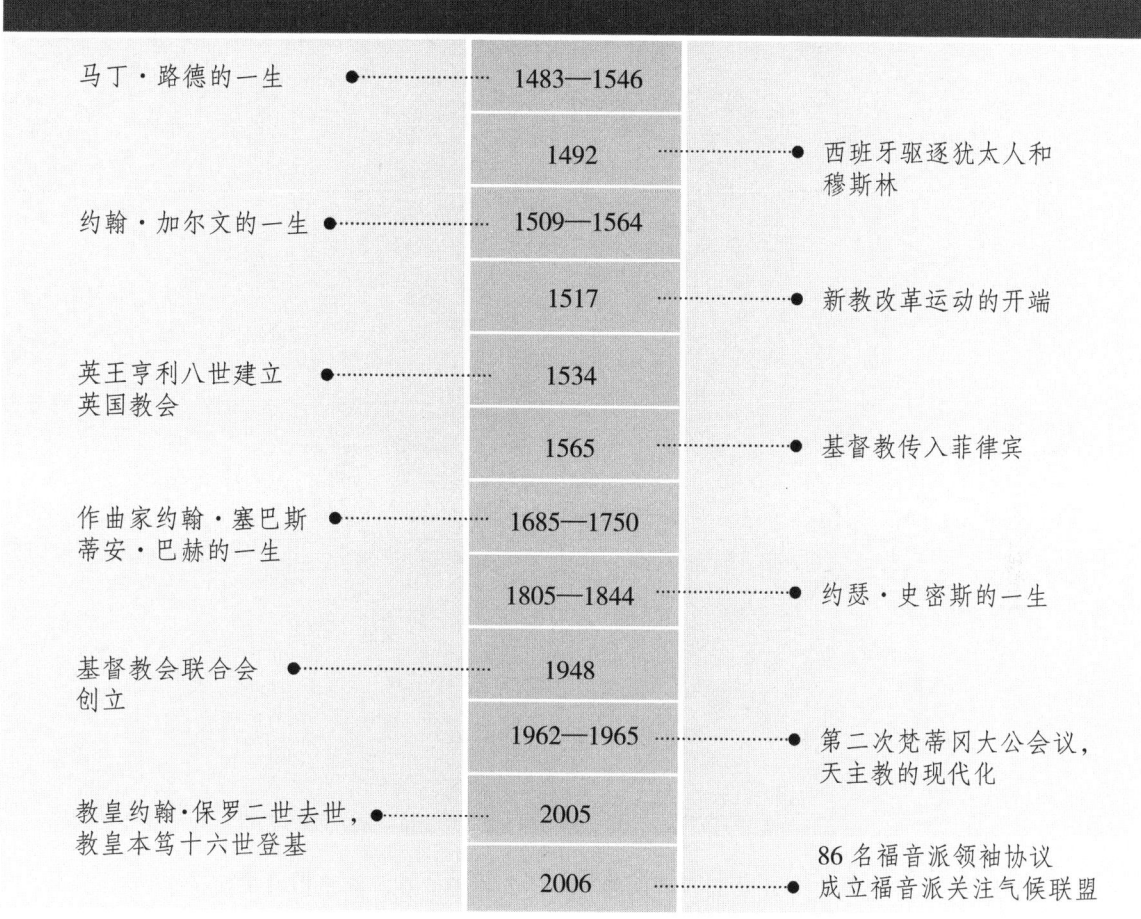

连同很多其他宗教创始人的生平——有可能是象征性的,而非字面上的。

一直都有很多人尝试寻找"历史上的耶稣"。尽管艺术家已经用过不计其数的方式描绘耶稣,我们所知的肖像画中还没有哪一幅是在他在世时所绘。当然,我们可以猜测他的大体轮廓,但是没法确认任何关于耶稣的面孔、眼睛或是行为举止上比较有个人特性的东西。

我们所知的耶稣几乎全部来自于《新约》(New Testament,Testament 意为"契约"或"**圣约**")的四部**福音**(gospel,意为"好消息")书。由他之后的信徒所写的福音书,讲述了耶稣的生平。然而,福音书很少讲述开始公众教导和治疗生活之前的耶稣。他大概是在三十来岁的时候开始公众生活的,那时他召集了十二名信徒四处游历,讲授天国(the Kingdom of God)的到来。在一段相当短暂的布道——不足三年——之后,在逾越节期间,耶稣在耶路撒冷被当权者逮捕了,他们将他视为对公共秩序的威胁。从撒都该人的观点来看,说耶稣是危险的是因为他可能发动一场反罗马人的暴乱。与此相反,犹太爱国者可能觉得他谈不上反对罗马人。然而,从罗马人的观点看,他至少是一股潜在的政治不安定因素的来源,并且足具威胁以至被逮捕、鞭笞,并且钉上十字架被处死——这是一种

埃及沙漠的科普特圣母马利亚修道院，这幅古老的沙漠壁画描绘的是马利亚正在给婴儿耶稣喂奶。

可耻的公开处决形式。这种处决使人死于休克、窒息以及失血过多。

耶稣死在一个星期五，因为马上就到了犹太人的安息日，所以在日落前的短暂时刻立即被埋葬在了行刑的地点附近。星期六，也就是安息日那天不能做任何工作。据福音书记述，在接下来的星期天，去照看他的尸体的追随者发现他的墓穴空了。一些追随者说见到了他的幽灵，而他的信徒确信他已经重生。《新约》上说，四十天后，他升向天空，承诺会再回来。

这个故事梗概没有回答很多重要的问题：耶稣是谁？他有什么样的性格？他的教导是什么？为了得到这些问题的答案，我们必须查阅四福音书。它们是基督教《新约》的核心。

《新约》福音书中的耶稣

写下四福音书是为了纪念耶稣的言行，是由相信他的人在其死后数年所记录下来的。《新约》的所有篇章都强烈地渲染了它们作者的观点，以及当时的文化风尚。因此，确定《新约》中关于耶稣历史的陈述准确性，或者认为这些言词出自耶稣本人之口都很困难。（或许用一个类比能阐明这个问题：福音书就像是耶稣的水彩画，而不是照片。）在收集耶稣形象的过程中，我们也必须认识到，福音书并不是所有关键信息的完整记录。对于耶稣我们没办法知晓太多。只不过，福音书中出现的却是一个明确的人物。

不管要指出的这点看上去有多么的明显，耶稣就像所有当代的犹太人一样，相信并且信任上帝。可尽管耶稣将上帝看作宇宙的创造者和维护者，他也以一种非常私人的态度，将上帝看作他的父亲。耶稣与上帝之间极为特殊的关系是基督教的中心论题。

在犹太人的环境中成长起来的耶稣，接受了律法书和先知书（托拉以及关于历史与先知的书籍）的神圣权威。在还是一个男孩时，他就学习了希伯来语的经文。他遵守那个时期公共的重要犹太圣日，并且到耶路撒冷游历，在那儿的圣殿参加了一些活动。他显然遵守基本的食物律法和遵守安息日的律法，而且参加周六犹太会堂的集会，作为遵守犹太安息日的一项内容（《路加福音》第4章第16节）。他看上去是个虔敬而有思想的犹太人。

不过，耶稣有一个惊人的人格特点，在福音书中频繁地暗示过，即思想独立。他仔细地思考然后提出自己的观点，并毫不犹豫地与人分享。福音书中说，耶稣教导的态度与人不同："他训导他们，像有权柄的人，而不像文士。"（《马可福音》第1章第22节）。[1]

或许耶稣最令人印象深刻的性格特征是他对博爱的强调——不仅仅是对自己的家庭、民族或是宗教成员的爱。他以很多种形式宣讲爱：同情、忍耐、饶恕、接纳、帮助、慷慨、感激。当被问及一个人是否应该被饶恕七次，他回答说人们应该饶恕七十个七次（《马太福音》第18章第22节）——也就是说，无数次。他抵制所有的复仇，甚至为那些杀害他的人请求宽恕（《路加福音》第23章第34节）。他命令道，我们应以非暴力回应暴力。"只是我告诉你们这听道的人，要爱你们的仇敌；恨你们的，要对他好；诅咒你们的，要为他祝福；凌辱你们的，要为他祷告。有人打你这边的脸，连那边的脸也由他去打。有人夺你的外衣，连里衣也由他拿去。凡求你的，就给他。有人夺你的东西去，不用再要回来。你们愿意别人怎样待你们，你们也要怎样待别人。"（《路加福音》第6章第27节至第31节）。[2]

尽管耶稣所表达的非暴力和慈爱的讯息在数百年中经常被人们忽视，但是《新约》的登山宝训（the Sermon on the Mount）部分将此阐明得很清晰（《马太福音》第5章至第7章，《路加福音》第6章）。耶稣时代的世界是尊崇武力和复仇的，他的训导在当时一定很令人震惊。

耶稣意识到，过于严格地遵循律法似乎并不利于人们的福祉。对于遵行有关安息日的律法细节，他解释说："安息日是为人设立的，人不是为安息日设立的。"（《马可福音》第2章第27节）[3] 他并没有把那个时代的犹太人中所常见的虔敬的习俗与美德的观念混淆起来。他憎恶虚伪和伪善（《马太福音》第23章第5节至第8节）。

以我们在福音书中所见，耶稣表达了人类的很多情感。他有亲密的朋友，并与他们共同度过了愉快的时光（《约翰福音》第11章第5节），而当他们的行

尽管在世时没人画过他的肖像，但耶稣也许是历史上出现得最多的艺术品主题人物。这幅马赛克画发现于君士坦丁堡（现在的伊斯坦布尔）城墙附近的科拉教堂（St. Savior in Chora）。

为没有达到他的期盼时，他很失望（《马太福音》第 26 章第 40 节）。听闻其中一个密友的死讯时，他哭了（《约翰福音》第 11 章第 33 节至第 36 节）。

耶稣倡导人们过单纯的生活。他命令人们："变成小孩子的样式"（《马太福音》第 18 章第 3 节）。他喜欢率直，并且力求超越细节，直奔内心。

耶稣的大多数忠告都是很好的心理学，这说明他是人类的敏锐洞察者。例如，我们被告诫，你怎样给予你也会怎样得到（《马太福音》第 7 章第 2 节），而且如果你敢去寻找，就能找到（《马太福音》第 7 章第 7 节）。

耶稣表达了对自然的喜爱，他在其中看到了上帝关怀的证据（《马太福音》第 6 章第 29 节）。但耶稣并不是以科学家式的超脱眼光来看待自然。他熟知经文但不是一名学者。据我们所知，他不是作家，也没有留下写成的书。他对金钱或商业几乎毫无兴趣。在成年时他可能没有远离过祖国的领土，即加利利海和耶路撒冷之间。尽管他可能除母语亚兰语之外会说一些希腊语，但他显然对那个时代的希腊罗马文化没有太大的兴趣。

很难知晓耶稣是否有幽默感。四福音书从没有提及他笑过，因此感觉他的形象很庄严。但如果我们把他的一些训导词看成是带着讽刺语气的，甚至还伴有笑声，就显得很生动了（参考《马太福音》第 15 章第 24 节至第 28 节）。我们也知道，即便他有时喜欢独处，耶稣似乎也喜欢他人的陪伴。

有些人愿意把耶稣看作是一名社会活动家。他极为关心忍饥挨饿的穷人，但他显然不是任何特定类型的社会活动家。例如，福音书里不曾记录耶稣谴责奴役或是压迫女性的言辞。也许，像当时其他很多人一样，耶稣相信上帝不久便会审判世界，这就让他不必致力于某个具体的变革。然而，他宣讲了人道地对待他人，尤其是对待穷人和受压迫者的基本原则（《马太福音》第25章）。

> 你们不要论断人，就不被论断；你们不要定人的罪，就不被定罪；你们要饶恕人，就必蒙饶恕。你们要给人，就必有给你们的，并且用十足的升斗，连摇带按、上尖下流地倒在你们怀里；因为你们用什么量器量给人，也必用什么量器量给你们。[4]
> ——《路加福音》第6章第37节至第38节

对于那些想把耶稣看成是家庭和家庭观念保护者的人，福音书所提供的证据就很混杂了。当被问及当时的离婚行为时，耶稣是强烈反对的。他反对轻易离婚，因为那就意味着一个丈夫可以为了不重要的原因和妻子离婚，通常会使她无法支撑自己的生活或是再婚。他陈述道，婚姻的结合是上帝所给予的（《马可福音》第10章第1节至第12节）。并且，在临死时，耶稣让他的一个门徒在他死后照顾他的母亲（《约翰福音》第19章第26节）。但是耶稣本人一直未婚。假若耶稣曾有一个妻子，这个事实几乎一定会在福音书或是《新约》其他书卷里的某个地方有所提及，再或者会在传统中流传下来。另外，在任何地方也都没有提及耶稣有过孩子。

事实上，耶稣极为赞扬那些"为天国的缘故"而未婚的人[5]（《马太福音》第19章第12节）。认定耶稣未婚身份曾一直令人很好奇，而现在人们认为那个地区的半禁欲主义犹太运动，艾赛尼派所尊崇的禁欲，可能曾对他有过一些影响。[6] 有可能，保罗——最重要的早期基督徒和传教士之一——和数代的祭司、修道士及修女追随过同一个禁欲式的理想生活，它基于人们所想象的耶稣过的生活方式。事实上，因为宗教原因未婚的生活理想，现今仍在基督教的数个分支中很有影响。

福音书提到了耶稣的兄弟姐妹（《马可福音》第6章第3节）。一些基督教传统一直认为这些亲属是表兄妹或者同母异父的兄弟姐妹，希望借此保留马利亚怀孕时是处女身份的概念。然而现在人们普遍认同的是，耶稣确实有兄弟姐妹，他们是他的母亲马利亚和约瑟的孩子。当我们审视他与家人的关系时，发现耶稣似乎一直疏远他们。他们自然非常为他担心，而且显然希望他没有那么与众不同并因此招致灾难。但是耶稣，因他们声称拥有他而被惹怒，公开声明他真正的家人不是血脉上的亲属，而是所有那些听从并且遵行上帝旨意的人（《马可福音》第3章第31节至第33节）。然而，在耶稣死后，因为和耶稣有血脉关系，他的家人在早期教会里很有影响，而且之前的纠纷也被淡忘了。

两条伟大的诫命

那么，耶稣主要关心的是什么呢？他的教导，被称为两大诫命，结合了两个强势的元素：对上帝的爱和对他人友善的道德要求。希伯来经文中已经包含这些诫命了（《申命记》第6章第5节和《利未记》第19章第18节），但耶稣通过将所有的律法减少到爱的律法而重新强调了它们：爱上帝和爱你的邻居（《马太福音》第22章第37节至第40节）。充分地意识到上帝的存在意味着热爱上帝所有的孩子。一如之前的先知，耶稣有个清晰的最佳人类社会构想——一个天国，在里面人们互相关心，穷人受到照料，不再有暴力和剥削，并且宗教条规不会忽视人类的需求。

或许耶稣强调道德和人们对相关的神圣审判的共同信仰有关。这种信仰似乎是艾赛尼派世界观中特别重要的一部分。它对施洗约翰的思想也尤其重要，《路加福音》认为约翰是耶稣的表兄弟。约翰宣讲，世界末日临近了，到那时上帝将惩罚作恶者。约翰让他的追随者们浸在约旦河的水中并以之作为洁净的标志。耶稣让约翰为自己施洗，并且在约翰死后，耶稣使他的追随者延续约翰的践行，为别人洗礼。耶稣是否和约翰一样有末世的观点，仍存在着争论。一些段落似乎暗示他有这种观点（参见《马可福音》第9章第1节，第13章第30节；《马太福音》第16章第28节）。这种对即将来临的审判的看法被称为**启示论**（apocalypticism）。在启示论的观点看来，天国不久将成为一个社会的和政治的现实。

不论耶稣对末日的观点如何，他着重于将天国带进每个人的心中。当人们遵行两大诫命并按照爱的律法生活时，它就会出现。耶稣最亲密的一些追随者，也期盼耶稣成为政治领袖，想要他领导对抗罗马霸主的战争，去建立一个政治上的上帝之国。但是耶稣拒绝了。《约翰福音》记录了他所说的："我的国不属这世界"[7]（《约翰福音》第18章第36节）。耶稣选择了非暴力的途径，而不是利用政治暴乱。

第三节　早期基督教的信仰和历史

《使徒行传》记录道，耶稣复活四十天后升入天堂，之后他的信徒们聚集起来，惊恐得不知接下去做什么。《使徒行传》接着讲，圣灵是如何以火的形式出现在他们面前，鼓励他们去传布关于耶稣是弥赛亚的信仰。基督教启示的首次传讲一直被称为教会的诞生标志。

早期的基督教启示并不复杂。它概括在《使徒行传》第2章中**使徒**（apostle）彼得的讲话里，内容是说上帝现在用特殊的态度行事；耶稣即是期待的弥赛亚，上帝的使者；并且现在是上帝审判和来临的新世界之前的"最后时日"。早期的基督教实践要求信仰者接受洗礼以作为重生的标志，共享财产，并且关爱孤寡。

留在耶路撒冷早期基督教团体中的似乎都是犹太人，他们由雅各（James）领导，由于他认真奉行犹太习俗而被称作义人（the Just）。雅各是耶稣的亲兄弟，享有很大的权柄。由耶稣亲属所领导的犹太人基督教会，在头四十年有强大的影响力。它的成员遵守犹太教的圣日，在耶路撒冷的圣殿祈祷，并以亚兰语举行礼仪。然而，犹太人基督教会在公元70年因圣殿遭到毁灭而被削弱了，并且似乎在随后的一百年中逐渐消失了。与此同时，早期基督教的非犹太人以及讲希腊语的分支，由保罗和与其相似的其他人所领导，逐渐遍布整个罗马帝国。

保罗与保罗的基督教

当耶路撒冷和以色列的犹太基督教日渐衰弱，非犹太人中的基督教由于传教士保罗而慢慢成长起来。保罗使用希腊语传道，他精力充沛，游走四方，还有极具感召力的书信，将他自己对耶稣的信仰形式传播开来，远远超越了以色列的范围。

保罗起初称为扫罗（Saul），出生于塔尔苏斯（Tarsus，又译"大数"），那里是如今土耳其南部的一个小镇，父母都是犹太人。他很诚挚地看待传统犹太教，并到耶路撒冷学习。那时他是个法利赛人，坚定不移地反对新的"耶稣运动"——这被他看作是危险的救世主般的犹太崇拜对象，将导致犹太教的分裂。

然而，保罗对耶稣逐渐有了新的理解。《加拉太书》说，他在"阿拉伯"和"大马士革"待了三年，默想耶稣的意义（《加拉太书》第1章第17节）。在后面更引人注目的记述中，《使徒行传》讲述保罗从耶路撒冷出发去寻找并根除一群早期基督教信仰者，在路上见到耶稣显象的事迹。耶稣说："扫罗，扫罗，你为什么逼迫我？"[8]（参见《使徒行传》第9、22、26章）。在隐修中修习几年之后，保罗开始确信耶稣的生死是属于一个神圣计划的主要事件，而且耶稣是个宇宙人物，他进入这个世界是为了更新它。因此，我们马上会讨论，保罗思想的重点更多是在宇宙基督的意义上，而非历史上的耶稣。

保罗讨论了他此生的使命：到地中海沿岸传播基督的信仰，尤其是到非犹太人中间，他发现这些人更愿意接受他的启示。他用希腊罗马名字保罗代替了犹太名字扫罗，表明他的传教转向非犹太人世界。

保罗在大多数城镇的传教技巧是相同的。如果《使徒行传》恰当地描述了保罗的传教工作，他就总是以拜访当地的犹太会堂开始的。在那儿，保罗使用犹太经文，比如《以赛亚书》，来解释他自己信仰耶稣即是犹太人一直期待的弥赛亚。他在大部分犹太人中都不成功，因为他们大体都期待一位高贵的弥赛亚，而不是一个曾被公开处决的穷人。而且有时他们将保罗看成一个背叛者，尤其是他曾说，没必要将犹太饮食和割礼的律法强加于非犹太的基督徒。

是否所有的基督徒都必须保持犹太宗教律法在早期基督教是一个争论激烈的主题。基督教最初是作为一个把耶稣当作是所期待的弥赛

这是由天主教修士安吉利科在15世纪创作的一幅湿壁画，耶稣出现在抹大拉的马利亚面前，她是记录耶稣生平的福音书中数位女性之一。根据《约翰福音》，抹大拉的马利亚是第一个见到复活后的耶稣之人。

亚的犹太人运动开始的，但它不久便吸引了非犹太背景的追随者。关于习俗的问题导致了早期犹太教从基督教中分离出来，用自己的术语界定自身。想要接受洗礼的成年男性是否必须行割礼？（不用说，成年的男性信徒不是总对割礼的习俗抱有热衷之情。）新信徒必须遵守犹太的饮食律法吗？他们必须遵守犹太安息日吗？他们应该阅读犹太经文吗？

一些早期的基督教布道者决定不将犹太教的律法强加于非犹太教信徒，而另外的人坚持遵守所有的犹太律法。然而，坚持维护所有犹太律法的派别并不盛行。最终，一些犹太教的元素存留了下来，而另一些被抛弃了。例如，**洗礼**（baptism）代替割礼成为入会的标志，但犹太经文和每周的礼拜式保留了下来。

这些定义基督徒的努力标志着基督教的一个主要转折点。尤其是保罗的结论，在形成这次运动中发挥了突出的作用。他对于耶稣的意义、道德、基督教习俗的观点成了大多数基督徒的规范。这要归功于他在罗马帝国大城市的广泛布道活动，还有他留下的陈述其信仰滔滔不绝的雄辩书信。经过多次抄写、发行和公众的阅读，这些书信形成了之后所有基督教信仰的基础。

保罗为了做犹太律法学者所接受的训练，使他敏锐地察觉到了人类的不完美。他写道"世人都犯了罪，亏缺了神的荣耀"[9]（《罗马书》第3章第23节）。事实上他开始感觉到，形式上的成文律法，例如犹太教的，都弊大于益；律法所要求的是不可能实现的，只能让人们意识到他们的不足。对他来说，耶稣从上帝那里来，带给了人们全新的自由。信徒将不再必须依赖成文律法，或是为他们过去的罪行感到内疚。耶稣的死，是承担了每个人的惩罚和罪责的自愿牺牲。人类因此从惩罚中找到了**救赎**（redemption）。信徒只需跟随上帝之灵的指引，而它就居住在信徒的身体里并指引着他们。

因此保罗宣讲说，一个人不再需要通过遵守犹太律法而建立与上帝的正确关系（**神的公义**：righteousness），而是可以通过接受耶稣来达到，耶稣给我们显示上帝的爱，并为我们的罪过受惩罚。将一个人带入与上帝正确的关系的"不是因为遵行律法，乃是因为信奉耶稣基督"[10]（《加拉太书》第2章第16节）。

尽管发现了新的自由，保罗也并没有抛弃道德准则。但他的道德概念已经不再是基于外界强加的律法——并且是勉强遵行的——而是基于一股内在的力量，激励人们自发行善。对保罗来说，耶稣的一生证明了上帝的爱，因为上帝圣父派来了耶稣到世上宣讲他的爱。按保罗所说，感知上帝的爱将启迪我们以一种全新的、博爱的态度生活。

保罗不仅将耶稣看作老师、先知和弥赛亚，还将他看作神性的化身。对于保罗来说，耶稣是个宇宙人物——先在的上帝形象、上帝的智慧（参见《箴言》第8章）、宇宙之主。耶稣被派到世间是为了开始重建上帝与其造物之间的宇宙联合的进程。罪（sin：恶行）给人类带来了死亡的惩罚。但是耶稣的死是为了人类的罪而与上帝修好，其结果就是死亡的惩罚不再有效。对一切保有上帝之灵的人来说，耶

神的爱浇灌在我们心里。[11]
——《罗马书》第5章第5节

来自埃塞俄比亚的基督徒，在棕树日携带福音书，行进在耶路撒冷的圣墓教堂（church of Holy Sepulchre）前面。

稣复生仅仅是永生过程的开始。

《新约》：结构及其艺术性

我们对耶稣和早期基督教的了解大部分来源于《新约》。同样是早期基督教核心的《新约》，用于宗教礼仪并被普遍阅读，传遍世界。

《新约》分为四个部分：（1）福音书，（2）《使徒行传》，（3）使徒书信，和（4）《启示录》。福音书描述耶稣的生平及教导。尽管我们现在知道作者身份很复杂，传统上还是一直将福音书归名于这四位早期的追随者——马太、马可、路加和约翰，他们被称为**福音书作者**（evangelists，希腊语："带来好消息的人"）。《使徒行传》讲述的是基督教早期的传播，尽管其历史准确性难有定论。使徒书信是写给早期基督徒的，主要是保罗所写。《新约》最后是一本预见书《启示录》，它用象征性语言预言了基督教的完胜。《新约》总共有 27 卷书。

《新约》所含的书卷都是用希腊语所写的，它是公元 1 世纪古典地中海地区的文化和商业用语。希腊语所写成的文章质量参差不齐；人们认为《启示录》中的语言很粗陋，而《路加福音》和《使徒行传》中的则特别优雅。

福音书 我们所了解的耶稣主要来自福音书，它们是以图绘的方式写成的。其中充满了强有力的故事和人物，并且成为之后基督教艺术的巨大灵感源泉。四部福音书中每部的艺术性和风格都是独一无二的，就像是四个不同的艺术家对同一个人所绘的肖像画，各有各的特质。最终的肖像画肯定可以辨认出相似之处，但也会在细节上有所不同，例如背景的选择、服饰、角度等等。福音书中描绘的耶稣"肖像画"的真实性都是同等的，每部福音书的作者各以一种不同的态度表现耶稣。

尽管皆有不同，前三部福音书因为在故事、语言和次序上比较相似，而被称为符类福音（Synoptic Gospels，synoptic 的字面意思是希腊语的"共观"，暗指相似的视角）。符类福音的作者们表现的耶稣是上帝派来的救世主般的导师和治疗师。人们一般认为《马可福音》是最先写出的，它看上去是之后的《马太福音》和《路加福音》的最初来源。而《约翰福音》的来源有所不同，并且是独立的来源。有可能所有的福音书起初都是为宗教仪式上使用而编写的，也许是配合着希伯来经文的补充阅读。

人们认为《马太福音》是为犹太教背景听众所写的（约公元75—80）。例如，它将耶稣描述为"新摩西"，带来"新托拉"的导师。在登山宝训（《马太福音》第5章至第7章）中，耶稣在一座山上传授了他的教导，就如同摩西曾在另一座山西奈山上传授了十诫。福音书中也包含很多来自希伯来经文的引述，表明耶稣就是圆满实现他们愿望的人。

《马可福音》是四部福音书中最短的一部，这表明他是最古老的一部（约写于65—70）。这部福音书并没有包含耶稣幼年的故事，而是以他成年后的公共生活开始的。在早期版本中，它在结尾所描述的是耶稣的空墓穴。耶稣复活之后的描述（《马可福音》第16章第9节至第19节）是之后增加的。

《路加福音》（约写于85）充满了惊叹感，也许是因为它反复讲上帝之灵在世间工作时的奇迹行为。因其对马利亚（耶稣的母亲）、她的表姐伊丽莎白以及其他女性的精美描绘，它还被称作"女性的福音书"。这是一部仁慈和富有同情心的福音书，非常关注下层人。

《约翰福音》自成一体。它的写作时间很难确定。传统上将它断定为相当晚的时期——公元90年到100年，因为它明显地对基督教教义进行了阐述。然而一些来自于一个疑似目击者的详述，证明那部分也许写得更早。由于它将人类的生活视作光明和黑暗原则之间的较量，《约翰福音》的学者怀疑，它是否受到了当时一个或是多个宗教运动的影响，例如波斯地区的琐罗亚斯德教（参见第十章）、希腊神秘宗教，或是诺斯替派（参见第十章）——这场运动将人的生命视作一个净化阶段，以使灵魂准备好返回上帝之处。[12]1947年在库姆兰附近发现的死海古卷，显示了《约翰福音》和库姆兰文学作品中的某些措辞之间很多语言的相似之处（例如："光明之子和黑暗之子"）。于是人们现在明白了福音书的犹太教起源。

在《约翰福音》中，耶稣的形象充满了神秘感。他是上帝的**化身**（incarnation），是神以人的形式显现。他以浩渺的语气说："我是世界的光"（《约翰福音》第9章第5节）。"我就是生命的粮"（《约翰福音》第6章第35节）。"你们是从下头来的，我是从上头来的"[13]（《约翰福音》第8章第23节）。学者频繁地质疑这些确切词语的历史真实性，只将其看作代表了作者对于耶稣源自天堂以及神性本质的想象。

深度视角

《新约》各卷

四福音
    符类福音
        马太福音（75—80）
        马可福音（65—70）
        路加福音（约85）
    非符类福音
        约翰福音（90—100）

教会历史
    使徒行传（约85）

书信
    保罗书信（约50—125）
        罗马书
        哥林多前、后书
        加拉太书
        以弗所书
        腓立比书
        歌罗西书
        帖撒罗尼迦前、后书
        提摩太前、后书
        提多书
        腓利门书
        希伯来书
    普世书信（约90—125）
        雅各书
        彼得前、后书
        约翰一、二、三书
        犹大书

约翰的启示
    启示录（约95）

福音书中的核心艺术形象能散发出神圣的光芒，像一道闪电降临到了我们的世界，穿越人间，点亮黑暗，但最终返回到天国的源头，人类追随其后。福音书中陈述道，大部分人并不真正了解真相；但是敞开心扉的人能够看到耶稣的真实本质，他是神圣之光。水、粮、酒、牧羊人和门是《约翰福音》中使用的附加符号，以象征耶稣的多面以及他对信徒的意义。这些符号后来成为基督教艺术中的常见特征。

《使徒行传》 这卷书（追溯到约公元85年）实际上是《路加福音》的第二部分，学者有时将两本书并称为《路加－使徒》（Luke-Acts）。有可能单独的《路加－使徒》被分为两部分是为了将《约翰福音》放在《路加福音》后面。正如《路加福音》中耶稣走向耶路撒冷，做出了必要的自我牺牲，《使徒行传》也描绘了保罗类似的旅程，即前往罗马做出牺牲。两卷书的核心人物都是颗漂亮的石子，被扔进池塘，激起持续扩散的涟漪。与之相似，耶稣的生平以耶路撒冷为源头扩散到地球的各个角落，它也像是激起了持续扩散的涟漪。

使徒书信（The Epistles） epistle的词意是"书信"，并且对大部分作品来说是个恰当的标签，它们是为了指导、鼓励人们以及解决问题而编写的。几篇书信篇幅长而规范；一些篇目则简要且行文仓促。有些书信似乎是写给个人的；有些是写给个别教会的；而剩下的是在几个教会之间流传。而且似乎有几封书信

在圣诞节，基督徒常常表演耶稣降生的剧目。这是女孩们在缅甸的一座教堂里观看表演。

是由论文（例如《希伯来书》）或是布道文（《彼得前书》）改写而成的。

使徒书信这种类别宽泛的作品可分为两组。第一组包括传统上认为是早期传教士保罗的作品——保罗书信。第二组包括所有剩下的书信——被称为普世书信，因为它们似乎是写给所有信徒的。真正的保罗书信是《新约》中最早的作品，写于约公元50年到60年间。其他书信的写作时间备受争议，但其中一些完成的时间可能晚至约公元150年。在习称保罗书信的这些作品中，现在知道有几篇并非保罗所作。然而，在古代世界，一个导师死后再以他的名字写作是很常见的；这并不是欺骗而是尊重那位导师。

使徒书信如此受人爱戴的一个原因是它们创作了令人难忘的形象，其中很多来自保罗书信。例如，生活被比作一场赛跑，最终会得到奖赏（《哥林多前书》第9章第24节）；善行就像是归往上帝的馨香之气（《哥林多后书》第2章第15节）；信徒群体就好比建立在坚实基础上的稳固建筑（《哥林多前书》第3章第9节至第17节）。非保罗的书信中也出现了令人感受深刻的形象：新皈依的基督徒就像初生的婴孩一样爱慕奶（《彼得前书》第2章第2节）；魔鬼如同吼叫的狮子，寻找可吞食之人（《彼得前书》第5章第8节）。

使徒书信的题材千差万别，但这些题材大体集中于恰当的信仰、道德以及教会秩序问题。主题包含耶稣的特性以及工作、上帝为人类所做的规划、信仰、善行、爱、理想的婚姻、社会和谐、基督徒的生活、圣餐的开展以及对耶稣回归的期待。

《启示录》 它是《新约》的最后一卷书，原本写作时是为了鼓舞那些受到迫害威胁的基督徒（公元100年左右）。通过展现一系列的幻象，本书说明饱受苦难之后善良终将战胜邪恶。最后几章展示了新耶路撒冷从天而降，以及对显现为羔羊的耶稣的敬拜。

《启示录》的语言极其象征化，故意以一种对于基督徒来说清晰明了，而对于其他人来说则晦涩难懂的方式使用数字与图像。例如，羔羊（《启示录》第14章第1节）是耶稣，而七头的龙是罗马的皇帝（《启示录》第12章第3节），这座城市就建造在七座山上。数字666，即兽的数目（《启示录》第13章第18节提到过），可能是尼禄皇帝名字的数字形式。即便很久之前就被认为是《约翰福音》作者所写，《启示录》明显地——因为风格上的不同——是出自他人之笔。

女性与宗教

《新约》中的女性

常常有种说法,基督教认为女人不如男人。《新约》中有证据支持此说法,其中有些篇章要求女人遵从她们的父亲和丈夫,不能担任神职,并且禁止担任只有男人适宜的领导角色。最严格的篇章要求女人在会中要闭口不言,而且禁止她们的权威超过男人(《哥林多前书》第14章第34节至第35节;《提摩太前书》第2章第11节至第15节)。

然而,对《新约》及其他早期文献的细查,揭示了一种更复杂的情况:女性在耶稣的传教和教会早期阶段都起到了重要的作用。对教会早期历史的重新评估让基督徒们重新思考现今女性的角色。

查看福音书中所记载的耶稣生平和传教活动,我们发现其中反复提到了耶稣的密友马大和马利亚(详见《约翰福音》第11章)。福音书还记录了女性门徒的名字,例如约亚拿和苏撒拿(《路加福音》第8章第3节)。这些女性为耶稣提供了他所需要的帮助——在情感上,毫无疑问也在经济上。在耶稣受刑时,他的大部分男性门徒已经抛弃了他,仍有女性站在他旁边。在所有女性门徒中,抹大拉的马利亚扮演了最重要的角色。她将耶稣视作拯救者,同他游历四方,并且是耶稣复活的第一个证人(《约翰福音》第20章第14节)。总体上,耶稣似乎是平等地对待女性的。在当时的文化中男人基本上在公共场合不和女人交谈,耶稣毫不犹豫地和她们说话。在《约翰福音》中,他和井边的一个女人说话,向她要一口水喝(《约翰福音》第4章)。另一处说他和一个迦南妇女说话,又治愈了她的孩子(《马太福音》第15章第21节至第28节)。

在基督的生平和传教活动之后,保罗及其他书信描述了女性在早期教会中的角色。信徒有时在私人的住宅中聚会,其中有些

有时三位一体的形象中会包含马利亚,因此将女性因素带进了神圣的显现之中。这座圣灵以鸽子形象停歇在十字架上的雕塑,坐落在捷克的一座广场的中央。

的拥有者便是女性。《使徒行传》列出了很多要感谢的女性的名字。她们的数目很显著:保罗提到了非比、普利斯卡、特里菲娜、特里富莎、尤丽亚、尤尼亚、艾菲蒂亚、循都基、尼姆亚、亚腓亚(《罗马书》第16章第1节至第15节;《腓立比书》第4章第2节至第3节;《歌罗西书》第4章第15节;《腓利门书》第2节)。循都基拥有一所信徒团体常常聚会的房子。非比被称作是助手,也许还曾被正式任命过为执事。

由于其文章中关于女性的一些议论,保罗常被人说有厌女症。但在他的《加拉太书》中,保罗贡献了基督教在平等的话题上最伟大的篇章之一:"并不分犹太人、希腊人、自主的、为奴的、或男或女,因为你们在耶稣基督里都成为一了"(《加拉太书》第3章第28节)。

书中一些意象——尤其是对羔羊的敬慕、启示中的四个牧马人、生命之书，还有天堂幻景，对后来的基督教艺术发展起了推动作用。

基督教的圣典

我们应当认识到，《新约》中的一些书目经过了好几个世纪才被人们普遍接受。对于哪些书卷属于《新约》的**圣典**（canon），人们花了数百年时间才达成一致。[14]

早期的基督徒在绝大多数情况下仍然接受并阅读希伯来经文，尤其是这些书卷——《创世记》《出埃及记》《以赛亚书》《诗篇》和《雅歌》，他们将其视为对基督教事件的预示。因此《新约》被加入到早已存在的希伯来经文之中。基督徒认为希伯来经文——他们称其为《旧约》——由称之为《新约》的基督教经文补充完整了。因此基督教圣经既包含希伯来经文又包含《新约》。

基督徒阅读和翻译基督教圣经的方式千差万别。一种方式强调了经文的主体性，大致上将其翻译成信仰的记录。另一种截然不同的方法是将基督教圣经看作客观历史和上帝言辞的权威道德规范、口授言辞。为了阐述明白，我们来看一下这两种方法是如何翻译《创世记》中的创世故事的。保守派非常字面地翻译创世六天和亚当夏娃的故事，将其作为历史记录；而不拘于字面意义的自由派首先将其视为道德故事，表达了上帝的能力、爱，以及正义感。保守和自由两种态度在对《新约》中奇迹（例如纯洁受孕）的翻译上，也出现了相似的对比。

大多数的现代人抱有的态度处于保守和自由两个极端之间。他们相信，圣经在本质上是由上帝默示的，但是需要有思想的人做出解释。对圣经的解释一直并且仍然是基督教内部争执和分裂的一个主要原因；然而这种争论也一直是——并且仍然是——理智生活的巨大源泉。

第四节 基督教的早期传播

基督教是一种富有传播使命的宗教。《马可福音》讲述了耶稣如何派遣他的信徒成对地到以色列全境布道（《马可福音》第6章第7节）。之后在《马太福音》的结尾讲述了耶稣的命令："使万民做我的门徒"[15]（《马太福音》第28章第19节）。在随后的讨论中，我们将会看到基督教是如何分阶段传播的：由最初以色列的犹太人弥赛亚运动，基督教在地中海沿岸传播；然后它成了罗马帝国的官方宗教；在西罗马帝国终结之后，基督教传到了欧洲其他地方。（之后，我们将会看到它是如何传到美洲、亚洲和非洲的。）

保罗渴望传播他对耶稣的信仰，所以他来到了小亚细亚（土耳其）、希腊和意大利。传统上认为，早期的耶稣十二使徒之一彼得，在保罗抵达罗马时已经在那儿了，并且彼得和保罗都在约公元64年死于尼禄皇帝的统治下。从这点看来，早期的基督教组织非常松散。但即便是在当时，有一点也非常清楚，即某种形式

深度视角

基督教世界观

《新约》及其之后的教义促成了对基督教看待世界方式的界定。大部分基督徒认同下列元素。

上帝 在宇宙活动的背后是一个永恒的智慧生命，他创造了用以表达其慈爱的宇宙。传统基督教坚信，上帝由三个"位格"组成：圣父、圣子和圣灵——合称**三位一体**（Trinity）。三位一体的教义据说是超越人类理解力的神秘事物，但是它暗示上帝的本性主要是爱的关系。

圣父 上帝仁慈与关爱的特性在圣父身上尤其明显，耶稣也一直提到他。尽管没有性别，圣父上帝经常被描绘成一个穿着长袍留着胡须的老人。

耶稣基督 耶稣是圣父的儿子，但是他同样神圣。由于他是上帝的可见显现，而被称为是上帝的道和像。耶稣在世间的生和死都是救助人类的计划的一部分。耶稣从正义的角度，自愿地接受本应在所有犯了错行的人类身上施加的惩罚。基督教的一些流派还教导说，耶稣的生死赎回了人类身上被称为"**原罪**"（original sin）的根本罪行，所有亚当的后裔都继承了原罪。耶稣的身体超越世间而存在，但他有一天会回来审判人类并正式开启一个黄金时代。

圣灵 圣灵是一种指引所有信徒的神圣力量。在艺术上，圣灵通常显现为一只白鸽。

天使 上帝创造的无形的智慧存在，用以服务他并帮助人类。据说，恶毒的天使背叛了上帝，成为魔鬼。他们的头领名字是路西法（Lucifer，"光之使者[light-bearer]"），也称撒旦（adversary）。

圣经 圣经表达了上帝的意愿和计划，是接受上帝灵感的人写成的。圣经由希伯来圣经——基督教将其称为《旧约》——各卷和《新约》的27卷组成。

人生 人类来到世上是为了帮助他人、完善自身并为来世做好准备。一旦接受苦难，人类就能增长洞见和饱含同情。

来世 人类拥有不朽的灵魂。身体和灵魂最终都要得到天堂的奖赏或是地狱的惩罚。很多基督徒还相信一种被称作炼狱的暂时的过渡状态，不纯洁的灵魂死后在那儿为升入天堂做准备。

这些基本信仰引起了各种各样的解释。在基督教最初的五百年中，直到对信仰的陈述清晰地形成之前，基督教信仰争论从未间歇。但在最近的几百年中，出现了对基督教信仰所有方面的新鲜多样的解释。

的秩序是必需的。受罗马帝国等级化政治组织的影响，基督徒发展出了一种君主制式教会组织形式（monarchical，希腊文："一个统治者"）。某一人口聚居区将只有一个**主教**（bishop，希腊文：episkopos，"监督"），他掌管低级别的神职人员。

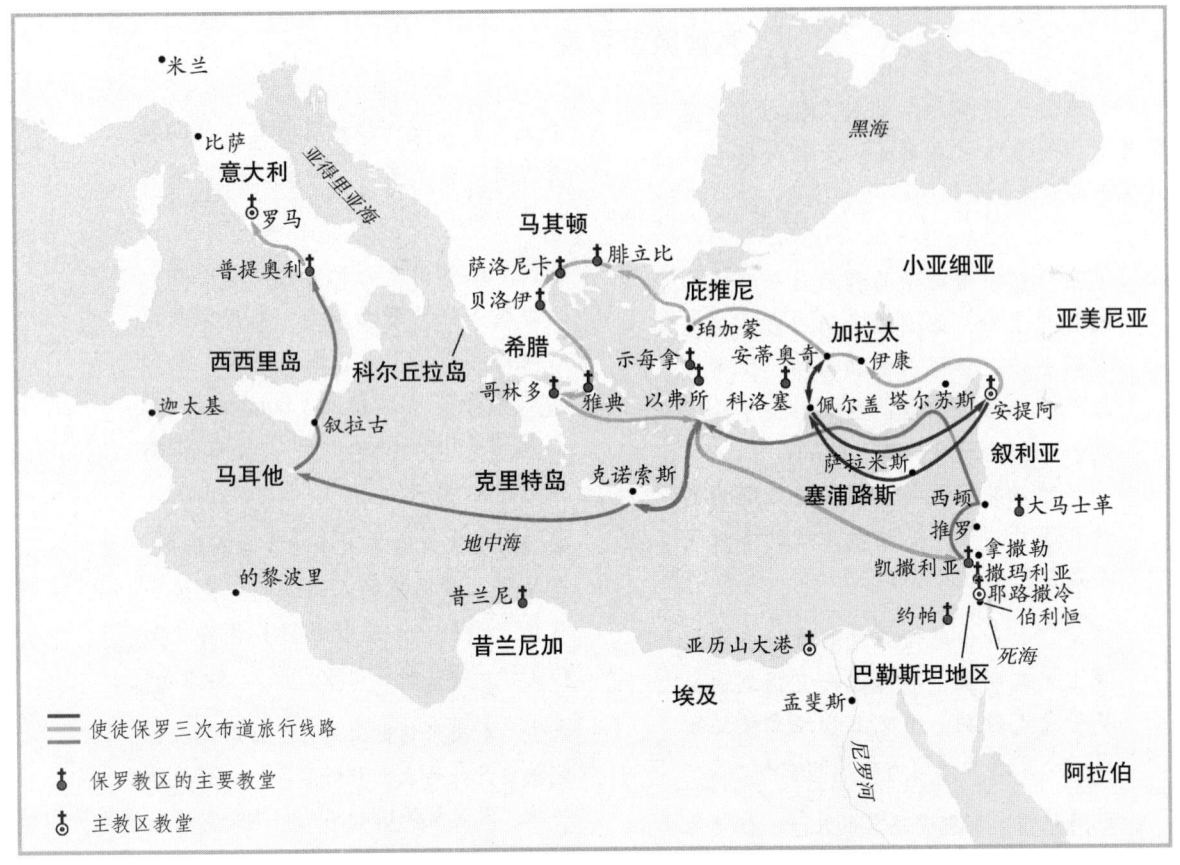

图 9.1 历史上早期基督教的中心，附带保罗的传教路线

当时沟通还很不方便，真正集权制的基督教也难以建成。因此很多大城市的主教对邻近地区的教会也发挥着重要作用。除罗马之外的另外几个罗马帝国的大城市成为基督教信仰的中心——尤其是叙利亚的安提阿和埃及的亚历山大港（图9.1）。由于这些重要城市的主教比其他小城市的具有更大的权力，于是兴起了四个早期的主教管区：罗马、亚历山大港、安提阿和耶路撒冷。**教宗**（patriarch，希腊文："父源"）这个单词用于称谓重要的主教们，这些人是整个地区的领袖。

然而，当出现有关教义和实践的严肃问题时，这些早期的教会领袖需要以某种方式做出回应。一方面，他们可以在教会会议上向所有其他主教们寻求共识——这是罗马帝国东部教会认定的唯一正确的实践方法。另一方面，他们可以委任某位主教为最终权威。罗马主教由于两个原因似乎是自然而然地成了权威和裁决者。首先，直到公元330年，罗马一直是帝国的首都，因此很自然地将罗马主教视为精神统治者，如同皇帝在政治上统领帝国一样。其次，据传统所说，十二使徒之首的彼得，在罗马度过了他生命中最后的岁月，并在那儿去世。因此他就被视为罗马的第一任主教。**教皇**（pope）的特殊头衔来自于希腊文和拉丁文单词papa（"父亲"），这个头衔曾被用于众多主教，但是现在几乎专门用于罗马的主教。（然而，这个专门名词也被用于亚历山大港科普特的教宗。）

罗马教皇权威的实质及其圣经根据（《马太福音》第16章第18节至第19节）一直备受争论。尽管如此，基督教的等级制度模型在西欧已经是司空见惯。我们稍后会讨论到，尽管16世纪的新教改革削弱了对教皇权威的认同，罗马的主教们仍宣称他们在整个基督教中至高无上的地位，并且罗马天主教会坚持这种说法。然而，我们在本章稍后会看到，东欧的基督教发展出并维护了一种完全不同的、弱化集中倾向的组织形式。

罗马帝国为基督教做出了诸多贡献。在公元纪年的头两个世纪里，基督教因为与政治叛变联系在一起而常常遭到迫害。但是当君士坦丁成为皇帝后，他看到基督教中的东西能像胶水一样将帝国的所有碎片黏结起来。君士坦丁发布了宽容赦令，公布基督教可以公开活动而不会受到迫害，而且他邀请许多主教集会辩护其信仰，支持这个宗教。这是在公元325年，在小亚细亚举行的首届宗教会议即尼西亚公会上所做的。到了4世纪的末尾，基督教被罗马帝国宣布为官方宗教。

自此基督教与罗马帝国的合作关系标志了这个宗教崭新的阶段和意义重大的转折点。基督教形成了以主教和牧师为主的系统的体制结构，他们各自负责其既定的地理区域——基于帝国的行政辖区所划分的——即主教辖区和牧师教区。并且现在由于有政府支持，教区的威望日隆，财政资助源源不断，基督教可以态度积极地采纳罗马帝国的建筑、艺术、音乐、服饰、仪式、行政和法规。更重要的是，通过教会的公会和信纲，基督教澄清和界定了其世界观。并且正如历史学家写下了罗马历史，也有例如优西比乌（约260—339）这样的作家记录下基督教的历史。

由于西欧的基督教传自罗马，所以它的大部分内容都有明显的罗马特征——

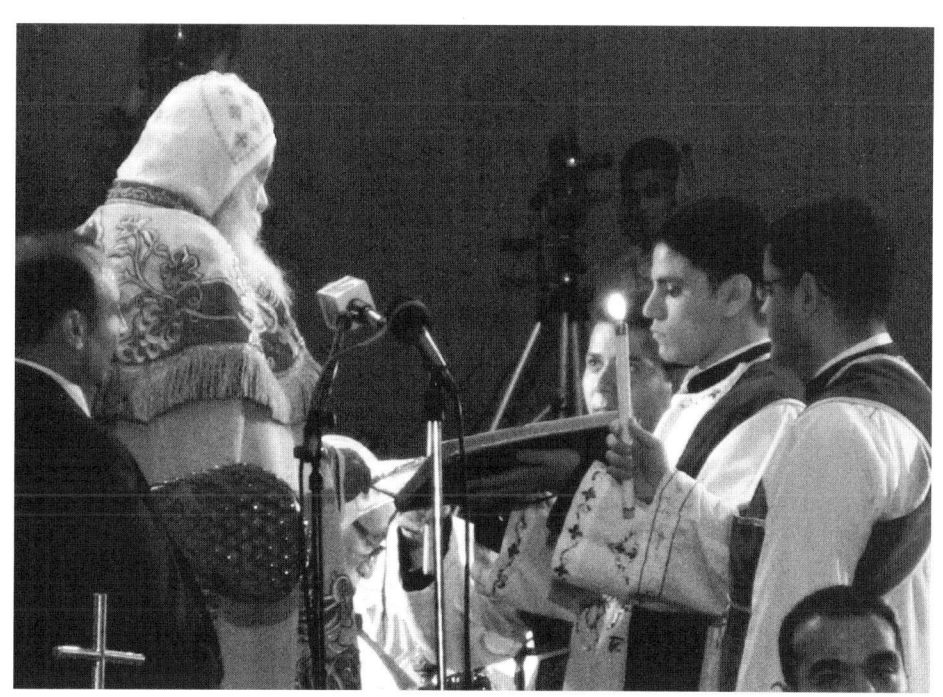

亚历山大港的大主教教宗欣诺达，正在主持午夜的复活仪式。

深度视角

希腊人和罗马人的宗教与早期的基督教

如果你有机会去罗马,一定要从斗兽场向西,穿过罗马广场,沿着 Via Sacra(即德语的"圣路")走一走。因为那儿仍然有古代道路的巨石,你可以轻松地想象出公元1世纪时一位造访罗马的人该作何感想。在广场的尽头伸出的是陡峭的卡比多山(Capitoline Hill),它是古代的市中心、众神之父朱庇特的神庙所在地。你还会注意到光秃秃的柱子上面的钟塔和十字架——它们标志着很多广场建筑在很久之前就变成了基督教堂。

从中东的土壤中孕育,基督教在罗马帝国的版图内成长和传播,渐渐取代了希腊人和罗马人的宗教,只是过程相当缓慢。事实上,基督教直到4世纪末才成为正式的国家宗教。而且由于罗马在古典时代是世界上最大的城市,异域传来的宗教也在那儿找到了它们的出路。(帝国时期的罗马曾是一个巨大的十字路口,非常像现在的伦敦或是洛杉矶。)正如那些演变成基督教堂的神庙一样,这些宗教中的诸多元素被吸纳进了基督教之中。

由于希腊人和罗马人的神灵中有一些来自同一个源头,他们的经典宗教显示出很多相似之处。但是他们的宗教是层次丰富,并且常更常新的。存在于历史记载之前的最早的宗教,来自对当地神灵和自然神的崇拜——通常是在圣井、小树林,还有路边神龛中。接下来的宗教内涵则是来自公元前2000年传入欧洲的一系列神圣形象。同样的神灵出现在吠陀教中,其中还有一些神灵至今仍被印度教所崇拜。希腊人和罗马人从周围文化中吸收神灵时,就加入了另外一层宗教内涵。过去的英雄现在被宣告为神。之后,统治者也可以。(据说一位认为自己行将就木的皇帝曾幽默地

如今,游客沿着广场的圣路所看到的罗马众神的圣殿遗址,大多都合并成了基督教的教堂。

说道:"我觉得我马上就要成为神了。")

有人偶尔会尝试创建一个完整的神灵体系。例如,荷马的作品就做过一次这样的尝试。《伊利亚特》和《奥德赛》将希腊诸神安置在奥林匹斯山上,住在天空之神宙斯看护之下的一个大家庭里。之后,罗马人借鉴了这些想法。还有人尝试将主神的塑像放在同一个地方崇拜。雅典人将他们最重要的神像放在了卫城——保罗在雅典布道时曾注意到了这件事(《使徒行传》第17章第19节至第23节)。罗马人在广场区域安置了数个神庙,之后海德里安(Hadrian)皇帝创造了环形的万神殿(Pantheon,希腊文:pan,"所有的";theos,"神"),上面有他认为最重要的神灵的祭坛。(万神殿——或许是所有经典罗马建筑中最漂亮的——现在是一座天主教堂。)

阿耳特弥斯女神常与生殖相关。

罗马人试图在这种神灵崇拜的混乱局面中制定一些秩序，于是开始教导人们说，他们的诸灵和女神与其他文化中以各种各样的名字被崇拜的神灵并无不同。作为例证，以下是一些与希腊诸神和女神相对应的罗马诸神：

朱庇特/宙斯——天空和雨水之神，诸神之父

朱诺/赫拉——朱庇特/宙斯的妻子，妻子和婚姻的守护神

维纳斯/阿弗洛狄忒——爱之女神

墨丘利/赫尔墨斯——信使之神和商业的守护神

马尔斯/阿瑞斯——战争之神

巴克斯/狄奥尼索斯——醉酒和狂喜之神

普路托/狄斯——地下世界和来世之神

罗马宗教习俗和它从叙利亚、希腊借鉴来的占星术都相信在诸神、月份、日期和行星之间有着隐秘的联系。这种信仰的影响表现在：在有着数百年基督教历史的国家，仍然使用其命名月份。因此，我们看：

January（一月）——以两面门道神雅努斯（Janus）命名，他总在殡葬开始时醒过来

March（三月）——以马尔斯（Mars）命名，和暴风雨、战争还有三月举行的加强国家防御力量的祭祀仪式相关联

May（五月）——来自迈亚（Maia），生殖女神

June（六月）——来自朱诺（Juno），朱庇特的妻子，婚姻女神

July（七月）——在尤利乌斯·恺撒（Julius Caesar）被宣布为神之后，以他的名字命名

一周中的每一天显示着相似的联系：Sunday（周日）——太阳（sun）；Monday（周一）——月亮（moon）；Tuesday（周二），西班牙文：Martes——马尔斯（Mars）；Wednesday（周三），西班牙文：Miércoles——墨丘利（Mercury）；Thursday（周四），西班牙文：Jueves——朱庇特（Jupiter, Jove）；Friday（周五），西班牙文：Viernes——维纳斯（Venus）；Saturday（周六）——萨图努斯（Saturn）。

尽管是抱有侥幸的尝试，希腊人和罗马人在教义之外还是发展出了宗教习俗。在医学仍不发达的年代，符咒和吉祥的仪式极受人们重视。自此认真施行的仪式变

得必不可少了。全年的节日都要举行仪式。罗马人大约有30个主要的节日以及很多小节日——大部分都为了特定目的，例如防御、生殖、还有丰收。这些是公共宗教最大的活动，为国家的福祉而施行。因此基督教发展其仪式也延续着这些习俗，主持圣诞节（冬季节日）和复活节（春季的庆祝新生节日）就不足为奇了。圣徒们的节日以特有的祝福和仪式为象征，与早期对诸神的敬拜很相似。

希腊和罗马的"神秘宗教"对基督教的形成极为重要，这么称呼它们是因为入会者要宣誓不向外透露他们入会仪式和习俗的细节。这些通常包括训令、洁净仪式、分享圣餐、酒以及启示的体验。我们在准基督徒（"初学者"，catechumens）的早期训练、洗礼、圣餐仪式中能清晰地看到模仿的痕迹。

在耶稣以及早期基督教的年代，罗马帝国开拓时也从小亚细亚（土耳其）、波斯和埃及引入了异域的诸神崇拜。最早引入的一批宗教是对"伟大的母亲"西布莉（Cybele）女神，和伊希斯（Isis），一个来自埃及的女性形象的崇拜。这种女神崇拜毋庸置疑地影响了基督教日益增长的马利亚膜拜。从波斯引入的则是对太阳神密特拉（Mithras）的崇拜，施行公牛血中的洗礼和仪式性的圣餐。从罗马到伦敦都发现了包含密特拉崇拜的证据。

当你沿着罗马广场走完时，也许还会想到其他类似物。在基督徒墓穴中所发现的早期耶稣不留胡子的偶像，这与阿波罗和狄奥尼索斯很相似。将宙斯或是朱庇特当作至高之神的趋势——正如在朱庇特的大神庙中为卡比多山加冕时所展示的——也许促成了罗马帝国向一神教的转变。密特拉教的仪式性午餐在基督教圣餐中有所体现——事实上，古代的罗马圣克莱门特（San Clemente）教堂就是在密特拉教基础上建造的，它是一个密特拉神的崇拜场所。

希腊-罗马宗教对基督教演化所产生的确切影响将永远无法估算清楚。但是我们所发现的影响提醒我们，世界上所有的宗教在其新生时都是以多种方式，建立于出现在它们之前的宗教之上的。同时，一个新宗教去适应现有宗教的能力有助于这个新宗教为人接受、理解——正如我们在基督教这个例子上所见到的。

尤其是它的语言（拉丁语）。拉丁语是西方教会仪式和学术的语言。圣经也曾被翻译成拉丁文。事实上，学者们经常说，即使罗马帝国在5世纪末瓦解了，它实际上是用变换了的形式在西方教会中存活了下来。罗马的皇帝由教皇取代了，而语言、律法、建筑以及罗马的思维模式在西方持续了超过一千年。

第五节　罗马帝国末期基督教所受的影响

当罗马帝国在西方逐渐地瓦解（在公元476年结束），新的势力和潮流影响了基督教下一步的发展。有两个人对基督教产生了巨大影响：主教奥古斯丁和修士本尼迪克特。

奥古斯丁

奥古斯丁（354—430）出生于西罗马帝国末期的北非。尽管我们现在认为北非是和欧洲极为不同且相分离的地区，但在奥古斯丁的时代，它仍是罗马帝国的一个重要组成部分。

刚刚成年时，奥古斯丁就离开了北非的家乡来到意大利，成为一名修辞学老师。在罗马逗留了一阵子后，他得到一份米兰的教职。熟识米兰的主教安布罗斯（Ambrose）之后，他才真正开始对基督教产生兴趣。有一天，奥古斯丁正在家中的花园里，以为自己听到了一个童声反复唱诵，重复着词组 Tolle et lege，tolle et lege（"拿起来念"）[16]。一直研习保罗书信的奥古斯丁，拿起了一份放在邻近桌子上的使徒书信的抄本。打开书时，他读到关于内心转变的需求，这些内容一下子照进了他的心灵，他感觉必须彻底地改造自己的生活。奥古斯丁找到了安布罗斯，请求为他施洗。

奥古斯丁回到了北非，全身心投入了教会工作。起初他被任命为修士，而后成为主教，他决定和其他修士一起过隐修的生活。尽管在皈依前他曾与情妇生有一子，奥古斯丁当前宣扬的对待性、婚姻的态度，却是鼓励基督徒不断怀疑身体的欲望。对这些观念的颠覆发生在一千年之后，始自宗教改革者马丁·路德的思想和作品，他最初是奥古斯丁修会的独身成员，但是后来结了婚，并抵制将禁欲生活理想化的倾向。

在奥古斯丁皈依之后多年，他写出了影响西方数百年的书籍。他的《忏悔录》（Confessions）是世界文学作品中第一本真正的自传，详细记述了奥古斯丁的成长过程和皈依经历。在他那个时代，一些人将罗马帝国的衰落归咎于基督教，《上帝之城》（The City of God）为其做了辩护。在《三位一体论》（The Trinity）中，奥古斯丁解释了天父上帝、耶稣和圣灵之间的关系。他也曾写书反对修士伯拉纠（Pelagius），这位思想家对人性的观点比奥古斯丁更为乐观。

奥古斯丁对西方基督教产生了不可估量的影响。直到16世纪的新教改革运动之前，他是基督教神学的唯一权威，并且他也对改革运动的思想家，例如马丁·路德和约翰·加尔文产生了影响。总之，在一千多年的时间里，西方基督教基本上是奥古斯丁的基督教。

本尼迪克特与修道理想

正如前面所提到的，奥古斯丁在皈依之后选择成为一名修士，并且与其他的修士和僧侣一起过献身祈祷和研习的生活。这种修道院的生活方式是基督徒的一个重要组成部分。我们要记住，修道院生活不仅仅是一个宗教选择。在生活不太安稳的年代，工作的选择非常有限，婚姻往往伴随着许多子女（他们可能半路就夭折），这时僧侣的生活就提供了一种超脱的自由。修道院的生活将人们从日常忧虑中解放出来，提供了阅读和写作的空闲时光，和众多有趣的人结下宝贵友谊的机会，以及一种追求精神目标的强烈意识。事实上，现在的很多宗教传统中都有修士和修女，并且隐修生活远非多么新奇罕见，而是一种非常普遍的表达虔诚的方式。修道院生活方式不仅出现在基督教中，还出现在印度教、佛教、道教中；并且在犹太教中，艾赛尼派将禁欲的修道生活坚持了将近两百年。

僧侣不一定是修士，修士也不一定是僧侣。僧侣是任何选择为宗教献身，离开社会过禁欲生活的男性；修士是经授权引领公共礼拜仪式的人。在基督教早期，修士通常会结婚，因此他们不是僧侣。然而在修道院生活的影响之下，西方的修士逐渐地接近僧侣，保持独身。

基督教的修道院生活方式可能源自若干个事件的影响。一个可能是艾赛尼运动，另一个是耶稣从未结婚的事实。我们可以回想到，耶稣曾赞扬"为天国的缘故"而不结婚的人[17]（《马太福音》第19章第12节）。保罗也没有妻子，而且热诚地劝告他人也如此（《哥林多前书》第7章第32节至第35节）。影响基督教修道院生活方式的另一股力量来自埃及，那里的隐士甚至在耶稣时代前就已经隐居在山洞之中。最后，一旦基督徒不再遭受政府的迫害，成为僧侣或修女便是基督徒表现其独特宗教热情的重要方式。

1500多年来，日落时祈祷的仪式已经成为僧侣日常生活中重要的一部分。这是宗教会众在圣公联盟的主教堂——坎特伯雷座堂（Canterbury Cathedral）的合唱中参与晚祷仪式。

我们所知的首批基督教僧侣被称为沙漠教父：隐士保罗、埃及的安东尼、帕弗努修斯（Paphnutius）、帕科缪（Pachomius）和修行者西门（Simon Stylite）。其中也有女性（明显有着不光彩的经历）：妓女圣佩拉吉娅（Saint Pelagia the Harlot）和妓女圣马利亚（Saint Mary the Harlot）。这些人都离开了世俗世界，去过一种他们认为更完美的生活。这次运动也许显示了对世俗世界需求的兴趣的缺乏，但也表达了对天堂生活的渴望——对快乐、不雷同、独立个性和上帝之爱的渴望。事实上，修道院中的生活常常被称为"天使的生活"。

讲述埃及隐士的《安东尼的生活》（Life of Antony）的拉丁文版极大地影响并传播了西方的修道运动。这场运动扎根于法国南部和意大利。西方修道院制度真正的创始人是努西亚的本尼迪克特（Benedict of Nursia，又译为本笃，约480—547）。本尼迪克特出生于罗马附近的一个富有家庭，但是隐入山洞中居住，之后他开始受人关注，并有追随者参与到他的隐修生活中。最终，本尼迪克特和他的追随者安顿在罗马南部的卡西诺山（Monte Cassino），修建了一座修道院。从那里开始，这场运动传播开来，以本尼迪克特修会而闻名遐迩。

本尼迪克特的影响来自他的《修院圣规》（Rule for Monks）。"圣规"以早期的"导师规则"（Regula Magistri）和《新约》为基础，用于指导僧侣长年一起度过修行生活。它规定，僧侣应当每周唱整组的150首赞美诗（圣经中的诗歌）、从事体力劳动，并且始终待在同一所修道院中。它反对任何形式的过分苦修，力求合理；例如，它允许人们喝酒，正如其中哀叹道的，因为用别的方法无法说服僧侣。"圣规"成了所有西方修道院制度的组织原则，并且至今仍为本尼迪克特修会的修士所信奉。[19]

> 亲爱的兄弟们，能有什么比上帝邀请我们的声音更甜美？你瞧，在他慈爱的体贴中，圣主为我们指出了生活的道路。
> ——圣本尼迪克特的《修院圣规》[18]

本尼迪克特修会的僧侣成了将基督教——连带罗马的建筑和文化——传播到整个西欧的传教势力。[20] 重要的本尼迪克特修会传教士包括奥古斯丁（死于604），他被教皇格里高利一世派到英国传教；以及博尼法斯（约675—754），他将基督教传播到了德国。

隐修理想和实践中体现了基督教的几个关键元素。例如，隐修生活区分劳作和祈祷的时间段，这促进了钟表的发展。更为重要的是禁欲的理想生活。没有家庭牵挂的生活使修士、修女、僧侣有了更多的自由，它也推动了有些脱离外部世界勤勉生活的理想状态。它鼓励那种信念，即认为不婚、禁欲的生活方式比不禁欲的更完美，在基督教中没有受到严重挑战，一直持续到了16世纪的新教改革运动。

第六节　东方正教会

在这之前，我们一直关注的是西欧的基督教。但是另一种基督教派别——被称作东方正教会——在俄罗斯、保加利亚、乌克兰、罗马尼亚、希腊和其他地方得到了发展和传播。这些地区都是凭借君士坦丁堡所派出的传教士而获悉基督教的，君士坦丁大帝在公元330年将其建立为帝国的首都。**正教**（orthodox）意为"正统的信仰"，被用来指称东方的基督教。这个名字的希腊语词根——orthos，"正直的"和 doxa，"意见""思想"——反映了东方基督教界定其信仰并保持其不变的愿望。

早期发展

在基督教发展的前几个世纪，通讯不发达，权力相当分散，耶路撒冷、安提阿、罗马和亚历山大港的主教们，虽然在神学上常常不一致，但是人们向他们寻求指导和权威解释。然而，当君士坦丁将拜占庭的小渔村定为罗马帝国的新都时，他们就黯然失色了。他将其正式命名为新罗马，但不久又改称君士坦丁堡——"君士坦丁的城市"（现在名为伊斯坦布尔）。君士坦丁堡的众多人口、它作为政府中心的重要程度和帝国对基督教的支持共同提升了君士坦丁堡主教的地位。现在他被称为教宗，成为了东方所有主教中最具影响力的一位。

当初，君士坦丁期望通过迁都——至现在的君士坦丁堡——到更靠近北方边境来增强罗马帝国的实力。从那里派出的士兵能很快抵达边境，抵御住北方的众多野蛮部落。但是君士坦丁实际上是为基督教分裂成东西方教会埋下了种子。罗马帝国一度曾有两个皇帝——东方的和西方的，而他们之间并不和。正如我们所见到的，使用拉丁语的西方帝国在5世纪终结了，并且西方基督教开始独立发展。以君士坦丁堡为中心的使用希腊语的东方帝国，以它自己的形式传播着基督教，直到1453年在穆斯林的征服中陷落。

正教会大体上按照民族和语言的分布划分——俄罗斯、希腊、塞尔维亚、保加利亚和罗马尼亚正教会。但是这些教会都接受七次公会议，尤其是尼西亚公会议（325）和迦克墩公会议（451）的信仰宣言。正教会一直坚持一种分散的、以共识为基础的组织形式。即便它在理论上接受罗马教皇是"在同侪中居首的"，它也坚持认为关乎基督教整体的决定应当共同做出，与所有大主教和主教进行商议；因此，只有公会议具有最高的权威。

东正教会以其精巧的二维艺术著称，尤其是圣像和湿壁画。我们在这儿看到的是保加利亚圣约翰·里拉修道院一个穹顶上耶稣及各种圣徒的湿壁画。

东正教会中的修道主义

如同在西方一样，修道运动也是东方教会的一个重要方面。它由埃及和叙利亚向北发展到了亚细亚，那里最伟大的信仰疗法术士是14世纪的教会领袖，尼撒的圣格里高利（约335—394）、拿先斯的格里高利（约329—389），和凯撒利亚的巴西尔（约330—379）。他们设定了**东正教**（Orthodoxy）统绪内部修道运动的模式。巴西尔为修道生活所写的建议，东正教至今仍然遵循着。东罗马帝国使用希腊语的僧侣将基督教由伊斯坦布尔带到了俄罗斯和东欧。这些传教僧侣中最著名的是9世纪的西里尔和美多迪乌斯兄弟，因为他们或其门徒在希腊字母的基础上创造了西里尔字母，现在的俄罗斯和东欧普遍使用这种字母。

东正教创建了几处伟大的修道中心。最著名的是在希腊的阿索斯山，这里目前是当地的修道主义中心。东正教所有的分支都派代表到那里进行修道训练，能够到那里访问或学习被视为巨大的荣耀。[21] 在罗马尼亚、保加利亚、乌克兰和俄罗斯形成了其余的几个修道中心。这些修道院中，很多至今仍然存在，并且允许参观。

东正教会的信仰

早期发展出现的几个问题，促成了对东正教会内部分支的界定和区分。一个论题是耶稣基督的本质：耶稣与上帝有何关联？圣父上帝是否高于耶稣？如果耶稣是人并且是神圣的，那么他是两个人还是一个人？耶稣在他的人类生命开始之前是如何存在的？一些信徒强调耶稣的人性，而另一些强调他的神性。这种反差最终导致了4世纪《尼西亚信经》的创造和采用，它不仅被东正教会而且被西方所有的传统基督徒所接受。由于创建信条是为了打败几个异端，它在一些细节中提到了耶稣的神性：

> 我们相信唯一的上帝，全能的父，一切可见不可见之物的创造者。我们相信唯一的主耶稣基督，上帝之子，上帝所生的独生子具有天父的本质，上帝的上帝，光之光，真上帝的真上帝，所受生，而非受造，具有父一样的本质；天上地下，万物皆由他所造；他为我们人类，为我们得救，从天而降，道成肉身，成为人。[22]

甚至在《尼西亚信经》之后，仍有一个学派坚持认为基督的神性和人性是两个分开的位格，而非一个。其他人则争论说耶稣只有一性，而非两性。迦克墩公会议（公元451年）宣称，耶稣有两种性质——神性和人性——结合在唯一的人身上。

在4世纪和5世纪的主要大公会议之后，对于耶稣本性有不同观点的某些基督徒组织被贴上了异端的标签。然而，他们仍继续存在于非主流的团体中。主要存在于现在叙利亚的涅斯多留（Nestorian）基督教会，仍然教导说在耶稣的一个位格里有两种独立的未联合的特质。科普特基督教会主要存在于现在的埃及和埃塞俄比亚，主张信仰耶稣只有一性——这种信仰常被称作基督一性论（monophysitism，希腊语：一性论）。这两个早期教会的观点呈现了公元纪年的最初几个世纪里基督教群体中思想的多样性。

今天的我们很难意识到这些教义争斗的激烈程度。这些问题似乎更像是言词上的争论。但是上帝和人性联合这个重要的问题才是关键。坚持说耶稣身上融合了神性和人性，让东正教神学趋向强烈的神秘主义，它同样强调每个人与上帝之间潜在的亲合。这种神秘主义趋势体现在东正教的每个方面——尤其是在神学和艺术之中——并且至今仍然存在。

另一个影响持久的重要争端，发生在由宗教实践所使用的偶像上。我们或许记得十诫中有一条是禁止制造偶像（《出埃及记》第20章第4节），因此犹太人基本禁止制造任何宗教偶像。伊斯兰教有相似的禁令，此外还有现今基督新教的一些教派也遵循这一戒律。当拜占庭皇帝利奥三世（680—740）下令摧

深度视角

一座希腊东正教堂的内景

尼古拉斯·凯吉在他的《埃莱妮》一书中,记述了内战及随后的"二战"期间,他在希腊度过的童年时光。他的回忆中包括了对他所在的那个名叫里阿的村子中东正教堂的描述。这所教堂被纳粹摧毁了。

七百年来,圣母教堂滋润着里阿村民的灵魂。这里有他们的骄傲,他们的圣经。要了解神圣的圣经的人根本无需识字,因为它们都通过这里的湿壁画阐释清楚了,而当初执画笔的僧侣姓名已消匿在时间中。在圆屋顶上升的拱顶上,全能的基督是凡人的三十倍大小,细阅下面的宗教会众,他手中紧握福音书。在窗子之间的地方,画着真人大小的先知和使徒,他们留着短胡须、眼神忧伤,朝向圣坛永恒地行进着。

里阿的村民对圣母教堂的奇观总是百看不厌:墙上绘有每个圣徒和殉难者、十二庆节、最后的晚餐和圣母的生平,最终的警告是绘在门边墙上的最终审判,上面怪诞的龙和恶魔惩罚着每种罪恶,而祭司们则待在罪人的首排。

教堂之宝是那绝美的金刻圣像屏帏,闪烁的屏帏隐藏了至圣所的神秘,直到祭司带着耶稣的圣血和圣体出现在祭坛平板上的中门后面。圣像屏帏上有四层圣像,带有金叶子和宝石,极为炫目;而在圣画中间,当地木刻者以其想象力创造出了缠绕的藤蔓,和栖息在透孔的装饰浮雕上的神秘鸟兽。[23]

毁所有耶稣、马利亚和天使的偶像时,关于制造和使用偶像的争执进入了高潮。有可能他这么做还有除了宗教原因之外的政治原因,即期望建造沟通伊斯兰教的桥梁。但是大马士革的约翰(约676—749),一位僧侣和作家,为宗教偶像——或常被称作**圣像**(icon,希腊文:eikon,"偶像")做了强有力的辩护。约翰争论道,偶像对于文盲的作用就相当于圣经对于能阅读的人的作用。他还争论道,上帝通过化身为耶稣的方式,表现出他并没有蔑视物质世界。他说,圣像只是圣爱的化身通过物质世界显现的延续。大公会议之后允许使用偶像,因此给东正教会的实践打上了难以磨灭的标记——这点在对宗教绘画的崇敬中得到了发扬。

基督教统一的裂痕早就有所显现,但第一次大的分裂发生于1054年,当时的分歧使罗马和君士坦丁堡的主教相互将对方开除教籍。尽管撤籍行为最终被取消了,但还是留下了强烈的分裂痕迹。

尽管是文化差异导致了分裂,教义上的微妙差别也起了推波助澜的作用。最受关注的是三位一体的教义。圣灵是来自于圣父还是圣子,或者两者皆有?最古老传统的观点认为,圣父产生了圣灵;但是西方普遍认为,圣灵同时来自圣父和圣子。拉丁文单词**和子说**(filioque,"和子")很早就被加进了西方信条。东方教会拒绝将这个其认为不适宜的概念加入到《尼西亚信经》中,并且将它当作是东西教会分裂的一个主要原因。另一个招致分裂的问题是主教的权力逐渐壮大,并且声称罗马主教为所有基督徒的首领。然而，现今的学者指出，无法避免的分裂是出于多种原因，例如距离、语言的差异以及北欧和东欧政治势力的增长。

总之，东正教信仰与西方出现的信仰十分相似，并最终成为基督教主流。各个正教会在教义上的差别十分微小，但其强调点并不相同。西方基督教主流（天主教和新教）关注耶稣的死亡，将其视为罪的救赎。一些学者认为，这种关注表明了一种更加"法律化的"强调：上帝被视作审判者，惩罚和悔改是最重要的。东方基督教更为强调的是，人类通过与基督相接触可以体验到的神秘主义的自我转化。结果是，东正教的艺术和文化更少关心耶稣的受刑，而更多地关注复活。

随着苏联和东欧共产主义的坍塌，东正教会重新恢复了其部分早期势力。禁止用于宗教用途的教会建筑重新归还教会所有，并恢复使用。值得注意的是，在共产主义倒台之后，俄罗斯的当权者决定重建莫斯科的圣萨尔瓦多大教堂（Cathedral of the Holy Savior），斯大林曾将其摧毁，改作了游泳池。俄罗斯东正教会还在 1997 年成功使得肯定其特殊地位的法律通过，可以帮助其抵御其他宗教团体的传教活动。

第七节　个人体验：在阿索斯山上修道院的见闻

阿索斯山是遥远的希腊北部一片遍布岩石的地方，它看上去就像是一只伸进爱琴海的手指。整个半岛是一个修道国度，僧侣和隐士们已经在这儿至少生活了一千年。尽管在政治上它是希腊的一部分，但它是半独立的，并且由修道院议会议定自己的事务。半岛的中心是一座高山，在海岸线上围绕着它分布着二十座大型的修道院。一年春天，得到了政府的允许之后，我在阿索斯山度过了一周，体验了东正教的复活节。

我从雅典来到了萨洛尼卡，然后从那儿搭乘了一辆巴士，满车都是要回家过节的人。在库蓝诺波利斯的村子待了一晚之后，我在第二天的黎明之前坐上了去往阿索斯的渡轮。在小型首府卡里埃的僧侣商店，我拿到了护照。希腊文上面是一副半岛的图画以及守护着半岛的马利亚肖像。这个护照使我可以在参访的任何一家修道院留宿。

我每天逐个地拜访着修道院，每次大概四个小时，而且每次都受到了礼待。有一天，我还在驴背上免费搭乘了一段，那三头驴子是为几家修道院运输庆祝复活节的货物的。驴子缓步前行之时，驱赶牲畜的两个车夫还给了我白兰地和复活节糖果。山上积雪融化，汇成了数不清的山溪，它们旁边开满了鲜花。两个车夫在某个问题上变得十分不冷静，和对方吵了起来。他们跳下驴背打了起来，驴子逃跑了。一位僧侣划着桨上了岸，爬上山，劝住了架。我们把正在更高的绿色山坡上悠闲吃草的驴子重新抓住，像什么都没发生过一样继续赶路。

修道院的高墙设计是为了保护僧侣免受曾游荡在海岸的海盗侵扰。每个修道院的下半部分都几乎没有窗户，离地有 70 英寸高，那上面则是多达七层的木质

阿索斯山的圣狄奥尼索斯修道院下面，一个僧侣正将船拉近船埠。

阳台。每个修道院的中央，都是一栋希腊十字形的独立教堂建筑，通常漆成砖红色。教堂建筑的每一翼都是同等大小，在中央的交叉处则是一个大型的穹顶。

我想我永远都不会忘记在这一个神秘空间内举行的复活节崇拜仪式。在教堂里面感觉像是置身洞穴之中。地板上铺着散发着甜味的月桂树叶，它在古代是胜利的象征。挂满蜡烛的枝形吊灯从穹顶上垂下来，像繁星般照亮了黑暗。复活节仪式的黎明前，僧侣用长棍子让吊灯来回摆动。吊灯摆动的时候，蜡烛照亮了墙上的壁画和镶嵌画。我能看到洞穴中的先知以利亚，还有和六翼天使对话的以赛亚形象。耶稣站在一座山顶上，被一个杏仁状的七彩光晕环绕着。马利亚抱着她的孩子，恬静地望着我。在这些画上头，是朴素的宇宙基督举着手祝福世人。在他下面的人举着一盏点燃的橘色蜂蜡蜡烛，闻起来像蜂蜜。教堂一侧的僧侣开始了复活节祝词。"Christos anesti"——"耶稣复活了"，他们唱道。然后另一侧的僧侣们回应道，"Alithos anesti"——"是的，他真的复活了。"他们来回唱这两个词组数分钟。最终停下之后，一个僧侣仍然继续着。他蓄着长长的白胡须，闭着眼睛唱诵。"Christos anesti，"他接着大声唱，"Christos anesti。"僧侣们疑惑地互相看着，接着又都笑了，因为一个中年僧侣出来轻轻拍了拍老年僧侣的肩膀。年长的僧侣睁开眼睛，然后是一片沉寂。

第八节　中世纪的基督教

早在它仅仅是罗马帝国的异域"东方"的宗教时，基督教就跨出了惊人的一大步——起初面临迫害，之后成为帝国的官方宗教，最终跃升为整个欧洲的唯一宗教。基督教也在埃塞俄比亚、中东和印度维持着小规模的传播范围和多样的形式。

基督教兴盛的原因有很多。它宣讲仁慈和希望的福音、提供神的帮助、承诺来世生活、医助病患、救济穷人。它教导农业和建筑技术、引介书籍、推广使用计时技术。想象一下，复活节那天烛光里的教堂——伴随着音乐、焚香、蜡烛、用宝石装饰的书籍、玻璃窗，还有穿着华丽长袍的祭司们——将会给尚未信奉基督教的人心中留下怎样一番景象。那种效果一定能使人心醉。有一个传说，讲述了一群俄罗斯牧师，在公元988年参加了在君士坦丁堡圣索菲亚教堂举行的崇拜仪式。回到基辅后，他们说在教堂的仪式进行时，不知道自己是在人间还是进了天国。

虽然罗马和君士坦丁堡的很多宗教习俗都源自罗马，但正如我们所见的，这两个中心最终因为存在差异而分隔开了。东方存在数个教宗，这样就使得其中的任何一支都不会成为唯一的统治势力。但是西方的罗马教会在它的区域内没有竞争者，因此在权威和力量上得到了增长。作为罗马主教的教皇宣称自己拥有对所有基督徒的统治，这项声明直到16世纪的新教改革运动才受到普遍反对。罗马教会的习俗确立了语言、习俗、教义、教历、音乐和敬拜的标准，先是在整个西欧造成了长期影响，之后超越了欧洲的影响范围。（为了能感受到罗马文化的长远影响，想一下你现在所读的书——在罗马帝国终结后很久，而且可能要远离罗马上千英里——是由拉丁字母所写的：大写字母来自罗马的古典拉丁文，小写字母由基督教僧侣和抄写员发明。）

日渐增加的基督徒与基督教声誉日隆的文化统治力量，为各种各样的宗教表现营造了气氛：虔敬和神秘运动，新宗教团体的建立，十字军东征和宗教裁判所，改革运动以及基督教理想的新阐释。随着时间的推移，传统基督教权威遭到了质疑，这让人们开始寻找新的权威来源。

基督教神秘主义

在有神论宗教中，神秘主义（mysticism）这个词语表示一种直接的神圣体验以及与神合一的感受。尽管并非总能得到教会权威的认可，这种超越性的体验仍然是基督教重要的一部分。基督教神秘主义者提到过他们与上帝的直接接触，有时将其描述成他们自身与上帝之间一切界线的消融。他们的体验记述了一种令人好奇的意识状态。

耶稣体会到与他称之为父的上帝的亲密关系的事实，为所有基督教神秘主义者将耶稣视为模范提供了基础。带有强烈神秘主义倾向的《约翰福音》，就以这种观点看待基督。我们还可以在保罗书信中看到神秘主义。例如，保罗描述自己被带到"第三层天"，在那儿听到了无法言说的事物（《哥林多后书》第12章第1节至第13节）。基督教的诸多早期僧侣和修女渴望体验上帝，而且在奥利金、奥古斯丁、尼撒的圣格里高利的作品中，神秘主义的文章十分常见。[24] 奥利金（约185—254）是对《雅歌》做神秘主义解读的众多基督徒中的第一人。他将年轻的

在这幅湿壁画中，乔托（Giotto）描绘的圣徒弗朗西斯接过了耶稣被钉在十字架时的伤口。中世纪的一些人将这看作是终极的神秘主义体验。

> 主，请使我成为你和平的使者。凡是有痛恨的地方，让我耕种爱；有伤害的地方，耕种宽恕；疑惑的地方，耕种信仰；绝望的地方，耕种希望；黑暗的地方，耕种光明；悲伤的地方，耕种喜悦。[26]
>
> ——阿西西的圣弗朗西斯所做的祈祷

情人看作耶稣，将他的爱看作神秘主义的符号，"为了她的新郎即上帝之道而在天堂之爱中燃烧"。[25]

在中世纪和文艺复兴早期，西方的神秘主义体验尤其受到褒奖，阿西西的圣弗朗西斯（1182—1226）可能是中世纪最著名的神秘主义者。弗朗西斯起初是个花花公子，他是富商的儿子，为了效仿耶稣，他过起了贫穷的生活。他还极其热爱自然，将太阳和月亮称作他的兄弟和姐妹。艾克哈特大师（约1260—1328）是最伟大的基督教神秘主义者之一，这位德国神父将上帝描绘成超越时间空间的、"空无"（void）的、"既非此亦非彼"的[27]，这不仅吸引了基督徒，而且引起了印度教徒和佛教徒的兴趣。

有很多神秘主义者是女性。近年来，在关于她们的大量记载出版之后，中世纪本尼迪克特修会修女宾根的希尔德加德（约1098—1179）的神秘主义颂歌开始流传开来。一位英国女性，诺威奇的朱利安（约1342—1416），在《上帝之爱的启示》（*Revelations of Divine Love*）这本书中描述了她经历过的一系列神秘体验。她以女性的视角描写了对上帝的体验。"正如上帝是我们的父，他也是我们的母。他完全地表明了这一点，尤其是在他言语温柔时，'这就是我。'换句话说，'我就是拥有父性力量和仁慈的我；我就是拥有母性智慧的我。'"[28] 最著名的女性神秘主义者之一，是西班牙修女圣特蕾莎（1515—1582），她在其自传中书写了和上帝之间的亲密接触。在罗马胜利圣母教堂里，有一尊贝尼尼制作的富有表现力的雕像，表现的是特蕾莎修女迷失在狂喜之中。

基督教神秘主义的理解方法，受到了另一些基督徒的对冲，他们对原初信仰尝试做理性、哲学的探讨。弗朗西斯会和多米尼克会这两个团体（这章稍后会讨论到）在这项工作上尤其活跃。多米尼克会神父托马斯·阿奎那（1225—1274）是最为知名的。在两部主要的作品《神学大全》（*Summa Theologica*）和《反异教大全》（*Summa Contra Gentiles*）中，他将亚里士多德的哲学思想与基督教经文和其他基督教作品融合在一起，提出了一种相当完整的基督教世界观。然而，即便他也为神秘体验的强大吸引力而动摇了。在生命的最后，他通过祈祷获得了对宗教全新的理解和深刻的体验，据说他评论道，与从神秘体验中直接理解的实在相比，所有记述下来的东西都"像是稻草"。

十字军东征、宗教裁判所与宗教修会的确立

在四、五世纪期间及其后，全欧洲的基督徒都去耶稣生活和死去的地点朝圣，君士坦丁大帝和查士丁尼皇帝更是在那儿建造了教堂，鼓励这种行为。然而，穆斯林在7世纪统治了耶路撒冷，到了11世纪严禁基督徒朝圣。为了保证朝圣途中的安全和顺利到达"圣地"，一些欧洲人觉得他们有权占据耶路撒冷及其毗邻的领土。占领圣地的数次尝试被称为十字军东征——这种军事远征现在可能被描述成误入歧途的宗教热忱。

第一次十字军东征开始于 1095 年，并且在 1099 年的一场血战之后占领了耶路撒冷。欧洲人控制了以色列将近两百年，直到 1291 年，他们在海法港附近的阿卡失去在以色列掌控的最后一片土地。穆斯林和基督徒遭受的痛苦相差无几，而且大多数十字军不是死于战伤而是疾病。此外，很多东部基督徒也因被误以为是穆斯林，而死于十字军之手。十字军还造成了意识形态上的损害，因为在推崇士兵为宗教理由而杀戮的观念——这些观念与耶稣的诫命明显相悖——时损害了基督教。基督徒士兵的浪漫概念"向战争前进"，自此保留在了基督教的一些分支中。

基督教的一个重要发展，是非隐修院的宗教团体的创立，称为宗教修会（religious orders）。修会是一种宗教组织，由遵循禁欲生活的男女组成，他们遵守一套成文的规则（拉丁文的 ordo），并且有特定目的，例如教学或护理。最著名的中世纪修会是弗朗西斯会，由阿西西的圣弗朗西斯创立，他将贫穷理想化，并致力于帮助穷人。其他的修会有多米尼克会，它的成员是教师和学者以及圣殿骑士团成员，负责保护朝圣的遗址和路线。大多数修会也接受女性，形成修会的单独分支。

那个时代的另外一大发展是西欧已经变得完全基督教化，犹太人、穆斯林和异端在宗教和政治上都是危险的。犹太人被迫与基督徒完全分开生活；法国南部出现的非传统基督徒被消灭；并且对西班牙和西西里岛的去伊斯兰化行动也已开始。

宗教裁判所（Inquisition）的名称来自于其目的——"调查（inquire）"一个人的宗教信仰。教会权威设立了一个组织以保证基督徒信仰的纯洁，并且它的目的是要根除被认定是异端的不同基督教分支——这些分支被看作是对公众秩序的威胁。异端被逮捕、询问、折磨，并且一经发现有罪，就会被烧死。

宗教裁判所最初活跃在 13 世纪的法国南部，之后西班牙采用了同样的调查程序。我们或许还记得，15 世纪时基督教的统治者曾尝试大规模地"再次征服"整个西班牙。在基督教统治者掌管整个西班牙领土之后，犹太教徒和穆斯林被迫改信基督教或是离开西班牙，很多人移民，主要是去了摩洛哥和埃及。留下的人必须接受洗礼并公开信仰基督教。然而一些新改信的人私下继续信仰他们原来的宗教。宗教裁判所试图找出这些"伪基督徒"，而多米尼克修会对这项事务尤其热衷。

多米尼克修会会士托马斯·托奎曼达（约 1420—1498），于 1483 年被国王费迪南德和皇后伊莎贝拉任命为宗教裁判所首任检察官，1487 年由教皇英诺森八世任命为总检察官。他在西班牙监管宗教裁判所期间，因严酷残忍而臭名昭著。我们习称"收复失地运动"的基督教运动，在 1492 年控制了西班牙全境。自此之后，宗教裁判所成了西班牙政府的宗教武装势力，活动于西班牙和北美洲的西班牙殖民地。

中世纪末期

将十字军从以色列全部驱逐（1291），标志着中世纪典型的基督徒的乐观主义的终结。人们普遍认为这次失败是神对宗教败坏的惩罚。半个世纪之后悲观主义情绪加重，当时淋巴腺鼠疫的流行——因在人体上引发的黑色肿瘤而被称作黑死病——开始蔓延至整个欧洲。第一次主要的疾病暴发大部分发生在 1347 年和 1351 年之间。瘟疫始发于法国和意大利，之后横扫西欧；城镇空无一人，以至没有人力掩埋尸体。神父通常落荒而逃，拒绝照料垂死者——疏离职守给教会带来了极坏的声誉。有 1/3 到 1/4 的人死亡，并且瘟疫在之后的数年中继续在许多城市暴发。

现在我们知道了疾病是由细菌传染的，由跳蚤身上带有的一种杆菌引起，而跳蚤将疾病带给人类。老鼠携带着跳蚤，带进由黑海到法国南部和意大利的船只上。但是那时人们不了解瘟疫的医学起源，而是将它看作上帝的惩罚。一些人责怪犹太人，指控他们向井里投毒，或因不接受基督教而惹怒上帝。另外一些人将瘟疫视为对教会当权者的散漫行为的惩罚。

一个运行成功的机构将其权威视作理所应当是很自然的，并且到了中世纪末期，纯粹因为财政或家族原因来委任主教和修道院长职务也很常见。有些继任者甚至住在远离其修道院或是主教辖区的地方。事实上，14 世纪的大部分时间，教皇们都住在法国南部而非罗马。罗马教皇的这种脱位导致了教会权威的削弱，最终有两到三个派系都宣认其教皇权。

中世纪见证了欧洲社会的诸多改变，因为抵达中东和亚洲的旅行者回到家时，带回了新奇的货物和新颖的观念。新的贸易和经济形式得到了发展。想象力和个人的独立性开始增长。

到此为止，中世纪末期最伟大的发展就是活字印刷的发明。在那之前，所有的作品都必须辛苦地通过手工完成，因而就只有学者和神职人员能够阅读圣经和其他作品。尽管第一本印刷出来的书籍（约 1450）是拉丁文的圣经，但很快便开始需要新的译本了。印刷同时也使现代语言传播新的革命性思想成为可能。因此，很多充满活力的基督教新形式得以出现。

第九节　新教的宗教改革

随着教会制度的成熟，其自身自然而然地丧失了一部分虔诚和纯粹，这恰恰推动了对改革的尝试。因被穆斯林入侵和权力分散所削弱，东方教会对改革的需求较少。相反西方罗马教会非常成功，它散播到整个西欧并建立了中央集权制度，在其发展的一千年里都未遭受严峻的考验。

到了中世纪晚期，人民不满于教会及其修道院所占据的土地和财富。有思想的人似乎还被种种迷信行为——尤其是对圣徒遗物的敬拜所困扰。重要的遗物，包括圣人的骨头和任何据推测是耶稣、马利亚或其他圣徒接触过的物品，例如马利亚的面纱和用于耶稣钉上十字架的钉子。很多这些物品都是赝品。

早期的改革尝试并不成功。英国神父约翰·威克里夫（约 1320—1384）宣讲反对罗马教会的税收制度，并反对神职人员的特权。他将圣餐化质论（圣餐用的饼和葡萄酒,在弥撒上受到祝福后,实际上变成耶稣的肉和血这个概念)贴上了迷信的标签。他还主持了第一版英文圣经的翻译工作。他在1377年被教皇格里高利十一世指控为异端,禁止宣讲。他死于中风,但是当康士坦丁大公会议(1414—1418)判定其教义有罪之后,教会又将其尸体挖出、焚烧,并将骨灰丢弃到河里。

布拉格大学的校长扬·胡斯(约1370—1415),将威克里夫的许多观念发扬光大。在1410年胡斯被开除教籍,并在宣判威克里夫有罪的同一次会议上被宣判有罪,于1415年在火刑柱上被烧死。

然而改革是不可避免的。不久之后基督教就会发生另一个巨大的转折。南欧和北欧会因宗教问题生生撕裂,西方基督教分裂为新教和罗马天主教。

马丁·路德

德国教士马丁·路德(1483—1546),是第一位得到了大量追随者而没有被处死的改革家,他的成功还激励了其他寻求改革之人。他们共同产生的影响最终催生了基督教的新教(Protestant)分支,这么命名是因为这些改革者反对罗马教会的某些教义和习俗。

路德年轻时在一场雷电交加的暴雨中宣誓,承认自己个人有罪,愿意过宗教生活(奥古斯丁修会)。为了践行宗教信仰,他不得不违背父亲让他成为一名律师的意愿。[29] 但在被委任为教士之后,他仍然没有得到所期待的内心的平和。

路德成了威登堡大学的教授,讲授圣经的课程,并侧重《新约》——尤其

路德在他的作品中表现出了自己的个性,这幅是卢卡斯·克拉纳赫(Lucas Cranach)所绘的肖像画,路德和他的妻子卡塔琳娜。

深度视角

基督新教的着重点

新教试图寻找基督教体验的必要因素，并按照其生活。它非常强调个人与上帝建立关系的能力。

回到简单的基督教 《新约》概述了基督教信仰上和习俗上的必要因素。基督徒应模仿早期的传统，并避免不必要的之后所做的修改。

耶稣的中心地位 耶稣是通向上帝圣父的唯一路径。对马利亚和圣徒的崇拜分散了信徒对耶稣的信仰，因此应当降低他们的重要性，甚至将其摒弃。对马利亚和圣徒遗物的信仰近乎迷信。

圣经的指导 圣经是神圣的启迪人类的指导。信徒应当经常阅读，而牧师应当在布道时予以解释。

信仰的重要性 一个人单独的行为无法带来拯救。对耶稣的信仰才能领受上帝眼中的正义。

与上帝的直接联系 尽管牧师协助宗教礼拜式的进行，但他们不是上帝和个人之间的中介人。每个人都与上帝有直接的关系。

个人判断 圣灵帮助每个信徒确定圣经篇章的意义，以及如何将基督教的原则应用于日常生活。（每个人都有彻底地质疑和重新思考已被接受的解释的能力，有时人们将这称作是新教原则。）

是保罗书信。有一次当他感觉被自己的罪孽所压倒时，突然被《罗马书》开头保罗的话所震撼："义人必因信得生"[30]（《罗马书》第1章第17节）。路德承认，通过阅读这封书信他感觉似乎走向"新生"了，并且感觉到"天堂之门"向他敞开了。

路德开始相信，不管一个人的罪孽有多深，耶稣的献身也足以弥补所有的罪行。一个人的善行永远不会嫌多；要在上帝眼中成为无罪的，一个人就要仰仗耶稣的工作。[31] 路德还意识到阅读圣经的重要性，将其作为接受灵性洞见的一个重要因素。路德的主要着重点有时被概括为拉丁词组 sola scriptura（"唯独圣经"）和 sola fides（"唯独信仰"）。

路德的教导出现得正当其时，教皇正在为罗马建造新的圣彼得大教堂而筹款。作为回报，许诺给捐赠者**赎罪券**（indulgence），它可以缩短一个人死后在炼狱所花费的时间，炼狱则是灵魂进入天堂之前所处的准备阶段。路德反对这种灵性事物可以被贩卖的观念。

为了表明自己的异议并挑起争论，1517年，路德在威登堡城堡教堂的门上张贴了《九十五条论纲》（Ninety-five Theses），以这种形式提出了改变和改革的要求。路德受到斥责后仍不悔改，在1521年被教皇利奥十世开除教籍。路德改革的努力可能会失败——而且他也有可能被烧死在火刑柱上——如果他没有受到当地选侯萨克森的弗里德里希三世支持和藏匿的话。在避难期间，路德将《新约》翻译成了德语，并且不久之后也翻译了《旧约》。基督教圣经的路德版本之于德国人，就如同英王詹姆斯钦定的英译本圣经之于英语世界一样——它对德国的语言和文化产生了无法估量的影响。

在他洞见到信仰的充分性之后,路德坚决地拒斥禁欲和修道的生活方式。他娶了曾是修女的卡塔琳娜·冯·博拉,生下六个孩子,并将自己的家门敞开,迎纳对他的教会改革工作感兴趣的众多造访者。

新教的派别

基督新教的核心是每个人都有权彻底地质疑并重新解释基督徒的信仰和习俗。这个所谓的**新教原则**(Protestant Principle)产生了新教主流的主要分支、很多更小的教派以及数千个独立的教会,这些教会又继续神奇地扩增下去。他们的组织和崇拜风格千差万别——从注重仪式和制度的作风,到非正式的、重视情感,并且非常个人化的风格。一些新教教派注重个人的情感皈依,而另一些则强调普遍的社会福利。一些对教派之外的人们非常排斥,而另一些包容性则很强,甚至会邀请非基督徒参与他们的礼拜仪式。一些保留了传统礼仪和主教制结构(即包含主教和牧师),但是另一些废除了所有的礼仪和神职人员。让我们在阅读到这些教派的时候,牢记这种多样性。

路德宗 马丁·路德的改革观点着重于信仰以及圣经的权威。为了鼓励更多人参与进来,路德呼吁实施礼拜仪式时,在使用拉丁语的同时加入德语。他还写了宗教会众参加祈祷时用德语齐唱的赞歌,由此路德宗具备了浓厚的音乐传统,其中特别重视合唱与风琴音乐。

路德的新教改革观点传遍了德国的中部和北部,之后传到了斯堪的纳维亚半岛和波罗的海诸国。它随着德国和斯堪的纳维亚半岛移民又到了美国,他们主要定居在了中西部的北端。多年来,路德宗保留了路德最初对圣经的热情、对上帝的信念,以及优美的教堂音乐。

加尔文宗 改革的概念一经接受,就被其他同样寻求改变的人采纳并重新解释。这些人之中就有法国神学家约翰·加尔文(1509—1564)。有时人们说加尔文的观点要比路德的更为阴暗,因为他视人的本性是有罪的,并且几乎是不可阻止地走向邪恶。他还将上帝全能的观点带向了逻辑终结:如果上帝是全能全知的,那么他就已经宣告了谁将被拯救,谁将遭受谴责(这条教义被称为**预定论**[predestination])。一个人的行为并不招致他的被拯救或是受罚;这些行为只是标志了上帝已经宣告的结果。

加尔文将上帝看作审判者,这种观点也许是受到大学时学习法律的影响。渴望改革的他,在26岁时便出版了自己的思想概述《基督教要义》(*The Institutes of the Christian Religion*)。在法国遭受迫害后,他被迫逃遁,最终定居瑞士日内瓦。由于宗教改革家牧师胡尔德里希·茨温利(1484—1531)的努力,瑞士已经开始考虑改革了。加尔文在日内瓦的巨大成功,让这个城市成为改革运动发展的中心。

路德在保留弥撒和其他传统天主教习俗的元素上给予了相当大的自由度,而加尔文则持有更严苛的观点。他将圣经视作唯一认可之物，鼓励移除教堂内所有的塑像和图画，并且采用一种没有风琴伴奏的公众音乐。加尔文宗礼拜仪式将着重点放在了布道上面。

牧师不是由主教——加尔文宗中不设此职位——指派的，而是由每个选区的会议所"召唤"。这种高度民主的习俗威胁了当时的政治和宗教首领，因此其信徒常常遭到驱逐。在这些信徒中有移民到新英格兰地区（美国东北部六州——译注）的清教徒，还有胡格诺教徒（法国新教徒），他们在 1685 年被逐出法国后定居在北美的几个地区。经由约翰·诺克斯（1514—1572）的努力，加尔文宗传到苏格兰，他曾在日内瓦跟随加尔文学习。在苏格兰，没有主教的教会结构确立了下来，为其他国家的加尔文宗提供了一种模式。最终加尔文宗在荷兰、苏格兰、瑞士和美国具有了重要的势力。到了 19 世纪，它在撒哈拉以南的非洲、韩国、中国和太平洋地区都颇有影响。长老派教会是最著名的加尔文宗的后裔。它的名字来自希腊语单词 *presbyter*，意为"长者"或"领袖"。

英国国教会（圣公会） 它是新教的另一种派别，起源于英国国王亨利八世统治期间（1491—1547），将宗教改革运动的元素和原有的传统习俗结合了起来。有人将圣公会看作是对天主教和新教的折中。

亨利维护了传统主教和牧师的教会结构（它被称作一种主教制结构［episcopal structure］，来自希腊文单词 *episkopos*，意为"主教"或"监督"）。他仍然保持像以前一样的宗教礼拜仪式的基本结构，以拉丁语开场。他甚至还保留了神职人员禁欲这项规定，尽管这在他死后不久便废除了。作为对改革者的让步，亨利在每个教堂中放置了一本英文版本的圣经，供所有人阅读。英国国教会一开始时摇摇欲坠，但是亨利的女儿伊丽莎白成为女王之后，它牢固地建立起来了。

英国国教会出现的最初几个世纪里，出版了好几部具有重要意义的作品。在 1559 年发行的《公祷书》（*The Book of Common Prayer*）中，主要的教堂祈祷都是由英语写成的。其富有韵律的句子设定了一个标准，其他的英语作品都以它作为标尺。整个 16 世纪，作曲家们都被委托书写英语的合唱音乐，为宗教礼拜仪式所用。结果产生了绝妙的音乐体裁，至今仍然在使用。1611 年出版了《英王詹姆斯钦定版圣经》，以其支持者詹姆斯一世命名，他是女王伊丽莎白一世的继任者。它是对英语影响最大的一部书。

英国国教会一直刻意去容纳各式各样的解释与习俗。一些教堂的建筑和礼拜仪式非常简单（他们的风格被称作低教会派），而其他的则使用焚香、马利亚的雕像以及宏伟的礼仪（称作高教会派）。另外，尽管有很多反对的声音，英国国教会还是开始委任女性为神父或主教。

宗派主义 每个人都可以解释圣经，这种强有力的观念一直鼓舞着——而且至今仍鼓舞着——大量的独立教会和宗派的发展。大部分教派都是由一个具有神授能力的人创建的，并且其中的许多规模很小。一些教派从字面上严肃地解释圣经，因此其着重点便极其特殊——其中有：对外部世界和技术的拒斥，采纳一种极其简单的生活方式，彻底的和平主义（抵制战争和暴力），完全的禁欲主义，对将降临的世界末日的期待。作为一种宽泛定义的群体，这派新教的分支被称作宗派主义。以下是其最主要的派别：

再洗礼派（The Anabaptists，意为"再次受洗"），它是16世纪期间发展的一场虔敬运动，强调信徒需要以洗礼作为内在皈依的标志——尽管他们在儿时受洗过一次。他们的敬拜非常简单。从这场广泛运动中出现了几个蒙诺派和孟诺教派宗派，其中一些团体坚持一种不用汽车和电的简朴的农业生活方式。（电影《证人》一片的背景就是孟诺教派生活。）

浸礼会（The Baptists）这个教派起源于英国，已经成长为美国的一支主要力量。浸礼会采纳再洗礼派的一些原则，包括内在皈依的需求，只为成年人施行的洗礼，礼仪上的简洁，个人判断的独立，以及摆脱政府的控制。

贵格会（The Quakers）由乔治·福克斯（1624—1691）在英国创建。迁往美国的贵格会教徒主要定居在宾夕法尼亚州。贵格会教徒是热切的和平主义者；不设立神职人员；而且开创了一种大部分在沉默中举行、不设礼仪的教堂礼拜。他们正式的名字是教友派（Society of friends），但贵格会名字的来由是，乔治·福克斯相信人们应当听到上帝的话而"发抖"（quake）。

震颤派（The Shakers），源于贵格会运动，由一名英国女性，"母亲"安·李（1736—1784）所创立，她从英国移民到了美国纽约州。震颤派同时接受男性和女性，但是倡导绝对的禁欲。祈祷性舞蹈的加入使他们的宗教仪式不同寻常，这也是他们名字的来源。震颤派定居在纽约州和美国东北部六州，创建了主要依靠农作的社团。即便今天只有少量的震颤派教徒，他们简朴的基

起源于英国的浸礼会，现在是美国最大的新教派别。图中是数千人在达拉斯浸礼会的礼拜式上敬拜。

督徒生活观仍存留在其简朴而典雅的建筑和家具上面。

圣灵降临运动（The Pentecostal movement）尽管有着古代的根源，但是到近一百年才特别活跃。它强调基督徒敬拜时，情感应占有合理的地位。在这样的礼拜仪式中，人可能"言语含混"、哭喊、晕倒，或以其他方式表现情感的应激，这些被认为是圣灵显现所带来的礼物。

卫理公会（The Methodist Church，又译"循道宗"）起先只是英国国教会内部的虔敬运动。这样命名是由于查理·卫斯理（1707—1788）及其牛津的信徒遵循祈祷和修习的方法论特性。但在查理的哥哥约翰·卫斯理（1703—1791）的强烈引导下，循道主义才持有了一种独立身份。查理·卫斯理写下了六千多首赞歌，它们推动了这场运动的传播。

第十节　新教宗教改革之后基督宗教的发展

天主教的改革（反宗教改革）

尽管新教改革运动的势头强劲，罗马天主教不仅承受住了挑战，而且作为回应有了自身的发展和改变。16和17世纪的这种改变——称作天主教改革或是反宗教改革——强烈地拒斥新教改革者的大部分要求。新教徒抵制教皇的权威，天主教徒着重于此。新教徒要求使用当地语言，天主教徒保留拉丁语的使用。新教徒强调简单的建筑和音乐，天主教徒则创造了恢宏华丽的教堂。

然而，天主教会认识到有必要进行一些制度上的改革。教会的首个回应是一

圣彼得教堂和广场，犹如天主教改革运动的纪念碑。

深度视角

天主基督教的着重点

天主教接受所有的传统基督教信仰，例如相信三位一体、耶稣的神性，以及圣经的权威。另外，特别是在新教改革运动之后，它捍卫下列的信仰和习俗。

善行的重要性 基督徒在信仰之外，必须行善才能得到拯救。

传统的价值 除圣经外，教会传统也是信仰和习俗的重要指导。

受指引地解读圣经 对圣经的个人解读，必须接受教会权威与传统的指引。

教阶制度的权威 罗马主教即教皇是教会的最高权威，而主教在他们各自的教区（权力的辖区）享有首要的权威。

崇拜马利亚和圣徒 鼓励信徒在崇拜耶稣之外，还崇拜居住在天堂的马利亚和圣徒。作为信仰的辅助，信徒们还向圣物（圣徒的尸体和生前使用过的物品）致敬。

圣礼 有七项圣礼（sacrament，基本的仪礼），而不像大多新教改革者所认为的——只有两项。它们是洗礼、坚振礼、圣餐（Eucharist，主的晚餐、弥撒）、婚礼、圣职任命式（授予祭司神职）、告解（向一名祭司忏悔罪行），和敷油礼（涂油礼）。

次漫长的会议，1545年到1563年在意大利北部城镇特兰托举行。这次会议制定了统一的神学院体制以便训练牧师，而在过去，只能通过给年长的神父当学徒习得这些技术；它将罗马的圣餐礼仪制定为天主教的礼拜仪式标准；并且捍卫了传统教导和习俗（详见边栏"天主基督教的着重点"）。这次会议采取了防御性的姿态，在天主教的信仰和习俗周围竖立起了象征式的高墙。

出现了几种新的保卫和传播天主教教导的宗教修会，其中最具影响力的是耶稣会（Society of Jesus/Jesuits）。耶稣会的创始人西班牙人伊格那修斯·罗耀拉（1491—1556）曾是名士兵，这种背景促使他将军事原则用于其追随者的训练和生活。最终，耶稣会会士通过建立高中和大学，为年轻天主教徒的培养做出了长久的贡献，并且有很多人如今仍在继续着这项工作。

由于新教改革运动之后产生了对圣经和基督教教义的种种解释，天主教回应的一大部分问题是对教规和集权的强调。第一次梵蒂冈大公会议（1870）再次强调了这一点，它宣称教皇公开谈论（即 ex cathedra，"出诸主教座［权威之位］"）教义和道德时是绝无谬误的。

基督教的全球传播

《新约》中有上帝"为万民施洗"的训谕（《马太福音》第28章第19节）。因此，在基督教所有的分支和教派（图9.2）中，都兴起了有影响的传教活动以及虔敬运动。在过去的五百年中，这些运动将基督教传播到了每个大陆，并将其转变成一个真正的世界性宗教。

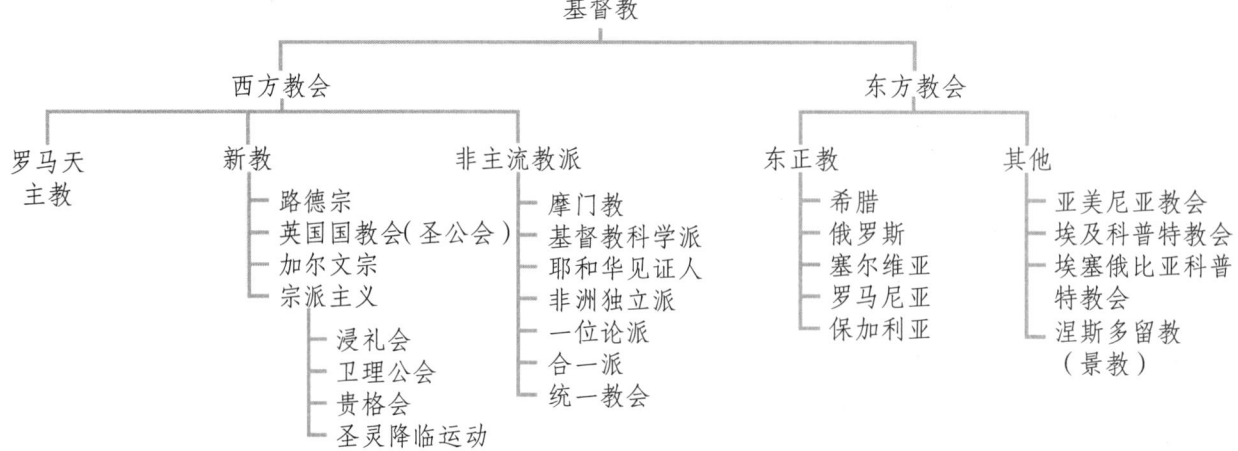

图 9.2 基督教的分支和流派

早期的一波传教工作是由天主教会完成的。不论西班牙、葡萄牙、法国的殖民者们在哪里夺取政权,他们的传教士都带去了天主基督教。耶稣会会士神父雅克·马凯特(1637—1675)在加拿大和密西西比河谷传播天主教,弗朗西斯会修士神父朱尼佩罗·塞拉(1713—1784)通过设立传教团在加利福尼亚州传播天主教。亚洲的早期天主教传教士起初很不成功。耶稣会从一些传教中心,例如印度的果阿派出传教士,并且从澳门这个中国大陆东南的小岛去往中国内地、日本,让中国人和日本人皈依。耶稣会会士西班牙人沙勿略(1506—1552)和意大利人利玛窦(1552—1610)非常勤奋,但是他们在中国和日本的尝试被政府当局压制了,他们都很明智,担心宗教皈依将会招致欧洲的政治控制。天主教在菲律宾和关岛的传播很成功,西班牙在这些地区的拓殖促进了这种宗教得以广受接纳。在19世纪,法国天主教传教士在东南亚和太平洋地区传教。塔西提岛在被法国占领之后,变得极度天主教化;越南现在的天主教人数也相当多。在撒哈拉以南的非洲,凡是法国、葡萄牙和比利时建立殖民地的地方,天主教也都生了根。

天主教在拉丁美洲不断地与当地宗教相融合。在巴西和加勒比海地区,非洲宗教(尤其是约鲁巴民族)和天主教对圣徒的敬拜相混合,产生了萨泰里阿教、巫毒教和康得布雷教(详见第十一章)。在美国的西南部、墨西哥、中美洲和使用西班牙语的南美洲,对当地神灵的膜拜纳入了天主教习俗之中。对瓜达卢佩圣母的膜拜代替了曾经的阿兹科特女神崇拜,而且玛雅人的自然神灵——大地、玉米、太阳和雨水的神灵和女神——换以基督教圣徒的外表之后仍受人们的敬拜。在玛雅和阿兹科特文化中经常能见到死在十字架上的耶稣,尤其是在那些祭奉人血相当重要的本地宗教之中。当地对祖先的崇拜轻易地换成了"死者之日"的新形式,每年在11月2号庆祝,那时人们都带着食物到坟墓旁,常常在蜡烛照亮的墓地待上一整晚。

基督新教的传教士和英国的征服者也将他们的信仰传播到了全世界。到达北美洲的新教殖民者可以代表最早的一拨。英国国教会(圣公会)传播到了所有英国人定居的地方——尽管在美国的独立战争时期,教会的名字改成了美国圣公会

当代议题

马丁·路德·金

马丁·路德·金于1929年出生于乔治亚州的亚特兰大。他的父亲和祖父都是浸礼派的牧师,他自然而然地接触到了宗教。年轻时,他深受隔离和种族主义困惑,并且他在大学和研究生院的学习让他坚信,基督教体系必须一起对抗种族不平等。他阅读亨利·大卫·梭罗的《论公民的不服从》,学习圣雄甘地的作品,他相信非暴力抵抗的力量。在亚拉巴马州的蒙哥马利,罗莎·帕克斯在一辆公交上拒绝从白人座位挪到黑人区。在其后的1959年,金领导了一场公共汽车抵制运动。最终,最高法庭宣布公交上强加的种族隔离法律违宪。作为南方基督教领袖会议的创始人,金动员黑人教会抵抗种族隔离政策。他在1964年赢得了诺贝尔和平奖。四年后,他被暗杀。32

金富有感染力的布道和写作极为倚重于圣经中的形象。他的演讲《我有一个梦想》灵感来自于《创世纪》(第37章第1节至第10节)中约瑟的梦想。他的演讲《我已经看到了应许之地》则基于《申命记》(第34章第1节至第4节)摩西的故事。

这里所描画的马丁·路德·金带着光环,这是传统中神和圣徒的象征。这幅当代的圣像由罗伯特·伦茨所画。

(Episcopal Church),以避免显得对新成立的美国不忠。英国圣公会广泛传至加拿大、澳大利亚、新西兰和其他的英国前殖民地。它也成了南非的一支重要势力——圣公会主教戴斯蒙德·图图在20世纪80年代领导的反对种族隔离(apartheid,以前政府制定的种族隔离的政策)运动便可证明。

美国的新教教会在非裔美国人的生活中发挥着很大作用。当奴隶被运到北美的英国殖民地时,他们(有时是被强制地)皈依了基督教,通常皈依到新教。大部分非裔美国人成了卫理公会、浸礼会和其他更小宗教派别的成员。在19世纪,新教教派在种族隔离和奴隶制的问题上产生了分歧,种族分布的界限撕裂了教会。1816年,从卫理公会中发展出了非洲卫理公会,它只服务于非裔美国人。他们不必像在其他教派中那样,礼拜仪式上必须坐在与白种人隔离开的座位上。同时,美国东北部六州的一些新教教会在废奴(反对奴隶制度)运动上十分活跃,帮助逃亡的奴隶去往加拿大,并改变了在奴隶制是否道德的问题上的公共舆论。之后,南方的新教教会在反对种族隔离的运动中发挥了很大作用,牧师(例如马丁·路德·金)成了运动的领导者。

卫理公会和长老派教会的传教士将他们的基督教愿景传播到了亚洲和南太平洋地区。韩国现在有四分之一的人口是基督徒。中国台湾的新教徒非常活跃,并具有重要的政治作用。

传教士还跨越俄罗斯,将东正基督教传播到了西伯利亚和阿拉斯加,那儿有四万阿留申人(因纽特人)属于东正教会。(阿拉斯加的锡特卡有座著名的东正教堂。)东正教还通过俄罗斯、希腊和东欧的移民,传播到了美国北部。

基督教在中国、日本、东南亚(除去越南和菲律宾)、中东以及非洲北部的传播不太成功。但是在其他的地区,它要么是主要宗教,要么是一种强势的宗教。

非传统的基督宗派

由于基督教是一种相当古老的宗教,并且在远离其发源地的文化中繁荣兴盛,因此产生了一些有重大影响力的分支。这些教派与传统基督教极为不同,并且,没有被归入基督教三大传统分支——罗马天主教、新教和东正教,它们均源自新教。它们的信仰有所不同,尤其是在三位一体、耶稣的神性、世界末日的时间以及神迹治愈的作用问题上。这些教会中发展最快的是摩门教,在此就详细叙述它。其他非主流群体包括一位论派、统一教会与耶和华见证人(详见边栏"非传统基督教举例")。

耶稣基督后期圣徒教会　耶稣基督后期圣徒教会,俗称摩门教会,是世界上发展最为迅速的一个宗教教派。尽管摩门教徒认为自己是完美、复原的基督教的基督徒,但主流基督教指出,摩门教和传统基督教之间仍然存在重要区别。

这场运动的创始人约瑟夫·史密斯(1805—1844)生于纽约州。年幼时,他对基督教群体之间的差别和冲突感到十分困惑。他14岁时,见到了圣父上帝和耶稣基督的幻象,他们告诉他,现存的基督教派都不正确,因为真正的基督教已经随着早期使徒的死亡而逐渐消失了。

史密斯17岁时,又见到了一次异象。一个名叫莫罗尼的天使带领这个年轻人来到一座山上,让他在那儿挖掘。摩门教讲授说,史密斯最终挖掘出好几件埋藏了很久的、非常有宗教价值的圣物。这些圣物有一些是刻着外国文字的金制页片,有一块护胸甲,还有神秘的石头,史密斯用手中的宝石翻译出了页片上的文字。史密斯开始了翻译的工作,在帷幕后面口述给他的妻子艾玛、朋友奥利弗·考得里和马丁·哈里斯。他工作的成果是《摩门经》。施洗约翰和三位使徒——彼得、雅各和约翰——出现在史密斯和考得里面前,传授给他们两种神职——亚伦和麦基洗德(耶路撒冷的王、祭司,意为"会义之王"——译注)。

史密斯和他的追随者们期望自由地信仰自己的宗教,由此开始了一系列的迁徙——他们先后移居到俄亥俄州、密苏里州和伊利诺伊州。这个新的教会信仰《摩门经》中的神圣启示以及一夫多妻的习俗，遭到邻居的强烈抵制，而史密斯用圣经辩护其合理性。每到一个新地区，摩门教信徒都受到迫害，最终被迫离开。在伊利诺伊，史密斯和他的兄弟被关进了监狱，之后闯进监狱的暴民杀害了他们。

在这时，其余的信徒提名杨百翰（1801—1877）为下任领袖。杨组织教会迁徙到犹他州，在那儿建造了盐湖城。迁移之前，教会内部发生了分裂——部分是由于一夫多妻制的问题。没有迁徙到犹他州的团体比较小，由史密斯的儿子接管。

在犹他州，教会同样遭到了反对，但是其信徒却在增加。1890年，教会的第四任主席出人意料地承认推翻一夫多妻制。这次对一夫多妻制的否决（又被称为大调整）使摩门教得到了社会的认可。1896年，犹他州正式成立。

摩门教会一直是传教教会，并且非常早就传到了英国和夏威夷。摩门教会通过传教士的努力传播得如此之快，以至现在遍布全世界。尤其是在南太平洋地区，摩门教发展得很成功。

摩门教徒接受基督教圣经的启示，通常使用英王詹姆斯钦定版本。他们相信其他几部也同样是神启的作品。最重要的一部是《摩门经》。另一部灵感作品是《教义和圣约》（*Doctrine and Covenants*），列出了上帝给约瑟夫·史密斯和之后的教会领袖的一百余条启示。最后一部启示作品是《无价珍珠》（*The Pearl of Great Price*），此书包含了更多的启示以及信仰文章的汇编。这三部附加作品被视为是对基督教圣经的必要补充。《摩门经》迄今已经分发了一百余万册。

即便摩门教徒接受了传统基督教的大部分信仰，它们之间还是存在着区别。摩门教徒相信，天父上帝如同耶稣一样拥有光辉的身体，而圣灵没有被赋予形体。摩门教徒相信，人类的灵魂在具有俗世的身体之前，曾以灵的形式存在，并且这些灵性存在被送到物质世界以完善自身。

摩门教的来世概念包括相信地狱，相信几个更高的奖赏级别：低级、中级和高级国度。在最高国度的顶峰，奉行所有特殊习俗的摩门教徒可以住在全世界一百余座摩门圣殿中的任意一座中。在圣殿举行结婚礼仪并对其婚姻"宣誓"的夫妻，可以在高级国度中维持其婚姻，并可以成为像神一般，在那儿生养富有灵性的儿女。

《摩门经》在传统的圣经历史上增添了细节。它教导说，制造巴别塔的人们（《创世纪》第11章第1节至第9节）的一些后代定居在了美洲，但是最终消亡了。它还教导说，一群以色列人在公元前600年来到了北美洲。他们分裂成

圣地亚哥的摩门圣殿是世界上最新的圣殿之一。

了两个敌对的派别——尼腓人和拉曼人，而且耶稣在复活之后，曾给他们布道。《摩门经》讲述了在公元4世纪，尼腓人在和拉曼人的交战中是如何被消灭掉的，这些拉曼人被认为是美国印第安人的祖先。

虽然摩门教徒遵循基督教的习俗，以洗礼作为入会礼仪，不同的是他们也用替代物为已故的亲属施行洗礼，效仿一些早期的基督徒（《哥林多前书》第15章第9节）。这点——连同对家庭生活的普遍关注——是摩门教关注宗谱的一个主要原因。事实上，摩门教徒拥有世界上最大的家谱。

虔诚的摩门教徒每周日聚在一起学习、礼拜。他们的周日聚会包括神圣的礼拜仪式（圣餐），开展仪式时使用面包和水，而不用葡萄酒。通常的礼拜礼仪是在他们当地的礼拜场所进行，并且这些礼仪是对公众开放的。然而，特殊的礼仪，例如婚礼，是在摩门圣殿中进行的，这些圣殿礼仪不对非摩门教徒开放。虔诚的摩门教徒不吸烟或使用烟草，不饮酒、服用非法药品，或是喝含咖啡因的饮料，包括咖啡和茶。

由于摩门教会强调男人和女人的不同性别角色，因此它的统治阶层都是男性。而女人在她们自己的组织中行使领导的角色，这些组织多侧重于家务活劳动、育儿和社会福利。

摩门教徒以其看重和谐的家庭生活闻名。摩门教徒还遵循每周留出一个晚上的传统，所有家庭成员都待在家里，享受家庭生活。

教会统治阶层的顶端是教会的主席，被称为先知（或是预言家和启示者），因为人们认为他能够接受上帝的启示。在他下面是一群被称作十二使徒定额组的人，在那个团体之下是七十员定额组的第一及第二成员，他们是总体权威。在他们的下面，是地方的权威和股长（一"股"就相当于一个主教辖区）。牧师被称作大祭司，当他们分区（教区）的男性达到适合的年龄之后，就被授予各种亚伦和麦基洗德祭司职位。年轻男人预期用两年的时间宣讲自己的宗教，往往要去国外。年轻女人也被邀请去做传教工作，但是传教工作的时间长度要略微短些（通常是一年半）。在任何时间，都有大约六万名传教士活跃着。现在摩门教会拥有约一千两百万成员，其中有一半生活在美国以外的地方。其总部在犹他州的盐湖城。

摩门教有浓厚的唱诗班传统。礼拜礼仪上表演圣歌和独唱，而且摩门教大教堂合唱团在盐湖城定期举办演奏会，演奏传统的圣歌、清唱剧和其他音乐曲目。

除了摩门教徒，即这场运动中由约瑟夫·史密斯所开创的最大分支，还存在至少一打其他的支系。最重要的一支是耶稣团契，其前身为重组后的耶稣基督后期圣徒教会。它为了强调其与主流基督教的紧密关系而在2001年更名。还存在更小的团体——其中一些继续着早期的一夫多妻制习俗——主要是在犹他州和加拿大西部。基本教义派的耶稣基督后期圣徒教会是实践一夫多妻制的最大群体，并且近年来受到了诸多政府监管和媒体的报道。

深度视角

非传统基督教举例

基督教会采取新的形式——有时是与其他宗教相混合。这里是一些重要的例子：

统一教会　这个教会创始于韩国，混合了基督教、佛教和儒教的元素。它在1954年由牧师文鲜明（生于1920年）创始，他自称"第二基督"。这个教会希望在世间建立上帝的国度。教团宣扬和睦家庭的观念，安排信徒结婚，并频繁地进行数百对夫妻的共同婚礼。

非洲独立教会　在过去的一百年中，基督教在撒哈拉以南的非洲获得了极大的成功。尽管大部分基督徒属于主流的传统教会，但还是存在上千个独立教会。有一些显示了独特的非洲特征和影响。这其中有的注重信仰治疗、预言，有的注意神授体验。例如，创始于科特迪瓦的哈里斯特教会，它的弥赛亚式领袖宣称得到了天使加百列的启示；津巴布韦的 Mai Chaza Church，由一个宣称死而复活的女性创建。这些教会还经常采用非洲文化的元素，尤其是音乐、服饰以及仪式。例如，刚果的金邦古教会（Kimbanguist Church）在礼拜仪式上使用甜土豆和蜂蜜，而不用饼和葡萄酒。[33]

耶和华见证人　这个宗派的成员从字面理解圣经的篇章，并期待即将降临的世界末日。这个宗派不允许输血，因为圣经上禁止摄入血液。它的成员不相信三位一体、耶稣的神性，或是永恒地狱——他们说这些都不存在于圣经之中。出于同样的原因，他们不庆祝圣诞节（或是自己的生日）。他们只对上帝效忠，强烈地拒斥政治，拒绝向国旗致敬，拒绝向任何国家效忠。

基督教科学会和合一会　基督教科学派教会和合一派教会起始于被称为新思想（New Thought）的运动，它强调正面肯定的重要作用。基督教科学会强调，思想的力量能够带来身体上的治疗。在仪式上他们使用圣经和《科学与健康暨解经之钥》，它由创始人玛丽·贝克·艾迪（1821—1910）所写。合一派教会以基督教为基础，但它也阅读很多其他宗教的篇章。其礼拜仪式包括指导下的沉思、赞美诗和正面的肯定。

一位论派　一位论派拒绝接受三位一体的教义，并因没有信条而自豪。但它通过强调符合社会正义的行动来效仿耶稣的预言性角色。作家拉尔夫·瓦尔多·爱默生和亨利·大卫·梭罗都是一位论派成员。

第十一节 基督教的实践

基督教在很大程度上是一个重视教义的宗教,同时也是注重礼仪的宗教,并且在两千多年过后,这些礼仪已经变得非常丰富和复杂。

圣礼与其他礼仪

最重要的礼仪就如同是上帝恩典的积极象征,常被称作圣礼。以下都是必要的基督教宗教实践:

洗礼　用水净化的礼仪被普遍用作基督教的入会礼仪。起初这项礼仪需要水完全浸没身体,但是一些基督教的派别要求只将水洒在头上。基督教的洗礼来自犹太教,礼仪性沐浴是犹太教一种古老的净化形式(例如《利未记》第14章第8节)。它常被用于接受犹太教的皈依者,而且艾赛尼人每天都会施行礼仪性的沐浴。施洗约翰在《路加福音》中被称为耶稣的表兄,他将洗礼用作悔罪的标志。耶稣本人也接受了洗礼,并让他的信徒去为其他人洗礼。早期基督徒继续将这种实践作为道德净化、新生活以及准备好到上帝国度的标志。在早期基督教,由于洗礼要浸没在水里完成,这种行为有助于生动地回忆起死亡、葬礼以及耶稣的复活。虽然早期的基督徒是成年时受洗,但在最初的几百年里为婴儿施洗逐渐普及。天主教、东正教和新教中更加重视礼仪的派别会为婴儿施行洗礼。新教的其他派别坚持认为,这种礼仪只能作为自愿性的入门标志,理应只为成人使用。

一些基督教会在湖中或是河中施行洗礼。白衣与河水一同象征着洁净。

圣餐 另一项圣礼是圣餐（希腊文："好礼物"），或称主的晚餐。早期的基督徒，尤其是保罗的皈依者，每周聚在一起模仿最后的晚餐，它当时可能是一顿逾越节晚餐。在这顿有饼和葡萄酒的晚餐上，他们虔诚地追忆耶稣的受难和复活。分享主的晚餐是分享耶稣的生和死的一种象征，但是其信仰却十分多样。一些教派将饼和葡萄酒视为极其真实的耶稣的身体和血液，由信徒吃下；另一些群体象征性地解释饼和葡萄酒。所有的基督教派别都以某种形式进行这顿晚餐，但是它们在风格和频率上出入很大。天主教、东正教和传统的新教教会，都是每周日有一次圣餐礼仪。不太注重仪式的教会在主日崇拜上更注重布道和对圣经的学习，但他们通常也每月举行一次圣餐。差不多所有的教会都使用饼，但有一些用葡萄汁或水来代替葡萄酒。

在所有基督徒都接受的这两项主要圣礼之外，一些教会将下面几项礼仪算为完整的圣礼：

坚振礼 坚振礼（"加强"）这项圣礼是在洗礼之后对信徒的祝福。在东正教会中，坚振礼通常和洗礼一起施行，但在天主教和一些新教教会中，比较常见的是在信徒十二三岁时施行。

告解 告解（或称忏悔）这项圣礼是一个悔改之人在祭司面前承认他/她的罪，并得到赦免。

婚配 这是两个人公开将自己交托给对方、承诺共同生活的圣礼。两个人通过圣礼承认对方，而神父或牧师只是扮演交托的公众见证人的角色。

授圣职礼 这项圣礼意味着对主教、司铎或是执事的正式授职。（一些教派给牧师授以圣职，却不将这个行为看作是圣礼。）

涂油礼 在这项圣礼（以前称作临终者涂油礼）中，一名司铎为病人涂上油——一种古老的健康象征——并且施以祈祷（详见《雅各书》第5章第14节）。

基督教的年历

6世纪发展出了一种相当完整的教会历法，它至今仍被基督教的大部分教派不同程度地采用着。其中最重要的庆祝活动要属圣诞节和复活节。其他的

婚礼是对一段婚姻的祝福，人们认为这项圣礼出现在基督教相对较晚的时期。图中是在罗马的维拉布诺圣乔治（San Giorgio in Velabro）教堂所庆祝的一次婚礼。

深度视角

标志与符号

除圣礼之外,在基督教两千年的历史中还出现了大量的虔敬礼仪。画十字——右手手指触碰前额、胸前和两肩——用于祈祷的开头和结尾,寻求神圣的保护。屈膝——弯曲右膝下跪——起源于顺从统治者的标志,是天主教徒和一些圣公会教徒在进入和离开教堂时的礼仪。基督徒通常双腿下跪,对上帝表示虔敬和谦卑。

虔敬物品在基督教中也是常见的。祝福水(圣水)能使人回忆起洗礼;它用于祝福物品或是和画十字共同用于进入教堂之时。橄榄油和盐都是祈福中健康的象征。点燃的蜡烛象征新的体悟。大斋期(复活节前的准备时期)要在前额涂灰,提醒人们死亡乃必然发生的。在复活节前的周日要在游行中拿着棕榈枝,以追忆耶稣回耶路撒冷时的胜利游行。焚香象征祈祷和尊崇。耶稣、马利亚、天使和圣徒的雕像和图画在基督教的传统主义者分支中非常常见。通常圣徒身上的独特配章可供辨认其身份,例如使徒安德烈身上的X形十字应该就代表他曾在上面被处决。

除了虔敬礼仪和物品,基督教还是许多宗教象征的源头。鱼是基督教信徒的古老象征。这种指涉可能始自耶稣渴望其信徒出去"做捕人的渔夫"(《路加福音》第5章第10节),寻找皈依者。它还用于代表希腊单词 *ichthus*("鱼"),它可以被理解成意为"耶稣基督,上帝之子,救世主"的希腊词语的首字母缩略。十字架用于追忆耶稣的死亡;而描绘耶稣钉于其上的十字架叫作耶稣受难十字架(crucifix)。

希腊字母在基督教艺术中出现得非常频繁。希腊字母表中的首末字母,阿尔法(Α)和欧米伽(Ω),象征着上帝是万物的起始与终结(《启示录》第1章第17节)。IHS的标识(来自希腊字母约塔[iota],艾塔[eta]和西格玛[sigma])表示耶稣名字的前三个字母。XP这个符号(通常写在一起,称为"Chi-rho"——发音为kai-ro)代表耶稣希腊文名字的头两个字母。(将圣诞节 Christmas 缩写为 Xmas 也是基本的一项。)

鱼　　拉丁十字架　阿尔法和欧米伽　　IHS　　Chi-rho

节日则是围绕这两个主节发展出来的。天主教、东正教和遵循传统的新教教会(圣公会和信义宗)遵守完整的传统历法。由于新教改革运动及其后的发展,很多新教徒拒绝部分传统教历。(因为东正教基本遵守罗马帝国的老朱利安历法,东正教的节期晚于天主教和新教的节期长达数周。)

复活节　这项对耶稣复活的庆祝活动是第一个发展出的基督教节日。它起源于犹太教的逾越节，是在农历春季，犹太人在这段时间追思其祖先逃离埃及的经历。（西方教会在春分月圆后的首个周日庆祝耶稣的复活，而东正教则晚些庆祝。）尽管多次尝试在固定的日期庆祝复活节，但都没有成功，就像圣诞节一样，复活节至今为止仍然是一个与月圆相关联的变动的古老节日。

圣诞节 对耶稣出生的庆祝要在对复活的庆祝之后才发展起来。尽管没人知道他出生的确切日期，但在罗马，基督徒开始用称作农神节的一个冬至节日来庆祝耶稣的诞生。传统的圣诞节庆祝活动持续十二天。它结束于显现节（Epiphany，希腊语："显现"），这个节日是为了追思智者们拜访年幼的耶稣的经历（《马太福音》第3章第1节至第12节）。

有两段氛围忧郁的、引人沉思的时期，用来铺垫圣诞节和复活节——分别是降临节和大斋期。

降临节 这四周时间被称为 Advent（拉丁文："来临"），用来准备圣诞节，追思耶稣来临之前的时期。

大斋期 这段长为四十天，用来忏悔和准备复活节的时期被称为大斋期。在这四十天中，人们追思耶稣开始公众生活之前在荒漠斋戒和祈祷的时期。许多世纪以来，人们被期望在大斋期期间不接触肉、奶制品和酒——这些食物都曾被看作是奢侈的。

大斋期开始的前几天被称为狂欢节（carnival），大斋期的禁食开始之前，人们在狂欢节享受最后娱乐。在大斋期之前的星期二——狂欢节的最后一天——人们必须停止吃肉（carnival 来自拉丁文 caro["肉"] 和 levare["撤走"]）。由于那天要吃光肉和黄油，它后来被称为 Mardi Gras（法文："油腻的星期二"），并且一些国家把这天当作大斋期之前的特别庆祝。

大斋期的第一天是蒙灰日，到了这一天虔敬者要在额头涂上灰，以追思死亡的不可避免、显示对罪行的懊悔。虔敬的基督徒将在这段时期内停止娱乐活动，

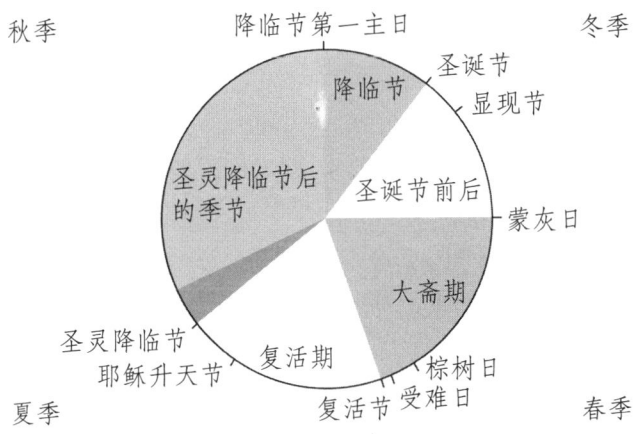

基督教会的年历

这已经成为一种习俗。

圣周 棕树日，即复活节前的星期日，是为了追思当初耶稣来到耶路撒冷时，人群挥舞着棕榈枝欢呼的情景。圣餐日（Holy Thursday）则重演他和使徒们共进最后的晚餐的场景。人们在受难日追思他的死亡。而星期六是安静的一天，晚上有漫长的守夜。星期日黄昏的时候，就开始了复活节的第一轮庆祝活动。

升天节和圣灵降临节 升天节这个节日是在复活节的四十天之后，为了庆祝耶稣升入天堂。并且在圣灵降临节十天后，追思早期基督徒的第一次布道。信徒们在圣灵降临节之后的星期日要沉浸在沉思之中，以深化其作为基督徒的生活。这样，整个教会年历都集中在耶稣生平的戏剧性事件以及对他的信仰之上。

追思圣徒日和其他习俗 遵循传统的基督徒将某些日子定作追思圣徒的日期，这些圣徒是基督教中的英雄。在西方，在大众文化中也会庆祝圣瓦伦丁节（2月14号）和圣帕特里克节（3月17号）。万圣夜起源于基督教以前的习俗，但是它的名字是指诸圣日（又称万圣节），时间为11月1号前的晚上。几乎一年中的每一天都指定了一名或是多名特别的圣徒，并且在有些国家，经常以出生那天所纪念的圣徒名字为孩子命名。

虽然《新约》不曾提及马利亚之死，但它仍是东正教庆祝的主要节日之一。耶稣怀中的婴儿象征着圣母灵魂升天。

深度视角

色彩的象征意义

西方基督教已经发展出了一套色彩符号系统,用于众多的教堂和牧师的服饰上,以庆祝节日和传达情感:

白色——欢乐,耶稣复活;圣诞节和复活节

红色——爱,圣灵,殉难之血;圣灵降临节

绿色——希望,成长;圣灵降临节后的星期日

紫色——悲伤,酝酿;降临节和四旬斋

蓝色——马利亚的节日,有时用于降临节

黑色——死亡(现在常常被白色所取代)

尽管这个体系在新教改革运动之后被弱化了,但它仍然会体现在婚礼(白色)和葬礼(黑色)上。

马利亚崇拜

在基督教中,很早就出现了对耶稣的母亲马利亚的崇拜。5世纪时,东方教会中进行了给予马利亚头衔的争论,这证明了她强大的影响。例如,尽管有一些人反对,许多人还是将马利亚称为theotokos("圣母")。在西方,罗马天主教对马利亚的崇拜兴盛于中世纪。法国有很多在公元1110年之后建造的哥特式新教堂以圣母院(notredame,"我们的夫人")命名,而且马利亚的雕像——通常是温柔地把她的孩子抱坐在她的腿上——几乎出现在每座教堂之中。公元1000年之后,祈祷时念玫瑰经变得很常见。玫瑰经念珠是用来为祷文记数的一串念珠,大多数念珠上的祷文是万福马利亚(Ave Maria)。(玫瑰经这种用来为祷文计数的用法,在其他宗教,例如印度教、伊斯兰教和佛教中也有。)

16世纪时,西方的新教改革家对马利亚崇拜提出了批评,认为这代替了对耶稣的崇拜。因此基督新教中对马利亚的崇拜较为少见。但马利亚的崇拜在基督教系统的东正教和天主教分支中仍然保持着强劲的势头。

天主教徒相信,在人们需要马利亚帮助的时候,她就会出现在这个世界。人们认为马利亚出现过的三个最重要的官方地点是卢尔德(Lourdes,在法国南部)、法蒂玛(Fatima,在葡萄牙)和特佩亚克(Tepeyac,墨西哥城附近)。以温泉著

一些基督徒相信,个人牺牲会使他们的祈祷和请求更管用。这是在墨西哥,人们跪着去往瓜达卢佩的神殿。

称的卢尔德是一个治愈中心，期望痊愈的人们会到那儿的水里洗澡。法蒂玛是另一个治疗中心，人们认为马利亚曾在那儿向三个孩子显现。特佩亚克是一个敬拜瓜达卢佩圣母的中心，她是西班牙天主教中的重要角色。人们认为马利亚曾向一个当地农民，胡安·迭戈（Juan Diego）显现，并在他的斗篷上留下了她的肖像，这个斗篷现在展示在特佩亚克的教堂圣坛上面。这个场所在12月12号会变得格外热闹，这一天被设立为瓜达卢佩圣母节。在许多都市和城镇，人们都举行弥撒和游行来庆祝这个节日。

第十二节　基督教与艺术

出于其礼仪需要的原因，基督教为建筑、视觉艺术和音乐做出了很大贡献。这种文化遗产是基督教为世界文化贡献的最大礼物之一——人们在旅行、参观宏伟的教堂和主要城市的博物馆，还有倾听基督教音乐时，都可轻易体会到这份礼物。

建　筑

基督教创建之初，礼拜仪式在私人住宅中举行。当教众人数开始增长，就需要更大的建筑来容纳更多的人，尤其是为了举行像圣餐这种仪式。为了举行公众礼拜仪式，早期的基督徒改建了长方形会堂——罗马帝国用作法庭的一种长方形建筑。在更大的长方形会堂中，外围的柱子和厚重的墙壁帮助支撑屋顶。可以开多个窗户，但窗户不能太大，因为大窗会减弱墙壁的支撑力量。在窗顶、屋顶和两排柱子中间，都采用了圆形的拱门。

这种风格——由于起源自罗马而被称作罗马式——作为一种实用的教堂设计而传遍了欧洲，并且直到约1140年一直在西欧占主导地位。有时在建筑一端的两侧加上两翼，以便更多的人观看仪式，附加的两翼还使建筑具有了拉丁十字架（下面的部分要长于其上三个部分的十字架）的象征形状。

东正教使用过长方形会堂的外形，但也发展出了另一种外形：基于罗马万神殿设计的模型，大穹顶覆盖在一个完整的正方形上面，接着在主楼的侧面加上了四个有圆屋顶的附加建筑，其中可以容纳更多的人并且更好地为屋顶提供结构性支撑。正如长方形会堂两翼的作用一样，四翼使这种建筑有了另一种象征性形状——希腊十字架（四个部分等长的十字架）。由于穹顶周围的窗户必须开得很小，以免削弱对屋顶的支撑，泄入的光线就很少，内部幽暗而神秘。金色背景的花窗玻璃能让时而昏暗的光线更明亮。

也许是由于接触到了伊斯兰教的建筑，在1140年之后西方兴起了一种新的风格，被称为哥特式风格。（"哥特式"的说法，是后来才用来称呼这种新的建筑风格的，那时的人们认为这种形式很原始，因此以未开化的哥特部落为它命名。

然而，哥特式风格既不原始，也不是哥特人的产物。它最早可能源自波斯，在公元600年到800年之间，而且它的元素可能是欧洲人由波斯和以色列返回时带到欧洲的。）哥特式建筑的第一个实例出现在法国。圣丹尼教堂位于巴黎，至今仍对参观者开放。

哥特式建筑光亮透风，它的顶部高耸入空。典型的哥特式风格有尖肋拱顶、高高的天花板、瘦长的塔楼和精美的石雕。墙壁和屋顶被石头从外部支撑起来（被称作飞扶壁［flying buttresses］），石头向上延伸至墙壁，向下到达地面。由于支撑屋顶的作用基本是由这些飞扶壁所完成的，所以墙壁就可以装饰上高大的窗户，并且往往镶嵌上了彩色的玻璃。

哥特式教堂开始遍地开花，任何重要的城镇都想拥有一座新风格的教堂，特别是在以大教堂（cathedral）为特色的城镇。（大教堂是主教所在的教堂，它的名字来自于主教使用的特殊椅子——cathedra，象征着他教导的权威性。）宏伟的哥特式大教堂是如此让人印象深刻，以至于哥特式风格至今仍然是与西方基督教相关联的特定风格。

英国伊利大教堂，唱诗班席位是哥特式风格，而远处的中殿是罗马式风格。

除去西方的哥特式风格之外，其他风格所产生的影响也很重要。天主教改革运动使戏剧化的巴洛克风格得以流行。人们认为巴洛克（baroque）这个词语来自于葡萄牙文中一种不规则珍珠的名称 barroco。巴洛克风格使用明暗对比、丰富的色彩、优美的材料（例如大理石）、螺旋形柱、多重拱顶和其他戏剧性的元素，就为了创造一种兴奋与奇妙的感觉。

在天主教积极地采用巴洛克风格之时，新教总体上趋向一种更加肃穆的方向：其着重点放在了倾听高声朗读圣经和听布道方面，新建的教堂设有靠背长椅、明亮的玻璃窗、高高的讲道坛，二楼的廊座是为了让人们更加接近布道者。在更大的教堂中，借鉴了经典的希腊-罗马建筑风格，产生了新古典主义风格（Neoclassical style）。

摩门圣殿的建筑极为有趣，因为人们故意使它们区别于以前的样式，比如罗马式、哥特式或者拜占庭式。与前几种风格不同，摩门圣殿的建筑设计反映了一种被称为圣殿复兴（Temple Revival）的富于想象力的风格。这种风格的元素包括宽阔的建筑平面，上面装饰精巧的格子形图案，而且以又高又窄的尖塔作为装点。

近些年来的实验引起了教堂设计上的革新，尤其是在美国。在加利福尼亚州南部，由知名建筑师菲利普·约翰逊（1906—2005）为集会而设计的水晶这是明尼苏达州的圣约翰修院教堂，完工于 1961 年，它与哥特式结构和水晶大教堂都形成了明显的对照。

加利福尼亚州的水晶大教堂，由菲利普·约翰逊设计，因其设计以及不时的爱国服务而闻名世界。

大教堂，全部是由玻璃制成的。（承办这座教堂的牧师罗伯特·舒勒，他是在一家露天电影院开始布道的，他说当时的体验使他渴望能有一座能看到天空的教堂。）

艺　术

基督教对艺术做出了极大的贡献，尽管事实上它来源于犹太教，而后者总体上是禁止制造偶像的。有几个基督教团体铭记着圣经对制造偶像的禁令（《出埃及记》第 20 章第 4 节），仍然反对宗教偶像，认为它是一种盲目崇拜。但由于基督教起初兴盛于希腊－罗马世界，它丢弃了对偶像的禁令，并很快就抓住了使用雕像、湿壁画和花窗玻璃制作的机会，这些在当时都是常见的艺术形式。到了 2 世纪，慢慢地出现了基于希腊－罗马模式而创作的耶稣的雕像和绘画。

东正教倾向于避免使用雕像，一直专注于湿壁画、花窗玻璃和圣像（木头上的绘画）。圣像在东正教中扮演着特定的角色。教堂里常用一个高悬的屏幕，将圣坛的区域从教堂的主体部分中分离出来。这个屏幕由于布满了圣像而被称作圣像屏帏（iconostasis，"偶像隔墙"）。教堂四周还伫立着单个的圣像，在礼拜仪式时，参拜者可以亲吻它们，并在附近放上蜡烛。很多的家庭中也陈列着圣像。

在西欧，中世纪晚期除了财富和人口的增长之外，还出现了新的基督教艺术趋势；并且在公元1300年之后，对个人和人体的兴趣明显增多。随着中世纪的衰落，马利亚的雕像和绘画开始表现得不像女神，更像是一个人类的母亲，而且耶稣的画像开始强调他身体上的痛苦。在巴洛克时期，绘画和雕塑趋向于华丽夺目。圣徒的绘画经常表现的是圣徒举目抬望天空，长袍被风吹动，以及阳光照耀下的云彩散布在背景当中。

很多新教群体拒绝宗教绘画和雕塑，认为它们是徒然感官的、铺张浪费的，或是偶像崇拜的，因而很不必要，并且由于新教国家的艺术家不会受到教会的极力资助，他们的题材更趋向于世俗，经常描画家庭生活、政治领袖和自然风光。然而基督教艺术又重新兴盛，尤其是因为它越来越受到了非西方传统的文化的影响。

耶稣被钉死在十字架或许是基督教艺术最常见的主题。这幅画现在在英国的诺威奇大教堂分隔屏风中央，其时间可以追溯到14世纪晚期。

音 乐

从最开始的时候起，基督教中就一直有音乐的参与。有记录提到，耶稣本人就唱过一首赞美诗（《马太福音》第26章第30节；《马可福音》第14章第26节）。由于早期与音乐的关联，基督教为音乐的理论和技术发展都做出了很大贡献。一名本尼迪克特修士，阿雷佐的圭多（约991—1050），帮助修士们正确地演唱宗教圣歌；现在普遍认为是他系统化了基本的教皇格里高利音乐记谱系统，包括谱线、音符和乐谱，从中衍生出了现代音乐记谱法。

在起初的一千年里，东西方的教会音乐都是咏唱——通常是齐唱单一的无乐器伴奏的旋律。咏唱的起源无法确定，但是它可能同时源自犹太教的虔敬歌曲和民乐。后来发展出了各种调式，使用不同音程的音阶。每种调式表达出其特有的情感——有的轻快，有的悲伤，有的高昂。东正教会的音乐演唱时没有伴奏，因此更加接近于古代教会音乐，接近于它在近东犹太会堂的起源。

由于和声与数学有关联，所以古希腊人能通晓其原理。但是使用涉及作曲的和声（复音乐曲 organum）似乎最初发展于约公元1100年的巴黎圣母院大教堂之中。在西方，起初的合唱实验最终使乐器，比如长笛、小提琴或风琴引入进来，这些都能方便地用于替代人声或是为咏唱伴奏。尽管现在风琴已经被认为是基本的宗教乐器，起初一些教堂是反对使用它的，因为人们认为它是一种世俗乐器。

众多文化的艺术传统丰富了现代基督教艺术。这幅画描绘的是耶稣在祝福一个非洲村庄的孩子们。

西方宗教音乐的早期模式中，最重要的是天主教弥撒[34]（主的晚餐）。一种常规弥撒的变种是安魂（Requiem，"安息"）弥撒，是为死者举行的弥撒。礼拜仪式的音乐中还加入了赞美诗和其他篇幅较短的圣经篇章。这些较短篇章通常是拉丁语演唱的，被称作经文歌（motets）。

新教改革运动极大地扩展了宗教音乐的多样性，因为每个分支都创造了其特有的音乐传统。我们可以回忆到，路德写过德语的赞美诗，尽管他鼓励过教会使用拉丁语，他还是建议主要以人民所使用的语言开展敬拜仪式。信义宗的传统还支持使用风琴，不论是独奏还是为赞美诗伴奏的场合。信义宗传统的顶级天才当属约翰·塞巴斯蒂安·巴赫（1685—1750）。在职业生涯的多数时间里，他都是一名教堂的风琴演奏家和唱诗班指挥。巴赫为很多首教堂所用的优美音乐作品作曲，既有风琴独奏音乐也有合唱音乐。他的《马太受难曲》（Saint Matthew Passion）——一部反思耶稣最后时日的作品——是世界上最复杂、最动听的宗教乐曲之一。巴赫还用罗马天主教传统中衍生出的形式写作，创作了拉丁语的《尊主颂》（Magnificat）和《b小调弥撒》（Mass in B minor），后者被比拟为乘坐一艘大船的跨越海洋的航行。[35]

在英国国教会颁布法令，宣布以英语举行礼拜仪式之后，一种教会音乐体裁开始在英国风行起来。这种音乐的大部分是为合唱所作，传统上一直受到圣公会大教堂的支持。

新教教会的其他派别一直对教堂礼拜仪式上使用的音乐类型很谨慎。为了使

礼仪和庆典

弥 撒

弥撒是西方传统中演化出的一种圣餐形式。拉丁弥撒有五部分被作曲家放进了音乐中。它们是：

垂怜经（Kyrie, eleison——希腊文："上主，求你垂怜"）

荣耀经（Gloria in excelsis Deo——拉丁文："荣耀归于上帝"）

信经（Credo in unum Deum——拉丁文："我信唯一的上帝"）

圣哉经（Sanctus——拉丁文："圣哉"）

羔羊经（Agnus Dei——拉丁文："上帝的羔羊"）

文艺复兴时代的作曲家，例如乔瓦尼·达·帕莱斯特里纳和威廉·伯德，只为弥撒中的人声谱曲。之后的作曲家（例如弗朗茨·约瑟夫·海顿、沃尔夫冈·阿玛迪乌斯·莫扎特、弗朗兹·舒伯特和路德维希·凡·贝多芬）都在弥撒中使用了风琴或者管弦乐器。教堂音乐的戏剧化风格在莫扎特简明易懂的弥撒中达到了艺术巅峰。两种绝美的安魂弥撒作品是由卡布列尔·福莱和莫里斯·迪吕弗莱创作的。他们并没有强调神圣审判，而是展示出了愉悦与平和。

音乐保持通俗简单，新教教会一直支持赞美诗的写作和演唱，但是通常会避免使用更加复杂的乐曲。他们一直允许使用风琴和钢琴，但是直到最近才广泛地鼓励使用其他乐器。在最近几十年里，宗教仪式习俗上的日渐开明使新教和天主教的教会音乐都出现了大胆的尝试。

第十三节 当基督宗教面对现代世界

基督教——尽管有阐释丰富和影响广泛的优点——正面临着新的非宗教世界观所产生的阻碍。

科学与世俗主义的挑战

对于作为整体的基督教而言，所面临的持久的、最大的挑战一直是科学的发展。与科学相伴而来的，是对科学证据以及以非超自然的方式看世界的要求。诸如福音书中所写的圣经奇迹，正遭受质疑并且被要求拿出证据。对经文研究的批判方式，例如比较宗教研究，也提出了许多的问题。这些潮流在18世纪频繁出现，下一个世纪的进化论则成了公众激烈辩论的焦点。

智能设计（Intelligence Design）理论延续着这场辩论。这种理论争论道，进化不能完全解释多种生命形式的复杂性和相互关系。它认为，一定有某种宇宙智慧实体在工作，守护着生命的发展。智能设计论的拥护者认为它是一种科学原理，并希望它能被收录到学校的科学课程之中。反对者则宣称，它是以科学伪装的宗教，在科学的课堂上没有它的容身之处。这场辩论表明科学和宗教之间的冲突依然存在。然而，很多教派已经完全地接受了进化论，并且看不出它和圣经创世故事的基本宗教意图之间的冲突。也许这种与科学妥协的模式还会在其他领域重演。

世俗主义的成长与科学息息相关。世俗主义是指这样一种世界观，它只对此世感兴趣，拒绝涉及任何由超自然领域所衍生出的信仰或价值观。人们以前通过祭司和祈祷寻求医治，现在转向了医生、医院和药房。在起初的几百年里，基督徒期望他们的宗教能够提供艺术、音乐和娱乐；如今，人们依赖博物馆、收音机和电视机，以得到这些消遣。现在一个人有可能没有任何宗教信仰而度过一生，并且，这种可能性使一些人质疑基督教是否不再有任何实际价值。在西欧，宗教怀疑的态度和参加主日崇拜的低上座率早已司空见惯，以至于学者们惯常地将欧洲文化称为"后基督教"文化。因此，当代欧洲人——他们曾是支持基督教的活跃人物——的宗教经常被称作"文化的基督教"。这意味着，欧洲人往往会在婚礼与安葬时采用基督教的形式，但是在其他方面并不涉及。

当基督教似乎在欧洲逐渐衰落之时，它正在亚洲和非洲吸引许多新信徒。这种宗教强调改善人类在世间的生存条件，这种价值观吸引着信徒。基督徒对穷人的关心、基督徒与不公正作战的意愿，以及基督教承诺的人可以"重生"过上一种新生活的信念，都使基督教具有持久的实用效力。

当代的影响与发展

基督教主流教派如今正在寻找之间的共同点，并在一场号称**普世教会运动**（ecumenism）的运动中合作，它的名称来自希腊单词"家庭"。普世教会运动将所有的基督教主流群体视为唯一的基督教"家庭"的一部分，并且尝试鼓励所有主要分支之间的对话。它不再阻挡不同基督教教派成员之间通婚，并且有时由双方教会的牧师共同见证。几个教派通常一起参与社区的福利工程。在官方和制度层面也同样有合作和对话。最著名的普世教会组织是世界基督教会议会，它发展自英国国教会。它现在包括新教的主流教会、所有的东正教会，还有罗马天主教会的观察员。具有相似信仰的教会已经联合起来，或是正在讨论联合的可能。

天主教会在坚持了四百年的防御路线之后，在20世纪中叶采取了一种新的方式。教皇约翰二十三世（安其罗·龙嘉利，1881—1963），被选举为过渡性的教皇时已经年长，他召开了1962年的主教会议。这次会议就是第二次梵蒂冈大公会议（或称梵公会二次会议），开始了从16世纪的特兰托会议以来的第一次重大转变。最明显的要算在通常的教堂礼拜中允许使用人民的生活语言。而且现在天主教的公文认可其他主要宗教的价值，并开始和非天主教群体对话。宗教权威更多地与非教徒来往，并且与他们之间的商议沟通得到了官方的鼓励。由新教学者

礼仪和庆典

基督教默祷

受到了圣经"一直祈祷"的告诫,在基督教的漫长历史中出现了很多的祷告沉思形式。

- 在俄罗斯,重复某种形式的耶稣祷文很常见:"主耶稣基督,上帝之子,怜悯我这个罪人。"每天要这样说上几百遍,直到这种重复变得几乎像呼吸一样无意识地进行。
- 在希腊,僧侣们实行静坐,把头向前伸着,引导他们的意识进入身体的中心,用他们的想象去体验上帝的内在之光。
- 在中世纪的欧洲,一种行走沉思在大教堂的地板迷宫里进行——比如我们可以在法国的沙特尔大教堂(Chartres Cathedral)看到这种形式。(现在这种行走沉思变得越来越流行了,很多地方都能看到这种迷宫——旧金山的格雷斯大教堂有两个,火奴鲁鲁的圣安德烈教堂有一个。)
- 在埃及和近东,僧侣们非常缓慢地背诵赞美诗,之后安静地仔细思考最有意义的诗句。

近些年来,两个特拉普会(Trappist,天主教西多会中的一派——译注。)僧侣带动了一种特殊冥想形式的流行,他们是神父多玛斯·吉丁和巴西略·潘灵顿。他们称其为归心祈祷,并且解释14世纪的经典《无知的云》已经描述过它。"默祷是思想和心灵的敞开,我们整个存在朝向上帝,那终极奥秘超越了思想、语言、情感……归心祈祷就是一种几乎从福音书时代就存在的祈祷。在另一个时期它曾被称为是沉默的祈祷,"[36]吉丁和潘灵顿建议实践者以舒适的姿势静坐二十分钟,每天两次。他们应从经文中挑一个词在内心重复,它就是这段时间他们沉思的核心——例如爱、光、平和、等待、品尝、孩童、重生、方向、智慧这样的词。"归心祈祷一个最大的优点,"吉丁说,"就是它让人每天从虚假的自我中休了二十分钟的假。在祈祷继续时,将思想放空二十分钟,我们就开始体验到精神层次的休息。"[37]归心祈祷通常是单独践行,但也可以集体进行。

所开辟的理解圣经的现代方法也得到了认可。这些改变引起了关于天主教生活其他元素的激烈讨论,例如祭司的独身生活、任命女性为圣职、天主教学校的角色,还有对于离婚、性和节育的传统态度。换句话说,每件事情都被质疑了。

天主教内部发生的正是新的个人判断原则浪潮的兴起,它曾是16世纪的新教原则。一些几百年前出现在新教中的相同事件,现在再次发生了——但这次是发生在天主教。其具体影响可以预测得到。在每个问题上都已经有各种意见,从极端保守主义者到极端自由主义者,而今人们更注重圣经的权威与个人的判断。为了防止天主教会分裂成多个教派,近些年来教会权威已经用保守政策回应了这些形形色色的问题。教皇约翰·保罗二世(Pope John Paul II)的漫长任期因其在

当代议题

关爱神的创造

关爱神的创造是基督教内兴起的跨越很多宗派的一场环境运动。直到最近,基督教都没有过多强调环境——或许是因为他们的最终目标是天堂,那里才是人类真正的家园。但是一种新兴的、发展中的神学开始崛起,仔细地研究了人类和环境之间的关系。这种神学借鉴了圣经的根基,将其自身建立在世界是上帝之爱的一种显现这个概念之上,并且因此认为人类有义务去保护环境,"在创造之后关爱"它。为了支持自己的观点,这种神学引证了在伊甸园时亚当和夏娃所被指派的工作(《创世记》第3章),挪亚在木舟中保护动物物种(《创世记》第7章至第9章),还有耶稣注意到了空中的飞鸟和田间的百合(《马太福音》第6章第26节至第30节)。

圣经的故事也许为这次运动的神学提供了信息,但是发展的主要推动力是公众的普遍认同。在过去的十年中人类活动导致的气候变化,包括全球气温升高,可能在下个世纪对环境造成严重伤害。为了回应这种征兆,一些新教牧师协议成立了福音派关注气候联盟,他们坚持以人类的行动对抗全球变暖。伊斯坦布尔的大主教圣巴托罗缪一世(BartholomewⅠ),已经宣布危害环境的行动是有罪的。并且教皇本笃十六世已经被称作"绿色主教",因为他多次为环境问题进行布道和演讲。他已经在匈牙利为37英亩的土地重新造林,去抵消梵蒂冈的"碳足迹"(Carbon Footprint,反映一个人的能源意识和行为对自然界产生的影响,即指个人或企业的碳耗用量。——译注)。他甚至还指导在梵蒂冈的建筑顶部安置太阳能电池板,为城邦提供电力。在基层,一些保守的基督教领袖——不久之前和圣经基要主义联系在了一起——开始强调圣经对基督徒在地球上职责的训诫。上述这些回应暗示着新兴的关爱神的创造运动将在环保主义问题上取得成功,正如天主教长久以来在教育、医疗这些问题上所做的一样。

2005年去世而结束。他一直很保守,坚决捍卫传统天主教关于节育、离婚、男性祭司和祭司独身的教导。然而,他的某些态度预示了一个通往现代世界的更加自由化的开端。其中有他与犹太教徒、穆斯林和佛教领袖的会面;他对穷人的援助;还有他为天主教会罪行而道歉。人们预期教皇本笃十六世(生于1927年)会沿袭他的路线。

从20世纪20年代开始,基督新教中发展出**福音派**(evangelical)。带着对圣经的关注、保守的道德规范,它常常鼓励带有个人情感的宗教礼拜,这种态度使基督新教在数个通常相关的领域得到了发展。其中之一是非宗派教会的兴起,它们通常由与既定的教会无关、有神授能力的牧师发起。另一个是电视福音派的发展,它因广播福音传道人(例如比利·桑戴,1862—1935)的努力而来。电视福音派通常注重心灵治疗,由于一个牧师可以为数百万人布道,因而非常有意义。最后,由于大量新教的宗教电视和广播节目播放歌曲,基督教摇滚乐和福音音乐进入了主流。

灵恩基督教（Chrismatic Christianity）在非洲的发展极为迅速。我们在图中所看到的是在尼日利亚圣灵降临派礼拜仪式上的敬拜者们。

一些圣经篇章，例如被解释为禁止女性布道的部分（《提摩太前书》第2章第13节），几百年来一直将女性排除在基督教的公共角色之外。但是在过去的数千年中，女性已经在基督教派中更多地担任了领导者的角色。最早的女性担任牧师职位的例子，出现在具有神授能力的非宗派教会中。例如埃米·桑泊尔·麦克菲尔逊（1890—1944），四方福音教会的创始人，许多像她这样的人促进了教会中女性的事业。麦克菲尔逊是洛杉矶早期广播时代重要的广播布道者，她让人们习惯于女性布道的观念。

女权主义理论的见解正运用于基督教，很多人都认为后者过于父权化和过分侧重男性主导。作为回应，很多教会已经开始让更多的女性接受神职，最近在英国国教会和信义宗的某些分支里，女性不仅担任牧师，还可以成为主教。在圣经和赞美诗中描述上帝的以男性为导向的宗教语言（例如"国王"——king 和"主"——lord），正在让步于更具包容性的语言（"支配者"——ruler 和"创世者"——creator）。

以前，环境和自然界并没有得到基督教的强烈关注，但是现在局面正在转变（详见边栏"关爱神的创造"，第380页）。考虑到世界是上帝的创造物，并且反映了上帝的爱这个观念，基督徒们正在制订一种环保神学。一些现代教堂的设计反映了对自然的新的兴趣。例如，现代教堂常常以大玻璃窗为特色，展露出周围的天空和树木。法国新建的艾弗里大教堂，由马里奥·博塔（生于1943）所设计，屋顶甚至有真的树！

当今的另外一个进展是对基督教神秘主义重燃的热情。重读中世纪伟大的经典也引起了对印度灵性、佛教冥想以及其他神秘主义形式更深一步的兴趣。一个神秘主义导向的基督教思想形式，即灵性创造，越来越出名了。它由司铎马修·福克斯（Matthew Fox，出生于1940）创立，结合了当代关怀——神秘主义体验、女权主义、生态学以及个人的判断——和传统基督教。

总之，传统主义者看到了诸多需要担忧的问题，例如科学对信仰超自然的质疑，还有世俗价值观的增长。但是，乐观主义者在基督教中看到了生命力，因为它尊重个人、乐于助人的道德实践，对艺术的热爱以及对辩论的开放态度。

延伸阅读

好撒玛利亚人

要完全理解《路加福音》中的这个故事，我们需要让自己置身于耶稣以及他的同时代人的文化倾向之中。故事中的祭司和利未人都不敢碰那个受伤的人，因为他马上就要死了，而触碰尸体是违反宗教禁忌的行为。这个行为会使人在礼仪上不洁，而不洁就会使祭司和利未人在圣殿上无法施行必备的仪式。另外，在这个时代的犹太文化中，撒玛利亚人（古巴勒斯坦的一个地区，撒玛利亚的土著）是被别人看不起的，而且被认为是半开化的。

有个律法师问耶稣："谁是我的邻舍呢？"

耶稣回答说："有一个人从耶路撒冷到耶利哥去，落在强盗手中。他们剥去他的衣裳，把他打个半死，就丢下他走了。偶然有一个祭司从这条路下来，看见他就从那边过去了。又有一个利未人（圣殿的助手）来到这地方，看见他，也照样从那边过去了。唯有一个撒玛利亚人行路来到那里，看见他就动了慈悲心，上前用油和酒倒在他的伤处，包扎好了，扶他骑上自己的牲口，带到店里去照顾。第二天拿出二钱银子来，交给店主，说：'你且照应他，此外所有花费，我回来必还你。'你想，这三个人哪一个是那个落在强盗手中之人的邻舍呢？"

律法师说："是怜悯他的那个。"

耶稣说："你照此去做吧。"（《路加福音》第10章第30节至第37节）[38]

自我测试

1. 基督教发展自_____。
   A. 印度教　　　　B. 犹太教　　　　C. 伊斯兰教　　　　D. 佛教

2. 我们所了解的耶稣几乎全部来自于《新约》的四部福音书。福音这个词意为"_____"。
   A. 远象　　　　B. 好消息　　　　C. 觉悟　　　　D. 契约

3. 耶稣的两大诫命结合了两个元素：_____。

A. 对上帝的爱和对他人友善的道德要求

B. 传教活动和每天祈祷五次

C. 对上帝的爱和每年去耶路撒冷朝圣

D. 抑制不道德的行为和向穷人捐赠

4. _____有时被称为是基督教的共同创始人，因为耶稣的教导和保罗对它的解释混合，形成了一种具有普遍吸引力的可践行的宗教。

  A. 彼得   B. 雅各   C. 保罗   D. 约翰

5. 在《约翰福音》中，耶稣的形象充满了神秘感。他是上帝的_____，是神圣体以人的形式变得可见。

  A. 灵感   B. 超然存在   C. 化身   D. 精神

6. 当_____成为皇帝之后，他将基督教视为能够联合他的整个帝国碎片的黏固剂。

  A. 希律王   B. 君士坦丁   C. 安提阿   D. 赫卡努斯

7. 从5世纪到16世纪的宗教改革运动，_____一直是基督教神学的主导权威。

  A. 赫克托   B. 希罗多德   C. 约翰·加尔文   D. 奥古斯丁

8. 多米尼克会神父_____，将亚里士多德的哲学思想和基督教经文结合在一起，写成了例如《神学大全》和《反异教大全》这些作品。

  A. 约翰·加尔文   B. 阿西西的圣弗朗西斯

  C. 德尔图良   D. 托马斯·阿奎那

9. 中世纪晚期的德国教士_____是西方基督教第一个获得大量追随者并且没有被处死的改革家。他所发起的运动最终创建了基督教的新教分支。

  A. 约翰·威克里夫   B. 马丁·路德

  C. 约翰·加尔文   D. 胡尔德里希·茨温利

10. 1962年，教皇约翰二十三世召开了主教会议，开始了自从特兰托会议以来的第一次重大转变。_____允许在通常的教堂礼拜中使用人民的生活语言。

  A. 尼西亚大公会议   B. 亚美尼亚大公会议

  C. 第二次梵蒂冈大公会议 D. 第三次基督教会议会

11. 思考下面的陈述："尽管耶稣在基督教中极为重要，但是保罗对基督教信仰和习俗的形成所起的作用甚至更大。"运用本章的信息，解释你为何同意或是不同意。

12. 回顾第355页至第358页对新教不同派别的描述。你觉得哪一个是最独特的？你觉得哪一个与罗马天主教最为相近？对你的答案做出解释。

参考资源

图 书

Beard, Steve. *Spiritual Journey: How Faith Has Influenced Twelve Music Icons.* Orlando: Relevant Books, 2003. 研究基督教在塑造几个歌手和乐团上的作用，包括怀克里夫·金（Wyclef Jean）、莫比（Moby）、约翰尼·卡什（Jonny Cash）、艾尔·格林（Al Green）、鲍勃·迪伦（Bob Dylan）、劳伦·希尔（Lauryn Hill）、蓝尼·克罗维兹（Lenny Kravitz）。

Hale, Robert. *Love on the Mountain.* Trabuco Canyon, CA: Source, 1999. 作为隐士僧侣所记述的日常生活内幕。

Ingersoll, Julie. *Evangelical Christian Women: War Stories in the Gender Battles.* New York: New York University Press, 2003. 关于一名保守的基督教福音派女信徒挑战其信仰所制定的性别规范的故事。

Keillor, Garrison. *Lake Wobegon Days*(New York: Penguin, 1995) ;*Leaving Home* (New York: Penguin, 1989). 幽默地概述了纽约上东区的生活，而又对生活中的宗教做了认真的洞察。作者具有不寻常的宗教觉悟。

Keller, Thomas. *The Reason for God: Belief in an age of Skepticism.* New York: Dutton, 2008. 为基督教信仰辩护，作者是纽约救赎主长老教会(New York Redeemer Presbyterian Church) 的创始牧师。他争辩说，宗教怀疑论和犬儒主义是另一种信仰形式。

Meyer, Marvin. *The Gospels of Mary: The Secret Tradition of Mary Magdalene, the Companion of Jesus.* New York: Harper Collins, 2004. 抹大拉的马利亚是一名再度受到关注的早期基督教人物，这本书对她的福音书进行了新的检视。

Miles, Jack. *God: A Biography.* New York: Vintage, 1996. 这本书检视了上帝，但并不是从虔敬对象的角度，而是把上帝作为圣经的主要角色来观察。

Norris, Kathleen. *Cloister Walk.* New York: Putnam, 1996. 一份由新教徒所写的个人自述，讲了她对隐修生活及其仪式的探究。

Pagels, Elaine. *Beyond Belief: The Secret Gospel of Thomas.* New York: Random House, 2003. 探究早期基督教会的文字争斗。

Tutu, Desmond. *No Future without Forgiveness.* New York: Image, 2000. 这本书对参与南非真相与和解委员会的经历进行了描述，作者是圣公会的大主教、诺贝尔和平奖得主。

Ware, Timothy. *The Orthodox Church.* Baltimore: Penguin, 1993. 关于东正教历史、信仰和习俗的经典文本的新版本。

Warrior, Valerie. *Roman Religion: A Sourcebook.* Newburyport, MA: Focus Publishing/R. Pullins, 2002. 对原始文本的精选译本。

White, Michael L. *From Jesus to Christianity.* New York: Harper Collins, 2004. 讲述基督

教如何发展出其特性和神圣文献的故事。

电影 / 电视

The Agony and the Ecstasy.(Director Carol Reed；Twentieth Century Fox.) 一部关于米开朗基罗（Michelagelo）创作西斯廷教堂（Sistine Chapel）的经典好莱坞影片。

Brother Sun, Sister Moon.(Director Franco Zeffirelli；Paramount.) 一部关于阿西西的圣弗朗西斯的影片。

Christianity.(Films Media Group.) 神学家汉斯·昆（Hans Kung）到圣萨尔瓦多的拉查克拉（La Chacra）贫民区检视当地的基督教。

Faith and Politics: The Christian Right.(Films Media Group.) 哥伦比亚广播公司（CBS）的一组特别新闻，检视创建了以信仰为基础的教育项目和公共政策的基督教保守运动。

Kingdom of Heaven.(Director Ridly Scott；Twentieth Century Fox.) 一部关于十字军东征的主流影片。

The Mission.(Director Roland Joffe；Warner.)18 世纪一名西班牙耶稣会士的悲剧故事，他在南美洲建立了一个传教团，为了让当地土著人改信基督教。

The Robe.(Director Henri Koster；Twentieth Century Fox.) 一部经典影片，讲述的是一名罗马士兵协助杀死耶稣，在赢得基督的长袍之后转变信仰的虚构故事。

Sister Rose's Passion.(Director Oren Jacby；Docurama.) 讲述一名修女长期致力于反抗天主教会的反犹太主义的纪录片。

Witness.(Director Peter Weir；Paramount.) 一部以孟诺教派（Amish）文化为背景的好莱坞影片。

音乐 / 音频

以下诸多资源按作曲家名列出。这些作品中有许多演奏可以用 CD 的方式获取。标记星号的尤其容易找到。

Bach：*Magnifcat, Mass in B minor*，*经文歌

Britten：*A Ceremony of Carols*

Byrd：弥撒曲

Distler：*Christmas Story*

Durufle：*Requiem, Mass "CumJubilo"*，*经文歌

Faure：*Requiem*

Handel：*Messiah*

Hildegard of Bingen：赞美诗和论唱歌

Mozart：*Coronation Mass, Requiem*，*经文歌

Palestrina：弥撒曲

Pärt, Arvo：*Fratres, Te Deum*，*Magnifcat*

Rachmaninoff：*Evening Vigil*（这张专辑里还有其他东正教音乐）

Saint-Saens：*Christmas Oratorio*

Vaughan Williams：*Mass in G minor，**Fantasia on a Theme of Thomas Tallis*

Vivaldi：*Gloria

Zelenka：*Missa Dei Patris, Missa Dei Filii*

以下是一些特别的 CD 曲目，它们是在世界范围内演奏的传统宗教音乐。

Beautiful Beyond: Christian Songs in Native Language.(Smithsonian Floksways.) 由美国土著和夏威夷人所演唱的圣诞赞美诗和歌曲。

Chant.(Angel Records.) 一部由本尼迪克特修会僧侣合唱团（Benedictine Monks of Santo Domingo de Silos）演唱的格里高利圣咏的畅销合辑。

Christmas Vespers.(Smithsonian Folkways.) 俄罗斯东正大教堂唱诗班所演奏的夜祷。

Gospels, Spirituals, and Hymns.(Sony.) 评注版的圣诞福音歌曲，由 Mahalia Jackson 所演唱。

Praise to the Lord—Hymns from St. Paul's Cathedral.(Hyperion UK.) 一张在伦敦圣保罗大教堂所演唱的赞美诗专辑。

Wade in the Water: African-American Spirituals.（Smithsonian Folkways.）一套两张的非裔美国人的灵歌专辑。

互联网

King James Bible Online：http://www.kingjamesbibleonline.org/. 一部有注释的未删节在线版经典圣经译本。

Religion and Ethics——Christianity：http://www.bbc.co.uk/religion/religions/christianity/index.shtml. BBC（英国广播公司）关于基督教的在线百科全书式网站，分章节介绍信仰、历史、圣日、仪式、伦理、文本、音乐、女性等等。

The Vatican: http://www.vatican.va/. 罗马天主教的总部梵蒂冈的官方网站。

重要词汇

启示论（apocalypticism）：相信世界末日马上来临；这种信仰通常包含一场终极战斗、最终的审判，以及奖赏好人的概念。

使徒（apostle, *a-paw'-sul*）：指耶稣的十二使徒之一；也指早期基督教的传道者。

洗礼（baptism）：基督教的入会仪式，要浸入水中或者用水淋洒。

（基督教）圣经（Bible）：基督徒的神圣经文，包括希伯来圣经和《新约》。

主教（bishop）："监督"（希腊文）；祭司和教会领袖，掌管一个称为"主教辖区"（diocese）的大的地理区域。

圣典（canon, *kaa'-nun*）："度量""准则"（希腊文）；一系列权威性的书籍或文献。

普世教会运动（ecumenism, *e-kyoo'-men-ism*）：基督教宗派之间的对话。

圣餐（Eucharist, *yoo'-ka-rist*）："好礼物"（希腊文）；主的晚餐。

福音（派）（evangelical）：着重经文的权威；指称某个新教群体的词。

福音书作者（evangelist, *ee-van'-je-list*）："带来好消息的人"（希腊文）；指福音书的四位"作者"之一——马太、马可、路加或约翰。

和子说（filioque, *fee-lee-oh'-kway*）："也来自圣子"；西方教会加进教义中的一个拉丁文单词，用于陈述圣灵同时来自圣父和圣子。东正教并不接受这个概念，因此它导致了东西方教会的分裂。

福音（gospel）："好消息"（中古英文）；对耶稣生平的记载。

化身（incarnation）："成肉身"（拉丁文）；相信上帝变成了可见的耶稣。

圣像（icon, *ai'-kahn*）："偶像"（希腊文）；指东正教堂里会用到的画在木头上的宗教画；还可以拼成 ikon。

赎罪券（indulgence）："向善的"（拉丁文）；可以缩短在炼狱（死后暂时接受惩罚的状态）受苦的时间；是天主教信仰和实践的一个方面。

大斋期（Lent）："斋戒的日子""春天"（盎格鲁-撒克逊文）；复活节之前的准备阶段，长达四十天。

弥赛亚（Messiah）："受涂油礼的"（希伯来文）；上帝所派遣来的一位特殊的信使，在希伯来的经文中预示过，而基督徒相信这个人就是耶稣。

原罪（original sin）：人向恶的堕落，自亚当忤逆上帝时就延续到人类身上。

正教（orthodox）："直接的观点"（希腊文）；正确的信仰。

东正教（Orthodoxy）：基督教在东方的分支。

教宗（patriarch）：在基督教主要的古代据点（耶路撒冷、罗马、亚历山大港、君士坦丁堡和莫斯科）的主教。

教皇（pope）："父亲"（拉丁文和希腊文）；罗马的主教兼罗马天主教的首领；这个词还指亚历山大港的科普特教宗。

预定论（predestination）：相信上帝是全知全能的，因此一个人最终受赏还是受罚已经由上帝裁定好了；是加尔文宗所强调的概念。

新教原则（Protestant Principle）：每个信仰者都有权利对基督教的思想和价值彻底重新审视和解释，区别于所有其他教会权威。

救赎（redemption）："重买""购回"（拉丁文）；相信耶稣的死偿清了所有人的罪行。

神的公义（righteousness）：在上帝面前成为无罪的；也被称为"称义"（justification）。

圣礼（sacrament）："神圣的举动"（拉丁文）；基督教最基本的礼仪之一。

罪（sin）：恶行，被视为是对上帝的忤逆。

圣约（Testament）："契约"；《旧约》（Old Testament）和《新约》共同构成了基督教的圣经。

三位一体（Trinity）：上帝的三个"位格"：圣父、圣子和圣灵。

注 释

1. 《耶路撒冷圣经》（Garden City, NY: Doubleday, 1966）。
2. 美国圣经公会翻译，载于 *Good News Bible*（Nashville: Nelson, 1986）。
3. 《耶路撒冷圣经》译本。
4. 美国圣经公会译本。
5. 《耶路撒冷圣经》译本。
6. 参见 James Charlesworth, *Jesus and the Dead Sea Scrolls*（New York: Doubleday, 1992）。
7. 《英王詹姆斯钦定版圣经》（Cambridge: Cambridge Press, n.d.）。
8. 《使徒行传》第 9 章第 4 节，《标准修订版圣经》（RSV）（New York: New American Library, 1974）。
9. 《标准修订版圣经》译本。
10. 《耶路撒冷圣经》译本。
11. 《标准修订版圣经》译本。
12. 更多关于基督教诺斯替派的信息，参见 Elaine Pagels, *The Gnostic Gospels*（New York: Random House, 1979）和 *Adam, Eve, and the Serpent*（New York: Vintage, 1989）。
13. 《耶路撒冷圣经》译本。
14. 早期的书目，例如穆拉多利经目（Muratorian Canon），与现在的《新约》正典书目有所不同。现在的书目，最早是在亚历山大里亚的亚塔那修（Athanasius of Alexandria）的《节日书信》（*Festal Letter*）中提到的，这本书发行于公元 367 年，并且哲罗姆（Jerome）将同样的书目翻译成了拉丁文。更多的详情，参见 Dennis Duling 和 Norman Perrin 编，*The New Testament*，第 3 版（New York: Harcourt Brace, 1994），第 134 页。
15. 《耶路撒冷圣经》译本。
16. *The Confession of St. Augustine*, Rex Warner 译（New York: New American Library, 1963），第 182~183 页。
17. 《耶路撒冷圣经》译本。
18. *St. Benidict's Rule for Monasteries*（Collegeville, MN: Liturgical Press, 1948），第 1 章，第 2~3 页。
19. 参见 David Knowles, *Christian Monasticism*（New York: McGraw-Hill, 1972），书中详述了本尼迪克特修道院制度的发展。
20. 参见 Christopher Brooke, *Monasteries of the World*（New York: Crescent, 1982），书中有不错的地图、图解和相片。
21. *Zorba the Greek* 和 *Saint Francis* 这两本书的作者 Nikos Kaantzakis 曾在阿索斯山居住过一段时间，考虑是否要成为一名僧侣。
22. *The Disciplinary Decrees of the General Councils*, H. J. Schroeder 译（St. Louis: B.

Herder，1937），第19页；引自 Colman Barry 编，*Readings in Church History* 第1卷（Westminster, MD: Newman Press，1960），第85页。

23. Nicholas Gage, *Eleni*（New York: Ballantine Books，1983），第122~123页。
24. 有关尼撒的圣格里高利的神秘主义，参见 *From Glory to Glory: Texts from Gregory of Nyssa's Mystical Writings*（New York: Scribners，1961），尤其是 Jean Danielou 所写的序言部分。有关奥古斯丁的神秘主义，参见 *The Essential Augustine*（New York: Mentor，1964），第127~148页。
25. 奥利金在 *Origen* 一书中为"Commentary on the Song of Songs"所作的序言，Rowan Greer 译（New York: Paulist Press，1979），第217页。
26. Pamphlet, *Prayer of Saint Francis*（Columbus, OH: Christopher House，1996），第4页，有改动。
27. 选自 *Meister Eckhart* 一书中的第六条布道文，Raymond Blakney 译（New York: Harper，1941），第131页。
28. Julian of Norwich, *Revelations of Divine Love*, Clifton Wolters 译（New York: Penguin，1982）。
29. 参见 Erik Erikson, *Young Man Luther: A Study in Psychoanalysis and History*（New York: Norton，1962）。
30. 《英王詹姆斯钦定版圣经》。
31. 佛教的净土运动有过相似的发展。在日本，亲鸾（Shinran）总结道，只有相信阿弥陀佛的慈悲才能成为虔诚的信徒。
32. J. Raboteau, "Afro-American Religions"，载于 *World Religion*（New York: Simon and Schuster Macmillan，1998），第18页。
33. Bennetta Jules-Rosette, "African Religions"，出处同上书，第7~10页。
34. 术语"弥撒"（Missa）来自仪式终了解散时，牧师用拉丁语说，Ite missa est（"走吧，解散了"）。
35. Albert Schweitzer 的经典研究 *J. S. Bach*（原版出版于1905年的 Neptune, NJ: Paganiniana，1980）一书中强调了巴赫所有作品的宗教特点。
36. Thomas Schweitzer 与 Kate Olson 的面谈，载于 *Trinity News*，42卷（1995），第4册，第8~11页，转引自 www.thecentering.org/therapy.html。
37. 同上。
38. 《新国际版圣经》（Grand Rapids, MI: Zondervan，1984）。

访问在线学习中心 www.mhhe.com/molloy5e，以获得更多的练习和资料，包括"教室之外的宗教"和"更充分的理解"。

第十章

伊斯兰教

第一节 初次相遇

身在马来西亚的你，正南下去新加坡的途中。一位朋友建议你去参观吉隆坡的现代国家清真寺。由于这所清真寺中午闭门进行祷告，游客不能进入，所以你首行未能进去参观。在附近一个伊斯兰教艺术博物馆待了两个小时之后，你回到清真寺。你脱下鞋子放在楼梯最下面一级上，然后走进这座建筑。

这座清真寺与众不同，它把传统伊斯兰教所钟爱的几何学设计融入现代建筑中，你对此大为惊奇。大理石地板上映出清真寺上面窗户中彩色玻璃的色彩，还映射出所有走向主祷区游客的身影。

走到清真寺的中心区域时，你看见绳索上有一个指示牌，上面说只有穆斯林才能进入。你无意中听到几位中国游客向一位妇女解释说，他们是穆斯林，然后这位妇女把他们带了进去。你跟在他们后面，只是为了能更清楚地看上一眼。里面空间宽敞，铺有地毯，信徒们正匍匐在地上祈祷。你和那位妇女攀谈起来。

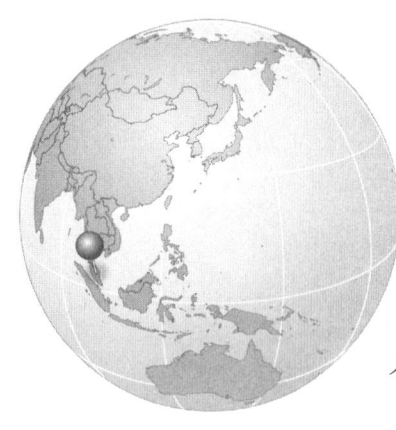

"我叫阿美娜（Aminah），"她说，"我是一位小学老师，现在学校放假了，我就在这里当志愿者。"阿美娜身穿一件下摆垂至地面的蓝色长袍，整个头上裹着面纱，只能看见她的脸和双手。"你有什么问题吗？"她问道。

根据你在吉隆坡大街上看到的情景，你知道阿美娜衣着保守。所以你问出了一个很明显的问题："你为什么穿成这样呢？"

"我就知道你会这么问，"她笑着说，"有许多西方人想要讨论我的服饰。"你低下头，略感尴尬，因为自己又是一个提出这个明显问题的西方人。

"这种穿着方式让我有安全感，"她说，"这身装束令我感到舒适，还提醒我在伊斯兰教中，女性是受到保护的群体。"

你看上去不太相信她的说法。

"嗯，我知道，"她继续说，"这可能有些保护过头了。有时候，父亲、叔父和兄弟会终生密切关注你，这有时也会让我感到厌烦。"你们都笑了起来。"如果裹得严严实实，运动起来也不方便，但是我们正在努力解决这个问题。"

阿美娜执勤结束后，站在旁边的一位男子接替了她的任务。

"尤其是对那些很年轻的女性，包办婚姻是怎么回事？"你问她。"在一些伊斯兰国家，女性不能接受教育是怎么回事？"在你们一同朝着出口走去时，你问出了这些问题，只是为了便于讨论。

"那些都是文化传统，"她说，"很多古老传统不是真正的伊斯兰教的一部分，它们是可以被改变的。一种全新的现代伊斯兰教正在发展，特别是在马来西亚，而且女性扮演的角色也越来越多。你知道那句俗语，'不要以貌取人。'你见到的像我这样的妇女可能看上去传统保守，但是这只是掩饰了我们内心的现代性。过上十年再回来看看，那时你就能更清楚明白了。"

你们一起沿着清真寺前的台阶走向一个小售货亭，阿美娜把手伸进那儿的一个抽屉。

"我希望你能收下这本书，"她边说边递给你一册封面印有金字的蓝书。"这本书里有所有你需要知道的东西。阅读之后，你也许可以为我们新式现代的伊斯兰教提供新的思路。"

你低头看了看这本书，是阿英双语的《古兰经》影印本。

等出租车时，你对《古兰经》产生了兴趣。《古兰经》是谁写的呢？关于穆罕默德书中说了些什么？书中谈到其他宗教了么？关于女性它又说了些什么？钻进出租车之后，你决定晚上开始阅读《古兰经》。

第二节　穆罕默德生平及教导

穆罕默德（Muhammad[1]，570—632）出生于麦加，位于今天的沙特阿拉伯（大事年表 10.1）。我们现在对他的了解大部分来自他在伊斯兰圣书中的布道和启示，这些圣书是《**古兰经**》（Qur'an）以及其早期信徒回忆写成的"**圣训**"（hadith，也作 ahadith）。

在伊斯兰教出现之前，阿拉伯半岛上有犹太教、基督教、拜火教（我们后面会进行讨论）以及当地传统的宗教。这些当地的信仰崇拜树神、山神、部落神等神灵（jinni，英语 genie 的词源）。这些变化多端的神灵居住在沙漠中，甚至能够进入人的身体。真主安拉是至高无上的神，是信仰的对象，而不是被人崇拜的对象。真主安拉"创造并维持生命，但由于远离日常生活，所以不是祭仪的对象。与真主安拉有关的三位女神，也是他的女儿，分别是：拉特、默那和欧萨。"[2] 这三位女神代表自然、月亮和生育。

在穆罕默德出生的年代，麦加已经成为宗教朝圣的中心（参见 410 页的地图）。那里有一块黑色陨石，早在穆罕默德出生之前，这块陨石就坠落在地球上。人们崇拜这块陨石，认为它来自天堂。人们建造了一座被称为**克尔白**（Kabah[3]，又称"天房"）的方形圣殿来供奉陨石。到了穆罕默德的年代，克尔白圣殿安放了多达 360 幅部落神和女神的宗教画像，而且传说麦加中央广场周围立有 24 座塑像（可能和黄道十二宫有关）。在穆罕默德的年代，每年前往麦加朝圣已经成为惯例，而且很多阿拉伯部落之间会定期休战四个月，以确保朝圣活动顺利进行。

穆罕默德的祖父阿布杜・穆塔里布（Abd al-Muttalib）在麦加的主要部落古莱氏（Quraysh）中扮演了重要的角色，他甚至被认为是穆罕默德的监护人。穆罕默德的父亲在他出生不久前去世，而母亲好像在穆罕默德的孩提时代就去世了。之后穆罕默德和自己的祖父一起生活，两年之后祖父去世，他和叔叔阿布・塔里布（Abu Talib[4]）生活在一起。

成年之后，穆罕默德给一位名叫**赫蒂彻**（Khadijah[5]）的寡妇当商队的马夫。赫蒂彻的丈夫去世后，她继承了丈夫的商队。赫蒂彻和穆罕默德之间的情谊随着时间的推移不断加深。约公元 595 年，他们结为夫妻，那时穆罕默德 25 岁，赫蒂彻大概（传说是）40 岁[6]。这场婚姻给穆罕默德带来经济、精神和情感上的支持，而赫蒂彻直至去世都一直是穆罕默德的支柱。他们一起生育了约有六个孩子，但是令人伤心的是，没有男孩能够活到成年，而只有男孩才有可能成为穆罕默德的继承人。穆罕默德后来可能出于怜悯心，又结了几次婚，因为在他那时的社会中，士兵们的寡妇通常需要能够为她们提供经济支持和法律保护的丈夫。

穆罕默德在商队工作期间的游历，无疑让他学到很多关于宗教的知识，包括宗教内部分支及宗教之间的区别。尽管当地的一神论宗教信仰一个至高神，而且注重道德要求，但同时也存在很多争论。犹太教和基督教在关于耶稣的地位和上帝的本质的问题上存在异议。基督教派相互之间则就耶稣的本质问题存在争议。犹太教和一些基督教派禁止制作塑像，而大部分基督教派允许造像。波斯人的拜火教也有重要的影响，该宗教重视人类生活中的道德斗争，很多人认为世界受两股宇宙力量——善良和邪恶的支配。

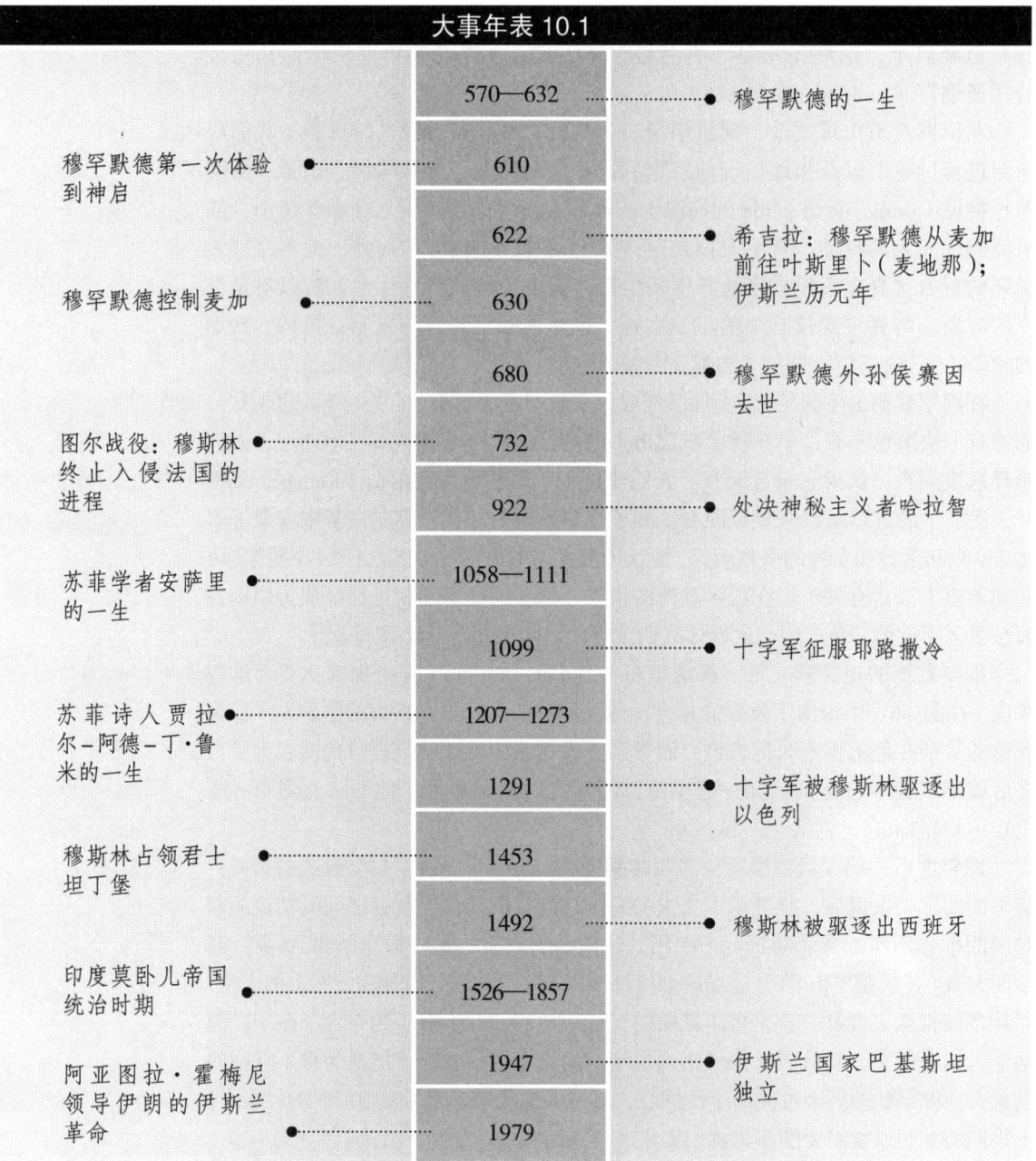

伊斯兰教重大历史事件时间表

	570—632	穆罕默德的一生
穆罕默德第一次体验到神启	610	
	622	希吉拉：穆罕默德从麦加前往叶斯里卜（麦地那）；伊斯兰历元年
穆罕默德控制麦加	630	
	680	穆罕默德外孙侯赛因去世
图尔战役：穆斯林终止入侵法国的进程	732	
	922	处决神秘主义者哈拉智
苏菲学者安萨里的一生	1058—1111	
	1099	十字军征服耶路撒冷
苏菲诗人贾拉尔–阿德–丁·鲁米的一生	1207—1273	
	1291	十字军被穆斯林驱逐出以色列
穆斯林占领君士坦丁堡	1453	
	1492	穆斯林被驱逐出西班牙
印度莫卧儿帝国统治时期	1526—1857	
	1947	伊斯兰国家巴基斯坦独立
阿亚图拉·霍梅尼领导伊朗的伊斯兰革命	1979	

作为一个信教的人，穆罕默德会花时间进行沉思冥想。他常常去麦加周围小山的山洞里，这些洞穴长久以来一直被用作祷告之地。40岁的他在希拉山洞中隐居冥思时，第一次得到启示，这件事记录在《古兰经》中。一位光明的神灵向他走来，把一块写满字的布放在他的眼前。这位神灵三次命令穆罕默德背诵布上的文字：

你应当奉你的创造主的名义而宣读，

他曾用血块创造人，

你应当宣读，你的主是最尊严的，

他曾教人用笔写字，

他曾教人知道自己所不知道的东西。

绝不然，人确是悖逆的，

因为他自己是无求的。

万物必定只归于你的主。

……

你应当为真主而叩头，你应当亲近真主。[7]

起初，穆罕默德对这次启示的本质抱怀疑态度。这次启示会是疯狂的幻觉或是某种魔鬼的蛊惑吗？他把这一切告诉妻子赫蒂彻，她了解穆罕默德，鼓励他将这次启示作为和真主真正交流的经历。穆罕默德开始深信，那位光明的神灵就是天使长加百列（Gabriel）。后来得到更多启示的时候，穆罕默德开始与自己最亲密的朋友和家庭成员——尤其是他的妻子、堂弟阿里（600—661）以及朋友艾布·伯克尔（Abu Bakr，573—634）分享这些启示。这些人就是第一批**穆斯林**（Muslim），意思是"服从于真主（安拉）的人"。

穆罕默德开始更为公开地宣传自己得到的启示时，并不受欢迎。虽然他宣扬的大部分启示不具有威胁性——穆罕默德宣扬诚实、帮扶穷人和保护弱者，但是这些启示坚称只能崇拜唯一的神，即真主安拉，禁止崇拜其他的神，并要求摧毁塑像和画像。穆罕默德还谴责高利贷（以过高的利率借贷）以及对公平契约的违背。这些启示威胁到了商人，尤其是那些从事朝圣贸易的人。因为这些启示不仅抨击普通的商业活动，而且威胁到在天房中存有神像的多样的部落神。公元615年，穆罕默德的一些信徒出于自身安全考虑，逃到今天的埃塞俄比亚。公元619年，穆罕默德的妻子赫蒂彻去世。不久之后，穆罕默德的叔叔阿布·塔里布去世，这时穆罕默德开始担心自己的安全，他和自己其余的信徒最终离开了麦加。

在这段紧张时期，穆罕默德在公元620年被带到耶路撒冷，在那里升入天堂。这次经历称为穆罕默德夜行登霄，天使长加百列陪着他一起升入天堂。穆罕默德向七重天上升的途中，遇到了天使和过去伟大的先知，包括亚伯拉罕和耶稣，最终进入真主安拉所在的天堂。此事是带有个人色彩的传说，还是穆罕默德真的从耶路撒冷升入天堂，这在穆斯林中存在争议。无论如何，艺术传统将穆罕默德的此次经历视为他的肉身从耶路撒冷升入天堂。[8] 穆罕默德被描述为骑在神兽布拉克（Buraq）的背上，周围环绕着火焰，在天空中飞行。这次经历证实了穆罕默德作为先知和真主安拉使者的天职。

穆罕默德及其信徒在麦加遭受的迫害越来越多。应麦加以北约三百英里的叶斯里卜领袖的邀请，穆罕默德及其信徒最终在公元622年离开麦加。穆罕默德迁往叶斯里卜的经历，在阿拉伯语中被称为**希吉拉**（Hijra，通常被译作"出走"或"迁徙"），这是伊斯兰教中的重要事件，标志着（1）穆罕默德的启示得到支持和接受，和（2）伊斯兰宗教共同体（乌玛）的开端。因此，伊斯兰历将希吉拉的年份定为元年。（在西方，依据伊斯兰历计算的日期被称为希吉拉历［anno Hegirae，也作 A.H.］，拉丁语的意思是"迁移的年份"。）

穆罕默德起初在叶斯里卜并没有取得完全的胜利。当地的犹太教联合穆罕默德的政敌一同抵制他的宗教信仰，因为穆罕默德将耶稣视为先知，并且怀疑希伯来圣经的完整性和正确性。最终，穆罕默德放逐或是处死了这些敌人，随着时间的推移，他取得了叶斯里卜的控制权。他在叶斯里卜建立了第一座伊斯兰**清真寺**（mosque），并在那儿制定了许多关于礼拜的早期规则以及社会规范。叶斯里卜现在叫作麦地那（Medina，"先知之城"）。与麦加以及耶路撒冷一样，麦地那已经成为伊斯兰教三大圣地之一。

尽管在叶斯里卜取得了成功，穆罕默德一直以回到阿拉伯半岛的宗教中心——麦加为目标。公元 624 年，麦加和叶斯里卜的居民在巴德尔开战，穆斯林士兵克服种种困难最终获胜。随后的几年中，两座城市间发生过小规模的战争，曾威胁挑衅，还曾签订过短暂的盟约。直至公元 630 年，穆罕默德最终以胜利者的身份回到麦加。他控制了麦加，摧毁了克尔白圣殿和市集中的所有画像，开始将他的宗教理想制度化。

穆罕默德将自己的控制权扩张至阿拉伯半岛上的其他地区。去世之前，他正计划向叙利亚传播自己的宗教。在最后的训诫中，他仅仅反对对于部落的忠诚，同时宣扬所有信徒的手足情谊。公元 632 年，穆罕默德于叶斯里卜逝世。

穆罕穆德认为自己是最后一位将真主的话语传递至人间的先知，他的信徒们也是这么认为的。他不将自己视为神人，而仅仅是真主手中的工具，是向人世传递真主意志的使者。穆斯林认为穆罕默德是生活中的完人，他们将穆罕默德尊为完美的人，所有信徒的楷模。

第三节 伊斯兰的实质

伊斯兰（Islam）的字面意思是"屈从"或"服从"，表明一心一意服从神灵，而穆斯林则是服从真主（安拉）的人。"伊斯兰"和"穆斯林"与几个代表"和平"的单词相关，比如阿拉伯语词"salam"和希伯来语词"shalom"。这说明通过服从神，人们可以获得内心的平静。"伊斯兰"还有所有信徒的共同体的含义，表明了一个大家庭中互相包容的关系。正如《古兰经》所说的那样，"所有的信徒都是兄弟。"[9]

伊斯兰教的核心信仰是：信奉全能超群的神，他创造了宇宙，神的控制无所不在，甚至达到最小的细节。因此，伊斯兰教和坚持一神论的犹太教和基督教之间是表亲关系，而且这三个宗教崇拜同一个上帝。但是，伊斯兰教最为重视真主（上帝）超群的力量。一些观察者评论说，穆斯林祷告时整个身体伏在地上，恰恰说明信徒信仰并完全服从神圣的力量。这种平伏在地的姿势被拿来与其他特有的祷

第十章 伊斯兰教　391

这幅画描绘了穆罕默德在天使的陪同下，骑在骏马布拉克背上夜行登霄的场景。按照伊斯兰教的传统，该幅画没有描绘出穆罕默德的面容。

告姿势相比较，比如跪拜（基督教常见的姿势）和站着祷告（犹太教常见的姿势），其身体姿势有力地说明了穆斯林完全服从于真主的态度。

穆斯林把真主称为安拉（Allah）。安拉这个词是"al（这位）"和"ilah（神）"的缩写，简而言之，这个词的意思是"这位神"或"神"。（阿拉伯语"Allah"和"El"

有关，而"El"在希伯来语中是指"上帝"。）穆斯林解释说"Allah"并不是真主的名字，意思仅仅是"真主"。据说安拉有九十九个名字，其中有"仁慈的主""公正的主"和"慈悲的主"。这些名字证明安拉并不抽象，并不只是客观的力量，他拥有人的特征。在《古兰经》中，安拉把自己描述成像人一样富有同情心，而且无所不知，无所不能。根据人性特征与权力分配，伊斯兰教把安拉视为"男性"，但是严格来讲，安拉并没有性别之分。

有时非穆斯林难以理解穆斯林的这种观念——他们认为，真主无处不在且控制生活中的每处细节。真主的名字也会出现在日常对话中，尤其是在一个人们频繁使用的短语中："如果真主愿意的话。"每天，**宣礼员**（muezzin）召集人们进行几次祷告，宣礼员会吟唱歌颂安拉的伟大，比其他一切都要伟大。吟唱的声音表明真主就像活跃在空气中的声音一样，活跃在人世中，不能被看见，但是存在。一些到伊斯兰国家的游客说，那里的人们生活在对真主的共同信仰中，就像相信鱼儿生活在水里，鸟儿飞在天上那么简单。人们认为真主存在并活跃于人世间是理所当然的。

在伊斯兰教信仰中，真主不停地通过人类的先知传达自己的思想和意志。穆斯林认为真主创造出人类之后不久，神圣的启示就开始了，那时真主是向阿丹（Adam，即亚当）和哈娃（Eva，即夏娃）传话。而后神启不断出现，而真主向诸如易卜拉欣（Ibrahim，即亚伯拉罕）和穆萨（Musa，即摩西）这样的元老和先知传话。虽然伊斯兰教坚信尔撒（Isa，即耶稣）也是真主的先知，但是穆斯林否认耶稣的神学观念和基督教三位一体的教义。他们认为犹太教和基督教都表达了来自真主的真正的启示，但是由于人类的错误理解，这些宗教以种种方式玷污了真主的话。穆斯林认为是穆罕默德将神启从人类的错误理解中解放出来，并把纯净的启示告知所有人。因为穆罕默德是先知的历史长河中最后也是最伟大的人物，所以他被称为"众先知的封印"。

穆斯林的祖先可以追溯到易卜拉欣及其子易司马仪（Ishmael，即以实玛利），易卜拉欣同时是犹太人的始祖。易司马仪（第八章有所讨论）由易卜拉欣和哈哲尔（Hagar，即夏甲）生育，哈哲尔是易卜拉欣妻子撒拉（Sarah）的仆人。撒拉高龄怀孕，生下儿子易司哈格（Isaac，即以撒），而哈哲尔和易司马仪据说由于撒拉的猜忌被迫离开易卜拉欣，他们由一位天使指引而发现水源，在沙漠中活了下来。穆斯林认为他们发现水源的地点在麦加附近。因此，伊斯兰教和犹太教可以追溯到同一个祖先，易卜拉欣（亚伯拉罕）。

穆罕默德向生活在阿拉伯半岛的犹太人学习犹太教，他还吸收来自基督教和拜火教的宗教元素，这些宗教和伊斯兰教有共同的信仰，都相信灵魂、肉体复活、最终的审判（世界末日）以及恶人死后堕入地狱、好人死后升入天堂。[10]这三个宗教也和伊斯兰教一起共同信仰能对人类产生影响的天使和魔鬼。伊斯兰教和其他宗教确实有很多相似之处，非穆斯林可能会推测穆罕默德受到了这些宗教的影响。但是穆斯林坚称穆罕默德的宗教观念直接来自于真主。

穆斯林认为，正义和邪恶的力量在不停地斗争，人世生活充满了后果严重的抉择。这个观念与西方所有先知型宗教整体上强调道德密切相关。人们认为宗教是强有力的伦理性事业，其最重要的目的之一就是规范人类生活。这种道德重心清楚地出现在基本的伊斯兰教五功里，下面我们将就此进行讨论。

伊斯兰教五功

所有的穆斯林必须接受并信仰如下的五功，它们因能维系人的信仰而得名。《古兰经》中也提及了五功。

念功（舍哈代[Shahadah]） "唯有安拉是真主，穆罕默德是安拉的使者。"一个人带着信念背诵这句话就能成为穆斯林。这是新生婴儿听到的第一句耳语，每天的祷告都会背诵，而且这句话还用阿拉伯语写在清真寺的穹顶和门上。

穆斯林教义最引人注目的是它的简洁，这是因为他们强调只有一个真主，而且真主永远同一。正如《古兰经》所言，"你们所当崇拜的，是唯一的主宰；除他外，绝无应受崇拜的。"[11]这条简洁的教义与基督教冗长复杂的教义刻意形成对比，而且这其中否定了基督教的几个观念。该教义否认了基督教三位一体的教义，穆斯林认为三位一体就是信仰三位神，它还否认耶稣是神或其他任何人类可能是神的观念。这条教义没有强调穆罕默德是神或是超自然的形象，而是指定了他作为真主的先知和使者的角色[12]。

穆斯林每天被召集祷告五次。中午的祷告经常由清真寺的宗教领袖（伊玛目）讲道。

拜功（撒拉特[Salat]） 很像犹太教传统上于黎明、正午和傍晚祷告的习俗，虔诚的穆斯林每天被召集进行五次祷告：拂晓、正午、下午三点左右、日落和夜间。[13] 祷告的时间由宣礼员从**宣礼塔**（minaret）的塔顶大声地通知。（如今是通过扩音器播放召集祷告的录音。）宣礼员召集祷告以"Allahu akbar"（"真主至大"）[14] 开始，接着是"我作证，只有真主安拉是受崇拜的主。我作证，穆罕默德是真主的使者。快来祷告吧"。在有很多清真寺的城镇里，召集祷告首先来自最有名望的清真寺，其他清真寺随后进行召集。

祷告之前，每个人通常都会用水进行净化仪式，冲洗双手、手臂、脸、脖子和双脚。如果没有水，可以用沙子进行净化。

祷告者面对麦加的方向——清真寺里有一座特殊的**米哈拉布**（mihrab，拱形壁龛）指示麦加的方向（**格卜莱**[qiblah]）。在伊斯兰教早期，穆斯林面朝耶路撒冷进行祷告，但是后来穆罕默德在叶斯里卜接受启示，把朝拜的方向改为麦加。《古兰经》是这样说的："你应当把你的脸转向清真寺；你们无论在哪里，都应当把你们的脸转向清真寺。"[15] 几个人一起祷告时，其中一个人作为带头人，领着其他人站在米哈拉布的前面。他们凭记忆用阿拉伯语背诵《古兰经》中的章节和其他祷文，同时伴随着几个基本的身体姿势：站立、鞠躬、平伏在地，然后坐下。每次祷告时需要进行一定次数的拜功礼（rakas）：晨拜中两次，昏拜中三次，其他时间段的礼拜中四次。

星期五是进行公共礼拜的日子，其他几天中，人们可以自己在家或上班时做礼拜，也可以去清真寺做礼拜。伊斯兰教的礼拜日起初和犹太教同样都是星期六，但是穆罕默德得到启示，说将公共礼拜日定为星期五是真主的意愿。大部分伊斯兰国家在星期五正午进行公共礼拜。通常只有男性在清真寺做公共礼拜，而女性

召集穆斯林进行祷告的宣礼塔如今矗立在伊斯坦布尔的埃及和罗马方尖碑旁边，伊斯坦布尔以前是罗马城市君士坦丁堡。

一般是在家祷告；但是有些地方允许女性和男性一起在清真寺中祷告，她们被安排到用帘幕或屏风隔开的区域，或是楼上的廊台里。星期五的礼拜通常有宗教领袖的训诫。虽然星期五是公共礼拜日，但星期五未必是公休日。很多伊斯兰国家星期五照常办公，由于受欧洲殖民地的影响，当地的公休日是星期天。但是有些伊斯兰国家将星期五视为公休日。

课功（札卡特［Zakat］） 穆罕默德对不公正、不公平和贫穷感到忧虑，要求人们捐助穷人是其创建更加公平的社会的总体愿景的一部分。伊斯兰教要求信徒每年把他们的收入、畜群以及田地和果园收成中的一部分捐给穷人。这并不是对年度收入征税，而是对每个人所拥有的一切征税。根据征税的目标，征收比例有所不同，但是通常情况下的征收比例是2.5%左右。如今，伊斯兰国家政府在其中的参与度各不相同。（在工业化国家，政府税收通常为福利、残疾、社会保障系统和其他援助措施买单。这是近期出现的现象，但是，这实际上需要有雄厚的经济基础。通常使用实物而非金钱帮助穷人的非工业化国家，更依赖于人们自发地帮助关心穷人。）除了每年进行捐助之外，日常生活中需要时，虔诚的穆斯林还应当单独进行慷慨的慈善活动。

斋功（索姆［Sawm］） 斋戒是指特定的一段时间内不吃食物，其目的是为了训诫自身，对贫穷且未能解决温饱问题的人表示同情，以及向其他人赠送他们吃不上的食物。斋戒被认为有益于个人的心灵修养，而且是**斋月**（Ramadan）期间信徒们共同斋戒时连接穆斯林的重要纽带。

斋月是伊斯兰历中的第九个月，是历史上穆罕默德第一次接受启示的时间。一个月的斋戒之后，月底会有一顿庆祝大餐，这是纪念穆罕默德接受启示这一特殊事件的恰当方式。虔诚的穆斯林在斋月期间从凌晨到傍晚不能饮食、不能抽烟和进行性事。对于旅行者、孕妇和病人则有特例，他们可以进食喝水，但是过后应当弥补这些斋戒的日子。

因为伊斯兰教严格遵循阴历，所以每年（按照阳历计算有365天）斋月的时间略有不同。阴历的一年仅354天，因此每年的斋月总比上一年提前11天。这样，斋月可能会出现在任何季节。斋月出现在冬天时，白天凉爽而短暂，人们的不适感最小。但是斋月出现在夏季时，斋戒可能会极度艰难；当夜晚最终降临，白天的斋戒结束时，水和食物似乎特别美味可口。

我们应该注意到，禁食是很多宗教中的常见仪式。复活节一个多月之前的基督教大斋节就是一个广为人知的例子，而犹太教在秋季的赎罪日当天斋戒的习俗也是如此。

朝功（哈吉［Hajj］） 朝觐——信徒前往圣城或圣地的宗教旅程——是很多宗教中的常见习俗。除了满足宗教要求之外，朝觐还有其他较为隐秘的好处。朝觐可以让人们游历新的风景名胜，把不同背景的人聚到一起，给人们带来统一感。最重要的是，朝觐极富于象征意味。朝觐之路象征了以达成新的理解和

麦加大清真寺的穆斯林面向天房朝拜。

个人转变为精神目标的内心旅程。除非因为贫穷和疾病，所有穆斯林不论男女都应当在有生之年朝觐麦加一次。因为伊斯兰教是麦加的核心宗教，因此只有穆斯林可以朝觐麦加。

哈吉（前往麦加朝觐）在穆罕默德出生之前就已经是一个习俗，可能是因为崇拜者想要拜访掉落在麦加的神秘黑色陨石。穆罕默德根据神启，继续沿袭前往麦加朝觐的习俗，他还沿用了很多早期的朝觐习俗——包括朝拜这块黑色的陨石。虽然这种朝拜似乎和穆罕默德纯粹地崇拜一个真主的号召相背离，但是这块陨石是来自真主的特殊礼物，它还与易卜拉欣甚至阿丹有关系，据说阿丹曾经敬拜过这块由天使加百列带到地球的陨石。

因为当今朝觐的形式为信徒提供了很多深层的情感经历，所以应当对朝觐进行专门说明[16]。现在，朝圣者一般坐飞机抵达沙特阿拉伯西海岸的港口城市吉达。早期，人们通过更为浪漫（且危险）的方式前往吉达——乘船或是骆驼车。航空旅行使得大量的信徒可以前去朝圣。过去每年约有3000人前往麦加朝觐，现在则有200万人。早期的朝觐需要花费数月甚至几年的时间。一些朝圣者死在了半路上，尤其是朝圣月出现在冬季的时候。通常这可能是一个人从家乡出发，进行的唯一一次长途旅行。尽管朝圣者数量众多，但是以前往麦加朝圣的男教徒（hajji）或女教徒（hajjiyah）的身份回到家乡仍然会获得很高的声望。

穆斯林区分出了"大朝圣"和"小朝圣"，前者只能在朝圣月（伊斯兰历的十二月）进行，而后者可以在一年中的其他时间段进行。小朝圣仅需朝觐麦加和附近的几处圣地，而下面几段文字描述的大朝圣，则需额外在麦加以外的平原上经历艰苦的旅程和仪式，同时还要前往麦地那。

朝圣者首先应当在朝圣月的第七天到达麦加。男性朝圣者有专门的服饰，叫作"易卜拉欣的长袍"。其中有两块白布，一块围在腰部及以下的身体上，另一块盖在上身和左臂上面。（女性朝圣者没有专门的服饰，但是很多女性穿白色的衣服。参加朝圣时，她们不会揭开自己的面纱。）男性朝圣者统一的服饰强调了真主面前人人平等。除了身着长袍和进行专门的祷告之外，所有的朝圣者都应当远离性事、暴力和猎杀。（我们很容易看出，朝觐和相关的习俗如何大幅减少阿拉伯半岛上部落之间的战事。）

在宾馆或是旅社安顿下来后，朝圣者会前往大清真寺。清真寺里面宽大的长方形区域是一个露天院子。庭院的四周有柱廊，朝庭院中间展开，提供阴凉处。庭院中间是天房神殿，这是一座高约50英尺，长宽约40英尺的建筑，上面覆盖的黑布每年都会重制。黑色罩幕的边缘有金线绣制的《古兰经》经文。克尔白内部空无一物，只有看护人和伊斯兰教神职人员可以进入，他们举行仪式，用玫瑰花水打扫天房内部。那块被称为"黑石"的黑色陨石镶嵌在这座建筑的一面外墙上，从庭院中就可以看到黑石的外部。

用清水进行净化仪式后，朝圣者立即围绕天房逆时针走七圈。他们经过东面的拐角时会亲吻离地面5英尺高的黑石或向黑石行礼致敬。如今，黑石被银框镶嵌起来，而且由于多年以来被数以百万计的信徒触摸亲吻，黑石表面已经变得坑坑洼洼。

朝圣者重演他们的祖先易卜拉欣一生中的重要事件。伊斯兰教坚称哈哲尔和易卜拉欣的儿子易司马仪住在麦加，而且易卜拉欣曾经去那儿看望他们。穆斯林认为易卜拉欣被要求将自己的儿子易司马仪——而不是犹太教和基督教宣称的以撒（易司哈格）献给真主，献祭仪式在麦加举行。在朝圣者的表演中，他们重现了易卜拉欣的精神顺从，以此效仿他和真主之间的亲密关系。

绕着天房走完七圈之后，朝圣者按照仪式回忆哈哲尔。附近一条有顶棚的长廊连接了赛法山和麦尔维山两座圣山，《古兰经》中称这条长廊是"安拉指明的神迹"。[17] 人们相信哈哲尔在这两座山之间拼命地为她的儿子易司马仪寻找水源。朝圣者沿着长廊来回奔跑七次，重现当年哈哲尔渴望找到水源的情景。朝圣者饮用清真寺中渗渗泉的水，他们认为渗渗泉就是天使向哈哲尔指明的水井。

朝圣月的第八天，朝圣者再次朝拜天房之后，会前往麦加城外几公里远的米那（Mina），他们将在那儿祷告一个晚上。第二天早晨，也就是朝圣月第九天的早晨，他们前往距离麦加约十二英里的阿拉法特（Arafat）平原，那是穆罕默德最后一次宣教的地方。中午朝圣者聆听说教，然后站在阳光下进行祷告。驻阿拉法特那一天的祷告，是朝觐行程所能给予的最优越的祈祷。当天，朝圣者在阿拉法特和米那之间的穆茨达里法赫（Muzdalifa）的户外过夜。

随后的一天，即朝圣月的第十天，是**宰牲节**（Id al-Adha）。朝圣者回到米那，他们在那儿向三根方形石柱投掷七颗小石子。这个仪式回忆了易卜拉欣如何应对诱惑：魔鬼引诱易卜拉欣违抗真主献祭其子的命令时，他向魔鬼扔了几颗石子，赶跑了魔鬼。

然后，朝圣者为他们自己及其家庭成员选择一只动物（绵羊、山羊、奶牛或是骆驼）去献祭，重演了易卜拉欣生平另外一个重要事件：易卜拉欣向真主表明自己心甘情愿献祭自己的儿子易司马仪后，真主要求他用一头公绵羊代替他的儿子。献祭杀死的动物随后被烹煮享用。所有剩下的肉则进行加工处理，捐赠给慈善机构。（整个伊斯兰世界都在朝圣月的同一时间进行宰杀牲口献祭的活动。）献祭之后，男性要理发刮脸，女性要剪掉头发，然后要修剪手指甲和脚趾甲，以表明纯净的新生，重新回到日常生活。然后朝圣者回到麦加，再围绕克尔白走上几圈。虽然至此朝觐的基本仪式已经结束，但是很多朝圣者会继续前往埋葬着穆罕默德的麦地那，回忆穆罕默德，以示敬拜。

伊斯兰教的其他宗教仪式

伊斯兰教的目的在于为人们提供理想的生活方式，它推行的管制禁忌不能说明他们热衷于受苦受难，而是为了改善社会秩序，提高幸福度。外人也许只能看到种种禁忌，穆斯林看到的却是这些明智的规定给个人和社会带来的好处。参观穆斯林文化的人经常感慨于当地鲜有犯罪案件，以及人们通常在城市街道上得到的安全感。

虽然伊斯兰教教规严格，但是伊斯兰教习俗也重视现世的快乐和幸福。斋月期间，伊斯兰教信徒白天必须斋戒，而晚上全家人则聚在一起享用大餐。这一总体态度同样适用于性事。虽然穆斯林控制性事，但是他们并不看重单身。穆罕默德不是单身，他反对单身，认为单身主义不符合自然规律。因此，穆斯林对耶稣从未结婚以及禁欲主义的宗教理念感到困惑不解。我们应该在这样一个理想的社会模型中，审视伊斯兰教的一些禁忌。

饮食禁忌　《古兰经》禁止食用猪肉和饮酒。犹太教和伊斯兰教认为猪是食腐动物，而且猪肉会传播疾病。禁止饮酒是因为酒通常和暴力以及不良嗜好联系在一起。虽然《古兰经》中只是禁止饮酒，但是现在伊斯兰教已经将这条禁忌理解为禁止饮用所有酒精类饮料。[18]

禁止放贷取利和赌博　不允许对贷款收取利息。我们回想起穆罕默德的年代，那时贷款的利息非常高，这样是对借款人的剥削，使他们变得贫穷。（如今，一些穆斯林避开这条禁忌，对贷款收取"佣金"，而贷款本身不收取利息。）禁止赌博是因为伊斯兰教认为赌博是一种浪费时间和金钱的危险行为，也会给赌徒及其家庭带来潜在的经济风险。

礼仪和庆典

伊斯兰教教历：节日和圣日

和其他宗教一样，伊斯兰教已经发展出一系列的节日和圣日。主要的庆祝活动如下：

- 献祭日，或称为宰牲节，在朝圣的月份（阴历十二月）举行。每户穆斯林家庭的主人都应当献祭（或付钱请人献祭）一头绵羊、山羊、牛或骆驼，以此纪念易卜拉欣用公羊替代自己的儿子作为祭品。作为祭品的动物的肉经过烹煮由家庭成员食用，并和穷人分享。
- 出斋日，或称为**开斋节**（Id al-Fitr），在斋月（阴历九月）结束后举行。人们举办聚会，通常会去先人的墓前祭拜。有时这个节日长达三天。
- 正月（穆斯林年的第一个月）期间，穆斯林纪念穆罕默德及其追随者迁往叶斯里卜（麦地那）。对于主要存在于伊朗、伊拉克和巴基斯坦的伊斯兰教什叶派而言，正月有其他的重要意义，因为穆罕默德的女婿阿里的儿子侯赛因在正月去世。正月的前九天气氛庄严肃穆，在第十天，虔诚的信徒当众重演侯赛因遇难的场景。戏剧和行进的列队生动地重现侯赛因遇难的场景。有时一些信徒会自残，并且在大街上的队伍行进时放声大哭。
- 穆罕默德的生日纪念是在每年三月份的第十二天。这在有些国家是公休假日，而在有些地区，整个三月份都用来举行庆祝活动和诵念经书。
- 其他圣人的生日根据不同地区和组织的信徒的不同而有所变化。什叶派穆斯林庆祝阿里的生日；宗教团体纪念其创始人的生日；每个地区的圣人的生日则由当地人庆祝。

割礼 虽然《古兰经》实际上没有对男性割礼做出要求，但这是伊斯兰教的要求。割礼通常在七八岁的时候进行，内容是割掉男孩阴茎末端一小部分松弛的皮肤（叫作包皮）。（我们可能会想起犹太人是在男孩出生后的第八天进行割礼。虽然对于基督徒而言，割礼不是宗教戒律，但是割礼在很多基督徒中也较为常见，而且割礼频繁出现在地方宗教中。）对于割礼习俗的解释多种多样。一种说法是这种习俗对上帝（真主）在人类繁殖中扮演的角色表示谦恭。另一种说法和卫生相关，在炎热的气候中，人们不可能每天都洗澡，而割礼可以作为针对感染采取的预防性措施。也许两种说法都是正确的。然而在伊斯兰教里，人们进行割礼也是效仿接受过割礼的穆罕默德。

在一些原始的伊斯兰国家，尤其是在东非的那些国家，穆斯林女孩也在青春期接受割礼。此举需要部分或全部割除女孩的外生殖器。常见的解释是这样能够减少年轻女性的性欲，帮助她在结婚前保持处女之身，并在婚后忠于自己的丈夫。西方的非穆斯林人士经常批评这种危险压抑的习俗，但是有些传统主义者认为女性割礼是有价值的成年礼，而且是为女性的婚姻做准备。无论如何，我们应当看

女性与宗教

伊斯兰教中的女性：与自由观念相悖

在伊斯兰教成长的文化中，女性的很多权利受到限制。在伊斯兰教出现之前，阿拉伯文化的细节模糊不清，但是我们知道如果家人不想要女婴的话，这些婴儿通常一出生就会被闷死或是活埋。妻子通常被视为财产，可以进行买卖，而丈夫则可随意娶很多个妻子。离婚意味着这位前妻将会颠沛流离、穷困潦倒。

这一背景对理解穆罕默德为保护女性权利而创建的新风气尤为重要：

- 他禁止残杀婴儿，因此很多女婴免于罹难。
- 他限定一个男性最多可以娶四个妻子，而且要求每个妻子受到平等的对待。虽然这在非穆斯林看来数量过多，但是我们应当记起，过去的婚姻为女性提供经济和法律保护，而这通常是女性结婚的原因。如今，大部分穆斯林只娶一个妻子。
- 他认为女性和男性拥有平等的基本权利。穆罕默德立法规定妻子和丈夫均可提出离婚，而且他要求女性在离婚时应该得到经济补助。他还允许离婚女性和寡妇再婚。他肯定女性和男性均拥有财产权。
- 最后，他规定女性和男性应尽的宗教义务，比如祷告、斋戒和前往麦加朝圣。

尽管穆罕默德为女性做出了这些努力，传统伊斯兰教却加深了女性和男性在社会上的主要区别。虽然男性最多能娶四个妻子，但是女性只能有一个丈夫。《古兰经》要求男性和女性在公共场合穿着端庄，但是社会风俗唯独规定女性必须遮盖自己的头发，因为人们认为头发极具引诱性；虽然《古兰经》并未要求女性蒙面，但是这在一些地区已经作为公共场合着装端庄的延伸而成为一种风俗。男性在朝圣期间必须穿着"易卜拉欣的长袍"，但是女性在朝圣期间没有特殊的服饰。星期五祷告时，女性通常不去清真寺里和男性一起祷告；如果她们去清真寺的话，只会在一个单独的区域内祷告。过去，女性不会接受正规教育；如今，一些国家甚至为男性和女性设立单独的学校。总体而言，女

出这种女性割礼不是《古兰经》的要求，而且也没有男性割礼所具有的宗教权威性。[19]

婚姻 在伊斯兰教中，虽然已经出现了一定数量的与婚姻相关的仪式，但是婚姻从根本上说是一种民间契约。在传统的穆斯林社会中，婚姻由父母安排，并通过签订书面契约生效。通常来说，作为契约的一部分，新郎家庭会送给新娘家庭金钱和财物。在家举行的结婚仪式本质上是见证并签订契约。结婚仪式上可能会从《古兰经》中选取一段经文阅读，而且签完契约之后通常会有一顿大餐。由于各种原因也可以宣告婚姻无效，而且可以由妻子或是丈夫提出离婚。无论是婚姻宣告无效还是离婚，都不常见。结婚之后，女性就承担新的、更为负责的角色。作为妻子，她脱离了父亲的保护，现在需要丈夫承担照顾她的法律责任。

女性角色 伊斯兰教习俗认为男性和女性的社会角色互不相同，但是相辅相成。女孩将来的传统角色是妻子和母亲，而在如今很多穆斯林社会中，女性也可

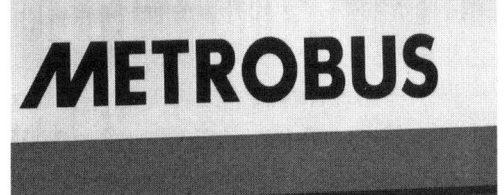

围着头巾的穆斯林妇女从公共汽车里向外张望。摄于马来西亚吉隆坡。

性仍然被期望,甚至被迫扮演主内的角色,以婚姻和孩子为中心。尽管现在情况慢慢发生了变化,但是公共生活大部分只是男性的特权。

女性权利的一些支持者在《古兰经》里找到了一些令人忧心的内容。例如,在第四章("女性")里,我们发现这样一段话:"男人是维护妇女的,因为真主使他们比她们更优越。"而且《古兰经》声称,虽然"贤淑的女子是顺从的",但是男人可以殴打不顺从的女子。[20] 批评家们还指出,在伊斯兰教出现之前,女性从她们的氏族或部落中获得一些安全感,而且她们已经拥有独立的财产权和提出离婚的权利。伊斯兰教改革将这些权利替换为家长式的核心家庭和女性在法律上对男性的依赖。作为女性地位变化的例子,批评家们指出穆罕默德的首任妻子赫蒂彻和后来的妻子阿伊莎之间的区别:前者拥有财产且极力维护自己的权利,而后者年轻时成婚,需要过着与外界隔绝的生活并且服从丈夫。

关于女性角色的立场正朝着两个方向发展。出于传统主义者的压力,用头巾盖住头发的习俗在一些国家广为传播,比如马来西亚和印度尼西亚。同时,主流的伊斯兰国家如今让女性接受公共教育,而且越来越多的女性有自己的事业,在公共生活中扮演一定的角色。在一些男女一起祷告的清真寺里,女性甚至谋求担任星期五祷告领导者的权利。

以从事护士、医生和教师等职业。即便如此,女性在公共场合也仍然应当细心周到,尤其是结婚以后。在有些社会里,女性出门时必须带上面纱,而且只允许丈夫及其亲戚看到自己的脸。在相当保守的社会中,女性不能外出工作,而且只能与女性朋友及亲戚交往。

丧葬仪式 结婚仪式总体的简洁性同样也是丧葬仪式的特点。人们会为临终的人背诵《古兰经》中的祷告,死后尸体裹着普通的白色尸衣埋葬。理论上,对于进行过朝觐的男性而言,尸衣就是他当时在麦加穿过的"易卜拉欣的长袍"。在葬礼中,死者的脸庞会安排转向麦加的方向,而且墓碑通常是一块未经修饰的石标,以表示所有的死者皆平等。[21]

经典：《古兰经》

古兰（可兰）这个名字是指"诵读"，以及回忆穆罕默德布道辞中这些神圣著作的源头。这个名字还表明，传达《古兰经》最好的方式是诵读。虽然《古兰经》已经被翻译为很多种语言，但是只有阿拉伯语版本被认为具有权威性。原语版本的优美发音是《古兰经》本性的一部分，而且对于其精神力量而言必不可少。

《古兰经》被认为有着神圣的起源。因为从公元610年第一次启示后的大约20年直至去世，穆罕默德一直在接受真主的言语。穆罕默德的信徒写下他接受的启示，但是穆罕默德死后，人们担心这些启示会出现各种版本流传于世，他们认为必须建立一个权威版本。相传这项工作由穆罕默德的第一任接班人或**哈里发**（caliph，"接班人"）艾布·伯克尔（Abu Bakr）发起，在公元656年离任的奥斯曼哈里发辖地中完成。但是，最近有学者对这种说法产生疑问，权威版本的出现如今看来比原先想象的要复杂得多。权威版本成为后来所有抄本的原件。[22]

每个国家的伊斯兰教坟墓都各不相同。有些地方的荒漠中能看到简单的墓碑；而有些地方的市中心公墓里则能看到刻有文字的个性化墓碑。该照片是位于土耳其的一处墓地。

《古兰经》的一大特性就是内容易于记忆，这很大程度上是由于《古兰经》并不是结构严谨、段落分明的论说，也不是一系列的故事，而是用非常自然的方式大量重复形象和主题的布道和宣教。

《古兰经》涵盖的话题多种多样，所讨论的人物也出现在犹太教和基督教圣经中：亚当、夏娃、挪亚、亚伯拉罕、以撒、雅各、约瑟、摩西、大卫、所罗门、耶稣、马利亚以及其他人物。《古兰经》还就日常生活提出实用的忠告——关于产权、金钱、遗产、婚姻和离婚。《古兰经》提到了穆罕默德生平的事迹以及特定的宗教信仰和规定——天使、神圣审判、斋戒和朝圣。这些话题和各种材料经常被混合在一起。

《古兰经》共有114章（suras，章节），每一章都有传统的命名，得自《古兰经》中所提及的形象或主题，而且其中很多命名发人深省："象""光明""黎明""雷霆""山洞""烟雾""山岳""月亮""至尊"。章节的顺序并没有反映穆罕默德接受启示的确切顺序。除了第一章是简短的祷告之外，其他章中最长的被编排在前面，这就意味着最后的几章内容极短（而且对初学者而言最简单）。实际上，这种章节布局总体上遵循了逆时序，其中混合了几段时期的章节。简短的章节可能是穆罕默德早期的教义，而长篇章节是他最后几年的作品，那时伊斯兰生活的点点滴滴都展现在他的面前。《古兰经》中的章节被比作树上的落叶：

首先飘下的落叶位于底层。

《古兰经》对伊斯兰艺术产生了深远的影响。有些手抄的《古兰经》本身就是伟大的艺术作品，通常其中写满了金色的字母和五颜六色的几何设计。因为伊斯兰教禁止制作塑像，所以艺术家们用最好的书法来记录《古兰经》中神圣的文字。

《古兰经》中经文的文字还经常被巧妙地连写而形成整体设计，这样就能用于美化清真寺和宗教学校。《古兰经》被刻在建筑中的石头木材上，或是被装饰在马赛克中。在世界上的很多文字系统中，阿拉伯语草体字形态奇妙，可能是看上去最漂亮的一种文字系统。这种文字的流线型外形恰恰可以用一个法语单词"arabesque"（"蔓藤花纹"）来形容，这个单词已经进入英语，用于描绘弯曲优美的文字连笔样式。

穆斯林从小就在每天的祷告和宣教中大声诵读《古兰经》，所以重复《古兰经》中的经文和形象让穆斯林感到舒坦。收音机里定期朗诵经文，尤其是在斋月期间，而在一些国家，这是电视广播结束时的一部分。因为阿拉伯语是一门特别优美的语言，用阿拉伯语吟唱《古兰经》是一种艺术形式，而且一些吟唱者因其优美的嗓音和对古兰经材料的理解而闻名遐迩。

伊斯兰学校里的孩子集体背诵《古兰经》里的经文。

第四节　伊斯兰教的历史发展

因为穆罕默德的所有儿子均在未成年时夭折，所以他死后没有确定的男性世袭继承人，[23]而且他似乎没有指定任何人做自己的继承人。[24]继承人的混乱局面以及继承权的混淆不清，最终导致伊斯兰教内部出现重要的分支派别，其不良影响直至今日依然存在。

穆罕默德让艾布·伯克尔（既是自己的朋友，又是自己最小的妻子的父亲）担任祈祷的主要领袖。这个地位让艾布·伯克尔成为公认的第一任哈里发。两年之后，艾布·伯克尔去世，欧麦尔（Umar）继承成为第二任哈里发，第三任哈里发则是奥斯曼（Uthman），欧麦尔和奥斯曼均遇刺身亡。第四任哈里发是穆罕默德的堂弟、他的女婿——阿里（Ali，娶穆罕默德的女儿法蒂玛[Fatima]为妻）。阿里最后也遇刺身亡。公元661年，穆罕默德的对手接管伊斯兰教，在大马士革掌控伊斯兰教。在此期间，伊斯兰教出现了第一次也是最重要的一次分

奉至仁至慈的真主之名，一切赞颂，全归真主，全世界的主，至仁至慈的主，审判日的主。我们只崇拜你，只求你佑助。
——《古兰经》开篇[25]

裂，两大派别出现，即什叶派和逊尼派（对此我们将稍加讨论）。

伊斯兰教最初的发展出现在被称为正统哈里发的四位早期领袖时期，这四位住在阿拉伯的领袖与穆罕默德关系密切。但是，伊斯兰教在阿拉伯以外地区传播时发生了一个重要变化：早期刻意简洁质朴的伊斯兰教如今变得越来越繁文缛节。

扩张与巩固

伊斯兰教兴起的时间（公元7世纪）正是一股新兴的政治和宗教势力的发展时期。以君士坦丁堡为首都的拜占庭帝国与波斯帝国之间战事不休，双方因此元气大伤。理论上由拜占庭帝国控制的诸如非洲北部的地区，实际上离拜占庭帝国的首都十分遥远。

拜占庭帝国和波斯帝国的弱点——穆斯林认为这是神意——帮助伊斯兰教迅速扩张到这两个帝国的领地上。公元635年和公元636年，伊斯兰军队分别攻占叙利亚和波斯。随后，他们开始向西进军，约在公元640年控制了埃及。伊斯兰军队的胜利振奋人心。随后的七十多年中，伊斯兰教传遍北非的大部分地区，而且越过红海和印度洋，从阿拉伯半岛传播至东非。

公元711年，伊斯兰军队进军西班牙，塔里克（Tariq）将军带领军队在西班牙南部登陆——直布罗陀（"塔里克之山"）这个名字让人回想起这起事件。实际上，若不是查理大帝的祖父"铁锤"查理（Charles Martel）在公元732年的图尔战役[26]中率领基督教军队在法兰克南部击败伊斯兰军队，那么伊斯兰军队可能已经把伊斯兰教传播至西欧的大部分地区。这场发生在穆罕默德死后一百年的图尔战役，是世界历史中具有决定性作用的战役之一。

虽然伊斯兰教受到挫败，不能向北扩张，但是伊斯兰统治者以科尔多瓦和格拉纳达为首都，在西班牙维持了近八百年的统治。现在很多人回忆起伊斯兰教在西班牙的统治时代，内心充满了怀念向往之情，因为那时的西班牙被普遍认为如同天堂一般：艺术繁荣，穆斯林、犹太教徒和基督徒和谐共处。在此期间，伊斯兰教另外唯一一次重要的行动是向西入侵西西里岛，伊斯兰教在那里的力量持续了约两个世纪。

从公元661年至公元750年，伊斯兰教由伍麦叶王朝（Umayyad）掌控——这一时期被称为大马士革哈里发（此时的哈里发为世袭制）时期。在此期间，从建筑到烹饪，伊斯兰教广泛吸收着由罗马帝国引进到叙利亚的文化元素。伊斯兰教还采纳并改进政治国家中的行政和军事部门。伊斯兰教与受罗马影响的叙利亚的交流和接触十分富有成效，这只是一个例子，展示了伊斯兰教在吸收其他文化并赋予它们新生中所表现出的才华。

公元750年，伊斯兰教的控制权转移至巴格达的阿巴斯（Abbasid）王朝，其世袭成员与穆罕默德联系紧密。这一持续到公元1258年的时期也通常被称为巴格达哈里发时期，这是伊斯兰教的黄金时代——也是其文化发展的巅峰期。正如伍麦叶王朝从叙利亚吸收带有罗马风格的文化元素，阿巴斯王朝则大量吸收来自

阿富汗风格的吐鲁番阿敏清真寺，由中国西部的维吾尔族在1778年建成。

波斯的文化元素——音乐、诗歌、建筑和园林设计。关于哲学、科学和艺术的希腊经典文献被译为阿拉伯语。受印度艺术家的影响，造像的禁令在宫廷艺术中放宽了，出现了彩绘珐琅和色彩斑斓的画作。巴格达成为世界文化和艺术中心。

伊斯兰教继续向东传播至非阿拉伯文化中，随着伊斯兰教传播至今天的阿塞拜疆、哈萨克斯坦、阿富汗、巴基斯坦、印度北部和孟加拉国，阿拉伯对伊斯兰教的统治逐渐削弱。

公元1258年蒙古人入侵并洗劫巴格达后，伊斯兰教的政治中心转移至埃及。公元1453年，穆斯林占领古代基督教的首都君士坦丁堡，直至1921年奥斯曼（Ottoman）帝国灭亡之前，君士坦丁堡一直是奥斯曼帝国和伊斯兰世界的中心。在如此漫长的时期内，伊斯兰教主要通过贸易向东南亚传播——传播至今天的马来西亚、泰国南部和印度尼西亚，而印度尼西亚是目前世界上穆斯林人口最多的国家。伊斯兰教还传播至菲律宾最南端的棉兰老岛。

因为伊斯兰领土辽阔——从摩洛哥和西班牙横跨至印度尼西亚和菲律宾——所以不可能实现绝对的中央控制。因此伊斯兰领土上建立了二级行政中心，有时这些二级中心由完全独立的哈里发统治。西班牙的科尔多瓦和后来的格拉纳达成为地方的政治首都，直至1492年西班牙将穆斯林驱逐出境。印度德里在英国控制印度次大陆之前一直是伊斯兰莫卧儿帝国的中心。然而，在1924年土耳其的奥斯曼哈里发被废除之前，伊斯兰教中一直存在着唯一的哈里发统治整个伊斯兰教的构想。（当代一些穆斯林希望看到这个唯一的哈里发出现。）

伊斯兰教内部什叶派与逊尼派的分裂

在过去数个世纪的发展历程中，伊斯兰教经历了几次派系分裂，其中最重要

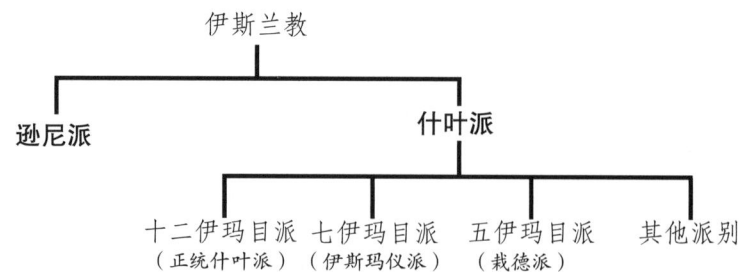

图 10.1 伊斯兰教的分支

的一次就发生在什叶派和逊尼派之间。如今,伊斯兰教中约有10%~15%的什叶派,剩下的大部分是逊尼派(参见图10.1)。派系之间的分歧最初是一场关于谁应当继承穆罕默德的政治辩论,在过去的几个世纪里,这种分歧逐渐扩大,发展成为信仰、习俗和宗教方式方面的分歧。

继承权争论的中心是哈里发的不同概念。一些人认为应当由穆罕默德的部族(古莱氏)的男性来继任,继承人应当是部族推选出的最坚强且最具领导能力的男性。这是关于领导权的相当实际的观念。然而,其他人认为哈里发是精神领袖,他们相信真主只会把哈里发的精神力量赋予穆罕默德直系亲属后裔中的男性。

什叶派 什叶派(Shiite)这个名字来自单词shia,意思是"派别"——即追随阿里(穆罕默德的堂弟和女婿)的群体。我们可能会想到穆罕默德最早的四位继承人(艾布·伯克尔、欧麦尔、奥斯曼和阿里)的合法性为早期大多数穆斯林所接受。然而,早期的一些穆斯林认为穆罕默德已经委任阿里为自己的第一任继承人,但是一系列的政治和宗教阴谋使阿里没有能够成为哈里发。这些分歧导致在奥斯曼时期产生进一步的争论,甚至一直延续到阿里最终成为哈里发的时期。伍麦叶氏族的领袖穆阿维叶(Muawiyah)反对阿里的领导,而阿里在最终被裁定为合法领导人之后遇刺身亡。阿里死后,一些信徒认为继承权应当归属于阿里的两个儿子,哈桑(Hassan)和侯赛因(Hussein)。阿里的大儿子哈桑(625—669)宣布放弃继承权,但他后来被敌人囚禁。阿里的小儿子侯赛因(626—680)反抗伍麦叶王朝的统治,但是他在公元680年伊拉克境内的卡尔巴拉之战中被击败,随后被斩首杀害。侯赛因的死虽然让伍麦叶王朝能够维持一百年的统治,但是也产生了强大的反对势力,就是后来的什叶派运动。什叶派认为穆罕默德的继承权是从阿里到侯赛因,他们把侯赛因视为殉道者,其英勇就义是值得后人学习的救赎罪恶的牺牲。侯赛因葬在伊拉克卡尔巴拉的大清真寺里,他的墓址被认为是什叶派重要的圣地和朝圣的中心。

什叶派认为合法的继承权是世袭制的,继承人是穆罕默德直系亲属的后代。由真主赋予的、世袭的精神力量被称为穆罕默德之光,大部分什叶派认为这种力量已经传承至十二位继承人,或称为**伊玛目**(Imam)。阿里是其中第一位合法的伊玛目。由于最后一位伊玛目穆罕默德·马赫迪在公元900年左右失踪,伊玛目的继承谱系就此消失。据说穆罕默德·马赫迪并没有去世,而是进入一个隐藏的国度,他在那里指引什叶派的学者和领袖。一些什叶派教徒相信他将来会出现在世

穆罕默德外孙伊玛目侯赛因遇难纪念日之后的第四十天，什叶派朝圣者聚集在伊拉克的卡尔巴拉。侯赛因在公元680年遇难。

上，帮助重建什叶派，而且他在世上重新出现时将会开辟一个救世主的时代，预示世界末日的来临。关于这个人物有很多值得推敲的地方，穆罕默德·马赫迪被认为纯洁无罪。伊朗的一些人认为阿亚图拉·霍梅尼（Ayatollah khomeini，1900—1989）是穆罕默德·马赫迪的再现。因为什叶派认为宗教领袖受到最后一位伊玛目的指引，所以他们主要的神职人员享有较高的威信。（伊斯兰教的两大派别还用伊玛目指代重要的宗教领袖，然而只有什叶派使用阿亚图拉，而且只能指代最重要的伊玛目。）

什叶派内部存在几个派别，根据伊玛目的数量和确切的继承谱系，这些派别各不相同。正如前面所提到的，大部分什叶派信奉十二伊玛目，因此他们有时被称为十二伊玛目派。但是伊斯玛仪派的成员通常被称为七伊玛目派，因为他们与十二伊玛目派就第七位伊玛目的身份存在分歧；他们将谱系追溯至被认为是第七位伊玛目的伊斯玛仪（Ismail）。对于第五位伊玛目的争议产生了栽德派（以侯赛因的孙子栽德·本·阿里命名）。他们通常被称为五伊玛目派，而且大部分人生活在也门。叙利亚的阿拉维派是与众不同的一个派别，他们的习俗显然受到其他宗教的影响，信奉轮回，而且除了穆斯林节日之外，他们还庆祝圣诞节和主显节。此外还存在规模更小的派别，其中一些派别（例如黎巴嫩的德鲁兹派）被视为非正统穆斯林。

对非阿拉伯穆斯林来说，什叶派一直具有吸引力，前者有时感觉自己在这个源自阿拉伯半岛的宗教中处于次要地位。因为其什叶派教徒众多，所以伊朗成为什叶派的中心；但是伊拉克由于和侯赛因之间的联系成为什叶派穆斯林的精神家园。在伊拉克，大概有一半以上的穆斯林是什叶派教徒，他们主要居住在伊拉克南部地区。巴基斯坦、印度、黎巴嫩、叙利亚、也门和其他地方有小规模的什叶派教徒。

逊尼派 伊斯兰教中的另一大派别**逊尼派**（Sunni 或 Sunnite），由逊奈（sunna，"传统""例子"）得名。逊奈是指整个基于穆罕默德生平和教义的传统教义体系，《古兰经》和权威的"圣训集"对此有所说明。如此众多的穆斯林属于伊斯兰教的这一派别，而伊斯兰教的历史主要是逊尼派的历史。

逊尼派的发展在一定程度上是为了应对什叶派的主张。因为逊尼派认可正统哈里发的合法性，所以他们被迫发展符合自己信仰的宗教、政治、法律和文化体系。该体系包括被认为以真主之名进行统治的哈里发、被认为传达真主意志的《古兰经》和"圣训集"、诠释《古兰经》和"圣训集"并将其应用到日常生活的学派和学术讨论以及组织这些讨论的学者。传统伊斯兰教不会让政治生活和宗教生活相互分离，而且致力于创建一个经由《古兰经》塑造的公共生活。虽然学术讨论是什叶派的传统，但是它对逊尼派的意识形态也至关重要，而逊尼派因其对理性和实用性的开放而与众不同。

逊尼派没有我们在什叶派中看到的那种明确的派别划分，但是它也有自己的派别。与任何大规模的人类发展一样，逊尼派对伊斯兰教产生了从极其保守到十分自由主义的阐释。这里我们将简述其中最重要的阐释，然后在本章末尾讨论现代世界中的伊斯兰教时，我们将继续讨论这些阐释。

如今被频繁讨论的一个派别是瓦哈比教派，该保守派运动以出生于麦地那的创始人穆罕默德·伊本·阿卜杜勒·瓦哈卜（Muhammad Ibn Abdal-Wahhab，约1703—1791）命名。瓦哈比派运动在公元18世纪出现在阿拉伯半岛，后来几经兴衰，

清真寺的内部不仅可用于祷告,还可用作中午避暑的休息处。此外,城外前来拜访的男性也可睡在祷告者中间。

在过去的一个世纪里有所复兴。现在该派的影响正传遍整个逊尼派世界。

瓦哈比派运动的出现是为了回到被认为存在于早期伊斯兰教中的一种理想的纯净状态,该教派运动重视教义的正统性,而且教派运动的名字"瓦哈比"可以理解为"一神论"。众所周知,穆罕默德反对多神论,强调只能崇拜真主。这个观念一直与伊斯兰教敬拜逝去的老师、领袖和圣人相互冲突。应当为他们修建神殿和特殊的坟墓吗?应当为他们庆祝纪念日吗?应当向他们祈祷或是在祷告中提到他们吗?瓦哈比教派反对敬拜逝者,不管他们多么高尚神圣,认为这种崇拜会损害对真主的独特的敬拜。因此,瓦哈比教派甚至不会庆祝穆罕默德的诞辰,而且一些教派成员反对拜访麦地那的穆罕默德墓。(瓦哈比教派早些时候摧毁了穆罕默德及其伴侣的神殿。)瓦哈比派运动也有强有力的道德维度,其中包括简朴、谦逊、公共场合男女有别和严禁饮酒。

1867年,另一个改革运动出现在印度。迪欧班地(Deobandi)运动以迪奥班德(Deoband)镇命名,这个位于德里以北约九十英里的城镇创建了第一所学校。该教派类似瓦哈比派,重视简化伊斯兰教:仅仅崇拜真主,反对敬拜圣人,认为男性和女性的社会角色极为不同。但是迪欧班地教派特别注重穆罕默德及其早期伴侣的重要性,他们被认为是穆斯林的楷模。迪欧班地教派认为教育应当完全宗教化——教育应当只能基于《古兰经》和"圣训集"。因此,该教派反对教授商业和现代科学。

因为逊尼派包含了如此之多的国家和个人,而且他们信奉伊斯兰教的程度各不相同,所以这些相当严厉的运动应运而生。逊尼派教徒数量众多,所有的穆斯林中几乎有90%的人是逊尼派教徒,其中很多只是"文化穆斯林"。这些教徒出生在穆斯林家庭,但是他们挑选自己想要遵守的习俗。最虔诚的穆斯林每天去清真寺祷告，遵循祷告、慈善以及斋戒的所有要求。其他一些教徒称自己是温和穆斯林，他们参加星期五的祷告，每天也做一些祷告，但是不参加其他宗教活动。一些穆斯林的信仰仅限于在重要的节日去清真寺祈祷。大部分穆斯林严格遵守斋月的斋戒，但是一些穆斯林不以为然。因此，人们呼吁进行改革。（我们看到了一些相同的情况，比如基督徒中一些人只在圣诞节和复活节去教堂祈祷，或者一些佛教徒的宗教信仰仅限于参加葬礼。）

一些逊尼派地区的另一种常见形式是将伊斯兰教与当地更为古老的元素相互混合。一个引人注目的例子是印度尼西亚伊斯兰教的传统形式与印尼印度教相互混合，包括敬拜自然神灵的仪式。一则新闻报道描述了爪哇岛上特有的宗教仪式。"奉至仁至慈的真主之名"，裹着头巾的神职人员以正统穆斯林的方式开始仪式。每年拉布汉仪式开幕时，他颂扬约尔卡塔市的苏丹为周围海洋的女神琪杜（Loro Kidul）准备各种供品：丝绸、咖喱、香蕉以及剪下的头发和脚趾甲。这些供品被运到海上，然后投入海洋中，这时海洋女神当然会高兴。当地另外一个神祇也是如此，人们把相似的礼物投入附近的火山中，把这些礼物送给这位神祇。[27] 显然，这种宗教仪式——类似于人们在巴厘岛印度教中可能也能看到的仪式——很大程度上归因于伊斯兰教传播到印尼之前的自然崇拜和印度教。

很多国家可以发现类似的宗教混合——尤其是在远离正统伊斯兰教中心的地区，比如西非和东南亚。对许多人来说，伊斯兰教是众多古老习俗的虚饰。然而，伊斯兰教的所有混合形式通常是改革者的批评对象。

虽然自由主义运动也经常出现，但是它并没有被归入一个确切的教派，这可能是由于自由主义运动主要是借助书籍传播来拥护自己的观点。这些运动认为穆罕默德是人道主义的改革家，而且他自己也会按照现代社会的需要重新阐释他的见解。自由主义运动推动宗教研究之外的科学和商业研究的发展，指出伊斯兰教早期在医药、天文和其他科学方面取得的成就，他们鼓励延续这样的成就。自由主义运动的发展带来的最重要的影响也许是阿里格尔运动。该运动的发起人赛义德·艾哈迈德·汗（Sayyid Ahmad Khan，1817—1898）在印度阿里格尔开设学院，致力于教授现代学科。他的观念通过自己的著作和弟子广泛传播，至今还有影响力。这些观点给很多国家中志同道合的群体带来了启发。

因为麦加位于沙特阿拉伯，所以沙特是现代逊尼派的一个权力中心。这个情况（以及改革运动的影响）意味着沙特阿拉伯政府希望自己的国家成为正统穆斯林信仰和行为的楷模。有时沙特阿拉伯对游客和外国工人的行为感到震惊，虽然明令禁止，但是他们仍然把酒精饮料带到沙特国内。这偶尔也会导致沙特人和其他人之间发生摩擦，尤其是和伊朗人之间，这反映了逊尼派和什叶派之间长久存在的不同观点。

逊尼派世界的另一个中心是埃及，它拥有众多大学，尤其是开罗的爱资哈尔大学使埃及作为伊斯兰教的诠释者而享有威望；而且埃及穆斯林人口众多，在伊斯兰世界中有着重要的政治地位。

第五节 苏菲主义：伊斯兰教的神秘主义

伊斯兰教起初是相当朴素的宗教。但是随着伊斯兰教向阿拉伯半岛以外的地区传播，它接触到近东和北非古老城市的奢侈生活方式。我们记得伍麦叶王朝在大马士革统治了伊斯兰教一百年的时间，而即使是那个时代，大马士革也已经是一座古城。大马士革成为罗马帝国东部最重要的城市之一，而且在拜占庭帝国统治时期仍然有着重要的地位。大马士革哈里发只是一直过着早已存在的贵族生活。

伊斯兰教接触的不仅有当地久经世故的城市居民，还有居住在以色列、叙利亚和埃及的基督教僧侣和隐士。他们简朴的生活给穆斯林留下了深刻的印象，而这些穆斯林似乎期望在伊斯兰教中推行类似的生活方式。因为伊斯兰教的宗教理想反对单身主义，所以伊斯兰教不能效仿基督教的禁欲主义。由此出现了自主培养精神生活的非神职人员，以及围绕具有神赐能力的精神领袖松散地组织起来的信徒团体。

苏菲主义（Sufism）是伊斯兰教中一个古老而传播广泛的宗教活动——或者说是一系列宗教活动的名字。苏菲主义这个名字被认为来自阿拉伯语词"suf"（"毛料"），这是因为早期的苏菲教徒身着普通毛料制成的长袍。这种普通的服饰不仅实用，而且从视觉上表现对不必要的奢侈的反对。苏菲主义一直是一个注重简洁朴素的宗教运动。

但是，苏菲主义不仅仅是反对表面上的奢侈之风的运动，这种运动产生于一种反对形式主义的渴望。由于伊斯兰教将自己进一步定义为在生活的方方面面建立宗教习俗，有些人可能会认为"遵守所有的规则"就是虔诚的穆斯林要做的事情。然而，苏菲主义认为人们可能只是"付诸行动"，而自己的内心并没有参与到遵守宗教习俗的行动中。因此，苏菲主义寻求情感的参与，所以苏菲主义也被称为"伊斯兰教之心"。

苏菲信仰

苏菲派运动的核心是神秘主义，它的信仰认为，人最崇高的经历是直接体验真主的存在。苏菲主义认为人可以和真主进行"面对面"的交流。此外，它还宣传体验真主的存在是生命的全部目的，而不是必须等到死后才能追求。

早在公元7、8世纪苏菲主义兴起之前，苏菲神秘主义就受到几个活跃在埃及和叙利亚的宗教运动的影响。其中一个运动是新柏拉图主义，这是柏罗丁（Plotinus，约205—270）在埃及的亚历山大创建的神秘主义哲学流派。柏罗丁的著作《九章集》（*The Enneads*）认为整个宇宙发源于太一，灵魂的旅程是回到神圣的起点。另一个影响苏菲主义的运动是诺斯替主义，该运动同样将生命视为精神的旅程。诺斯替主义创造出了自己的文学，并且象征性地诠释其他的宗教文学。在伍麦叶王朝之前，新柏拉图主义和诺斯替主义的基督教形式在叙

深度视角

拜火教

拜火教是一神论宗教,曾经在近东和中东地区广为传播。虽然如今拜火教只是小型宗教(主要在印度),但是它曾经是有着数百万教徒的宗教,在其发源地波斯之外有着深远的影响。因为发源于同一地区的其他宗教和拜火教有许多类似的特色元素,所以人们一直讨论拜火教在其他宗教的发展和传播中所起的作用。一些人认为拜火教可能对艾赛尼派(犹太教半隐修院式的团体)、早期基督教和伊斯兰教的世界观产生了影响。伊朗如今仍然奉行的新年习俗就反映了拜火教的起源。

约公元前650年,拜火教的创始人先知琐罗亚斯德出生于现在的伊朗。拜火教崇拜自然神,这些神和如今印度雅利安宗教中的神相同。与印度吠陀教一样,琐罗亚斯德教的文化涉及在火祭坛上祭拜神灵,使用祭祀酒水(圣露,就像吠陀教使用的肉珊瑚汁饮料)以及世袭的祭司。和后来的释迦牟尼一样,琐罗亚斯德对火祭坛上献祭动物和祭司的权力感到悲痛。

三十岁左右的时候,琐罗亚斯德的一次经历改变了他的一生。他觉得自己被一位叫作"圣灵正思"的神灵带上天国,见到了至高之神阿胡拉·马兹达,这位神在琐罗亚斯德看来与宇宙的正义有关。与以赛亚和穆罕默德的蒙召一样,这一启示让琐罗亚斯德宣扬自己的新预言。起初,琐罗亚斯德遇到了很大的阻力,他把这些阻力归咎于魔鬼和恶势力的邪恶头目安格拉·曼纽。琐罗亚斯德的痛苦经历加深了自己的意识,他认为恶势力不停地阻碍正义的力量。但是,琐罗亚斯德勇敢无畏,最终他通过布道改变了伊朗国王维斯塔巴的信仰,国王维斯塔巴运用自己的权力传播琐罗亚斯德的新宗教。琐罗亚斯德谴责使用动物献祭,但是他继续在宗教仪式中使用雅利安火祭坛。虽然火并未受到崇拜,但是琐罗亚斯德认为火是神圣正义的象征。传统观点认为琐罗亚斯德在七十多岁时去世,他在火祭坛上祈祷时被入侵者杀害。

我们对琐罗亚斯德的了解来自《波斯古经》中最古老的部分,琐罗亚斯德的圣典。他宣扬至高之神阿胡拉·马兹达,他通过拥有美德之名的善良神灵现身。这些神灵只是阿胡拉·马兹达的一部分还是独立的存在,我们不得而知。最重要的神灵叫"斯芬特·曼纽"("圣灵")。其他神灵的名字意思是"力量""忠诚""不朽"和"顺从"。(我们在犹太教神秘主义文学卡巴拉、诺斯替派和《新约》的一些文字中发现了与这些神灵的相似之处。参见第八章和第九章。)

虽然拜火教根本上是一神论宗教,但是它会从二元论的角度看待宇宙。正义力量和邪恶力量永远处于斗争之中——这场斗争自时间出现之初就已开始。每个人都被卷入这场宇宙的斗争中,因此必须在正义和邪恶之间做出选择。正义的行为包括说实话、和他人诚实相处以及善待动物。人们相信神圣审判,相信来世的奖惩,相信死后每个人的灵魂必须走过一座通往天堂的桥梁。如果一个人生平善良正义,那么这座桥梁就变得宽阔,通往天堂的旅程也容易;但是如果一个人生平邪恶堕落,那么桥面会变得狭窄,灵魂会堕入地狱的深渊。

拜火教还提出时间中止的天启式观点:世界终结之时,所有的死者将会复活,会有一场大型的最终审判;那时,世界得到

伊朗的拜火教徒庆祝冬至的"火焰节"。

烈火的净化,这能惩罚邪恶,而正义将毫发无损。

拜火教一直是一个高度重视仪式的宗教。祭拜的重心是火祭坛,身着白色服饰的祭司照看着长明之火。为了使火焰免受玷污,照看者必须身着白色的服饰,盖住鼻子和嘴巴。前来祭拜的信徒们脱下鞋子,虔诚地触碰门框。

该宗教中有数个重要的庆祝仪式。也许最重要的是为即将进入青春期的男孩和女孩举行的成人仪式。年轻人会得到一件印花棉布衬衫,象征纯洁的目的,还有一根系在腰间的束带,象征献身精神。对整个团体而言,婚礼仪式是另一个重要的庆祝仪式。婚礼由祭司在新娘的家里举行。在婚礼庆祝仪式期间,身着白色服饰的新娘和新郎的手绑在一起,象征他们之间的结合。最终是丧礼仪式。因为死亡被视为身体腐烂的一种形式,所以处理尸体时力求对自然中的元素造成尽可能少的污染。从传统意义上讲,拜火教徒一直避免火葬(他们认为这样会污染火元素)或是土葬(他们认为这样会污染土和水)。相反,拜火教徒的寂静之塔甚是出名,塔里的尸体暴露在猛禽和自然元素的面前。这些塔在伊朗和印度境内,但是在没有寂静之塔的地方,现代拜火教徒会采取土葬或火葬。

诺鲁孜节是一个重要的节日,是一个在春分(3月21日左右)举行的新年节日。不仅拜火教徒庆祝该节日,其他很多宗教的伊朗人也在这一天举办庆祝活动,他们进行春季大扫除,穿上新衣服,并且享用节日大餐。从户外的火堆上跳过去是个独特的习俗——信徒们认为这将给来年带来健康。因为"七"是一个神圣的数字,所以人们会在家里将七件象征新生的仪式用品摆放成一个边桌。这些仪式用品包括新生的绿色麦芽、染色的熟鸡蛋、大蒜、酒或醋以及一碗金鱼。人们享用的膳食由另外七种食材做成，例如苹果、布丁、干果和面制糕点。这些和"七"相关的事物起初是为了纪念阿胡拉·马兹达和六位圣人，阿胡拉·马兹达即通过这六位圣人现身。

现代拜火教正处于危机之中，因为信徒的数量日益减少。虽然拜火教曾经是波斯的国教，广为传播，但是现在只有大约五万名拜火教徒生活在伊朗。很多拜火教徒在一千多年前迁到印度，他们在孟买定居下来，并且创造出自己独特的文化。在印度，这些教徒被称为印度拜火教徒，数量大约有十万。因为重视教育、勤奋工作，印度拜火教徒为印度的科学、工业和音乐做出了非凡的贡献。由于近些年的教徒移民，可能还有五万名拜火教徒生活在北美、英国和澳大利亚的大城市里。在拜火教徒中，关于与其他信仰的教徒的联姻、改变信仰、祭司是否应该世袭以及宗教仪式中宗教经典的翻译的辩论变得日趋激烈。保守派教徒认为严格遵守传统习俗能保护拜火教，而自由主义的教徒则认为宗教不变则亡。

利亚繁荣发展，而且出现了托名狄奥尼修斯（Pseudo-Dionysius）的著作，例如《神圣名称》（*The Divine Names*）和《奥秘神学》（*The Mystical Theology*）。伪狄奥尼修斯被认为是公元6世纪叙利亚的一名基督教僧侣。从印度传至波斯的印度教神秘主义也有可能对苏菲主义产生影响，这在幕后推动了神秘主义诗歌的繁荣兴旺。

苏菲派认为《古兰经》中的几段经文需要进行神秘主义的解读，这也成了苏菲派的最爱。一段深受教徒喜爱的经文说，安拉和每个人之间的距离是如此之近，甚至"比命脉还要近"[28]。另一段深受喜爱的经文是："你们的心事，无论加以隐讳，或加以表白，真主都是知道的。"[29]

穆罕默德的形象也呈现出新的意义。对苏菲派而言，穆罕默德本身就是神秘主义者，他在生活中刻意简朴，追寻真主，而且得到了深刻的启示。这些都是因为他完全服从真主的意志。在"夜行登霄"中，穆罕默德被带到最高的天堂，他在那里和真主之间的交谈好像朋友之间的谈话一样。对于这次事件，学者阿伯雷（A. J. Arberry）做出这样的评论："苏菲派建构了穆罕默德先知最重要的神秘主义经历，而且苏菲派将他作为追求的楷模。"[31]

苏菲派早期伟大的圣徒之一是一位女性神秘主义者，名叫拉比亚（Rabia，约717—801）。她留下的作品中提到真主是她圣洁的爱人。她因自己的言论而著名：

追求真主不是因为害怕堕入地狱或是渴望升入天堂，而仅仅是因为真主自身。也就是说，她追求真主不是为了自己的利益，而是因为真主之美。

苏菲派经常谈论发生在神秘主义经历中的"**无我**"（fana，"毁灭"）观念：自我消失的时候，剩下的唯有真主。一些苏菲派教

> 东方和西方都是真主的；无论你们转向哪方，那里就是真主的方向。
> ——《古兰经》[30]

徒对这种神秘主义经历的语言表达让正统教派感到吃惊——苏菲派的神秘主义描述似乎减少了真主和他所创造的世界之间的差别，而在正统伊斯兰教中这种差别显而易见；而且，苏菲派的神秘主义描述甚至似乎接受多神论信仰，认为一切东西都是真主。波斯神秘主义者阿布·亚齐德（Abu Yazid，卒于公元 875 年）在他心醉神迷时说出了这样一句名言："愿荣耀归于我！我伟大的主啊！"[32] 哈拉智（al-Hallaj，卒于公元 922 年）是最令人惊恐的苏菲派教徒之一，他公开并重复地将真主的名号加在自己头上，称自己是真理——"真理""事实"或"事实本身"。同时代的人对他的言论感到无比震惊，最终将其处决。

苏菲派和宗教权威之间不断产生冲突，他们担心苏菲派的集会场所会排挤清真寺的地位，而且该派仅仅爱真主的模糊命令会替代传统伊斯兰教更为清晰具体的命令。对正统教派而言，苏菲派崇拜活着的和死去的教派大师有悖于只能崇拜真主的传统要求。

安萨里和苏菲兄弟会

学者安萨里（al-Ghazali，或 al-Ghazzali，1058—1111）的生活和工作缓解了苏菲派和正统教派间的冲突。安萨里是巴格达一位著名的教授，信奉苏菲派。在自传中，安萨里说尽管他的工作给自己带来了尊重，但是他内心深处并不愉快。他所做的对自己的精神生活似乎并不重要，是离开工作岗位还是继续待在舒适的环境中，他取舍不定，心烦意乱。最终，他听从了内心要求他"巡回旅行各地"的声音。他在巡回旅行各地的十多年间，游历至叙利亚和阿拉伯半岛，过着简朴的生活。安萨里最终回到巴格达，成立了苏菲兄弟会团体，但是他也坚持奉行正统的教法和习俗。他将苏菲派和传统习俗混合在一起，后来创作了关于苏菲主义的著作，他的学术声誉在伊斯兰教中留下了不可磨灭的印记。安萨里解释说，"毁灭"（无我）是苏菲派语言中的隐喻，他将其比作"处于陶醉状态中的情人的话语"[33] 或是迷失在海洋中的潜水者。[34] 安萨里对苏菲主义的解释及其享有的威望给苏菲主义带来了从未有过的合法性。苏菲主义和正统学说不再像两条平行线一样永无交点，现在它们可以相互促进了。

安萨里之后，苏菲派成立了更多的兄弟会团体，而且苏菲派变得更加制度化。信徒围绕在大师周围。这些信徒——阿拉伯语称之为法基尔（faqir），而波斯语称之为德尔维希（darwish），意思都是"贫困者"——向苏菲派长老（shaykh）学习独特的道乘（tariqa，"精神操练"）。通常而言，大师及其信徒住在有很多屋子的院落里，而且他们的生活是半修道院式的。普通人也能够加入这些苏菲派的教团，他们甚至可以一直过着外面世俗的生活。[35]

很多苏菲派教团随之出现，并广泛传播。由贾拉尔－阿德－丁·鲁米（Jalal ud-Din Rumi，1207—1273）创建的毛拉维教团（Maulawiya，土耳其语是"Mevlevi"）是其中最著名的教团之一。鲁米出生于波斯，最终定居在今天的土耳其。如今，鲁米创作的优美诗歌在伊斯兰世界外广为人知，他的著作名为《玛斯纳维》

夜幕降临，苏菲舞者在古老的伊斯坦布尔旋转着跳舞。

（*Mesnevi*，或 *Mathnawi*）。毛拉维教团因其旋转舞变得出名，鲁米声称这种舞蹈形式可以促进神秘主义的体验。（英语短语"whirling dervish"["旋转的苦行僧"]就是指毛拉维教团的成员，而现在鲁米的出生地科尼亚仍然表演托钵僧舞。）另外几个侧重点不同的教团是卡迪利教团（Qadiri）、苏哈拉瓦迪教团（Suhrawardiya）和纳格西本迪教团（Naqshabandi）。

苏菲主义的宗教实践与诗歌

苏菲主义吸收了很多能够促进精神顿悟的习俗，其中有些习俗可能源自印度教的瑜伽或是近东地区的基督教僧侣。苏菲主义的一个习俗是在祷告期间晃动脑袋，促进血液向上流动。另外两个习俗是在冥想时有规律地进行深呼吸，以及重复念诵真主的九十九个尊名（**迪克尔**[dhikr]），有时会数念珠，这样就能不断记起真主。一些团体使用音乐，另外一些团体则旋转和围成一圈跳舞或是偶尔地食用红酒和有致幻效果的植物，以此改变觉悟。此外还包括一些非正式的习俗，有一些团体据说会高声喊叫着从火上走过去。所有的团体都通过寓意式的解释来使用《古兰经》的经文和伊斯兰教习俗（例如去麦加朝圣），他们认为这些都是自己神秘主义追求的生动隐喻。

苏菲主义还通过相同的寓意式和象征式的手段来运用诗歌。用一种特定的方式阅读，诗可能读起来像浪漫歌曲的歌词。换一种方式阅读，相同的一首诗歌可能暗含了对真主精神的渴望，对真主的追求或者是最终与真主结合之后的心醉神迷。苏菲主义为世界上一些伟大的诗人带来了创作灵感，这些诗人在伊斯兰世界里的知名度就像莎士比亚和歌德在西方国家一样。

在最近的几十年中，只有一位名叫奥马尔·海亚姆（Omar Khayyam）的穆斯林诗人在英语国家中广为人知。奥马尔·海亚姆（约1048—1122）同时也是一名天文学家和数学家。在维多利亚晚期，他的长诗《鲁拜集》（The Rubaiyat）被爱德华·菲茨杰拉德翻译成英文，奥马尔·海亚姆由此在西方声名鹊起。很多人都熟悉其中的诗句"一点干粮，一瓶葡萄美酒，便是天堂"，这对原诗采用了意译的手法，在人们的脑海中勾画出浪漫的野餐情景。但是，苏菲派教徒可能会把一点干粮象征性地理解为现实的深度，把一瓶葡萄美酒（陶醉的状态，但是值得怀疑）理解为心醉神迷，并且把天堂理解为神圣的真主。经过翻译，苏菲派很多伟大的诗人，比如鲁米、哈菲兹（Hafiz，约1325—1390）和贾米（Jami，1414—1492）如今变得更为出名，深受欢迎。

热情的苏菲主义对普通人有吸引力，一些苏菲派团体在人们的生活中扮演友好社团的角色——提供援助、帮助穷人，甚至埋葬死者。苏菲主义的热情和实用性帮助伊斯兰教传播至远离发源地的国家，例如马来西亚和印度尼西亚。

然而，苏菲派与普通人之间的联系有时让正统教派认为苏菲主义是迷信的民间宗教。例如，苏菲派习俗鼓励人们敬拜去世的导师，支持拜访导师的墓址，以期待奇迹的发生。对正统教派而言，这让他们想起基督教崇拜圣人：人们向圣人祈祷，以期获得圣人的支持。这种习俗在正统教派看来削弱了人们只能崇拜真主的意识。苏菲派有时还用神工替代所有穆斯林应当每天有规律进行的祷告，而且一些苏菲派教徒称自己脱离了某些宗教律法。因此，虽然安萨里和苏菲派诗人为苏菲派赢得了尊重，但是苏菲主义仍然被一些人所忽视，而且其信徒也不总是公开地奉行苏菲主义。尽管伊斯兰世界里清真寺数量众多，随处可见，但是很难看到苏菲派的集会场所，也很难发现真正地被接受而成为苏菲派教徒的个人。然而幸运的是，近些年越来越受欢迎的苏菲派诗歌和习俗推动了苏菲主义的发展。

第六节　个人体验：摩洛哥的斋月

当我还在上大学，第一次前往欧洲时，我发现自己在"阳光普照"的西班牙度过了一个非常寒冷的二月。没有人告诉过我马德里会下雪。但事实上到处都有纯白色的雪花。一天晚上，我在马约尔广场跋涉前行，看着自己的呼气，感觉血管里血液冰冷，我意识到如果想活下去，我不得不尽快南下。

我从马德里乘火车，然后换成渡船到达摩洛哥，最终乘坐内陆的公交车。起初周遭都是干燥平整的沙地，但是很快乡村变得越来越绿，还有小山和矮树。我看见孩子们照看着成群的绵羊，驴子拉着车，背上载着食物。这里的动物就像洛杉矶的汽车一样，似乎已经成为日常生活中的一部分。随着我继续向南行进，我发现摩洛哥看上去和西班牙差不多,只不过很多摩洛哥的男性身着长袍,戴着头巾,而且白天和傍晚的时候,我可以准时听到召集祷告的声音。

斋月开始的时候,我到达非斯。老非斯坐落在山上,是一座传统的伊斯兰风格的城市,城内有很多清真寺、神殿和宗教学校。老非斯的街道只够两个人并行通过,迂回弯曲。骡子驮着鞍囊匆匆经过,骑骡子的人大声喊着:"小心!"狭窄的街道两旁都有小店,售卖水果、蔬菜、糖果、香料、香水、袍子、黄铜和皮革。各种各样的水果一堆一堆摞得高高的;香料被整齐地摆放成红、黄、橙三种颜色的金字塔形;用蜂蜜和杏仁做成的甜点堆成厚厚的一堆。白天斋戒结束之后,人们正在为晚餐购买食物,但是白天我从未看见有人在吃喝。晚上,窗台上和商店里的收音机传来响亮的念诵《古兰经》的声音。

很多商店出售带有纸质装饰品的螺旋蜡烛作为神殿的供品。我在一家商店门口停下脚步,打算购买蜡烛,老店主正在诵念《古兰经》。我犹豫不决,不想打扰他。随后来了两位年轻的顾客,他们每人都买了一根蜡烛,然后向我做了自我介绍。穆莱和努尔丁在卡萨布兰卡上学,他们正在非斯度假。穆莱是摩洛哥土著部落民族柏柏尔人的一员,他的父母住在摩洛哥北部,靠近乌季达。努尔丁是阿拉伯人,来自摩洛哥南部的瓦尔扎扎特,他自豪地告诉我自己名字(读作 *nur-deen*')的意思是"宗教之光"。他们二人正打算一起去非斯和梅克内斯的主要宗教场所以及摩洛哥中部的其他一些地方。不久他们的朝圣之行将以拜访圣人穆莱(Moulay)的神殿而告终,穆莱神殿位于山顶的穆莱-伊德里斯镇。他们邀请我加入,我很高兴地接受了。

一路上我们都在讨论宗教——讨论我的信仰和他们的信仰。他们解释说自己信仰伊斯兰教的方式并不严格,不会参加每日祈祷中所有时间段的祷告,而且也不遵守所有的习俗。但是他们告诉我,他们会参加周五的公共祈祷,而且奉行斋月。我理解这个习俗:他们在黎明之前起床吃饭,一直到日落之前都不吃不喝。他们友善地劝我感到饿的时候就吃,认为我肯定没有他们强壮。"你没有斋戒的习俗,"努尔丁解释说。但是,他们建议我白天不要让其他人看见我食用装在背包里的面包、橙子和水。

从我们之间的谈话中可以看出,穆莱和努尔丁都对苏菲主义感兴趣。对苏菲主义的教义,穆莱评论说:"安拉并不总是清晰明确的,就像一棵树或是一座山,你只有看了才能明白。

这家商店的店主一边阅读《古兰经》,一边等待朝圣者购买店内的螺旋蜡烛。注意他额头上的黑色印记,这是祈祷时不停地磕头留下的。

深度视角

穆斯林姓名的含义

穆斯林的姓名大多数来自阿拉伯，在一些西方人听来富有异国风味。但是这些姓名的含义通常涉及日常生活中的美德和艺术感。很多姓名指涉宗教，尤其是通过提到安拉或回忆起穆罕默德，或者穆罕默德的妻子、孩子和同伴的名字。一些名字适用于女性，一些适用于男性，而且有些名字既有男性形式，又有女性形式（拼写可能会不同）。最常见的姓名如下：

阿卜杜勒（Abdul）："真主的仆人"
阿卜杜拉（Abdullah）："安拉的仆人"
阿法（Affaf）："谦逊"
艾达（A'ida）："回归"
阿伊莎（A'isha）："慷慨"（穆罕默德妻子的名字）
阿马尔（Amar）："希望"
阿敏（Amin，男性）；阿娜（Aminah，女性）："忠诚"
巴拉克（Barak, Barack）："祝福"
哈桑（Hassan）："高尚"
侯赛因（Hussein, Husayn）："谦和"
伊曼（Iman）："信念"
贾迈勒（Jamal）："美丽"
贾米拉（Jamila）："漂亮"
卡里姆（Kareem，男性）；卡里玛（Kareema，女性）："慷慨，高贵"
哈立德（khalid）："永恒"
拉提法（Latifah）："文雅"
蕾娜（Leena）："温柔"
马哈茂德（Mahmoud）："赞扬"
穆斯塔法（Mustafa）："精选"
努尔（Noor）："光"
努尔丁（Nurdeen）："宗教之光"
拉希德（Rasheed，男性）；拉希达（Rasheeda，女性）："智慧"
萨利姆（Saleem，男性）；萨里玛（Saleema，女性）："安全，纯粹"
沙菲克（Shafiq）："热情"
沙奇拉（Shakira）："感恩"
谢里夫（Shareef）："高贵"
塔里夫（Tareef）："稀有"
瓦希德（Waheed）："无与伦比"
亚思敏（Yasmeen）："茉莉"
查希尔（Zahir，男性）；查希拉（Zahira，女性）："华丽"

安拉是你必须自己寻找和发现的事实。安拉这个词就像是集会或是聚会的邀请函。你在去之前不知道会发生什么。我信仰自己的宗教是为了看看将会发生什么。我认为你想要弄明白的话也必须这么做。"

努尔丁指着一些在路上骑车的男孩说："也许这就像是骑车。做之前，你不知道怎么骑车。实际上，这看起来有点疯狂，甚至难以实现。但是当你真正开始做的时候，你会到达自己要去的地方。"

我们在远处第一次看到了穆莱－伊德里斯：坐落在两座陡峭的山峰顶部的白色城镇。"人们说穆莱－伊德里斯看上去像驼峰，"努尔丁说。我们到的时候，镇上挤满了人。幸运的是，我们找到了住的地方，把行李放在那儿。然后，我们走向穆莱神殿的入口，这座神殿是埋葬穆莱伊德里斯一世（卒于公元791）的地方。

穆莱伊德里斯一世是穆罕默德的后裔，而且是摩洛哥早期的穆斯林统治者。我的两位朋友购买了饰有剪纸的绿色蜡烛，然后让我在这里等他们。他们沿着走廊向上走去，消失在我的视线中；墙上高悬着一个小牌子："非穆斯林请勿进入。"我观察人们的脸庞和衣着，打发时间。让我印象深刻的一件事是，一些女性的外表与她们本来的外表形成鲜明的对比：她们小心地裹着面纱，几乎是完全盖住脸庞，然而她们穿着的长袍依然能吸引其他人的注意，因为长袍色彩鲜艳——有紫色、红色、黄色和海蓝色。

我的两位朋友回来之后，他们带我沿着台阶走向山顶的城镇，而向上的台阶多得似乎无穷无尽。我们向下看到了屋顶上铺有绿色瓦片的方形塔，看到远方漂亮的青山。"下面那个就是神殿，"穆莱说，"但是很遗憾你不能进去。"努尔丁面带微笑，但是看上去认真严肃。然后，他想到了一个主意，问我："你何不也成为一名穆斯林？"

第七节　伊斯兰教的律法与哲学

伊斯兰教思想注重实践和信仰，提出了这样的问题：应该如何按照真主的意志生活？如何理解真主？在伊斯兰教起初的五百年里，人们激烈地讨论这些问题，而且得出了公认的基本原则。伊斯兰教还认可合理的分歧，由此出现了各种各样的思想流派。

因为《古兰经》没有就每一种可能的生活情况给出具体的法则，所以穆斯林发现有必要讨论如何理解《古兰经》。穆斯林认为《古兰经》中的准则能够正确指引所有人的生活，但是必须考虑相似情况并使用这些基本原则，制定适用于具体实例的规则。

《古兰经》的权威性毋庸置疑。同样权威的还有"圣训集"——对穆罕默德言行的回忆。最重要的"圣训集"由布哈里（al-Bukari，卒于约870）记载，包含大约三千条圣训。"圣训集"的使用增加了资料的数量，可以用于指引人们的生活，但是同时也给自身带来了难题。关于圣训是否真实可信的争论使得它们难以得到普遍接受。同样，即使是看似可信的圣训相互之间也并不总是一致的。

伊斯兰教具有悠久的学术辩论历史。在过去的数个世纪里（从公元8世纪开始），逊尼派出现了四大主要的伊斯兰教律法流派，什叶派出现了三个流派，对具体情况做出判断时所依据的权威指导，每个流派各不相同。什么样的理由能够让妻子提出离婚？可否对没有清真寺的村庄征税并强迫他们建造清真寺？需要有多少证婚人才能让婚姻合法？学者依据很多东西得到最终结论：《古兰经》（既有字面上的诠释，也有象征的诠释）、"圣训集"、逻辑、先例、类比推理（格亚斯）、早期法官达成的共识以及宗教学者的决议。

伊斯兰教的律法与法律制度

伊斯兰教律法被称为伊斯兰**教法**（Sharia，或 Shariah），是指导信徒生活的整个律法体系。伊斯兰教的律法理想不同于如今在很多国家已成为标准的东西。大部分现代工业化国家希望法律反映文明的最低限度，希望所有公民——不论背景和信仰——都应当在公共生活中接受并遵守法律。这些法律通常没有什么宗教背景或起源，而是为各种各样的人口架构，同时法律本质上刻意追求世俗化。在日常生活中，我们经常听到人们区分教会和国家。在工业化国家，教会和国家这两个领域——世俗和宗教——基本上相互独立存在。

然而，传统的伊斯兰教理想没有把宗教领域和世俗领域区分开来，而且如今这种理想在伊斯兰国家成了激烈争论的主题。传统的伊斯兰教理想认为，律法使日常生活更接近《古兰经》和传统教义的规定。

传统的神权伊斯兰教在日常生活的方方面面追求"真主的规则"，因为在伊斯兰教看来，世上只有一个神（真主）和一个正确的宗教。大自然整齐有序是因为它自发地遵循真主的律法——例如万有引力控制行星的运动和潮汐的变化。同样，伊斯兰教认为真主为人类提供了人类秩序的律法。对于不同的人类，不可能存在不同的律法，否则混乱会随之而生。人们必须遵守真主的律法，不仅是因为这是真主的命令，而且是因为这些律法会给人类带来圆满。

当然，仅凭一个宗教来指导整个社会的理想难以实现。穆罕默德自己认为肯定存在特例。虽然他要求信仰部落民间宗教的人皈依伊斯兰教，但是他对犹太教徒和基督徒的态度更加温和。事实上，他允许犹太教徒和基督徒继续遵循自己的律法习俗（虽然他们需要交纳税赋以获得这种权力）。在穆罕默德看来，犹太教徒和基督徒是"圣书的子民"，因此他们被认为和穆斯林同样是"易卜拉欣的宗教"的信徒——尽管他们生活在不太完美的层面上。

一些政府，例如 1979 年以来的伊朗政府，推行神权统治。在伊朗和其他一些穆斯林势力强盛的国家，《古兰经》的规定和宗教学者的裁定拥有强大的政治权力。虽然伊斯兰教没有正式的神职人员，但是伊斯兰教的宗教专家和学者（乌里玛、毛拉）拥有不同程度的宗教和政治影响力。

伊斯兰教的哲学与神学

随着早期思想家开始考虑穆罕默德以及伊斯兰教的基本观念，许多深刻的问题随之出现。首要问题之一就是关于学者研究本身：一位虔诚的穆斯林可否质疑宗教话题？对宗教进行的哲学研究（卡拉姆 [kalam]，"神学"）会损害一个人的精神生活，还是会促进人的精神生活？信仰和理想相互抵触，还是能够和谐共存？

哲学和神学在理论上有所区别。哲学仅仅借助理性考虑所有的问题，而不会使用宗教启示。但是，神学因为使用哲学研究宗教教义，所以将哲学和宗教混合在一起。实际上，现在很难找到纯粹的哲学，因为哲学周围的宗教文化对哲学思考的问题和哲学家的思考方式产生了不可避免的影响。我们将可以看出，从伊斯兰教建立之初这种影响就频繁发生。

早期思想家提出的重要问题必须得到解决。一些问题只是颇具趣味性，而其他问题则成为真正的哲学难题。例如，《古兰经》中说真主正义而且仁慈。但是，怎么可能既是绝对的正义，又是真正的仁慈呢？一种美德难道不会与另一种美德相互排斥吗？第二个问题：如果真主真的无所不能，那么人类如何才能真正自由地做出选择呢？难道不是真主让所有事情发生的吗？甚至人类认为他们是按照自己的选择行动的时候，难道真正做出选择的不是真主吗？或者另外一个问题：如果真主大慈大悲，为什么他会允许发生坏事呢？大慈大悲的真主难道不应该阻止坏事在世上发生么？类似的问题还有很多。

早期出现的一些哲学问题是研究《古兰经》的结果。但是，由于伊斯兰教接触到了邻国的哲学和宗教，例如希腊哲学著作首次译成阿拉伯语，然后被巴格达、科尔多瓦和开罗的一些重要的学校当作教材，其他哲学问题随之产生。比如，亚里士多德教导说宇宙是永恒的。但是，这种说法难道不是和《古兰经》中真主创造宇宙的观点相互矛盾么？伊斯兰教传播至印度，接触到一元论的印度教精神时，更进一步的问题出现了。印度的几个思想流派认为一切最终都是神。但是，这种说法难道不是和穆斯林认为创世者真主有别于他的创造物的观点相互矛盾吗？

一般而言，伊斯兰教内部存在两个哲学极端。更加自由的哲学观点重视理性，认为一切都可以进行知性的检验。该观点提出人类根本上是自由的，而且理性是真主赋予人类的礼物，它阐明并弥补了人类的信仰。另一种更加保守的观点怀疑理性，有时认为理性是人类自尊的错误表现。因此，这种观点重视在知性上服从于真主，认为理性最终既不能解释真主，也不能解释其他任何事情。该观点认为整个宇宙，包括人类的生命，都由真主决定。伊斯兰教思想像钟摆一样在两个极端之间来回摆动。

公元 8 世纪的穆尔太齐赖流派是最初的理智运动流派之一，也是理性主义的早期形式。在尽力维护年轻的伊斯兰教的过程中，该流派试图回答几个令人费解的问题。《古兰经》用描述人类的词语谈及真主（比如"真主的脸庞"）的时候，这是否意味着真主拥有形体，或者说这种语言仅仅象征了真主的特征？而关于《古兰经》本身，它的最终源头和本质是什么？《古兰经》是真主现世的创造物么？或者说，《古兰经》——因为这是真主的思想和话语——是自存永恒的吗？穆尔太齐赖流派提出《古兰经》中拟人化的言语具有象征性，而且《古兰经》并不是永恒的，而是由真主创造产生的。但是其他思想家反对这一观点。[36]

大约一个世纪之后，保守主义坚决回击的声音出现在艾什尔里（al-Ashari，约卒于 935）的著作中。艾什尔里认为真主是绝对的至高无上和出类拔萃，而且他强调真主决定人类生命的力量。据说，艾什尔里是最具影响力的人物之一，他影响着普通穆斯林对于真主绝对权力的重视。

伊斯兰教对于哲理的重视出现在两位穆斯林思想家的著作中，他们被认为是世界哲学界的杰出人物。这两位穆斯林思想家是伊本·西纳（Ibn-Sina，980—1037）和伊本·路西德（Ibn-Rushd，1126—1198），拉丁语名字分别是阿维森纳和阿威罗伊，他们在中世纪欧洲哲学界广为人知。由于对医学、自然科学和哲学感兴趣，他们认为用理性探索自然可以深入了解自然的造物主。

也许，最有影响力的哲学构想会更加保守。这种哲学构想来自安萨里（前文有所提及）和他的弟子阿拉比（al-Arabi，卒于1240）。两人都抵制理性主义。为了维护保守主义，安萨里写了两本有影响力的作品：《不合逻辑的哲学家》（*The Incoherence of the Philosophers*）和《圣学复兴》（*The Revival of the Religious Sciences*）。在这两本书中，安萨里指出几位哲学家的思想基于亚里士多德的学说之上，他们的思想并不一致。安萨里批判哲学酿成争论和虚荣，而且他自己也疏远理性神学和律法主义。相反，他认为宗教的核心元素是直接的宗教体验和从内心对真主的服从——这是任何人都可以获得的理想境界，而不只限于哲学家。

阿拉比延续了这条思路，但是也受到苏菲主义的影响，他甚至更进一步，沿着神秘主义一元论的方向发展。对他而言，所有看似分离的现实都是真主的形象，并且所有的活动归根到底都是真主的活动。[37] 服从于真主意味着切身意识到真主存在于所有事物中。

第八节 伊斯兰教与艺术

伊斯兰教对艺术产生了独特的影响。它禁止过多的具象艺术，钟爱吟唱词语，公共祷告每周一次，并且重视《古兰经》。这些都在隐秘而有魅力地激发艺术家的灵感，帮助他们创作富有想象力的作品。

建　筑

建筑也许就是伊斯兰教最伟大的艺术形式。想起伊斯兰教，我们就想到高大的尖塔和巨大的穹顶。只需去清真寺拜访几次——大马士革的伍麦叶清真寺、伊斯坦布尔的苏丹艾哈迈德"蓝色清真寺"、科尔多瓦大清真寺，或是卡萨布兰卡的哈桑二世大清真寺——就能感受伊斯兰教的建筑天赋，其形状独特的空间在辽阔和空旷中表现出美感。

伊斯兰教建筑大多数在公共祷告场所进行自我表达，主要是在清真寺（masjid，意思是供跪拜的空间）。因为清真寺可以是进行伊斯兰教祷告的任何建筑或房屋，所以在穆斯林人口较少的村庄或城市，清真寺的设计十分简单。然而，大清真寺为艺术家提供了更大的机遇。大清真寺至少有一个通往院落的正式入口，祈祷者在这里把鞋脱下，放在外面。因为在祷告之前必须进行净化仪式，所以清真寺内至少要有一个喷泉，供祈祷者清洗双手、脸、脖子和脚。清真寺内或寺外有一个高高的宣

这座位于伊斯坦布尔的清真寺展现出伊斯兰建筑的特质。虽然是在人间,但这座清真寺的设计、光线和宽敞的空间共同暗示了天堂。

道坛用于说教——尽管宣教人出于谦逊不会站在宣道坛的最顶端。信徒们站成一排,面朝米哈拉布(指明麦加方向的特殊标记),拜伏在地。地面上通常铺着地毯和垫子。清真寺里经常有盖着顶棚的长廊,用于抵挡阳光和雨水。两边的建筑——用作讲堂和图书室——通常是整个清真寺的一部分。清真寺外面有宣礼塔——一座或圆或方的高塔,就是从这座塔上发出召集人们祷告的声音。虽然只需一座宣礼塔,但是清真寺一般有两座;大清真寺可能有四座甚至六座宣礼塔。宣礼塔内有连接到塔顶附近露台的楼梯,宣礼员就是在这里召唤祈祷。

世界上大部分宗教建筑重视装饰物,但是伊斯兰教建筑的美学原则更加朴素。这种简洁性提升了人们对空间和平衡的鉴赏,尤其是在清真寺及其附带结构中。

空间留白是艺术学生的第一课。例如,一些油画局部缺少颜料或图画,虽然这些区域似乎没有什么作用,但是学生知道这些留白实际上与油画描述的内容能够协调一致。留白让观众的眼睛得到休息,并指引其注意力。艺术中这种必需的留白称为负空间。建筑中的负空间是建筑物上面、旁边或周围的空间。建筑物塑造着其内部与外部的空间,而空间和建筑物达成彼此之间的平衡。大清真寺尤其

一名仍然穿着药房工作服的工人从工作中抽出时间参加下午的祷告。他面对着一扇叫作"米哈拉布"的精美壁龛，该壁龛指示麦加的方向。

能够显示对于负空间的巧妙利用，例如穹顶和宣礼塔之间的空间。

因为很多干燥气候中的清真寺拥有宽敞开阔的庭院，所以清真寺中最重要的负空间就是天空。清真寺下半部分的圆柱、拱门和走道与天空相得益彰。其他位于潮湿气候中的清真寺则几乎完全封闭，通常清真寺之上会有一个甚至更多的穹顶。但即使在清真寺内部，人们也能感受到负空间的美感——尤其是土耳其的大清真寺，它主要是穹顶建筑。尽管巨大的穹顶将人和天空隔离开来，但是穹顶本身给人的延伸感就像天空一样。清真寺内部和外部空间的塑造也能帮助人们获得神圣的感受，因为在伊斯兰教中，空间是真主的重要象征，虽然看不见但是却无处不在。

伊斯兰教建筑中另一个重要特征是协调匀称，特别是色彩运用上的协调。也许是因为伊斯兰教传播的地区气候炎热，阳光充足，所以白色是最典型的建筑颜色，为了反射阳光。白色由黑色平衡协调，尤其是由窗门、有顶棚的走廊和柱廊投射的阴影。有时，清真寺的墙面上也绘有黑白相间的线条，以起到装饰效果。[38] 这种黑白对比是很多伊斯兰教建筑的基本主题。另一种色彩组合对比是蓝色和金色，通常出现在清真寺穹顶的瓷砖中：穹顶是一种颜色，而穹顶下面的基座是另一种颜色。（耶路撒冷的圆顶清真寺和伊朗伊斯法罕清真寺的蓝色穹顶就是两个很好的例子。）蓝色可以从海蓝色渐变为青绿色。伊斯兰教对青绿色的喜爱暗示了绿松石（turquoise）这个词语的本义，在法语中这个词的意思是"土耳其"。

艺 术

讨论"伊斯兰教艺术"似乎是一种矛盾的说法,因为穆斯林禁止制作人类或动物的雕像。但是,伊斯兰教有着丰富的传统绘画艺术。

天堂是艺术的一个主题 天堂似乎就是那个给大多数伊斯兰教艺术、建筑和园林设计带来灵感的主题。在《古兰经》和穆斯林的想象中,天堂相当具体,而且人们可以感觉到它。这个天堂不只有唱着颂歌的透明天使在小束的白云上休息,它更像一片肥沃的绿洲或者一座与世隔绝的花园。《古兰经》多次说到天堂"由流动的溪水灌溉"[39]。我们坐在枣椰树和其他果树下面,脚下都是野花,果实已经可以吃了[40]。下午,我们感觉到阵阵凉爽的微风。天堂是一个安全的地方。(源自中世纪伊朗语的单词"paradise"[天堂],其字面意思是"四周的围墙"。)在天堂这个花园中,我们可以待在户外,安心享受自然之美。

伊斯兰教艺术中天堂的形象经常以象征形式出现在礼拜毯里。虽然礼拜毯通常并不被视为宗教艺术,但是礼拜毯在伊斯兰教中的地位就和基督教中的彩色拼花玻璃一样重要。两者都是人们祈祷时的冥想对象。有趣的是,礼拜毯和彩色拼花玻璃都显示出相同的基本颜色组合——红色和蓝色的每一种渐变色。彩色拼花玻璃和礼拜毯之间的主要区别是:后者不能描绘人物形象。礼拜毯上面不能描绘圣人的肖像,通常包括天堂花园的象征图像。礼拜毯中间可能是一座风格化的喷泉,喷出的水以直线洒向四个方向,然后环绕着礼拜毯的边缘,而礼拜毯边缘的四条边就象征了花园的围墙。毯子的其余部分可能会描绘有风格化的花朵。走进

一些美术史学家认为伊斯兰教喜好复杂的设计,例如这扇水晶门,他们认为这是伊斯兰教禁止绘画人像的产物。

铺满了一块块礼拜毯的大清真寺，比如说大马士革的伍麦叶清真寺，感觉就像是走进了一个魔幻花园。

天堂这个主题也存在于穆斯林建筑中：细长的柱子像是树干，逐渐变尖的拱门暗示邻近的树枝。天花板通常使人想起繁星点点的夜空：金色的六芒星团团簇簇，样式复杂，蓝色的瓷砖构成了这些六芒星的背景。也许还有精致的木桩和石膏制成的钟乳悬挂在天花板上，象征来自天堂的光亮。有时，清真寺建筑、神殿、宫殿甚至是住宅的内部和周围，明显可以看出天堂这一主题。天堂的形象还出现在喷泉和狭窄的运河中、橘子树林里、种满芬芳植物（例如玫瑰和茉莉）的花园中，或者出现在人们可以欣赏花园美景的门廊里。

伊斯兰教对《古兰经》的钟爱通常使得天堂这个主题延续了下来。《古兰经》中的话语象征了来自天堂的声音：这是真主的声音，不仅人类可以听到，天使也能。诵读吟唱《古兰经》的声音飘荡在空气中，让我们想起真主和天堂。书写的《古兰经》可以装饰穹顶、房门、围墙和窗户，让我们记起神的存在。《古兰经》的手写本极具美感，增强了天堂的真实感。因为《古兰经》是记载真主言语的书籍，所以打开《古兰经》就是在心理上进入真主的存在。因此，优美的文字已经成为伊斯兰教艺术在世界上构建天堂的组成部分。

尽管前面已经说到伊斯兰教钟爱简洁朴素，但是伊斯兰教艺术，尤其是经文手稿的文字和插图，展示出对装饰物的喜爱。手抄版的《古兰经》极其精美，书页边缘镶有金丝。同样，房门和围墙的几何设计产生了复杂致幻的效果。虽然伊斯兰教装饰物错综复杂，但是通常这些巧妙的装饰物能让人们进行欣赏，并在此过程中达到忘我的境界。由于许多几何设计没有视觉中心，所以欣赏这些几何设计时就像是在看星星或波浪，内心有些许的喜悦之情。

1993年建成的摩洛哥哈桑二世清真寺的窗户倒映在水面上，这显示出伊斯兰艺术家如何在教徒的想象力中创造出天堂。

禁止造像的例外情况 伊斯兰教严格遵守禁止造像（包括塑像、绘画）的规定，但是也存在三种重要的例外情况。一种情况是穆罕默德夜行登霄升入最高天堂时，围绕在他身边的人物形象。从许多穆斯林艺术家的作品中可以看出，穆罕默德骑着马身人面的布拉克，在天空上不断上升。金色的火焰和飞翔的天使围绕在他们周围。为了表示穆斯林赞同禁止造像，穆罕默德的面孔经常作为一个朦胧的空白出现。

关于禁止造像的第二种例外情况是一整个艺术类别——波斯细密画。（该

赫内拉利费花园修建时，格拉纳达是伊斯兰教在西班牙的统治中心，该花园描绘了穆斯林理想中的天堂。

传统还在土耳其和印度莫卧儿艺术中得以延续。）受附近印度艺术传统的影响，波斯宫廷委托艺术家创作了无数关于波斯名人和活动的细密画——骑在马上的君王、正在野餐的朝臣以及在花园亭榭中享受下午时光的恋人。细密画通常表现与世俗生活有关的话题，但是处理手法受复杂设计的影响，同样有引起人幻觉的特性，我们在伊斯兰教马赛克、装饰和木制品中也能发现这种特性。草地上似乎铺满了成千上万朵小花，树上似乎有数以万计的树叶。人们看到这些，目光就消失在广阔无垠的世界之中。

关于禁止造像的第三种例外情况属于民间艺术的范畴。成功地完成朝圣，从麦加回来的朝圣者自然会对自己的成就感到骄傲，他们通常绘制或委托他人绘制一幅图画，描绘自己去往麦加途中或是归途中的朝圣情景——如今由于乘飞机前往麦加朝圣，这幅情景看上去非常幸福快乐。这幅画有时甚至被放在屋子外面的前门附近，以便其他人都能看到。

禁止造像的规定在过去一个世纪逐渐消失。现在仍然不能制作雕像，但是宗教领袖和家庭成员的照片变得司空见惯了。如今，人们甚至可以看到织有清晰人像的地毯和墙饰。

第九节　伊斯兰教与现代世界

现代生活对传统伊斯兰教提出了巨大的挑战。工业时代下工作时间的安排使得日常祷告和其他宗教习俗难以进行；女性要求与男性完全平等、独立；个人主义正削弱家庭成员之间的联系和社会责任感。伊斯兰教正面临繁多的发展方向。

伊斯兰教与当代生活

伊斯兰教创建之后，很快便成为，并一直是一股强劲的世界新兴力量，这维持了大约八百年。在此期间，巴格达、科尔多瓦和开罗的伊斯兰教大学是世界上重要的科学与研究中心。伊斯兰教城市则是文明生活的中心。在此期间，伊斯兰教力量强大，与西欧的普遍衰弱形成对比。穆罕默德出生之前不久，西罗马帝国在公元5世纪末期灭亡。拜占庭帝王在君士坦丁堡勉强延续着东罗马帝国的统治。伊斯兰教最后一次重大的军事胜利是1453年攻占君士坦丁堡，征服东罗马帝国。伊斯兰教继续向东传播，并巩固自己的势力，一直传播到印度尼西亚和菲律宾，自那以后，伊斯兰教的扩张速度逐渐放慢。

在15世纪末期，权力的钟摆摆向了相反的方向。伊斯兰教在自己的领土上变得相对稳定，而西欧则开始扩张自己的统治。哥伦布从1492年开始航行并到达新世界、瓦斯科·达伽马在非洲附近航行并于1498年到达印度，这些都是重要的转折点。这些探险活动改变了贸易模式。在此之前，人们主要通过陆路进行贸易活动，而陆路时常受控于穆斯林统治者。如今，坐船旅行的方式大大增加了旅行者影响他人的可能。这些旅程只是欧洲商人、士兵、政治人物和基督教传教士兴起的扩张狂潮的开端。与周游世界一起出现的还有15、16世纪欧洲文艺复兴和17、18世纪启蒙运动期间科学认知的发展，以及18、19世纪工业革命期间技术的进步。随着伊斯兰教文化和欧洲文化之间相互接触的频率越来越高，两者不同的价值观和社会理想带来了摩擦和冲突，并且这种冲突在军事和文化领域一直持续到今天。欧美文化（一些评论家称之为可口可乐殖民化）的传播呈现出多种形式：服装（牛仔裤和T恤）、饮食（汉堡、比萨和薯条）、音乐（摇滚乐和说唱乐）、技术、现代西方医学和社会政治哲学（工业资本主义、民主、民族主义和个人主义）。虽然伊斯兰国家采用西方的技术和医学，但是西方个人主义的社会行为引起了伊斯兰国家的警戒。与欧洲基督教文化之间的激烈竞争持续了数百年之久，而现代伊斯兰教通常并不情愿搅入其中。

世俗主义的挑战 对伊斯兰教而言，最难以接受的西方文化观念就是世俗主义（secularism）。这个词来自拉丁语"saeculum（世界）"，意思是重视现世、不管现世之外的价值观和存在。世俗主义追求创立不依赖于任何现有宗教的政治制度。

世俗主义未必就是反宗教主义。从政治方面来看，世俗主义在实际发展时部分考虑到了宗教因素——避免宗教斗争，并让所有宗教都能繁荣

在21世纪，传统的伊斯兰教女性的装束变得时尚起来。这些女性裹着华丽的头巾，配着太阳镜，在星期天散步经过伊斯坦布尔的圣索菲亚大教堂。

发展。它并不是要摧毁宗教，而是让所有宗教的存在发展不受其他宗教的妨碍。但是世俗主义的基础是不依赖任何宗教运作的政府法律、法院和立法体系。这种独立于宗教的理想在很多伊斯兰教国家造成了恐慌。

科学也推动了世俗主义的发展。虽然诸如艾萨克·牛顿（Issac Newton，1642—1727）这样的研究者为了更好地理解上帝（真主）的性质也曾研究光的属性，但是如今科学家们很少以这种精神开展自己的工作。科学为其自身所做的追求产生了一种观点，认为宇宙不包括上帝（真主），而且上帝（真主）也不是宇宙的创始人和道德引导者。在这种世界观里，上帝（真主）并非被排除在外，只是被故意忽略。（为了理解这一事实，可以去生物、化学或物理教科书中查找"上帝［真主］"这个词。）但是伊斯兰教传统坚称，望向宇宙时，眼中未见真主，便是未能与真主同住。

一系列方案　伊斯兰教面临的最大挑战之一就是在接触西方文化时，要取我可用的，去除有危害的，而且要继续坚持自己认为有价值的文化。有很多方案可以应对这一挑战——一些属于极端的反应，然而大部分方案试图达成妥协。

土耳其达成了最清晰的世俗方案。几个世纪以来，伊斯兰教拥有一名哈里发（真主在地球上的代表），他同时拥有宗教和政治权力。我们在这一章的前面部分讨论过，最后一个哈里发政权在伊斯坦布尔存在了数个世纪。但是1924年，凯末尔·阿塔图尔克（Kemal Atatürk，1881—1938）试图建立现代化国家，他解散哈里发，效仿欧洲模式，创建新的非宗教国家。凯末尔·阿塔图尔克用罗马字母代替阿拉伯语字母书写土耳其语；建立独立于穆斯林宗教权威的法律体系；并创建民主政府，允许妇女投票选举。在建设欧洲化国家的愿望中，他甚至宣布男性戴土耳其毡帽（一种传统的圆帽）以及女性裹面纱均为不合法行为，他还鼓励穿着欧洲风格的服饰。尽管宗教保守派一直试图建立伊斯兰教政府，但是土耳其基本上坚守了这一非宗教愿景。此外，阿塔图尔克将土耳其转变为欧洲式国家的愿望还没有完全实现。

另一个极端的例子则是沙特阿拉伯。1932年，沙特阿拉伯宣布独立时，《古兰经》被指定为国家的宪法，而且伊斯兰教中严格的瓦哈比派教义占据了主导地位。沙特阿拉伯国内没有电影院，禁止饮酒。一般而言，女性不能驾车，在公共场合必须裹着斗篷一样的长袍，而且女性与男性分开，各自去专门的学校上学。宗教警察（穆塔瓦［mutawa］）确保人们遵守这些规定。瓦哈比派的信徒穿着朴素，且其清真寺朴实无华，没有尖塔和装饰，从这些都可以看出瓦哈比派对简洁朴素的重视。由于沙特阿拉伯的影响力和经济援助，伊斯兰教的瓦哈比教义传播到很多国家，尤其是那些有沙特公民和政府机构援建的宗教学校的国家。

因为不再拥有国王（沙阿［shah］），所以可以更清楚地看出伊朗是一个神权国家。伊朗建立伊斯兰教国家的尝试在伊斯兰世界里有着深远的影响。但是，曾经伊朗的情况截然相反。数十年以来，伊朗西方化的转变似乎不可阻挡。"二战"之后，伊朗的统治家族定期前往欧洲（尤其是法国），接受欧洲思想和生活

宗教中的冲突

逊尼派和什叶派：为何会有冲突？

逊尼派和什叶派是伊斯兰教两个主要的分支，他们共同遵循《古兰经》、伊斯兰教五功和很多信条。但是，我们可以从当代的新闻报道中得知，这两大派系之间经常发生冲突。

伊斯兰教的历史中很早就出现了这次派系分裂，它起源于关于穆罕默德的继承者的争议。公元 680 年，这一派系分裂变得愈发激烈，发展到难以挽回的局面。那年，穆罕默德外孙侯赛因在今天伊拉克的卡尔巴拉被逊尼派杀害。什叶派把侯赛因遇难看作穆罕默德合法继承人的地位遭到了否认，而且他的死也被看作殉教者英雄般的牺牲。因此，崇拜侯赛因及其父亲阿里已经成为什叶派信仰的重要特征。

虽然什叶派和逊尼派有很多共同的基本信仰，但是在数个世纪的发展过程中，他们的信仰和习俗已经发生了改变。例如，什叶派和逊尼派不仅对《古兰经》中很多经文的理解不同，而且对穆罕默德的言语权威性也存在分歧。两大派系在宗教仪式上也存在差异。什叶派通常结合了一些日常的祷告，每天祷告三次，而不是像逊尼派穆斯林那样每天祷告五次。在宗教仪式祷告中，什叶派穆斯林会低下额头触碰地上的祷告石，双手放在身体两边，而不是像逊尼派那样双手交叉放在胸前。更重要的是，什叶派明确祈求阿里的帮助。此外，逊尼派和什叶派祷告和斋戒的起止时间也各不相同。两大派系之间众多的区别让他们在不同的清真寺进行祷告。（什叶派进行祷告的地方通常被称为"侯赛因陵墓 [husseiniyahs]"而不是"清真寺"。）

这两大派系在重要的教法上存在区别，尤其是那些关于婚姻和继承的教法。细微的区别也大量存在。什叶派通常在自己的汽车和家里放置侯赛因的图像，而且他们经常用阿里、哈桑和侯赛因这些名字来为自己的孩子起名。

什叶派特有的仪式出现在新年，这时什叶派举行仪式哀悼逝于伊斯兰历阴历一月（正月）的侯赛因。这一哀悼活动（被称为"阿舒拉节"）在新年的第十天达到高潮，男性演员公开重演卡尔巴拉之战。什叶派教徒身着黑色服饰，戴着红绿相间的头巾，一边列队行进，一边敲打自己的胸膛。其他人赤膊上阵，用链子和金属鞭子不停地抽打自己，并且用剑和刀割开皮肤，放出鲜血。他们以这种方式纪念并模仿侯赛因的不幸遇难。什叶派教徒注重侯赛因所经历的痛苦，这加深了他们英雄式殉教者的价值观。

什叶派穆斯林的标志是崇拜阿里及其子嗣——哈桑和侯赛因。（例如，什叶派常用的一种说法就是"真主、穆罕默德、阿里"。）一些什叶派教徒甚至认为阿里是清白无罪的。然而，逊尼派认为这种崇拜过于近似崇拜凡人。因此，逊尼派禁止崇拜阿里或其子嗣。（一些逊尼派教徒甚至禁止庆祝穆罕默德的生日，因为穆罕默德是真主的信使，而不是神。）由于逊尼派太重视真主的绝对独特性，所以他们认为什叶派是危险的异端。逊尼派反对什叶派，并以此寻求维护伊斯兰教只有唯一一个真主的绝对信仰。

方式。王室成员讲法语和英语,德黑兰成为国际大都市,也是诸多主要航线的目的地。伊朗还和美国保持密切的政治联系。1979 年,所有的这一切以流亡的毛拉阿亚图拉·霍梅尼回到伊朗而告终,而伊朗国王穆罕默德·礼萨·沙·巴勒维(Shah Mohammad Reza Pahlavi)则流亡在外。伊朗迅速成为一个穆斯林神权国家。宗教当局制定新的宪法,还掌握立法机关的大部分席位。霍梅尼为他自己新创了一个职位:"律法领袖"。这样他就能监督并确认所有的法律和政治发展。清真寺成为公民生活和宗教活动的中心;女性被强迫在公共场合佩戴面纱;严禁公民饮酒。因此,伊朗完全变成一个伊斯兰国家。

穆斯林占多数的大部分国家在非宗教政府和神权国家之间难以取舍。越来越多的保守派伊斯兰教团体推动自己的国家向着成为伊斯兰教国家的道路上发展。伊斯兰教中的自由主义运动则因过多地向现代非宗教思想让步并抛弃伊斯兰教而受到指责。结果,有时以暴力形式进行的反抗运动随之出现;这些运动试图为伊斯兰教创造机会,从而使伊斯兰教活跃在现代社会中。例如,这就是 1928 年成立于埃及的穆斯林兄弟会的目标。该组织因被谴责在 1981 年刺杀埃及总统安瓦尔·萨达特(Anwar Sadat)而被埃及官方禁止,但是目前穆斯林兄弟会仍活跃于埃及境内。

埃及是这些国家中很典型的通过制定出折中方案来达成妥协,以适应其国内情况的例子。埃及人口中有 10% 是科普特基督徒,而主要居住在亚历山大的犹太人和希腊人在埃及的航运和商业中扮演重要的角色。此外,因为埃及的经济依赖于国际旅游业,所以它在一定程度上许可观光旅馆销售酒精饮料。埃及政府已经认识到,伊斯兰教律法不能适用于每一个人。然而,激进主义团体(例如穆斯林兄弟会)则持有不同的观点——埃及应当建立由伊斯兰教法统治的伊斯兰教国家。因为这些团体认为旅游业会带来腐朽堕落的影响,所以他们默认甚至支持不时地对旅游团体发起的攻击。

很多国家的争论越来越激烈,呼声越来越高。在印度,穆斯林和印度教徒之间频繁发生冲突,尤其是关于克什米尔(绝大多数居民是穆斯林,部分领土受印度控制)的地位以及两个团体之间相互施行暴行的问题。1992 年,印度教徒摧毁阿约提亚清真寺成为事件的导火索,当时,暴民暴动导致大约 2000 人死亡;而 2002 年,又有约 2000 人遇害。

在巴基斯坦,官方既要默许所有的宗教团体,又要支持一些宣扬极端激进主义的古兰经流派。巴基斯坦政府试图在这两者之间寻求一个平衡点。巴基斯坦人口中既有逊尼派教徒(77%),又有什叶派教徒(20%),而且还有一部分数量虽少但地位重要的基督徒、印度教徒和拜火教徒(琐罗亚斯德教徒)。不幸的是,对清真寺和教堂的攻击日益增多。

在印度尼西亚,激进主义的观点与旅游和商业带来的西方影响产生了冲突。(2002 年巴厘岛酒吧爆炸事件和 2003 年雅加达酒店爆炸事件就是对这种冲突的暴力式回应。)印度尼西亚传统伊斯兰教的形式是将伊斯兰教与印度教以及地方宗教相互混合，激进主义的观点还与此发生冲突。改革运动者（有时称作圣特里［santri］）抵制传统的信仰（阿班甘［abangan］），批判传统的印度尼西亚宗教信仰肮脏不洁。出现这种改革主义的部分原因是，如今大多数穆斯林都能够前往麦加朝圣，他们在那里发现自己信仰的伊斯兰教形式是具有瑕疵的。

建立非宗教政府或是建立伊斯兰教国家，这两种愿景之间的冲突在阿富汗最为明显。1996年，极端教徒塔利班（Taliban）控制了阿富汗。塔利班运动的核心人物是来自巴基斯坦迪欧班地（Deobandi）学校的学生。（塔利班的字面意思是"真理的追求者"——指伊斯兰学校的学生，但是我们应当注意到塔利班的观点比当时迪欧班地学校创始人的观点更为严格。）塔利班的目标是创建世界上最纯洁的伊斯兰教国家，他们遵循对《古兰经》的严格诠释。塔利班的性别规定禁止男性修剪胡须。女性仅在家庭中担当责任。1996年塔利班控制阿富汗后，女性不再被允许外出工作，她们在公共场合必须把全身都裹上，而且离家外出时必须有男性亲戚陪同。[41] 塔利班禁止所有非宗教的音乐，在公众示威中摧毁录音带和光盘，禁止看电影电视，禁止使用电子邮件和互联网。他们还在足球场进行公开处决和截肢酷刑。

随后在2001年，西方军队推翻了塔利班政权，但是塔利班运动最终重新集结，继续活跃在阿富汗的许多地区。写这本书的时候，塔利班已经控制了巴基斯坦西北部的史瓦特河谷，正在为获得更大的控制权而发动战争。

其他像菲律宾和马来西亚等国家大多深受保守派穆斯林团体的困扰。菲律宾的穆斯林团体正在为棉兰老岛的独立而斗争，这座位于菲律宾南部的第二大岛居住着五百多万穆斯林。

中国有两千万穆斯林，其中大多数生活在西部的新疆维吾尔自治区，并且中国境内的三万多座清真寺中，有超过三分之二位于该自治区。伊斯兰教获得官方的尊重，成为中国的合法宗教，穆斯林也被赋予奉行宗教信仰的合法权利。

在所有穆斯林占主导地位的国家中，把伊斯兰教和现代工业化世界融合得最成功的国家也许是马来西亚。马来西亚现在是世界第十大贸易国，其国家收入在过去的三十年里每年都有所增长。[42] 马来西亚教育制度完善，腐败得到控制，法律保护私有财产，而且法院受到人们的信任。人口中有25%是华人，有8%为印度人，政府工作积极主动，把种族和宗教冲突降至最低。马来西亚重视《古兰经》中关于支持私有

非洲和亚洲有商队路线的地方就有伊斯兰教的痕迹。这是中国西安目前仍在使用的一处清真寺。

财产、妇女权利和宽容的经文。对于马来人则有一套相应的平权行动。然而，宗教团体正在推动穆斯林女性戴头巾、斋月期间坚持斋戒和遵守其他伊斯兰教习俗方面取得成功。

伊斯兰教在西方及其他地方

伊斯兰教通过移民和宗教皈依开始向西方传播。来自以前的英属殖民地的移民，尤其是来自巴基斯坦和印度的移民，将伊斯兰教传播至英国、加拿大和澳大利亚；而且法国很多城市都有大量来自阿尔及利亚的移民人口。北美的大城市也吸引了尤其是来自伊朗、黎巴嫩和非洲的穆斯林移民；例如，现在洛杉矶生活着三十多万名来自伊朗的穆斯林移民。伊斯兰教也传播至芝加哥和底特律，这些城市对少数民族有着独特的吸引力。

因其重视简洁朴素，而且具有强烈的道德指导作用，伊斯兰教已经成功地在远离传统穆斯林地区的地方吸引了皈依者。例如，在沙特阿拉伯油田工作的韩国人把伊斯兰教信仰带回韩国。伊斯兰教也在撒哈拉以南非洲发展壮大，当地很多人把基督教和欧洲对他们的剥削联系在一起，而一些人皈依伊斯兰教是其刻意排斥基督教的表现。伊斯兰教对撒哈拉以南非洲的吸引力还在于它认可当地一夫多妻的传统习俗。

伊斯兰教中已经出现的一些相对较新的形式没有正统伊斯兰教那么包罗万象，而且他们与主流伊斯兰教之间的关系有时值得怀疑。例如，最早被称为"伊斯兰国度"的运动兴起于仅为非裔美国人举行的一个伊斯兰教宗教运动。其创始人是瓦利·法拉德·穆罕默德（Wali Farrad Muhammad，出生于约1877，1934年神秘消失）和他的继承人伊莱贾·穆罕默德（Elijah Muhammad，伊莱贾·普尔，1897—1975），他们在底特律和芝加哥成立了首批礼拜中心。伊斯兰国度的成员是黑人穆斯林，试图通过灌输节俭美德、勤劳工作、教育和自卫等观念，给非裔美国人带来自豪感。伊斯兰国度为男青年创建了叫作"伊斯兰果实"的组织，为女青年创建了叫作"穆斯林女子训练"的组织。

伊斯兰国度的初衷是反对白人体制，但因其最重要的成员之一马尔科姆·X的说教，伊斯兰国度对白人的抵制逐渐减弱。在伊莱贾·穆罕默德之子沃利思·迪恩·穆罕默德（Wallace Deen Muhammad，生于1933）的领导下，伊斯兰国度宣布放弃其纯粹的种族基础，改名为全美伊斯兰联盟，并努力使自己融入主流的逊尼派。

路易斯·法拉罕（Louis Farrakhan）是马尔科姆·X早期观点的追随者，他试图重振伊斯兰国度，尤其是通过宣传努力工作和社会责任的价值观。由路易斯·法拉罕1995年在华盛顿发起的"百万男子大游行"和2000年的"百万家庭游行"都是成功的尝试，给非裔美国人带来了自尊和政治上的激进主义。

我们很难预测未来伊斯兰教的发展。（真的要有预言家的洞察力才能够预测任何一个宗教在未来几个世纪的发展情况。）受自由主义者的推动，伊斯兰教发

当代议题

马尔科姆·X

马尔科姆·X（Malcolm X），原名马尔科姆·利特尔，1925年出生于内布拉斯加州。他的父亲是一位受到马库斯·加维（参见第十一章）影响的浸礼会牧师，加维是牙买加人，致力于宣扬非洲后裔自豪感的重要性。

马尔科姆青年时期和妹妹一起生活在波士顿，但是他因为偷窃被判入狱四年。他在监狱中皈依了伊斯兰民族组织。他在那时改名为马尔科姆·X。"X"既是非洲家庭惨遭奴隶制度毁灭的符号象征，又象征一种新的生活方式。

出狱之后，马尔科姆·X帮助建立了伊斯兰民族组织的圣堂，自己成为该组织的一名神职人员，他起初在波士顿工作，后来去了纽约。与创始人伊莱贾·穆罕默德发生冲突之后，他退出了伊斯兰民族组织。他1964年前往麦加朝圣，在那里经历了思想的重要转变。在去麦加朝圣之前，马尔科姆·X持有极端的反对白人的观点。在前往麦加的途中，他遇到了很多种族和

1964年，马尔科姆·X在南非的书店。

民族的穆斯林。他从朝圣之行中对伊斯兰教世界大同的精神含义有了新的理解。

马尔科姆·X一回到美国就致力于宣扬种族平等，并且对传播伊斯兰教和非洲文化的知识极为感兴趣。他成立了自己的组织——非裔美国人团结组织，关注政治变化。不幸的是，他于1965年遇刺，但是关于他生平的书籍《马尔科姆·X自传》已经成为经典，并使他的理想永存于世[43]。

展的一种可能是逐渐建立现代民主国家，进行选举，拥有成文宪法并保障个人权利。虽然一些保守派想要统一伊斯兰教，但是将来是否还会出现统一的伊斯兰教或唯一的哈里发似乎值得怀疑。关于未来伊斯兰教的发展有很多方面还存在争议。伊斯兰教可能将继续分成民族国家，每个国家都有自己对穆斯林宗教的理解和自己制定的发展道路。

另一方面，激进主义伊斯兰教团体对于政府政策制定的影响越来越大。由于《古兰经》中有很多诸如产权、婚姻、离婚和惩治犯罪方面的特定律法，一些伊斯兰教团体希望用《古兰经》律法（伊斯兰教法）替代本国的法律。沙特阿拉伯自1932年成立之初就采用伊斯兰教法，1979年伊朗建立穆斯林神权国家时也鼓励人们在其他地方——尤其是在阿尔及利亚、埃及、苏丹、尼日利亚和巴基斯坦引进伊斯兰教法。我们将会发现，有些人希望拥有至少在一定程度上效仿西方习俗的法律体系，而有些人则希望遵守伊斯兰教法，两者之间渐渐出

美国穆斯林的政治行动主义引发了在华盛顿特区举行的"百万男子大游行"和随后的"百万家庭大游行"活动。这两个游行活动强调了男性承担义务的重要性。

现斗争。

　　这一斗争实际上是两种截然不同的文化之间更大范围的斗争的一部分，而且最终不可避免地会出现冲突。正如我们所知，伊斯兰教与主流的欧美文化相比，在几个重要方面截然不同。穆斯林周五必须进行公共祷告，而周五是西方国家的工作日。伊斯兰教禁止对贷款收取利息，而这一要求违背了西方的商业惯例。伊斯兰教禁止饮用酒（以及其他酒精饮料），然而葡萄酒和啤酒在西方传统烹饪中有着重要的地位。（我们可以回想起犹太教和基督教在举行宗教仪式时都要使用酒，而且《新约》明确说明饮酒有益于健康［《提摩太前书》第5章第23节］。）穆斯林食用的肉类必须是伊斯兰教律法的合法食物（按伊斯兰教律法屠宰的牲畜）。伊斯兰教还禁止赌博。

　　然而伊斯兰教和主流欧美文化之间最大的冲突是在对待女性方面。伊斯兰教女性在家里过着与世隔绝的生活（实际上是效仿波斯人和拜占庭人的习俗），这与欧美文化中女性自由的原则相冲突。衣着端庄（《古兰经》中的要求）和遮盖住头发（《古兰经》中没有明确要求）这两个要求都受到现代时尚潮流的反对。而且虽然一夫一妻制是伊斯兰国家的婚姻标准，但是伊斯兰律法允许男性最多娶四个妻子。

　　伊斯兰世界内部在巴勒斯坦问题上所表现出的愤慨是一个棘手的难题，这也相当于在伊斯兰教和欧美主流文化的冲突中火上浇油。问题区域包括巴勒斯坦人的穷困、1948年以色列建国时巴勒斯坦人失去的土地、以色列对约旦河西岸的控制以及巴勒斯坦建国的种种问题。除非巴勒斯坦问题得到解决，否则该地区可能将永无宁日。民族愤恨已经导致在以色列及其以外地区经常发生冲突和爆炸，而且那些被认为支持以色列的国家也成为宣泄民族愤恨的目标。

2001 年，纽约世贸中心被恐怖分子摧毁，这也许是文化冲突中最令人发指的实例。这起事件以及同时对五角大楼的袭击意在使美国陷入瘫痪。2002 年巴厘岛爆炸事件是针对澳大利亚，2004 年列车爆炸事件是针对西班牙。2005 年发生在伦敦的自杀式爆炸事件明显是报复英国出兵伊拉克。同一年法国城市发生的暴动和纵火案开始使人们注意到，很多法国穆斯林都生活在基本水平线以下。文化冲突不幸演变为穆斯林和西方两个不同文明之间的斗争，而且有迹象表明这种斗争将会加剧。（例如，考虑一下当先知穆罕默德的政治卡通形象出现在欧洲国家报纸上时所导致的抗议和死亡。）尽管如此，很多穆斯林民众和僧侣谴责了这些恐怖活动，他们明确反对任何针对平民的暴力活动。

人们由于政治原因而信奉伊斯兰教也进一步加剧了伊斯兰教和欧美之间的宗教和文化冲突。我们应该回想起，所有信奉伊斯兰教的地区实际上都曾经是欧洲势力的殖民地。18 世纪英国开始控制印度和拿破仑入侵埃及（1798）拉开了殖民地的序幕。在 19 世纪和 20 世纪，法国的殖民地包括摩洛哥、阿尔及利亚、突尼斯、黎巴嫩和叙利亚，英国的殖民地有利比亚、埃及、约旦、印度和马来西亚，而荷兰则侵占印度尼西亚作为殖民地。（2003 年美英入侵伊拉克被很多穆斯林视为相同殖民形式的一个实例。）曾是殖民地国家的穆斯林会很自然地使用伊斯兰教来强调自己的民族认同。

另一方面，如今伊斯兰教和欧美国家之间已经不再是以前的那种敌对关系，在遥遥相对的战壕里相互观察对方。伊斯兰教已经是欧洲和北美重要的组成部分。现在至少有五百万穆斯林生活在法国，占总人口的 10%，并且法国至少拥有 1500 座清真寺。据估算，到本世纪末，法国的穆斯林将占总人口的三分之一。现在英国可能有两百万穆斯林，还有大约 600 座清真寺。很多父母来自土耳其的德国少数民族都是穆斯林。在美国，穆斯林的数量并不确定，可能至少有五百万人，而且穆斯林群体的影响正日渐壮大。

减少冲突的方法多种多样。英国的重点是接受伊斯兰教与自己文化之间的差异，并将这种差异视为多元文化主义的合法形式。法国官方的解决方法是保持世俗理想，并强迫民众接受这种思想（争论的一个主题是关于女子在公立学校戴头巾问题的）。北美的解决方法虽然没有形成清晰的构想，但似乎与英国的模式相差无几。

流行文化在文化和宗教混合中扮演的角色增加了事情的复杂性。流行文化无处不在。当然，伊斯兰教国家一直尝试将其封锁。沙特阿拉伯不允许经营电影院，然而 DVD 大量存在。伊朗法律禁止引入好莱坞电影（这一行动帮助伊朗的电影业生产出有深度的优质电影）。伊朗法律还禁止使用碟形卫星天线，但是该禁令并非完全有效——人们把卫星天线藏了起来。在阿富汗，塔利班禁止人们观看电影、使用光盘和互联网，但是 2001 年塔利班下台后，所有这些又重新出现。在北非的伊斯兰国家，文化融汇尤为明显，人们收看卫星直播的知识竞赛节目、摇滚音乐会和欧洲的肥皂剧。在欧洲和北美，穆斯林沉浸在流行文化的影响之中。

宗教中的冲突

圣战与现代世界

"**圣战**"（Jihad）这个词在阿拉伯语中的意思是"奋斗"或"拼搏"。伊斯兰教号召两种圣战。第一种是个人圣战，指个人为过上公正生活的日常奋斗。第二种是公众圣战，试图在社会的所有方面建立伊斯兰教理想的真实、正义和道德。用到"圣战"这个词的时候，人们更多是指第二种意思，但是我们也应该知道"圣战"的第一种意思。圣战因其重要性有时被称为"伊斯兰教的第六功"。

我们应该知道，并非只有伊斯兰教认识到传播宗教信仰和价值观的重要性。我们在其他宗教中也会发现这一现象，尤其是历史上那些曾寻求改变其他宗教成员信仰的宗教，比如基督教和佛教。和伊斯兰教一样，基督教和佛教强烈希望传播自己对生命的理解和道德准则，而且这两个宗教都有着悠久的传教士、布道者的历史。然而伊斯兰教的不同点在于，每个穆斯林都强烈地感觉到自己践行圣战的职责。传播宗教价值观并不只是传教士的工作。

伊斯兰教信徒普遍认可自己传播穆斯林正义和真理的职责。但是，穆斯林对于该重视哪些元素，以及在哪里、如何传播自己的信仰存在不同的观点，尤其是在使用武力方面存在较大的争议。穆罕默德是一名战士，有时还会担任军事指挥官。他认为必要时可以使用武力。我们在《古兰经》中无需读太多就能意识到《古兰经》鼓励信徒们为信仰而战。"虽然你不喜欢战斗，但那是你的职责"（第2章第216节）和"为真主的事业而战，记住真主无所不见、无所不知"（第2章第244节）。另一方面，我们在《古兰经》中发现有些经文要求包容其他宗教，例如这句著名的经文："宗教中绝无强迫"（第2章第256节）。

穆斯林彼此之间，以及穆斯林和非穆斯林之间逐渐出现观念上的矛盾，因为伊斯兰教的一些理想和世俗世界中的大多数日常习俗之间存在很大的区别。首先，穆斯林坚决地信仰一个真主，这在很多国家与多神论宗教产生冲突，比如印度教和中国的一些宗教。其次，否定多神论的同时，穆斯林社会通常禁止张贴凡人的画像，担心这些画像可能会引起盲目崇拜，并削弱对安拉的崇拜。但是这一禁令与欧洲、印度和东亚的艺术传统形成剧烈的反差，在这三个地区，凡人，甚至神和圣人的画像有着重要的作用。第三方面，按照伊斯兰教法，虔诚的穆斯林应当拒绝赌博、拒绝收取贷款利息、忌食猪肉、忌酒、禁止婚前性行为或通奸、禁止离谱的着装，而且他们反对男性和女性之间不受约束的社交活动。很多穆斯林认为女性在公共场合应该佩戴面纱。一些十分保守的穆斯林社会甚至坚称，女性不能开车、选举、去户外工作或是在没有男性亲属陪同的情况下出游。这些观点自然与很多现代的习俗有巨大的冲突。（例如，想想德黑兰和拉斯维加斯的现代生活的差异吧。）这些差异难以共存，而且可能会成为导火索。

显然，指导伊斯兰教生活的一般原则（伊斯兰教法）已经指明了一种生活方式，与非穆斯林社会中普通的世俗生活截然不同。因为《古兰经》提出了不同于当代大部分法律的相对详细的惩罚和刑法体系，所以深一层的困境随之产生。例如，通奸被认为是严重的公共罪行，应当被处以死刑；抢劫犯应当被砍断四肢。当然，很多虔诚的穆斯林不希望自己的社会采用伊斯兰教法和刑法；然而，一些国家保守的穆斯林团体——例如在巴基斯坦、尼日利亚和印度尼西亚——正朝着这一目标努力。一些信徒甚至赞同采取暴力手段达成传统主义者议程中的任务。（例如，印度尼西亚售卖猪肉的超市发生爆炸；巴基斯坦的理发师因刮掉男性的胡子而被杀害；阿富汗的一些老师因教授女学生而遇害。不过，这些都是个案。）

世界上十多亿穆斯林中，大多数是温和主义者。他们意识到在多元文化的世界里，所有宗教之间的相互包容必不可少。很多伊斯兰教领袖正试图制定策略，既保留穆斯林的理想，同时又宣扬包容的精神。沙特阿拉伯已经开始赞助会议，探索促进温和、减少极端的措施。但是，虔诚的穆斯林能够接受现代世界中的道德和宗教差异，并仍然忠于伊斯兰教法和圣战的理想吗？这就是世界最大的宗教和最大的社会力量之一的伊斯兰教所面临的挑战。

这已经改变了年轻人的行为、衣着和娱乐方式。拍摄电影和制作电视节目的人最终可能会对伊斯兰教的未来产生最为深刻的影响。

一些人对传统伊斯兰教文化和欧洲、北美主流文化之间的差异非常关注，他们担心两者之间的冲突必然会加剧。然而许多宗教的发展进程显示出一种强烈的倾向：其不仅会随着时间而改变，而且进入新的文化时会发生剧变。那些担心伊斯兰教与西方文化混合能力的人，应当对中世纪以来已经发生的融合进行反思。将亚里士多德的作品由阿拉伯语翻译成拉丁语，让经院哲学的出现成为可能。哥特式建筑风格被认为源自伊斯兰世界，而且穆斯林思想家丰富了西方的数学、化学和天文学。如果我们考虑到一些由阿拉伯语变成英语的单词，我们就能了解到伊斯兰世界对西方世界的很多领域做出了贡献。很多以"al"（al指"the"）开头的英语单词来自阿拉伯语：alcove，algorithm，alchemy 和（具有讽刺意义的）alcohol。我们可能会注意到在科学中使用的单词的数量。但是，我们也能发现很多单词中的食物曾经是欧洲的美味：橘子、柠檬、酸橙、糖、甜味汽水、糖浆和咖啡。其他源自阿拉伯语、指代物品的单词已经以自己的方式进入到人类生活中：鲁特琴、发胶、床垫和杂志。穆斯林文化极大地丰富了西方文化。

西方文化中存在正统伊斯兰教社会希望回避的元素：酗酒、赌博、高离婚率和都市暴力。伊斯兰教社会经常发生关于女性角色和服饰的争论。伊斯兰国家将继续努力解决一个问题：一个现代社会可以适用多少传统伊斯兰教律法。特别是受到来自保守派运动的压力，伊斯兰教国家将尽其所能抵制他们所认为的危险元素。然而从长远来看，我们应该期望伊斯兰教国家维持其长久以来的习俗——定期祷告、进行慈善、斋月斋戒、前往麦加朝圣以及慷慨和正义的理念。

延伸阅读

《古兰经》

在《古兰经》中，安拉显露出自己的身份。在这一段快要结束的时候，安拉否认了自己拥有妻子或儿子的观点。对非穆斯林而言，第一次阅读《古兰经》可能会让他们困惑，因为安拉既称自己是"他"，又称自己是"我"。但是，这些刚开始阅读《古兰经》的读者定期阅读《古兰经》时，就不再会注意人称的变化。

真主的确使谷粒和果核绽开，他从无生中造出生命，从生命中造出无生。这是真主，你们怎么能悖谬呢？

他使天破晓，他以夜间供人安息，以日月供人计时。这是万能者全知者的布置。

他为你们创造诸星，以便你们在陆地和海洋的重重黑暗里借诸星遵循正道。我为有知识的民众确已解释一切迹象了。

他从一个人创造你们，然后，你们有住宿的地方，有寄居的地方，我已为能了解的民众解释了一切迹象。

他从云中降下雨水，雨水使一切植物发芽，雨水使植物长出绿色的枝叶，雨水浇灌着茂密的谷物、挂满枣椰的枣椰树、葡萄树、橄榄树和各种各样的石榴树。看看它们的果子成熟的时候。对于真正信道的民众，此中确有很多迹象……

他是天地的创造者，没有配偶他怎么会有儿女呢？他曾创造万物，全知万物。这是真主，你们的主，除他之外绝无应受崇拜的。他是万物的创造者，故你们当崇拜他。他是万物的守护者。[44]

自我测试

1. 伊斯兰字面意思是_____。
   A. 神圣的　　　B. 虔诚的　　　C. 开明的　　　D. 顺从
2. 穆斯林称真主为_____。该词是两个意为"这位"和"神"的阿拉伯语单词的缩写。
   A. 以罗欣　　　B. 萨拉姆　　　C. 安拉　　　　D. 全能者
3. _____是一个独立的句子，当虔心吟诵时，它使人成为穆斯林。
   A. 撒拉特　　　B. 舍哈代　　　C. 斋月　　　　D. 哈吉
4. 在_____期间，斋戒是联合穆斯林的一种重要纽带。
   A. 撒拉特　　　B. 舍哈代　　　C. 斋月　　　　D. 哈吉
5. 所有穆斯林，除了饱受贫困、疾病侵袭的人，在其一生的宗教之旅中都要至少造访一次麦加，这一朝圣之旅称为_____。
   A. 撒拉特　　　B. 舍哈代　　　C. 斋月　　　　D. 哈吉

6. Qur'an 含义是_____。
   A. 继任者   B. 吟诵   C. 书   D. 著作
7. _____是穆罕默德最年轻妻子的父亲，他被视为第一位哈里发。
   A. 艾布·伯克尔   B. 欧麦尔   C. 阿里   D. 奥斯曼
8. _____的名称源于意为"派别"的阿拉伯语单词，他们是阿里的追随者。
   A. 逊尼派   B. 什叶派   C. 苏菲派   D. 栽德派
9. _____的名称源于意为"传统"的阿拉伯语单词，它可追溯至传统教义的全部内容，基于穆罕默德的生平与教义，正如《古兰经》和权威的"圣训"所揭示的。
   A. 逊尼派   B. 什叶派   C. 苏菲派   D. 栽德派
10. 伊斯兰的律法称为_____，它是指引信仰者一生的全部法律。
    A. 伊斯兰教法
    B. 十诫
    C. 伊斯兰苦行僧
    D. 齐克尔
11. "尽管伊斯兰教和犹太教、基督教在诸多方面有相似点，它与这些宗教最大的不同点是_____。"空白处你会填哪个词或者短语？用你所阅读到的信息解释你的答案。
12. 设想一下，你正在写一份关于伊斯兰建筑和对真主认识关系的调查报告。用一句话陈述报告的主要论点。为何选择这句话？

参考资源

图 书

Al-Arabi, Ibn. *101 Diamonds from the Oral Tradition of the Glorius Messenger Muhammad.* New York: Pir Press, 2002. Ibn al-Arabi 收藏的口头传统（"圣训"）的现代版本，它启迪了伊斯兰的智慧。

Aslan, Reza. *No God but God: The Origins, Evolution, and Future of Islam.* New York: Random House, 2006. 一部伊斯兰教发展的编年史，内容涵盖了穆罕默德社区起源到现在的现代化和基要主义者之间的冲突。

Debra L. Dirks and Stephanie Parlove, eds. *Islam Our Choice: Portraits of Modern American Muslim Women.* Brattleboro, VT: Amana, 2003. 六位皈依伊斯兰教的美国女性的个人描述。

Hilldenbrand, Robert. *Islamic Art and Architecture.* London: Thames and Hudson, 1998. 一部关于伊斯兰艺术的权威指南。

Ranya Idliby, Suzanne Oliver, and Priscilla Warner. *The Faith Club: A Muslim, a Christian, a Jew-Three Women Search for Understanding.* New York: Free Press, 2007. 三位具有不同信仰的美国女性探索她们各自信仰的内涵。

Lewis, Bernard. *The Crisis of Islam.* New York: Modern Library, 2003. 对伊斯兰历史的

回顾，其结论是伊斯兰国家需要面向未来。

Malcolm X. *The Autobiography of Malcolm X.* Orig. pub. 1964. New York: Random House, 1989. 一位年轻非裔美国青年的发迹史——首先皈依了伊斯兰民族组织，随后是传统伊斯兰教——他对美国政治见解产生了重要影响。

Nasr, Seyyed Hossein. *The Garden of Truth: The Vision and Promise of Sufism, Islam's Mystical Tradition.* New York: HarperOne, 2008. 对苏菲主义这一伊斯兰教神秘分支的简单回顾，内容包括其诸多教团发展的详细历史考察。

Ramadan, Tariq. *Western Muslims and the Future of Islam.* New York: Oxford University Press, 2003. 一本认为伊斯兰教和西方价值观兼容的著作。

电影/电视

Expressing the Inexpressible: Shirin Neshat. (Films Media Group.) 一部从多个侧面反映伊斯兰女性生活体验的纪录片。

Hajj: The Pilfrimage. (Films Media Group.) 一部关于前往麦加朝圣期间发生的故事的纪录片。

Inside Mecca. (Director Anisa Mehdi; National Geographic.) 一部纪录片，描述了三个不同的人——一位美国穆斯林教授，一位南非黑人作家，一位印度尼西亚的商人——前往麦加朝圣的故事。

Islam: Empire of Faith. (PBS.) 该纪录片分为三个部分，探索了伊斯兰教一千年的历史，从先知穆罕默德到苏莱曼一世控制下的奥斯曼帝国。

Islam in America. (Films Media Group.) 对居住在后9.11时期的美国穆斯林的访问。

Looking for Comedy in the Muslim World. (Director Albert Brooks; Warner.) 一部喜剧，描述了阿尔伯特·布鲁克斯试图确定是什么因素使得印度和巴基斯坦的穆斯林发笑。

Malcolm X. (Director Spike Lee; Warner Brothers.) 一部关于Malcolm X一生的电影，包括他前往麦加朝圣。

The Message. (Director Moustapha Akkad; Anchor Bay.) 一部关于穆罕默德时代的史诗般的电影。

Muhammad: Legacy of a Prophet. (Director Omar al-Qattan and Michael Schwarz; Unity Productions Foundation.) 一部纪录片，重新讲述了穆罕默德的生平事迹，并描述了先知的一生及教义的重要性。

The White Balloon. (Director Jafar Panahi; Evergreen Entertainment.) 一位穆斯林女孩在德黑兰新年时的奇遇。

音乐/音频

Islamic Liturgy. (Smithsonian Folkways.) 伊斯兰教召祷、《古兰经》长诗和连祷文。

The Last Prophet. (Real World.) 虔敬的诗歌，由世界著名的巴基斯坦克瓦利歌手

Nusrat Fateh Ali Khan 演唱。

The Music of Islam.(Celestial Harmonies.) 一部由 17 张光碟组成的来自全世界伊斯兰音乐的合辑，包括念诵《古兰经》、苏菲克瓦利、苦行僧回旋音乐和来自诸多伊斯兰国家的歌曲。

Sufi Ceremony.(Smithsonian Folkways.) 赞颂苏菲圣人 Abdul Hadir Beker 仪式上的苏菲歌曲合辑。

Sufi Chants From Cairo.(Institute du Monde Afrique.) 埃及苏菲派祷辞的合辑。

互联网

Compendium of Muslim Texts: http://www.msawest.net/islam. 一座英文伊斯兰文本的在线数据库，由 MSAWest 发起，该组织为代表西海岸大学穆斯林学生的联合会。

Islamic Arts and Architecture: http://www.islamicart.com/. 该网站促进了伊斯兰艺术作为人类学研究科目的发展。

IslamiCity. com: http://www.islamicity.com/. 最重要的伊斯兰信息在线资源。

重要词汇

哈里发（caliph, *kay'-lif*）："继任者"；宗教和政治领袖。

迪克尔（dhikr, *tik'-ur*）：对安拉虔敬地回忆，通过念诵真主的九十九个尊名和其他虔敬仪式完成。

无我（fana, *fah-nah'*）："熄灭"；在神秘体验中迷失自我的意识。

圣训（hadith, *huh-deeth'*）："记忆"；对穆罕默德行为和言语的记忆。（复数形式为 ahadith）

哈吉（Hajj, *hahj*）：麦加朝圣。

希吉拉（Hijra, *hij'-ra*）："出走/迁徙"；穆罕默德逃离麦加前往叶斯里卜（麦地那）。

宰牲节（Id al-Adha, *eed'ahl-ahd'-hah*）：麦加朝圣时的献祭日，献祭动物以回忆易卜拉欣的顺服。

开斋节（Id al-Fitr, *eed'ahl-fee'-tur*）：斋月结束后的节日，人们参加宴会，拜访朋友以及祖先的坟墓。

伊玛目（Imam, *ee-mahm'*）：宗教领袖；具体来讲，是穆罕默德世袭的继任者，受到什叶派穆斯林的敬重。

伊斯兰（Islam）："顺从"；穆斯林宗教、信仰者的社团，他们都顺服于安拉。

圣战（Jihad, *jee-hahd'*）："奋斗"；传播伊斯兰信仰和英雄版的自我献祭的理想。

克尔白（Kabah, *kah'-bah*）："立方"；坐落在麦加大清真寺中心的方形神坛。

赫蒂彻（Khadijah, *kah-dee'-juh*）：穆罕默德的第一位妻子。

米哈拉布（mihrab, *meeh-rahb'*）：清真寺内的壁龛，指明麦加的方向。

宣礼塔（minaret, *min-a-ret'*）：吟诵者用于召集人们吟诵的塔。
清真寺（mosque；阿拉伯语：*masjid*）：用于穆斯林敬拜的场所。
宣礼员（muezzin, *mu-edz'-in*）：召集人们吟诵的人。
穆斯林（Muslim）：顺从于安拉的人。
格卜莱（qiblah, *kib'-lah*）：麦加的方向，穆斯林祈祷的方向。
《古兰经》（Qur'an, *koor-ahn'*）："诵读"；穆罕默德接受并诵读的天启；穆罕默德逝世后的成文定本。
斋月（Ramadan, *rah'-mah-dahn*）：斋戒月。伊斯兰历中的第九个月。
教法（Sharia，或 Shariah, *shah-ree'-uh*）："道路"；指导穆斯林生活的整个伊斯兰教律法体系。
什叶派（Shiite, *shee'-ait*）：伊斯兰教的少数派分支，坚称穆罕默德的合法继任者为其女婿阿里的直系后裔。
苏菲主义（Sufism, *soof'-ism*）：伊斯兰教中虔敬运动的团体。
逊尼派（Sunni, *soon'-ee*）：伊斯兰教的多数派分支，坚称穆罕默德的合法继任者并不取决于其是否为穆罕默德女婿阿里的直系后裔。
章（sura, *soo'-rah*）：《古兰经》的一章。

注　释

1. 也可拼写成 Mohammed，但是这种拼法现在被认为不如 Muhammad 准确。我们可能也会注意到对穆罕默德生平的详情存在争议，尤其是关于他早年的情况。
2. John Esposito, *Islam: The Straight Path*，第三版（New York: Oxford University Press, 1998），第 3 页。
3. 也可拼写成 Kaaba, Ka'bah 和 Kaba。
4. 更多详情请参见 Thomas Lippman, *Understanding Islam* (New York: New American Library, 1982)，第 34~38 页。
5. 也经常被拼写成 Khadija。
6. 考虑到她生育了至少六个孩子，赫蒂彻的年龄有可能比这个岁数更加小。
7. 第 96 章；（原版英译）来自 *The Koran*, N. J. Dawood 译（London: Penguin, 1993），第 429 页。若无特别标注则均采用此译本。（中译主要参考马坚译《古兰经》，中国社会科学出版社 1981 年版。——编注）
8. Lippman, *Understanding Islam*，第 44 页。耶路撒冷的导游有时指着石头上的标记说是穆罕默德留下的足迹。关于穆罕默德旅行的记述可能对但丁在《神曲》中关于天堂的幻想产生了影响。
9. 第 49 章，第 10 节。
10. 在伊斯兰教信仰中，地狱中的惩罚并非永恒。
11. 第 2 章，第 163 节；（原版英译）来自 *Holy Qur'an*, M. H. Shakir 译（Milton Keynes, England: Mihrab Publishers, 1986）。

12. 在伊斯兰教中，信使是从真主那里获得特别召唤的先知。
13. 一些什叶派穆斯林把这些结合成三次祷告。
14. 另一种译文是："安拉至大。"
15. 第 2 章，第 144 节。
16. 虽然只有穆斯林前往麦加朝圣，但是很多电影记录了这一习俗。参见伊朗拍摄的经典影片 *Mecca: The Forbidden City*。
17. 第 2 章，第 158 节（Shakir 译）。
18. 穆斯林起初可以饮酒，但是后来穆罕默德得到启示，要求禁酒。然而，并非所有地区都遵守该规定。受到西方影响的国家（例如北非的摩洛哥、阿尔及利亚和突尼斯）经常产酒，而高度依赖旅游业的国家通常允许游客居住的酒店提供酒水。
19. 女性割礼的习俗有时被认为来自"圣训"（穆罕默德早期追随者对他的回忆录）；参见 Annemarie Schimmel, *Islam: An Introduction* (Albany: State University of New York Press, 1992)，第 55 页。
20. 第 4 章，第 34 节。
21. 在有些情况下会出现例外，例如统治者以及公认的圣人的坟墓。
22. 虽然早期的版本并未包含元音或可区分的标记，但是随后的版本包括这些标记；因此，不同的版本之间存在差异。
23. Esposito, *Islam: The Straight Path*，第 6 页。
24. 逊尼派穆斯林和什叶派穆斯林就这一事件存在一些争议。
25. 第 1 章，第 1~5 节。
26. 也被称为普瓦捷战役。
27. "The Nature of Islam in South-East Asia," *The Economist*, May 31, 2003, 第 37 页。
28. 第 50 章，第 16 节。也可参见 John Williams 编, *Islam* (New York: Washington Square, 1963), 第 122~158 页。
29. 第 3 章，第 29 节（Shakir 译）。（原版英译）参见 A. J. Arberry, *Sufism* (New York: Harper, 1970), 第 17~22 页。
30. 第 2 章，第 115 节。
31. Arberry, *Sufism*，第 28 页。
32. 同上，第 228 页。
33. Afkham Darbandi 和 Dick Davis 著, Introduction to *The Conference of the Birds*, Farid ud-Din Attar 著 (Hammondsworth, England: Penguin, 1984), 第 10 页。
34. 引自 F. C. Happold, *Mysticism* (Baltimore: Penguin, 1963), 第 229 页。
35. Esposito, *Islam: The Straight Path*, 第 105~106 页。
36. 神学家的代表作品请参见 Williams 编 *Islam* 中的"Kalam"，第 159~196 页。
37. Williams, *Islam*, 第 138~141 页。编者声称阿拉比对西班牙的神秘主义者和诗人 John of the Cross 及 Ramón Luli 产生了影响，而且可能也对荷兰哲学家斯宾诺莎产生了影响。

38. 伊斯兰教对基督教建筑的影响大部分表现在使用多变的色彩线条，例如锡耶纳、比萨和佛罗伦萨的大教堂。
39. 参见第2章，第25节；第3章，第136节；第10章，第9节。
40. 参见第2章，第25节。
41. http://news.bbc.co.uk/2/hi/middle_east/1571144.stm.
42. John Basil Utley, http://www.mises.org/fullstory.asp?control=1313. 此段落中的若干观点归功于这篇文章。
43. Lawrence Mamiya, "Malcolm X", 载于 *World Religions* (New York: Simon and Schuster Macmillan, 1998), 第19页。
44. 第6章，第95~99节。

访问在线学习中心 www.mhhe.com/molloy5e，以获得更多的练习和资料，包括"教室之外的宗教"和"更充分的理解"。

第十一章

其他宗教

第一节　初次相遇

数年以来，你一直想去亚洲旅行，最终你决定采取行动。游览中国的主要城市之后，你只身一人来到越南。在越南的最初几天，你在河内四处游览，河内是一座拥有粉红、黄色的两层房屋，红色柱子的寺庙，湖泊和大片古树的美丽城市。你参观了河内的孔子文庙，庙中和蔼可亲的孔子塑像似乎用明亮的双眼直勾勾地看着你。然后，你坐飞机南下抵达顺化，这座位于香江边上的城市以前是皇城。香江水流缓慢，江水中含有棕色的泥沙，看上去混浊得像巧克力布丁。在顺化古老宫殿的广场上游览时，你会惊奇地发现那里的皇家宫殿在一定程度上仿效了北京紫禁城的风格。你会想，显然，中国对越南有着深远的影响。

你最终抵达了以前被称为西贡的胡志明市。在宾馆大厅里，你看见一张海报，宣传前往古芝地道参观游览，这是越战期间北越士兵使用的地下通道。你走到旅游服务台前，和旅行代理商交谈起来，而她则试图引起你对其他几个景点的兴

趣。"你听说过高台教吗?"她说。显然,你以前未曾听说过。"高台教是越南重要的宗教。"她解释说,"离古芝地道不远的地方就有高台教大教堂,那里每天中午都有弥撒。你何不也参观一下呢?"

第二天早上十一点半,你来到一座安静的城市西宁,这里有刷着黄色灰泥的建筑和石子路,人们穿着白色的服饰。那座大教堂很显眼——一座巨大的教堂式黄色建筑,两座高塔面对着主干道。进入大教堂之后,你径直走向一段楼梯,沿着楼梯便能走到教堂内部三面墙壁上狭窄的游客走廊。从观景走廊上向教堂内部的正面看去,你会看见一个绘有巨大眼睛图案的蓝球,而且蓝球看上去似乎是悬挂在神殿里。在你周围,装饰性的绿龙缠在支撑着天蓝色天花板的柱子上。快要到正午了,人们穿着红色、蓝色、黄色和白色的长袍,在下面光亮的大理石地板上分组坐了下来,他们开始吟唱。弥撒仪式开始了。

你感到好奇:那巨大的眼睛图案代表什么?人们在吟唱什么?颜色多样的长袍有何重要性?为什么这座内部拥有龙盘石柱的建筑看上去像基督教大教堂呢?为什么他们称自己的仪式为"弥撒"(Mass)?

第二节 新兴宗教的起源

宗教和所有的生活和文化形式一样,不断地发生着变化,这是宗教最令人着迷的地方之一。很多原因引起了这种变化。有时,一个宗教的信徒们进入另一种文化,他们的宗教与当地现有宗教相混合,就出现了一种杂合的信仰。有时,社会难题也会导致新兴宗教的出现,帮助人们处理新的社会问题。有时,一个古老宗教的信徒们相互争论,形成分裂局面,最终产生新的宗教分支,有时候可能产生一个完全新兴的宗教。有时,某些人拥有改变一生的洞察力,他们吸引追随者,然后自己创建一个新兴宗教。我们应当意识到,很多主要的宗教和教派就是以类似的方式产生的——作为小型的、新兴的、有时遭受迫害的宗教运动出现。在本章中,我们将研究几个重要的新兴宗教运动,虽然这些宗教运动规模较小,但是经过一两个世纪的发展演变之后,它们有一天可能会变为备受敬仰的古老宗教。(从这些新兴宗教运动众多的网址中,可以明显地看出它们的生命力。)

在前几章所调查的宗教中,我们有时会发现出现的宗教变体与原宗教是如此相似,以至于被认为是一个古老宗教在现代的不同诠释。比如在神道教中,我们审查了天理教和大本。在基督教中,我们研究了摩门教和基督教科学派。在佛教中,我们考量了创价学会(Soka Gakkai)。

然而,一些兴起于某一宗教内部的运动呈现出独立的形式,并最终构成新的宗教,即使规模较小——19世纪从伊斯兰教什叶派中发展出来的巴哈伊教就是

当代议题

"异教""宗派"和新兴宗教运动

可能因为新兴的宗教运动规模小且与众不同,所以它们有时会受到规模更大、历史更悠久的宗教成员的蔑视,尤其是新兴宗教运动从现有宗教中赢得皈依者的时候。一些宗教运动被指责过度控制自己的信徒,甚至被视为整个社会面临的威胁。因此,带有感情色彩的词语——尤其是"异教"和"宗派"这两个词——被用来描述新兴宗教运动也就不足为奇了。

"宗派"(sect)这个词的字面意思是"分割"(section)。它让人想起社会统一所面临的威胁;然而,这个词里的感情成分并不是那么消极。现在,学者们使用这个词只是为从现有宗教中发展出来的分支或支派定名,比如"正统宗派"或是"改革派"。宗派也可能是结构松散的组织。

"异教"(cult)这个词没有消极的字面意义("培养"[cultivate]和"文化"[culture]与这个词有相同的拉丁语词根),然而这个词经常带有贬义色彩。"异教"这个词通常用于描述规模小、孤立且受自称拥有"神赐能力"的独裁领袖控制的团体。异教徒在生活中组织结构紧密,且与外界的接触受到控制。

当我们得知一些宗教团体鼓励自己的信徒自杀或进行其他病态行为时,使用带有贬义色彩的词语似乎合情合理。例如,我们会想到人民圣殿信徒从旧金山前往圭亚那并于1978年集体自杀,或者会想到日本的奥姆真理教于1995年在东京地铁里释放毒气。纵观像这样的团体,我们可以发现,一些宗教信仰和领袖确实会对其信徒使用危险的权力。为了整个社会着想,我们应当密切观察这些团体,而个人应当小心对待他们。

同时,我们应当牢记,社会经常仅仅因为其与众不同,就把新兴宗教运动视为威胁。我们应该记得早期的罗马帝国将基督教视为危险的犹太异教,中国则曾经担心佛教是从印度引进的危险宗教。

由于一些描述小型宗教运动的词语带有过多的感情色彩,有些宗教学者已经试图寻找并刻意使用带有中立感情色彩的词语。最常见的词语之一是"新兴宗教运动"(new religious movement),如今这个词语的使用如此频繁,以至于经常被缩写成NRM。

一个范例。之后,出现了一些不依赖于现有宗教的运动,并最终被视为独立的宗教——山达基教就是这种宗教的范例。

一个新兴的宗教运动往往是融汇而成的——它混合了多种宗教。例如,越南的高台教将基督教和佛教、道教以及儒教混合在一起。萨泰里阿教和其他相关宗教在加勒比地区有着重要的地位,这些宗教将基督教和来自西非宗教中的元素相混合。我们还可以在兴起于神道教、佛教和印度教的宗教运动中发现融合现象。

我们将在本章中仔细考量最重要的一些新兴宗教运动,以及激起人们兴趣的其他一些古老宗教。(我们应该注意到,一些"新兴宗教运动"实际上已经存在了相当长的时间。)我们试图寻找新兴宗教运动的模式时,明显感觉到其复杂性。实际上,这些运动不可能进行分类,因此在本章中,我们基本上将以与前几章相同的顺序考量这些运动。我们首先讨论与本土宗教有共同特征的宗教运动（当代异教和约鲁巴传统宗教），然后继续讨论似乎拥有印度精神生活元素的宗教（例如神智派和山达基教）。接下来，我们将研究与中国传统宗教关系密切的宗教（高台教），最后讨论根植于基督教和伊斯兰教的宗教（拉斯塔法里教和巴哈伊教）。

第三节　当代的异教主义：维卡教与德鲁伊教

在过去的几百年中，世界人口和自然资源的消耗都出现了大幅增长。因此，很多人觉得迫切需要重建与全球环境之间的和谐关系。同时，遗传学、人类学和心理学方面的发展使人类更清楚地认识到自己与动物世界之间的亲密关系。也许正是因为这些原因，回归古代自然宗教，或者推行新的环境敏感型的新兴宗教运动会吸引到很多信徒。其中有些信徒反对一些主流宗教对本土文化和价值观所表现出的冷漠和无视。其他人则发现，这些古老而新兴的宗教运动宣扬的哲理符合自己对于各种社会问题的观点，包括男女平等和环境保护论。

当代异教（contemporary paganism）这个通用名称指代试图回归更早的自然宗教的运动，主要是与欧洲早期文化有关的宗教。信徒们指出，异教这个词虽然经常被用作贬义，意指"未开化"和"贬低"，但是更恰当的用法是指早期的自然宗教；他们注意到异教（pagan）这个词实际上来自拉丁语的"乡村"（pagus），而且使用这个词语只是因为自然宗教更长久地存在于乡村地区，而是在城市中。当代异教的信徒宣称，基督教传遍西欧之时，古老的异教习俗也不会彻底消失。至少有一些习俗被转入地下秘密发展，披着基督教仪式的外表从而得以生存下去。

虽然现有的小规模的宗教运动试图重建早期斯堪的纳维亚和德国的宗教，但是当代异教最普遍的形式是回顾凯尔特神话，并将其作为自己的根基。**维卡教**（Wicca）是当代异教最有名的表现形式。维卡是一个古英语单词，暗示了与魔法、分离和神圣的联系。维卡教的现代信仰者称其为技艺，他们注重维卡教的实际应用。有时，信徒们也称自己的道路为老宗教。

维卡教中存在数种传统，但是他们在很多方面观点一致。与世界上很多宗教一样，维卡教徒崇拜女性神和男性神，其神圣的形象根植于自然之中。有些维卡教徒会谈到多位神灵，而其他教徒则会谈到拥有男性和女性容貌及形象的单一的神性存在。一些团体将神的女性容貌拟化为"女性神"，将其男性容貌拟化为"男性神"。维卡教宣扬神在对立面中显示自己，这使人想起阴和阳——黑暗和光明、女性和男性等等。然而和道教一样，维卡教中的一些传统特别重视宇宙的女性容貌——可能是因为一些其他的宗教传统对此不够重视。女性在维卡教中拥有显著的地位，她们是知识的持有者和宗教仪式的领袖。

月亮和太阳对维卡教徒而言都是神圣的象征，而维卡教年历的结构来自太阳和月亮的运动。每年，维卡教徒通过记录多达八个季节性转折点（包括**二至点**[solstice]和**二分点**[equinox]）来庆祝太阳活动周期，这被称为**巫魔大会**（Sabbats）。

在维卡教的仪式上,一位女祭司正用侍从手上端着的盐水净化一根魔法杖。

在新月和满月时,维卡教徒庆祝月亮活动周期。满月时的庆祝活动被称为**女巫会**(Esbats),通常会有集会或仪式。季节性的节日和假日既是自然世界的转折点,也是信徒内心世界变化的转折点。至于宗教启蒙以及进入更高的知识层面,维卡教团体倾向于认为有三个阶段。第一是起始阶段,在第二或第三阶段,信徒被认为有能力创建独立的女巫团(崇拜团体)。当代维卡教徒称自己为巫师(the Craft),而且教徒中的男性和女性都可以使用这个词语。

维卡教有其道德维度。维卡教的主要戒律被称为"女巫的**忠告**(Rede)",是一种形式十分温和的黄金律。"女巫的忠告"是一则关于宽容的律法:"做你想做的一切,但万不可伤害他人。"也就是说,每个人可以自由地做任何事情,但是不能伤害他人。该戒律还包括不能伤害动物,所以很多维卡教徒都是素食主义者;而且维卡教禁止损害地球,因此其教徒在保护自然环境方面有着较高的道德意识。维卡教的另一个道德信念是"三倍归还法则",该法则称:"不管你做了什么,好事还是坏事,终将以三倍的力量归还于你。"维卡教徒认为一个人发出的能量将以三倍的数量归还至发送人——这种行为会给自己带回惩罚或是奖励。

当代维卡教的一些信仰和习俗有可能确实很古老,比如万圣节和劳动节举行的仪式。人类学家玛格丽特·默里(Margaret Murray,1863—1963)提出了有力证据,证明巫术的早期形式存在于欧洲,并一直延续至现代。她的著作《西欧的异教巫术崇拜》(The Witch-Cult in Western Europe)大量引用中世纪和文艺复兴时期用拉丁语、法语和英语写成的材料,以此证明存在一种类似于维卡教的自然宗教的早期形式。她随后创作了《巫师的上帝》(The God of the Witches)一书,以更为随和的方式阐述了相同的观点。美国维卡教作家和政治活动家利奥·马太罗(Leo Martello,1931—2000)的著作为维卡教在北美的传播铺平了道路,他将自己的知

礼仪和庆典

维卡教的八大季节庆典

维卡教的庆祝活动有好几个名称，最常见的名称如下所示。季节庆典的日期适用于北半球。

夏末节（10月31日左右）意指"夏季结束"，夏末节（Samhain，萨温节）标志着旧年的结束和新年的开始。这是人们纪念祖先的时间，他们认为祖先的灵魂会暂时回到地球上。现代的万圣节即源于夏末节（参见第二章）。

耶稣圣诞节（yule，12月21日）"yule"来自古斯堪的纳维亚语中冬至日庆典的名字，与"快乐"这个词相关。这个庆祝活动标志着夜晚变短，而太阳光开始获得力量。

依博克（2月1日或2日）这一节日标志冬季结束和春季开始。因为基督教仪式中会按照传统点亮特殊的蜡烛，所以该节日也被称作圣烛节。

奥斯塔拉（3月21日左右）该春分日的节日以黎明女神的名字命名（"复活节"这个词有同样的来历）。

五朔节（5月1日）这是庆祝丰产的节日。节日的名称可能以凯尔特神贝尔命名，他是与阿波罗相关的太阳神。

仲夏节（6月21日）在夏至庆典期间，维卡教徒庆祝夏日的温暖和丰收的开始。

收获的宴会（8月1日或2日）发音是 loo'-na-sah 或 loon'-sar，名称意指"卢的游戏"，卢是掌管音乐、手工和医疗的凯尔特神。这是庆祝粮食丰收的节日，这时人们用收获的麦子烤出第一块面包。该节日也被称作收获节，随后人们按照传统在弥撒时奉上新烤的面包。

马布节（9月22日左右）秋分日碰巧遇上这个重要的丰收节日（很像是感恩节），节日期间，维卡教使用收获的食物。

识追溯到其西西里祖先的古老信仰。[1]

然而一些学者认为维卡教是一个历史相当短的人造产物，是一个"虚构的重建"。这些学者把矛头指向了三个人的所作所为，他们为当代维卡教的建立做出了巨大贡献，他们是杰拉尔德·加德纳（Gerald Gardner，1884—1964）、亚历克斯·桑德斯（Alex Sanders，1926—1988）和多琳·瓦莲特（Doreen Valiente，1922—1999）（参见大事年表11.1）。在这三个人的作品和信仰中，他们介绍——而且经常创造——如今已是现代维卡教组成部分的仪式、警句和其他元素。然而其他评论家把这三个人视为一个更加古老宗教传统的改建者，这些改建者试图缩小乡土文化和现代都市文化之间的差距。（随着这个自封为古老的宗教通过十分现代化的互联网大量传播自己的教义，这一缩小文化差距的进程还在继续。）

虽然维卡教是当代异教中最为著名的，但此外当代异教还存在其他形式。在英国尤为流行的是始于18世纪的**德鲁伊**（Druid）运动，它试图重新引进两千多年前英国和法国的凯尔特人所信仰的宗教。早期关于德鲁伊教信仰的信息来自罗

大事年表 11.1

左侧事件	年份	右侧事件
	1503	来自西非的奴隶初次到达海地
约鲁巴传统中宗教的发展时期	约 1550—1850	
	1817—1892	巴哈伊教创始人巴哈欧拉的一生
海伦娜·布拉瓦斯基夫人的一生	1831—1891	
	1844	巴哈伊教的先驱巴孛运动的开端
神智学会的创建	1875	
	1884—1964	杰拉尔德·加德纳的一生,对现代维卡教有重要影响
牙买加行动主义者马库斯·加维的一生	1887—1940	
	1891—1975	拉斯塔法里(海尔·塞拉西)的一生
贾德·克里希那穆提的一生	1895—1986	
	1911—1986	山达基教创始人罗恩·贺伯特的一生
马库斯·加维成立全球黑人促进协会	1914	
	1922—1999	帮助建立现代维卡教的作家多琳·瓦莲特的一生
现代维卡教的创始人亚历克斯·桑德斯的一生	1926—1988	
	1928	高台教在越南开始发展
雷鬼音乐家鲍勃·马利的一生	1945—1981	
	1954	罗恩·贺伯特成立山达基教
海尔·塞拉西国王访问牙买加	1966	

新兴宗教运动的重大历史事件时间表

马古典文学，主要是恺撒大帝和历史学家塔西佗的著作。虽然罗马时代对德鲁伊教的描述带有偏见色彩，但是其中的细节肯定描写了一些实际的习俗和事件。事实上，考古发现已经证实了很多关于德鲁伊教早期描述的真实性。

英格兰的德鲁伊教徒使用史前时期的巨石阵作为其庆祝夏至的场地。

德鲁伊教是专业人员组成的精英团体，他们担任法官、教师、顾问、医生和祭司。在加入德鲁伊教之前，他们需要准备长达20年。德鲁伊教团成员是多神论者，崇拜大约三十个自然主神和很多次神（在现有文学作品中可以找到大约三百位神灵的名字）。太阳和火焰是重要的神圣象征。德鲁伊教团成员通常在神圣的橡树林中举行宗教仪式，事实上，虽然德鲁伊教的确切来源难以界定，但是德鲁伊（Druid）通常被认为是"橡树智慧"（可能与古凯尔特人用树占卜有关——编注）的含义。

因为对古代德鲁伊教所知甚少，所以现代德鲁伊教运动不仅必须借用文学和考古学的资料，而且必须依赖对于德鲁伊教组织和仪式的创造性再现。德鲁伊教认为有三种信仰的路径，也可以被视为知识的某些阶段：**巴德**（bards）、**奥瓦德**（ovates）和德鲁伊。与维卡教徒一样，现代德鲁伊教团成员基本上遵循同样分为八个部分的季节性日历，而且他们在月圆时也举行庆祝活动。虽然英国巨石阵出现的时代早于德鲁伊教，但是巨石阵通常与现代德鲁伊教团成员联系在一起，他们在这座古代的圆形建筑物中庆祝夏至。[2]

第四节　约鲁巴传统中的宗教：萨泰里阿教、巫毒教、康得布雷教

人们从一种文化进入到另一种文化时，会携带着自己的宗教。宗教有助于维持他们的生活，并为他们融入新生活提供便利。有时，两种文化中的元素会以有趣的方式混合在一起。根植于非洲本土约鲁巴传统的新兴宗教就是这样。

美洲被殖民期间，大规模的奴隶贸易开始出现。受奴役的非洲人大部分来自西非，随后被运到南美洲、加勒比海地区和北美洲。在这些黑人奴隶的后裔中出现了一种新的混合宗教，它融合了来自非洲本土宗教和殖民地基督教的元素。

当年被带到新世界的西非宗教中，生活在今天的尼日利亚和贝宁的约鲁巴族所信仰的宗教最有影响力。（所信仰的宗教在美洲殖民地具有影响力的其他民族包括丰人、纳戈人、刚果人和伊博人。）虽然**萨泰里阿教**（Santería）是约鲁巴教和基督教混合之后的产物，而且可能是最有名的宗教运动，但是**巫毒教**（Voodoo，

Voudun）和**康得布雷教**（Candomblé）也有着突出的地位。这三个相关联的宗教有时就是指约鲁巴传统中的宗教。

现在，这些源自约鲁巴传统的宗教已经有数百年的历史，但是由于多种原因，人们对这些宗教的兴趣被重新点燃。其中一个原因是，古巴和海地移民在过去的30年中涌入美国，并带来这些宗教传统。另一个原因是，如今很多非裔美国人对探究自己的文化和宗教传统感兴

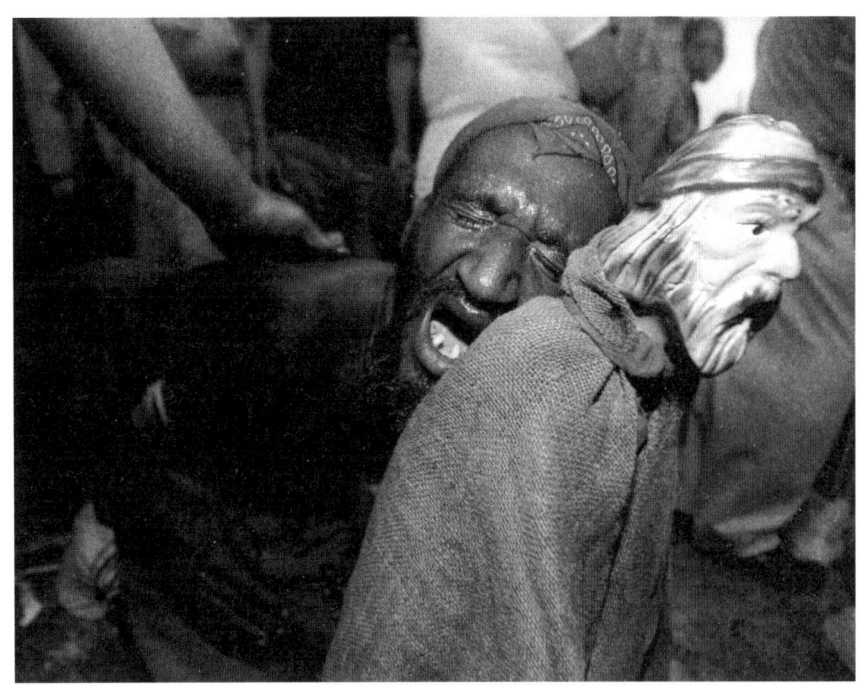

古巴哈瓦那的一位信徒为圣拉扎勒斯的塑像哭泣。

趣。然而，我们应当注意，这三个宗教之间存在巨大的历史差异。萨泰里阿教受西班牙殖民地天主教的影响，并在古巴逐渐形成；巫毒教受法国天主教的影响，在海地发展壮大；而康得布雷教则受葡萄牙天主教的影响，在巴西不断壮大。

对于其中两个宗教的名称存在一些争议。虽然萨泰里阿（"神圣的事物"或"神圣的方式"）这个词最初是用于命名该运动的负面说法，但是现在仍然使用，这是因为大部分信徒接受了这种说法，而且他们自己也这样称呼。然而，Lukumí或Lucumí（来自约鲁巴语）这两个别名得到了一定的认可。巫毒（Voodoo）这个词来自丰语的伏都（Vodun，意为"神秘力量"），但是由于巫毒这个词有很多负面的隐含意义，一些宗教权威喜欢使用Voudun这个词。在这三个宗教里，我们发现词语的拼写和神的名字都各不相同。

虽然这三个宗教都是非洲本土宗教与罗马天主教混合之后的产物，但是描述这些元素如何混合在一起并非易事。有时候，融汇、组合和共生这些词被用来描述这种宗教混合，暗示一种令人满意的互补融合；然而，这些宗教实际上出现在高压、恐惧的环境中。奴隶们经常被强迫施以洗礼，皈依罗马天主教，而且非洲的宗教信仰有时受到严厉的打压。

然而，这些奴隶中有很多人是约鲁巴宗教坚定的信徒，甚至是牧师，因此，他们的宗教信仰不会消失。为了得以生存，这些非洲宗教表现出顺从天主教信仰和习俗的样子。信徒们表面上敬拜天主教圣徒，但是实际上他们使用圣徒的形象代表自己宗教中的神灵。萨泰里阿教的牧师劳尔·卡尼扎尔（Raúl Canizares）形容最终结果不是融合，而是伪装，他用这个词强调信徒们经常故意将自己的信仰

深度视角

萨泰里阿教中的主神

路神（Elegguá，也被称为Elegbara或Eshu）知晓命运，因此在宗教仪式中是第一个接受祈祷的神灵。他既是信使神又是魔术师。由于他知晓过去与未来，所以他经常被与拐角和十字路口（转折点）联系在一起。它的象征物是泥塑的头像，上面有贝壳做成的眼睛和嘴。路神的颜色是黑色和红色。天主教中与他相同的圣人是圣安东尼，享祭日是6月13日。

欧顺（Oshún）是掌管爱情、繁育和婚姻的女神。欧顺和河流联系在一起，她的象征物是小船和镜子。她的颜色是黄色和白色。天主教中与她相同的是慈善圣母（在9月8日，即圣母马利亚的生日进行庆祝活动）。

尚戈（Changó）被认为是一位神化的约鲁巴国王。他被想象成一个年轻、热情、强大、英俊并且自负的形象。人们将尚戈与狂风暴雨、闪电和雷联系在一起，他的象征物是一把双刃斧。他的颜色是红色和白色。圣巴巴拉（11月4日）是天主教中与其相同的最常见的圣人，因为她的形象经常手持宝剑，而且和风暴联系在一起。

巴巴鲁·艾耶（Babalú-Ayé）被想象成一位挂着拐杖的仁慈老者，他衣着朴素，拿着一个袋子。信徒们召唤他来治疗严重的生理疾病，比如癌症、麻风和瘫痪。其象征物是一根拐杖。他的颜色是白色和蓝色，与之相同的是圣拉扎勒斯，享祭日是12月17日。（一些人可能会想起曾在古巴裔演员德兹·阿纳兹的歌曲中听到他的名字，德兹·阿纳兹在《我爱露西》系列剧中扮演里奇·李嘉多。）

奥巴塔拉（Obatalá）和智慧联系在一起，因为他按照上帝的命令塑造出土地和人类。他掌管思维和才智，其象征物是代表权威的拂尘。因为奥巴塔拉也和纯洁联系在一起，所以他的颜色是白色，而且他喜欢白色的事物。天主教中与之相同的是仁慈圣母，享祭日是9月24日。

狩猎神（Ochosi）被想象成猎人的形象，身着紫色服饰，这是他最喜欢的颜色。其象征物是十字弓。因为狩猎神待在森林中，所以他熟悉植物和草药。圣诺伯特（6月6日）是天主教中与其相同的圣人。

奥刚（Oggún）是一位铁匠，其象征物是刀和镐。他是理发师、屠夫以及所有与刀和金属打交道的工人的守护神。因为奥刚粗暴危险，所以他被认为是战争和交通事故的罪魁祸首。他的颜色是黑色和绿色。圣彼得（6月29日）是最常和他联系在一起的圣人，这是因为圣彼得经常手持两把金属钥匙（通往天国的钥匙）出现。

耶迈雅（Yemayá）是女性的保护神，信徒们召唤她帮助母亲们。人们将她与海洋联系在一起，其象征物是珊瑚和海贝。耶迈雅的颜色是白色和蓝色。天主教中与其相同的圣人是圣母雷格拉，她的享祭日是9月7日，即马利亚进殿的享祭日。

欧雅（Oyá）和大风、死亡、墓地联系在一起。她可以保护信徒远离死亡，其象征物是马尾，她的颜色是白色和紫红色。天主教中与其相同的圣人是坎德拉里亚圣母（2月2日）。[3]

几乎每个宗教都有朝圣活动。这幅照片描绘了巫毒教的女性朝圣者接受圣水沐浴。

和习俗隐藏在"面具"之后——尤其是隐藏在对圣徒崇敬的假象之后。[4]

但是我们不应该过分强调伪饰这一方面。有可能因为约鲁巴宗教和罗马天主教在信仰和手段上存在明显的相似之处，才会出现宗教融合。两个宗教都信奉一个至高无上的上帝，信奉作为上帝和人类中介的超自然存在，并相信死者有灵魂。两个宗教都信任宗教仪式的力量，并频繁使用仪式元素。此外，将天主教日历中的圣徒纪念日移用于非洲本土神灵的崇拜也并非难事。

虽然约鲁巴传统中的新兴宗教信奉一个至高无上的神，但是他们与天主教有所区别，因为约鲁巴宗教的神（正如非洲很多宗教）本质上是一种中性的力量，不会对人事表现出像人一样的兴趣。人类必须接近至高无上的上帝，并且只有接触被称为**奥瑞夏**（orisha）的无形的超自然存在才能获得力量。（这种超自然存在在萨泰里阿教中经常被称为奥查［ocha］；在巫毒教中被称为洛阿［loa 或 lwa］；而在康得布雷教中则被称为奥里沙［orixa］。）

奥瑞夏有时被称为神，他们恰恰可以被比作希腊和罗马神话中的神，因为奥瑞夏有着和人类一样的性格：他们温文尔雅、变化莫测、幽默顽皮、聪明睿智，而且喜欢特定的食物和颜色。奥瑞夏掌管大自然的某些领域（比如海洋、植物和闪电），他们通晓专门的技能（比如金属加工）。为了使奥瑞夏健康强壮，让他们幸福快乐并获得他们的支持，人类必须一直为他们提供食物——而且奥瑞夏不是素食者。奥瑞夏想要和人类进行交流接触时，他们会暂时"附在"一位信徒身上，让信徒进入昏睡状态，然后这位信徒便神奇地"成为"神，显示出神的个人性格。非洲的约鲁巴宗教有着成百上千位这样的神，但是只有二十多位在加勒比海地区约鲁巴传统宗教里占有重要的地位，而且有十几位神尤其为众人所喜爱。我们还应该注意奥瑞夏和天主教圣徒之间的区别。虽然两种宗教的信徒向奥瑞夏或圣徒祷告，以获得帮助解决生活难题，但是我们可以清楚地看出，奥瑞夏被看作是神，而圣徒在传统天主教中并没有被看作是神。

个人入会之后就能受到其中一位奥瑞夏的保护，而这位奥瑞夏则成为这个人的守护神。入会仪式由牧师（男性牧师被称为**男祭司**[Santero]，而女性牧师被称为**女祭司**[Santera]）主持。牧师的上级是大祭司（在萨泰里阿教中被称为babalawos）。只有男性才能成为大祭司，但是这种传统可能正在改变。

祈祷仪式包括祷告、击鼓、跳舞、供奉食物、追忆奥瑞夏的祖源。献祭动物——主要是鸡、鸽子和山羊——是其中一些仪式的组成部分。虽然很多团体抗议萨泰里阿教的献祭习俗，但是其合法性得到了美国最高法院的认可（1993）。考虑到这一争议，有些萨泰里阿教信徒开始使用其他供品（比如饮料和食物）来代替动物。

康得布雷教在巴西一直被公认为官方宗教，其总部位于巴西东北部的巴伊亚。由于来自加勒比地区的大量移民，萨泰里阿教和巫毒教在美国一些大城市的知名度越来越高，比如迈阿密、纽约和洛杉矶。巫毒教长久以来就是新奥尔良历史的一部分，而且路易斯安那州有数座巫毒教博物馆。除了这三种宗教之外，相关的宗教运动在牙买加和特立尼达（崇奉尚戈神的异教）发展壮大。

第五节　神智派

现在我们放下根植于本土宗教的运动，开始讨论吸收印度教和佛教传统的运动。在这种类型的新兴宗教运动中，我们首先要考虑的就是**神智派**（Theosophy）。神智派这个词在希腊语里的意思是"神圣的智慧"。一般而言，神智派是指所有类型的神秘主义运动，但也特指一个始于19世纪的运动，该运动试图综合神秘的（秘密的）宗教知识。神智派是折中主义运动，它尤其对来自各方面的神秘主义教义表现出强烈的兴趣，它们的来源包括印度教吠檀多、犹太教卡巴拉和诺斯替主义。

神智派的主要创始人是俄罗斯作家海伦娜·布拉瓦斯基夫人（Helena Blavatsky，1831—1891），她和几位同事在1875年创建神智学会。《揭去面纱的伊希斯》（*Isis Unveiled*）和《秘密的教义》（*The Secret Doctrine*）由布拉瓦斯基创作，这两本著作最早在西方人中普及印度思想中的重要元素，包括因果报应、轮回转世、瑜伽和冥想。

布拉瓦斯基从自己的阅读和游历中学到了这些思想，但是她也声称自己得到过"升华大师"（存在于地球之外领域中高度进化的人类灵魂，能够指引人类的进化）的教化。（这使人想起佛教徒关于菩萨的说法。）在美国待了一段时间之后，布拉瓦斯基在1878年移居到印度南部，她在马德拉斯的郊区阿迪亚尔创建神智派的世界中心。她得到了精明能干的亨利·斯蒂尔·奥尔科特上校的援助。奥尔科特是最早正式接受佛教的西方人之一，他在1880年皈依佛教。奥尔科特著有《佛教教理》（*Buddhist Catechism*），在斯里兰卡工作期间试图复兴并进化那里的佛教。

海伦娜·布拉瓦斯基夫人的工作受到亨利·斯蒂尔·奥尔科特上校的帮助，他们一起在印度创建了神智学会。

奥尔科特生活在印度时，布拉瓦斯基正在自己位于伦敦的宗教中心指导欧洲神智派的发展。1891年布拉瓦斯基去世之后，安妮·贝赞特（1847—1933）和查尔斯·利德比特（1854—1934）接手了她的工作。

神智学者兴趣广泛，但总体而言他们对实体都有相似的观点。神智学者提出了一个类似于吠檀多主义思想的假设：所有的实体本质上都有精神性——可见的事物是"浓缩的精神"。神智学者认为人们可以体验实体的精神本质，而且训练——尤其是通过冥想手法和达到出神状态——可以实现并且加深这种体验。有时，神智学者说人类存在几个渐增的精神层面（比如说魂魄），而且人们有时能够看到所有有形实体（例如灵光）的精神样貌。神智学者对研究鲜为人知的力量感兴趣，他们认为这些是隐藏在非人类世界和人类中的力量，例如悬浮和千里眼。

布拉瓦斯基预言称将出现一个"世界导师"，带领世界到达进化的新阶段。利德比特和贝赞特在马德拉斯找到了贾德·克里希那穆提（Jiddu Krishnamurti，1895—1986），他们确认这位年轻男子就是"世界导师"。起初，克里希那穆提接受了神智学会强加在了自己身上的角色，接受训练之后以领袖身份接管神智学会。然而，他最终抛弃自己在神智学会的角色，开始宣扬每个人必须是自己的导师的观点。

尽管克里希那穆提放弃了自己的精神领袖地

这是一幅贾德·克里希那穆提早期的照片，他正在一群人中做演讲。

> 忧郁的阴影出现在全心全意之时。
> ——鲁道夫·施坦纳
> 谈到人类的灵性时如是说[5]

位,但他仍旧吸引了大批的信徒。他在加利福尼亚州洛杉矶北部奥哈伊的山顶上创建了宗教活动中心,在随后的很多年里,他在那里进行创作,并教授信徒。如今,克里希那穆提基金会在那里经营着一个静修中心,而且通过影碟、书籍和讨论会继续宣扬他的教义。

神智派经历了数次分裂。神智派的美国团体和其总部位于印度的国际学会之间长久以来就存在不和。结果,神智派出现了几个分支。以印度为中心的神智派从本质上说更加接近印度教和佛教。相比之下,西方神智派对于欧美思想家和声称研究心灵感应、千里眼和类似特异功能的科学实验有着更加浓厚的兴趣。

神智派颇具影响力的一个分支是**人智学**(Anthroposophy,"人类智慧"),由在中欧出生并接受训练的思想家鲁道夫·施坦纳(1861—1925)创建。施坦纳一开始是神智学者,但是1909年脱离神智派,并在1913年建立人智学。受德国作家约翰·沃尔夫冈·冯·歌德、英国自然学家查尔斯·达尔文和德国哲学家弗里德里希·尼采的著作的影响,施坦纳在精神进化方面提出自己的理论。施坦纳希望重视能够达成人类完整性和灵性的实际途径,他创建第一所华德福学校来训练年轻人。该学校中的课程不仅包括传统学科,而且还有农业、艺术以及被称为**优律**(eurhythmy)的形意舞。现在,世界上的华德福学校仍然宣传斯坦纳在个人全面发展问题上的兴趣。施坦纳的众多著作包括《自由的哲学》(*Philosophy of Spiritual Activity*)、《我的一生》(*The Course of My Life*)和《教育的新艺术》(*The New Art of Education*)。[6]

由先知伊丽莎白·克莱尔(生于1939)创建的**普世全胜教会**(Church Universal and Triumphant)是神智派的现代分支。信徒相信教会从扬升大师那里得到帮助,扬升大师是伟人的灵魂,他们从地球之外的领域帮助人类。普世全胜教会将来自天主基督教和亚洲信仰中的元素混合在一起。例如,该教会鼓励使用圣经、玫瑰经并尊敬圣徒,但是也宣扬轮回转世和包括佛陀、耶稣和圣母马利亚在内的扬升大师。

神智派规模虽小,但是具有深远的影响力。布拉瓦斯基的著作对其他运动产生了影响,比如新思想派、联合教会和基督教科学派。布拉瓦斯基对很多现象的包容引起其他人研究自发写作(在出神状态中写作)、催眠术和超自然能力。至少在某种程度上,现代西方对印度教的兴趣以及整个新纪元运动(参见第十二章)可以追溯到布拉瓦斯基和神智派的影响。

第六节 科学论派(山达基教)

和神智派一样,**山达基教**(Scientology)同样根植于印度的灵性。1954年,罗恩·贺伯特(1911—1986)创建了山达基教,他最初以科幻小说的作者成名。山达基教起初是20世纪50年代早期的潜能运动,后来迅速演变为如今被称作山达基教会的宗教。

贺伯特创建了一套系统，他认为这可以帮助人们弄清自己对人类认知过程的理解，他为这套系统合成了一个名字，来自认识（scientia，拉丁语："知识"）和逻各斯（logos，希腊语："理性""理解"）这两个词。山达基教徒认为，如果我们可以逐渐理解人类的认知以及对世界做出反应的过程，那么我们将能够更清晰地认识现实，并对周遭世界做出更理性的回应。

> 山达基教伴随着宗教目标出现在人类的历史中，通过智慧来解放灵魂。
> ——罗恩·贺伯特[7]

山达基教根本的信仰体系与很多宗教类似，尤其是诺斯替主义和印度教的一些流派。山达基教会认为生命有其精神目的，而且坚称人类的核心是灵魂或精神现实，他们称之为**精神个体**（thetan）。根据山达基教的观点，精神个体在物质世界中处于禁闭状态，他们将这个物质世界称为 MEST——物质、能量、空间和时间这几个词的首字母缩写。（MEST 使人想起印度教和佛教中轮回的说法。）精神个体，即永恒的精神存在，是每个人的核心，而且它渴望得到解放。

虽然对重生的信仰起初不是山达基教的重要教义，但是这种信仰很快就受到关注。受过山达基教训练的人们念念有词，说他们需要克服前世曾对自己造成的伤害，而且这种有害的结果延续到了今生。这种说法明显类似于印度教关于因果报应和转世轮回的教义。正如前面所提到的，山达基教与印度教和佛教世界观的另一个相似处是：每个人的目标是达到可由顿悟引起的某种类型的心灵解放。虽然山达基教徒没有使用解脱、涅槃或觉悟这些词，但是其中的观点在山达基教中得到了有力的体现。

山达基教为每个人可以追求的阶段提出了宏伟计划，而每个阶段代表人们的理解和解放向上增长了一步。所有的阶段显示在一张说明图表上，被称为自由之桥，或简称为**桥**（Bridge）。山达基教提供技术和书籍（比如贺伯特的《戴尼提》），引导个人向上发展。处于自由之桥起始阶段的人被称为**待净化者**（pre-clear），已经达到精神解放状态（叫作**净化**[clear]）的人被称为**运作的精神个体**（operating thetan，简称 OT）。

个人可以使用山达基教提供的书籍，自己沿着精神解放的道路行进。然而，山达基教鼓励个人在另一个人，即被称为**听析员**（auditor）的精神顾问的帮助下，进行精神解放。听析员借助被称作听析程序的训练方式，指导缺少经验的人，在此程序中会使用一系列的问题和心智图像。听析程序帮助待净化者学习新的集中精神的方式。听析员和待净化者一起努力，找到影响个人发展的障碍（这些由早期的痛苦经历引起的障碍被称为**印痕**[engram]）。听析员有时使用**心灵电仪表**（e-meter），一种读取待净化者皮肤上电流感

一位精神顾问提供山达基教听析服务。

应的电子仪器。心灵电仪表的读数帮助检测出障碍，然后着手解决。山达基教会对听析环节和听析程序阶段的疗程收取费用，但是去山达基教任职有时可以替代缴费。听析程序也可以在小组中进行。

山达基教徒坚称，信仰山达基教的同时还能信仰其他宗教，而且山达基教不会取代其他宗教的地位。事实上，山达基教中心看上去不像是教堂或寺庙，而通常是位于市区的办公楼。然而，信徒们必须在山达基教中投放大量的时间，这使得他们很难同时信仰另一个宗教。

山达基教徒在周日集合进行宗教仪式，包括阅读贺伯特的作品（或观看他的演说录像带）、由牧师组织关于山达基教某些方面的讲道、分享观点、通告，以及进行贺伯特创作的闭会祷告。山达基教牧师能够主持命名仪式、婚礼和葬礼。山达基教徒会庆祝一些出现在自己周围社会中的宗教节日（比如圣诞节）。他们还把三月十三日定为庆祝节日，纪念贺伯特的诞辰。

由于像约翰·特拉沃尔塔（John Travolta）、凯利·普雷斯顿（Kelly Preston）、柯斯迪·艾黎（Kirstie Alley）、汤姆·克鲁斯（Tom Cruise）和凯蒂·赫尔姆斯（Katie Holmes）这样的名人拥护山达基教，该教已经为大众所知。

第七节　高台教

高台教（Cao Dai）是深受中国文化影响的宗教运动，它也是世界上极不寻常的宗教之一。高台教将道教、儒教、佛教以及中国神仙信仰的元素和基督教的一神论混合在一起，它拥有的主教和组织结构让人想起了天主教，而且高台教崇拜的众多圣人中有英国政治家温斯顿·丘吉尔、中国领袖孙中山和法国作家维克多·雨果。

高台这个名字是上帝的一个头衔，其字面意思是"高大的宫殿"，是用以表示尊称的头衔。根据高台教徒的说法，1921年，上帝开始向时任越南乡村岛屿政府长官的吴文昭（Ngo Van Chieu，1878—1926？）显灵。此次显灵发生时，吴文昭正在实施招魂术（召唤灵魂的仪式）。吴文昭祈求获得以某种可见形式崇拜上帝的能力，之后他便经常在天空中看见一只大眼睛的图案。吴文昭意识到这就是上帝用恰当的视觉符号代表自己。（这个符号在欧洲天主教堂中十分常见，尤其是在法国。这只眼睛的图案通常位于一个象征三位一体的三角形中。共济会这一兄弟会组织也使用相同的符号，而共济会通过自己的影响，使该符号出现在了一美元纸币的背面。）

1924年，吴文昭来到西贡（胡志明市），那里信奉招魂术的人聚集在他周围。他的一些信徒屡次接触到他们认为是自己父母和祖先灵魂的事物。渐渐地，一个灵魂不断显灵，而这个灵魂将自己展现为"至高无上的神"。吴文昭和其他人确信他们都是某种新的神圣启示的接受者，他们协力制定了一套组织结构。1928年，吴文昭的信徒们宣布成立新宗教。

高台教主要的教义是，所有宗教都是基于上帝的启示，但是早期的启示遭到了人们的误解。高台教教义认为所有伟大的宗教创始人和教师都得到了上帝的启示，而上帝的启示日渐清晰，并且已经发生在三大阶段或**联盟**（alliances）中。

第一个启示阶段被称为第一联盟，发生在远古时期，当时一些神话人物（比如老子早期的化身和早期传说中佛所化的燃灯佛）将神圣启示带到这个世界。第二联盟发生在持续千年的宗教动乱时期，这个时期诞生了老子、孔子、乔达摩·悉达多、耶稣和穆罕默德。第三联盟于19世纪以维克多·雨果、孙中山和越南学者阮秉谦的工作为开端，他们都追求正义和人类解放的理想。第三联盟继续给予吴文昭及其信徒启示，而且上帝似乎用最清晰的方式和他们交谈。然而，在高台

信徒们在位于西宁的高台教大教堂里无所不见的天眼前上香。

教教义看来，启示并未终结。高台教徒认为神圣的国度继续通过来自上帝和天神的启示与人类交流。

高台教信条包括信奉天主圣父（高台）、天上的宇宙之母、天神以及活人和死人的灵魂。佛教的影响明显体现在高台教信奉因果报应、转世轮回和被称为涅槃的解放状态。佛教的影响还体现在很多高台教习俗中。例如，高台教宣扬远离酒精与毒品，拒绝奢侈，不讲谎言与恶语，还禁止杀生，这表现在高台教素食理想的习俗中：一般信徒在一个月里应当有十天不吃肉，而更高的精神领袖则应当坚持彻底的素食膳食。儒教的影响也明显体现在很多高台教的道德要求中：修身、家庭责任感、社会和谐以及忠于责任。在重要仪式中使用的四种颜色的长袍象征刻意混合的多种宗教：黄色表示佛教（僧侣长袍最初的颜色，象征遁世）；红色表示儒教（代表"阳"的颜色）；而蓝色表示道教（代表"阴"的颜色）；白色由教皇、立法者和普通人使用。

高台教信徒可以通过参加高台教教堂的仪式（从黎明开始，每隔六小时举行一次仪式，一天四次），遵循集体的信仰道路，或者，他们可以在家里的祭坛前祷告。新月和满月时，信徒要举行特殊的仪式。高台教信徒还可以遵循自我完善的个人道路，包括冥想和吐纳训练。

高台教等级结构式的管理让人想起天主教：高台教受教皇和红衣主教的领导，其总部和梵蒂冈一样，被称为圣座（这个词来自拉丁语 sedes，"圣座"）。高台教的中心及其宏伟的大教堂坐落于越南南部的西宁市，靠近胡志明市（西贡）。越南之外的高台教中心位于加利福尼亚州洛杉矶附近的河滨市，那里正在修建西宁镇大教堂的姊妹建筑。澳大利亚的悉尼也有一座新的神庙。世界上有五百万高台教信徒，其中大部分生活在越南或是国外的越南移民社区。

第八节　拉斯塔法里教

拉斯塔法里教（Rastafarianism）受到基督教的强烈影响，于 20 世纪 30 年代出现在牙买加。牙买加这座岛屿的历史——被西班牙侵占至 1655 年，然后被英国侵占至 1962 年——就是一段反抗殖民国家的历史。反殖民主义的情绪表现在当地人大力发展真正的本土文化，并创建刻意反对标准形式的牙买加英语；这种情绪还促使逃亡奴隶（及其后裔）社区的形成，他们离开城市社会，转而在牙买加的山岭里过着集体生活。颇具讽刺意义的是，源自英国基督教的基督新教的复兴主义运动和阅读圣经促成了这种反殖民主义的情绪。拉斯塔法里教在这种环境中应运而生。

拉斯塔法里教早期最重要的人物是马库斯·加维（Marcus Garvey，1887—1940）。加维出生于牙买加，1914 年在牙买加组建全球黑人促进协会（UNIA），宣传对黑人先祖移民的自豪感。在美国短暂停留之后，加维在 20 世纪 20 年代早期回到牙买加，开始在牙买加首都金斯敦传教。

加维提出，在牙买加，拥有非洲血统的人在精神上和政治上处于被奴役的状态；他劝说在牙买加的信徒们——以及其他地方像他们这样的非洲人——应该对自己的非洲血统感到自豪、应该摆脱压迫并团结在一个世界性的联盟中。加维渴望有一天，学校里可以教授非洲文化。为了阐明自己的观点，加维创作了数部戏剧，其中最具影响力的是《国王的加冕礼和非洲的皇后》（*The Coronation of the King and Queen of Africa*）。

根据信徒们的说法，加维让他们期待非洲加冕的本土国王，他将成为非洲人的救世主。在历史宿命的曲折中，一位名叫**拉斯塔法里**（Ras Tafari, 1891—1975）的贵族加冕成为埃塞俄比亚的国王。（拉斯这个名字是类似于公爵的头衔，而塔法里是他的姓。）在亚的斯亚贝巴举行的加冕仪式是当时的重大事件，很多国家的外交官出席了该仪式，而新闻媒体也进行了大篇幅的报道。拉斯塔法里成为埃塞俄比亚的君主之后改名为海尔·塞拉西国王（Emperor Haile Selassie，"三位一体"）。

海尔·塞拉西国王曾经是名为拉斯塔法里的贵族，他正和自己的宠物狮子一起散步。

埃塞俄比亚作为保持独立的古代非洲黑人王国，早已深受牙买加人的敬仰。很多牙买加人也认可埃塞俄比亚人的观念，认为他们的国王是圣经中所罗门国王和示巴女王的后代。此外，一些牙买加人开始相信海尔·塞拉西是耶稣显灵，因此他是神人（海尔·塞拉西是一名虔诚的科普特基督徒，他不认可这些永恒的观念。）

牙买加越来越希望海尔·塞拉西派船将牙买加的黑人接回非洲。1938年之后，这个愿望愈加强烈，此时海尔·塞拉西成立了埃塞俄比亚世界联合会，并且在埃塞俄比亚划拨五百英亩的土地授予该联合会，提供给想要定居于此的具有非洲血统的人。海尔·塞拉西1966年访问牙买加时，其象征意义显而易见。很多人涌上前来和他打招呼，他甚至难以走下乘坐的飞机。

1975年，海尔·塞拉西去世，但是拉斯塔法里教徒相信他仍然活在自己的灵性躯体中。信徒们向他的名字"拉斯塔法里"

王子们应该走出埃及；埃塞俄比亚应当向上帝张开双臂。
——《诗篇》（第68章第31节）[8]

一些拉斯塔法里教徒和埃塞俄比亚基督教存在联系，这幅照片展示了牙买加金斯敦的埃塞俄比亚正教会举行的一次浸礼。

擦干眼泪，来看看拉斯塔法里吧。
——拉斯塔法里教赞美诗[9]

祷告，并且仍旧把海尔·塞拉西看成是解放的象征。海尔·塞拉西对于很多牙买加人的重要意义在于解释了拉斯塔法里教这个名称，也让人理解这些教徒为何重视海尔·塞拉西，并将其视为宗教信仰的中心人物。

拉斯塔法里教并不是一个单一的、有组织的宗教，而是不断产生新分支的扩散运动，其众多的分支包括：拉斯塔法里运动协会、埃塞俄比亚国民大会和近期出现的被称为以色列十二支派的分支。虽然众多团体之间存在差异，但是大部分拉斯塔法里教徒拥有一些共有的信仰和习俗。第一条共有的信仰是，世界上只有一个上帝，他在圣经里的名字是耶和华（这个名字与 Yahweh 和 Jehovah 有关）。另一条共有的信仰是，被称为万王之王以及犹大之狮的海尔·塞拉西是且永远是神人。第三，所有的拉斯塔法里教徒相信圣经不仅是上帝的言语，而且对拥有非洲血统的人而言，其中的隐含意义尤为重要。尤其是在《诗篇》《但以理书》和《启示录》中可以找到这种经文，其中提到了弥赛亚和未来的"黄金时代"。最后，拉斯塔法里教徒认为拥有非洲血统的人——就像被囚禁在巴比伦 50 年之久的以色列人——必须在任何压迫他们的社会中寻求解放。

拉斯塔法里教起初带有极为强烈的种族偏见，它谴责白人社会（称其为罪恶之都），并从中寻求解放。然而，由于拉斯塔法里教徒通过进入牙买加和其他地方的政府，以寻求社会变革，而很多白人也皈依拉斯塔法里教，这种强烈的种族偏见在近几十年里逐渐削弱。渐渐地，拉斯塔法里教徒开始重视人类团结的理想以及与自然和谐相处。

随着时间的推移，拉斯塔法里教出现了一些代表性的礼俗，而关于这些礼俗的来源仍有争议。其中一个就是在圣礼仪式中使用大麻（marijuana）。这个礼俗可能来自加勒比海地区的印度移民。拉斯塔法里教徒称大麻为"圣草"，而且他们指出基督教圣经中有多处提到圣草。最受教徒喜爱的是一段来自创世故事的经文："上帝说，'地上要有孕育种子的植物，开花结果的树木'"（《创世记》第1章第11节，《英王詹姆斯钦定版圣经》）。另一段经文描述了未来的"黄金时代"，那时新耶路撒冷会出现一条河流，上帝在河流两岸种着长有药用叶子的树木，"树上的叶子乃为医治万民"（《启示录》第22章第2节，《英王詹姆斯钦定版圣经》）。

虽然已经去世，但是雷鬼歌手鲍勃·马利仍是拉斯塔法里教传教士的象征。

拉斯塔法里教的另一个习俗是将头发蓄成**发绺**（dreadlocks）。（在牙买加英语中，dread 通常被用作形容词，意思是"严格的""正直的"和"正义的"。）虽然这种习俗可能象征了对压迫性社会规范的反抗，但是也可以被理解为遵守圣经的要求。律法书禁止男性剃除胡须和鬓须（参见《利未记》第19章第27节），而且其中一个特殊的誓言使得男性在任何情况下不得饮酒和剪发（《民数记》第6章第5节）。圣经中记载的遵守该誓言的人物有：以身体强壮而著称的参孙（《士师记》第13章第5节）和以坚强的性格而著称的施洗约翰（《路加福音》第1章第5节）。

拉斯塔法里教徒部分受到希伯来圣经中饮食教规的影响，通常不吃猪肉和贝类（《利未记》第11章第7节至第12节）。他们喜欢不含防腐剂、添加剂、杀虫剂和除草剂的食物。出于保护健康的考虑，很多拉斯塔法里教徒是素食主义者——例如鲍勃·马利（Bob Marley）的儿子利奇·马利（Ziggy Marley），他曾在电视上演示如何制作"拉斯塔意大利面"（Rasta Pasta）。

拉斯塔法里教徒使用四种具有象征意义的颜色：黑色代表具有非洲血统的人；绿色代表牙买加的山岭以及对未来的期望；红色代表为事业挥洒鲜血的殉道者；金色代表埃塞俄比亚，非洲自豪感的中心。这种颜色组合常用于帽子、衬衫和旗帜。

拉斯塔法里教的元素已经进入主流文化，尤其是音乐。拉斯塔法里教徒起初遵循非洲的习俗，出于宗教目的而击鼓，但是1960年之后雷鬼音乐和歌曲的发展，广泛传播了拉斯塔法里教的观点和词汇。吉米·克里夫（Jimmy Cliff）、鲍勃·马利和他的儿子利奇·马利可能是最有名的雷鬼音乐家。（1981年鲍勃·马利去世后，他生前居住的房屋成为一座神殿。）在这种音乐形式的影响下，出现了一种"雷鬼文化"（例如在冲浪界），而且这种文化比拉斯塔法里教自身影响更为广泛深远。拉斯塔法里教及其影响已经从加勒比海地区向外传播，到达英国、加拿大和美国。

第九节　巴哈伊教

在结束对具体新兴宗教运动的调查之前，我们再研究一个源自伊斯兰教的运动。**巴哈伊教**（Baha'i）是一神论宗教，其源头可追溯到波斯（伊朗）的伊斯兰教什叶派。我们应该记得什叶派认为神圣的权威存在于伊玛目中，伊玛目是穆罕默德的女婿阿里的世袭继承人。很多什叶派穆斯林认为最后一位伊玛目并没有去世，而是生活在地球之外的另一个国度里，而且他将来会回到地球。很多人还希望将来地球上会出现一位救世主似的人物（有时被视为与耶稣等同）。

什叶派对救世主的期望就是19世纪在波斯所出现的宗教运动的背景。一位名叫赛义德·阿里·穆罕默德（Siyyid Ali Muhammad）的人发起该运动，1844年，他声称自己就是人们长久期待的救世主——回到地球的最后一位伊玛目。他给自己取了一个宗教名字，**巴孛**（Bab），意思是"大门"或"门"，并且他宣称不久将会出现另一位地位更为重要的神圣信使，从安拉那里带来所有的启示。他预言这个人物将开启统一和平的黄金年代。由于和正统穆斯林之间存在冲突，巴孛后来被投入监狱，于1850年被处死。

年轻的波斯贵族密尔萨·胡赛因·阿里（Mirza Husayn Ali）（1817—1892）是巴孛的信徒，也是巴孛运动的领袖，他后来成为著名的**巴哈欧拉**（Baha'u'llah，"安拉的荣耀"）。巴孛死后，巴哈欧拉差点被政府当局杀害。巴哈欧拉没有被处死，而是被囚禁在德黑兰臭名昭著的"黑色地洞"里——这是一个用作监狱的地下水库。他在那里经历了数月的神启。巴哈欧拉获释之后，被驱逐出伊朗，开始了流亡生涯，他在很多地方游荡，包括巴格达、土耳其的几个城市以及埃及和巴勒斯坦。此时，他依然是巴孛运动的中心人物。1863年，他最终宣称自己就是巴孛曾经预言的救世主。巴哈欧拉生命中的最后几年生活在海法附近的阿卡，位于今天以色列的西海岸。

> 世界统一是备受困扰的人类努力的目标。国家建设已经终结。国家主权中固有的混乱正进入发展的高潮。逐渐成熟的世界必须抛弃这种崇拜活动，认识到人类关系的同一性和整体性，并且彻底建立一个最能体现生活的基本原则的机构。
> ——守基·阿芬第[10]

巴哈欧拉给自己的信徒写了无数封信，还给世界上的领导人，比如教皇庇护九世和维多利亚女王写了多封公开信，他在信中描绘了自己对于未来人类和谐相处的实用性观点。在其著作，例如《确信经》（Kitab-i-Iqan，"确信之书"）和《亚格达斯经》（Kitab-i-Aqdas，"神圣之书"）中，巴哈欧拉提议建立一个世界政府。短篇作品《隐言经》（The Hidden Words）总结了他在伦理方面宣传的教义。

1892年巴哈欧拉去世之后，其子阿卜杜勒·巴哈（Abdul Baha，1844—1921）将其启示带到欧洲和北美洲。巴哈欧拉的孙子守基·阿芬第（Shoghi Effendi）继续领导巴哈伊教，并将其经文翻译成英语。

巴哈伊这个词的意思是"巴哈欧拉的信徒"，在巴哈欧拉的一生中被广泛使用。穆斯林认为巴哈伊教是异端派别。正统穆斯林称穆罕默德为"众先知的封印"，意思是说穆罕默德不仅是最伟大的先知，而且是最后一位先知。因此，他们不能接受巴哈欧拉是一位先知的说法，而且伊朗国内的巴哈伊教信徒——现在仍有350,000名教徒——遭受了严重的迫害。然而，巴哈伊运动如今是一个完全独立于伊斯兰教的独立宗教，世界各地都有它的信徒。

巴哈伊教是最具普遍性的宗教之一。虽然它保留一神论的根源，但是巴哈伊教以广义的说法定义上帝以及其他宗教现实，这样对各种各样的人都有吸引力。巴哈伊教的普遍性主要表现在，其信徒认为所有的宗教都有一部分是真实的，而且都是伟大神启中的独立元素，上帝仍然在塑造这些神启。巴哈伊教徒提出所有宗教的创始人都从上帝那里获得了一些启示，但是早期的启示受到其所处时期文化和时代的影响而大打折扣。对于巴哈伊教徒而言，启示必须要有进步性，因为人类的理解能力不断进化。巴哈伊教徒认为，虽然巴哈欧拉得到的启示是最前沿的，但是延续了早期先知得到的启示，比如亚伯拉罕、摩西、查拉图斯特拉（琐罗亚斯德）、克里希那、佛祖、耶稣、穆罕默德和巴孛的启示。

位于以色列的迦密山对于犹太教徒和基督徒尤为重要，也是巴哈伊教的世界总部。

巴哈伊教徒宣扬所有的宗教在某种本质意义上都是一个整体，因此他们期望有一天宗教之间的隔阂不复存在。虽然巴哈欧拉的著作被视为宗教经典，但是巴哈伊教徒在宗教仪式里也会阅读许多世界宗教经典中的选段。巴哈伊教徒不仅争取在不同宗教信仰的人群之间实现和谐相处，而且还试图解决似乎经常争执不休的宗教和科学事业之间的分歧。

巴哈伊教关于来世的信仰让人想起其他的一神论宗教，然而它在有些方面刻意没有做出定义——这样巴哈伊教具有了广泛的吸引力。巴哈伊教徒认为每个人都有一个不灭的灵魂，人死后，灵魂会在地球之外的国度继续成长。他们还说到来世有进行奖惩的地方。然而，巴哈伊教徒说到"天堂"和"地狱"时，他们解释说这些只是与上帝亲疏程度的象征。

当代议题

人文主义：一种新兴的宗教？

文艺复兴（约 1350—1600）中出现了一个重要的运动。因为该运动受古典学术、当代科学以及追求人性完善的启发，因此被称为"人文主义"。因为该运动仅仅强调关心人类，且漠视神对世界的影响，因此与当时其他的哲学运动形成鲜明的对比。借助早期的文艺复兴传统，现代人文主义运动（也被称为道德人文主义）在过去的数百年间不断发展。

现代人文主义的主要原则简单易懂。最近的《人文主义宣言》将该运动描述为一种生活的哲学，即否定超自然主义，强调人类寻求道德、个人完善和有益于他人的生活的能力。因为人文主义尤为关注社会福利，所以它与社会主义和世俗主义有相似之处。然而，人文主义不是政治意识形态，而且它开诚布公地考虑达成目标的各种方法。

从组织架构来看，人文主义运动在多个国家设有总部，包括美国。当地分支机构的成员定期会面，讨论议题，并提出改善社会福利的行动方案。该运动还会在全世界范围内出版书籍、声明和杂志，包括该运动在美国出版的官方杂志《人文主义者》（The Humanist）。

由于人文主义关注实际问题并无视超自然主义，所以有些人争议是否应称该运动为宗教。然而，人文主义确实和宗教有相似之处。例如，一些分支机构举办和宗教中相同的婚礼、葬礼和其他仪式。此外，与很多宗教一样，人文主义极其重视那些尤其与追求社会福利相关的道德准则。虽然现在做出定论为时尚早，但是人文主义可能会在今后的数年中赢得更多的追随者。

巴哈伊教徒重视提高现世的人类生活，而不是把精力放在来世。他们寻求男女之间的完全平等、清除贫困以及为所有人提供教育。巴哈伊教徒努力清除偏见，为了达成此目标，他们不仅允许，甚至鼓励异族通婚。

巴哈伊教徒对国际事务表现出强烈的关注。他们希望看到建立一门辅助性的世界语言——补充而不是取代地区语言——用于国际交流。巴哈伊教徒在相当实际的层面上支持联合国及其他组织，他们认为这些组织能够促进世界和谐相处。他们的最终希望是建立单一的世界政府，取代现有的独立国家，这样就能避免发生战争。虽然巴哈伊教徒自己不是政治家，但是他们借助其他很多实际的方式，努力达成自己的目标。

由巴孛创建的宗教历是巴哈伊教与众不同的地方。其宗教历包含十九个月，每个月十九天（多出的四天算在最后一个月中）。每年的最后一个月是斋戒时间，这让人联想到伊斯兰教的斋月，这时白天不能饮食。巴哈伊教的斋戒从 3 月 2 日持续到 3 月 20 日，而新年从 3 月 21 日开始。巴哈伊教每个月的第一天都要组织集会、祷告和庆祝活动。

巴哈伊教徒不允许饮酒，也不许吸烟。与其性别平等的信仰相一致，巴哈伊教不允许一夫多妻，但是允许夫妻离婚。

巴哈伊教没有神职人员，而是由运行于本地、国家和国际层面的议会进行管理。信徒们通常去其他人家里集会。每个大洲都有一个巨大的神殿般的灵曦堂，对所有人开放，而且正在规划建设更多的灵曦堂。（北美具有异域情调的灵曦堂饰有金银细丝，位于伊利诺伊州芝加哥郊区的威尔米特，其中建有美丽的花园和水池。新德里的巴哈伊教灵曦堂是一座独一无二的建筑，外形看上去像一朵荷花。）所有的灵曦堂都有九堵墙面；数字"九"是最大的个位数，它对巴哈伊教而言象征圆满和完美。巴哈伊教的世界总部及其管理机构世界正义院，都位于以色列的海法。目前世界上大约有六百万巴哈伊教徒。

第十节　新兴宗教运动：一个独特的角色

思考我们已经研究过的新兴宗教运动时，脑海里自然而然地出现了几个问题。这些运动有何种特性，从而对人们具有吸引力？关于21世纪宗教将何去何从，他们有什么观点？

这些新兴宗教运动的一个显著特性就是：规模仍然相对较小，而且其信徒通常以小团体的形式集会。因此，信徒之间存在强烈的亲切感，认为"每个人都有其价值"，这就让他们认识到自己能够起到作用。信徒们还会受到吸引，皈依具有独特个性和目的的宗教团体。

第二个显著特征是女性在这几个新兴宗教运动里所扮演的角色——许多主流宗教限制其女性承担这样的职责。海伦娜·布拉瓦斯基夫人是神智派的共同创始人之一，她是一位自信且游历广泛的女性，既是作家又是组织者，而接替布拉瓦斯基工作的安妮·贝赞特也是一名作家和组织者。神智派的分支普世全胜教会由一位名叫伊丽莎白·克莱尔的女性创建。此外，维卡教的大多数信徒是女性，而且信徒们崇拜以女性和母亲身份显灵的神灵。在约鲁巴传统的宗教中，女性神祇占有重要的地位，而且对她们的崇拜是宗教仪式生活的重要组成部分。同样，女性也在其他几个新兴宗教运动的组织中扮演着重要的角色。

第三个特征是积极的灵修生活的重要意义。我们尤其能注意到对神秘主义元素的重视——与比自己更伟大的事物和谐相处的意识。通常在音乐和舞蹈的协助下，通过这种神秘主义元素可以进入出神状态，或者通过冥想神灵也能达到这种效果。这种神秘主义信仰盛行于维卡教、约鲁巴传统中的宗教、神智派和拉斯塔法里教中，而且也是巴哈伊教和高台教的重要组成部分。

最后，许多宗教为自我发展提出了明确的安排，通常涉及身体和心智两个方面。在高台教中，修身是主要的目标，而且高台教对美德进行了详细描述。人智学已经制定一套自我发展的体系，打算在身体、智力和艺术三个方面完善整个人。维卡教鼓励其教徒想象并制定实际目标，丰富自己的生活。

新兴宗教运动满足了人类的需求，而古老的主流宗教可能很难做到。这些运动还为我们指明了未来世界宗教的总体趋势。因此，这些运动为我们最后一章讨论现代宗教研究架设了桥梁。

新奥尔良的一位灵媒为一位女性解读塔罗牌。

第十一节 个人体验：为女神庆祝

"你想了解自己的未来吗？"坐在高大榕树底下的一位年轻妇女问我。我之前没有看到她坐在树下的小桌子旁边。差不多还有两周就到圣诞节了，我正穿行在怀基基几处植物繁茂的地方，在最后的关头寻找一些礼物，附近的小摊售卖珊瑚饰品、围裙、夏威夷衬衫和雕刻品。"想要我为你算上一卦吗？"

我坐了下来，然后她告诉我占卜一次的价格。她还告诉我她叫戴安娜，然后询问我的姓名以及出生日期和时刻。她摆下明亮的塔罗牌——起初摆成交叉线，然后在边上摆成直线——随后告诉我她所看到的东西。她为我解读牌面上色彩斑斓的图案：一座宝塔和一道闪电、马背上的骑士、持有两个圣杯的天使、一位隐士、两个恋人以及一个命运之轮。[11]

"现在你可能想要问一些问题了。"她说道。我提了几个关于自己工作和未来的具体问题，每当我提一个问题，她就会翻开一张牌，然后告诉我她对牌面图案的解读。我喜欢她谨慎的措辞以及她对牌面图案的象征本质的感受力。她显然相信自己所做的事情。

我提的最后一个问题是关于一位年长亲戚的，他已经病入膏肓。"他现在感觉很不舒服。"我说，"他还能活多长时间呢？"

戴安娜看着塔罗牌。沉默了一段时间之后，她说："实际上，他内心非常坚强。他去世的时间由他自己而定。"这是一个含糊的回答，但是很巧妙。戴安娜让我想起特尔斐神谕中的一位女祭司，她同样是以擅长回答此类问题而著称。

最后我们完成了所有的问题和塔罗牌。"现在我有一个问题。"她说，"你想参加下周在怀基基举行的圣诞庆祝活动吗?"我给出了肯定的答复,然后问她需要带些什么。"哦,只要带些食物就行。"她回答道,"但是穿上红色或绿色的衣服来参加庆祝会。"

一周之后,我来到一栋20世纪30年代的小楼前,在一楼的房间门口,我把鞋子脱在门外(在夏威夷我们都这样做)。这座低层的小楼以某种方式在高楼林立、繁华的怀基基幸存下来。我带了寿司、红酒以及我在杂货店买到的槲寄生。我发现门外大约有二十双鞋子和拖鞋,其中只有几双是男式的。

戴安娜夫人欢迎我的到来。(她告诉我这是她作为维卡教女祭司的名字,她本身名字是罗琳。)她穿着一袭长袖的金色长裙,手里抱着孩子。戴安娜把我介绍给她的朋友爱丽丝、奥罗拉、布丽奇特以及其他至少十几个人。她们大多戴着精美的项链和左右摆动的耳环。有些人甚至戴着头饰。男性中除了一位名叫托尔的人之外,其他人没有具有异国风情的名字,而且所有的男性都穿着红衬衫。

我朝四周看了看。圣诞树附近的墙上挂着用圣诞灯做成的五角星。屋子中间有一座低矮的盖着金布的方形圣坛,上面有一座带有小鹿的女性塑像,另一座女性塑像带有长角的潘神形象,圣坛上还有一口小锅、长长的蜡烛以及看上去像是高档开信刀的东西。圣坛旁边有一张小圆桌,桌面上有二十多根守夜蜡烛。

一张边桌上有二十几个银质高脚杯,我把带来的红酒倒入其他一些已经打开的酒瓶里。人们一边吃,一边交谈。戴安娜递给我一杯红酒。"依次传递下去。"她说。

半个小时的社交活动之后,戴安娜让我们站在圣坛周围。她开始缓缓地吟唱,他们用一种能催眠的方式重复她的唱词:"我们都来自这位女神中/我们应该回到她的怀抱/就像雨点/落回海洋。"戴安娜抱着孩子走到屋子里的每一面墙壁前,朝着四个方向中的神灵祷告。然后,她在屋子里绕了一圈,围住人群。我们坐在那里,而布丽奇特和爱丽丝则上演了一出关于得墨忒耳和珀尔塞福涅的神话短剧,这两位希腊女神进入了冥界的黑暗之中。

两位女性结束表演时,戴安娜说:"我们正在庆祝冬至,并将自己和此时宇宙中时间的转折点联系起来。圣诞树、蜡烛和绿色植物象征生命和光明的回归。我们就像天上的太阳,自己的力量也会随着时间的推移而增长。"

她把一大杯红酒递到人们面前,每个人都往里面放一点面包,作为献给女神的供品。戴安娜把酒杯放在圣坛上。每个人都在小圣坛上点起一根蜡烛,说出自己来年的愿望。然后,所有人手拉手,围绕着圣坛慢慢地转着圈跳舞。戴安娜一边跳舞,一边唱着:"世界和平,一切都会变得美好。"最后,戴安娜停了下来,让每个人重新在地上坐成一圈。

戴安娜走到屋里的四个角落,与四个方向的神灵打招呼。她最后和女神打招呼,结束此次仪式,并正式"打开圆圈"。她给每个人一个小布袋,让我们把来年的愿望写在纸上,然后把纸放到布袋里,再把布袋放在圣坛上。在我们离开之前,戴安娜说了一段祝福:"愿打开的圆圈不会损坏。愿女神的和平永远在你心中。好聚,好散,直到我们再次相见。"

我和爱丽丝还有布丽奇特一起走了出来。在屋外昏暗的灯光下，我的注意力完全集中在自己脚下——我担心会被绊倒。我仔细地看着崎岖的小路上每一块凹凸不平、长着苔藓的石头，路两旁长着一排蕨类植物。我们最终走到街道上的时候，布丽奇特向天上指着说："快看！"我和爱丽丝抬起头，但是我看到的只有路灯、明亮的商店标志以及公寓大厦上面亮着灯的几层楼。然后，我看见了吸引她注意力的东西。虽然淹没在下面的灯光之中，但是天空中仍然可以看见一轮闪耀的新月。

延伸阅读

《阴影之书》

《阴影之书》是维卡教祷告和宗教仪式中最常用的一本书。下面的咒语召唤四个方向的神灵和元素之神，以寻求神灵的注意和帮助。

女巫的吟唱或咒语

黑暗的夜晚和发光的月亮，
东面，南面，西面，
然后北面，留心巫师的咒语：
我在这里召唤你们出现。

土和水，气和火，
魔杖、五芒星和宝剑，
汝等照我意愿行事，
汝等留心我的言语。

绳索和香炉，鞭子和刀子，
巫师之刃的力量，
汝等皆当醒来，
汝等皆应出现：

天堂之女皇，地狱之女皇，
夜之猎人吹响的号角，
将你们的力量注入符咒，
用魔法仪式实现我的愿望。[12]

自我测试

1. 术语_____用于描述不同宗教诸多要素的结合。
   A. 多神论　　　B. 紧迫　　　C. 超验　　　D. 融合

2. 当代异教运动中，_____是最著名的体现。这是一个古英语单词，暗示了与魔法、分离和神圣的联系。
   A. 德鲁伊　　　B. 维卡教　　　C. 巫毒教　　　D. 萨泰里阿教

3. _____是古代凯尔特专业人员的精英团体，他们充当法官、教师、医生和祭司的角色。
   A. 德鲁伊　　　B. 维卡教　　　C. 精神个体　　　D. 奥瑞夏

4. _____是在西班牙殖民地古巴发展起来的宗教，融合了约鲁巴宗教和天主教。
   A. 萨泰里阿教　　　B. 神智学　　　C. 山达基教　　　D. 巫毒教

5. _____是在法属殖民地海地发展起来的宗教，融合了约鲁巴宗教和天主教。
   A. 萨泰里阿教　　　B. 神智学　　　C. 山达基教　　　D. 巫毒教

6. _____表明了对于一切神秘主义教义的强烈兴趣，它们的来源包括印度教吠檀多、犹太教卡巴拉和诺斯替主义。
   A. 萨泰里阿教　　　B. 神智学　　　C. 山达基教　　　D. 巫毒教

7. _____由罗恩·贺伯特建立。它认为人类的核心是灵性实在，它称之为精神个体。
   A. 萨泰里阿教　　　B. 神智学　　　C. 山达基教　　　D. 巫毒教

8. _____是拉斯塔法里教中最重要的早期人物。
   A. W. E. B. 迪布瓦
   B. 马丁·路德·金
   C. 马库斯·加维
   D. 栽德派

9. 术语巴哈伊意为_____的追随者。巴哈伊教信仰是最具普遍性的宗教之一。
   A. 巴孛　　　B. 巴哈欧拉　　　C. 太阳神　　　D. 父神（Babal）

10. 回顾一下本章所描述的诸多新宗教。你认为是否存在着对超越或者对神性实在的内在认识的加强？（或许你要回顾一下第一章第七页的超越和内在这两个词的定义来解释你的答案。）

11. 设想一下，你有机会访问本章所描绘的新宗教中的一位成员。你会选择哪个新宗教？你最想问哪两个问题？

参考资源

书籍

Bowers, Kenneth E. *God Speaks Again: An Introduction to the Bahá'í Faith.* Chicago: Bahá'í Publishing, 2004. 巴哈欧拉和巴哈伊教信仰的故事。

Bui, Hum Dac and Ngasha Beck. *Cao Dai: Faith of Unity.* Fayetteville, AR: Emerald Wave, 2000. 对高台教的认真介绍。

Cunningham, Scott. *Wicca: A Guide for the Solitary Practitioner.* Minneapolis: Llewellyn, 1993. 维卡教仪式指导,内容包括圣日、仪式、神坛和典礼的信息。

Horsley, Kate. *Confessions of a Pagan Nun: A Novel.* Boston: Shambhala, 2002. 该小说描述了大约公元500年爱尔兰一位女性的一生,在皈依天主教成为修女前,她曾受训为德鲁伊祭司。

Sutcliffe, Steven J. *Children of the New Age: A History of Alternative Spirituality.* New York: Taylorand Francis, 2002. 对从20世纪30年代至今的新纪元信仰和实践的回顾。

电影/电视

The Belivers.(Director Patrick Crowley; Orion.) 以纽约萨泰里阿教实践为背景的好莱坞电影。

I Married a Witch.(Director Rene Clair; Warner.) 一部完美的作品,经典的早期好莱坞巫术电影。

The "Kitchen Goddess": The Reemergence of the Villiage Psychic (Films Media Group.) 回顾了当代维卡教的占卜与治愈术,以及其是如何被巫术成员、塔罗牌使用者、占星学和手相术使用者实践的。

Rebel Music: The Bob Marley Story.(Director Jeremy Marre; Palm Pictures.) 该纪录片描绘了传奇雷鬼乐歌手和拉斯塔法里的故事。

The Spiritual Quest of Generation X.(Films Media Group.) 探索了年轻人中灵性扮演的角色以及他们对新宗教运动的看法。

The Truth Within: Towards a New Spiritual Utopia.(Films Media Group.) 对新宗教运动的调查,内容包括访问 Huston Smith, Marilyn Ferguson, Thich Nhat Nanh, 和 Steikh Abdal-Wahid Pallavicini.

Voodoo and the Church in Haiti.(Director Bob Richards, Custom Flix.) 该纪录片考察了海地巫毒教和天主教的宗教融合。

音乐/音频

The Best of Pagan Song.(Serpentine Music Productions.) 当代异教运动编纂的虔敬歌曲。

Goddess Chant.(Ladyslipper.) 由巫术祭司肖邦·卡罗尔创作的对神灵敬拜的仪式歌曲。

Ryhthms of Rapture: Sacred Music of Haitian Vodou.(Smithsonian Folkways.) 由深受巫毒教影响的海地艺术家所作的仪式音乐合辑。

Sacred Rhythms of Cuban Santeria.(Smithsonian Folkways.) 在古巴多个省份录制的萨泰里阿教的鼓曲和歌曲专辑。

The Spiritual Roots of Regge.(Dejavu Ztaly.)Count Ossie 的音乐专辑，他是一位传奇的牙买加鼓手和乐队领袖，是第一个将拉斯塔法里因素引入牙买加流行音乐的人。

State of Mind Music. L. Ron Hubbard 创作的歌曲、诗歌合辑（山达基教书店和网站 www.scientoloh.org 可查）

互联网

Conenant of the Goddess: http://www.cog.org/. 巫术圣会和个人实践的国际性组织的官方网站，提供宗教信仰与实践的相关信息。

Rastarfarianism: http://web.archive.org/web/20060829153306/religiousmovements.lib.virginia.edu/nrms/rast.html. 弗吉尼亚大学宗教运动项目的拉斯塔法里教部分，内容包括该教的历史、组织、信仰，以及相关的网站链接与宗教文献书目。

The Witches's Voice: http://www.witchvox.com/. 教育性网站，提供新闻、信息服务和异教徒与巫术的资源。

重要词汇

联盟（alliance）：在高台教中，天启的三个时期之一。

人智学（Anthroposophy, *an-thro-pah'-so-fee*）："人类智慧"；一项运动，产生于神智派，强调通过教育和其他实践方法来获得灵性发展。

听析员（auditor）：在山达基教中，顾问通过一系列问题来指引人们到达深层次的自我理解。

巴孛（Bab, *bahb*）："门"；预言巴哈伊教创立者巴哈欧拉到来的先知。

巴哈伊教（Baha'i, *ba-hai'* 或 *ba-ha'-ee*）：当代一神论宗教，产生于伊斯兰教，强调个体、文化和宗教的联合与平等；Baha'i 也指巴哈伊教的追随者。

巴哈欧拉（Baha'u'llah, *ba-ha'-oo-lah'*）："安拉的荣耀"（阿拉伯语）；巴哈伊教的建立者。

巴德（Bard）：德鲁伊主义中第一层级的加入者；同样还是遵循德鲁伊路线的追随者。

桥（Bridge）：在山达基教中，它是通往个人解脱的不同阶段的展示。

康得布雷教（Candomblé, *cahn-dohm-blay'*）：巴西的融合宗教，它融合了罗马天主教和非洲宗教的诸多要素。

高台教（Cao Dai）："高殿"；起源于越南的融合宗教，它融合了儒教、道教、佛教和天主教。

普世全胜教会（Church Universal and Triumphant）：融合了来自神智派和基督教的诸多要素；简称 CUT。

净化（clear）：在山达基教中，它是精神解脱的状态；同样地，它还指人达到了精神解脱的状态。

当代异教（contemporary paganism）：诸多运动的通用名称，尝试重新建立前基督教时期的欧洲自然宗教；还被称为新异教主义。

发绺（dreadlocks）：拉斯塔法里信徒长长的盘发。

德鲁伊（Druid, *droo'-id*）："橡树智慧"；2000 年前的凯尔特祭司；当代德鲁伊主义重建派的追随者。

心灵电仪表（e-meter）：在山达基教中，它是一台电子仪器，用来读取皮肤的电流感应；有时候用于帮助审计。

印痕（engram）：在山达基教中，早期遭受痛苦（甚至是来自于前世）的体验，会影响到人们当前的健康状态。

二分点（equinox）："平等之夜"（拉丁语）；一年中的春分日和秋分日，白天与黑夜等长的两天。

女巫会（Esbat, *es'-baht*）：在维卡教中，满月之时，通常以集会或仪式记录下来。

优律（eurhythmy, *yoo-rith'-mee*）："好的韵律"（希腊语）；一种用于人智学的阐释性舞蹈，被作为增长灵性的一种方法使用。

洛阿（loa, 或 lwa, *lwah*）：巫毒教中的一位神灵。

MEST: 在山达基教中，物质、能量、空间和时间的首字母缩写；时间和空间的王国，在这里居住着众多灵魂。

奥查（ocha, *oh'-shah*）：在萨泰里阿教中，指任何神灵。

运作的精神个体（operating thetan）：在山达基教中完全解脱之人；还简称为 OT。

欧顺（Oshún）：萨泰里阿教中的女性神，与爱、生殖和婚姻有关。

奥瑞夏（Orisha）：约鲁巴传统宗教中神灵的通用姓名。

奥瓦德（Ovate）：德鲁伊主义中第二层级的入会者；同样还指德鲁伊路线的追随者。

待净化者（pre-clear）：在山达基教中，尚未达到灵性解脱的人，需要经历听析过程。

拉斯塔法里（Ras Tafari, *rahs tah-fah'-ree*）：海尔·塞拉西国王的原始姓名，通常用于拉斯塔法里信徒强调他们宗教的重要意义。

拉斯塔法里教（Rastafarianism）：起源于 20 世纪 20 年代牙买加的宗教，以非洲为傲；它认为海尔·塞拉西皇帝是神圣的。

忠告（Rede, *reed*）：建议，咨询——用于维卡教中的术语，最大程度描述了如果一个行为是无害的，那么它是可行的："如果它不会伤害任何人，尽情做你想做的事情。"

巫魔大会（Sabbat, *sah-baht'*）：庆祝维卡教和德鲁伊标记的八个季节性的转折点。

夏末节（Samhain, *sa'-win*）："夏末"；在维卡教中，上一年的结束以及新一年的开始（10 月 31 号左右）。

女祭司（Santera, *san-tay'-rah*）：萨泰里阿教的女祭司。

萨泰里阿教（Santería, *sahn-te-ree'-ah*）："神圣的事物"或"神圣的方式"（西班牙语）；基于约鲁巴宗教，发展于古巴，受到西班牙天主教的影响而产生的宗教。

男祭司（Santero, *sahn-tay'-roh*）：萨泰里阿教的男祭司。

山达基教（Scientology）："学习知识"（拉丁语和希腊语）；一种当代宗教，提倡关注思想、阐明人生目标。

尚戈（Shangó 或 Changó, *shahn-goh'*）：在萨泰里阿教中，一位与闪电、雷和风暴有关的神。

二至点（solstice）："代表太阳"（拉丁语）；一年中的两天，冬至日和夏至日，此时季节向着相反方向变化。

神智派（Theosophy）："神圣的智慧"（希腊语）；一种折中派运动，尤其受到印度教的影响，专注于一切宗教的神秘因素。

精神个体（thetan）：在山达基教中，指人类的灵魂。

巫毒教（Voodoo, Voudun）：发展于海地的一种宗教，融合了法国天主教和非洲宗教的诸多要素。

维卡教（Wicca）：当代异教运动，试图寻求与自然力量的和谐，崇尚神圣的男性和女性的双重特质。

注 释

1. 参见 Leo Martello, *Witchcraft: The Old Religion* (New York: Citadel Press, 1991)，第五章。
2. 更多信息请参见 Philip Shallcrass, "Druidry Today"，载于 *Paganism Today* (London: Thorsons/HarperCollins, 1995)，第 65~80 页。
3. 更多详情请参见 Migene González-Wippler, *Santería: The Religion* (St. Paul, MN: Llewellyn Publications, 1999)，第五章。
4. 参见 Raúl Canizares, *Cuban Santería* (Rochester, VT: Destiny Books)，第 38~48 页。
5. *Theosophy* (Hudson, NY: Anthroposophic Press, 1989)，第 164 页。
6. "Rudolf Steiner"，载于 *The Encyclopedia of Philosophy*，第 8 卷 (New York: Macmillan, 1967)，第 13~14 页。
7. *The Church of Scientology: An Introduction to Church Services* (非盈利出版：L. Ron Hubbard Library, 1999)，第 3 页。
8. 《英王詹姆斯钦定版圣经》。
9. 引自 Leonard Barrett Sr., *The Rastafarians* (Boston: Beacon, 1997)，第 123 页。
10. *The Baha'is* (Oakham, UK: Baha'i Publishing Trust of the United Kingdom, 1994)，第54页。
11. 精美的插图和解释样例请参见 Leo Martello, *Reading the Tarot* (New York: Avery Publishing, 1990)。
12. *The Gardnerian Book of Shadows*, Gerald Gardner 著，http://www.sacred-texts.com/pag/gbos/gbos36.htm。

访问在线学习中心 www.mhhe.com/molloy5e，以获得更多的练习和资料，包括"教室之外的宗教"和"更充分的理解"。

第十二章

现代研究

第一节　初次相遇

在近期发生的一场洪水之后，你决定加入到一个社区工作中，清理附近的溪流。一些树枝和垃圾阻塞了两座桥下的河道，引发了这场洪水，洪水在溪流两岸留下了成堆的垃圾——有废旧的轮胎和购物手推车。按计划，清理工作在本周六的九点开始。

当地的中学和大学是该项工作的主要发起人。届时来自麦金莱中学、中央中学、华盛顿中学、罗斯福高中和其他许多学校的学生将会到场。同样，一些大学生也会参加。翻腾的洪水给这些大学造成了重大损失，尤其是图书馆的地下室。你希望能遇到一些朋友和邻居。你知道到时需要戴上手套，穿上厚重的旧鞋。

当你到达现场时，你发现来的人比自己预想的要多很多。电视台也在现场采访。你和朋友们打了招呼。人群中的一张面孔看上去格外熟悉，你认出那是市长。由于他穿着牛仔裤和红色的格子衬衫，而不是平时标志性的藏青色西装和黑色领带，你差点没有认出来。现场有一个简短的记者招待会。大学校长发表了讲话，对到场的所有人表示感谢，随后公园管理处的负责人进行了发言。到场的人被分成小组，分发工具，然后被安排到预定的工作地点。

你在工作时，发现在户外的感觉是如此美好，你可以听见鸟儿的叫声、小溪的流水声，以及风吹过溪岸上高大的树木时叶子发出的声音。你感到十分惊讶：为何汽车的声音令人生厌，而树叶发出的沙沙声却是如此美妙呢？你回想起曾经在高中课堂上听到的说法：创造的世界并非原来天然的世界。起初，这句话的意思听上去模糊不清，但是现在你明白了。这让你开始思考我们人类和自然界其他事物之间的关系——我们人类对自然界及其所有元素应尽的责任。你想起曾经读过的材料：有些国家建立起保护独特景观的国家公园，有些则设立动物庇护所保护野生动物。你越来越多地听到邻居，甚至是政治家讨论尊重树木、动物和自然进程的需要。如今，全球变暖被普遍视为人类过度活动和忽视环境的结果。人们对地球及其所有部分的广泛关注是一种新的宗教发展吗？我们将来会把国家公园视作宗教场所吗？本地生态是否会成为政治关注的焦点？我们会看到传统宗教接受环境保护论吗？我们会有纪念自然的宗教节日吗？你推开厚厚的一堆竹枝，发现下面有一个已经部分破损的塑料袋。你拎起塑料袋走向附近的垃圾桶，几个空啤酒瓶从里面掉了下来。

第二节 现代对宗教未来的影响

显然，现代世界中的宗教正面临着挑战和不可避免的变化。众多的社会和技术发展是变化产生的原因。女性正要求在传统上受男性垄断的竞技场中获得自己的角色——包括在制度化的宗教领域。诸如生殖、遗传学和器官移植领域的科学进步提出了早期人们从未想到的伦理问题。很多西方城市成为一些宗教，比如印度教和伊斯兰教信徒的聚居地，而在不久之前，这些城市还被视为是异国他乡。最后，电视和旅游也使得人类在世界范围中接触到新文化及宗教。

变化发生得太快了，以至于我们肯定会对宗教的未来感到好奇。如果我们能够在千年之后回到地球，情况是怎么样的呢？我们现在所了解的宗教会发生很大变化吗？那时还会存在哪些宗教呢？那时会有更大的新兴宗教吗？

我们无法确切知道千年之后的宗教格局会是怎样，但是我们可以根据现在仍有作用的影响进行猜测——这些影响推动宗教向不同的方向发展。我们从这本书中可以发现，一般而言宗教比较保守，与周围的社会相比，通常变化更为缓慢。但是，宗教确实会发生变化，这是宗教内部和周围文化对宗教产生作用的结果。

在本章中，我们将首先着眼于几个现代的发展议题，它们正在塑造我们的未来和宗教的未来。我们将会考虑宗教变化中一再出现的主题。我们还将考虑两条通向组织化宗教的可能途径。第一条是环境运动及其对自然的宗教观点。第二条被称为灵性的兼收并蓄，它是各种灵感源泉的集合，通常以艺术和音乐的形式表现出来，而且与灵性密切相关。

新的世界秩序

一个世纪以前，人类大多生活在农场和村庄里，过着农耕生活，而且很多国家受君主的统治。然而，短时间之后，大部分国王和女王不是从历史上消失，就是变成主要是象征意义的存在；民主成为共同理想（虽然没有完全实现）；大批的人移居到城市之中。

世界政治和经济格局在过去的三十年里发生了显著的变化。世界被象征性地分为共产主义和资本主义，这种情况持续了数十年之后，1989年柏林墙倒塌。苏联在它的很多共和国宣布独立之后于1991年宣布解体，并放弃共产主义。中国虽然是一个共产主义国家，现在也有实行高度资本主义的香港（1997年回归中国），并且允许和鼓励自由企业的发展。国际化公司成为重要的实体——有时甚至拥有比国家还要大的力量。

有一段时间，人们出国旅行是为了体验不同的文化和食物。现在，人们可以在意大利的麦当劳店里买到巨无霸，或者在日本的唐恩都乐买到甜甜圈和咖啡。而且，住在大城市的人们可以选择来自不同国家——中国、印度、希腊、摩洛哥、越南、日本和泰国的菜肴，这里只列出最常见的几个国家。进入更深层的异乡文化生活也并非难事。经营这些产业的人们得到整体结构性的支持，包括社区中心、礼拜场所，甚至是多语言播送的电视台。

我们不禁感到好奇，这种文化同一论如何对宗教产生影响。到目前为止，世界上大部分宗教仍是相对独立的传统——即使是那些传播到不同国家和文化中的宗教也是如此。但是，全球化使得这些宗教不可能继续维持独立的状态。

现代资本主义也会给宗教带来挑战，主要是通过让更多的人群接触资本主义所推崇的相对积极的金钱观——即资本主义提倡经济上的成功是实现自我满足的途径。过去，很多宗教宣传贫穷、朴素和超然的价值观——这些价值观曾经与绝大多数人的生活经历一致。现在，很多宗教受到资本主义理想的影响，这种理想尊重个人和集体的完善；而这种完善可以用物质价格进行衡量，并且用金钱偿付。正如知名宗教学者罗伯特·艾尔伍德（Robert Ellwood）所言："早在一个世纪之前，传教士喜欢宣扬的观念是：贫穷本身就是一种幸福状态。如今这早已不为人们所信……现在，即使是最保守的传教士都告诫穷苦的信徒要放手去做，通过非暴力途径走出贫困。"[1] 我们知道，现代世界和过去一样，可以自私地使用金钱。但是，使用金钱并不总是出于自私和无用的原因——比如奖学金、救灾项目的捐款以及对艺术的捐赠。以金钱为基础的现代文化的完善将给宗教带来越来越多的挑战，迫使其产生物质文化所重视的东西。这将会挑战宗教理想化中的贫困观念，并对宗教为人类的重大完善所做出的贡献提出质疑。[2]

2008年出现的全球金融危机给宗教思想和行动带来更严峻的挑战。受金融危

一头牛似乎是在进行抗议，游荡着途经一家麦当劳餐馆，这家餐馆在美国为自己的汉堡打出"销售过亿"的广告。位于斋普尔的这家麦当劳的菜单和印度大部分西方连锁餐馆的菜单一样，没有牛肉做的菜。

机影响，宗教将发展出一条连接金融世界的新途径，而宗教也可能在提供理论和实际的解决方案上有所帮助。

全球化也会给任何局限于传统宗教的片面视野带来挑战。

最后，城市化也在挑战着传统宗教，让后者在城市生活的风口浪尖经历一番洗礼，并有效利用城市机遇，比如广泛的教育选择和大量的就业机会。

文化多元论与内心信仰的对话

由于电视、广播、电影、旅游、书籍和互联网缩小了一度将民族、国家甚至是宗教隔离开来的鸿沟，新的世界秩序使得跨文化交流几乎不可避免。因此，未来任何宗教很难再隶属于单一的文化，或是对其他宗教的教义、仪俗一无所知。意识到这一点后，适应阶段总会随之而来，我们在目前的宗教中已经看到这一现象。比如，净土宗在日本之外的某些形式采用了赞美诗和基督教传统的主日学校这些形式。在西方的禅宗和藏传佛教里，已婚的外行人有时能够担任领导角色，而这些角色传统上由僧侣出任。现在，非洲人和美洲原住民的基督教形式刻意使用本土的艺术、音乐和舞蹈。仅仅一代人之前，罗马天主教还在使用统一的拉丁语祷辞和音乐来庆祝宗教典礼，而如今却只在特定的宗教团体和教会组织上才反映出其源自罗马。一些基督教修道院和其他宗教团体采用佛教的坐禅。此外，全新的宗教经常混合了来自其他宗教的元素。例如，我们可以发现，兴起于韩国的统一教混合了基督教和儒教的元素，而在新兴的神道教分支中，有些分支混合了神道教、佛教和基督教的元素。

不同宗教的代表越来越频繁地召开会议，从中可以看出他们日渐认识到文化的多元性。如今，这些宗教间的会议确实是一个前景广阔的新方向。（过去这种会议不具代表性。）虽然宗教之间过多地相互争斗，甚至引起战事，但是所有的宗教都宣扬人类和谐相处，并且提出和平的愿景。所有的宗教都有很多值得相互学习和分享的东西。其中一个讨论的焦点适用于生活的基本准则——所有的宗教似乎都重视诚实的品格，关心弱势团体。另一个讨论焦点牵涉到神秘主义经验，这种经验在截然不同的宗教里得到了类似的描述。第三个讨论焦点是女性角色在宗教中的变化。第四个焦点将会是这个世界中越来越多的现实问题——贫困、人口过剩、自然资源遭受破坏——以及宗教可以联合起来做些什么。

现代宗教对话最早的实例之一是1893年在芝加哥举行的第一届世界宗教议会。罗摩克里希那的信徒斯瓦米·维帷卡南达（Swami Vivekananda, 1863—1902）在会议上坚称所有的宗教都重视圣洁和友爱，引起了世界范围内对于包容主义的印度教流派的关注。1993年，芝加哥主办了第二届世界宗教议会，当时全世界的很多地方还同步举行了宗教领袖参加的会议。在罗马举行的和平会议第十次年会上，一位日本大本教代表八住广濑使用数个宗教的语言说出了自己的愿望："我们只有认识到友爱、仁慈的上帝创造了天堂和人间，并且意识到所有的生物都充满了灵性，这些生物承蒙阿弥陀佛之恩得以生存，我们才有可能改变历史，带来一个共同生存的新世纪。通过反思人类的生活，并回归宗教之源，我真切地希望世界上所有的宗教能够一起努力、祈祷，这样才有可能实现种族与国家之间和平共处的美好未来。"[3] 一些不太受公众关注的阶层也会持续进行对话，例如明尼苏达州圣约翰修道院的普世合一学院，不同信仰的学者在这里花费数月的时间交谈、研究并反思。这些对话可能会给未来的宗教指明新的发展道路。

女权主义运动

过去的几百年里发生的最重要的运动中，有一些运动致力于努力将女性从压迫和不平等中解放出来。正如19世纪被视为在全世界废除奴隶制的时代，那么在将来的几代人看来，本世纪会是女性在全世界获得完全平等和政治自由的时代。

在很多社会中，女性在多个方面受到传统的制约。社会传统禁止女性接受教育、拥有土地、从事专职职业，女性不准旅游、不许按照自己的意愿结婚和离婚、不能参加选举以及担任公职。但是教育和女性政治运动——以及由科学发展而产生的避孕措施和怀孕、分娩复杂程度的降低——逐渐改变了对于女性角色和权利的看法。因而，女性如今在很多文化的工作场所里是不可缺少的一部分；她们自己赚取收入，并使用自己新的经济权利。这种新兴的独立女性逐渐在政府、商业和艺术中获得平等的地位。

很多宗教遵循传统模式,不轻易允许女性担当领袖角色。但对于规模较小、更具吸引力的宗教团体来说,存在着显著的例外情况,比如一些源自神道教的新宗教和那些基督教会(例如基督教科学派和四方福音会),这些宗教的创始人都是女性。路德宗和英美圣公会传统中的基督教会如今开始任命女性牧师和主教。2006年,美国圣公会选出一名女性主教凯萨琳·杰弗茨·斯科瑞(Katharine Jefferts Schori)来主持会议。

但仍然有人强烈反对女性出任重要角色。到目前为止,基督教、天主教和东正教为了应对外界压力,任命女性牧师,或允许她们完全参与决策制定。在犹太教里,革新派和保守派都任命女性为神职人员。但是,东正教目前仍不认可女性拉比这一观念。佛教中活跃着尼姑团体,但是从传统上来看,她们在宗教中只扮演着微不足道的角色。

女性已经开始从更为广泛的不会影响宗教的基本权力结构的领域中获得自己的权利。因此,我们发现宗教经典的新译本和祷告的新形式试图表现出更多的性别中立。例如,在圣经的一些译本里,支配者、创世者和父母亲这些词取代了专指男性的上帝和父神。合一派教堂圣会称上帝为圣父–圣母——早在1875年时,基督教科学派的创始人玛丽·贝克·艾迪(参见第九章)在阐述主祷文时就用到了这个词。

宗教将神灵想象成女性或重视神灵的女性面貌也越来越多地引起人们的注意。这就解释了人们为何重新关注崇拜一个女性主神(例如阿斯塔蒂)的自然宗教或是女性在其中扮演重要角色的自然宗教。在第十一章的讨论中,维卡教崇拜

学校中年轻的僧侣和女学生坐在同一张课桌旁,即使在当今的佛教文化中也不多见。

自然和所有女性中的女神。犹太教和基督教常见甚至鼓励有关女性贡献的研究。如今，圣经研究涉及希伯来历史中伟大的女族长和男族长。基督教越来越多关注中世纪的女性神秘主义者，例如宾根的希尔德加德（Hildegard of Bingen，参见第九章）、玛格芮·坎普（Margery Kempe，约 1373—1438）和马格德堡的麦赫蒂尔德（Mechtild of Magdeburg，约 1210—1285）。同样，印度教受到人们的肯定，不仅是因为它拥有女性神灵，而且是因为它孕育了很多女性古鲁。人们正在研究神道教和萨满教中女性的重要地位；道教因其女性意象而备受关注。

这些新的见解中，很多仍然停留在学术和理论层面。男性主导的宗教能否坚实地阻挡女性运动的势头，谁也说不准。但是，很多观察者认为，至少在工业化国家，女性解放的努力最终将会取得成功。

对人类性生活的重新评价

我们在本章讨论了科学的进步以及经济和意识形态的发展，所有这些拓宽了我们对人类性行为的理解，我们认识到人类性行为的目的不仅仅是生殖。同时，借助人工授精的发展，科学增加了繁殖的可能途径。这些科学发展导致繁殖成为一个具有更多意图的事件。医药、清洁水和公共卫生已经造成了世界人口的爆炸。这一事实连同我们对性行为的新认识，迫使我们反思婚姻的目的。心理学增加了对性行为的认识，认为性行为对人类的形成至关重要。生物学已经证明了人类与动物世界的联系，并展示了各种各样的动物的性表现。人类学已经让人们了解到不同文化和不同历史时期中，有关性的观点的变化。

由于这些科学进步和研究结果的出现，现在很多人承认，性行为除了生育下一代之外，在人类存在中起着关键作用，其中有亲密、愉悦、自我表现甚至是自我理解。人们认识到这些作用之后，开始质疑传统的性伦理，并且反思宗教传统中性禁忌是否适当。

传统的性行为观点——通常是宗教里已经成文的观点——和现代的性行为观点之间持续的争端在短期内难以解决。然而，我们会看到，信仰和习俗相互之间虽然有些矛盾，但是两者更多的是相互包容——这在有些宗教教义中显而易见，这些教义宣扬婚姻不可解除，但实际上也包容离婚或废除婚姻。节育这一观点尤其能够引起争论。虽然禁止节育承认了性行为的生殖目的拥有至高无上的地位，但是这也是很冒险的——把人甚至是世界人口推到难以满足自身的物质和教育需求的境地。

另一处争议是关于同性性态度和性关系的。一些宗教认为所有的同性恋都违背了神圣法则或自然法则。虽然一些宗教和教派承认同性恋是自然地发生在一些人群中的倾向，但是他们认为将这种倾向付之于性行为是错误的；而其他宗教对爱情、激情、个性和隐私的重视程度远大于任何关于性行为的传统观点，因此他们接受男同性恋和女同性恋为正式成员。当然，异性恋的男性和女性成为宗教的正式成员之后，就获得宗教婚姻和神职任命的权利；但是，几乎没有哪种宗教给一些国家、州以及宗教承认并举行同性婚礼。然而，几乎所有和性相关的话题一直在分裂宗教团体。

予男同性恋和女同性恋这样的权利。随着限制接受同性恋成员所面临的矛盾变得更为明显，甚至难以应付，各大宗教开始重新考虑过去的习俗。越来越多的宗教圣会庆祝同性的婚礼——一些实例可见于犹太教会众、唯一神教派、贵格会、大都会社区教会、联合教会、美国圣公会和路德宗教会。2003年，美国圣公会将一位男同性恋奉为主教，但是这导致圣公会与英国国教的其他分支产生冲突，尤其是在非洲。

虽然对于什么构成合法的性态度的争论仍将继续，但是性爱革命对宗教产生的影响不可否认。重视保守原则的传统所面临的最大挑战来自关于性行为的不断变化的观点。

科学与技术

我们分析的所有运动都受到很多力量的推动，其中之一就是科学。在16和17世纪，现代科学早期取得的重大进步得益于哥白尼（1473—1543）、伽利略（1564—1642）、开普勒（1571—1630）和牛顿（1642—1727）的工作。起初的科学进步停留于理论层面，没有太多的实际应用。随着理论科学继续向前发展，18和19世纪的应用科学带来了许多实际益处，包括发明机械装置，能做以前由人类的双手完成的工作。科学家研究闪电和电力的奥秘；发明家制造出由蒸汽和煤炭驱动的引擎；研究人员在认识和预防疾病方面取得进步；工程师设计出连接大型城市的铁轨；而且电话和电灯成为寻常事物。随后的一个世纪出现了飞机、广播、电视和电脑。同样在过去的几个世纪中，科学理论的发展孕育出进化论、分子理论、相对论以及关于天文学和量子力学的理论。这些科学成就已经改变了我们的物质世界和宇宙观。

一些宗教试图抵制甚至忽视科学的贡献，认为科学取代了上帝，质疑宗教信仰，而且败坏了道德。然而，科学家认为科学给予我们重要的宇宙观，而整个宇宙应该得到人们的重视。科学家说科学表现了成千上万人在过去很多个世纪里的共同努力。如果我们想想人类画出地球完整的地图所耗费的时间（1538年由杰拉杜斯·墨卡托完成），就会钦佩科学不断努力，给予我们更为壮阔的"地图"——关于现实世界的全视图。

目前关于现实世界的科学观可以很快总结出来。科学理论和研究称，我们的宇宙形成于大约100亿到150亿年前的一次大爆炸。（科学可能无法得知在大爆炸之前曾经发生过什么。）实际上，自大爆炸以来，整个宇宙仍在不停地膨胀——尽管科学家对于宇宙将会收缩还是继续无限膨胀存在争议。随着宇宙逐渐冷却，星系随之出现；现在至少有一千亿个星系，每个星系含有大约一千亿颗恒星。我们所处的行星地球，已经存在了大约60亿年，属于我们称之为银河系的星系，而地球环绕着太阳运行，太阳的能量将在60亿年后耗尽。所有物质都是由被称为分子的更小单位组成的，而分子也含有更小的单位，叫作原子、电子、中子和其他粒子；因而物质世界最终可以被看成某种形式的能量，诸如闪电和地震之类的现象有其自然原因。数十亿年之前，基于碳元素的生命形式——可能受到闪电、火山喷发和来自彗星的物质的促进作用——开始以单细胞的形式出现在地球上，而且这些生命成长为更加复杂的形式，在陆地上和海洋里向很多方向发生进化，最终产生我们今天所了解的植物和动物。数百万年前首次出现在地球上的人类，同样是这一进化进程的一部分，但人类是目前已知的最复杂的生命形式。

虽然诸如进化和分子结构方面的科学观点仍然被称作理论，但是它们有足够的证据证明自己几乎不会被取代。因此，目前关于现实世界的基本科学观似乎不会轻易改变，而且虽然今后的数个世纪肯定会有有趣的发现，但是这些发现可能不会完全颠覆现有的基本科学观。

正如科学推动了我们对现实世界的理解，它也取代了早期的世界观。例如，我们现在认为地球不是一个平面，而是一个球面，位于环绕太阳的轨道上；我们认识到细菌引起了大多数疾病；我们知道，地震通常由地壳构造板块的运动引起。正如电力、电视和基本的知识必将遍布世界的各个角落，关于现实世界的科学模式也将如此。先于近代科学出现的宗教可能会继续存在于历史久远的文化之中，但是大多数宗教必须适应关于现实世界的科学观。这种科学观会成为所有宗教的试金石。

环绕地球轨道运行的哈勃望远镜无数次提醒人们,地球只不过是宇宙中微不足道的一粒尘埃。这幅照片显示出两个星系——里面有数亿颗恒星和行星——正缓缓相撞。

科学与伦理问题

科学和技术拓展了我们的知识面,丰富了我们的生活,而且给人们提供了新的选择。其中一些选择引出了道德问题,至少在有些文化和宗教传统中,采用这些选择迫使人们审视自己最基本的哲学观点。

我们在本文中讨论了一些宗教传统,以下是可能会在这些传统中引起伦理问题的领域:

生殖援助　借助催孕药和试管授精,医学科学让一些以前不能怀孕或进入妊娠期的妇女成功怀孕或是进入有效妊娠期。但是食用催孕药的女性中怀上多胞胎的情况变得常见,女性虽然知道多胞胎可能不会全部存活,但是仍一次怀上七到八个孩子。为了让一个或几个孩子存活下来真的值得损失其他几个孩子的生命吗?

节育　女性和男性可选择的避孕手段一直在增加;未来将会出现供男性使用

的避孕药。在一些宗教传统里，许多出生的孩子被视为源自神灵的意志。那么为了限制生育孩子的数量所采取的措施是否道德呢？使用避孕套是道德还是不道德的行为呢？（由于避孕套可以控制艾滋病的传播，因此该问题亟待回答。）

终止妊娠的伦理问题 胚胎或是胎儿发展到什么阶段才能视为人类，并且获得基本的人权？早期堕胎和晚期堕胎之间存在伦理差异吗？母亲的生存权比胚胎或是胎儿要大吗？现有的几种技术可以检查胚胎或胎儿的性别和遗传畸形。这些知识应当让终止妊娠变得正当吗？

终止成人生命的伦理问题 个人有权终结自己的生命吗？他们有权终结其他人，比如配偶、亲戚或朋友的生命吗？实施安乐死的合理环境是什么？存在实行"尊严死"的权利吗？医生应当被允许加速垂死病人的死亡吗？只要条件可能，应当维持昏迷不醒或脑死亡病人的生命吗？

器官移植 人类身体中已经衰竭的部位有时可以用另一个人的器官替换。通常用于移植的器官有心脏、肾、肝脏和角膜。我们有义务捐赠自己的身体部位用于移植吗？人们身前或死后出售自己的身体部位符合伦理吗？

克隆 老鼠、绵羊和其他动物已经通过克隆实现了复制。科学家正在努力克隆人类的身体部位，用于代替有缺陷的身体部位。一些科学家希望能够克隆整个人。应当用什么样的道德考量指导克隆人的决定呢？

基因操作和干细胞研究 科学家希望对人类遗传密码的研究能提高人类的智力、延长人类寿命并找到治愈疾病的新疗法。对这些试验以及进行试验的场所，需要采取何种控制手段呢？例如，流产和终止妊娠产生的人类胚胎组织应该被用于基因和干细胞研究吗？

种群权利 大多数法律源自人类拥有基本权利这一假设。但是，一些思想家声称动物、树木和其他的自然元素也拥有自己的权利。例如，一些人认为所有的动物和有感觉能力的生命有权不受来自人类的不必要的痛苦。这一观点质疑把动物用于食物、服饰、狩猎或科学试验的合法性。其他思想家（尤其是深层生态学运动中的思想家）声称树林、丛林、荒野和海洋也拥有权利——生存权和免受剥削利用的权利。

主要宗教传统的创始人从未明确解决这些问题。然而，这并不是说如今他们的信徒无须担心这些问题。与此同时，一些人认为这些问题不应该由教堂和寺庙里的宗教权威解决，而应当由平民政府的代表在世俗法庭中解决。本世纪的重要问题是决定由谁确认什么是伦理道德，伦理观如何在法律中得到表现。

现实世界的科学手段总体上——至少潜在地——促使地球成为一个与过去几个世纪相比更有趣、更舒适的人类居住地。但是，应用科学已经对地球上的景象造成很大的损害。应用科学损害了非工业化文化，污染了环境。但是科学也做了很多来促进人类生活。科学降低婴儿死亡率，延长人类寿命，并使得人类的生活更加安全。这些方面的成效主要得益于医学和环境卫生的进步。如今，工业化国家人的寿命是两百年之前的两倍。人们现在通常可以活到80岁甚至更大。科学家正想方设法延长人类寿命，而且人类活到100岁、110岁甚至120岁的情况可能会变得常见。（我们知道这种情况至少是有可能的，因为一位名叫珍妮·卡尔芒的法国妇女在1997年去世时，已经122岁。）科学家将试图进一步延长人类寿命。到那时，死亡和来世将越来越遥远，而地球可能将成为我们永久的家园。由此而来的安全感在工业化国家的人群中逐渐形成，帮助他们重新重视地球和世俗生活，而且帮助人们形成一种不同于传统宗教式的、相当世俗的生活方式。

世俗主义

世俗（secular）这个词通常被用作神圣（sacred）的反义词。正如前面几章所提及的，世俗主义（secularism）是指现代社会中将宗教（与神圣有关）从日常生活（世俗）中分离出来的趋势。我们从这本书的大部分内容中可以看出，在早期的数个世纪里，宗教和日常生活总是紧密相连。如今，它们在有些社会中继续保持这种紧密联系，这些社会拥有单一的、作为国教的宗教，或是占据主导地位的宗教。

促进宗教从公共生活中分离出来的想法在欧洲获得最多的支持。主要是由于16和17世纪发生了恐怖的宗教战争之后，具有影响力的思想家开始构想一种不存在国教的国家。他们想让个人自由选择自己的宗教信仰。这一模式在创建美国时得以实现，并且在美国宪法的修正案人权法案中得到详细说明。因为这一模式建立在教会和国家分离的基础之上，所以这就导致出现一种世俗的政府形式。[4]

此外，没有国教的模式已经催生出世俗的生活方式。毕竟，如果人们有选择宗教信仰的自由，他们同样可以选择不信仰任何宗教。因此，世俗主义是指看待生活的方式：人的价值和生活规则源自现世的经验，而不是来自神启，来自现世之外的另一个世界，或是来自宗教权威和宗教传统。

由于科学发现了延长人类寿命并使人类生活更加安全的方法，世俗主义似乎占据优势。因此，对很多人而言，传统宗教世界观的影响力已经减弱。未来的宗教将继续受到世俗观点的挑战，尤其是届时这些宗教不得不在世俗的政治实体中运行。为了让大量人口生存下去，这些宗教必须为现代世俗世界增加并赋予更多的意义。然而，这也并非没有可能。毕竟科学追求描述现实世界，而宗教追求描述并创造意义。正如哲学家K. N. 乌帕德亚雅的解释："宗教不是科学的敌人……只在出现误解时，才会有敌对关系。人们必须明白，科学所涉及的是物质；另一方面，哲学所涉及的是物质之外的东西。但是，两者的方法论是——或者说应该是——完全相同的：观察、试验、确认。"[5] 我们也会注意到当代很多科学家对宗教表现出浓厚的兴趣，比如物理学家保罗·戴维斯（Paul Davies，生于1946）和弗·卡普拉（Fritiof Capra，生于1939）。

宗教中的冲突

宗教、神圣文本和暴力

宗教普遍宣扬和平，但同时也面临使用暴力的问题。存在合理使用暴力的情况吗？暴力可以用于自卫——保护自己的身体、家庭或财产吗？暴力应被用于摧毁暴政吗？可以使用暴力给社会带来正义吗？在劝说无信仰的人转而信奉宗教时，可以使用暴力吗？不幸的是，宗教在这些问题上并没有达成一致，甚至在同一种宗教中，我们会发现矛盾的建议。很多神圣文本包含对正义战争和杀戮的描写，这让情况变得更加困难了。有时，这些神圣文本使用比喻的手法描写反抗邪恶的斗争，但是这些描写经常被用于为暴力正名。我们会看到一些例证。

大部分宗教认为在需要保护自己或其家庭的情况下，使用暴力合乎情理——很多人认为这一观点合情合理。但是，也存在例外情况。耆那教和早期佛教的教义抵制以任何目的使用暴力。早期佛教的《法句经》有这样的说法："在暴力面前每一个生命都会害怕、颤抖。每一个生命都贪生怕死。只要能将心比心，那么你又忍心伤害谁呢？你又忍心制造什么痛苦呢？通过伤害来寻求快乐的人永远不能找到快乐。因为你的兄弟和你一样。他想要快乐。绝不要伤害他……"[6] 然而，在后来的佛教中，尤其是在中国和日本，关于超然和无常的佛教教义有时用来理想化地表现熟练的士兵和武僧。而且佛教经典描绘了很多手持宝剑和其他武器的形象。

印度教高度重视非暴力主义，正如我们从甘地宣扬的非暴力主义的教义中所看到的。但是，我们也知道《薄伽梵歌》可能是印度教中最有影响力的书，该书鼓励通过斗争击败不义。在流传甚广的史诗《罗摩衍那》中，罗摩和他的兄弟拉克什曼发动战争，以救出罗摩的妻子悉多。而且，印度教里的一些神祇，例如杜尔迦和迦梨，以嗜血而出名。

祭拜这些神祇时，信徒们仍然使用动物献祭，而且我们无法得知是否使用过人类献祭。

《道德经》说道教徒认为"兵者，不祥之器"。因为"师之所至，荆棘生焉"，故"以道佐人主者，不以兵强天下"。[7]《道德经》说道教徒讨厌武力，但是随后又加了一句"不得已而用之"。[8] 这就为争斗敞开了大门，任何看过中国武打电影的人都会发现这一点。

我们发现有些宗教持有相当好斗的态度，可能是其发源社会中的部落天性所致。可能因为圣经中犹太教在没有天然边界的土地上发展起来，犹太教将耶和华视为"万军之王"（《以赛亚书》第6章第3节）——保护自己子民的天使军队的指挥官。《诗篇》第135章明确指出耶和华是国家的守护者："他杀死埃及所有的长子和头生的动物……他摧毁强大的国家，杀死伟大的国王。"（《诗篇》第135章第8、10节）[9]

《诗篇》第18章还认为耶和华是人格化的守护者："你使我将我的脚踏在敌人的脖子上"（《诗篇》第18章第40节）。《诗篇》第137章在对待敌人时表现得更加形象鲜明："拿你（巴比伦人——编注）的婴孩摔在磐石上的，那人便为有福"（第9节）。既然上帝"为战争与和平设定了时间"（《传道书》第3章第8节），那么有时战争似乎得到上帝的允许，而且由上帝指挥。例如，《约书亚记》和《士师记》提到了很多正义战争（《约书亚记》第8章第1节至第29节）。但是，我们也应当认识到，希伯来圣经用仁慈的上帝的形象对这种粗暴加以平衡，关心地位低下的穷人的利益（《撒母耳记上》第2章第8节）。

从登山宝训中显然可以看出，基督教起初强烈坚持非暴力原则（《马太福音》第5章至第7章）。我们知道耶稣拒绝领导武装起义反抗罗马人。早期基督教坚持反战主义，而且基督徒起初不能当兵。然而，社会和神圣文本中的变化很快就到来了。《启示录》——圣经中最后写成的书卷之一——将耶稣刻画成骑着白马，穿着溅满战争之血的长袍。耶稣的嘴里吐出一把宝剑，他用铁杖维持统治，而且像收获者踩碎葡萄一样，在罪人身上践踏（《启示录》第19章第13节至第15节）。（《共和国战歌》就是从这段文字中得到灵感创作而成，在这首歌里，耶和华手持"恐怖的利剑"，践踏"全能神烈怒的酒醉"。）君士坦丁成为国王之后废除了基督徒不能当兵的禁令——可能是因为君士坦丁自己就是一名士兵。一个世纪之后，对于为战争正名的教义，奥古斯丁进行了阐释。他也赞成使用政治力量打压"异教徒"（非主流的基督徒），以此符合正统的要求。十字军时期，基督教士兵派别纷立，而且拥有自己的军事守护神，比如圣乔治、圣巴巴拉和圣迈克尔，这些圣人经常被刻画成手持利剑的形象。（圣乔治是英格兰的守护神，他的红色十字架也体现在英格兰的国旗上。）

我们在伊斯兰教中也发现存在类似的混合式回答。伊斯兰教这个名字本身在阿拉伯语中与和平有关，而且穆罕默德为了阿拉伯部落之间的和谐相处奔波劳累。但是，穆罕默德认为暴力有时也合情合理，然后他带领自己的追随者参加战斗。据《古兰经》记载，上帝命令穆罕默德："先知，让信道者们武装起来"（《古兰经》第8章第65节）。[10] 穆罕默德提到最终神圣的奖励和惩罚，就和拜火教、犹太教和基督教宣扬的观点一样，他还生动地描绘了上帝为罪人准备的惩罚措施："烈火长袍已经为异教徒裁制完毕……他们必会遭受铁鞭的抽打"（《古兰经》第22章第19、21节）。当然，《古兰经》同样提出要践行公正、有耐心，比如下面这段文字："如果你要报复他人，就应当依照你所受的伤害而报复。但是你最好是抱着耐心忍受自己所受到的不公。"（《古兰经》第16章第126节）。

我们在很多宗教经典中可以看到宣扬和平与仁慈的文字，同时还有暴力和惩罚的警告。不幸的是，大部分文本为教徒提供了一种可能：让他们能为自己的残暴和愤怒提供许可。只有那些强调在任何情况下都不允许伤害他人的经典（像耆那教的那些经典），才可以避免被用于为使用暴力正名。

不可知论（agnosticism）是一个通常与世俗的世界观联系在一起的概念。英国生物学家托马斯·亨利·赫胥黎（T. H. Huxley，1825—1895）新创了这个词，他认为上帝的存在既不能被证明，也不能被反驳。他认为不可知论——有神论和无神论的中间立场——是应该持有的最合理的理论观点。如今，具有科学思想的人通常持有不可知论的观点，因为这一观点支持进行与上帝或神灵无关的科学研究和教学。一些人已经发现，日常生活的继续进行无须考虑上帝或神灵。不可知论可能会逐渐替代传统有神论的宗教信仰和习俗。这一趋势可能也会导致人们试图重新定义上帝的概念，并推动人们转向无神论宗教（例如耆那教和小乘佛教）；而且可能会促进无神论的价值观和信念。

有些人欢迎世俗主义——可能与早期美国邦联中的很多人一样，由此感到舒心——因为他们不想生活在由宗教引起的仇恨中。诸如电脑、汽车和电话之类的机器也是世俗的，因为它们不会过问操作机器的人信仰什么宗教。在世俗文化中，一些人希望人类能够同样地爽快通融。

现在科学也能解释那些原来只能由宗教来解释的现实。现在世俗政府也经常宣传推广原来只由宗教拥护支持的价值观。而且世俗政府经营的医院、学校和福利项目，曾经完全由宗教控制。那么，这将会给宗教留下什么呢？现有宗教会朝着世俗主义的方向发展吗？[11] 在世俗主义占主要地位的环境里，宗教作为信仰和习俗的小群体能够生存下来吗？会出现完全世俗的"宗教"吗？或者，宗教本能会越来越多地以非传统形式表现出来吗？

环境的挑战

四个世纪之前，人类的总人口大约是5亿。如今，世界人口超过了70亿。日益增长的人口向城市移居，在那里寻找工作，而拥有百万人口的城市——曾经极为罕见——现在如雨后春笋般出现，像墨西哥城、圣保罗、上海、东京、纽约和开罗这样的大都市越来越多，而其中很多城市难以应对自己无节制的增长。一些城市的都市环境已经变得严酷而不适合居住。

同时，为了给日益增长的世界人口提供资源，自然环境正遭受破坏。为了提供木材和农田，马来西亚、泰国、印度尼西亚和巴西的热带雨林正逐渐消失，而很多动物（包括野生环境中的类人猿）的栖息地正遭受威胁。人们使用核能发电，但是没有人知道哪里才能安全地存放核废料。虽然杀虫剂对健康有所危害，但是仍用于很多食物的种植和储存。

过去，很多宗教在完全不同的世界中成长，而且无须应对由人口增长、城市生活、公司企业政策、核废料和环境污染带来的道德问题。面对这些全新的问题，旧宗教必须试图在自身内部发现应对这些挑战的智慧，它们需要从根本上对道德进行反思。我们稍后将会看到，做到这一点绝非易事。

第三节　嬗变带来的持续性挑战

如果关于世界宗教的教科书揭示出宗教的一个共同特性，那就是：所有的宗教最终必须适应变化的环境才能生存，不管它们是否承认这种适应性的变化。如果还有第二个共同特性，那可能就是这种适应性的变化势必伴随着困惑和痛苦。的确，争辩、斗争和新分支的形成是宗教在不断变化的世界中寻求保持影响力的必备方法。

我们可以在罗马天主教最近的历史中发现宗教的适应过程。天主教由于信徒分布在世界的很多地区，因此一直面临不断变化的环境的挑战。20世纪初，天主教受到新的"科学"理解的挑战，尤其是达尔文主义和现代圣经批评学。天主教最初的回应是发表一系列反对现代主义和世俗主义的声明。尽管天主教看上去推行保守主义，但是也在适应日益变化的世界秩序，在新的天主教社会教义中尤为如此，罗马教皇的通谕对这些涉及社会正义和工人权利的教义做了详细说明。两次世界大战加快了社会变革的步伐，增强了对宗教调整的要求。社会和宗教的板块运动最终由教皇约翰二十三世（1881—1963）在天主教中引起一场地震。这位年长而又温文尔雅的教皇述说了自己的愿望，希望天主教向现代世界打开大门，而且他发起了世界天主教主教大会，意在帮助天主教维持其影响力。到 1965 年梵蒂冈第二届大公会议结束时，罗马天主教拥有了一个全新的面貌，其特点是重视人类平等、包容世俗世界、认可政教分离、对多样性态度开明。这就是老式宗教采取重要措施以适应现代世界所呈现的面貌。

约翰二十三世发起的自由主义化并非说明案例研究就此结束。正如历史的预测，钟摆摆了回来，尤其是在第一位来自社会主义国家的教皇约翰·保罗二世的要求之下。教皇约翰·保罗二世坚称只有男性可以担任牧师和主教，他还任命符合自己保守观念的人为主教；他重申罗马的最高地位，并且谴责一些天主教自由主义神学家的思想。然而，他也推动自己的教会保护人们的社会权利，谴责资本主义的暴行，而且反对死刑。他经常被认定是共产主义在俄罗斯和东欧衰败的主要原因。2005 年，教皇约翰·保罗二世去世，标志历史上最有影响力的一个教皇时代的终结。虽然 21 世纪选出的第一位教皇本笃十六世试图在教会的保守派和自由派之间找到平衡点，但是他总体上一直推行保守主义。然而，将来的某个时间，钟摆无疑会摆向另一个方向。

这个案例研究在很多宗教中很典型。正如我们在前面几章所了解到的，宗教必须做出适应和变化。宗教经常抵制变化的力量，但是这种保守主义属于适应性发展的一个阶段，最终会发展成信仰和习俗的灵活形式。

对于变化带来的猛攻，保守主义必然做出反应，这是理解有时被称为基要主义的现象的一种途径。基要主义运动——正发生在世界上很多地区——经常受到一些号召的激励，比如"回到我们创始人的价值观"并回到更早、更传统的视界中。

基要主义运动反映出简化宗教的努力，他们重视信徒眼中宗教的主要和必要元素。基要主义的个人回报多种多样，他们感觉到自己在改善社会、与志同道合的人团结起来，以及修复宗教使其在辨别是非方面重新起作用。虽然基要主义运动的动机有很多，但是他们主要表现了对于变化这一威胁的反应。

由已故的阿亚图拉·霍梅尼（参见第十章）发起的伊斯兰革命，或许是基要主义最有名的实例，但是伊斯兰教基要主义运动同时也发生在其他很多国家，比如埃及、土耳其、巴基斯坦、印度尼西亚、马来西亚和阿尔及利亚。正如前面几章所提到的，我们发现基要主义也活跃在其他宗教里——尤其是美国和非洲的基督教、印度的印度教、以色列的犹太教。一些人将控制国家军队和武器的宗教基要主义，视为人类面临的最严重的危险

> 从月球上看到的景色……赋予了"宗教"这个词新的意义。英语单词"religion"来自拉丁语"religare"，意思是联系。宗教谈论我们所有人怎样相互联系、与每个生物联系以及与地球联系。宗教涉及归属问题，与每一个属于整体的部分相关。"宗教"是一个古老的词语，而"生态"是个新生词语。从月球上看到的景色表明宗教和生态都有相同的联通意义。
> ——圣约翰大教堂名誉教长詹姆斯·帕克斯·莫顿谈到从月球上拍摄的地球照片[12]

第十二章　现代研究　499

美国宇航局拍摄的这幅照片有时被称为宗教画像,使得观看者意识到地球之美及其所有部分的相互关联。

之一。其他人认为，基要主义的吸引力将受到传遍全世界的世俗价值观的侵蚀，或被新的宗教理想所代替。

不断摆动的钟摆形象是本章里重复出现的一个隐喻。我们最后一次使用这个形象，想象钟摆离开基要主义，摆向另一个恰恰位于钟摆弧形另一端的现象：通过自然的半神化所表现出的新泛神论。正如穆斯林和基督教领袖表达出进行传统一神论运动的渴望，其他思想家详细说明了"自然运动"的"教义"。其中出现了很多重要的作家，包括朱利安·赫胥黎（Julian Huxley, 1887—1975）、蕾切尔·卡森（Rachel Carson, 1907—1964）、大卫·布罗尔（David Brower, 1912—2000）和爱德华·奥斯本·威尔逊（E. O. Wilson, 生于1929）。

如今，主要的宗教不得不关注物质世界的伦理要求。亚洲和西方的佛教缓慢发展出环境意识，基督教也是如此。这些出现在传统宗教中的发展是宗教道德重要的、全新的延伸。环境运动潜在的发展——以及对现有宗教的影响——表明该运动可能会影响未来人类的宗教态度。

冰川融化的速度告诉我们，人类活动会损害地球各个地区的自然资源。推动建立人与环境之间的融洽关系是一切宗教日益关注的焦点。

第四节　环境保护论：一种宗教现象？

正如我们所见，环保运动正日益发展壮大，该运动如今扩展到众多现实生活领域，包括建筑、废物处理、汽车设计、服装材料、能源、农业和其他很多方面。全球变暖和相关的环境损害所带来的威胁让我们越来越多地注意到环保运动。关系自然的需要是如此重要，以至于主要的宗教已经把环境保护论列为一条重要的道德法令。

然而，人们对自然的敏感并非始于环保运动。由于自然被视为冥想的对象，因此一直以来它都是激发宗教灵感的源泉。在亚洲，我们可以从道教的起源中发现对自然的敏锐感知，而且早在7世纪的中国和日本诗歌中，自然之美便是一个重要的主题。在西方中世纪圣弗朗西斯和西多会僧侣的思想中，我们发现他们对自然灵性的觉悟。18世纪和19世纪的浪漫主义运动重申了对自然的深厚感情，宣扬自然是崇高感最重要的表现形式。

19世纪末20世纪初，关于自然的运动在印象派画作中表现尤为突出，其中一位重要的代表人物是克劳德·莫奈（1840—1926）。莫奈不仅在乡村绘画自然景色，而且还离开巴黎，建了一座乡间住宅，花园里有一个大荷花池，他在最后的43年里经常画荷花。他在吉维尼建造的花园如今已是圣地，而他创作的自然风景画悬挂在很多大型博物馆中，他绘制的荷花图的复制品已经让他的作品享誉世界，深受人们的喜爱。

北美宽广开阔的空间也激起了人们对自然灵性的感情——就像19世纪欧洲和美国画家所描绘的那样。游历过北美西部的旅行者把西部的狂野之美当做写作题材。其中之一就是出生于苏格兰的博物学家约翰·缪尔（John Muir，1838—1914）。缪尔在数本书中提到的那些风景美丽的地区，对整个国家至关重要，应该得到保护。得益于他的努力，约塞米蒂建立为国家公园；实际上，他的工作促进了国家公园体系和当地自然保护区的建立。旧金山北部景色优美的缪尔红木森林就是以他命名的。

如今，这种通向自然世界的新途径——一条既贴合实际，又注重精神的途径——的迹象随处可见。几十年前，人们创建地球日，以颂扬自然。电视里有很多关于动物和昆虫、森林和湖泊、珊瑚礁、鱼类和海洋的精心拍摄的节目——电影也已成为一种艺术形式。专卖店现在出售表现自然主题的商品——从次等宝石和有趣的矿物到海豚和鲸鱼的海报。一种全新的环保旅游越来越流行，生态旅游把人们带到像亚马孙和加拉帕戈斯群岛之类的地方。动物园这种曾经只用以圈禁动物的场所正在进行设计革新；他们现在试图为动物提供一个熟悉、舒适、宽敞的环境。人们正在为濒危物种创建法律保护。艺术和音乐——本章稍后将详细讨论——实际上已经为一个世纪里深受自然界启发的作品指明了道路。

工业化世界里的整个环保运动正以重要的方式影响着我们的生活，它实际上是一个相互关联的利益网络。环保运动激励团体为保护森林、丛林和濒危物种而

华盛顿特区的家庭成员参加游行，抗议环境中普遍出现的铅污染。

努力，而且还努力为鲸鱼和海豚建立庇护所。环保运动催生了热心的动物权利团体，他们反对使用皮毛、狩猎动物、不必要的动物试验，以及残忍的繁殖并宰杀食用动物。环境运动的组织架构表现为众多的致力于改善地球的团体：绿色和平组织、塞拉俱乐部、奥杜邦协会、大自然保护协会以及善待动物组织。

随着环保意识的传播，可持续性问题已经从边缘走向主流。正如我们在前几章看到的，它得到数个宗教领袖的拥护，也已成为世界上政党平台的一部分。随后要做的就是努力工作，将可持续性由目标转化为一系列的实际行动，并带来实实在在的结果。如果这一目标真能得到政治家和宗教领袖的拥护，那么它产生的影响远大于仅仅依靠政治界所带来的势头。

第二章提出绿色运动可以看成是 21 世纪的一种本土宗教。确实，整个环保运动与传统宗教有着引人瞩目的类似之处。例如，由于自身的道德规范，环保运动拥有预言性的一面。和很多宗教一样，环保运动规定一个人应该或不应该吃什么、穿什么和做什么。（一些保险杠贴纸上写着："皮草在动物身上看上去才漂亮"和"为全球思考，在当地行动"。）环保主义也有着神秘的一面，它重视人类和宇宙之间的基本统一。实际上，环保主义是作为与动物和自然界其他元素之间的统一性意识的最高经验。

到目前为止，环保运动在圣典仪式和仪式元素方面仍有缺陷，而这通常是宗教的特征——虽然这方面极有可能在今后的几个世纪发展壮大。诸如地球日和夏至节之类的活动可能是这类仪式的开端，而且维卡教试图重建基督教出现之前的自然仪式。我们可以看出各主要季节自然仪式发生的演变：地球日表示春天；夏至仪式表示夏天；感恩节或类似的丰收之后正式的膳食和仪式表示秋天。

和宗教一样，环保主义也有自己的"圣地"。生态圣地包括约塞米蒂、落基山脉、东非和哥斯达黎加的野生动物保护区、珠穆朗玛峰、茂伊岛和冰川海湾的鲸鱼庇护所、阿拉斯加的德纳里国家公园以及其他很多地点。（庇护所这个词用于指代动物保护区，具有重要的宗教意义。）环保主义还发展自己的形象代言人，有趣的是，其中很多都是女性：黛安·佛西（Dian Fossey，1932—1985）、珍·古德（Jane Goodall，生于 1934）、碧姬·芭铎（Brigitte Bardot，生于 1934）、瑞·麦克卡纳翰（Rue McClanahan，生于 1934）和帕米拉·安德森（Pamela Anderson，生于 1967）。2006 年珍·古德因其出色工作被授予法国荣誉勋章——该项殊荣以前还曾授予埃利·维赛尔（Elie Wiesel）和海伦·凯勒（Helen Keller）。环境主义"经典"的体系日益增长——例如亨利·大卫·梭罗（1817—1862）的《瓦尔登湖》和彼得·辛格（生于1946）的《动物解放》。而神圣的图像从安塞尔·亚当斯（Ansel Adams，1902—1984）拍摄的约塞米蒂自然风光发展到克里斯蒂安·拉森（Christian Lassen，生于1956）、罗伯特·怀兰（Robert Wyland，生于1956）和其他人创作的关于鲸鱼和海豚的流行绘画。环保主义的电影具有同样重要的地位，比如阿尔·戈尔主演的《难以忽视的真相》（An Inconvenient Truth），该影片让他荣获2007年诺贝尔和平奖。

第五节　兼收并蓄的灵性

现在时常听人们说，他们对某一宗教不是特别感兴趣，但是他们对灵性感兴趣。有时他们所说的灵性究竟指什么并不明了，但是人们用这个词描述自己的宗教立场确实揭示出一个重要的当代现象。如今，人们把不同信仰体系中的元素融合起来，创建自己的精神体系。那种促进人们内心平静以及自己与外界之间融洽的感情的习俗深受青睐。在那些拥护兼收并蓄的灵性的人中，关键的信仰是：宇宙中所有元素都是相互关联的。这种信仰通常表现在对所有人和其他生物尊重和敬畏的态度里。冥想可以消除隔离，并促进从表面到基本相关性甚至所有生命的同一性的看法，这样通常能培养这种尊重和敬畏的态度。

传统宗教经常产生灵性，而兼收并蓄的灵性表现在借用传统宗教的元素。

安塞尔·亚当斯拍摄的新墨西哥州埃尔南德斯天空中月亮的照片，它提醒我们，对于停下来看这幅照片的人来说，发现神圣并非难事。

从受佛教启发的冥想修习法，到受苏菲主义启发的舞蹈都属于此种借用。但是，也有其他获得灵性的方式，而且很多是传统宗教之外的方式。比如，我们都有过这样的体验：去电影院看电影，坐在漆黑的室内，逐渐被卷进电影之中，这时看电影已经不仅仅是一种娱乐手段。在某一点，我们认识到电影在我们内心唤起一种对人类体验至关重要的反应，同时具有超然性———一种"灵性"的体验。通常，我们会感觉到观众里的其他人也有这样的体验。电影结束之后，室内一片寂静，这种寂静甚至会在人们离开电影院时传播到大厅里。音乐会也会引起类似的体验。

心理学家们，诸如卡尔·古斯塔夫·荣格（1875—1961）和亚伯拉罕·马斯洛（Abraham Maslow，1908—1970）已经对人类精神发展所必经的阶段进行了广泛的论述。马斯洛变得对此着迷，起初所描述的罕见而又短暂的东西被他称为"巅峰体验"，然后他描述了被称为"高原体验"的东西，这是日常生活中常见且持久的冥想体验。

人们对灵性越来越多的关注可能也会影响其对住宅的态度。他们逐渐认为自己的住宅就是一个"庇护所"，想要在自己的公寓或房屋里纳入一些元素，促成日常生活中的宁静感。（这可能部分说明了电视上的家庭装修节目为何如此受欢迎。）一些住宅突出宗教设计元素：一个小型的家庭圣餐台、一块供冥想的区域或是供反思用的园景房。住宅里的植物和花园表现出新的重要意义，让我们想起

体育运动也可以作为修习精神的一种形式。

它们在几个亚洲宗教传统中的重要地位。室内和室外的喷泉深受欢迎，而且形状大小不一。它们让人回想起很多宗教中使用净水的习俗，例如神道教、印度教、基督教和伊斯兰教。有时，大型的房子甚至有"大教堂式"的高天花板。住宅——以及教堂和寺庙——如今被认为是神圣空间。

相互关联

正如我们在前几章所看到的，很多宗教指出一切生命相互之间存在关联，这可能在佛教和印度教思想以及其他很多宗教的神秘主义教义中表现得最为强烈。科学也对有时连接宗教世界和科学世界的相互关联表现出浓厚的兴趣。对亚原子世界的科学探索让我们认识到，我们在可见的世界中观察到的连接反映出宇宙里每一个构造块的结构。同样，对相互关联的关注说明了为何有些抽象理论会如此流行，比如混沌理论、宇宙论以及海水温度和远处天气模式之间的气象学联系；它还说明了一些书籍为何如此流行，比如蒂莫西·费瑞斯（Timothy Ferris，生于1944）的《预知宇宙纪事》（*The Whole Shebang*）和比尔·布莱森（Bill Bryson，生于1951）的《万物简史》（*A Short History of Nearly Everything*）。

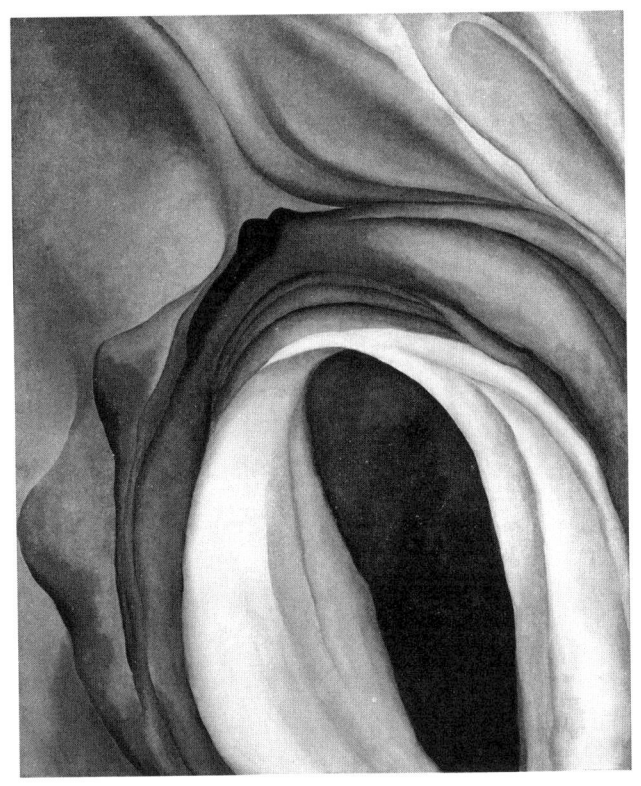

乔治亚·欧姬芙的画作可以帮助我们以全新的方式体验日常生活中的现实。

大众对于相互关联性的兴趣在一些艺术品的重新解读中也很明显，尤其是乔治亚·欧姬芙（Georgia O'keeffe，1887—1986）的画作。欧姬芙创作了关于鲜花和动物骨骼以及接近泥土的建筑形式的画作，其绘画技艺一直备受好评，高超绝伦。她的画作如此受欢迎，以至于其中一幅出现在美国纪念邮票上。然而，她的画作最近深受欢迎可能更多应归结为这些画作表达出的相互关联性和可互换性：因为很多画作对物体进行近距离描绘，所以观众不可能一眼看出这幅画是代表一朵鲜花、人类或动物骨骼的一部分、一座土砖教堂、一个山坡还是一个贝壳。这种模糊的状态令人啧啧称奇，因为欧姬芙的作品实际上往往接近现实主义，而不是抽象主义。然而，欧姬芙强调具体中的抽象，具体和抽象的差别也就支离破碎了。总体而言，她的画作从多个层面表现出相互关联，让观众审视画中的模式和含蓄的相似性。欧姬芙画作的一些复制品几乎已经成为灵性的象征。

抽象一直被重复用于表示相互关联的状态和人类的同一性经历。出于该目的，

当代议题

宗教和电影

电影最早出现的时候，就已经开始探究宗教主题和关于灵性的问题——从无声电影《党同伐异》到最近根据圣经拍摄的电影，比如《黑客帝国》系列。不太明显的宗教电影也会探究道德和精神主题。弗兰克·卡普拉在他拍摄的电影《生活多美好》（定期在圣诞节时播放）中讲述一个人在即将自杀的时候才发现了自己生命的价值。他在那一刻看到了自己做的所有好事，而且得到邻居深情的关怀。

一些电影通过揭示生活的价值从而带来一种启蒙作用。在根据桑顿·怀尔德的戏剧《我们的小镇》拍摄的电影中，一位女子穿越时光，回到自己16岁生日时，并且以一种崭新角度看待自己的家庭。由弗朗西斯·福特·科波拉（生于1939）导演的《佩姬苏要出嫁》采用了同样的手法，

电影中的女主角穿越时光，回到了自己的高中时代。日本导演宫崎骏（生于1941）在精彩的手绘漫画中让我们转而关注动物和环境。他的很多电影使用了神道教和佛教中的形象来说明自己的忧心，比如《幽灵公主》和《千与千寻》。他的电影《龙猫》在日本开启了保护森林的运动；而且还为日本一处森林保护区的命名提供了灵感，这处保护区叫"龙猫森林"。

关于星际旅行的科幻电影也和一些神秘的宗教故事遥相呼应，这些故事讲述了天使、神祇或凡人前往天国的旅行。有时，这些科幻电影触及善与恶之间半宗教性的斗争——例如《星际迷航》和《星球大战》系列。很多时候（比如在电影《外星人》中），这些电影认为人类需要吸取教训，而这些教训只会由来自其他世界的代表执行。

乔治亚·欧姬芙的非写实主义作品频繁使用颜色曲线，例如画作《音乐：粉色和蓝色，蓝色》以及《系列一》。[13] 马克·罗斯科（Mark Rothko，1903—1970）是拥有纯粹的精神经历的最伟大的画家之一，他通过巧妙的色彩叠加达到类似的效果，这些颜色似乎灿烂地悬浮于背景之上。杰克逊·波洛克（Jackson Pollock，1912—1956）将颜料泼洒到铺在地面上的画布上进行创作，在色彩关系中创造出任意但十分复杂的世界。这些艺术家的作品给观众带来处身外太空，被星星和黑暗所包围的感觉；或者感觉到位于原子内部、处身活跃粒子之中的周围的虚空。

尊敬与尊重

正如我们已经讨论过的，自然不是被视为仅仅可以使用的东西，而是我们自己的一部分，为了所有人的幸福，我们必须照顾自然。在自然的概念化之外，环境运动中最为突出的转折是将自然视为启示——自然是所有现实世界里神灵的表现形式，自然是需要被颠倒的现象。这种观点可能在摄影艺术中表现得最为突出。

作家菲利普·格罗斯（Philippe Gross）和S. I. 夏皮罗（S. I. Shapiro）在一篇

当代议题

宗教和流行文化

流行文化经常体现宗教主题。例如,连环漫画和动画卡通电影看似简单,但是有时在其外表之下有着深刻意义。(巴勃罗·毕加索和其他的艺术家对漫画的经济性给予了高度评价——寥寥数笔中包含很多含义。)一些连环漫画以预言的方式谴责社会(例如《杜恩斯比利》和《迪尔伯特》);其他连环漫画通常具有明确的宗教目的(比如《花生》《家庭马戏团》和《B.C.》)。在很多迪士尼动画电影(《小飞象》《小鹿斑比》《灰姑娘》《小美人鱼》《狮子王》《人猿泰山》《恐龙》和《寻找尼莫》)中,很多可爱的动物被创造出来,它们拥有个性和魅力,拥有和人类一样的意识和感觉,这就促进了动物解放运动的发展。

超人以及其他漫画中英雄人物的出现可能是圣经中救世主观念的一种流行文化形式。就像《但以理书》中第7章永恒之神给予救世主权力一样,超人从另一个世界来到地球,带来正义和真相。圣经的影响可能启发了超人及其父亲半宗教式的"氪星姓名"——卡艾尔和乔艾尔。(我们可能会想起"艾尔"[El]在希伯来语中的意思是"上帝",它在伊斯雷尔[Israel]、塞缪尔[Samuel]和迈克尔[Michael]这些名字中有所体现。)超人和其他类似的漫画英雄进一步加深了人类对正义和同情的渴望。

对埃尔维斯·普雷斯利的狂热崇拜虽然可能不是所谓的"精神上的",但是和宗教相比具有诸多类似之处:埃尔维斯英年早逝,后来他的幻象出现在忠实的追随者面前,他的照片似乎具有治愈疾病的能力,他身着白色服饰的形象,他的诞辰和忌日的纪念活动,前往优雅园朝圣和其他生活工作的地方,以及他的福音音乐的销售。下面关注的是其他音乐家——吉姆·莫里森、约翰·列侬、鲍勃·马利、科特·柯本和"感恩而死"——这些音乐家和宗教有类似之处。这表明宗教推动力依然存在,只不过推动力的变现形式发生了改变。

文章中比较了一些创造性摄影家的才能和道家贤人庄子的优点,他们描述道家理想时,经常同时使用庄子和现在摄影师的词汇。这两位作者的结论认为,道家贤人的观点和许多伟大摄影师的观点相同:"两者都能不受束缚地看待问题,因此能够在平凡之中发现妙处。"[14] 根据格罗斯和夏皮罗的观点,道家贤人和沉思中的摄影师所共有的优点是:从自我意识中获得自由、接受性、自发性、认可度和无执——这些特性引发了一种关于敬畏和尊重的基本观点。

冥想摄影在安塞尔·亚当斯(前面有所提及)的自然摄影中达到顶峰。他拍摄了约塞米蒂国家公园的黑白照片,公园里的山川和瀑布让人想起中国传统山水画的主题,唤起人们对自然之力和自然之美的崇敬之情。另一位自然的爱好者是艾略特·波特(Eliot Porter,1901—1990),其摄影作品色彩灿烂,充分展现出自然之美。他以拍摄秋天变黄的树木、水池里的倒影以及河流峡谷而著称。这些照片在观众里引起的敬畏如同一位道教贤人凝视瀑布或远山时的体验。

马克·罗斯科的大型画作，被称作进入永恒的窗户。这些画作有彩色玻璃的光辉和禅宗圆相的神秘感。

摄影在记录人的面孔和生活的细枝末节时特别有效，再一次带来洞察力、尊重和敬畏。马修·布雷迪（Matthew Brady，约1823—1896）拍摄的美国内战的照片描绘了恶劣环境中的人类。不久之后，爱德华·柯蒂斯（Edward Curtis，1868—1952）敏感地记录了北美印第安人逐渐消失的本土生活。桃乐丝·兰格（Dorothea Lange，1895—1965）和沃克·埃文斯（Walker Evans，1903—1971）对大萧条时期的人群进行了研究。爱德华·斯泰肯（Edward Steichen，1879—1973）和黛安·阿勃丝（Diane Arbus，1923—1971）是最近的大师级摄影家。斯泰肯的摄影集《人类一家》影响深远，其中研究了全世界人类面部和动作上所表达出的精神。阿勃丝的作品让我们毕恭毕敬地注意处于都市社会边缘里的人群。

唤起尊重和敬畏的态度所需的能力并不限于摄影艺术。普通人的生活细节也可以在绘画中得到尊重，而文森特·梵高（1853—1890）就在自己的作品里重复做着这件事——从他早期创作的《吃马铃薯的人》对农民的刻画，到他后期以邻居邮差、花瓶里的向日葵和夜晚附近的咖啡店为主题的画作。卡通里甚至也能发现相同的毕恭毕敬的态度（仔细想想《辛普森一家》中丽莎这个角色）。实际上，这种态度可以由任何能够引起冥想的艺术形式或技巧——显示灵性的方式——表现出来，我们现在转而向这个方向发展。

冥思的实践

虽然兼收并蓄的精神重视所有创造物的相互关联，但是这并不是说每个人都可以自发地理解相互关联。然而，一个人可以开发这种能力，并通过多种冥想练习获得一种尊重和敬畏的态度。

正如我们在本书的前几章所看到的，本地的宗教习俗经常使用引起昏睡状态的手法，在这种状态中，普通的现实世界以一种转化的方式为世人所见。在后面的几章中，我们细察了世界很多宗教里的神秘主义形式，而且论及不同的冥思活动——例如冥想、苏菲舞蹈、茶道和哈他瑜伽——在某种程度上，这些活动已经取代了对于出神状态的培养。事实上，任何人——甚至是不信仰传统宗教的人——都可以任意地尝试以下的冥思

> 我不为自己的照片负责。摄影不是纪录片，而是直觉，是一种诗学的体验。摄影让你窒息、让你分解……首先你必须忘却自己，才会出现那种体验。
> ——摄影师亨利·卡蒂埃·布勒松[15]

练习。

传统宗教提供众多的习俗，吸引人们记录自己兼收并蓄的精神道路。大多数宗教使用歌曲、赞美诗以及其他的音乐形式——其中有一些形式十分精巧。大乘佛教和藏传佛教使用复杂的吟唱，通常还伴有铃声、鼓声、锣声、喇叭声、海螺号声和铜钹声。基督教带来了大量的赞美诗和其他的合唱音乐。神道教使用吟唱和雅乐（源自古代中国宫廷乐的一种庄严的器乐）。许多宗教音乐旨在帮助听众体验与神的交流、沟通。直到最近，若是不参加宗教仪式的话，人们几乎没有机会体验宗教音乐。但是，如今人们可以通过录音听到宗教音乐，并且使其成为自己冥思练习的一部分，这种练习可以在家甚至在上下班和旅途中的汽车里进行。

一些世俗音乐与传统宗教音乐一起，用于进行冥思练习。如今，以冥想的方式聆听这种世俗音乐是进行冥思练习的常见方式。19 世纪末 20 世纪初，印象派（尤其是在法国）不仅发展出一种绘画风格，而且发展了自己的音乐风格。值得注意的是，印象主义音乐并不过分注重满足古典形式的要求，而是通过音乐向人们传达一种主要是非音乐体验的感官印象，例如黎明来临或是站在森林里的感觉。

西方很多冥思音乐是早期具有感召力的音乐的直系后裔。印象主义音乐的一个实例是克劳德·德彪西（Claude Debussy，1862—1918）创作的《牧神午后前奏曲》。在交响诗《大海》中，德彪西使用音乐描绘了大海上日出和暴风雨的情景。他的管弦乐作品《夜曲》包含了对云彩的冥想，而《月光曲》（来自《贝加马斯克组曲》）则创造出一种宁静的月夜感觉。另一位法国作曲家莫里斯·拉威尔（Maurice Ravel，1875—1937）甚至使用一台风声器在《达夫尼斯与克洛埃》（完全版）中唤起人们的自然感觉。拉威尔和德彪西都创作了钢琴乐，表现出喷泉轻快放松的节奏。这条冥思路线上的第三位作曲家是英国人弗里德里克·戴留斯（Frederick Delius，1862—1934），其作品主要是关于季节性心情的短暂印象，其中最出色的作品是《春日闻杜鹃初啼》《河上夏夜》和《走向天堂花园》。和拉威尔一起学习的英国作曲家拉尔夫·沃恩·威廉斯（Ralph Vaughan Williams，1872—1958）在小提琴独奏曲《云雀飞翔》中表现出鸟儿的飞翔，在安静的环境里聆听这首精美的作品时，很多听众体验到与神圣境界的连通状态。（该作品还经常被用作现代芭蕾舞的主题）。威廉斯的《绿袖子幻想曲》和《泰利斯主题幻想曲》同样能够引起人们的冥思。这些作曲家曲作激发的情绪如今经常出现在一种叫作新纪元音乐的形式中，其中一些新纪元音乐在电子合成器中进行演奏。引起迷幻效果的电子舞曲也可以被视为精神音乐的一种新兴形式。

此外，现代管弦乐器在亚洲的传播和电子合成器的使用，让亚洲作曲家有可能创作复杂的跨文化作品，为听众打开新的途径，让他们能够体验自己文化中及其以外的音乐。例如，日本作曲家黛敏郎（Toshiro Mayuzumi，1929—1997）和武满彻（Toru Takemitsu，1930—1996）经常因其通过跨文化音乐使听众欣喜的努力而深得赞誉。

兼收并蓄的精神能否扩大为充分发展的宗教，这很难说清。但是可以预测，世界的发展将带来更加拥挤的空间、更多的噪音、更大的竞争和日益增强的压力。在这种环境下，对冥思的需要只会不断增加。

第六节　个人体验：午餐

最近，我和几位密友一起共进午餐。我们去了当地一家俯瞰海洋的餐馆。所有人点完三明治后，我开始谈论那里的美景。

"太多的无限，"凯西看着外面绵延的海水，神秘地说道。

"你怎么能说有太多的无限呢？"我笑着问道。"我喜欢无穷无尽。"

"对我来说，这就像是在一间巨大的房间里走动时发出的回声。这些回声就像我提出的问题。我不希望它们又返回到我这里，我要的是答案。"

"别这样挑剔了，"约翰说道，"不管怎样，迈克认为宗教可以提供你需要的所有答案。"约翰是一名有着科学思维的土木工程师，他又像往常一样拿我开玩笑。他转向我说："让我们一起面对事实吧：宗教并不理性。宗教不希望你去思考，只是让你盲目地接受他们的教义。"

"那能起什么作用呢？"凯西问道，"所有宗教的观点各不相同。如果你问一些重要问题——关于上帝或神灵、宇宙的起源、是非几何、我们死后会发生什么——你得到不同的答案。你不能指望依靠宗教获得答案。"

"你说得有点对，"罗伯特说。

"只是有点对吗？"凯西问。

"嗯，有不同的方式来看待这个问题，"罗伯特回答说，"我认为宗教的伟大在于即使他们不总是给出正确的答案，至少宗教正在考虑这些重大问题。宗教提醒我们生活中除了今年的流行时尚和油价之外还有很多东西，并提醒我们关注这些重大问题。"

"你就这么简简单单地饶恕了宗教，"约翰说，"宗教那些所谓的答案会给人造成误导，引起很多伤害。想想宗教如何容忍毒打小孩、压迫妇女或是残杀少数民族。想想'二战'期间宗教给予纳粹的支持。宗教支持奴隶制度是怎么回事呢？人们花费数个世纪才想明白奴隶制是错的，而那段时期宗教并没有帮助加速人们的认识进程。"

佩吉是一位急诊室的护士，她反驳道："宗教不是也让人们变得更加大方吗？看看那些由宗教兴办的医院吧。"

"也许是吧，"凯西回答道，"但是人们不需要宗教来让自己变得慷慨大方。很多慷慨大方的人没有受到任何宗教的影响。你无须相信存在来世，以使自己宽容和蔼。事实上，如果你认为不存在来世，那么你如何对待现世的人对你来说将更加重要。"

"那么上帝存在又是怎么回事呢？我们真的需要上帝的存在吗？上帝真的会

帮助人们吗？"约翰问了一连串的问题。"我刚读完克里斯多夫·希金斯和理查德·道金斯写的几本书，他们认为有神论是不理智且有害的观点，而信仰至高无上的造物主是大错特错。不切实际的东西最终只会慢慢消亡。他们说如果存在造物设计的话，那只会是进化的副产品。"约翰在杯子里抿了一口。

凯西点点头："想想疟疾、癌症、干旱和台风，像这样的事情哪有什么好处呢？如果这些事情是某种造物设计的一部分，我们应该控告造物主，难道你们不这样认为吗？"

"我们点的午饭来了！"佩吉大喊道。她要不就是饿了，要不就是想换个话题。两位服务员端来餐盘。开始吃了几口后，每个人都感到心旷神怡。

但是好景不长。我转向右手边。"罗伯特，你是一位教授，"我说道，"但是与约翰相比，你更愿意接受宗教。你对宗教和神灵有什么看法呢？"

阿尔伯特·爱因斯坦，科学史上的预言家，也可能对人类以及我们短暂居住的宇宙做出了预言。

所有人的目光转向了罗伯特。"我认为宗教就像人一样，"他最终回答说，"当他们处于人性的最佳状态时，宗教也令人景仰。但是当人性处于最差的状态时，宗教也变得残忍而恐怖。而说到信奉上帝，就我个人而言，我很难成为无神论者，也不会成为传统的信徒。"他停了下来。"也许真相就处在两者中间的某个地方。"他看着桌子对面的约翰。"我承认很难信奉仁慈的人格化的上帝。对我来说，那不过是人类愿望的实现。但是想成为一名无神论者也不简单。比如爱因斯坦。他拒绝人们称他为传统的有神论者或是无神论者。"罗伯特搅了搅自己的冰茶。"爱因斯坦说他并不信奉上帝，也不相信奇迹。但是爱因斯坦使用'上帝'这个词，他是故意这么做的。他说宇宙的美丽、和谐与神秘把他指引到科学之中，而且宇宙的这些特征让他思考关于宇宙的事情——这可能超乎我们的理解之外，但是你观察四周会明显发现这些事情。"罗伯特抿了一口冰茶。"我同意爱因斯坦的观点。"

约翰从餐盘里抬起头来。"那么，爱因斯坦对宇宙有何认识呢？"约翰开始笑起来。我们所有人都笑了起来。

我知道是时候换个话题了，转向约翰问道："你的三明治味道如何？"

"真是美味，"他回答说，"味道肯定不错，难道不是吗？毕竟，我认为所有人都同意我们的三明治是精心烹制的。"

延伸阅读

爱因斯坦与宗教

物理学家阿尔伯特·爱因斯坦经常被问及自己的宗教观点。在回答这些问题时，他写到宇宙运行中的神秘感。下面是一段典型的回答：

一个人最美好而又最深刻的经历是神秘感。这是宗教以及艺术和科学中所有重要活动的基本原理。在我看来，从未有过这种感觉的人如果不是死了，那么至少是个瞎子。感觉任何事情背后可以被体验的东西，存在我们的知识不能理解的东西，它的美感和庄严只作为一种微弱的反应直接传达给我们，这就是虔敬。在这种意义上，我信仰宗教。对我而言，这种虔敬满足了我对这些秘密的好奇心，使我能够谦卑地试着用自己的知识获得所有存在的变幻莫测的结构的图案。

自我测试

1. 现代文化_____完善将越来越多地对宗教发出挑战，产生物质文化所重视的东西。
   A. 基于自然的　　B. 基于金钱的　　C. 基于精神的　　D. 基于和平的

2. 全新的宗教可能会频繁地融合来自数个宗教的元素。例如_____教会，始于韩国，融合了基督教和儒家的元素。
   A. 一位论派　　B. 统一教　　C. 三位一体　　D. 三神一体

3. 现代宗教对话中最早的例证之一是_____，1893年在芝加哥举办。
   A. 世界宗教理事会　　　　B. 世界宗教大会
   C. 宗教普世理事会　　　　D. 世界宗教议会

4. 在基督教中，人们对中世纪的女性神秘主义者越来越感兴趣，比如_____。
   A. 玛丽·贝克·艾迪　　　　B. 叶卡捷琳娜大帝
   C. 伊丽莎白一世　　　　　　D. 宾根的希尔德加德

5. 2003年，美国的_____宣布一位同性恋男子任主教，这造成了该教会和英国国教的其他派别之间的冲突。
   A. 圣公会　　　　B. 浸礼会
   C. 天主教　　　　D. 长老会

6. _____这个词语是指看待生活的一种方式：人的价值和生活规则来自现世的经验，而不是来自神启。
   A. 不可知论　　B. 世俗主义　　C. 三神论　　D. 一元论

7. 在欧洲，对于自然的关注可以追溯到很多个世纪之前一些中世纪僧侣和修道士的自然神秘主义，开始于圣_____。

   A. 奥古斯丁　　　B. 安妮·雅赫维　　C. 弗朗西斯　　　D. 卢卡的安瑟尔谟

8. 接受_____的那些人的主要信仰是宇宙中所有元素的相互关联性——这一信仰表现在对所有人和其他生物的崇敬上。

   A. 新的世界秩序　B. 结构主义　　　C. 兼收并蓄的灵性　D. 世俗主义

9. 根据你在本章所读的内容，你认为 21 世纪的宗教领袖把什么视为宗教最大的威胁？运用媒体和本章的信息阐释你的答案。

10. 你为何认为灵性的兼收并蓄在当代已经变得十分流行？你认为 21 世纪的美国人中大多数认为兼收并蓄比传统宗教更有吸引力吗？请阐释你的答案。

参考资源

书　籍

Jay Allison, Dan Gediman eds, *This I Believe: The Personal Philosophies of Remarkable Men and Women.* New York: Holt, 2007. 一部文集，来自 2005 年开始 NPR 每周推出的文章段，描述了美国人的个人信条。

Azara, Nancy, *Spirit Taking Form: Making a Spiritual Practice of Making Art.* York Beach, ME: Red Wheel/Weiser, 2002. 鼓励通过艺术创造来促进内心的成长。

Byock, Ira. *Dying Well: Peace and Possibilities at the End of Life.* New York: Riverhead/Penguin Putnam, 1997. 为病人和护理者写的一本书，内容涉及精神上死亡的可能，由一位慈悲的临终关怀专家写成。

Gamwell, Lynn. *Exploring the Invisible: Art, Science, and the Spiritual.* Princeton, NJ: Princeton University Press, 2002. 配有精彩插图的讨论，说明了科学的形象和世界观如何促进现代艺术的发展。

Gottlieb, Roger S. *A Greener Faith: Religious Environmentalism and Our Planet's Future.* New York: Oxford University Press, 2006. 一本充满希望、普世的著作，认为宗教可以成为推动环境保护行动主义的强大动力。

Ruether, Rosemary Radford. *Integrating Ecofeminism, Globalization, and World Religions.* Lanham, MD: Rowman and Littlefield, 2005. 讨论女权主义、生态学和宗教思想之间的关联。

Chris Seay 和 Greg Garrett. *The Gospel Reloaded: Exploring Spirituality and Faith in the Matrix.* Colorado Springs, CO: Pinon Press, 2003. 对电影《黑客帝国》中的宗教象征和意义进行了学识渊博的讨论。

Sutherland, Audrey. *Paddling My Own Canoe.* Honolulu: University of Hawaii Press, 1978. 表面上是用歌词描绘沿着莫洛凯的海边划船；深层意义上是一位传奇的独木舟手和皮划艇手创作的经典，表达了一种类似禅宗的灵性。

Wirzba, Norman. *The Paradise of God: Renewing Religion in an Ecological Age.* New York: Oxford University Press, 2003. 阐述了一种新的带有宗教色彩的环境保护论。

电影/电视

Gifts from God: Women in Ministry. (Films Media Group.) CBS 新闻的特别报道，其中包括犹太教和基督教中从事宗教工作的女性对自己的经历进行讨论。

God Is Green. (Directors Mark Dowd and Bruno Sorrentino; 3BM Televison.) 一部扼要描述福音派教会环境运动兴起的纪录片。

An Inconvenient Truth. (Director Davis Guggenheim; Paramount.) 一部获奥斯卡奖的纪录片，描述了阿尔·戈尔努力告知全世界的观众全球变暖的危险。

Journeys of Spirit: A Pilgrimage to New Mexico. (Films Media Group.) CBS 的特别新闻节目，报道了新墨西哥州奇马约圣堂举行的不同宗教的集会。

The Land and the Sacred. (Films Media Group.) 包括三个部分的系列片，探究了非洲、亚洲、欧洲和南美洲与环境相关的精神。

音乐/音频

音乐为现代灵性和冥思指明了道路。下面是从 CD 上选取的曲目，容易获取的曲目都标有星号。

Debussy：*Prelude to the Afternoon of a faun,*Nocturnes, La Mer, Syrinx

Delius：*On Hearing the First Cuckoo in Spring, Summer Night on the River, Brigg Fair

Fauré: Berceuse

Hovanness：Mysterious Mountain

Ravel：*Mother Goose Suite, Le Tombeau de Couperin, Daphnis and Chloe（音乐会版），String Quartet in F, Piano Concerto in G

Satie：*Gymnopedies nos, 1–3

Vaughan Williams：*The Lark Ascending, *Fantasia on Greensleeves, *Fantasia on a Theme of Thomas Tallis, Serenade to Music（管弦乐版），String Quartets nos. 1 and 2

互联网

Center for Religious Tolerance: http://centerforreligioustolerance.org/. 这个非营利性组织的网站使命是通过宗教间的活动和对话，促进宗教间的和平与协调。

Marvel, Believe, Care: http://www.marvelbelieve-care.org/. 基督教在线的环境资源，目的是增强人们的意识，关心上帝创造的世界。

注 释

1. Robert Ellwood, *The History and Future of Faith* (New York: Crossroad, 1988), 第 137 页。
2. 同上，第 141 页。
3. "Which Humanism for the Third Millennium?" *Aizen* 16（July–August 1997）：3.
4. 美国政府并非完全世俗化。例如，我们也许注意到立法机构中使用祷告和专职牧师，《独立宣言》中提到上帝，在法庭和通货中使用"上帝"这个词，而且教会和教会财产会接受税收优惠。参见罗纳德·斯曼（Ronald Thiemann），*Religion in Public Life* （Washington: Georgetown University Press, 1996），作者在该书里反对彻底分离教会和国家。
5. *Honolulu Advertiser*，1997 年 7 月 26 日，B 节，第 3 页。
6. *The Dhammapada*，第 10 章，Thomas Byrom 译(New York: Vintage, 1976)，第 49 页。译文将材料分为数节。
7. *Tao Te Ching*, Gia-Fu 和 Jane English 译(New York: Random House, 1972)，第 30 章。
8. 同上，第 31 章。
9. 这里从圣经中引用的所有内容均来自英文圣经新译本。
10. 达伍德（N. J. Dawood）的译文被用作《古兰经》中的段落。*The koran*（London: Penguin，1993）。
11. 关于现代社会中的世俗主义及其与宗教联系的讨论，请参见 Ellwood, *The History and Future of Faith*，第 5 章，第 96~117 页。
12. "Speech of the Very Rev. James Parks Morton at the Esperanto Conference, 1996, July 22, Prague," *Aizen* 16 (July–August 1997)：6.
13. 更多例证请参见 Maurice Tuchman 编 *The Spiritual in Art: Abstract Painting 1890—1985* (New York: Abbeville Press, 1986)。
14. Philippe Gross 和 S. I. Shapiro, "Characteristics of the Taoist Sage in the *Chuangtzu* and the Creative Photographer," *Journel of Transpersonal Psychology* 28：2 (1996), 第 181 页。
15. *Modern Photography*，1988 年 10 月，第 94 页；引文同上，第 177 页。
16. http://atheism.anout.com/od/einsteingodreligion/tp/EinsteinMysteryReligion.htm.

访问在线学习中心 www.mhhe.com/molloy5e，以获得更多的练习和资料，包括"教室之外的宗教"和"更充分的理解"。

出版后记

大学堂系列已经出版至第六期,但宗教类的书籍却寥寥。不久前我们出版了《基督教神学导论》一书,展示了基督教史上发生的种种神学争辩以及教义的演变,希望能为读者了解基督教神学体系的发展和变化提供帮助。此次出版《体验宗教:传统、挑战与嬗变》,则是希望填补在世界其他宗教方面的空白,为读者提供关于世界各个主要宗教的历史知识。

对于出生在无神论语境下的大部分现代中国读者来说,宗教可能是一个稍显陌生的领域,而意识到世界上还存在有众多信徒(已逝或在世),他们曾经或者正在奉信某位神明,有时难免会感到不可思议。特别是宗教与科学、信仰与理性长久以来被视为对立的名词,在现代科学知识体系的"宣判"下,宗教似乎已经失去了对真理的掌控权,从社会生活的各个层面退缩为个人的信仰选择。但即使在这样的情况下,我们还是可以看到世界上存在大量的信徒,甚至在21世纪还在不断有新的宗教生成。旧有的宗教也以一种新的面貌重新渗透进人们的生活当中,并且发展出很多新形式。这些现象意味着我们需要对宗教有更为深入的了解。

宗教曾经涉及人类生活的方方面面,考察各地的文明都难以绕过宗教的话题。而宗教与其说是一种信仰,不如说是一种思维方式,是世界各地的人民对所居住的这同一个世界产生的多样而博杂的见解:死后的世界是怎样的?宇宙从根本上说有什么意义吗?生者处于宇宙中的什么位置?神灵在多大程度上以及如何干涉人类的生活?以此,人应该怎样生活?对这些以及其他一些问题的回答,构成了人们对于死亡、幸福、正义等问题的感触和思考,并且进一步形塑了当地的政治以及文化生活。

宗教中还蕴含着丰富的思想和文化资源。在基督教的种种神学争辩中,我们可以发现神学与哲学之间的亲密关系;而要试图理解犹太律法,我们需要回到《旧约》和《塔木德》中去;《薄伽梵歌》既是印度教的灵性经典,也是印度人民的伟大史诗创作……我们也许眼中不再望向神明,但宗教并不全然是一个谎言。曾经在它的架构下生发的思想、建立的制度,以及孕育出的伦理,深深贴合着人类的历史,创造出伟大的文明,而至今也还在影响着我们的生活。我们可以看到,佛教的业报轮回观念至今仍存在于日常的伦理用语中——比如"善有善报,恶有恶报"。因此对一些宗教的考察,除了有助于我们了解各地文化,也能帮助我们厘清自己头脑内的一些观念的来源。

随着国内与国外交流的日益频繁,个人难免遇到更多其他文化环境中的居民,他们很可能会信仰某个宗教。在面对他们的时候,包括在面对国内的信教者的时候,没有对他们所信仰的宗教的了解,我们之间所能展开的对话可能会极为肤浅且不切中要害。了解他们的宗教传统能够帮助我们肃清其想法的来源,理解他们的一些独特行为的意义。在增进理解的同时,我们也能从彼此的差异中反观自身,获得关于这个世界的一些可能更为明晰的观点,从而更好地生活在这个世界上。

最后,感谢本书作者迈克尔·莫洛伊(Michael Molloy)不辞辛苦到世界各地为我们展示最鲜活的宗教生态。迈克尔生于宗教家庭,他不想给读者们灌输生硬的宗教知识,而是鼓励宗教体验,每章的"初次相遇"和"个人体验"便是他送给初学者的贴心礼物。同时也感谢南开大学的张仕颖先生勤恳译文使本书能够顺利出版。

此书适合所有对宗教感兴趣的初学者使用，我们希望读者可以在它的陪伴下走进宗教学的大门，并在更深处相遇。

服务热线：133-6631-2326 188-1142-1266

服务信箱：reader@hinabook.com

后浪出版公司

2017年11月

图书在版编目（CIP）数据

体验宗教：传统、挑战与嬗变/（美）迈克尔·莫洛伊著；张仕颖译.
-- 北京：北京联合出版公司，2018.2
ISBN 978-7-5502-9606-0

Ⅰ.①体… Ⅱ.①迈… ②张… Ⅲ.①宗教文化—世界 Ⅳ.① B928

中国版本图书馆 CIP 数据核字 (2017) 第 009870 号

Michael Molloy
Experiencing the World's Religions: Tradition, Challenge, and Change, 5e
ISBN 0-07-340750-X
Copyright © 2010 by the McGraw-Hill Education.
All rights reserved. No part of this publication may be reproduced or transmitted in any form or by any means, electronic or mechanical, including without limitation photocopying, recording, taping, or any database, information or retrieval system, without the prior written permission of the publisher.
This authorized Chinese translation edition is jointly published by McGraw-Hill Education and Beijing United Publishing Co., Ltd.
This edition is authorized for sale in the People's Republic of China only, excluding Hong Kong, Macao SAR and Taiwan.
Copyright © 2018 by the McGraw-Hill Education and Beijing United Publishing Co., Ltd.

版权所有。未经出版人事先书面许可，对本出版物的任何部分不得以任何方式或途径复制或传播，包括但不限于复印、录制、录音，或通过任何数据库、信息或可检索的系统。
本授权中文简体字翻译版由麦格劳－希尔（亚洲）教育出版公司和北京联合出版公司合作出版。
此版本经授权仅限在中华人民共和国境内（不包括香港特别行政区、澳门特别行政区和台湾）销售。
版权 © 2018 由麦格劳－希尔（亚洲）教育出版公司与北京联合出版公司所有。
本书封面贴有 McGraw-Hill Education 公司防伪标签，无标签者不得销售。

体验宗教：传统、挑战与嬗变

著　　者：[美] 迈克尔·莫洛伊　　　　译　者：张仕颖
选题策划：后浪出版公司　　　　　　　出版统筹：吴兴元
特约编辑：吴　琼　　　　　　　　　　责任编辑：刘　恒　徐秀琴
营销推广：ONEBOOK　　　　　　　　装帧制造：墨白空间·韩凝

北京联合出版公司出版
（北京市西城区德外大街 83 号楼 9 层　100088）
北京中科印刷有限公司印刷　　新华书店经销
字数 695 千字　787 毫米 × 1092 毫米　1/16　33.5 印张　插页 6
2018 年 2 月第 1 版　2018 年 2 月第 1 次印刷
ISBN 978-7-5502-9606-0
定价：110.00 元

后浪出版咨询（北京）有限责任公司常年法律顾问：北京大成律师事务所　周天晖　copyright@hinabook.com
未经许可，不得以任何方式复制或抄袭本书部分或全部内容
版权所有，侵权必究
本书若有质量问题，请与本公司图书销售中心联系调换。电话：010-64010019